AF574005

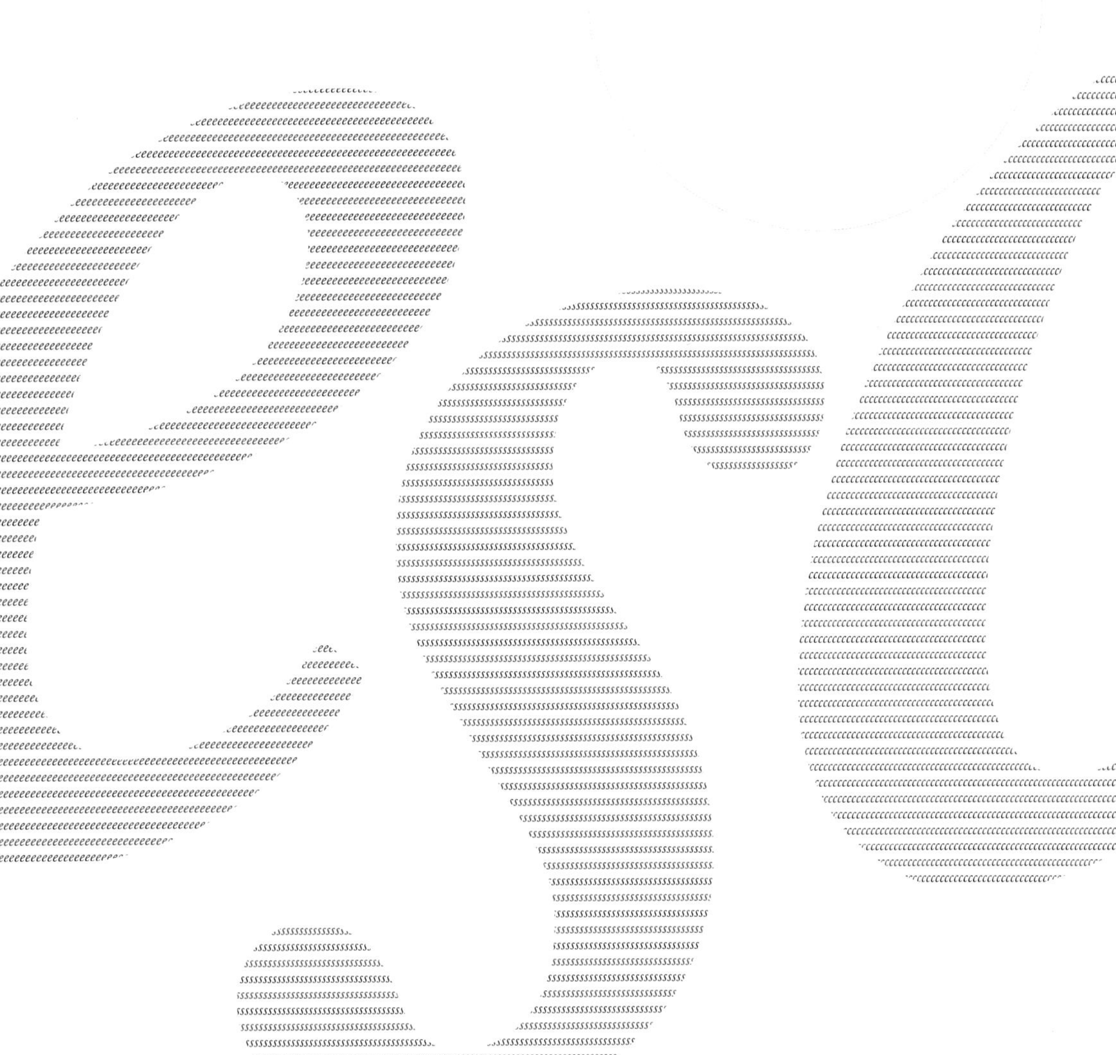

enter spanish creativity enter spanish creativity enter spanish creativity enter spanish creativity enter spanish creativity enter spanish creativity enter spanish creativity enter spanish creativity enter spanish crea
enter spanish creativity enter spanish creativity enter spanish creativity enter spanish creativity enter spanish creativity enter spanish creativity enter spanish creativity enter spanish creativity enter spanish crea
enter spanish creativity enter spanish creativity enter spanish creativity enter spanish creativity enter spanish creativity enter spanish creativity enter spanish creativity enter spanish creativity enter spanish crea
enter spanish creativity enter spanish creativity enter spanish creativity enter spanish creativity enter spanish creativity enter spanish creativity enter spanish creativity enter spanish creativity enter spanish crea
enter spanish creativity enter spanish creativity enter spanish creativity enter spanish creativity enter spanish creativity enter spanish creativity enter spanish creativity enter spanish creativity enter spanish crea
enter spanish creativity enter spanish creativity enter spanish creativity enter spanish creativity enter spanish creativity enter spanish creativity enter spanish creativity enter spanish creativity enter spanish crea
enter spanish creativity enter spanish creativity enter spanish creativity enter spanish creativity enter spanish creativity enter spanish creativity enter spanish creativity enter spanish creativity enter spanish crea
enter spanish creativity enter spanish creativity enter spanish creativity enter spanish creativity enter spanish creativity enter spanish creativity enter spanish creativity enter spanish creativity enter spanish crea
enter spanish creativity enter spanish creativity enter spanish creativity enter spanish creativity enter spanish creativity enter spanish creativity enter spanish creativity enter spanish creativity enter spanish crea
enter spanish creativity enter spanish creativity enter spanish creativity enter spanish creativity enter spanish creativity enter spanish creativity enter spanish creativity enter spanish creativity enter spanish crea
enter spanish creativity enter spanish creativity enter spanish creativity enter spanish creativity enter spanish creativity enter spanish creativity enter spanish creativity enter spanish creativity enter spanish crea
enter spanish creativity enter spanish creativity enter spanish creativity enter spanish creativity enter spanish creativity enter spanish creativity enter spanish creativity enter spanish creativity enter spanish crea
enter spanish creativity enter spanish creativity enter spanish creativity enter spanish creativity enter spanish creativity enter spanish creativity enter spanish creativity enter spanish creativity enter spanish crea
enter spanish creativity enter spanish creativity enter spanish creativity enter spanish creativity enter spanish creativity enter spanish creativity enter spanish creativity enter spanish creativity enter spanish crea
enter spanish creativity enter spanish creativity enter spanish creativity enter spanish creativity enter spanish creativity enter spanish creativity enter spanish creativity enter spanish creativity enter spanish crea
enter spanish creativity enter spanish creativity enter spanish creativity enter spanish creativity enter spanish creativity enter spanish creativity enter spanish creativity enter spanish creativity enter spanish crea
enter spanish creativity enter spanish creativity enter spanish creativity enter spanish creativity enter spanish creativity enter spanish creativity enter spanish creativity enter spanish creativity enter spanish crea
enter spanish creativity enter spanish creativity enter spanish creativity enter spanish creativity enter spanish creativity enter spanish creativity enter spanish creativity enter spanish creativity enter spanish crea
enter spanish creativity enter spanish creativity enter spanish creativity enter spanish creativity enter spanish creativity enter spanish creativity enter spanish creativity enter spanish creativity enter spanish crea
enter spanish creativity enter spanish creativity enter spanish creativity enter spanish creativity enter spanish creativity enter spanish creativity enter spanish creativity enter spanish creativity enter spanish crea
enter spanish creativity enter spanish creativity enter spanish creativity enter spanish creativity enter spanish creativity enter spanish creativity enter spanish creativity enter spanish creativity enter spanish crea
enter spanish creativity enter spanish creativity enter spanish creativity enter spanish creativity enter spanish creativity enter spanish creativity enter spanish creativity enter spanish creativity enter spanish crea
enter spanish creativity enter spanish creativity enter spanish creativity enter spanish creativity enter spanish creativity enter spanish creativity enter spanish creativity enter spanish creativity enter spanish crea
enter spanish creativity enter spanish creativity enter spanish creativity enter spanish creativity enter spanish creativity enter spanish creativity enter spanish creativity enter spanish creativity enter spanish crea
enter spanish creativity enter spanish creativity enter spanish creativity enter spanish creativity enter spanish creativity enter spanish creativity enter spanish creativity enter spanish creativity enter spanish crea
enter spanish creativity enter spanish creativity enter spanish creativity enter spanish creativity enter spanish creativity enter spanish creativity enter spanish creativity enter spanish creativity enter spanish crea
enter spanish creativity enter spanish creativity enter spanish creativity enter spanish creativity enter spanish creativity enter spanish creativity enter spanish creativity enter spanish creativity enter spanish crea
enter spanish creativity enter spanish creativity enter spanish creativity enter spanish creativity enter spanish creativity enter spanish creativity enter spanish creativity enter spanish creativity enter spanish crea
enter spanish creativity enter spanish creativity enter spanish creativity enter spanish creativity enter spanish creativity enter spanish creativity enter spanish creativity enter spanish creativity enter spanish crea
enter spanish creativity enter spanish creativity enter spanish creativity enter spanish creativity enter spanish creativity enter spanish creativity enter spanish creativity enter spanish creativity enter spanish crea
enter spanish creativity enter spanish creativity enter spanish creativity enter spanish creativity enter spanish creativity enter spanish creativity enter spanish creativity enter spanish creativity enter spanish crea
enter spanish creativity enter spanish creativity enter spanish creativity enter spanish creativity enter spanish creativity enter spanish creativity enter spanish creativity enter spanish creativity enter spanish crea
enter spanish creativity enter spanish creativity enter spanish creativity enter spanish creativity enter spanish creativity enter spanish creativity enter spanish creativity enter spanish creativity enter spanish crea
enter spanish creativity enter spanish creativity enter spanish creativity enter spanish creativity enter spanish creativity enter spanish creativity enter spanish creativity enter spanish creativity enter spanish crea
enter spanish creativity enter spanish creativity enter spanish creativity enter spanish creativity enter spanish creativity enter spanish creativity enter spanish creativity enter spanish creativity enter spanish crea
enter spanish creativity enter spanish creativity enter spanish creativity enter spanish creativity enter spanish creativity enter spanish creativity enter spanish creativity enter spanish creativity enter spanish crea
enter spanish creativity enter spanish creativity enter spanish creativity enter spanish creativity enter spanish creativity enter spanish creativity enter spanish creativity enter spanish creativity enter spanish crea
enter spanish creativity enter spanish creativity enter spanish creativity enter spanish creativity enter spanish creativity enter spanish creativity enter spanish creativity enter spanish creativity enter spanish crea
enter spanish creativity enter spanish creativity enter spanish creativity enter spanish creativity enter spanish creativity enter spanish creativity enter spanish creativity enter spanish creativity enter spanish crea
enter spanish creativity enter spanish creativity enter spanish creativity enter spanish creativity enter spanish creativity enter spanish creativity enter spanish creativity enter spanish creativity enter spanish crea
enter spanish creativity enter spanish creativity enter spanish creativity enter spanish creativity enter spanish creativity enter spanish creativity enter spanish creativity enter spanish creativity enter spanish crea
enter spanish creativity enter spanish creativity enter spanish creativity enter spanish creativity enter spanish creativity enter spanish creativity enter spanish creativity enter spanish creativity enter spanish crea
[illegible] enter spanish creativity enter spanish creativity enter spanish creativity enter spanish creativity enter spanish creativity enter spanish creativity enter spanish creativity enter spanish crea
enter spanish creativity enter spanish creativity enter spanish creativity enter spanish creativity enter spanish creativity enter spanish creativity enter spanish creativity enter spanish creativity enter spanish crea
enter spanish creativity enter spanish creativity enter spanish creativity enter spanish creativity enter spanish creativity enter spanish creativity enter spanish creativity enter spanish creativity enter spanish crea
enter spanish creativity enter spanish creativity enter spanish creativity enter spanish creativity enter spanish creativity enter spanish creativity enter spanish creativity enter spanish creativity enter spanish crea
enter spanish creativity enter spanish creativity enter spanish creativity enter spanish creativity enter spanish creativity enter spanish creativity enter spanish creativity enter spanish creativity enter spanish crea
enter spanish creativity enter spanish creativity enter spanish creativity enter spanish creativity enter spanish creativity enter spanish creativity enter spanish creativity enter spanish creativity enter spanish crea
enter spanish creativity enter spanish creativity enter spanish creativity enter spanish creativity enter spanish creativity enter spanish creativity enter spanish creativity enter spanish creativity enter spanish crea
enter spanish creativity enter spanish creativity enter spanish creativity enter spanish creativity enter spanish creativity enter spanish creativity enter spanish creativity enter spanish creativity enter spanish crea
enter spanish creativity enter spanish creativity enter spanish creativity enter spanish creativity enter spanish creativity enter spanish creativity enter spanish creativity enter spanish creativity enter spanish crea
enter spanish creativity enter spanish creativity enter spanish creativity enter spanish creativity enter spanish creativity enter spanish creativity enter spanish creativity enter spanish creativity enter spanish crea
enter spanish creativity enter spanish creativity enter spanish creativity enter spanish creativity enter spanish creativity enter spanish creativity enter spanish creativity enter spanish creativity enter spanish crea
enter spanish creativity enter spanish creativity enter spanish creativity enter spanish creativity enter spanish creativity enter spanish creativity enter spanish creativity enter spanish creativity enter spanish crea
enter spanish creativity enter spanish creativity enter spanish creativity enter spanish creativity enter spanish creativity enter spanish creativity enter spanish creativity enter spanish creativity enter spanish crea
enter spanish creativity enter spanish creativity enter spanish creativity enter spanish creativity enter spanish creativity enter spanish creativity enter spanish creativity enter spanish creativity enter spanish crea
enter spanish creativity enter spanish creativity enter spanish creativity enter spanish creativity enter spanish creativity enter spanish creativity enter spanish creativity enter spanish creativity enter spanish crea
enter spanish creativity enter spanish creativity enter spanish creativity enter spanish creativity enter spanish creativity enter spanish creativity enter spanish creativity enter spanish creativity enter spanish crea
enter spanish creativity enter spanish creativity enter spanish creativity enter spanish creativity enter spanish creativity enter spanish creativity enter spanish creativity enter spanish creativity enter spanish crea
enter spanish creativity enter spanish creativity enter spanish creativity enter spanish creativity enter spanish creativity enter spanish creativity enter spanish creativity enter spanish creativity enter spanish crea
enter spanish creativity enter spanish creativity enter spanish creativity enter spanish creativity enter spanish creativity enter spanish creativity enter spanish creativity enter spanish creativity enter spanish crea
enter spanish creativity enter spanish creativity enter spanish creativity enter spanish creativity enter spanish creativity enter spanish creativity enter spanish creativity enter spanish creativity enter spanish crea
enter spanish creativity enter spanish creativity enter spanish creativity enter spanish creativity enter spanish creativity enter spanish creativity enter spanish creativity enter spanish creativity enter spanish crea
enter spanish creativity enter spanish creativity enter spanish creativity enter spanish creativity enter spanish creativity enter spanish creativity enter spanish creativity enter spanish creativity enter spanish crea
enter spanish creativity enter spanish creativity enter spanish creativity enter spanish creativity enter spanish creativity enter spanish creativity enter spanish creativity enter spanish creativity enter spanish crea
enter spanish creativity enter spanish creativity enter spanish creativity enter spanish creativity enter spanish creativity enter spanish creativity enter spanish creativity enter spanish creativity enter spanish crea
enter spanish creativity enter spanish creativity enter spanish creativity enter spanish creativity enter spanish creativity enter spanish creativity enter spanish creativity enter spanish creativity enter spanish crea
enter spanish creativity enter spanish creativity enter spanish creativity enter spanish creativity enter spanish creativity enter spanish creativity enter spanish creativity enter spanish creativity enter spanish crea
enter spanish creativity enter spanish creativity enter spanish creativity enter spanish creativity enter spanish creativity enter spanish creativity enter spanish creativity enter spanish creativity enter spanish crea
enter spanish creativity enter spanish creativity enter spanish creativity enter spanish creativity enter spanish creativity enter spanish creativity enter spanish creativity enter spanish creativity enter spanish crea
enter spanish creativity enter spanish creativity enter spanish creativity enter spanish creativity enter spanish creativity enter spanish creativity enter spanish creativity enter spanish creativity enter spanish crea
enter spanish creativity enter spanish creativity enter spanish creativity enter spanish creativity enter spanish creativity enter spanish creativity enter spanish creativity enter spanish creativity enter spanish crea
enter spanish creativity enter spanish creativity enter spanish creativity enter spanish creativity enter spanish creativity enter spanish creativity enter spanish creativity enter spanish creativity enter spanish crea
enter spanish creativity enter spanish creativity enter spanish creativity enter spanish creativity enter spanish creativity enter spanish creativity enter spanish creativity enter spanish creativity enter spanish crea
enter spanish creativity enter spanish creativity enter spanish creativity enter spanish creativity enter spanish creativity enter spanish creativity enter spanish creativity enter spanish creativity enter spanish crea
enter spanish creativity enter spanish creativity enter spanish creativity enter spanish creativity enter spanish creativity enter spanish creativity enter spanish creativity enter spanish creativity enter spanish crea
enter spanish creativity enter spanish creativity enter spanish creativity enter spanish creativity enter spanish creativity enter spanish creativity enter spanish creativity enter spanish creativity enter spanish crea
enter spanish creativity enter spanish creativity enter spanish creativity enter spanish creativity enter spanish creativity enter spanish creativity enter spanish creativity enter spanish creativity enter spanish crea
enter spanish creativity enter spanish creativity enter spanish creativity enter spanish creativity enter spanish creativity enter spanish creativity enter spanish creativity enter spanish creativity enter spanish crea
enter spanish creativity enter spanish creativity enter spanish creativity enter spanish creativity enter spanish creativity enter spanish creativity enter spanish creativity enter spanish creativity enter spanish crea
enter spanish creativity enter spanish creativity enter spanish creativity enter spanish creativity enter spanish creativity enter spanish creativity enter spanish creativity enter spanish creativity enter spanish crea

esc

enter spanish creativity

– by actar and cla-se –

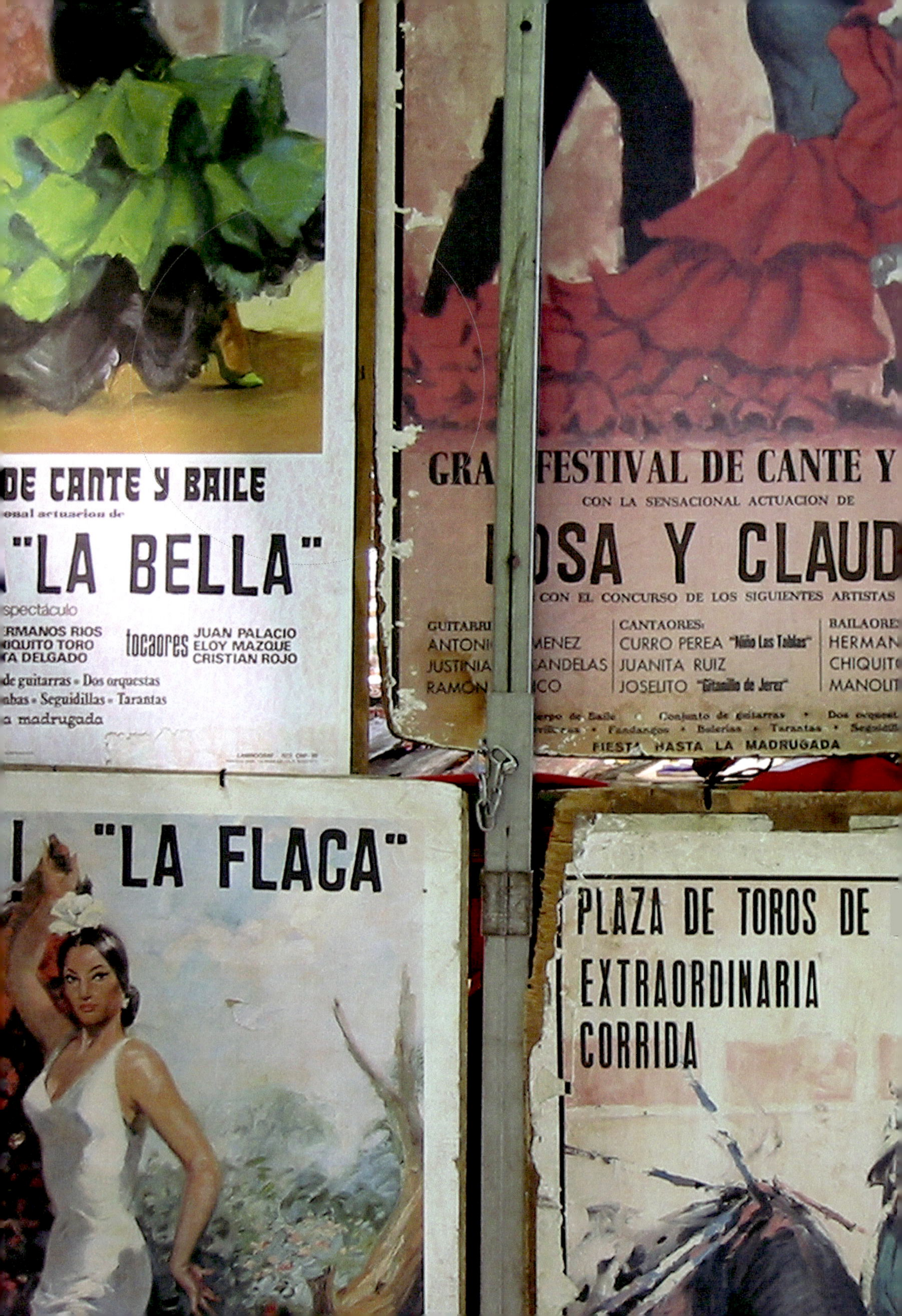
DE CANTE Y BAILE
"LA BELLA"
tocaores JUAN PALACIO
ELOY MAZQUE
CRISTIAN ROJO
Dos orquestas
Seguidillas • Tarantas
madrugada
FESTIVAL DE CANTE Y
CON LA SENSACIONAL ACTUACION DE
Y CLAUD
CON EL CONCURSO DE LOS SIGUIENTES ARTISTAS
CANTAORES:
CURRO PEREA "Niño Las Tablas"
JUANITA RUIZ
JOSELITO "Gitanillo de Jerez"
Conjunto de guitarras
Fandangos • Bulerias • Tarantas
FIESTA HASTA LA MADRUGADA
"LA FLACA"
PLAZA DE TOROS DE
EXTRAORDINARIA
CORRIDA

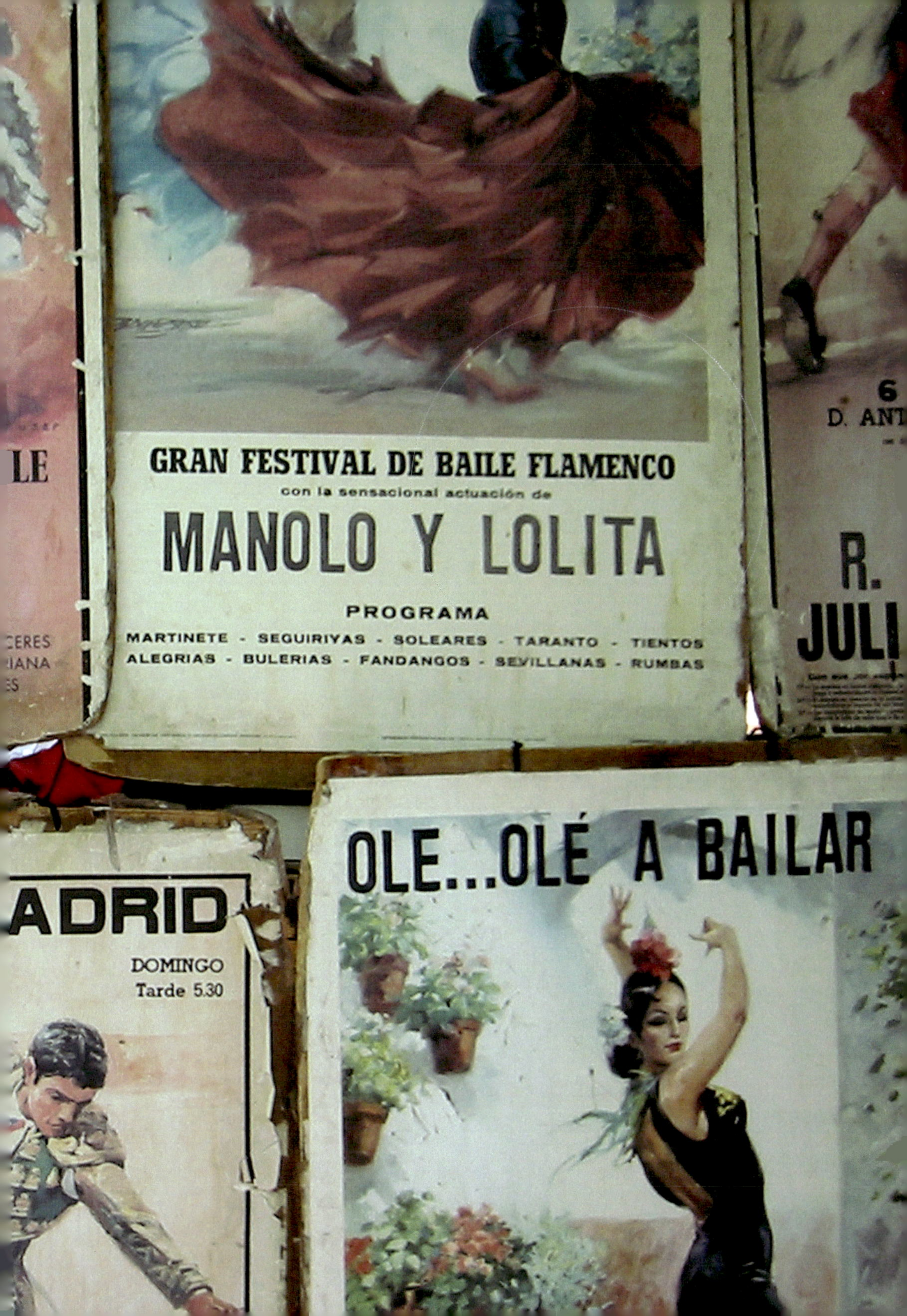
GRAN FESTIVAL DE BAILE FLAMENCO
con la sensacional actuación de
MANOLO Y LOLITA
PROGRAMA
MARTINETE - SEGUIRIYAS - SOLEARES - TARANTO - TIENTOS
ALEGRIAS - BULERIAS - FANDANGOS - SEVILLANAS - RUMBAS
OLE...OLÉ A BAILAR
ADRID
DOMINGO
Tarde 5.30

SPA

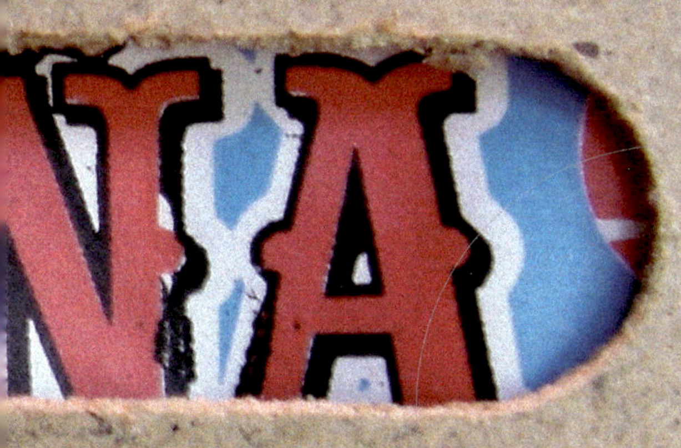

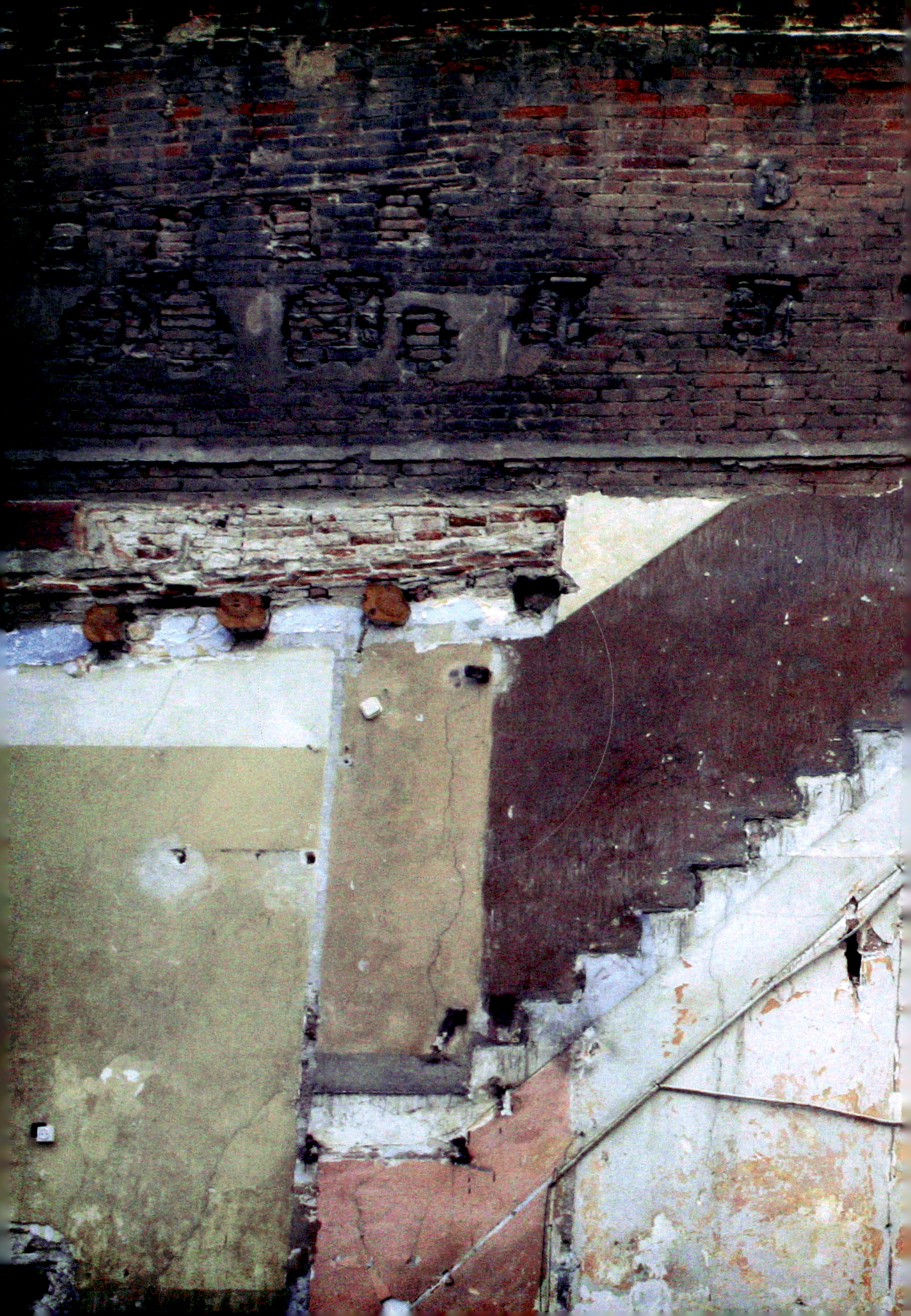

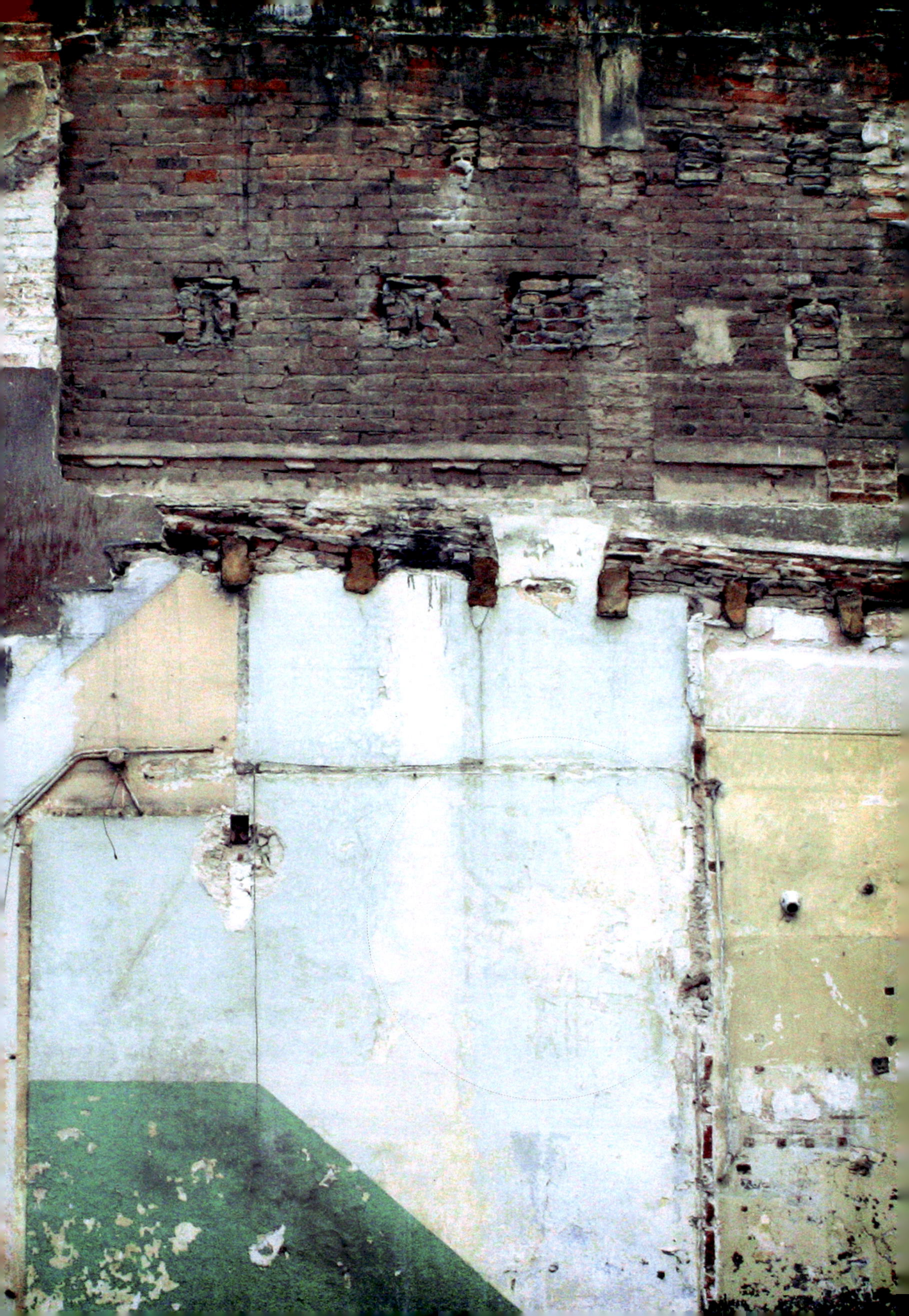

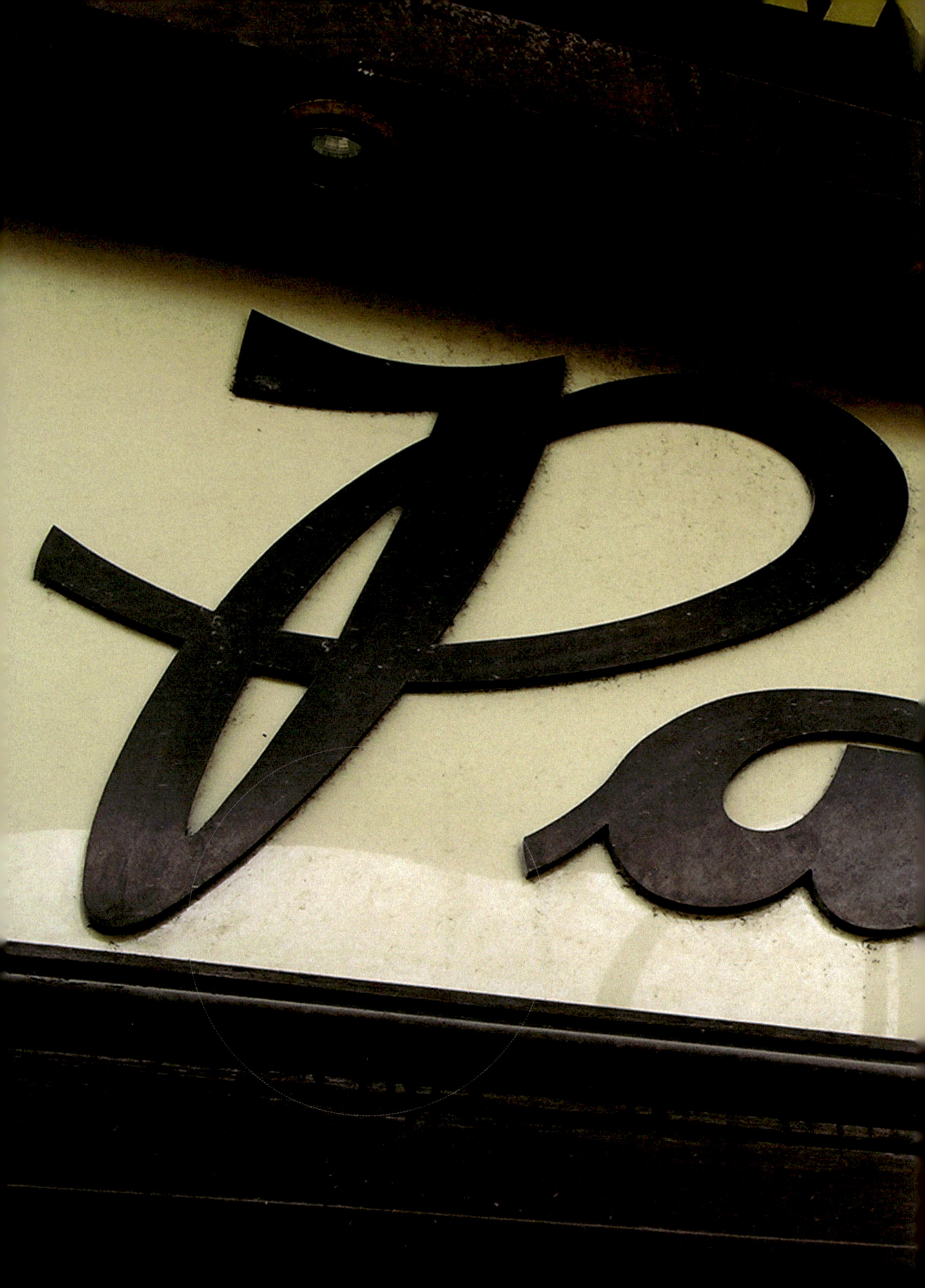

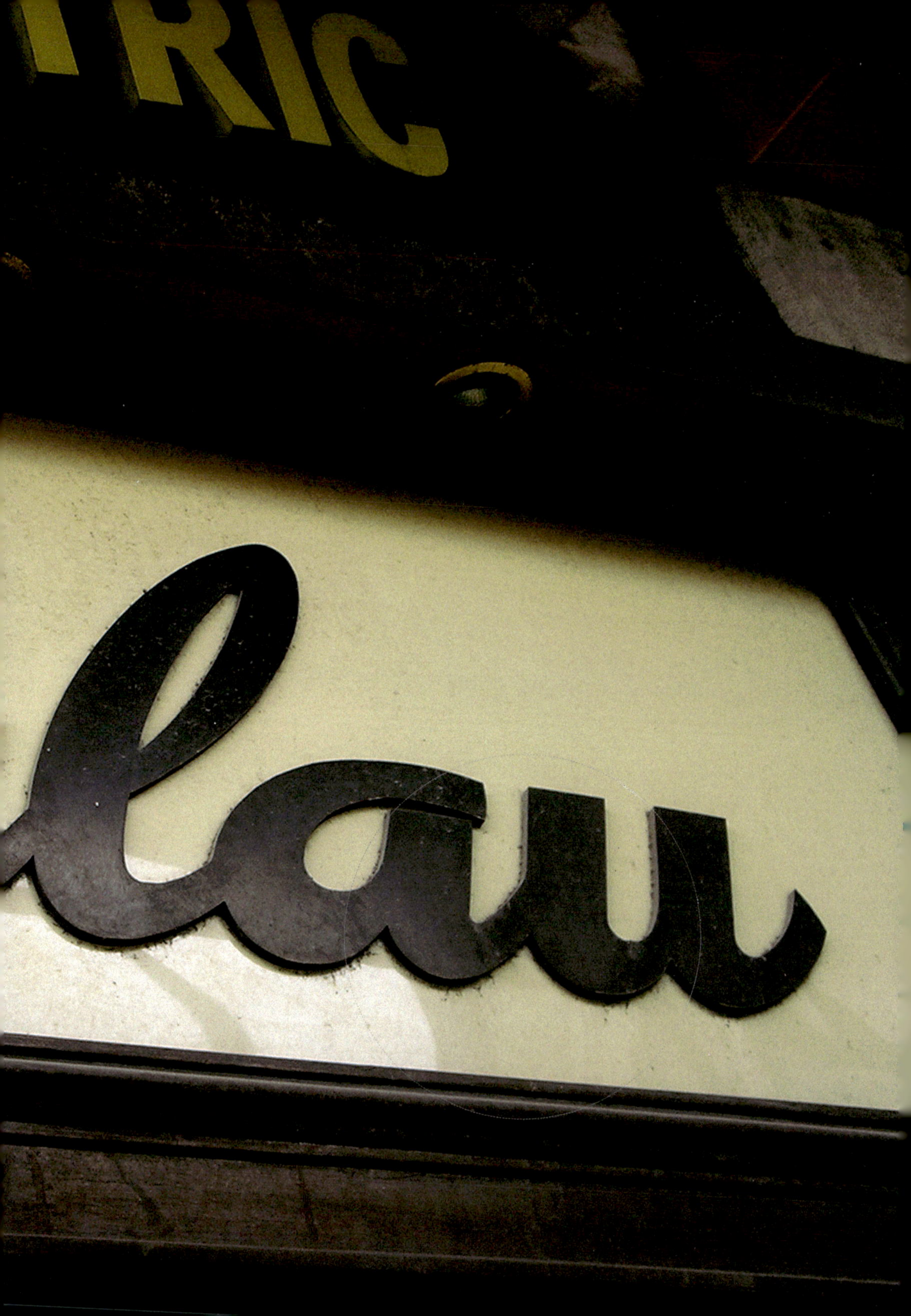
RIC
lau

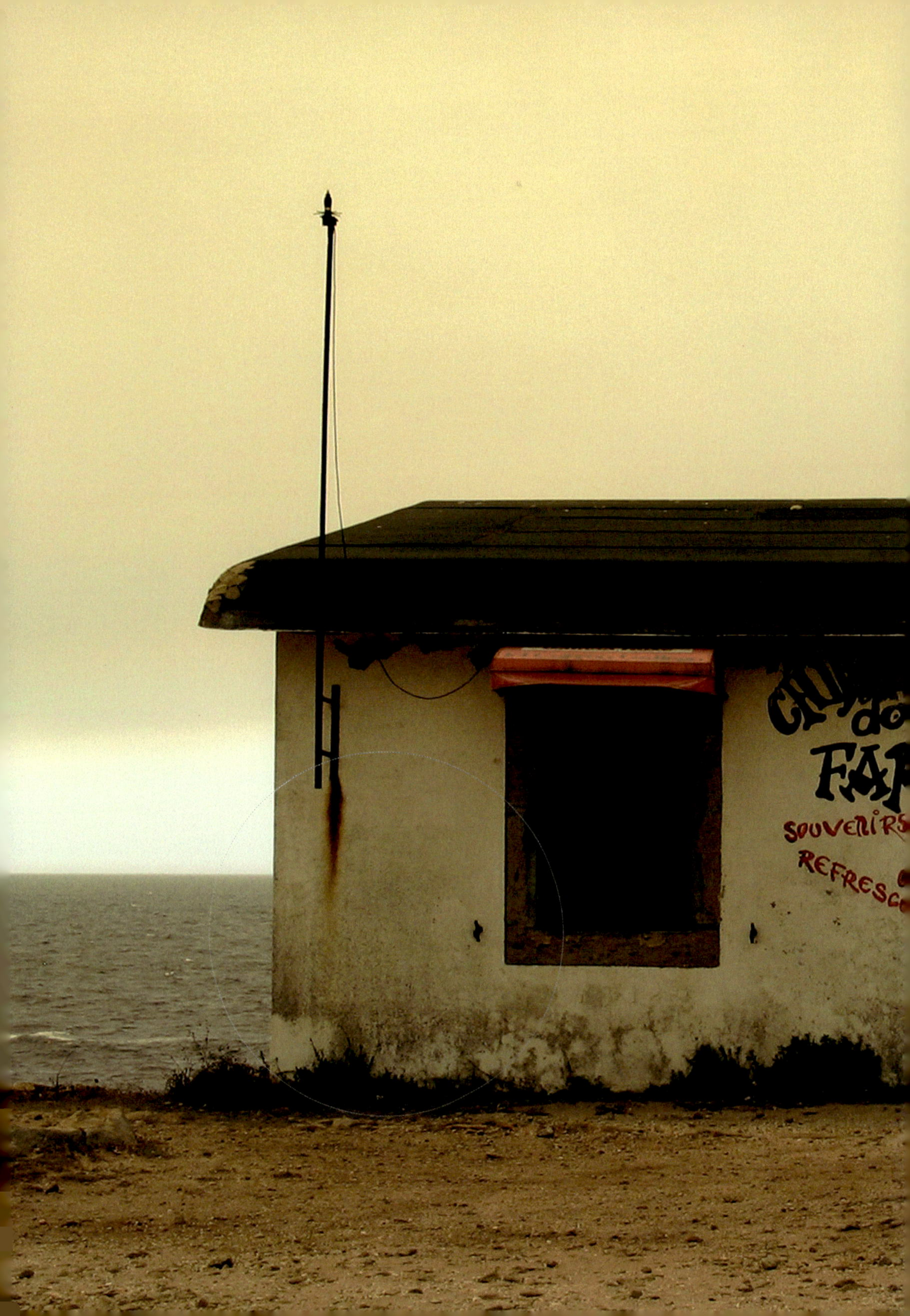
do
SOUVENIRS

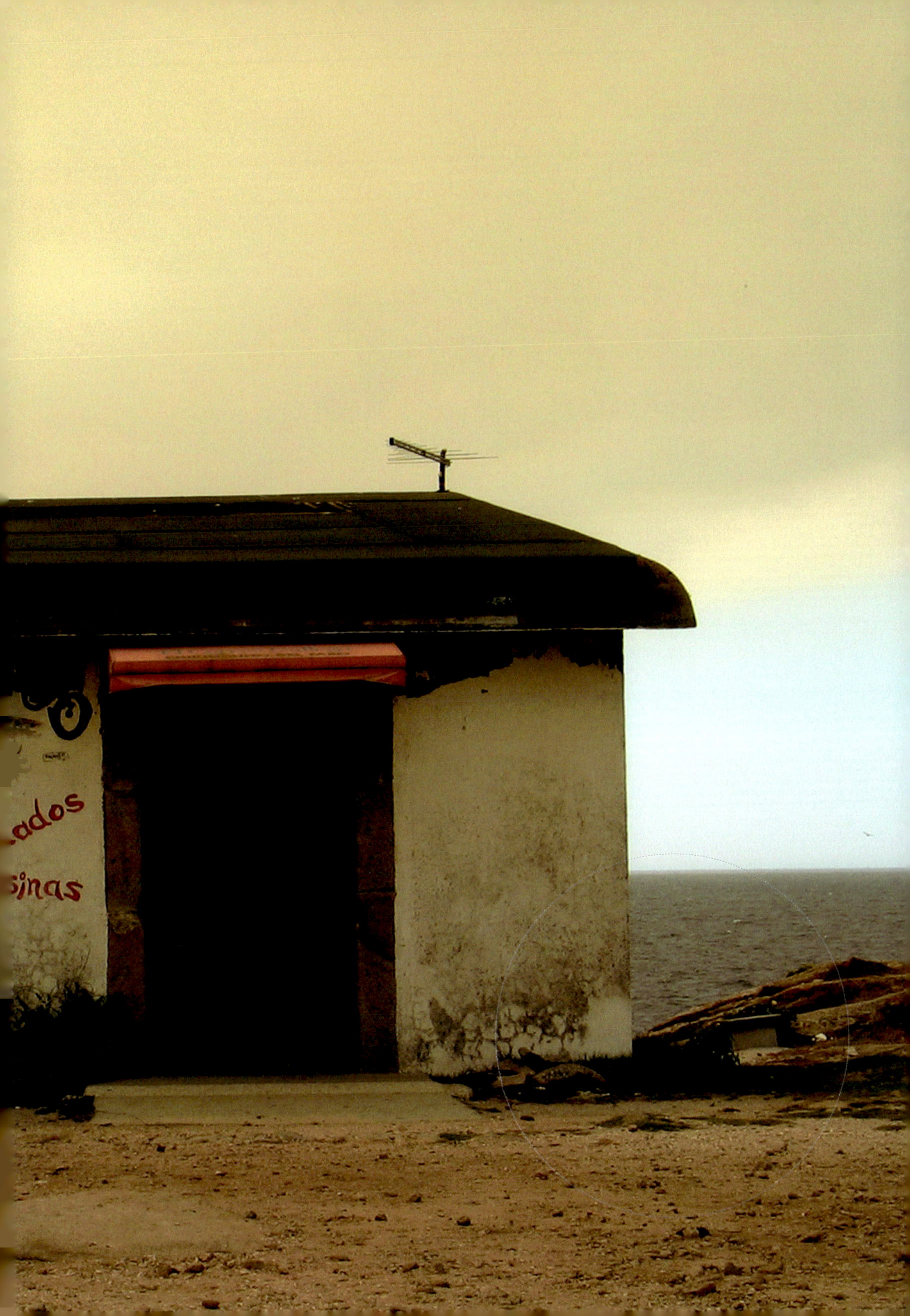

intro

– all systems need an scape valve, a decompression mechanism. in quality professional graphic design, those escape mechanisms beyond merely pulling the plug are usually risky jobs. they often mean seducing the client into trying new formulas, paths not often taken and sometimes investigating in self-commissioned work –

– more tied and folded papers, less bound books and when they are bound, they are bound by hand. many of these are works that earn no profit. using fewer inks is cheaper and is nostalgic of the scarcity of the past. who needs quatricomia if there are solid inks and you can play with superimposition? –

– does all of this ***define emerging spanish design?*** *maybe not completely; maybe we could apply dutch design or japanese or brazilian design, but this famous no-nonsense crossbreeding of nationalities is becoming more and more evident in designers' daily lives. spain has become an international laboratory, where creators from all over the world share cities as a huge creative studio, feeding and influencing one another –*

– we are in an era that asks good question but those questions have no dogmatic answers. because of that, we must search for a catalog of questions in this book and hope not to find too many certainties –

xavier alamany
albert folch studio
salvador alimbau
sebastián alós

didac balleste
paco bascuñan
base design
daniel bembibre
bildi grafiks
bis
bufor

albert cano, michel tofahr
y 88 adicta
david catalán
cla-se

ana domínguez & omar sosa

emeyle
emiliana
espluga+asociados
eumografic
extra!

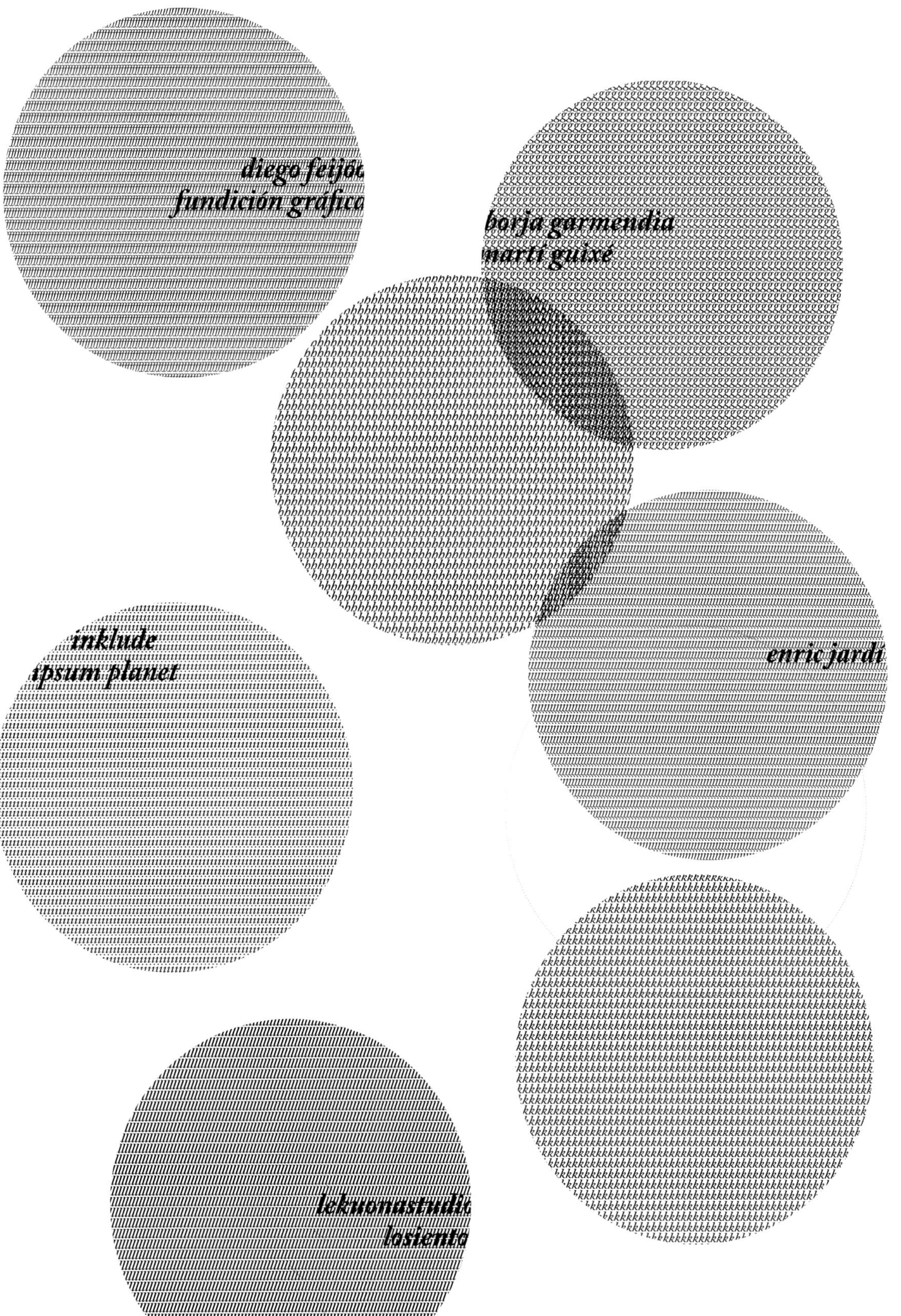
diego feijóo
fundición gráfica
borja garmendia
martí guixé
inklude
ipsum planet
enric jardí
lekuonastudio
losiento

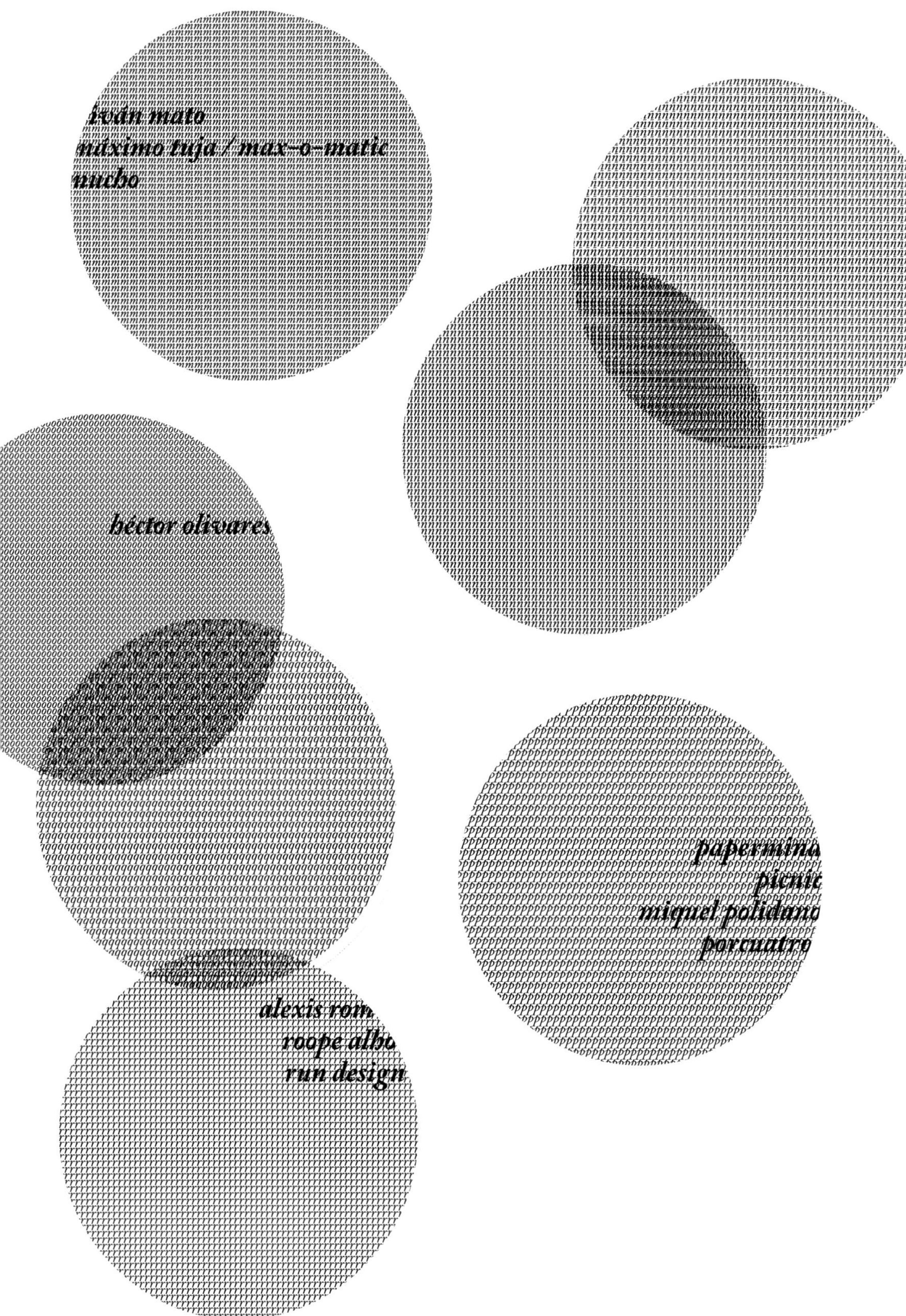

iván mato
máximo tuja / max-o-matic
nucho
héctor olivares
papermina
picnic
miquel polidano
porcuatro
alexis rom
roope albo
run design

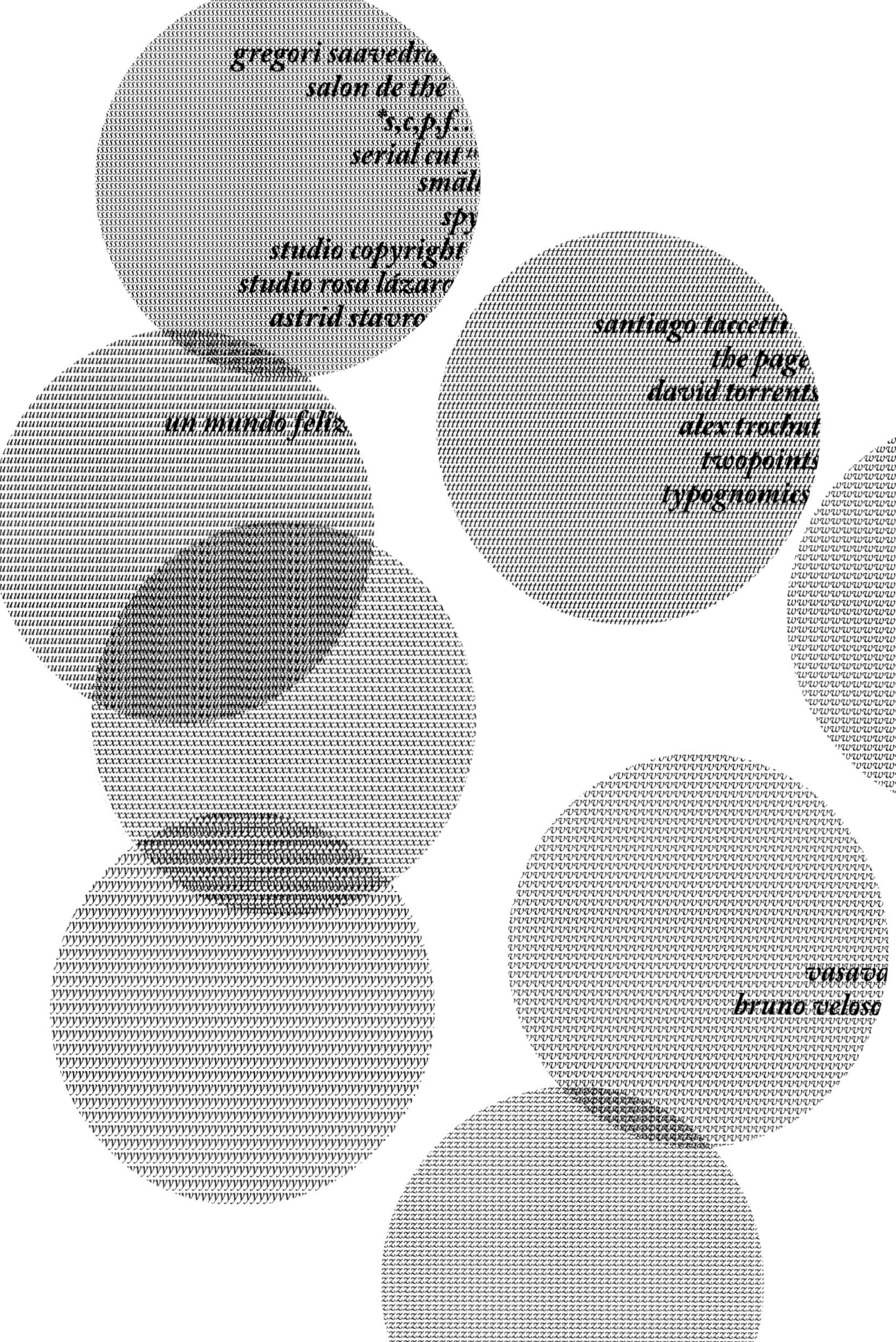
gregori saavedra
salon de thé
*s,c,p,f...
serial cut
studio copyright
studio rosa lázaro
astrid stavro
un mundo feliz
santiago taccetti
the page
david torrents
alex trochut
twopoints
typognomics
vasava
bruno velosc

a
– adiós –

NATIVA

REVISTA MUSICAL METROPOLITANA #36 \ GENER-FEBRER 2007

SUBSCRIPCIÓ ANUAL 10€

EDUCACIÓ MUSICAL

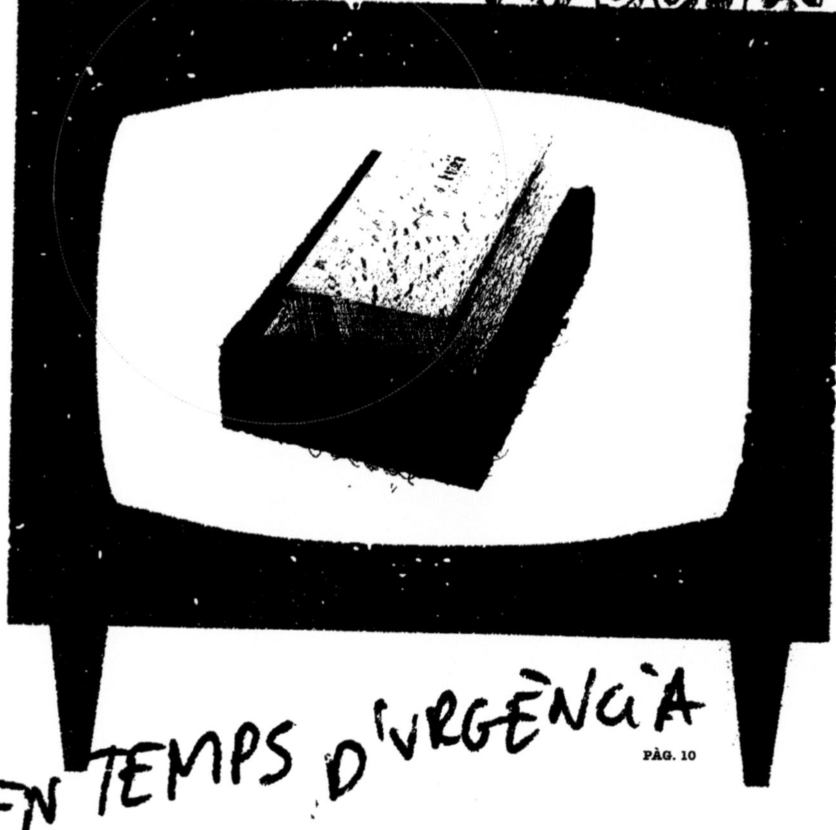

EN TEMPS D'URGÈNCIA

PÀG. 10

+ STANDSTILL \ CABO SAN ROQUE \ XAVIER BARÓ \ ACTIVISTES: FERRAN RIERA

ALMASÄLA \ MOTOR COMBO \ ONANGEL \ SUITE \ BIP BIP HURRA!

NATIVA

RE[…]A #35 \ NOVEMBRE-DESEMBRE 2006

SUBSCRIPCIÓ ANUAL 1[…]

gl **xavier alamany**

barcelona

www.ibernet.com/alamany

– fanzine about the musical culture base in barcelona, in black and white by concept. overdesigning pages is avoided due to both excess and "cool" minimalism –

la cançó del

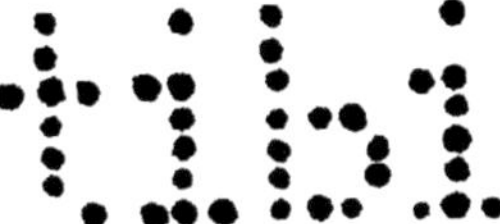

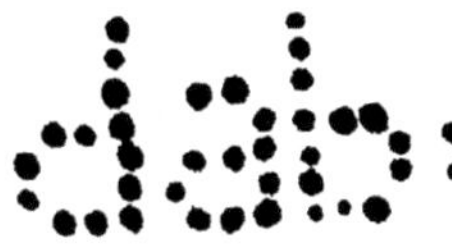

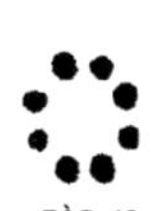

tibi dabo

PÀG. 10

+ \ PAU RIBA \ MR. HUBBA Y EL MONO INVENTOR \ ACTIVISTES: CARLES FLAVIÀ

ELS PETS \ MUZAK \ PRAGA \ LOS GLOSTERS \ LLIBERT FORTUNY \ EMERGENTS +APROP

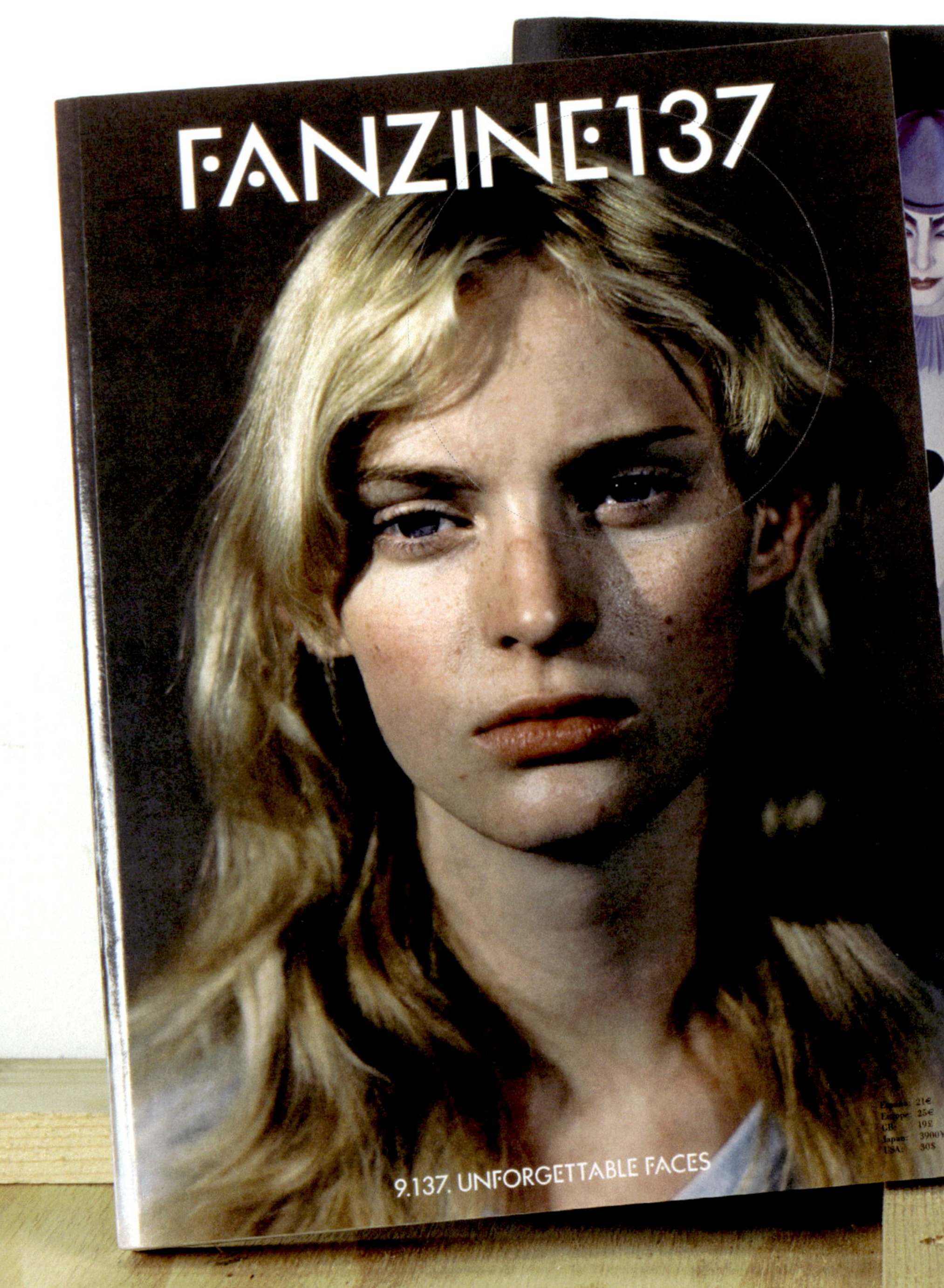
FANZINE137
9.137. UNFORGETTABLE FACES

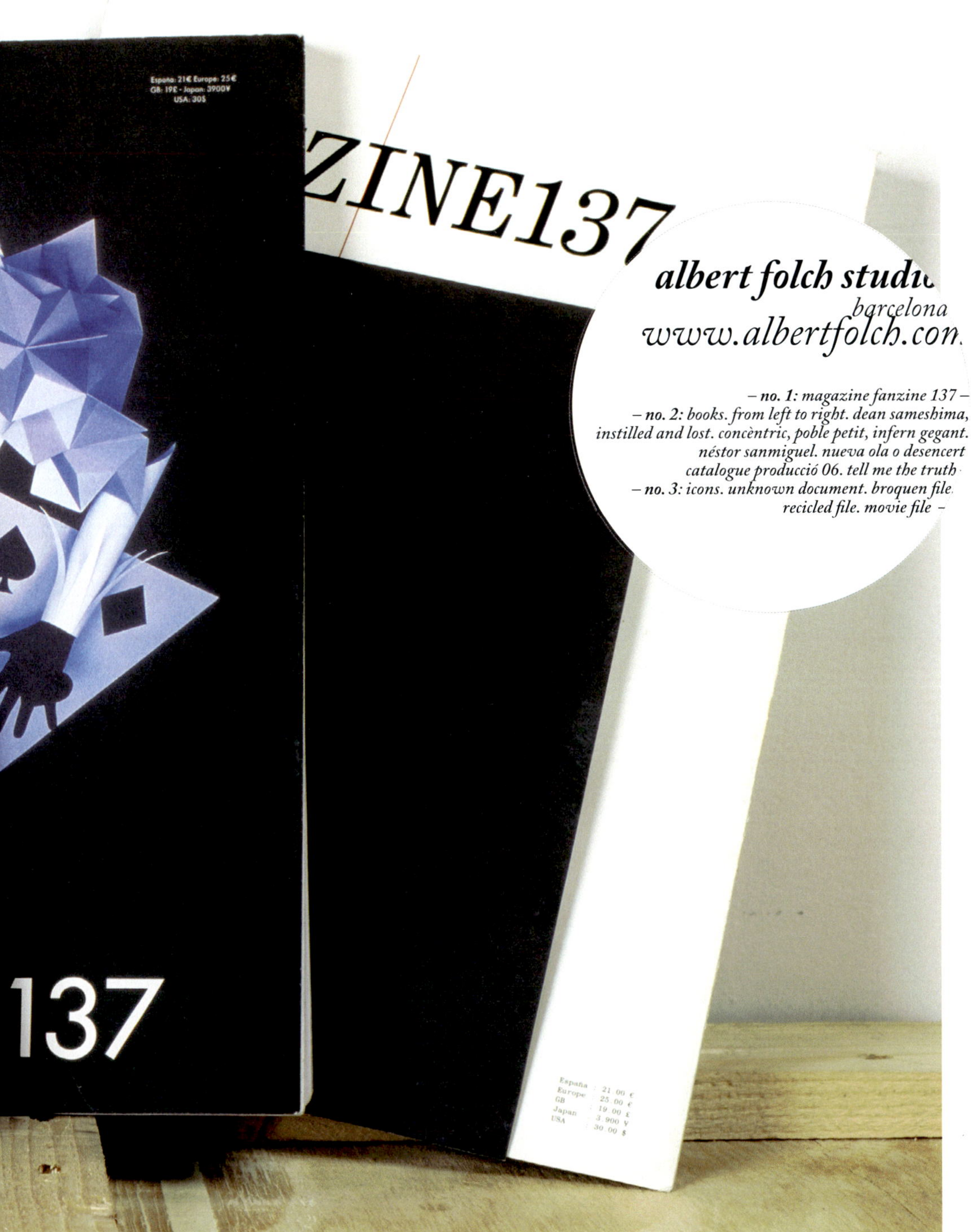

albert folch studio
barcelona
www.albertfolch.com

– **no. 1:** *magazine fanzine 137* –
– **no. 2:** *books. from left to right. dean sameshima, instilled and lost. concèntric, poble petit, infern gegant. néstor sanmiguel. nueva ola o desencert catalogue producció 06. tell me the truth* –
– **no. 3:** *icons. unknown document. broquen file. recicled file. movie file* –

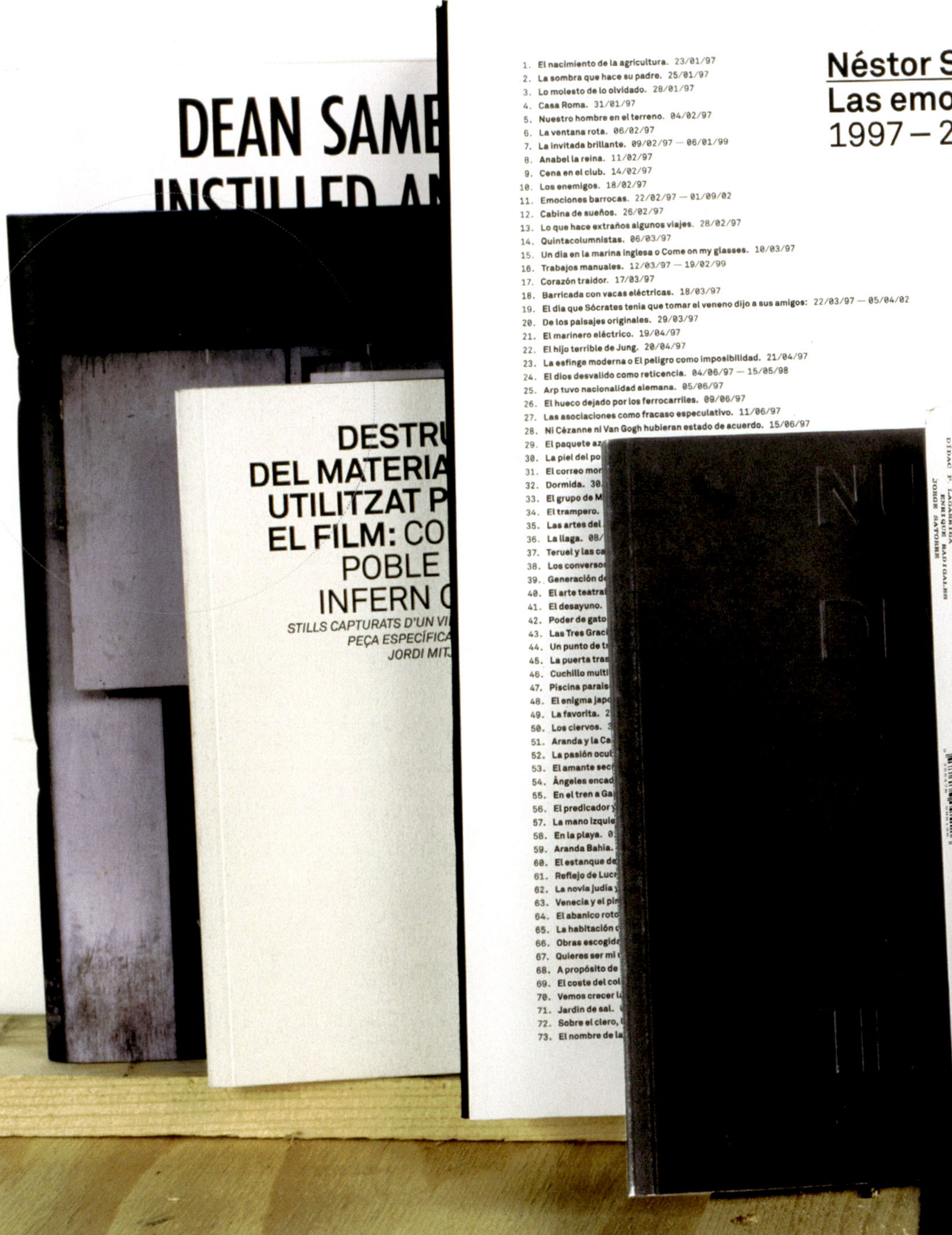

1. El nacimiento de la agricultura. 23/01/97
2. La sombra que hace su padre. 25/01/97
3. Lo molesto de lo olvidado. 28/01/97
4. Casa Roma. 31/01/97
5. Nuestro hombre en el terreno. 04/02/97
6. La ventana rota. 06/02/97
7. La invitada brillante. 09/02/97 — 06/01/99
8. Anabel la reina. 11/02/97
9. Cena en el club. 14/02/97
10. Los enemigos. 18/02/97
11. Emociones barrocas. 22/02/97 — 01/09/02
12. Cabina de sueños. 26/02/97
13. Lo que hace extraños algunos viajes. 28/02/97
14. Quintacolumnistas. 06/03/97
15. Un dia en la marina inglesa o Come on my glasses. 10/03/97
16. Trabajos manuales. 12/03/97 — 19/02/99
17. Corazón traidor. 17/03/97
18. Barricada con vacas eléctricas. 18/03/97
19. El dia que Sócrates tenia que tomar el veneno dijo a sus amigos: 22/03/97 — 05/04/02
20. De los paisajes originales. 29/03/97
21. El marinero eléctrico. 19/04/97
22. El hijo terrible de Jung. 20/04/97
23. La esfinge moderna o El peligro como imposibilidad. 21/04/97
24. El dios desvalido como reticencia. 04/06/97 — 15/05/98
25. Arp tuvo nacionalidad alemana. 05/06/97
26. El hueco dejado por los ferrocarriles. 09/06/97
27. Las asociaciones como fracaso especulativo. 11/06/97
28. Ni Cézanne ni Van Gogh hubieran estado de acuerdo. 15/06/97

guel Diest
es barrocas

BCN
PRO
CIÓ
06

decisió estrictament bibliogràfica i relacionada amb l'extensió dels text
per la facilitat de localitzar els altres dos. L'aparició d'aquest text en s
terès per aprofundir en el que simplement és un punt inicial per al proj
desig de ser respectuosos amb la integritat d'un text que considerem m
alguns aspectes importants que hi son presents com les reflexions que F
volupa al voltant de l'espectador i els aspectes mítics d'aquella performa
entendre que qualsevol altra obra o esdeveniment que permetés reflexion
estat un punt de partida vàlid en aquest projecte.

Com a intervenció visual, Jorge Satorre ha realitzat una sèrie de dibu
eixen un conjunt de flaixos de tot el procés de discussió i de l'experiència
desenvolupament de la seva proposta.

ESAIDAZU EGIA BA
PERO DIME LA VERDAD
TELL ME THE TRUTH

Bizkaiko Foru Aldundiko Arte Plastikoetarako 2003-04 bekak
Becas de Artes Plásticas de la Diputación Foral de Bizkaia 2003-04
Bizkaia Executive Council Contemporary Art Grants 2003-04

2006ko maiatzaren 25etik uztailaren 9ra
Del 25 de mayo al 9 de julio de 2006
25 May to 9 July 2006

AZU
EGIA
BA
—
ERO
E LA
DAD
—
. ME
THE
UTH

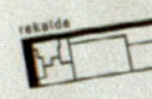

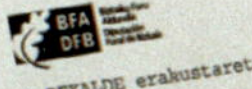

Sala de exposiciones REKALDE erakustaretoa

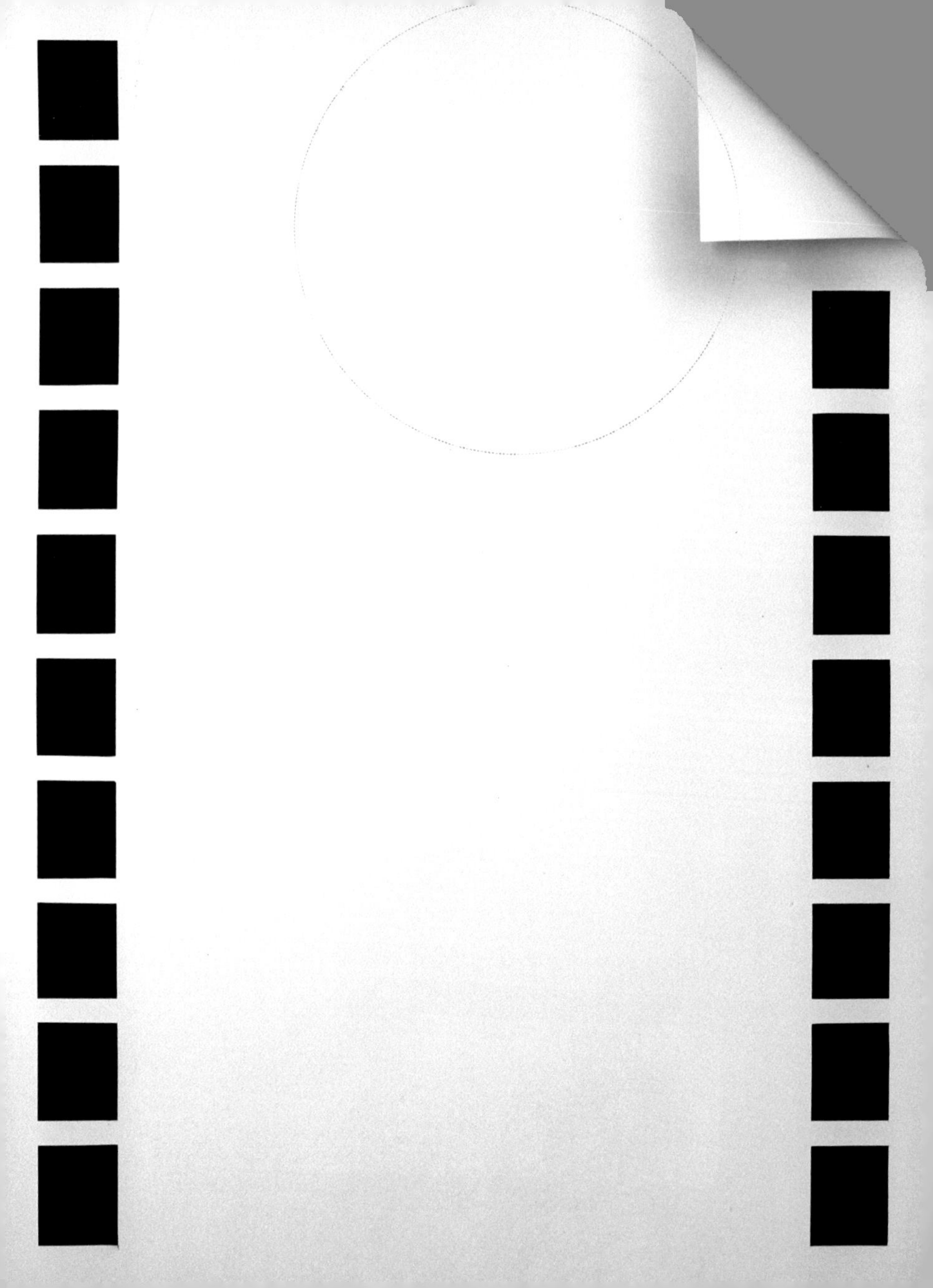

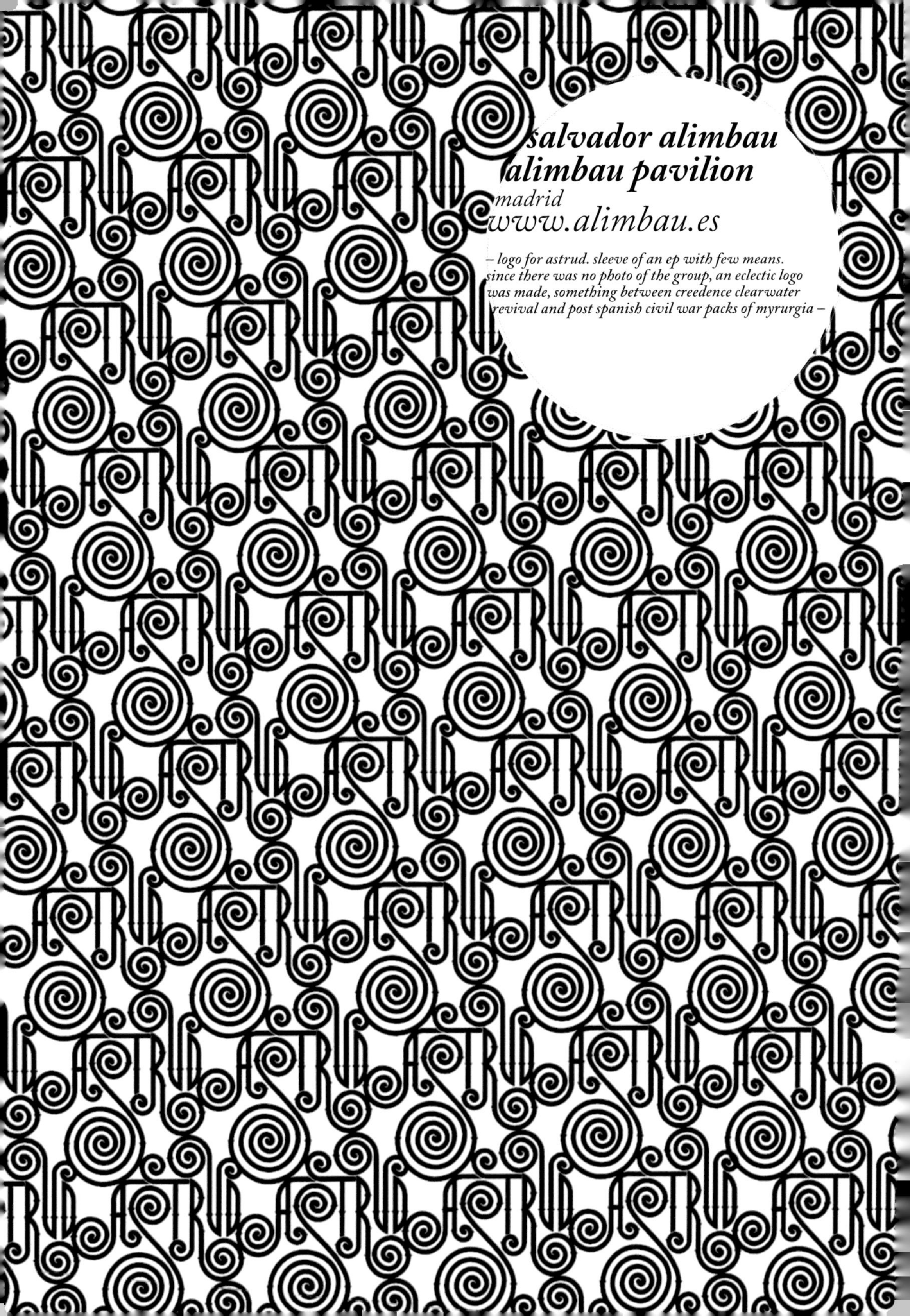

salvador alimbau
alimbau pavilion
madrid
www.alimbau.es

– logo for astrud. sleeve of an ep with few means. since there was no photo of the group, an eclectic logo was made, something between creedence clearwater revival and post spanish civil war packs of myrurgia –

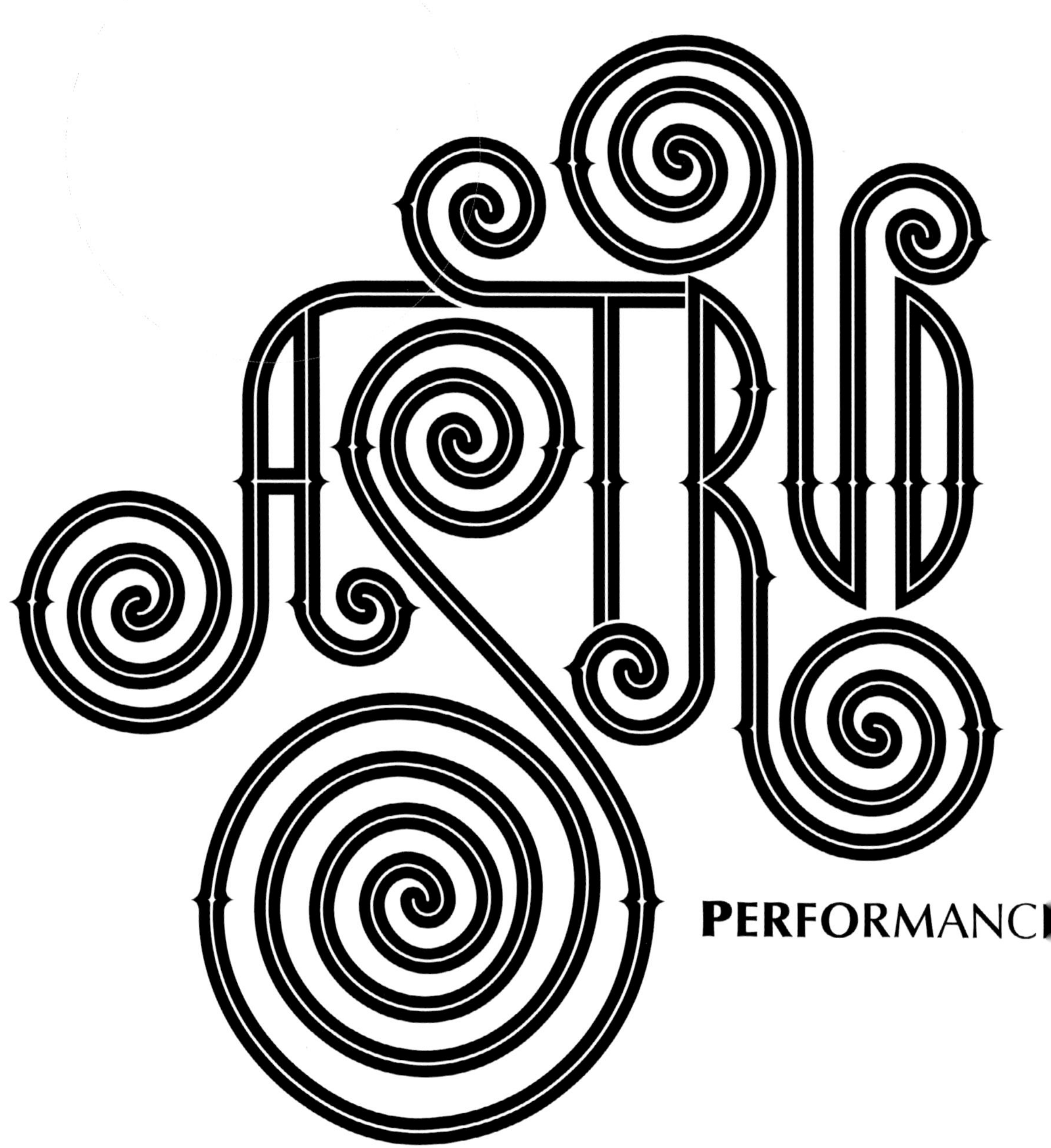
ASTRID
PERFORMANC

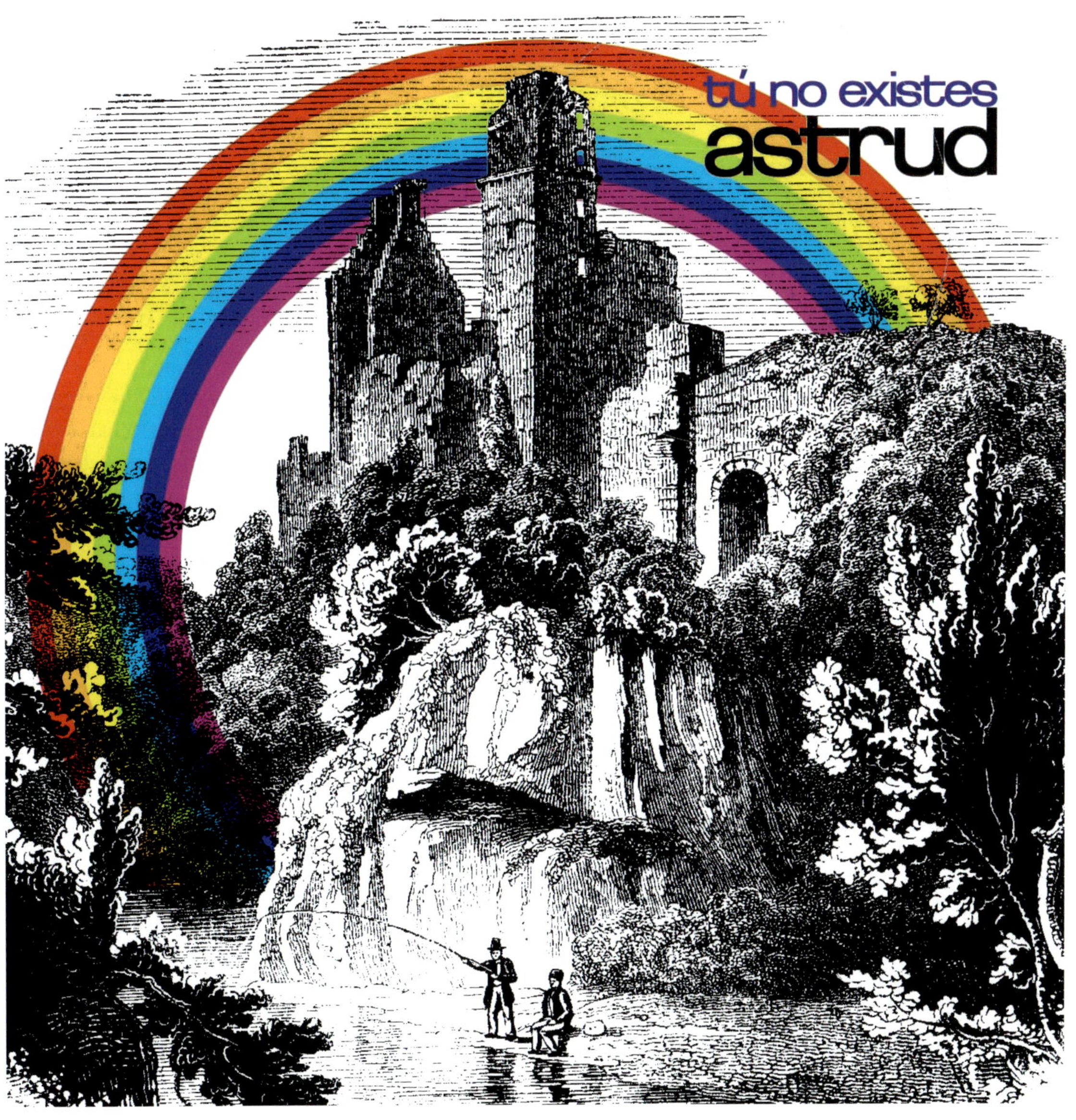
tú no existes
astrud

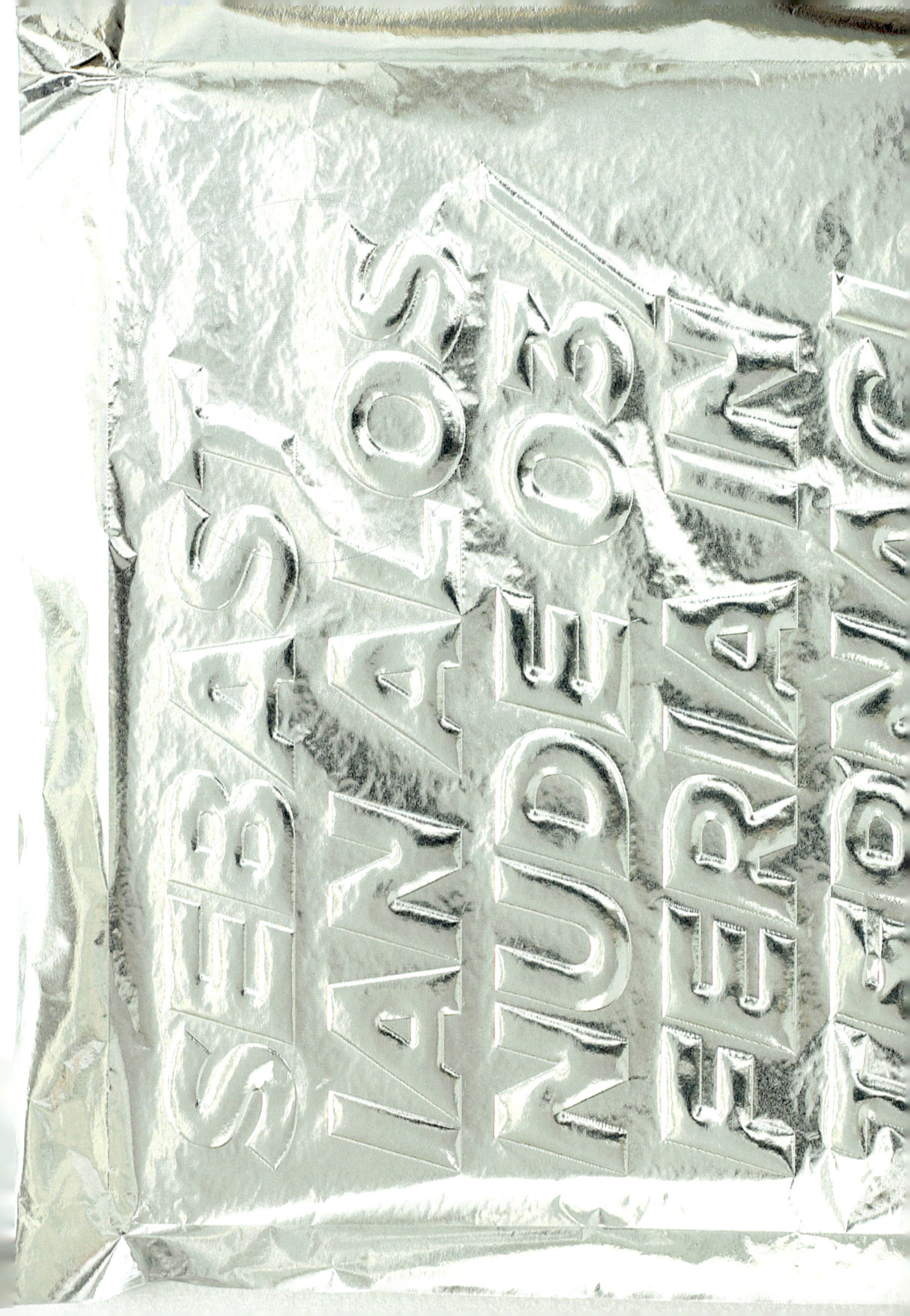

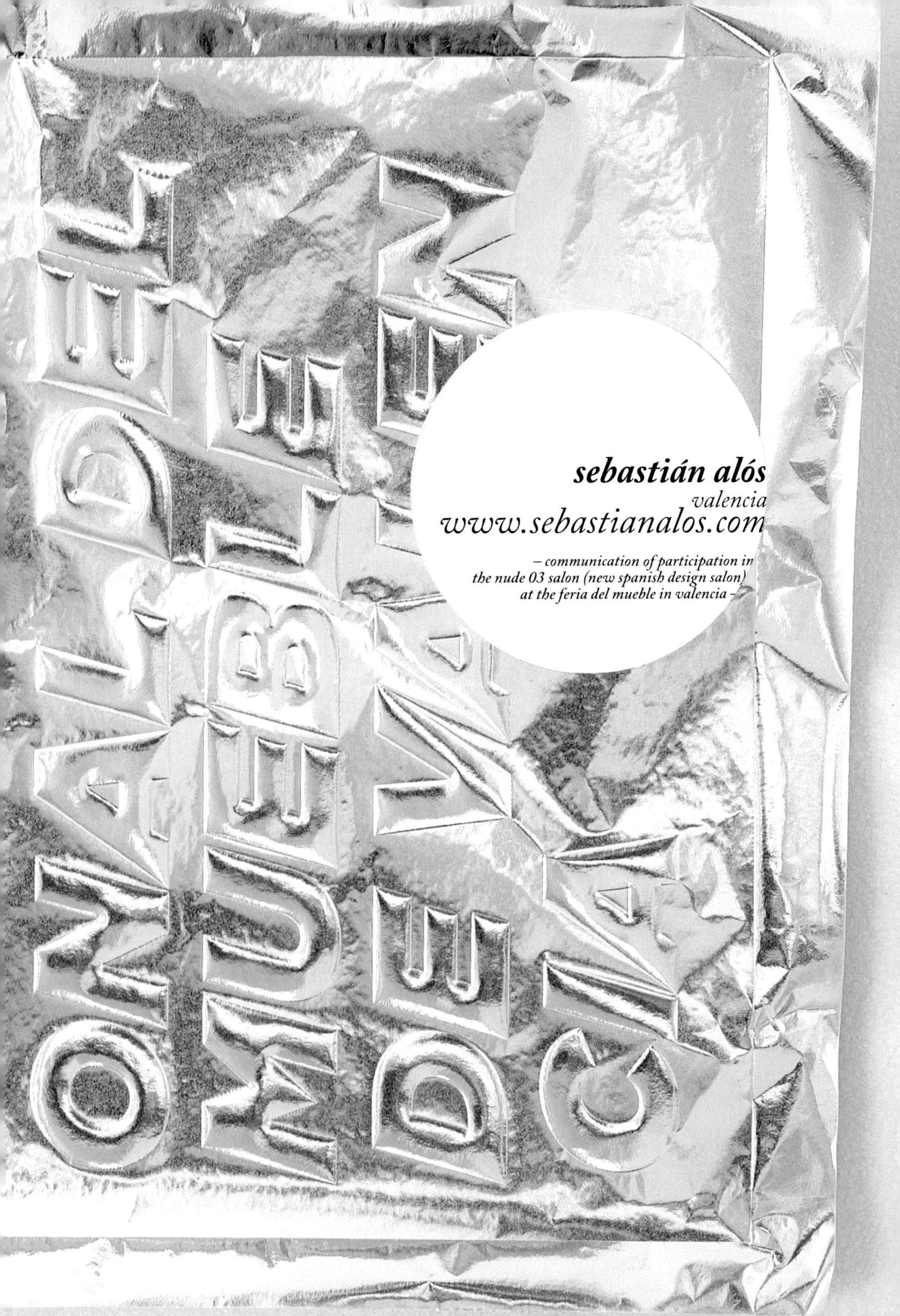
sebastián alós
valencia
www.sebastianalos.com
– communication of participation in
the nude 03 salon (new spanish design salon)
at the feria del mueble in valencia –

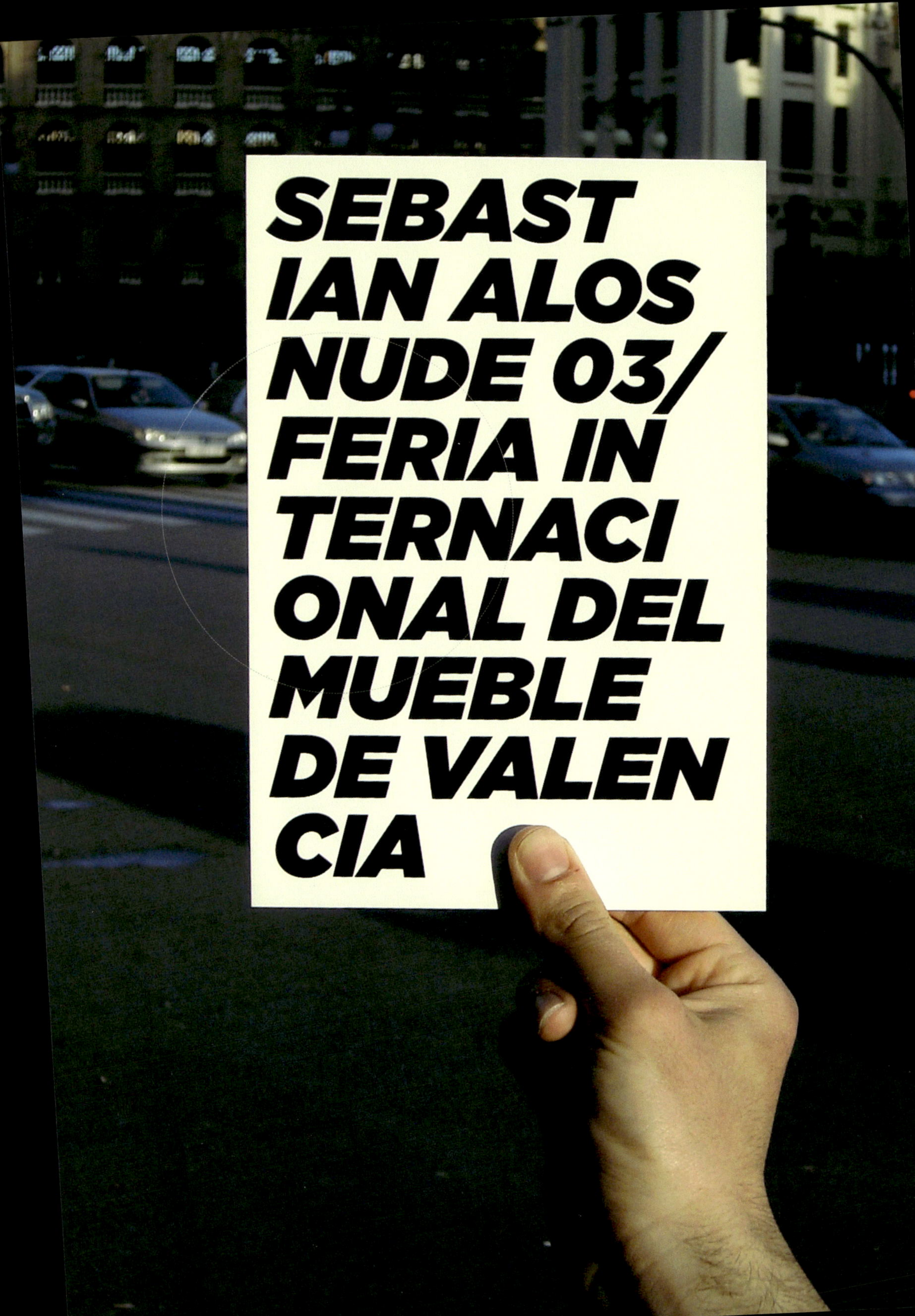
SEBAST
IAN ALOS
NUDE 03/
FERIA IN
TERNACI
ONAL DEL
MUEBLE
DE VALEN
CIA

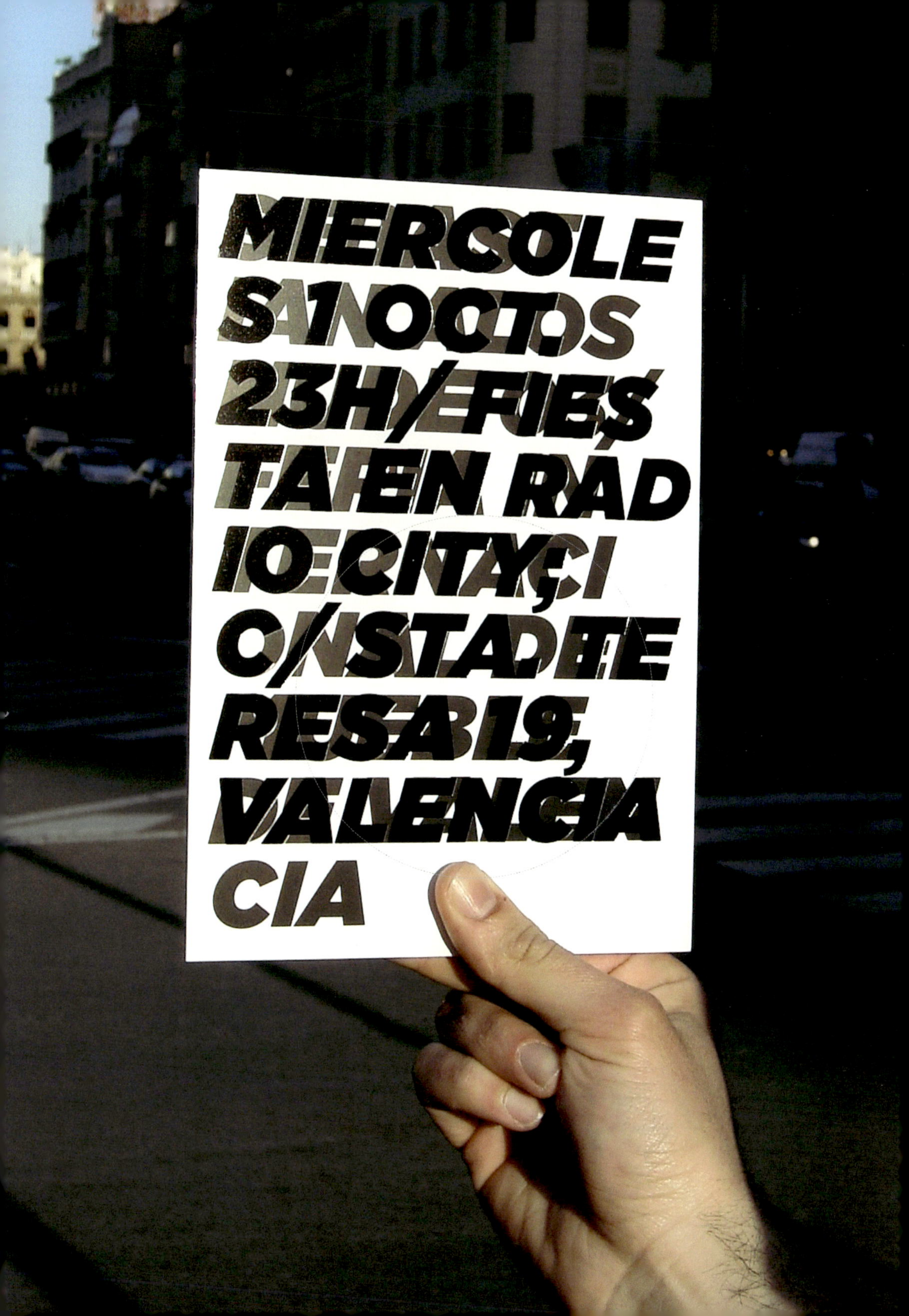
MIERCOLE
S 1 OCT.
23H/ FIES
TA EN RAD
IO CITY,
C/ STA. TE
RESA 19,
VALENCIA
CIA

b b
b b
b b
b b
b b
b b
b b
b b
b b
b b
b b
b b
b b
b b
b b
b b
b b
b b
b b
b b
b b
b b
b b
b b
b b
b b
b b
b b
b b
b b
b b
b b
b b
b b
b b
b b
b b
b b
b b
b b
b b
b b
b b
b b
b b
b b
b b
b b
b b
b b
b b
b b
b b
b b
b b
b b
b b
b b
b b
b b
b b
b b
b b
b b
b b
b b
b b
b b
b b
b b
b b

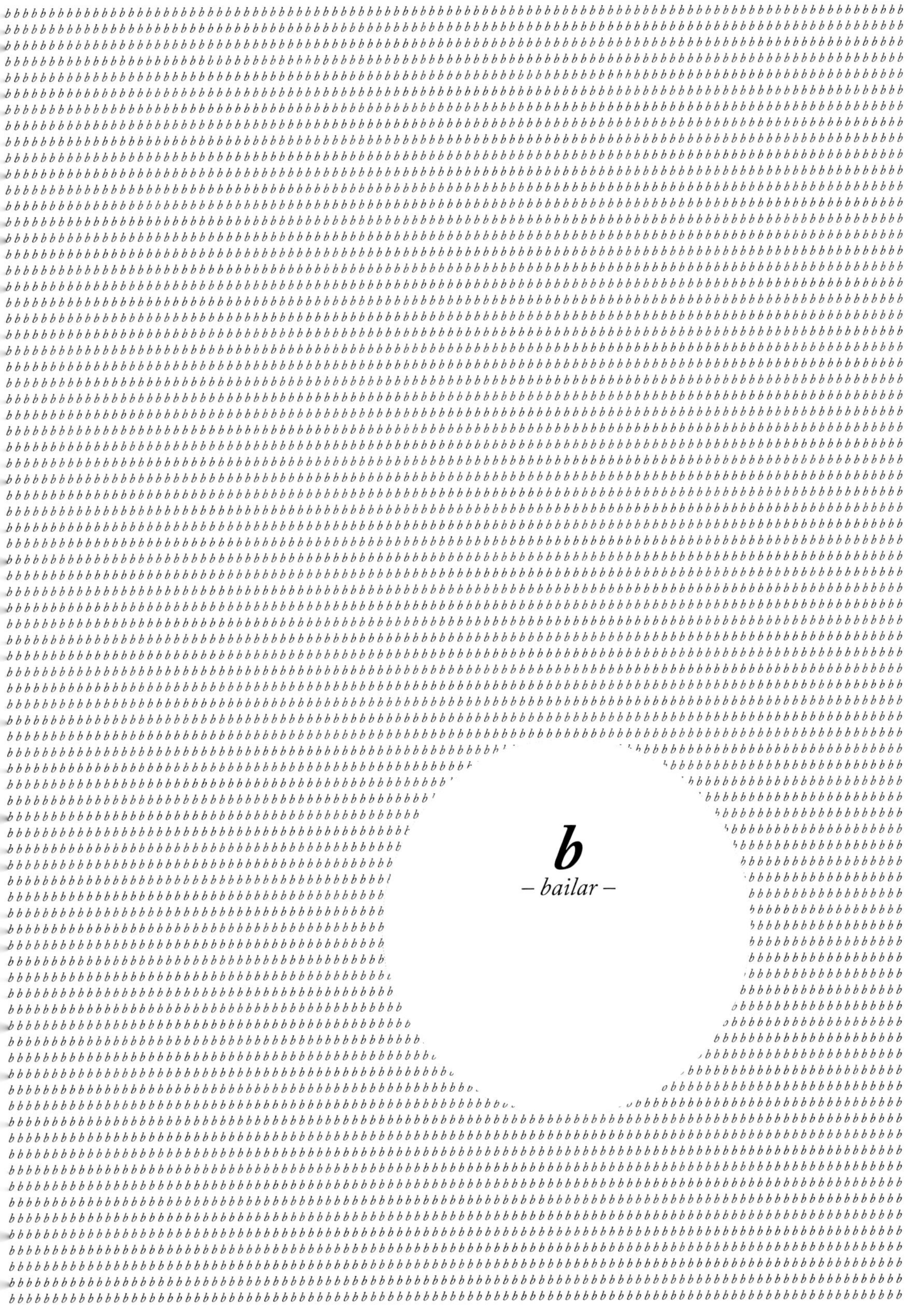

b

– bailar –

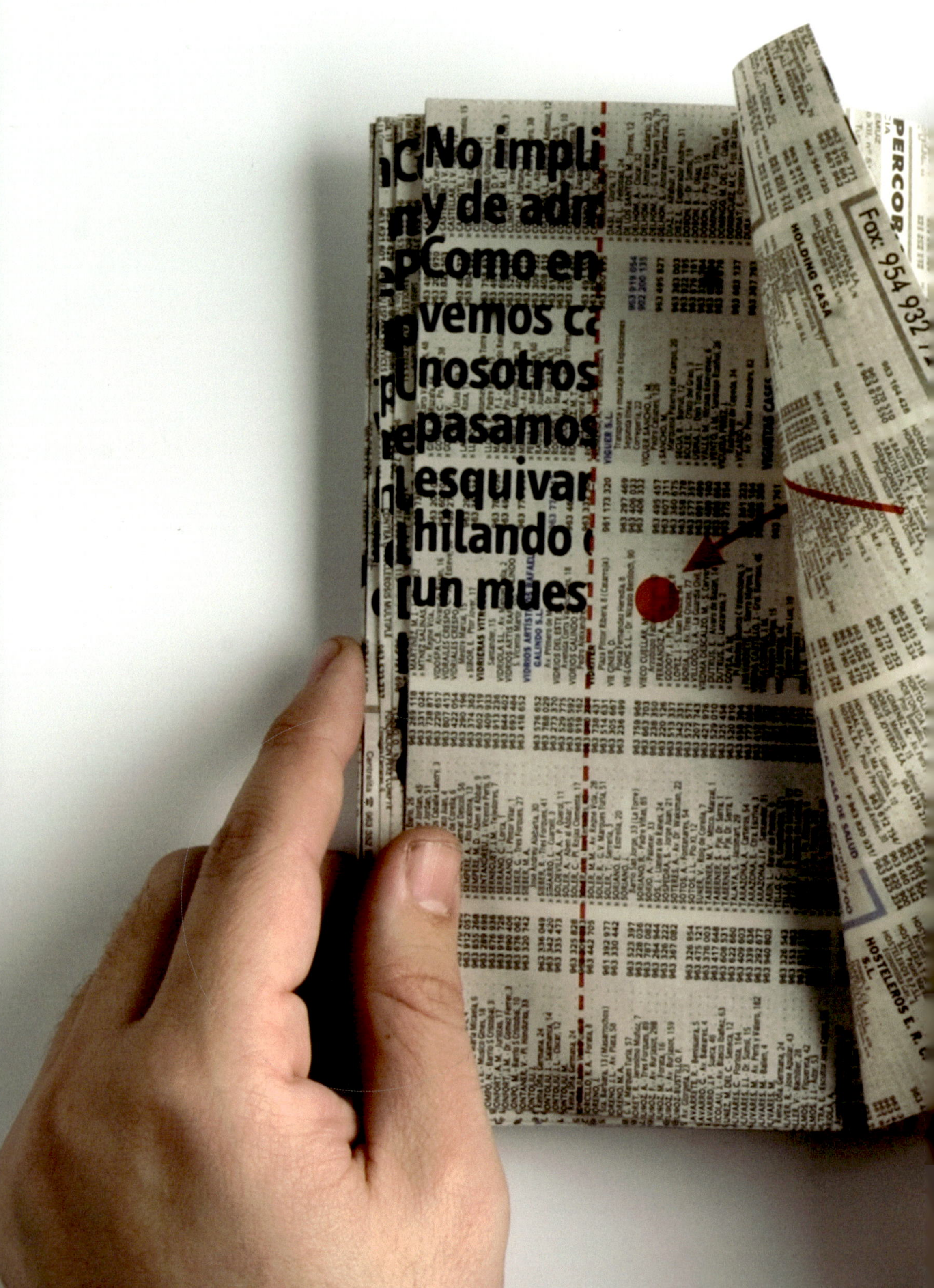
No impli
y de adm
Como en
vemos ca
nosotros
pasamos
esquivar
hilando
un mues
HOLDING CASA
Fax: 954 932

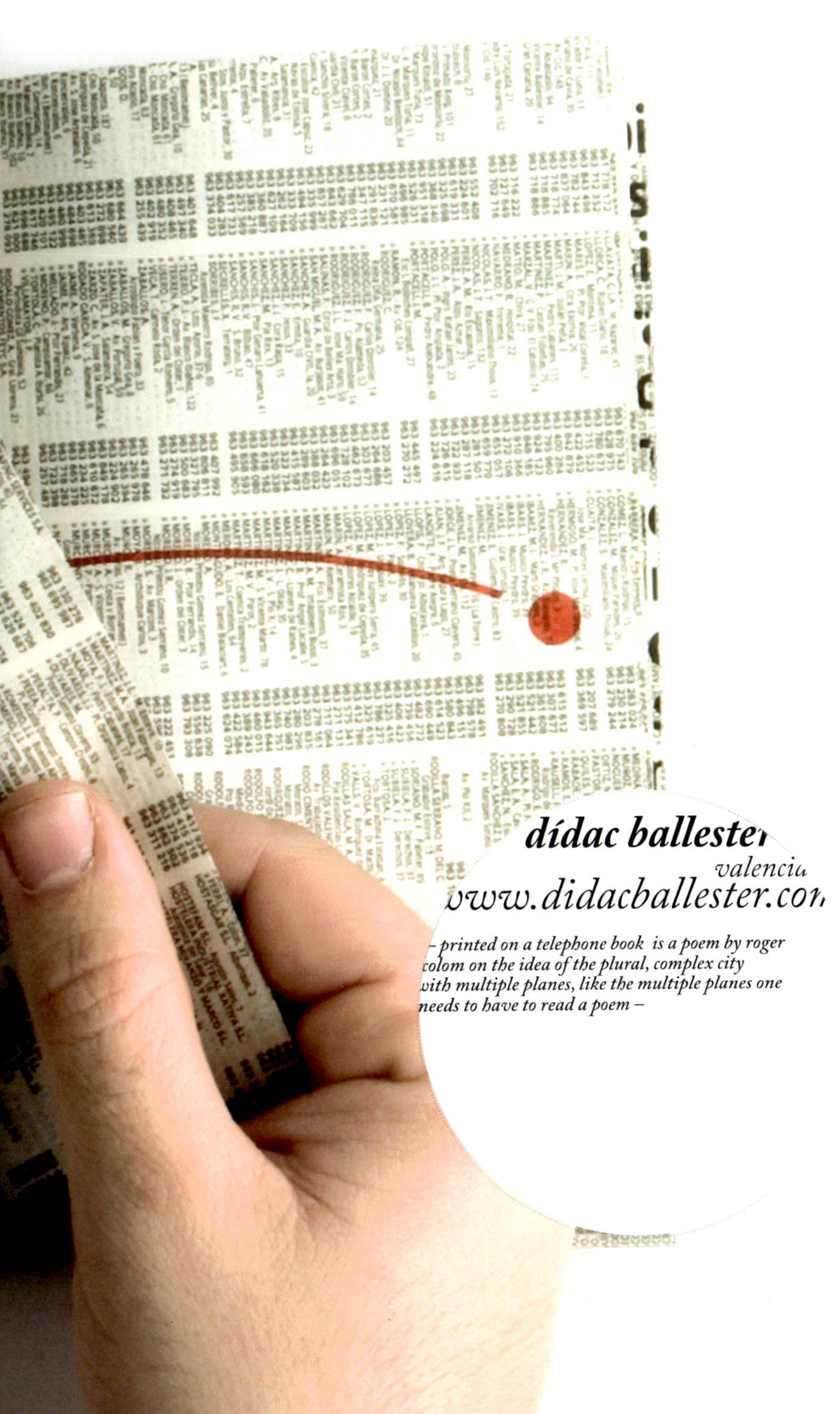

dídac ballester

valencia

www.didacballester.com

– printed on a telephone book is a poem by roger colom on the idea of the plural, complex city with multiple planes, like the multiple planes one needs to have to read a poem –

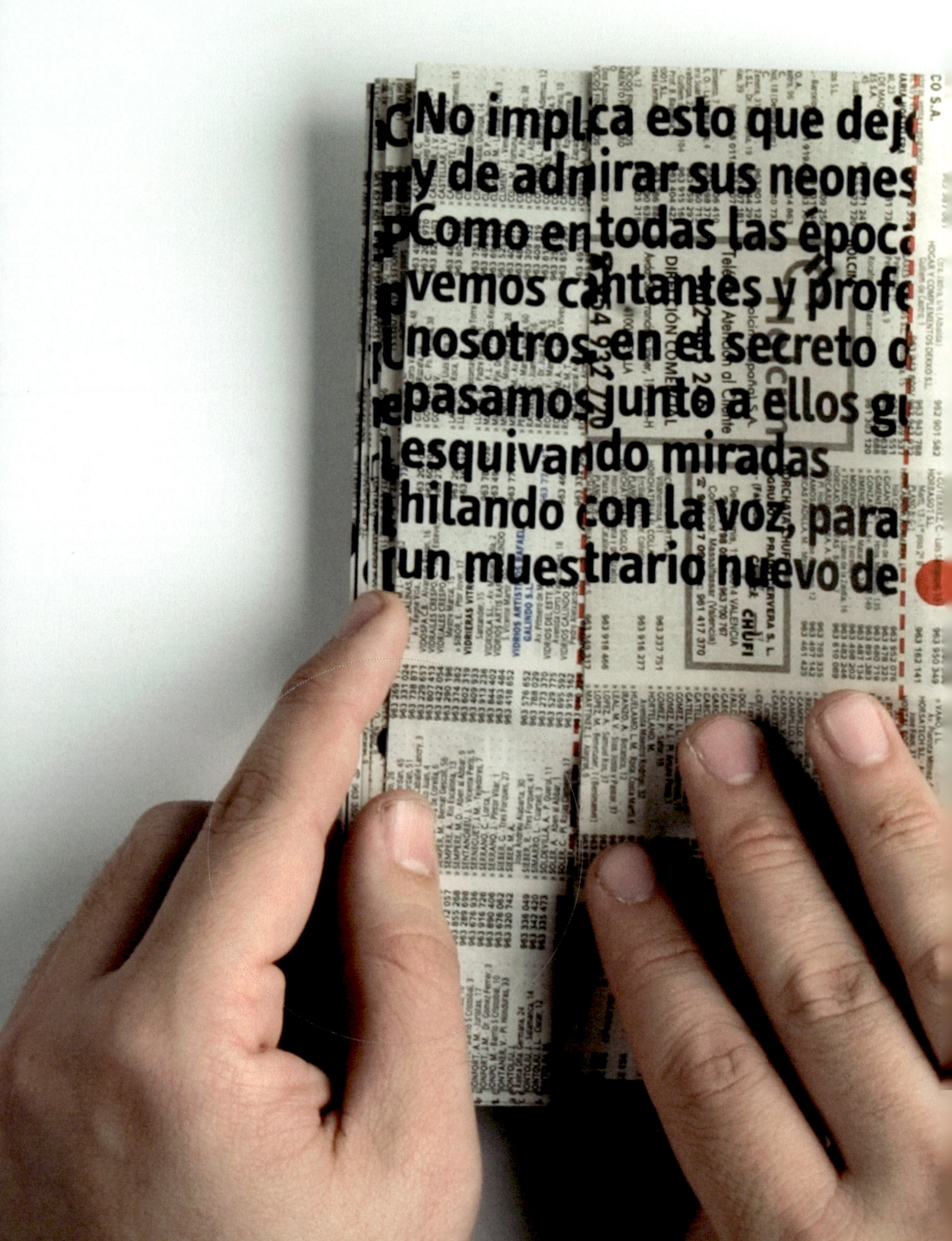
No implica esto que dej
y de admirar sus neones
Como en todas las époc
vemos cantantes y profe
nosotros, en el secreto d
pasamos junto a ellos gu
esquivando miradas
hilando con la voz, para
un muestrario nuevo de

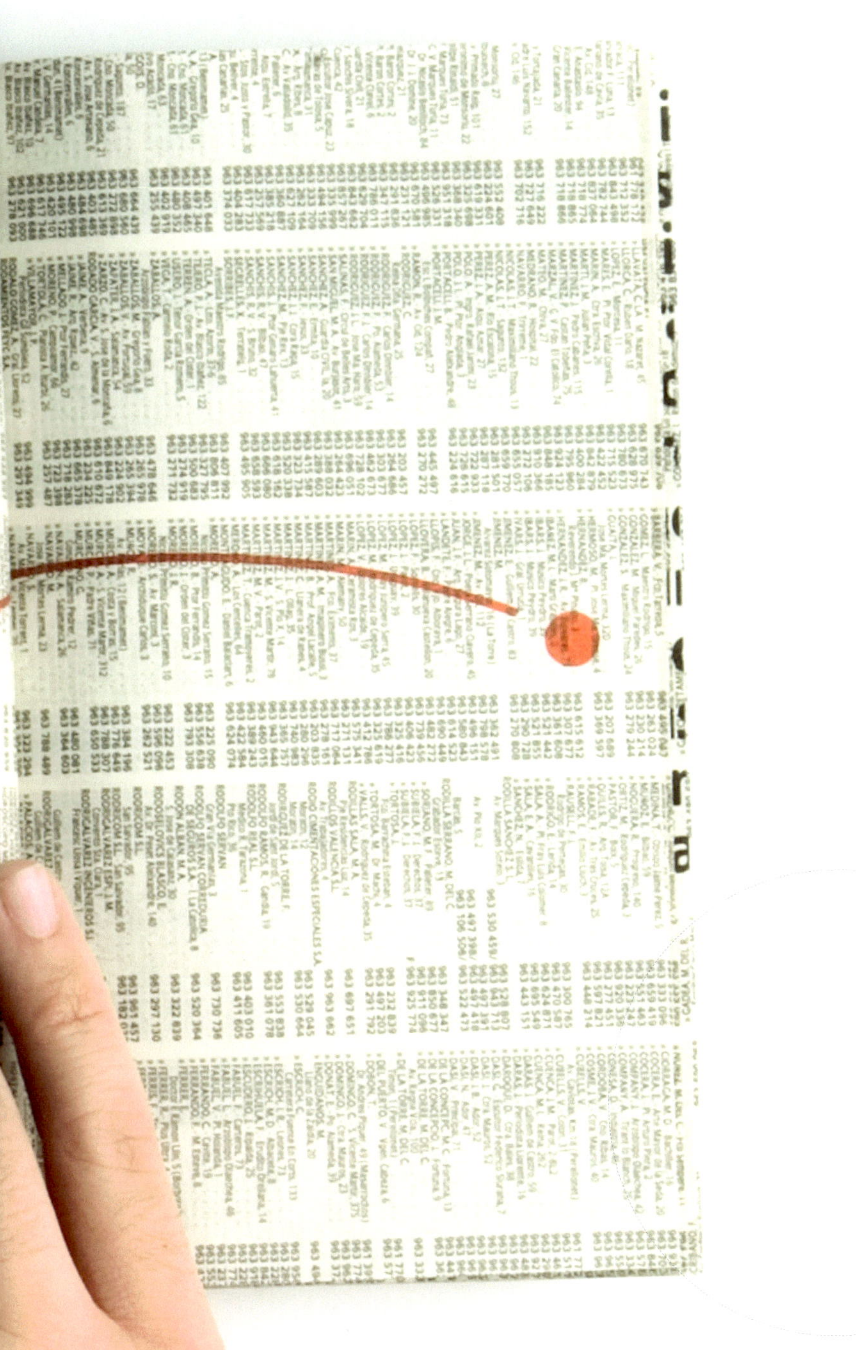

FANATICAL

UNO

...natical

...minencia
frente al
odio del uno por
...e al uno.

Paco Bascuñán-07

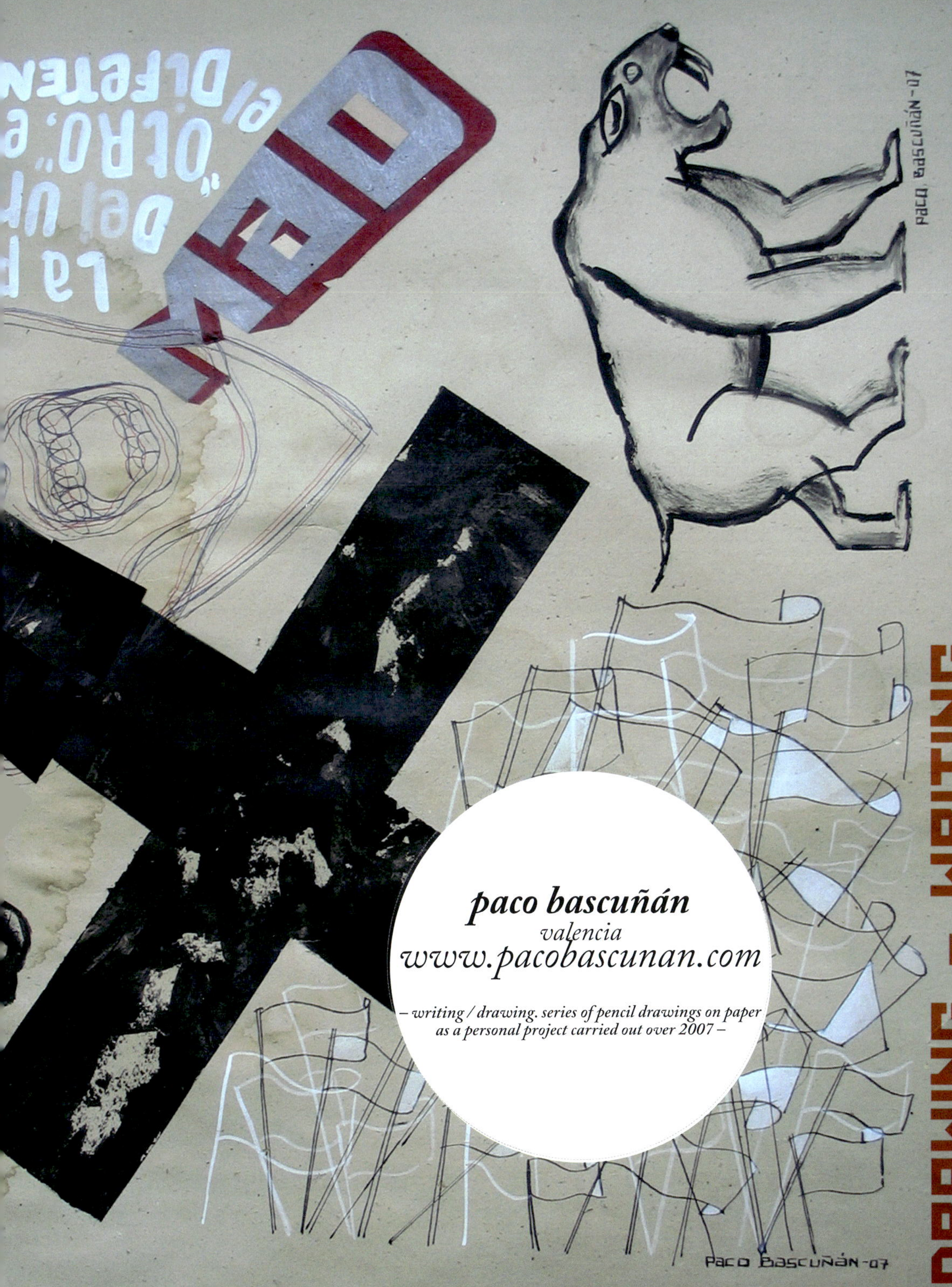

paco bascuñán

valencia

www.pacobascunan.com

– writing / drawing. series of pencil drawings on paper as a personal project carried out over 2007 –

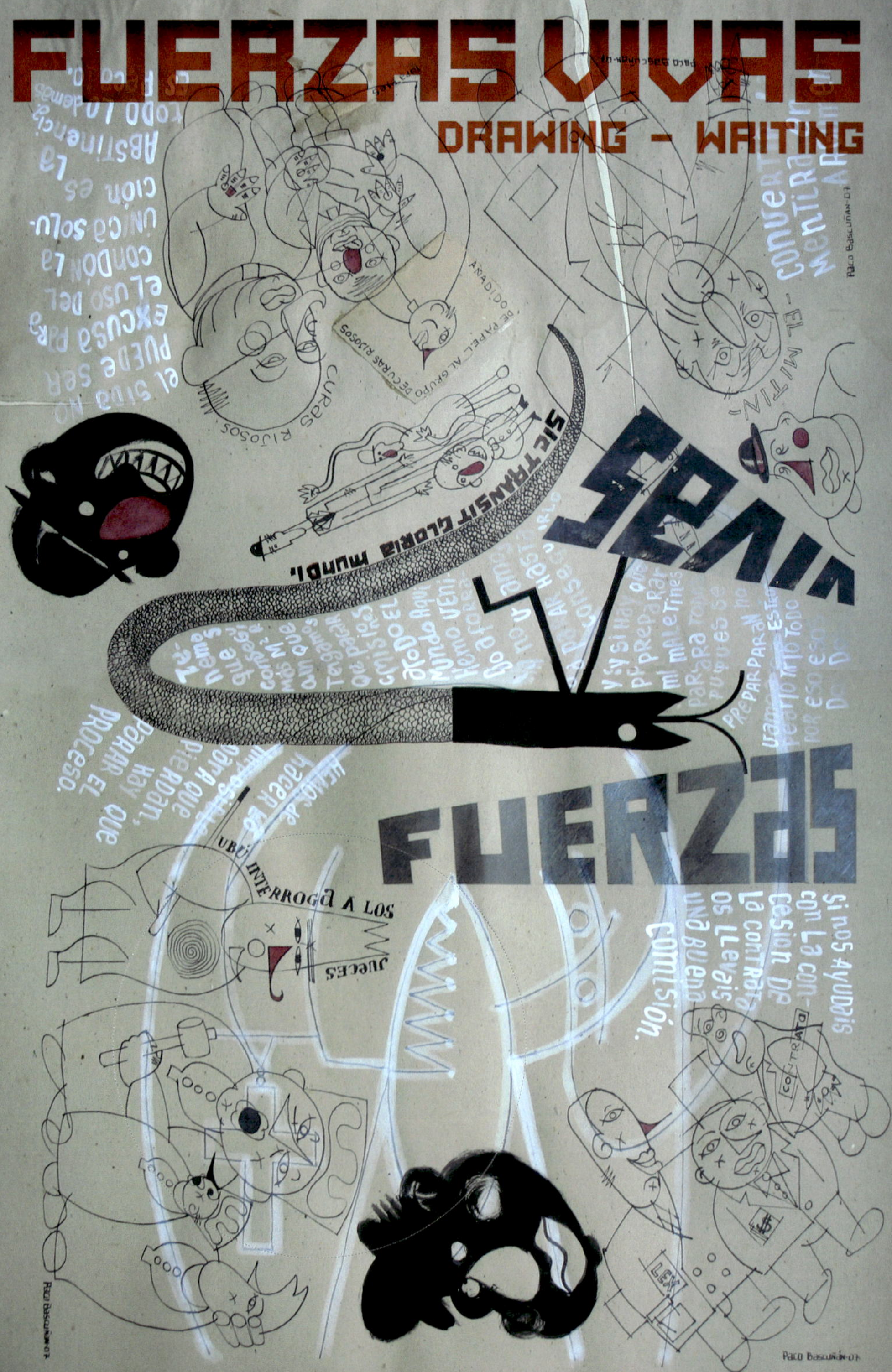

FUERZAS VIVAS
DRAWING - WRITING
SIC TRANSIT GLORIA MUNDI
CURAS RIJOSOS
UBÚ INTERROGA A LOS JUECES
FUERZAS
VIVAS
Paco Bascuñán-07

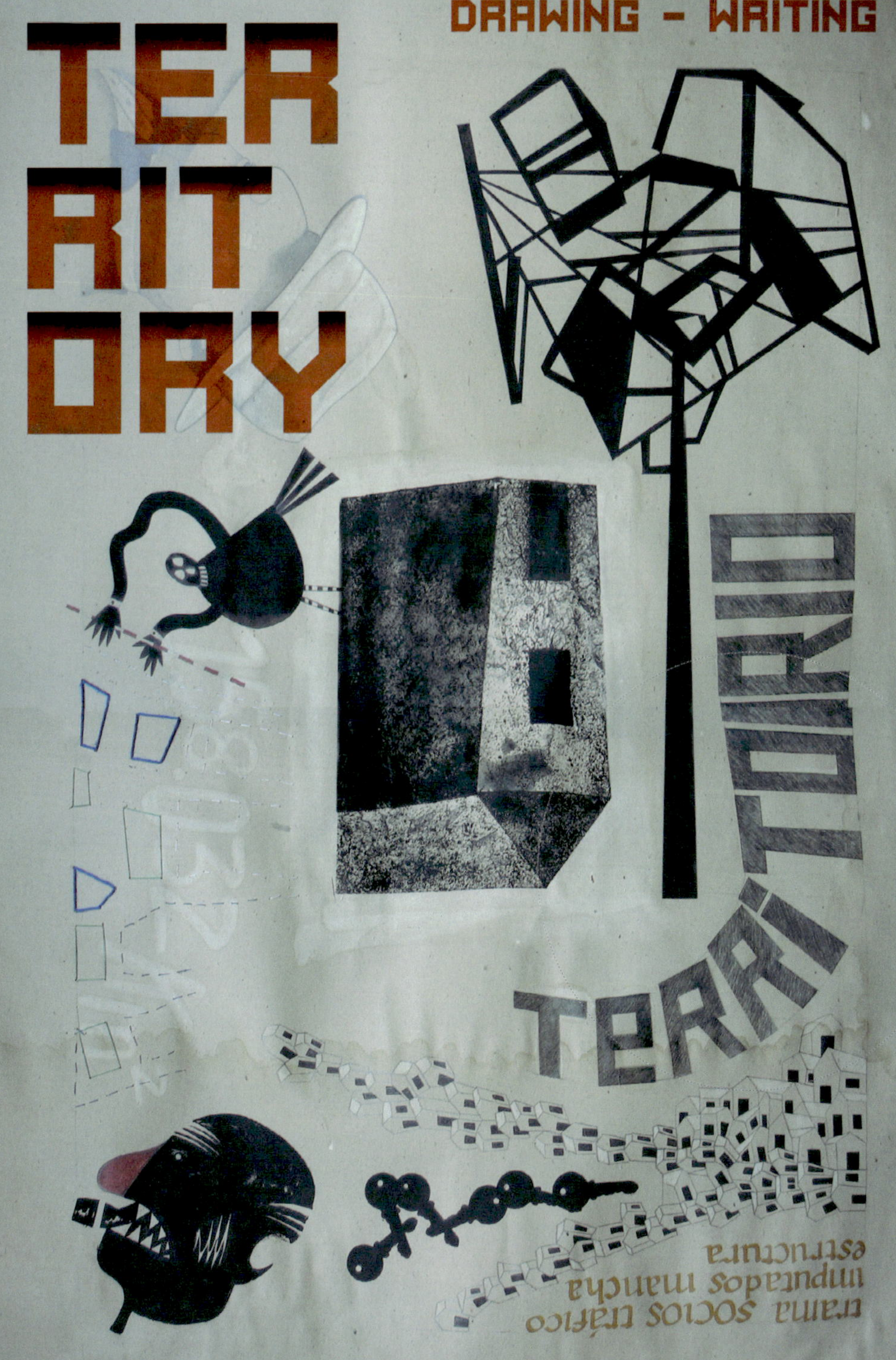
DRAWING - WRITING
TER
RIT
ORY
TERRI
TORIO
trama socios tráfico
imputados mancha
estructura

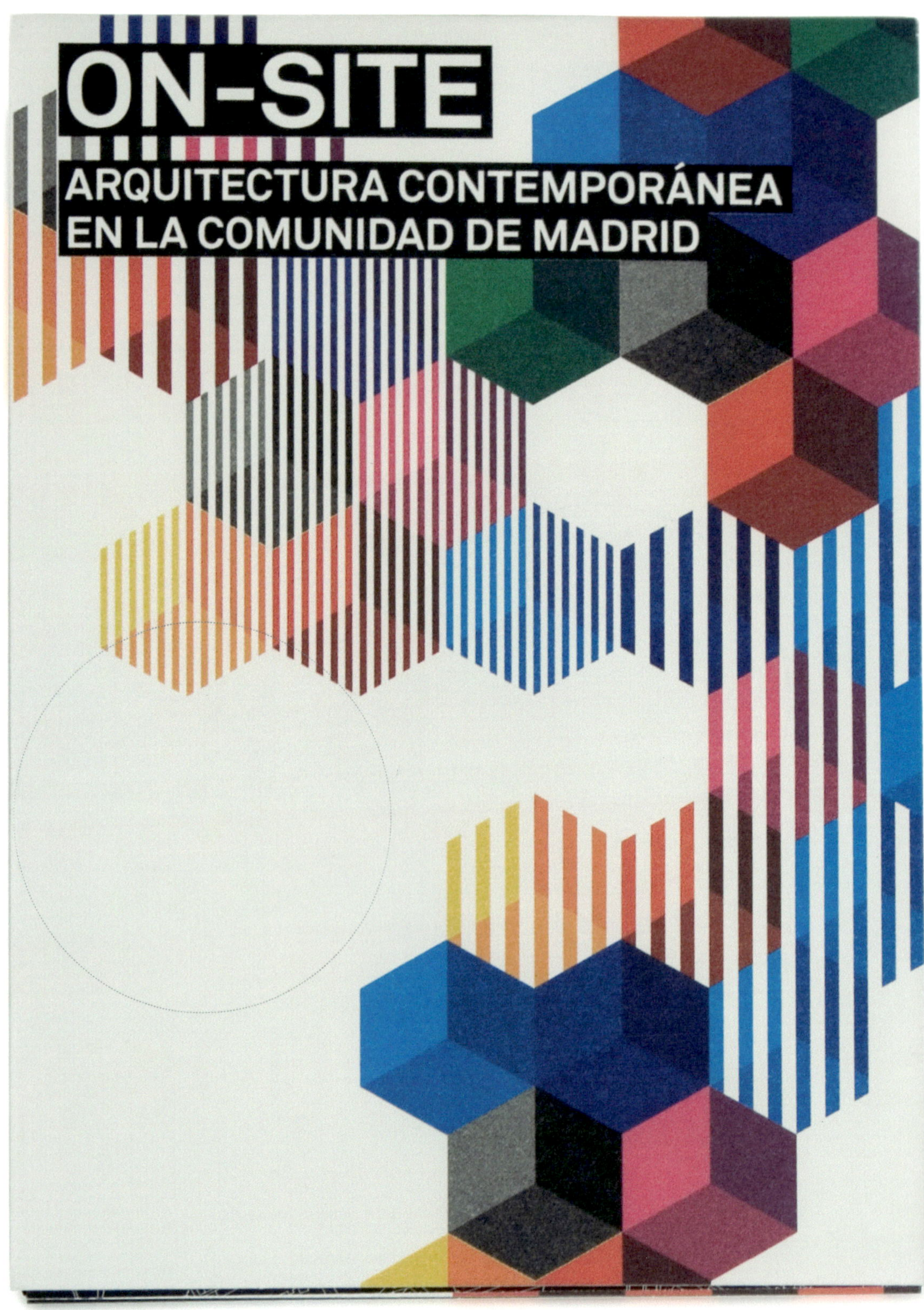
ON-SITE
ARQUITECTURA CONTEMPORÁNEA
EN LA COMUNIDAD DE MADRID

ON-SITE
TOUR

TOUR-F
CIUDAD MUSEO

base design
barcelona
www.basedesign.com

*– **no. 1:** on-site. the cube as an architectural figure is the basis of the image of on-site. colors that could be combined were used according to the communication needs of the project, an initiative of moma – **no. 2:** se vende museo. box catalog for the portable museum, work of carmen cantón, with everything necessary to know what it is about, how to acquire, and what the centro de arte ego requires of you – **no. 3:** fad. three basic figures articulate the fed graphic system. the three figures are structured on a grid, forming vertical or horizontal marks with multiple possibilities.*

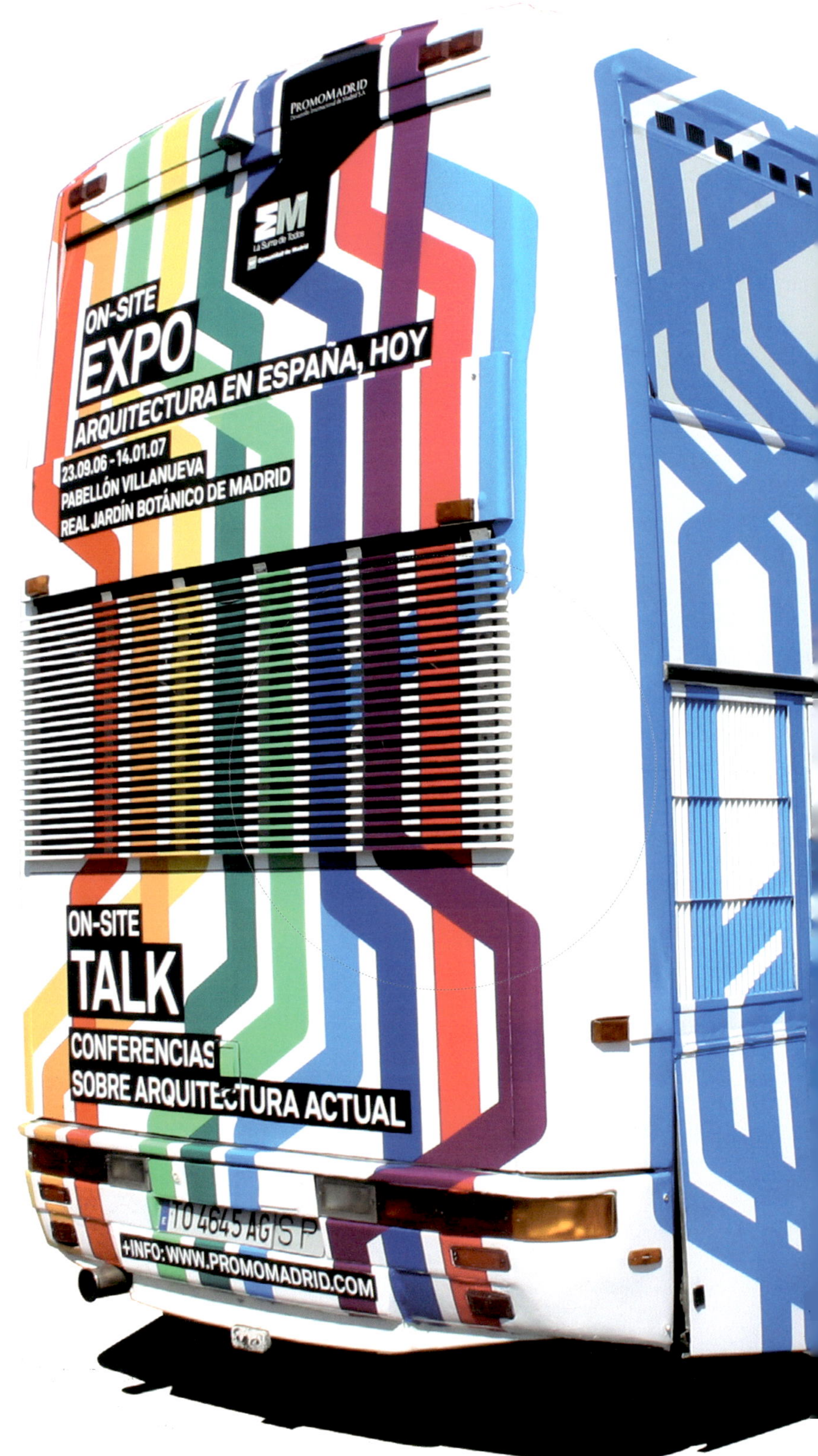

PROMOMADRID
ON-SITE
EXPO
ARQUITECTURA EN ESPAÑA, HOY
23.09.06 - 14.01.07
PABELLÓN VILLANUEVA
REAL JARDÍN BOTÁNICO DE MADRID
ON-SITE
TALK
CONFERENCIAS
SOBRE ARQUITECTURA ACTUAL
TO 4645 AG SP
+INFO: WWW.PROMOMADRID.COM

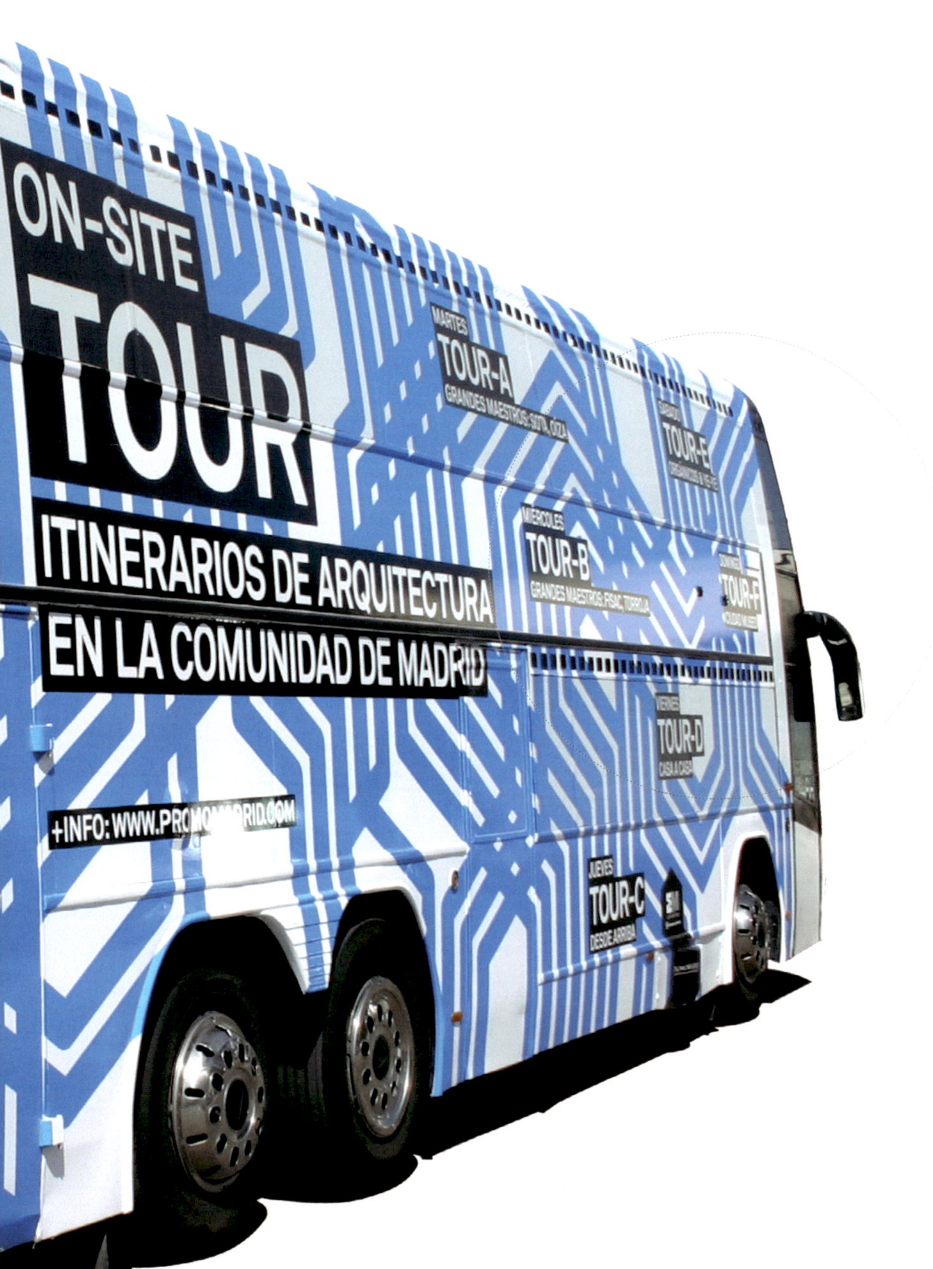
ON-SITE
TOUR
ITINERARIOS DE ARQUITECTURA
EN LA COMUNIDAD DE MADRID
MARTES
TOUR-A
GRANDES MAESTROS: SOTA, OIZA
TOUR-E
MIERCOLES
TOUR-B
GRANDES MAESTROS: FISAC, TORROJA
TOUR-F
VIERNES
TOUR-D
CASA A CASA
+INFO: WWW.PRO RID.COM
JUEVES
TOUR-C
DESDE ARRIBA

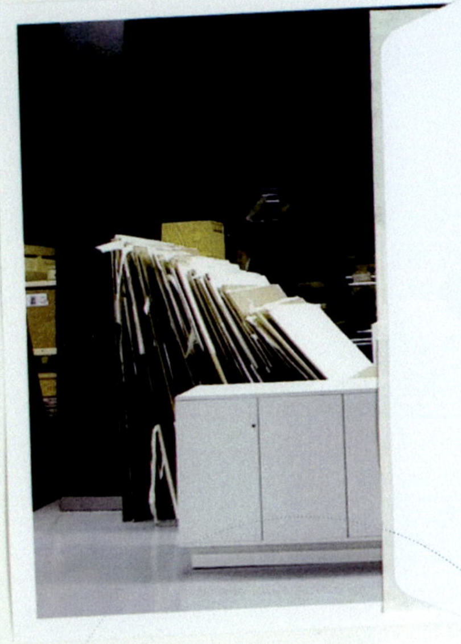

私が美術館は、安価であり
計された家庭用家具で、二
箱に分解され、その使用と
明書、ネオン灯から成って

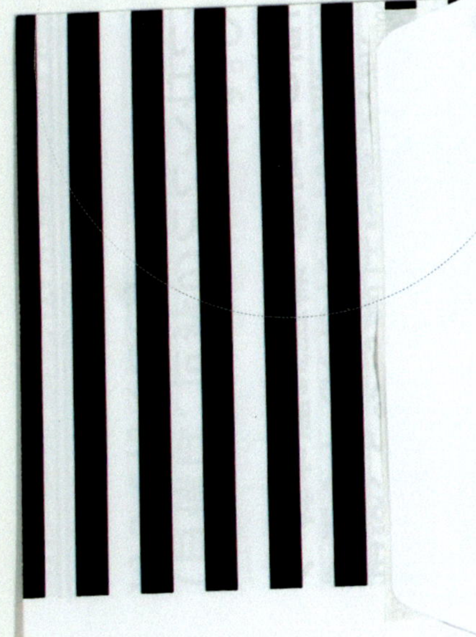

売ります
美術館

ら、うまく設
のダンボール
立用の取扱説
す。

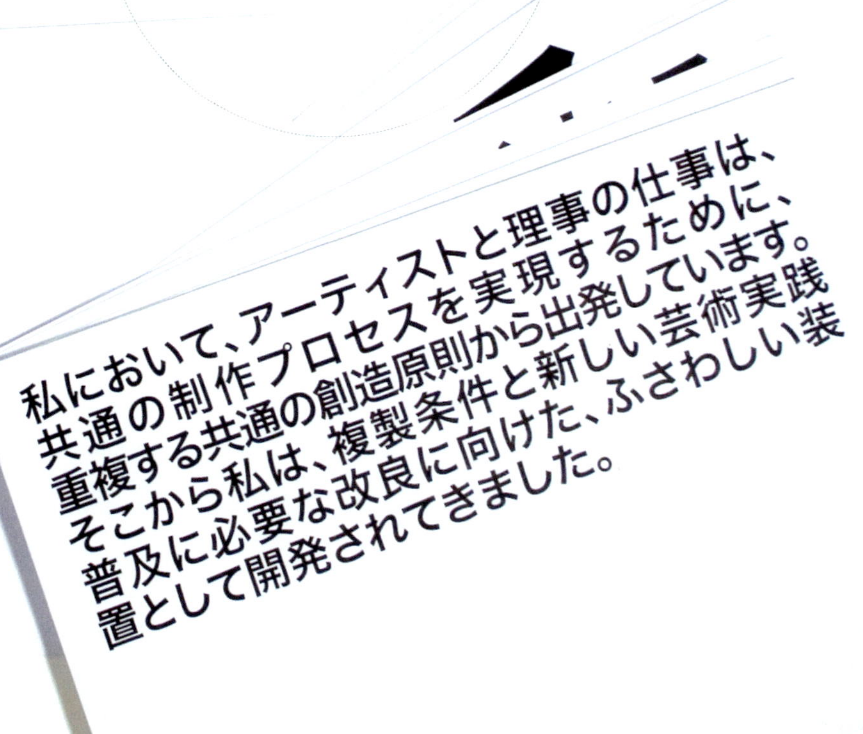

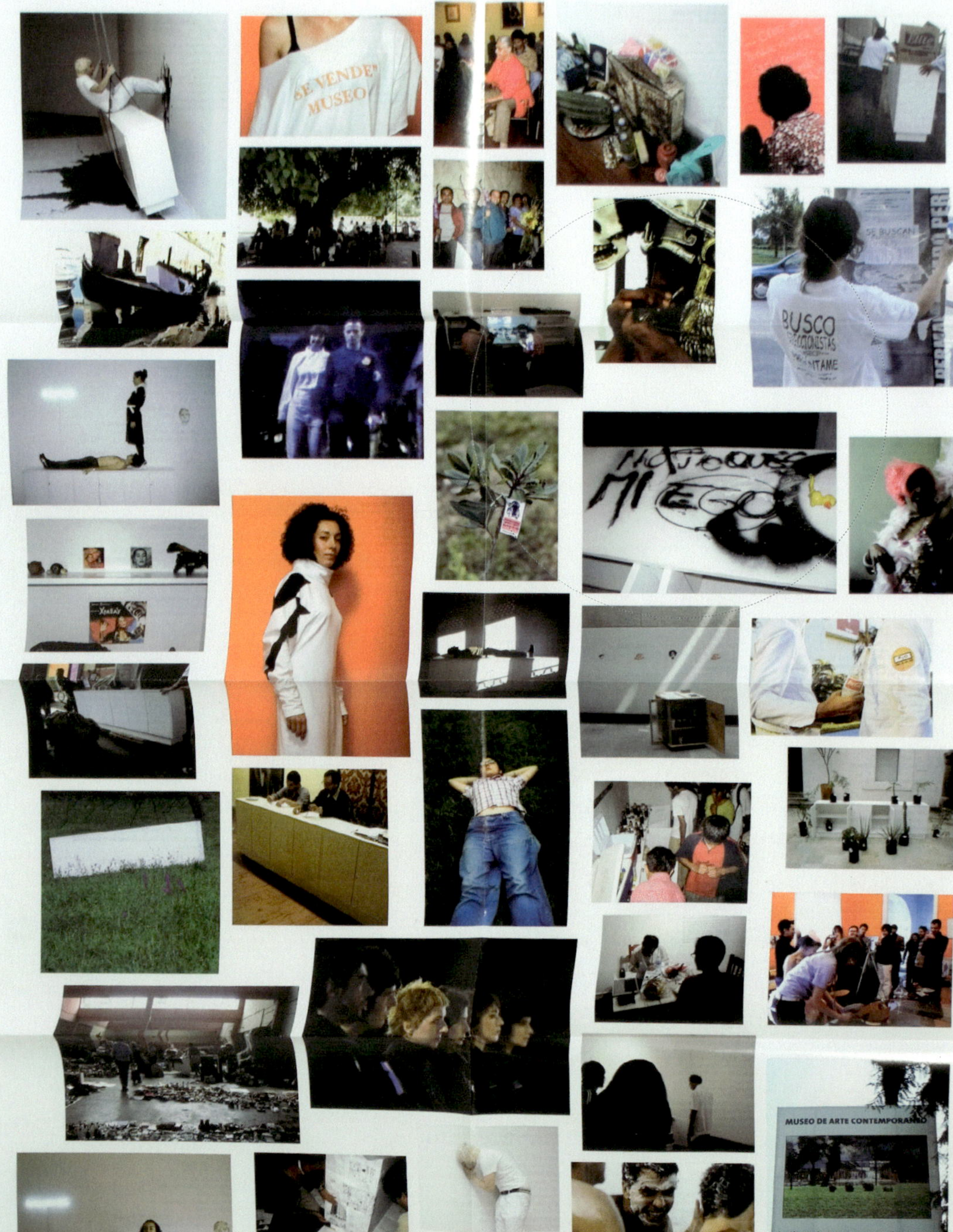
SE VENDE
MUSEO
SE BUSCAN
BUSCO
MUSEO DE ARTE CONTEMPORÁNEO
Instituto de Arte Contemporáneo - I A C

“目標は、世界のどこへ行こうと、そこへ美術館も一緒に持って行くこと”

N.10
juny
2007

Pl. dels Àngels, 5-6
08001 Barcelona
T 93 443 75 20
F 93 329 60 79
fad@fadweb.org
www.fadweb.org

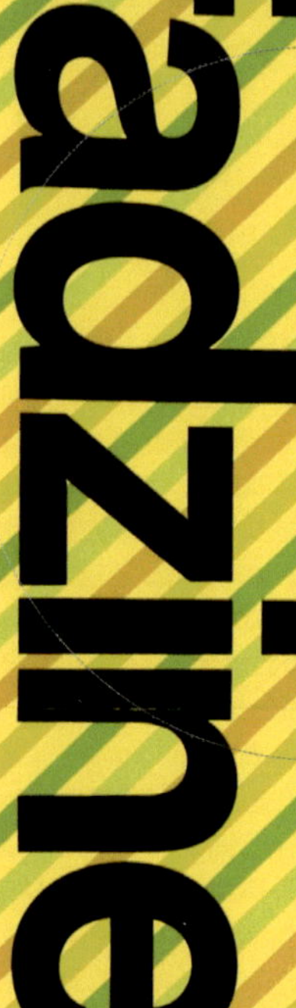

Foment
de les Arts
i del Disseny

fad

agenda del fad

Dimecres 06
INAUGURACIÓ TRIENNAL D'ARQUITECTURA DE LISBOA
Presentació de la Triennal d'arquitectura de Lisboa i de l'exposició "Europa, arquitectura portuguesa en emissió", a càrrec de Jorge Figueira i Nuno Grande. A més, s'inicia el cicle de conferències que s'emmarquen en aquesta triennal amb la xerrada de Manuel Aires Mateus i una taula rodona moderada per Beth Galí.

19:30 h. conferències.
Auditori FAD.
21:30 h. cocktail d'inauguració.
Fòrum FAD. Accés lliure.

+ info:
www.portugalconvida.net

Organitza:
Consulat General de Portugal

Dijous 07
FORUM LAUS 07
La 7ª edició del Forum Laus es dedica a quatre especialitats: publicitat, comunicació interactiva, disseny de premsa i disseny col·lateral. El dijous 7 pel matí l'especialitat és la publicitat i els convidats són l'actual i els anteriors presidents del Club de Creativos, Jess Greenwood, de Contagious Magazine, i Fernando Vega Olmos, de l'agència Lola. La tarda es dedica als interactius, amb Tomás Fernández, de Tiempo BBDO, Iñaki Martí, de Shackelton, i Natalia Rojas, de Cuatic.

CaixaFòrum
(Avda. Marquès de Comillas, 6-8).
Consultes sobre horaris i preus:
ADG-FAD (93 443 75 20).

+ info: www.adg-fad.org

Organitza: ADG-FAD

Dijous 07
TRIENNAL D'ARQUITECTURA DE LISBOA
En el marc de la Triennal d'arquitectura de Lisboa, s'ofereixen 2 conferències a càrrec de J.L. Carrilho da Graça i Ricardo Bak Gordon, respectivament. A més, Carmen Pinós modera una taula rodona.

19:30 h.
Auditori FAD. Accés lliure.

+ info:
www.portugalconvida.net

Organitza:
Consulat General de Portugal

Dijous 07
PEPA PEDROL, EN INCUBACIÓ
L'exposició de Pepa Pedrol, professional en incubació de la 1ª edició de la Incubadora del FAD, mostra objectes quotidians reinventats, creats a partir de juxtaposicions i de petites metamòrfosis, amb una mirada irònica i fugint de l'estricta funcionalitat. Algunes creacions s'han concebut des d'un punt de vista visual i poètic, mentre que d'altres s'han dissenyat gràcies a la combinació d'elements moderns i tradicionals, per fer evident la recerca de la dualitat.

19:30 h. inauguració.
Cripta FAD.
De dilluns a divendres,
de 9:00 a 14:00 h.
i de 16:00 a 20:00 h.
Accés lliure. Fins el 14/06.

+ info:
www.incubadora.fadweb.org
www.pepapedrol.com

Organitza: FAD

Hi col·labora: Moritz

Divendres 08
FORUM LAUS 07
La sessió del matí es dedica al disseny de premsa i els convidats són Javier Errea, de Errea Comunicación, Herminio Fernández, de Editorial Prensa Ibérica, i Alfredo Triviño, de *The Times*. Per la tarda, l'especialitat és el disseny col·lateral amb Jaume Serra, d'Ous Infografia, Dani Freixes, arquitecte, i un membre de Mutabor.

CaixaFòrum
(Avda. Marquès de Comillas, 6-8).
Consultes sobre horaris i preus:
ADG-FAD (93 [illegible] 75 20)

+ info: www.adg-fad.org

Divendres 08
TRIENNAL D'ARQUITECTURA DE LISBOA
José Mateus, d'ARX-Portugal, i Manuel Graça Dias ofereixen dues conferències en el marc de la Triennal d'arquitectura de Lisboa. Després, Benedetta Tagliabue modera una taula rodona.

19:30 h.
Auditori FAD. Accés lliure.

+ info:
www.portugalconvida.net

Organitza:
Consulat General de Portugal

Dissabte 09
FESTA DELS PREMIS ADC*E
Festa dels Premis ADC*E on s'anuncien els guanyadors del Grand Prix i els Ors dels "Best of European Design and Advertising Awards 2007". El Jurat, compost per més de 50 creatius europeus, es reuneix a la seu del FAD durant tot el dia.

22:30 h.
Restaurant-Bar Escribà
(Platja Bogatell, Ronda Litoral Mar, 42, Barcelona).
Accés amb invitació.

+ info: www.adceurope.org

Organitza: ADC*E i ADG-FAD

Dimarts 12
LA CIUTAT, LA NIT, UN FOTÒGRAF
Christophe Dugied presenta una exposició de fotografia en un univers personal en la recerca de l'enquadrament i la llum a través d'escenes nocturnes trobades en zones industrials. Més enllà de la preocupació estètica i formal, allò que cerca és rehabilitar la mirada que portem en aquests decorats impregnats d'humanitat i poesia.

Fòrum FAD.
De 9:00 a 21:00 h.
Accés lliure.

+ info: abufi@wanadoo.fr
o 619 70 11 50

Dimecres 13
PREMIS NACIONALS DE DISSENY
Inauguració de l'exposició dels Premis Nacionals de Disseny (1987-2006), mostra cronològica sobre tots els professionals i empreses premiades des de la seva creació. Vint anys d'història dels Premis Nacionals de Disseny i de bona part de la història del disseny d'Espanya.

19:30 h. inauguració.
Sala d'exposicions FAD.
Accés amb invitació
(reserves: 93 218 28 22).
De dilluns a dissabte,
d'11:00 a 20:00 h.
Accés lliure. Fins el 04/07.

+ info: www.bcd.es

Organitza: BCD,
Barcelona Centre de Disseny

Divendres 15
DIEGO RAMOS, EN INCUBACIÓ
Diego Ramos, professional en incubació de la 1ª edició de la Incubadora del FAD, presenta un conjunt de productes que exploren i qüestionen les relacions objectual-personals.

19:00 h. inauguració.
Cripta FAD.
De dilluns a divendres,
de 9:00 a 14:00
i de 16:00 a 20:00 h.
Accés lliure. Fins el 22/06.

+ info:
www.incubadora.fadweb.org

Organitza: FAD

Hi col·labora: Moritz

Dilluns 18
PREMIS FAD 2007
Roda de Premsa dels Premis FAD d'Arquitectura i Interiorisme on es donen a conèixer les obres seleccionades i finalistes a l'edició d'enguany.

12:00 h. Auditori FAD.

+ info: www.arquinfad.org

Organitza: Arquinfad

Dilluns 25
MAR LLINÉS, EN INCUBACIÓ
Mar Llinés, professional en incubació de la 1ª edició de la Incubadora del FAD, exposa les seves propostes més innovadores i personals.

20:00 h. inauguració.
Cripta FAD.
De dilluns a divendres,
de 9:00 a 14:00
i de 16:00 a 20:00 h.
Accés lliure. Fins el 02/07.

+ info:
www.incubadora.fadweb.org

Organitza: FAD

Hi col·labora: Moritz

Dimecres 27
SESSIÓ CHILL LAUS NÚM 23
20:00 h. Auditori FAD

+ info i reserves:
hola@adg-fad.org
www.chillaus.net

Organitza: ADG-FAD

Hi col·labora: Estrella Damm

altres activitats

Dimecres 06
CONGRÉSGRÀFIC
Primera sessió del congrés, sota el lema "Dissenyar i sobreviure", dedicada a la definició dels diferents models empresarials dels estudis de disseny gràfic competitius a nivell nacional i internacional.

CCCB-Centre de Cultura Contemporània de Barcelona (Montalegre, 5).

Col·legi Professional
de Disseny Gràfic
www.dissenygrafic.org

04 al 06
WORKSHOP DE ARIK LEVY
Taller d'Arik Levy que consisteix en tres exercicis relacionats amb la identitat personal i global. Es preten reflexionar sobre el tema de la identitat perquè el disseny sempre es realitza per algú i per a algú.

Marco (Rúa Príncipe, 54, Vigo)

Fundación María Martínez Otero y Museo de Arte Contemporánea de Vigo (Marco)
fundacionmariamartinezotero.org
www.marcovigo.com

fadzine

agenda del fad

Miércoles 18
Bases MERKA
Presentación d
para participar
edición del Mer
tendrá lugar el
de enero de 20

20:00 h
Auditorio del F
Acceso: libre

Organiza: Moda
www.modafad.

Martes 10
EXPOSICIÓN PREMIOS FAD + CONFERENCIA DE IAGO PERICOT
Inauguración de la exposición de las obras finalistas de los Premios FAD de Arquitectura e Interiorismo 2006 y conferencia del arquitecto Iago Pericot bajo el título: "El lenguaje y la teatralidad".

Conferencia: 20:00 h
Auditorio del FAD

Inauguración: 21:00 h
Sala de Exposiciones y Galería del FAD

De lunes a sábado, de 11:00 a 20:00 h
Abierto hasta el 26/10 (miércoles 10/12 abierto)
Acceso: libre

Organiza: Arquinfad
www.arquinfad.org

Jueves 19 y vie
BROADCAT 06
IDEAS EN MOV
Jornadas de di
la televisión co
Morgan Almeid
Joaquim Ribes
(MTV), Joseph
Juan Enrique C
Agulló (TVE), G
Ilum (Kemistry)
entre muchos c

De 9:00 a 18:0
Caixa Forum (A
Comillas 6-8, B
Precio (IVA no i
140 euros. 100
socios de ADG
Plazas limitada

Reservas: www
+ info: broadca

Organiza: ADG
www.broadcat.

Colabora:
Televisó de Cat

Martes 17
ASAMBLEA SOCIOS ADI FAD
Asamblea general extraordinaria de ADI FAD, donde se votará la actualización de los estatutos modificados, y asamblea general ordinaria, donde se presentará el presupuesto para el 2007 y se renovarán los cargos de presidente, vicepresidente y dos

Jueves 19
PREMIOS COR
Acto de entrega
ción de los Prem
de Diseño, que
objetivo distinc

N.04
desembre
2006

Pl. dels Àngels, 5-6
08001 Barcelona
T 93 443 75 20
F 93 329 60 79
fad@fadweb.org
www.fadweb.org

agenda del fad

fadzi

Dimarts 12
WC-CITY, XIX F
HABITÀCOLA
Després de div
dedicats a l'est
problemàtica d
els Premis Hab
a estudiants d'a
i disseny, volen
temàtic i dirigir
l'espai públic. E
tàcola d'enguar
disseny d'un la
WC-city. L'Arqu
un recorregut p
Ciutat Vella per
primera mà la p
a la qual els par
d'aportar soluc

Recorregut per
16:00 h. Davant
Accés: restringi
interessats en p

Organitza: Arqu
www.arquinfad

PUNTS DE CON-TACTE
Exposició 'Punts de con-tacte', projecte de tres empreses alemanyes de l'àmbit del disseny que tenen com a filosofia comú la qualitat, la funcionalitat, l'excel·lència dels materials i els dissenys de marcada inspiració arquitectònica.

Galeria del FAD.
Fins el 09/01/07.

Organitza: FSB, GIRA, KEUCO
www.points-of-contact.com

Divendres 1
CONFERÈNCIA DE FERNANDO I HUMBERTO CAMPANA
Dins el cicle 'Trobades Camper / FAD', Fernando i Humberto Campana faran un repàs de la seva trajectoria i, juntament amb Massimo Morozzi, director d'art d'Edra, presentaran el projecte *Historia Naturalis*, sèrie de tres peces dissenyades pels germans Campana i produïdes per Edra. El Kaiman Jacaré, l'Aster Papposus i el sofà Boa es poden veure a la Sala d'exposicions del FAD del 28/11 a l'1/12.

19:30 h. Auditori del FAD.
Accés: lliure

Organitza: Camper, FAD, Edra

Dimarts 12
NOVES PROPO
D'AMORIM
Amorim presen
ments de fusta
ders. Noves tex
fustes i un mod
a les oficines d

Fòrum i 2ª plan
Fins el 08/01. A

Organitza: Amo
www.wicander.

Dimecres 13
FESTA DE NAD
Festa de celeb
de l'A FAD, on
Matheos, prem
Poesia 2005 i s
farà una lectura

N.05
gener
2007

Pl. dels Àngels, 5-6
08001 Barcelona
T 93 443 75 20
F 93 329 60 79
fad@fadweb.org
www.fadweb.org

agenda del fad

fadzi

EXPOSICIÓ FUTOUR
La mostra 'Futour' és un recorregut imaginari des de l'any 2100 fins el 2300 vist a través dels objectes quotidians que farem servir. L'exposició pretén crear un espai de reflexió sobre la nostra forma de vida actual mitjançant un discurs amb humor però carregat de contingut social. La mostra i tots els objectes han estat concebuts, dissenyats, construïts i produïts per Pep Torres.

Exposició oberta fins el 15/01.
De dilluns a dissabte, d'11:00 a 20:00 h.
Sala d'exposicions del FAD.
Accés: lliure

+ info a 93 211 46 14

Organitza: Pep Torres
www.fu-tour.com

Divendres 19
PASAFAD + DE
DE SUSY SANZ
ASTRID NAHM
BORIS BIDJAN
I MARÍA ESCO
En aquesta 23
DAFAD el punt
les col·leccions
El Pasafad per
millors peces c
onades pel jura
les col·leccions
pants. També s
les desfilades
Astrid Nahman
premi, respect
concurs intern
Show, i la pres
col·leccions de
i Maria Escote
talents a qui el
d'enguany vol

20:00 h.
Boris Bidjan +
21:00 h.
Susy Sans + A
22:00 h.
Pasafad (horar
Fàbrica Moritz
(Ronda Sant A
Accés: lliure

Organitza: Mo
www.modafad

Patrocina: Mor
Col·labora: Nik

NOVES PROPOSTES D'AMORIM
Amorim presenta els paviments de fusta i suro Wicanders. Les noves textures i fustes i els nous colors es poden veure al FAD.

Fòrum del FAD. Fins el 15/01.
Accés: lliure.

Organitza: Amorim
www.wicanders.com

Dissabte 20
MERKAFAD, S
I VENDA AL P
DE ROBA DE D
EMERGENTS
El Merkafad, ci
ble de la moda
l'espai on es p
peces de les c
joves dissenya
cipen al Pasafa
dóna la possib
la roba directa
nyadors que l'

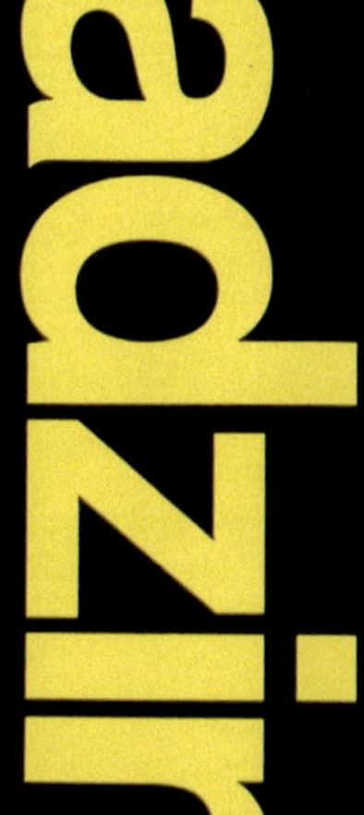

fadzine

agenda del fad

Dilluns 6
PREMIS FAD
SEBASTIÀ GAS
Lliurament dels
Sebastià Gasch
atrals 2005-200
l'espectacle *The*
nodrama per a r

Espectacle: 20:
Lliurament de p
Sala d'exposicio
Accés: lliure

Organitza: FAD
www.fadweb.or
premisfadsebas

Amb el suport c
Autònoma de D
de la Generalita

Col·laboradors:
Sumarroca, Mo

Dimecres 1
TOO YOUNG TO DIE
L'exposició *Too young to die*, sobre la temàtica de la mort, estarà oberta al públic el dia de Tots Sants. El FADfood oferirà un dinar a base de castanyes, moniatos i panellets.

D'11:00 a 20:00 h
Cripta del FAD
Oberta fins el 3/11.
Accés: lliure

Organitza: X FAD
tytd.blocat.com

Col·labora: Moritz

Dijous 9
CONFERÈNCIA
SOBRE IL·LUM
ARQUITECTÒN
Biosca & Botey
ofereix una conf
aborda els difer
d'intervenció llu
pais oberts i en

18:30 h
Auditori del FAD
Activitat gratuït
Cal confirmar a

+ info i inscripci
93 238 73 73
formacion@bios

Organitza:
Biosca & Botey
www.bioscabot

Dijous 2
CONFERÈNCIA MEDIA ARCHITECTURE + INAUGURACIÓ DE LA MOSTRA PUNTS DE CON-TACTE
Vicente Guallart, director de l'IAAC (Institut d'Arquitectura Avançada de Catalunya) exposa els projectes de recerca actuals d'aquest institut. Després de la conferència, s'inaugura l'exposició 'Punts de con-tacte', projecte de tres empreses alemanyes de l'àmbit del disseny.

19:30 h
Auditori + galeria del FAD

Dilluns 13
CONFERÈNCIA

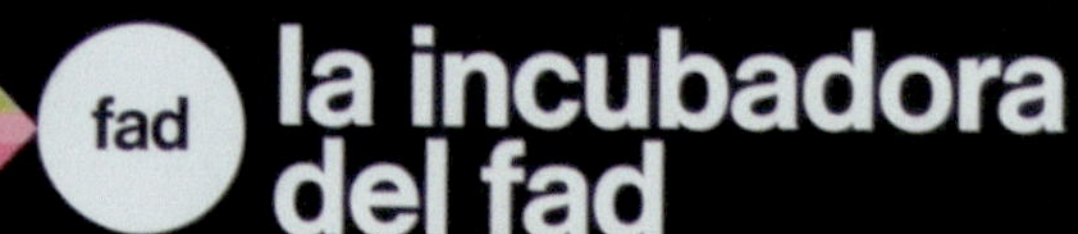

PFC Per Fi Comencem!

el termòmetre
de la creativitat
emergent de catalunya

inauguració
dilluns 04.12.06
19:30 h.

L'exposició que, per primer cop i en un sol espai, recull els millors **P**rojectes **F**inal de **C**arrera 2005-2006 de les escoles de disseny, arquitectura, art i comunicació de Catalunya. També hi trobareu els projectes guanyadors de la darrera edició dels premis per a estudiants organitzats per les associacions del FAD.

Exposició
05-22.12.06
De dilluns a divendres,
d'11:00 a 20:00 h.
Sala d'exposicions del FAD

FAD
Plaça dels Àngels 5-6
08001 Barcelona
T 93 443 75 20
F 93 329 60 79
fad@fadweb.org
www.fadweb.org

Amb la col·laboració de:

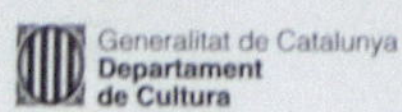

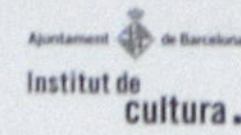

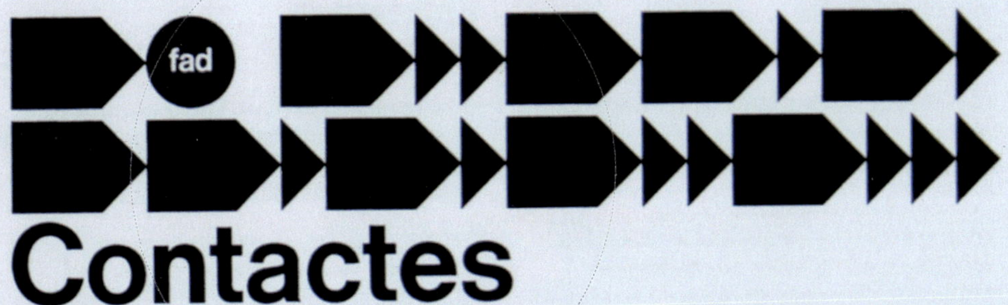

Contactes

Anuari
de la creativitat
del FAD 2007

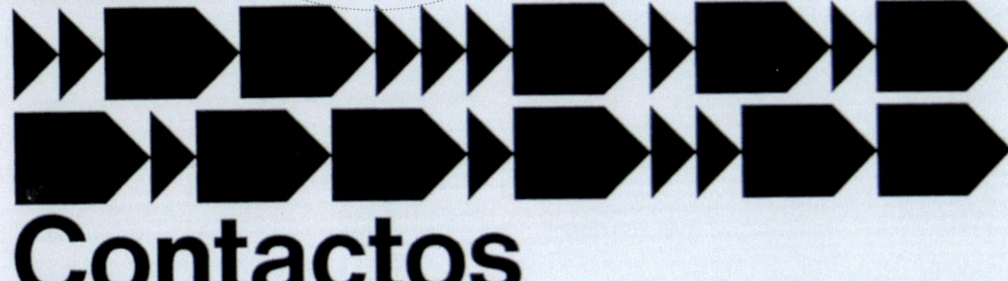

Contactos

Anuario
de la creatividad
del FAD 2007

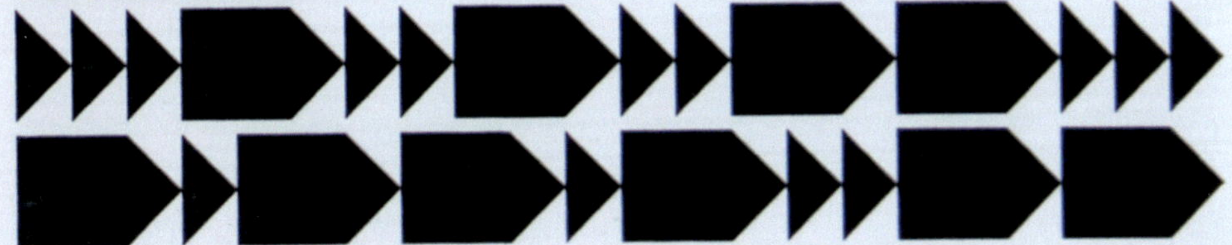

Socis professionals i estudiants
Socios profesionales y estudiantes

català > www.fadweb.org/contactos/
castellano > www.fadweb.org/contactos/CAST/

Empreses col·laboradores
Empresas colaboradoras

català > www.fadweb.org/contactos/empreses/ca
castellano > www.fadweb.org/contactos/empreses/es

Escoles
Escuelas

català > www.fadweb.org/contactos/escoles/ca
castellano > www.fadweb.org/contactos/escoles/es

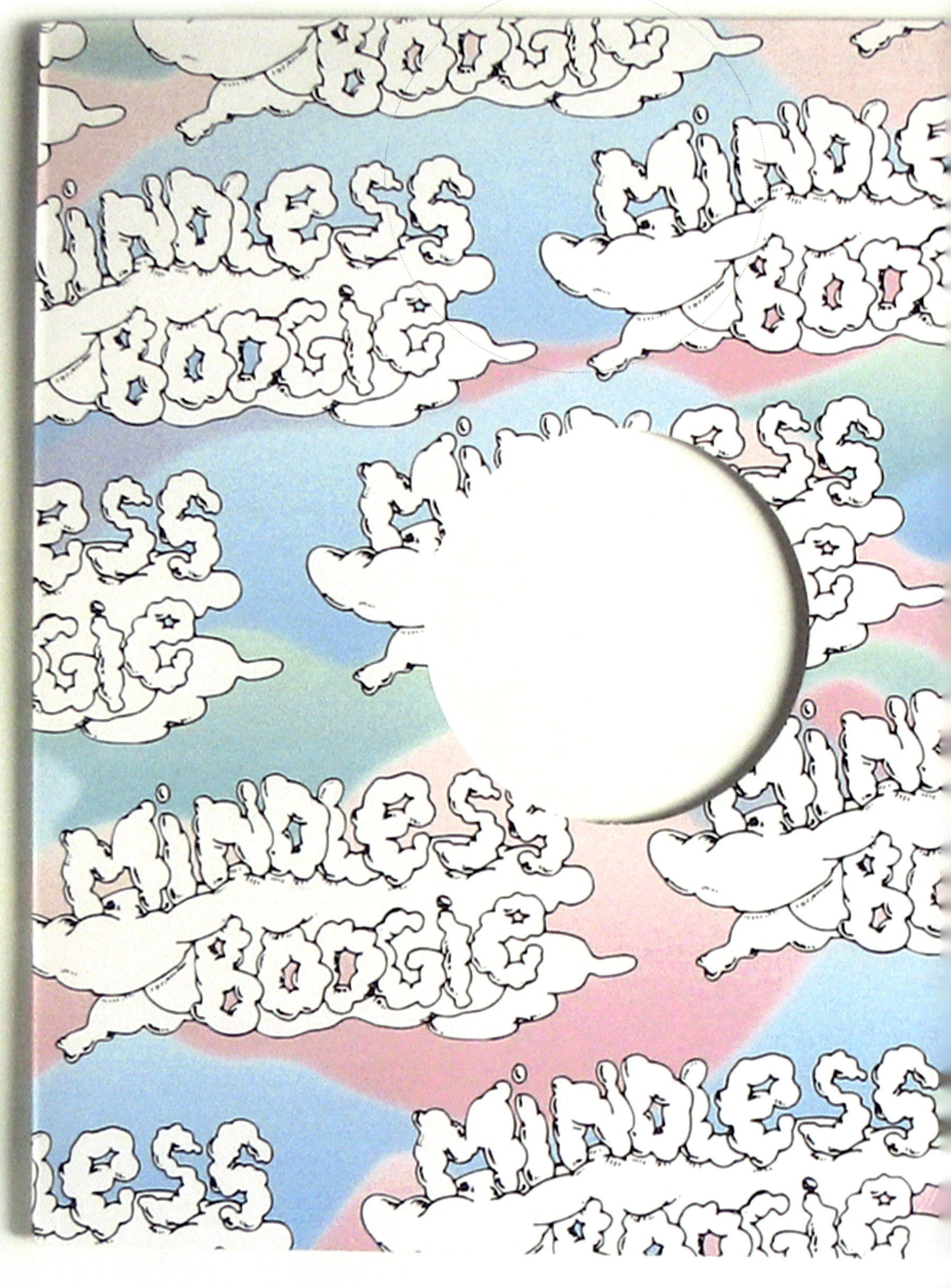
MINDLESS
BOOGIE

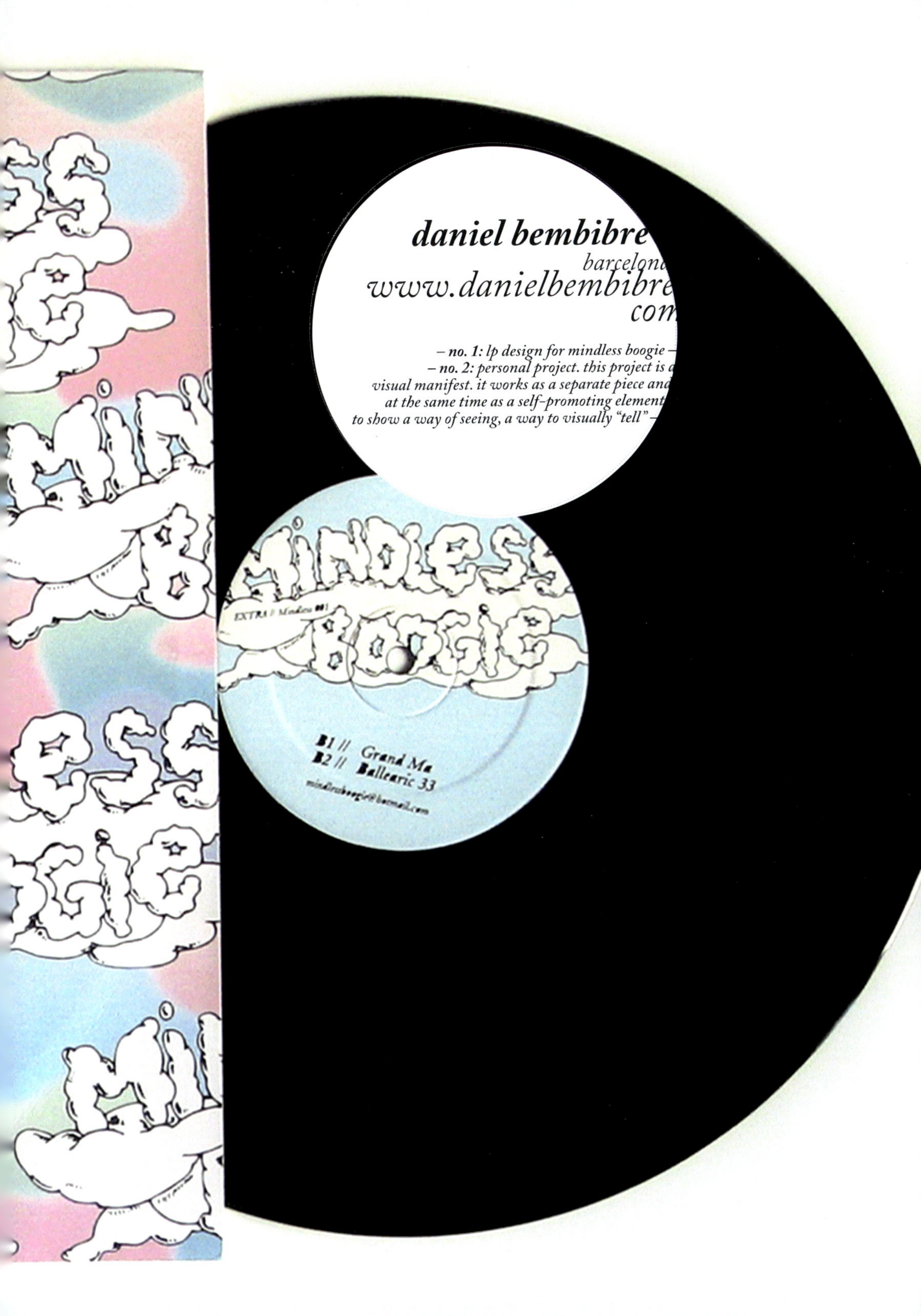
daniel bembibre
barcelona
www.danielbembibre
com
– **no. 1:** *lp design for mindless boogie –*
– **no. 2:** *personal project. this project is a*
visual manifest. it works as a separate piece and
at the same time as a self-promoting element
to show a way of seeing, a way to visually "tell" –
B1 // Grand Ma
B2 // Ballearic 33

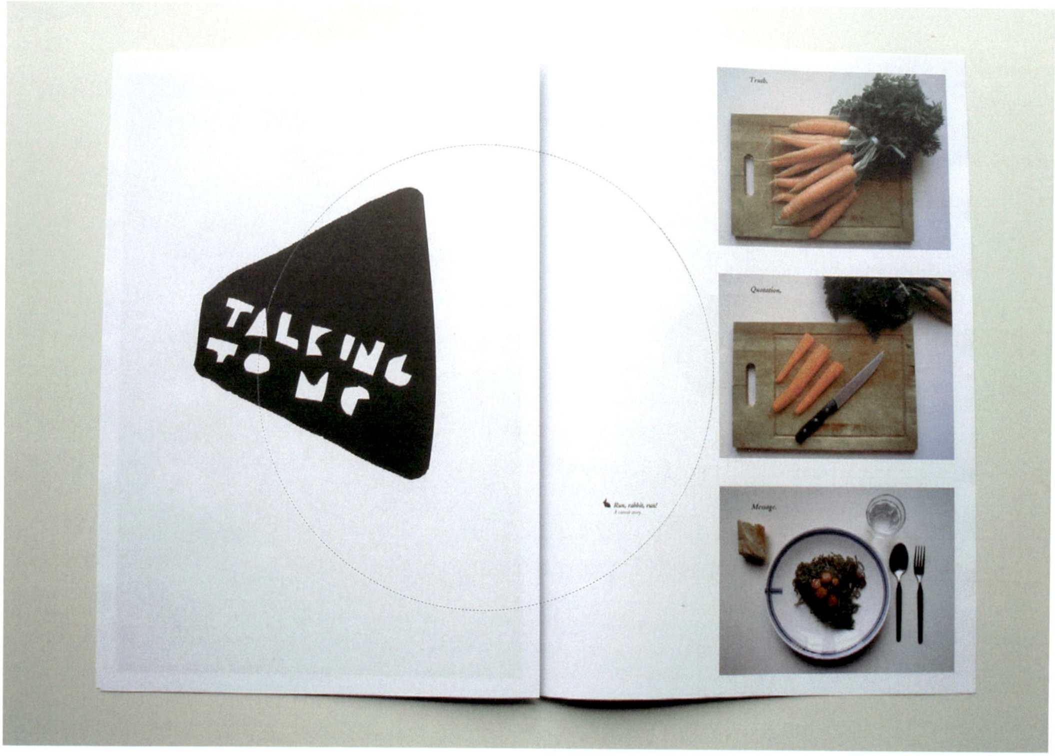

TALKING TO ME

Truth.

Quotation.

Message.

Run, rabbit, run!

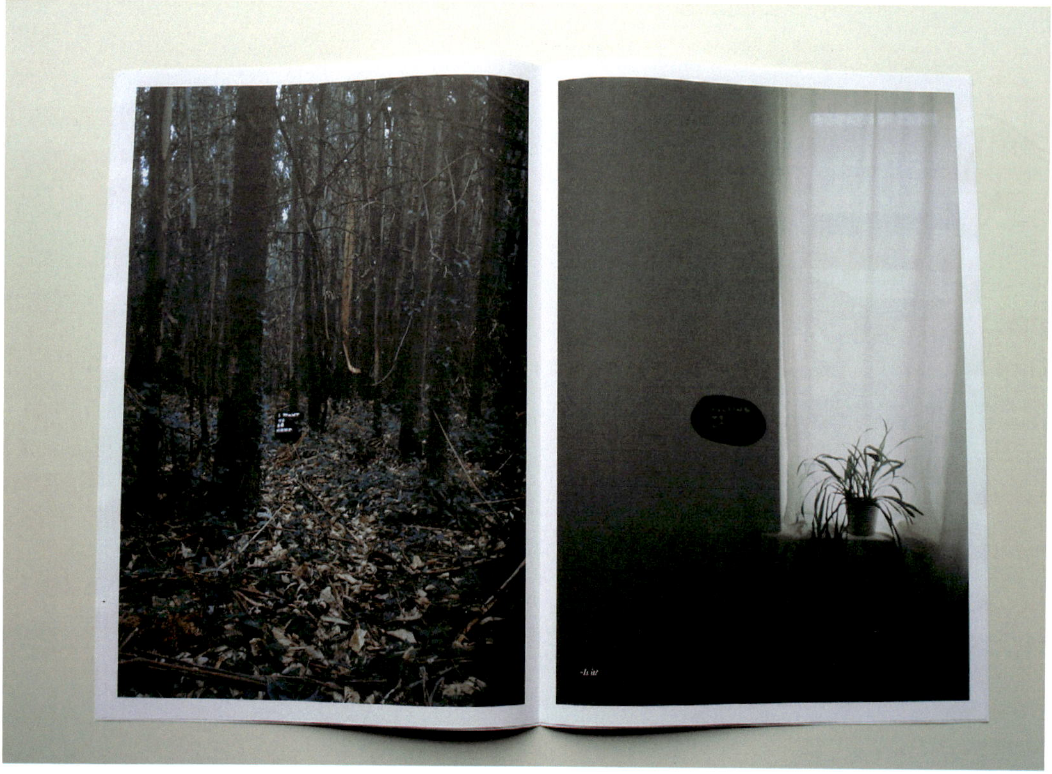

-Is it?

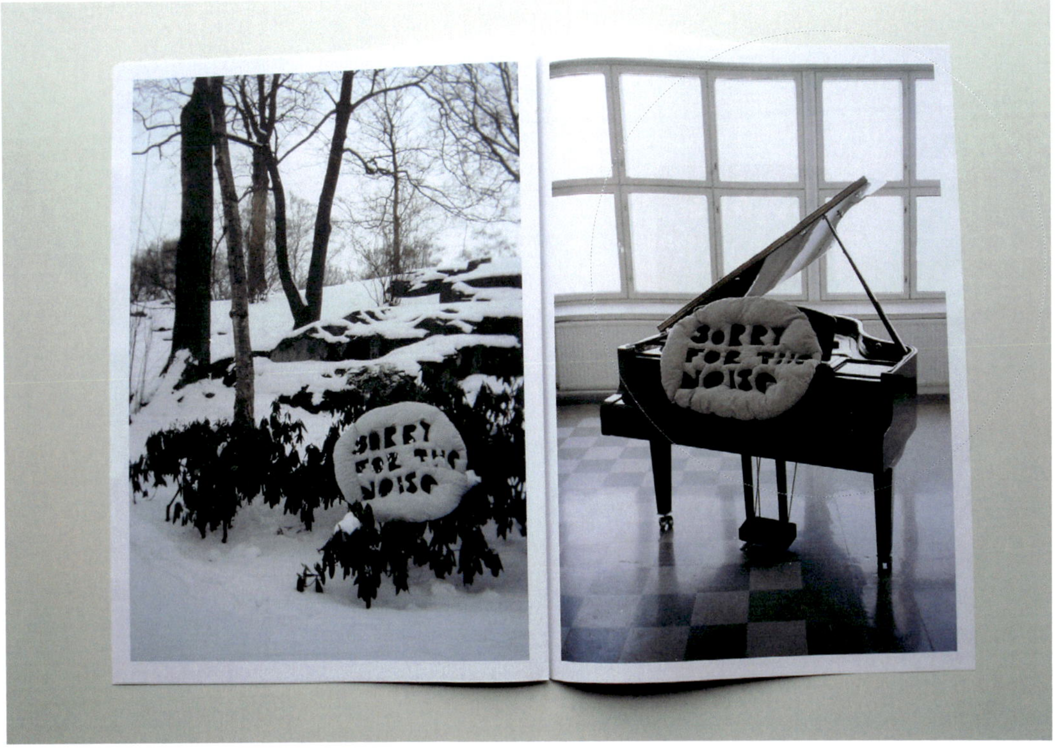

SORRY FOR THE NOISE
SORRY FOR THE NOISE
WE ARE MANY

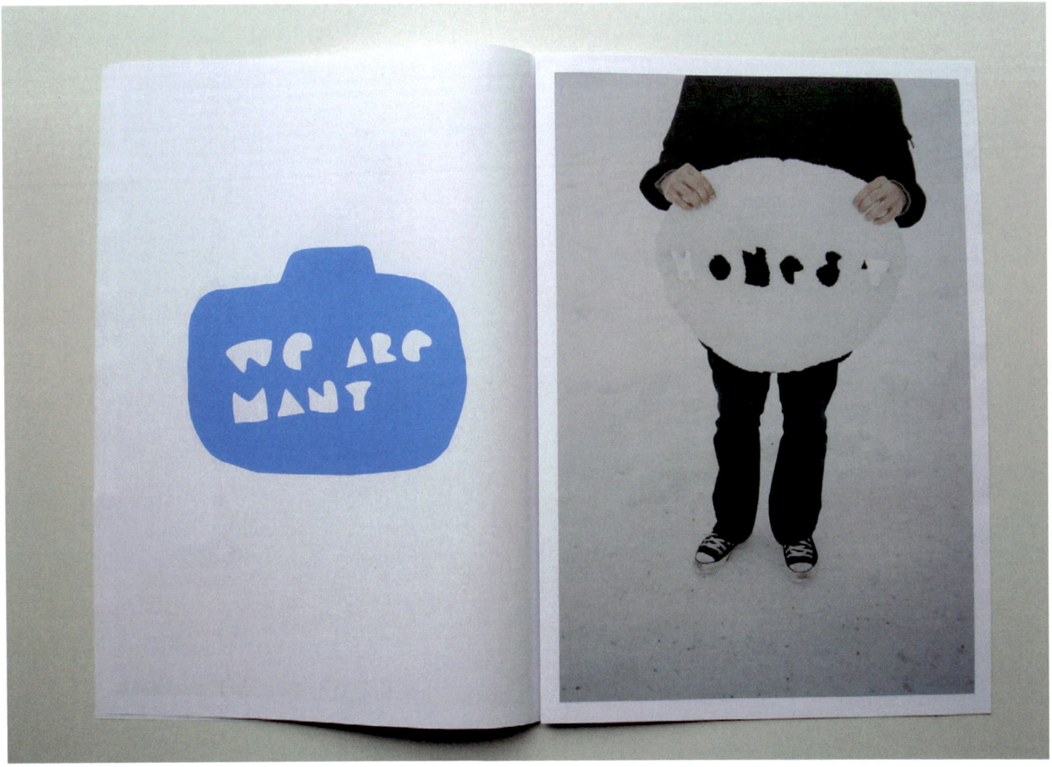

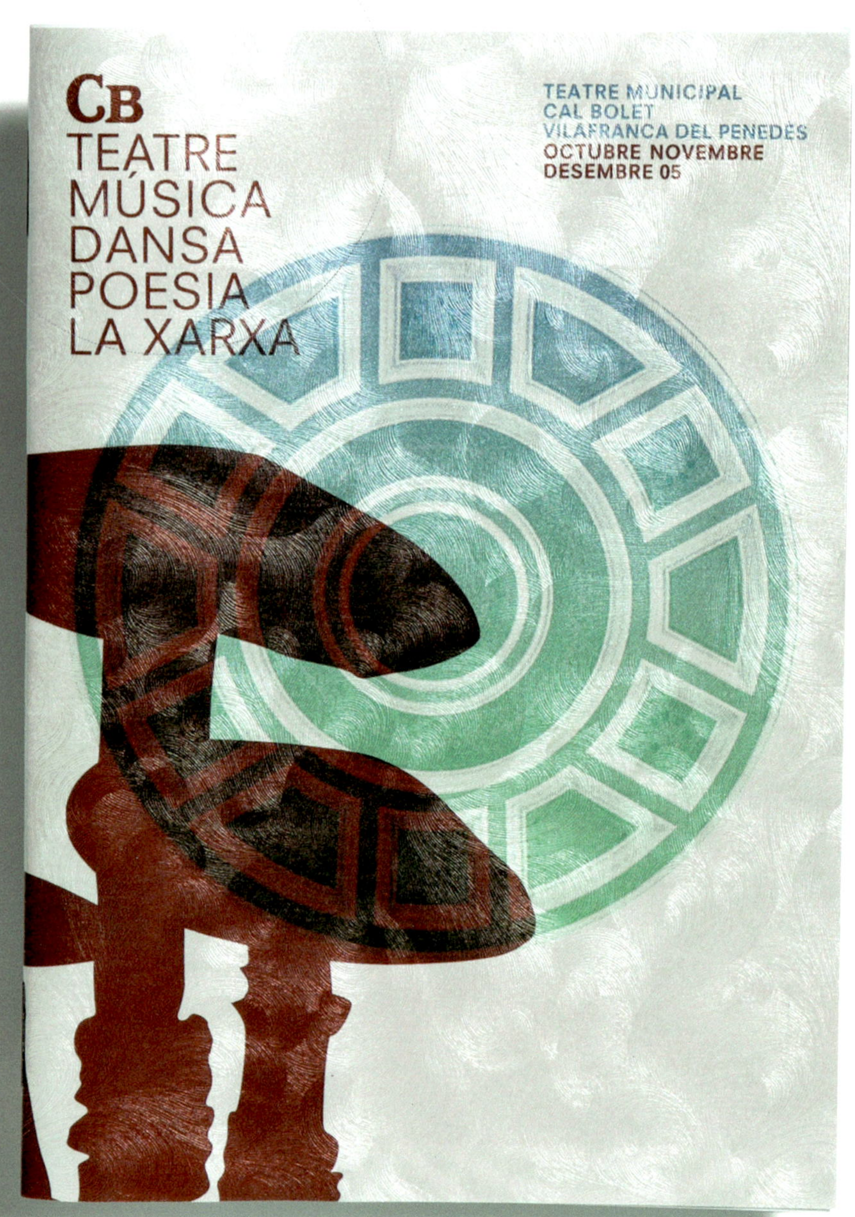
CB
TEATRE
MÚSICA
DANSA
POESIA
LA XARXA
TEATRE MUNICIPAL
CAL BOLET
VILAFRANCA DEL PENEDÈS
OCTUBRE NOVEMBRE
DESEMBRE 05

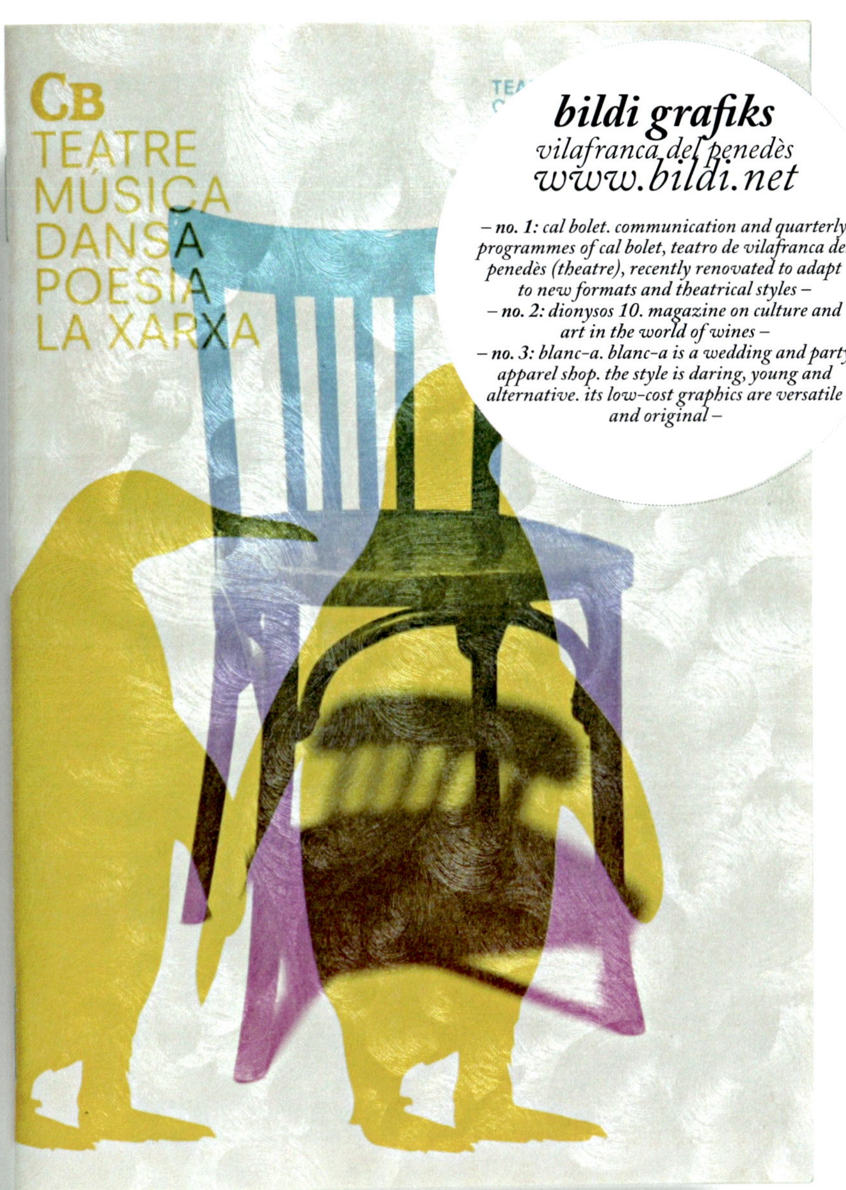

bildi grafiks

vilafranca del penedès

www.bildi.net

*– **no. 1:** cal bolet. communication and quarterly programmes of cal bolet, teatro de vilafranca del penedès (theatre), recently renovated to adapt to new formats and theatrical styles –*

*– **no. 2:** dionysos 10. magazine on culture and art in the world of wines –*

*– **no. 3:** blanc-a. blanc-a is a wedding and party apparel shop. the style is daring, young and alternative. its low-cost graphics are versatile and original –*

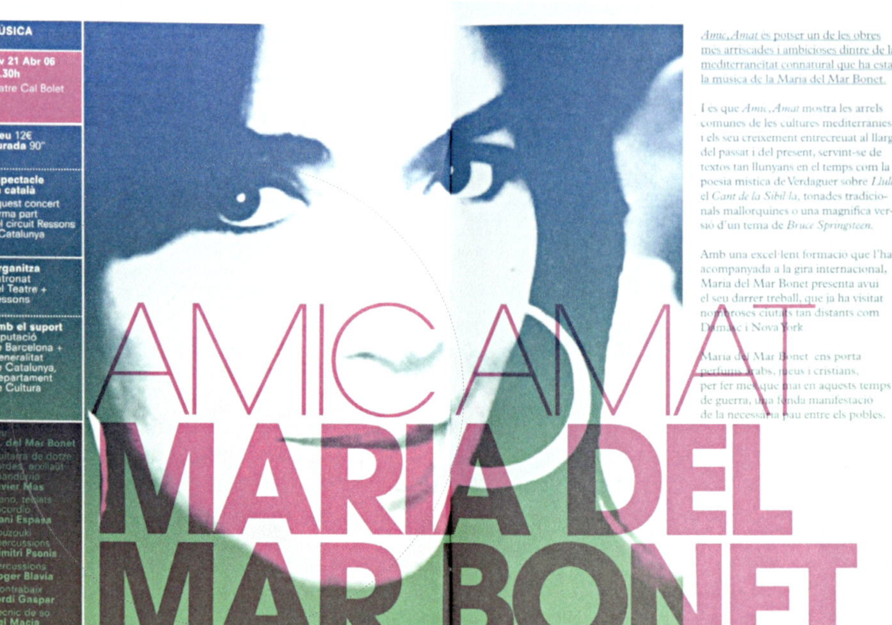

MÚSICA

Div 21 Abr 06
22.30h
Teatre Cal Bolet

Preu 12€
Durada 90"

Espectacle en català
Aquest concert forma part del circuit Ressons a Catalunya

Organitza
Patronat del Teatre + Ressons

Amb el suport
Diputació de Barcelona + Generalitat de Catalunya, Departament de Cultura

Veu
M. del Mar Bonet
Guitarra de dotze cordes, arxillaüt i bandúrria
Javier Mas
Piano, teclats i acordió
Dani Espasa
Bouzouki i percussions
Dimitri Psonis
Percussions
Roger Blavia
Contrabaix
Jordi Gaspar
Tècnic de so
Kel Macia
Tècnic de llums
Roger Puiggener

AMIC AMAT
MARIA DEL MAR BONET

Amic, Amat és potser un de les obres més arriscades i ambicioses dintre de la mediterraneïtat connatural que ha estat la música de la Maria del Mar Bonet.

I és que *Amic, Amat* mostra les arrels comunes de les cultures mediterrànies i els seu creixement entrecreuat al llarg del passat i del present, servint-se de textos tan llunyans en el temps com la poesia mística de Verdaguer sobre *Llull*, el *Cant de la Sibil·la*, tonades tradicionals mallorquines o una magnífica versió d'un tema de *Bruce Springsteen*.

Amb una excel·lent formació que l'ha acompanyada a la gira internacional, Maria del Mar Bonet presenta avui el seu darrer treball, que ja ha visitat nombroses ciutats tan distants com Damasc i Nova York.

Maria del Mar Bonet ens porta perfums àrabs, jueus i cristians, per fer més que mai en aquests temps de guerra, una fonda manifestació de la necessària pau entre els pobles.

6

MÚSICA

Dis 29 Oct 05
22.30h
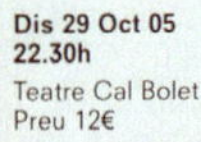
Teatre Cal Bolet
Preu 12€

Amb aquest concert el Teatre Cal Bolet entra a formar part del **Circuit Ressons a Catalunya,** una iniciativa de l'Espai de Dansa i Música de la Generalitat de Catalunya que pretén fer circular per tot el país propostes musicals d'indubtable interès i qualitat.

Quatre anys després del disc *Visca la Llibertat!* és el moment de la tornada a l'arena de Sisa, el cantautor galàctic que no té data de caducitat. Amb *El Congrés dels Solitaris* ha aconseguit casar el Sisa "de sempre" amb la frescura i la sonoritat més actual com a conseqüència d'haver-se acompanyat d'un equip de músics joves. El *Congrés dels Solitaris* és un CON.SOL per als seguidors de tota la vida del Sisa, no els decebrà, i segurament ampliarà la quadratura de cercle de sempre.

Un disc per a sibarites de la música amb substància, amb lletres ambigües i missatges inqüietants.

OCTUBRE NOVEMBRE DESEMBRE 4

EL CONGRÉS DELS SOLITARIS
JAUME SISA

Guitarra i veu:
Jaume Sisa
Piano, acordió i veus:
Xavi Lloses
Bateria, percussions i veus:
Marc Clos
Contrabaix:
Manel Vega

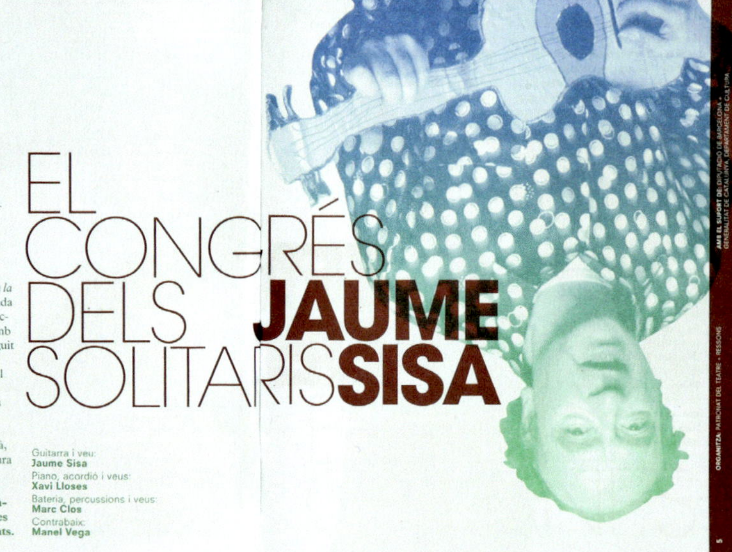

MÚSICA

AMB EL SUPORT DE: DIPUTACIÓ DE BARCELONA + GENERALITAT DE CATALUNYA, DEPARTAMENT DE CULTURA

ORGANITZA: PATRONAT DEL TEATRE + RESSONS

5

La ballarina vilanovina Belén Cabanes porta el seu darrer espectacle a Cal Bolet. *Temps de Flors* és teatre, és dansa i música flamenca, és un espectacle amb una corprenedora força visual.

La música original d'Andreas Maria Germek, tot i tenir una base flamenca, no té por d'apropar-se a la música clàssica o ètnica, però sempre fidel al que l'obra demana. La guitarra, el violoncel, la veu, la percussió i les castanyoles van apareixent en la mesura justa.

La coreografia utilitza des de la dansa clàssica, l'espanyola i la flamenca fins a la contemporània. Aquesta combinació permet a l'artista un tractament molt personal de la temàtica de l'espectacle.

Què pensa una nena quan en la seva infància, feliç i rodejada d'una vida familiar, de sobte es presenta la mort i li arrabassa el seu estimat pare? Les preguntes que no obtindran resposta, la sensació d'abandonament i la desesperança, els records, la incapacitat per comprendre el que ha succeït, de com el tractaran els demés. Assistim al recorregut des de la mort del pare, el dolor, la ràbia, la impotència, la tristesa, la melangia, que increïblement perduren, fins a l'agradable sensació de reconèixer-ho dins d'ella.

Tots els ingredients del meu aprenentatge es fonen en la maduresa que va arribant; el ballet clàssic, la dansa espanyola contemporània, el flamenc, la música, l'escena… però hi ha una cosa que em captiva: les castanyoles, que arriben fins on els peus, l'expressió i el moviment no poden arribar. Elles parlen i em fan parlar. Agafo aquest instrument ple de tradició i el trec del seu marc habitual per mostrar-lo en tota la seva potència i per enriquir el llenguatge i l'expressió. Estan vives. La màgia de l'escenari em sedueix. Emocionar-me i emocionar és el meu objectiu. Belén Cabanes

Idea original, coreografia, ball, castanyoles
Belén Cabanes
Música original, guitarra
Andreas Maria Germek
Assessor coreogràfic i direcció
Juan Carlos Landa
Ajudant de direcció
Montse Panero
Cello
Jakob Schmidt
Percussió
Juan Mateos
Cantaora / bailaora
Gloria Palos
Disseny de llums
Robert Garriga
Tècnic de so
Albert Ballbè
Disseny de vestuari
Nina Pawlowski
Concepte plàstic
Pep Duran

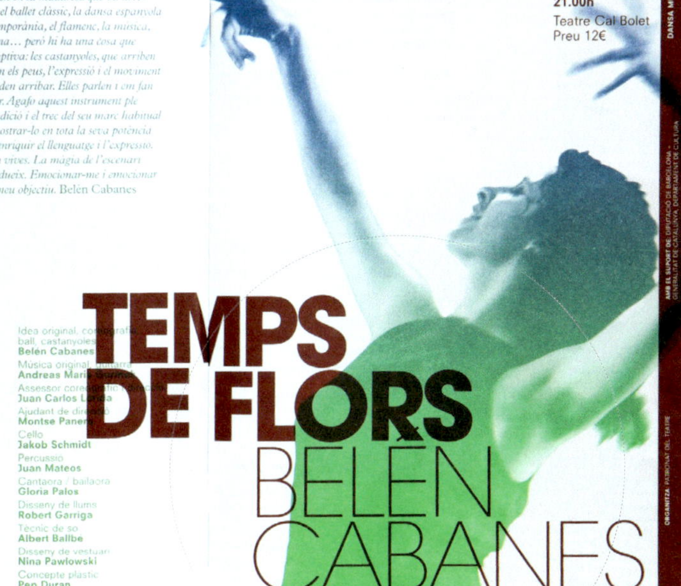

Dis 5 Nov 05
21.00h
Teatre Cal Bolet
Preu 12€

TEMPS DE FLORS
BELÉN CABANES

AMB EL SUPORT DE DIPUTACIÓ DE BARCELONA · GENERALITAT DE CATALUNYA, DEPARTAMENT DE CULTURA
ORGANITZA PATRONAT DEL TEATRE

Dij 27 Oct 05
21.00h
Teatre Cal Bolet
Preu 8€

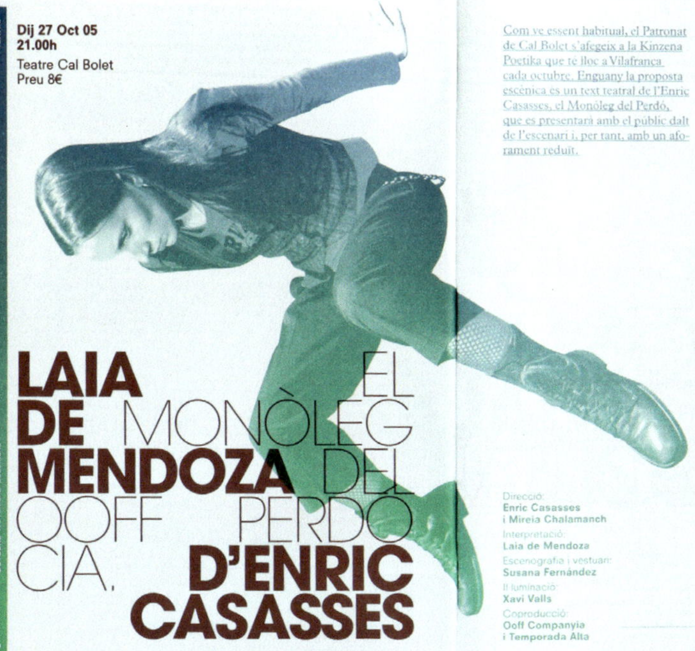

LAIA DE MENDOZA OOFF CIA.
EL MONÒLEG DEL PERDÓ D'ENRIC CASASSES

Com ve essent habitual, el Patronat de Cal Bolet s'afegeix a la Kinzena Poetika que té lloc a Vilafranca cada octubre. Enguany la proposta escènica és un text teatral de l'Enric Casasses, el Monòleg del Perdó, que es presentarà amb el públic dalt de l'escenari i, per tant, amb un aforament reduït.

Direcció:
Enric Casasses
i Mireia Chalamanch
Interpretació:
Laia de Mendoza
Escenografia i vestuari:
Susana Fernández
Il·luminació:
Xavi Valls
Coproducció:
Ooff Companyia
i Temporada Alta

L'Enric Casasses ha decidit llençar-se de nou a investigar amb el llenguatge teatral i no tan sols en el camp de l'escriptura sinó també en el de la direcció després de veure la gran acollida que va tenir per part del públic i de la crítica "Do'm", primer drama en tres actes del poeta, dirigit per l'Albert Mestres, que es va poder veure l'hivern passat a la Sala Beckett de Barcelona.

Aquesta vegada el text l'escriurà per a un sol personatge creat i interpretat per la Laia de Mendoza, una de les actrius de "Do'm". De fet, el projecte neix de les ganes de l'actriu de fer un treball en solitari després d'haver-se enfrontat tant a textos de l'Albert Mestres com del mateix autor. Serà ella, doncs, qui li proposarà a Casasses de fer una codirecció amb la Mireia Chalamanch amb qui ha establert una molt bona relació directora-actriu dins la companyia teatral "Ooff Cia.".

Ella és alhora o successivament l'actriu que representa un monòleg, l'autor que l'escriu, la petita Gerda que cerca el seu germà Kay, una mena de Calamity Jane d'espagueti-western, un personatge innominat de la vida moderna en guerra amb les grans potències (l'amor, la veritat, la bèstia carnívora, el cervell…), una simple persona que no para d'interpel·lar el públic, i una entretenidora del món dit de l'espectacle que només procura que no us avorriu. Enric Casasses

AMB EL SUPORT DE DIPUTACIÓ DE BARCELONA · GENERALITAT DE CATALUNYA, DEPARTAMENT DE CULTURA
ORGANITZA PATRONAT DEL TEATRE · ESVAMOT DE LA KINZENA

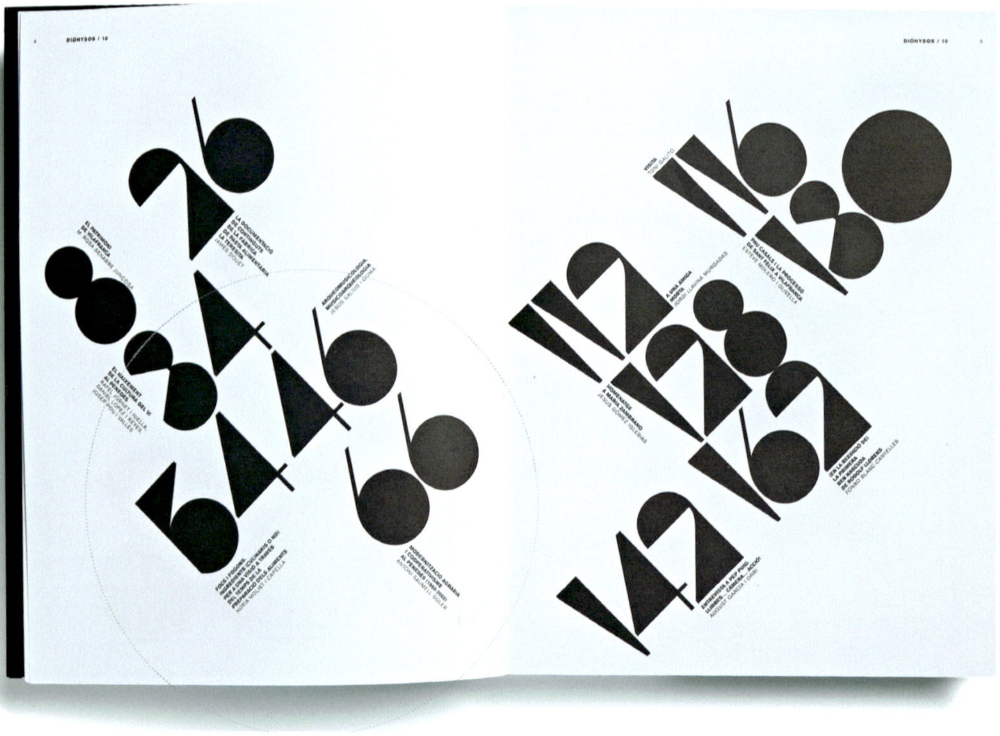
4
DIONYSOS / 10
DIONYSOS / 10
5

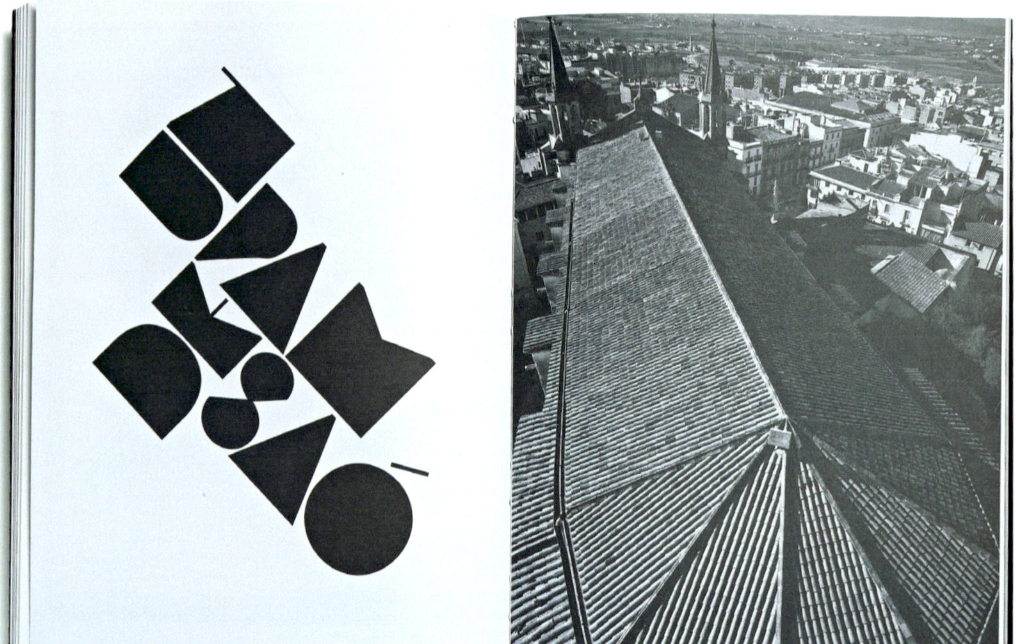

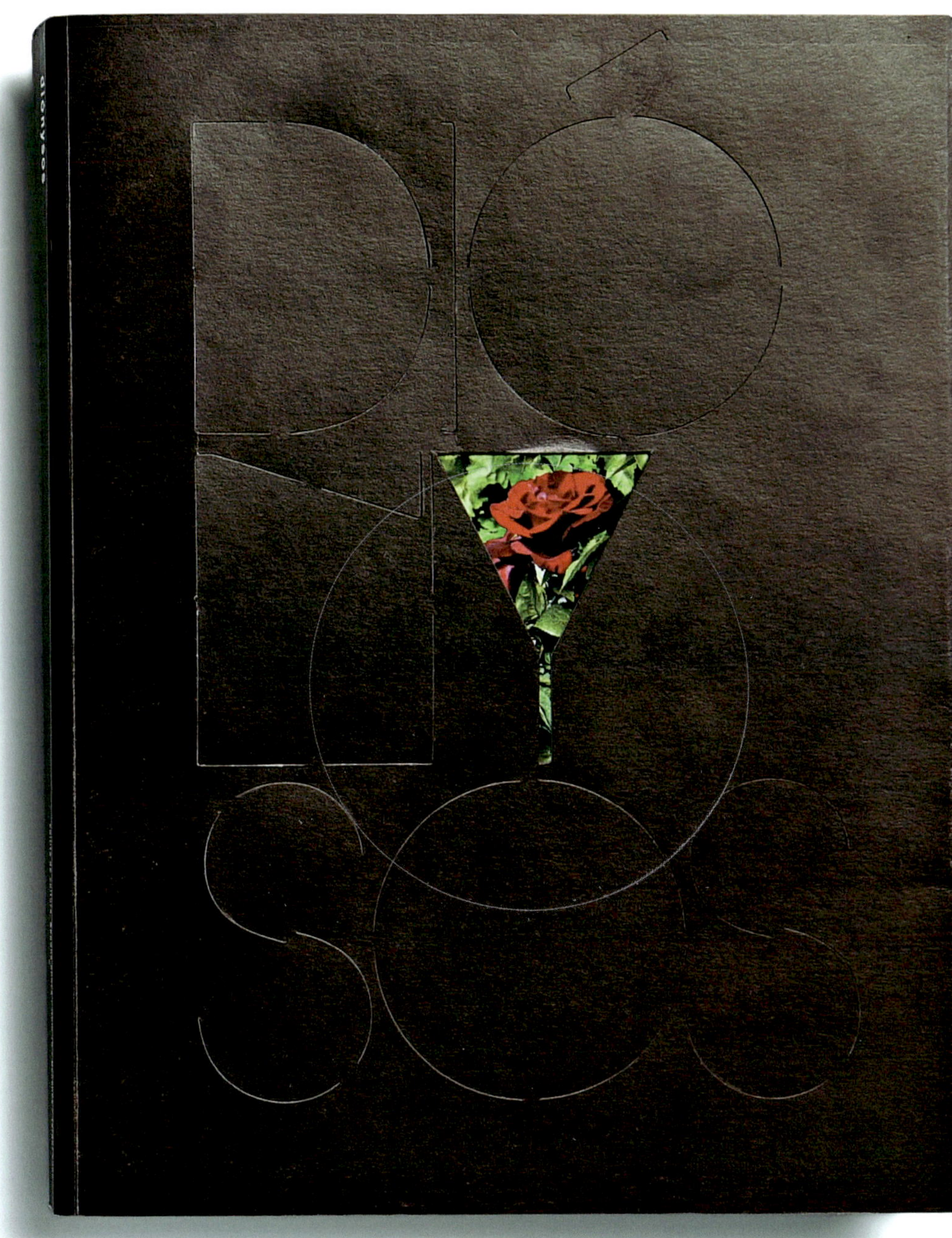

Blanc·a

Blanca Ferré Carreras
blanca@blanc-a.net

Blanc·a

Sant Bernat 12
08720 Vilafranca
del Penedès (Barcelona)
T.93 890 55 21

www.blanc-a.net

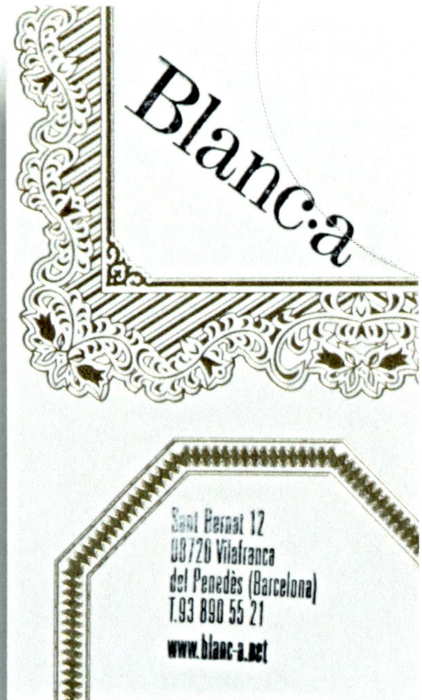

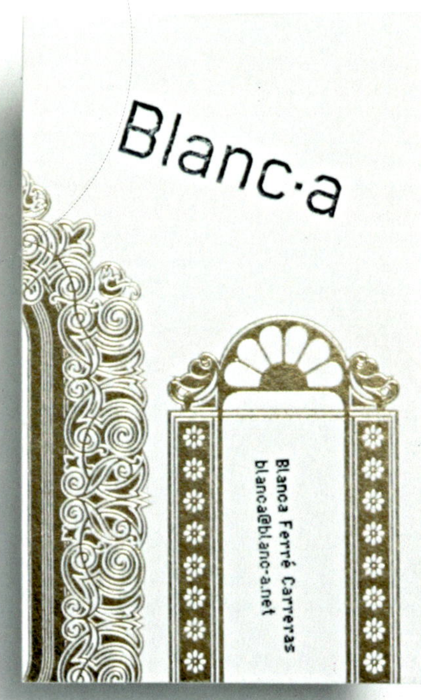

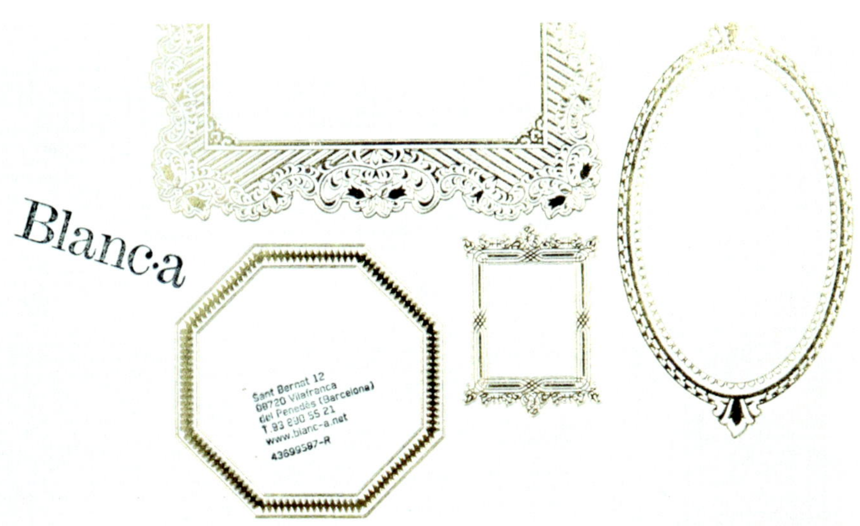
Blanc·a
Sant Bernat 12
08720 Vilafranca
del Penedès (Barcelona)
T.93 890 55 21
www.blanc-a.net
43699587-R

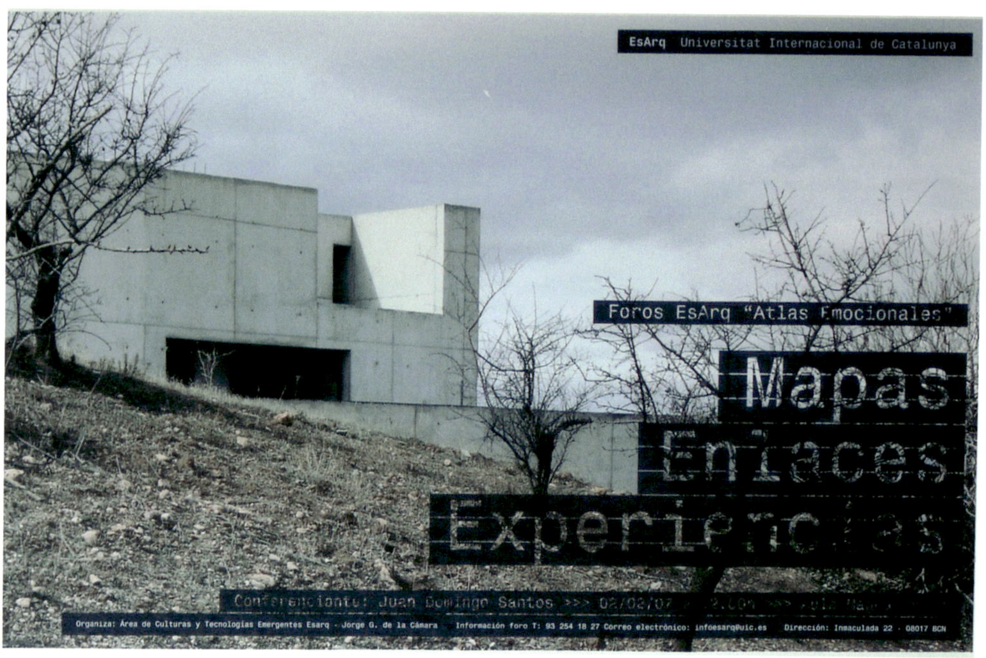
EsArq Universitat Internacional de Catalunya
Foros EsArq "Atlas Emocionales"
Mapas
Enlaces
Experiencias
Conferenciante: Juan Domingo Santos >>> 02/02/07
Organiza: Área de Culturas y Tecnologías Emergentes Esarq · Jorge G. de la Cámara Información foro T: 93 254 18 27 Correo electrónico: infoesarq@uic.es Dirección: Inmaculada 22 · 08017 BCN

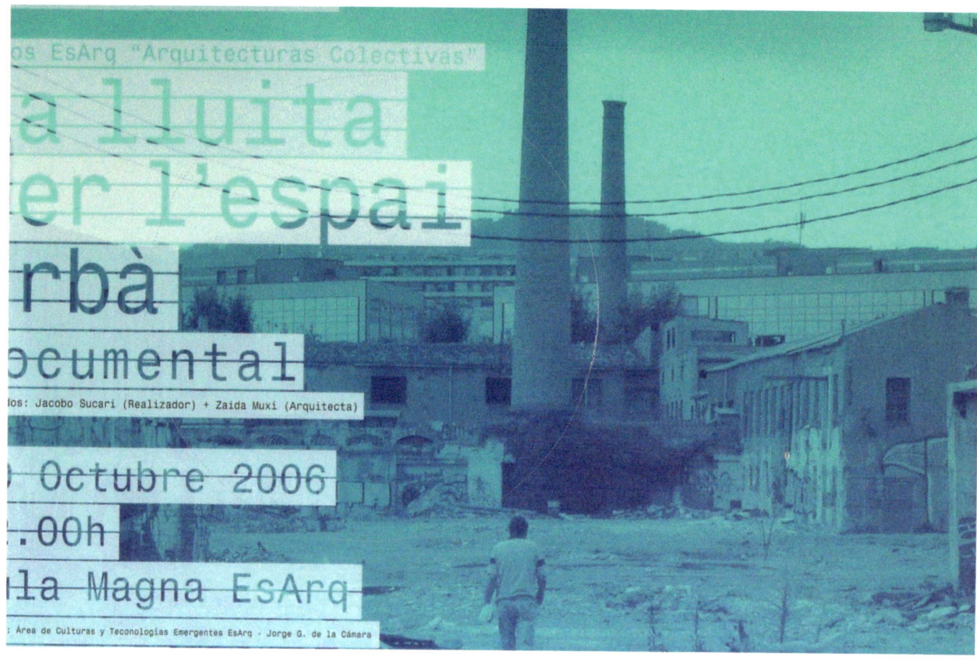
os EsArq "Arquitecturas Colectivas"
a lluita
er l'espai
rbà
ocumental
dos: Jacobo Sucari (Realizador) + Zaida Muxí (Arquitecta)
Octubre 2006
.00h
ula Magna EsArq
: Área de Culturas y Teconologías Emergentes EsArq · Jorge G. de la Cámara

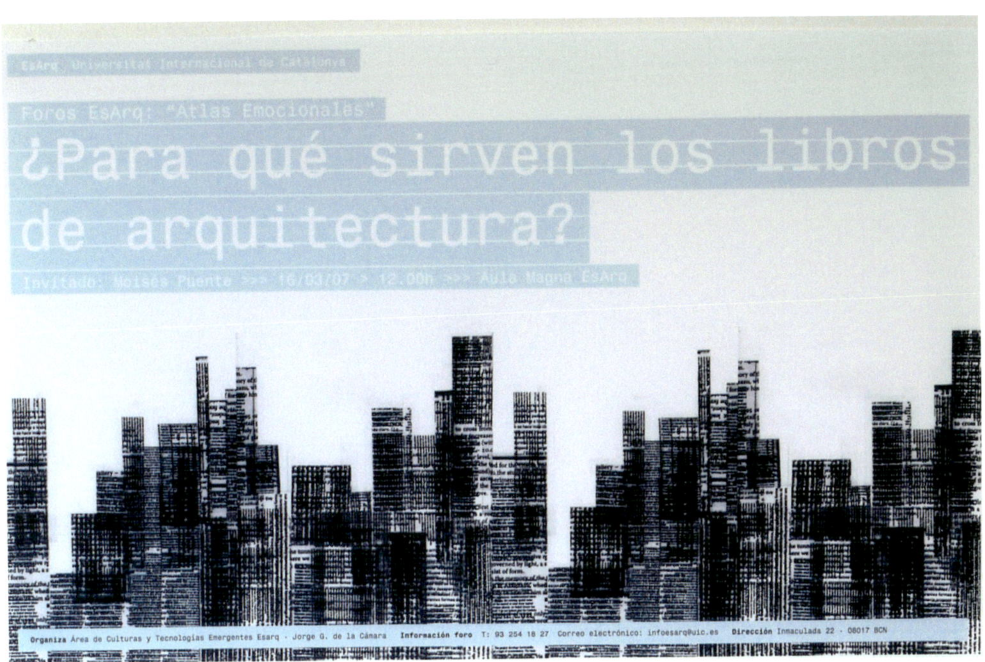

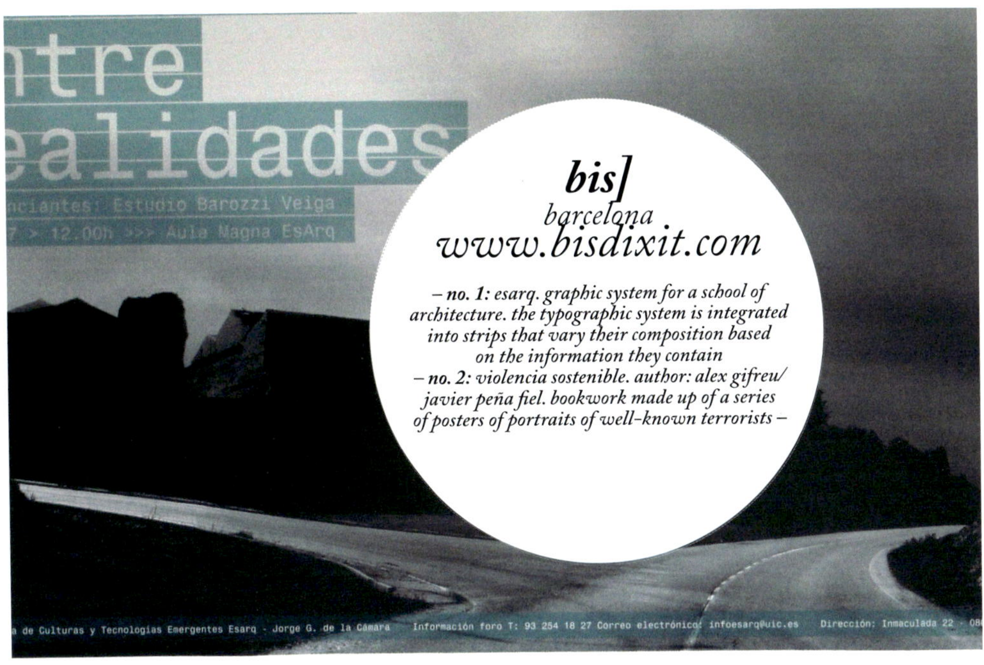

bis]
barcelona
www.bisdixit.com

*– **no. 1:** esarq. graphic system for a school of architecture. the typographic system is integrated into strips that vary their composition based on the information they contain*
*– **no. 2:** violencia sostenible. author: alex gifreu/ javier peña fiel. bookwork made up of a series of posters of portraits of well-known terrorists –*

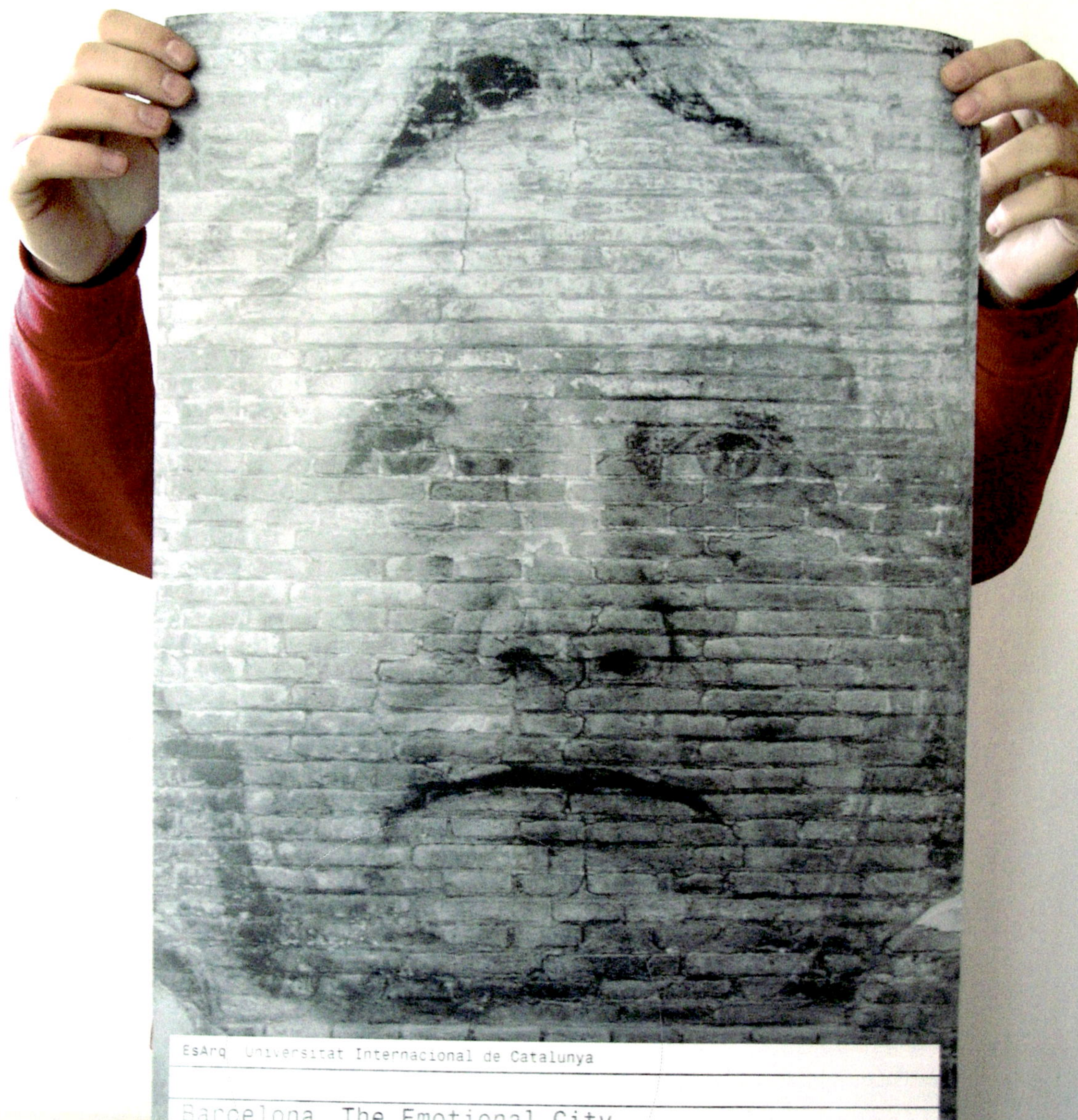
EsArq Universitat Internacional de Catalunya
Barcelona. The Emotional City
Sergison Bates architects
Taller Vertical 06/07

EsArq Universitat Internacional de Catalunya

Foros EsArq "Arquitecturas Colectivas"

Towards a new public space?

Wanderings in the wasteland of the Ost Strand, Berlin

Invitada: Sandra Pauquet >>> 03/11/2006 > 12.00h >>> Aula Magna

Organiza: Área de Culturas y Teconologías Emergentes EsArq - Jorge G. de la Cámara

Información foro: T: 93 254 18 27 Correo electrónico: infoesarq@uic.es Dirección: Inmaculada 22 – 08017 BCN

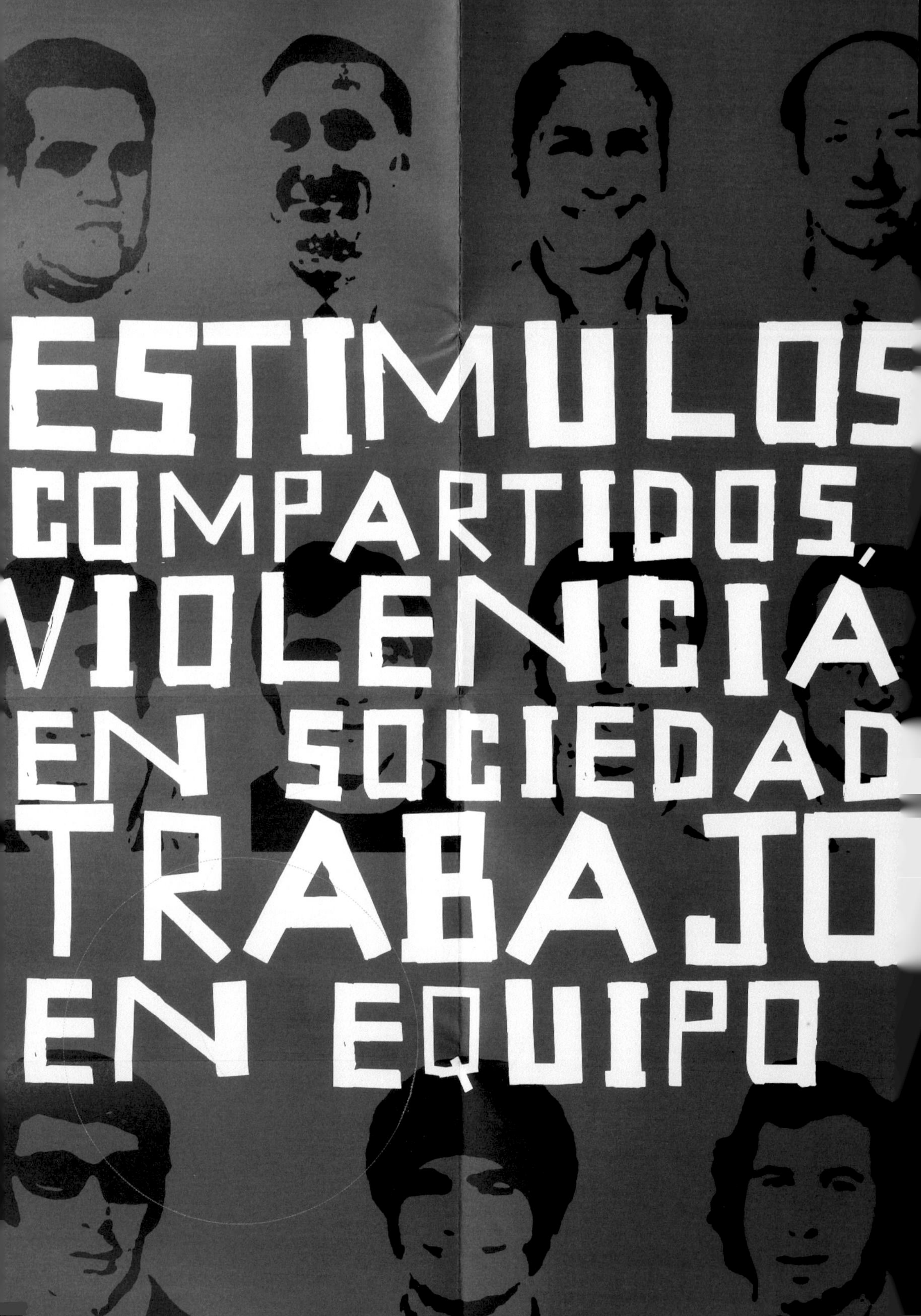
ESTIMULOS
COMPARTIDOS,
VIOLENCIA
EN SOCIEDAD
TRABAJO
EN EQUIPO

NOTICIA BIEN VISIBLE, CONSTRUIDA EN FALSO

Meinhof-Bande plant Terror...

Die Baader-Meinhof-Bande hat [illegible] Zeit der am 13. Juni beginnende[illegible] Fußballweltmeisterschaft in der Bun[illegible] [illegible]republik eine Serie neuer Verbre[illegible] [illegible] geplant. [illegible] seit Monaten be[illegible] [illegible] die sogenannte Rote-Armee-Fraktion (RAF) Entführungen un[illegible] Attentate vor. Anweisungen dazu kam[illegible] [illegible] direkt von den Führern der Band[illegible] aus den Gefängnissen.

Bundesinnenminister Hans-Dietrich Genscher hat jetzt vorsorglich den In[illegible]

QUE LA VIOLENCIA TIENE POR OBJETIVO LA MUERTE Y NO LA TRANSFORMACION DE LA REALIDAD ES ALGO TAN EVIDENTE COMO QUE LAS ACTIVIDADES ARTISTICAS SON, POLEMICAMENTE, ESFUERZOS DE ABSTRACCION PACIFICADA DE LO REAL.
ES DESDE ESTAS PREMISAS QUE NOS HEMOS PLANTEADO UN DISENO DE LA VIOLENCIA SOSTENIBLE, ES DECIR LA VIOLENCIA A LO LARGO DE NUESTRA REALIDAD.
HEMOS UTILIZADO UNA ESTRATEGIA DE DISENSO COGNITIVO, ES DECIR CADA CARTEL PRETENDE ENTRAR EN DISTORSION CON LO REPRESENTADO PARA NO IGNORAR, PARA TAMPOCO OLVIDAR, PARA INCIDIR EN QUE LO QUE SE CONTO DESDE LA HISTORIA DE LOS VENCEDORES O SUPERVIVIENTES NO SIEMPRE FUE LO SUCEDIDO Y QUE LOS CONTEXTOS Y SUS RAZONES MUTAN A LA MISMA VELOCIDAD DEL TIEMPO.
EN EL DIA DE HOY TODOS LOS PACIFICADORES PARECEN DISPUESTOS A UTILIZAR VIOLENCIA CONTRA LA VIOLENCIA, AMPLIANDO DE MANERA OBSCENA EL DOLOR YA EXISTENTE. LOS PACIFICADORES ESTAN DISPUESTOS A SACRIFICAR A SUS PROTEGIDOS EN ESCENAS DE FUERTE NERVIOSISMO. ES SEGURO QUE EL PACIFICADOR HA NEGOCIADO YA ESAS PERDIDAS EN EL GRAN CAMPO DE LA ESPECULACION Y SUS CALCULOS CUADRAN. ESA COMPRENSION OSCURA DE LA REALIDAD DESDE EL EJERCICIO IMPERIAL NIEGA LA MULTIPLICIDAD DE CADA MOMENTO HUMANO, SU PLURALIDAD. LA VIOLENCIA SE EJERCE CUANDO NO SE QUIERE COHABITAR, ENTENDER O CONVIVIR CON LO DIVERSO.
CUANDO SE EJECUTA A UN ARREPENTIDO O SE ELIMINA UN ANTAGONISTA APARECE LA MISMA CARTA BICEFALA, EL COMODIN DE LA VIOLENCIA SOSTENIBLE QUE CREE QUE ESTE JUEGO, DE ESA MANERA, TIENE GANADORES.
ES A ESA VIOLENCIA EN SOCIEDAD, LA COMPARTIDA POR LOS CIUDADANOS, A LA QUE DIRIGIMOS NUESTROS DISEÑOS, COMO ARMAS ¿INTELIGENTES?

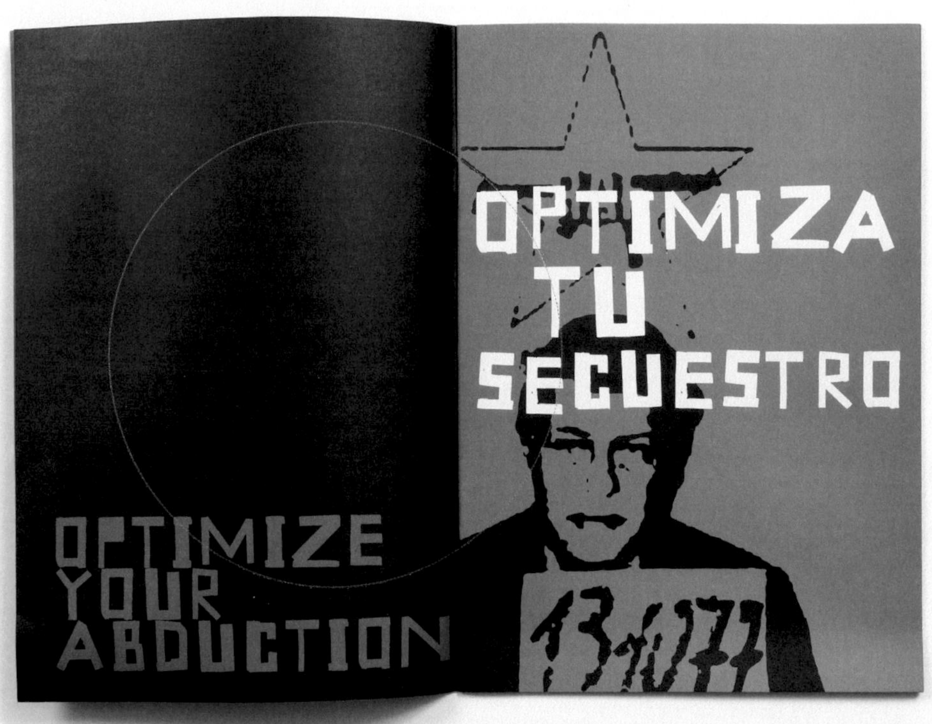

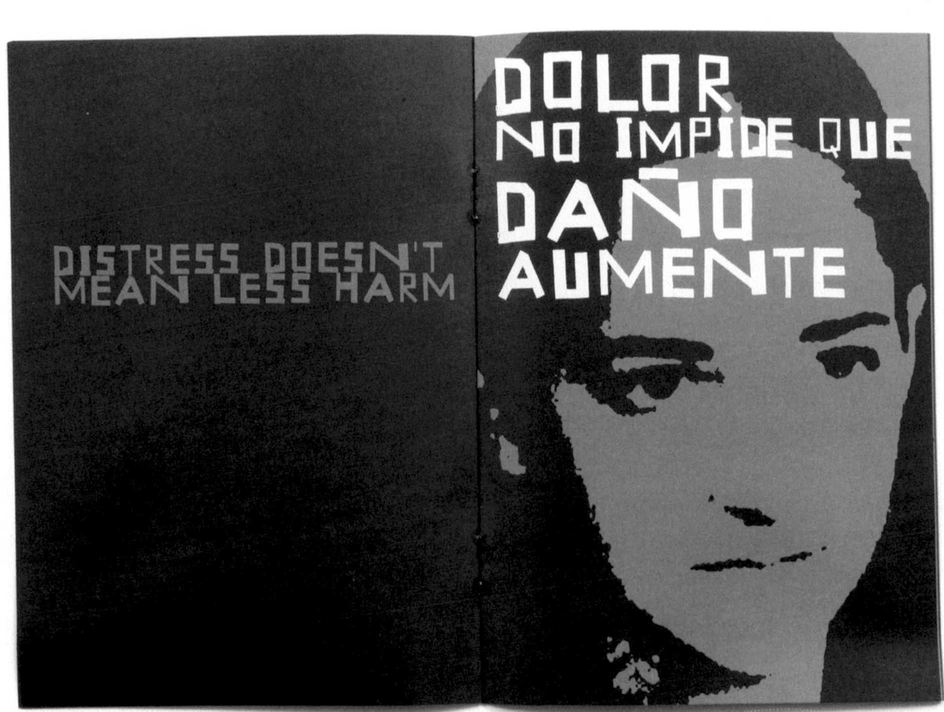
DISTRESS DOESN'T
MEAN LESS HARM
DOLOR
NO IMPIDE QUE
DAÑO
AUMENTE

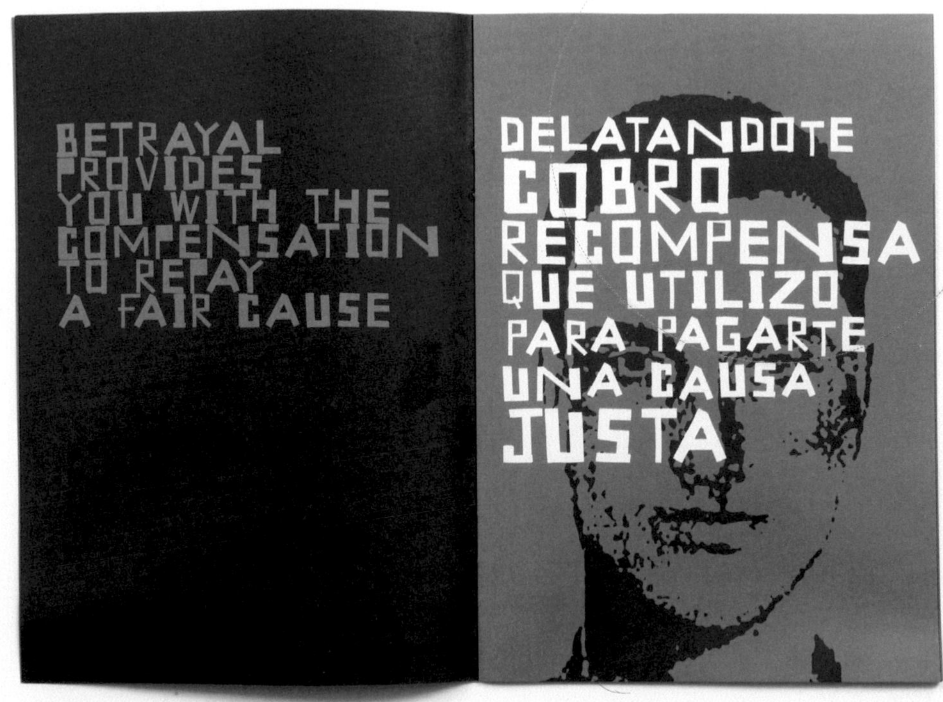
BETRAYAL
PROVIDES
YOU WITH THE
COMPENSATION
TO REPAY
A FAIR CAUSE
DELATANDOTE
COBRO
RECOMPENSA
QUE UTILIZO
PARA PAGARTE
UNA CAUSA
JUSTA

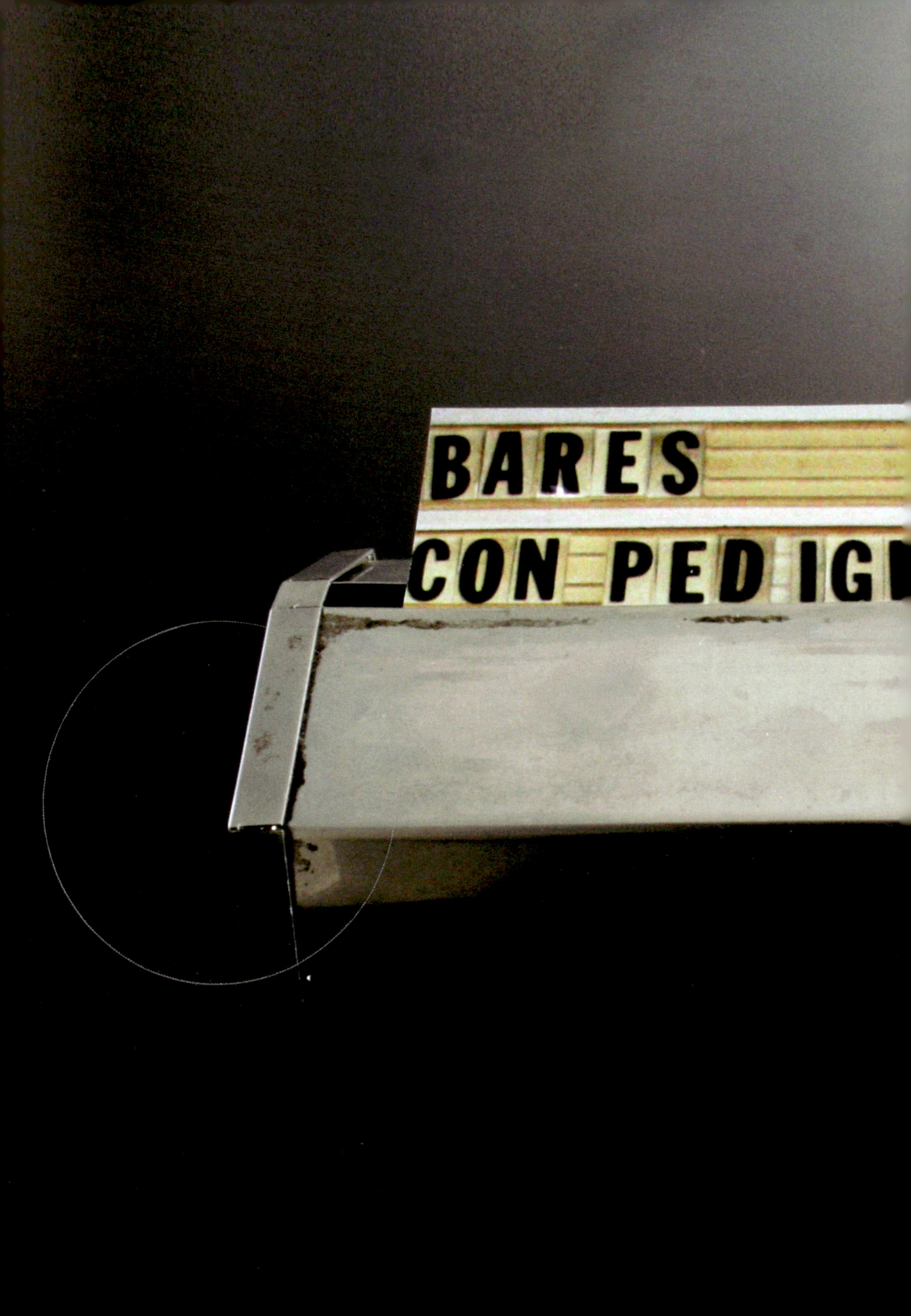

BARES
CON PED IG

bufón

barcelona

www.bufon.org

– bares con pedigree. homage to true bars, bars fashion doesn't apply to, bars with no names messily resist and sell true reality –

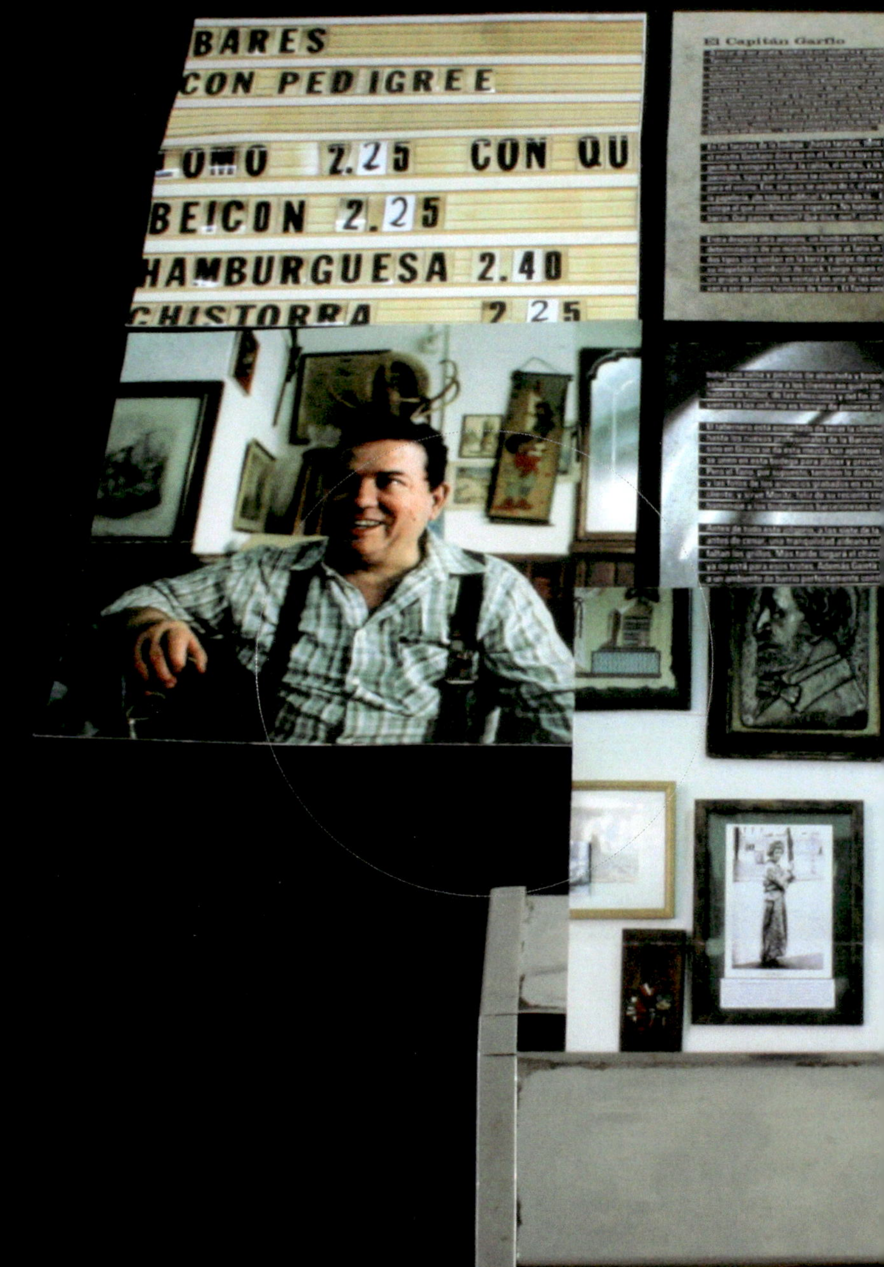
BARES
CON PEDIGREE
BEICON 2.25
HAMBURGUESA 2.40
El Capitán Garfio

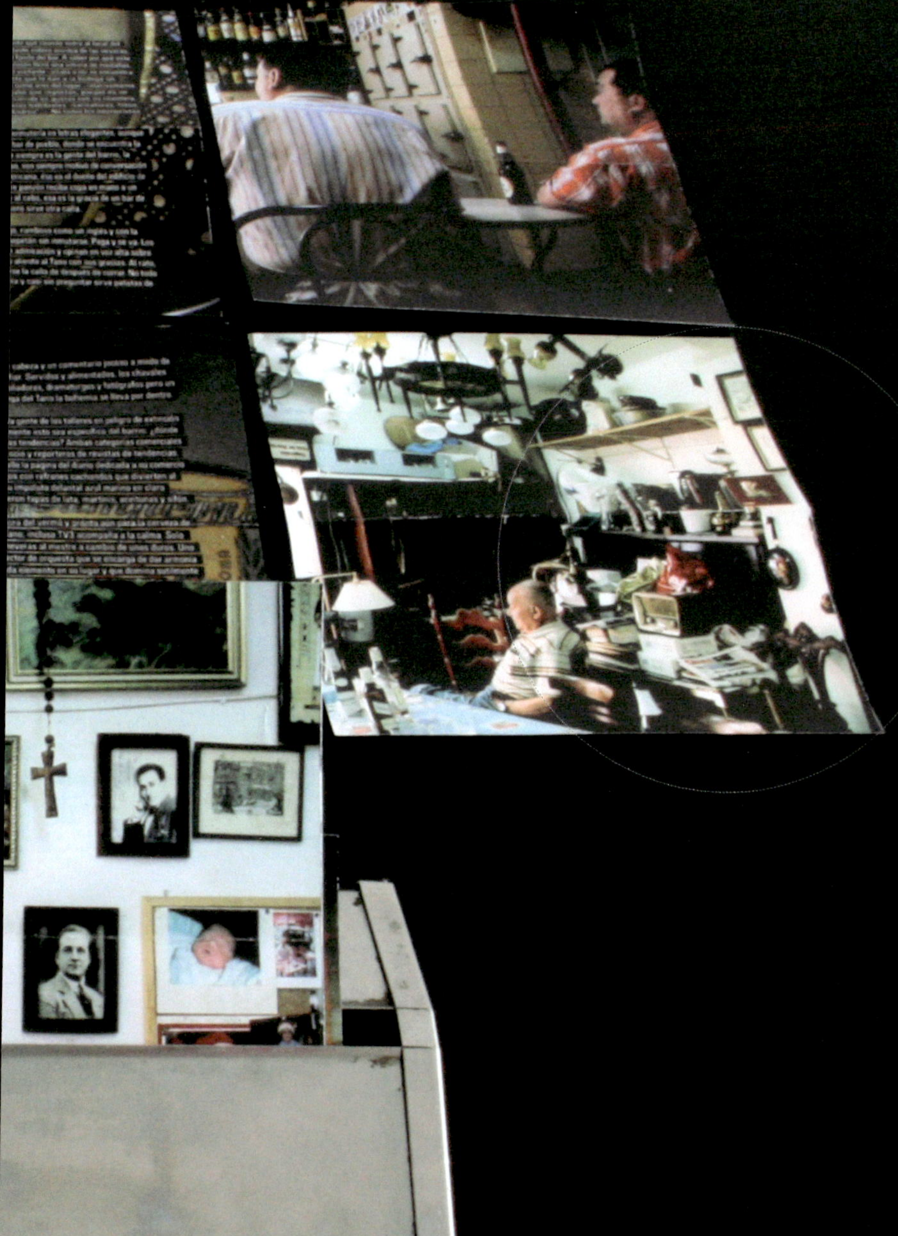

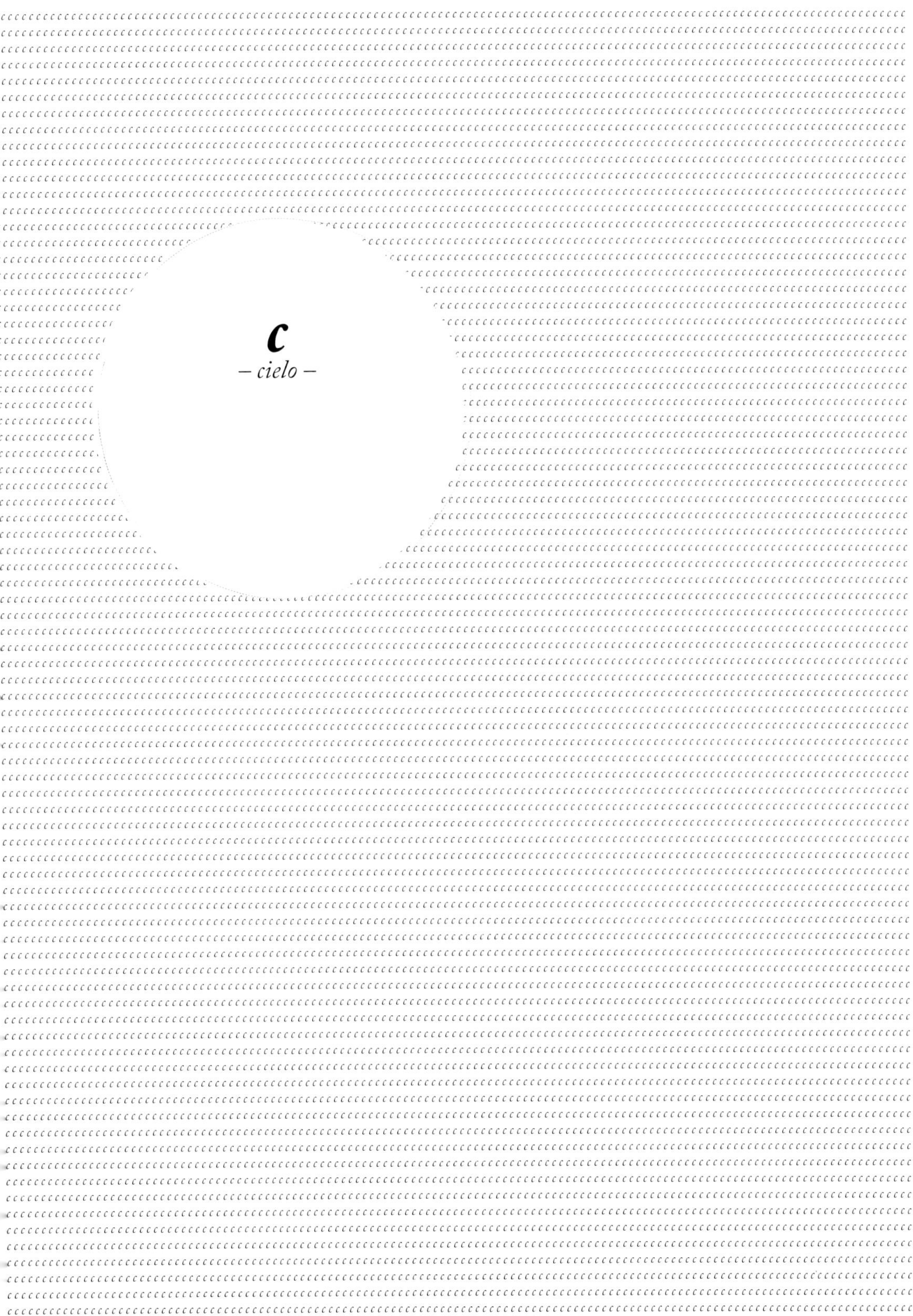
c
– cielo –

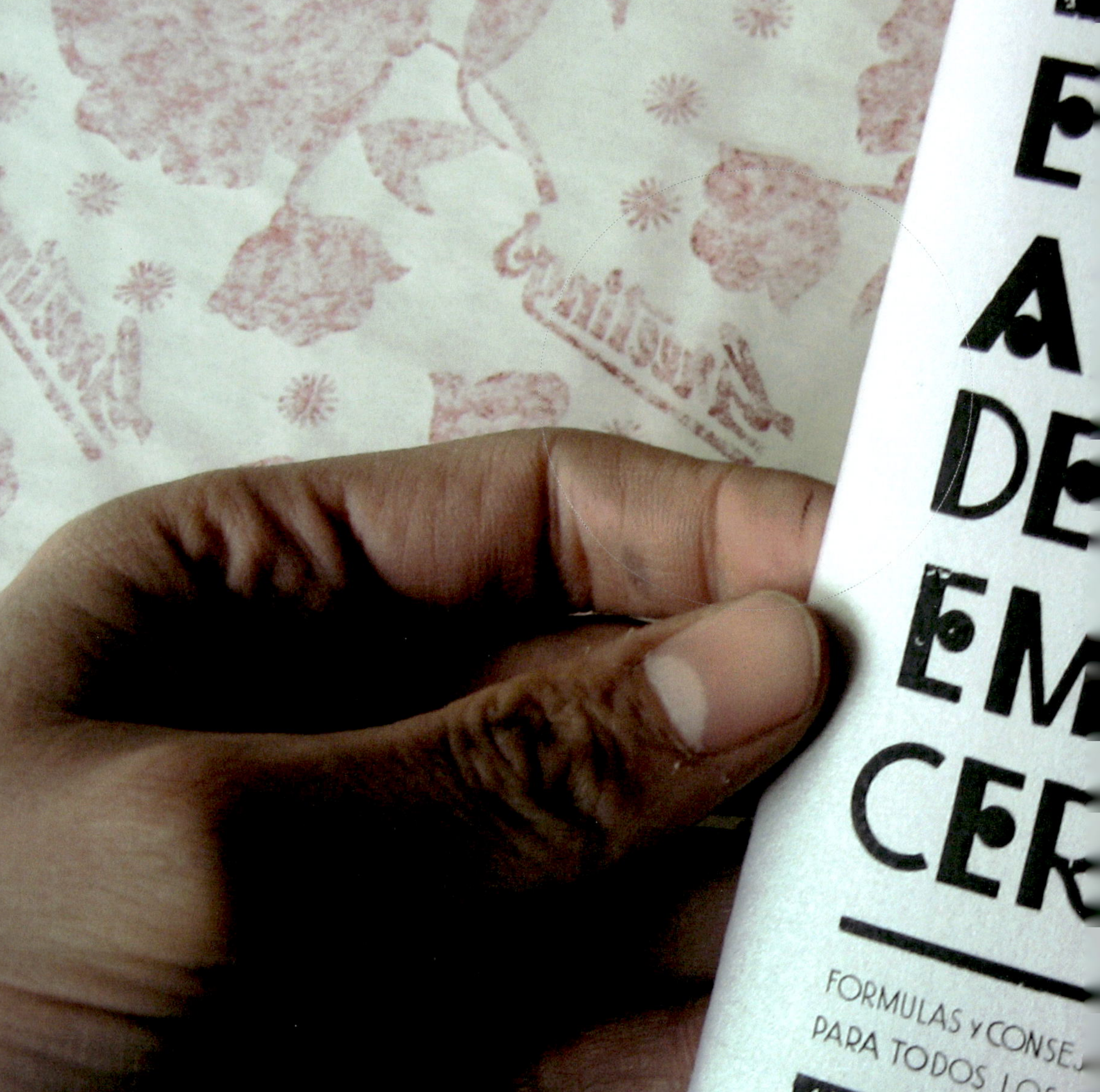
E
A
DE
EM
CER
FORMULAS y CONSE
PARA TODOS LOS C
Addiciones Porquesí

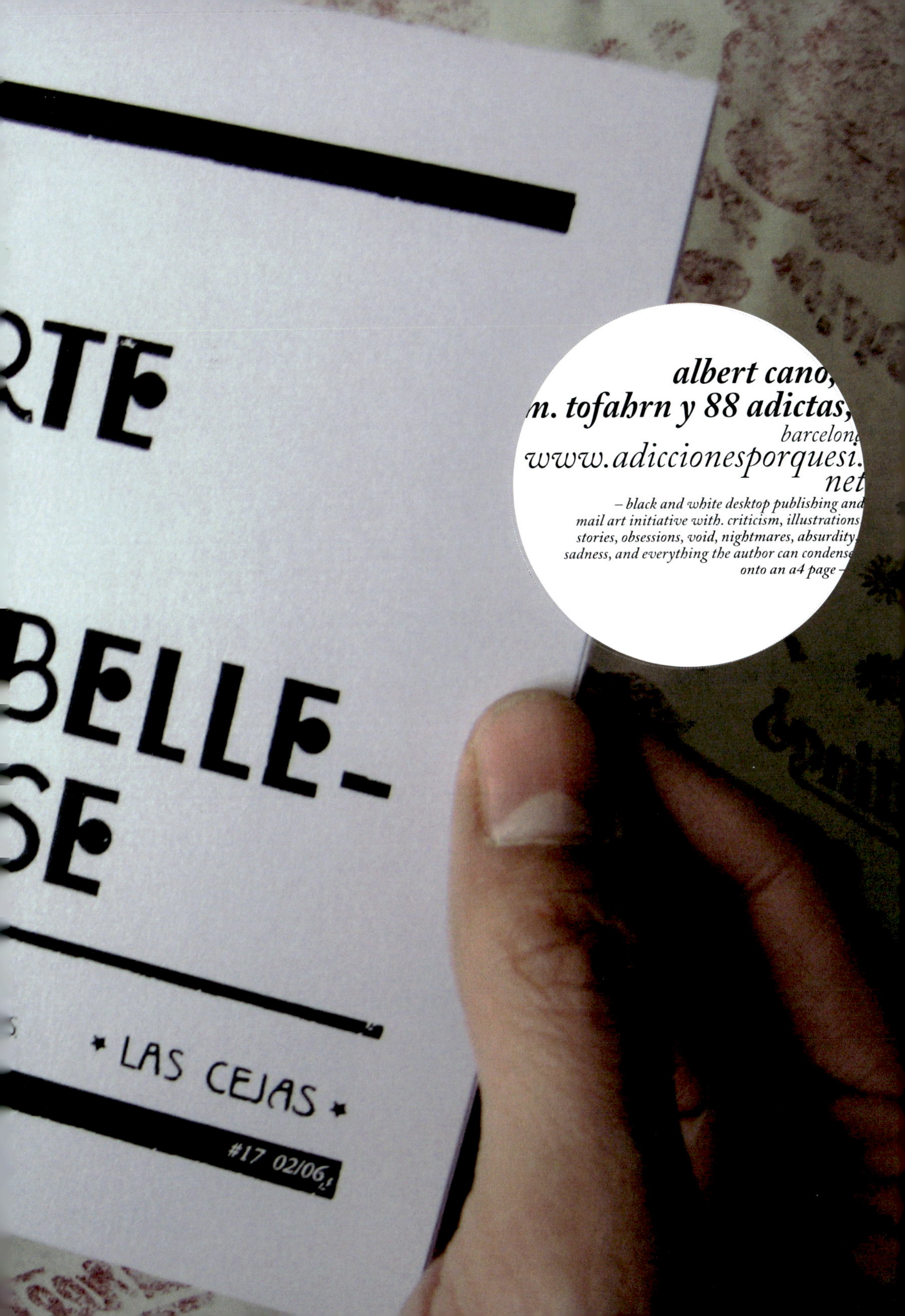

albert cano,
n. tofahrn y 88 adictas,
barcelon
www.adiccionesporquesi.
net

– black and white desktop publishing and mail art initiative with. criticism, illustrations, stories, obsessions, void, nightmares, absurdity, sadness, and everything the author can condense onto an a4 page –

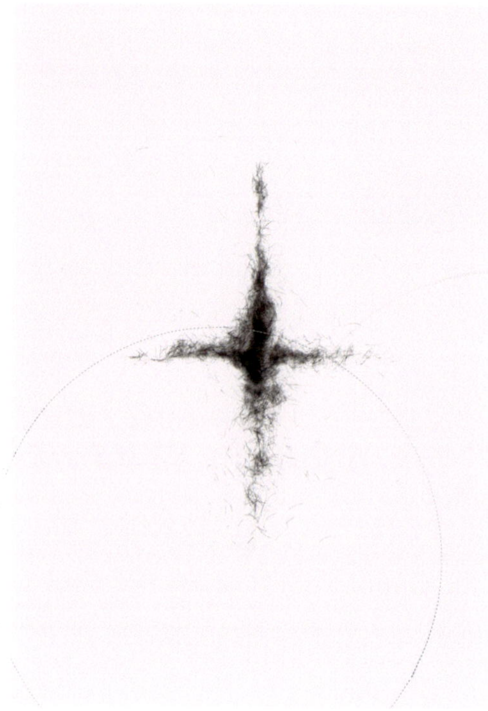

EL ARTE DE EMBELLECERSE

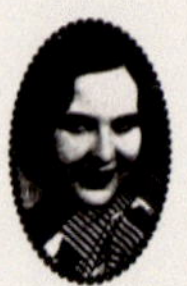

FORMULAS y CONSEJOS PARA TODOS LOS CASOS • LAS CEJAS •

Adicciones Porquesí #17 02/06

EL ARTE DE EMBELLECERSE

LAS CEJAS REALZAN LA BELLEZA DE LOS OJOS, AVIVANDO SU BRILLO Y COMUNICÁNDOLES, SEGÚN SEA SU FORMA, UNA EXPRESIÓN Y UN SELLO ESPECIAL.

Antiguamente se dejaban tal y como la naturaleza las había creado, no considerando un buen tono el variarlas. Desde el año 1922, se piensa de otro modo: se arreglan y modifican, siendo las estrellas cinematográficas quienes crearon esta moda, comenzando por suprimirlas completamente, para trazar otras con el lápiz, e incluso con el pincel. Desgraciadamente, se apercibieron que este afeitado integral de las cejas presentaba un gran inconveniente desde el punto de vista estético. En efecto, muy frecuentemente, la parte ósea sobre la que nacen las cejas, deja ver después de la operación un rastro rojizo, que semeja las manchas de eczema, cuya vista es tan repugnante.

En fin, abandonando las exageraciones de esta moda transatlántica, se creó otra, más de acuerdo con las reglas del buen gusto: el igualarlas y afinarlas.

Procedimiento para igualar las cejas

1º Las pinzas de afeitar
2º La navaja de afeitar
3º El depilatorio
4º Por la electrolisis o diatermia
5º La depilación por la pinza

EL ARTE DE EMBELLECERSE

Esta última, es el procedimiento más sencillo y, a la vez, empleado más generalmente por los profesionales. Cualquiera puede utilizarlo, a pesar de que os será más práctico que esta operación sea realizada por un especialista.

De todos modos, he aquí el procedimiento que debéis seguir: UNTAD DE VASELINA LA PARTE QUE DESEÁIS DEPILAR, CON LO QUE CONSEGUIRÉIS QUE VUESTRO TRABAJO SEA MENOS DOLOROSO. TIRAD DE LOS PELITOS, SIGUIENDO LA MISMA DIRECCIÓN EN QUE ESTÁN COLOCADOS, PUES DE HACERLO A CONTRAPELO SUFRIRÉIS BASTANTE MÁS.

Mirad a vuestro alrededor y comprobad cómo aquellas pocas personas que todavía son refractarias a esta moda tienen un aire "paleto". Los ojos pierden su expresión y la mirada resulta bien dura.

Todo esto demuestra la necesidad absoluta de un estudio profundo de cada parte de la cara, así como los retoques pueden variarse hasta lo infinito, a fin de cooperar con ellos el buen resultado que requiera cada fisonomía.

Al terminar, permitidme que formule mi deseo de que al presentaros nuevos horizontes sobre la manera de realzar vuestros encantos naturales, os permita conseguiros la vida un puesto mejor y más feliz.

Hábitos que son de mal gusto:

· Chuparse o morderse un mechón de pelo .

· Morderse las uñas o cutículas.

· Sentarse con las piernas separadas o con las piernas cruzadas o torcidas de una manera poco convencional.

· Masticar chicle mientras habla o con la boca abierta.

· Fumar en la calle o hacerlo sin haber pedido permiso a los presentes, especialmente a sabiendas de que el olor a cigarro puede ofender o incomodar a alguien.

· Tener un cigarrillo en los labios mientras habla.

· Hacer que los demás se sientan culpables o incómodos mientras comen algún delicioso postre solamente porque usted debe abstenerse debido a alguna dieta.

· Rascarse o pellizcarse la cara.

· Cometer la indiscreción de hacerle alguna pregunta íntima a alguien en voz alta: ¿ Es eso una peluca ?.

· Usar un cepillo o peine sucios.

· Aplicarse maquillaje o peinarse en la mesa de comer.

· Usar rulos en el cabello en público.

· Llevar esmalte de uñas descascarado, uñas partidas o maltratadas o, peor aún, sucias.

· Una línea demasiado dramática y notable que delimite claramente dónde termina el maquillaje y dónde comienza el color natural de la piel.

· Hablar demasiado o en detalle de excentricidades personales: operaciones, enfermedades, neurosis, alergias, accidentes, etc.

· Comer ruidosamente haciendo gestos exagerados.

· Introducir pedazos de comida demasiado grandes a la boca.

FEM-HO

Adicciones Porquesí

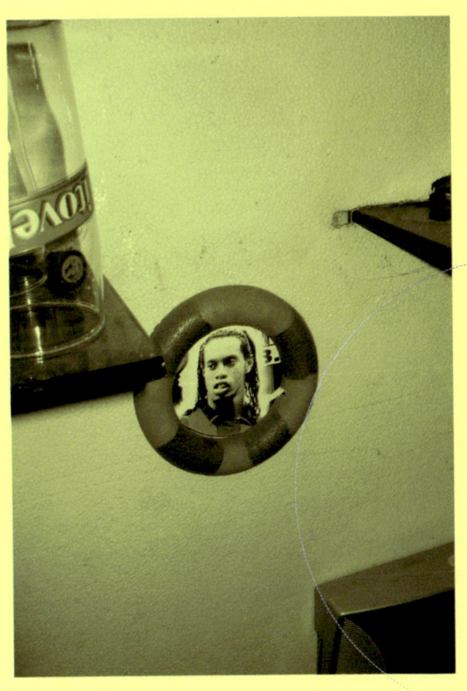

ES IMPRESCINDIBLE COLGARSE LA
CHAPA PARA ASISTIR A LA FIESTA

Ha llegado el momento para echar la carne en el asado, de vernos la cara, para conocernos, descubrir el secreto y sacarnos las mascaras.

Nos encontramos el día

24 DE MARZO

en el mítico y carinoso

ELSA BAR

sito en la calle

TORRENT DE L'OLLA 78

a las

23 HORAS

Haremos unas risas, tomaremos unas copas, bailaremos canciones de amor al son de Elsa, con sorpresas y demás hasta que se vaya la luna y salga el sol y abran los panaderías.

HABRÁ SORPRESAS, REGALOS Y SORTEO.

Te esperomos.
TU PRESENCIA ES IMPORTANTE

(se aceptaran donativos en forma de sellos)

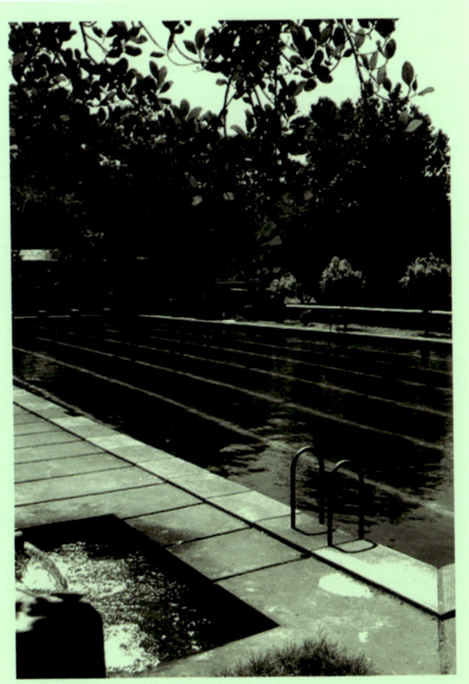

NOA J. BRÜLLE

PRONTO LLAMARÁN LOS GLASS

Seymour había vivido siempre pegado al suelo. Era un joven sin alas, de los que apenas levantan los pies al andar. Todo cuanto quería, todo lo que era y por lo que vivía tomaba forma de mujer en la que ahora yacía, ajena a sí misma, en el diván del salón. Su volátil e inconstante Maggie. Sin peinar y medio envuelta en el albornoz pasaba maquinalmente las páginas de un ejemplar de Harper's Bazar que hacía poco había ido a parar a sus manos. En aquel momento no tenía interés alguno en la vieja revista. Sólo quería ocupar su mente en algo para ignorar que pronto llamarían los Glass. Querrían conocer en qué estado se encontraba la confección del vestido de la puesta de largo su hija Franny y no sabía como evitaría decirles que todavía no había empezado a dibujar siquiera.

Aunque el frío le hostigaba, Seymour llevaría allí mirándola casi una hora. Estaba de pie al otro extremo de la piscina y podía observarla bien a través del cristal. Comprobaba con cierta amargura pero sin sorpresa como en todo ese lapso de tiempo Maggie no había sentido la necesidad de saber que hacía él allí. Seymour fijó entonces su atención en lo que sostenía su mano derecha. Pese a su tamaño, el frío peso del metal resultaba rotundo entre sus dedos agarrotados. Llegado aquel momento todo cuanto había imaginado nada tenía que ver con lo que ahora tenía frente a sí. En un instante se derrumbaba su axioma de forma súbita y el vacío que le había alentado para llegar hasta donde ahora estaba no era suficiente ya para insuflarle decisión. Miró la piscina bajo sus pies y en un impulso onanista de autocompasión se recreó mentalmente en volver a visualizar la caída, imaginar el sonido de su cuerpo contra el agua y asistir a la escandalosa dispersión del líquido rojo en un entorno azul como quien deleita su memoria con una escena harto aprendida ya. Volvió a lo que ocupaba su mano. Empezó a temblarle, no sabía si por el frío o por lo que iba a suceder. Tras unos instantes contemplando el reflejo de su flamígera figura se sintió observado. Era Maggie. Le miraba desde el salón todavía tendida en el diván. «Te-quie-ro», gesticuló ella lentamente para que leyera sus labios. Seymour había captado por fin su atención pero era consciente que aquella muestra de afecto no entrañaba más amor que un saludo cordial. Cerró los ojos, acercó entonces el revólver a la sien. Dispuso el índice frente al gatillo y se escondió tras la pálida oscuridad que percibía a través de unos párpados que no tardó en abrir para ver su reacción. Ella le dedicó una amplia sonrisa a la vez que movía la cabeza en un ademán condescendiente. «De nuevo una última vez, como todas las demás»; se dijo, y devolvió la mirada a la revista para continuar ignorando que lo Glass pronto iban a llamar.

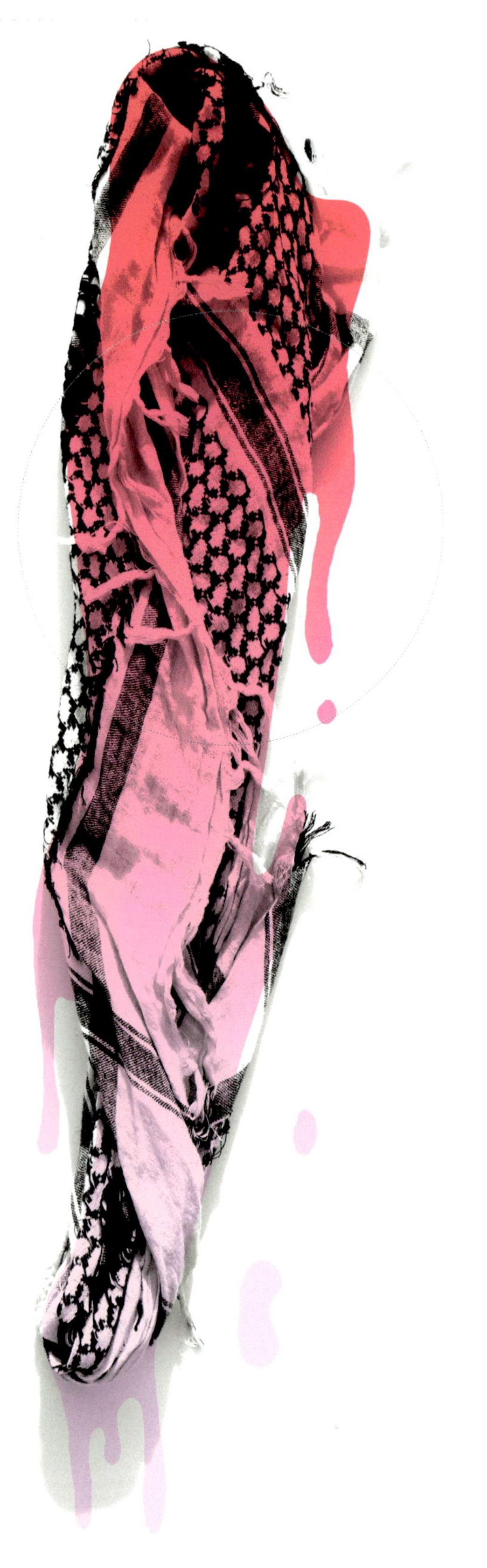

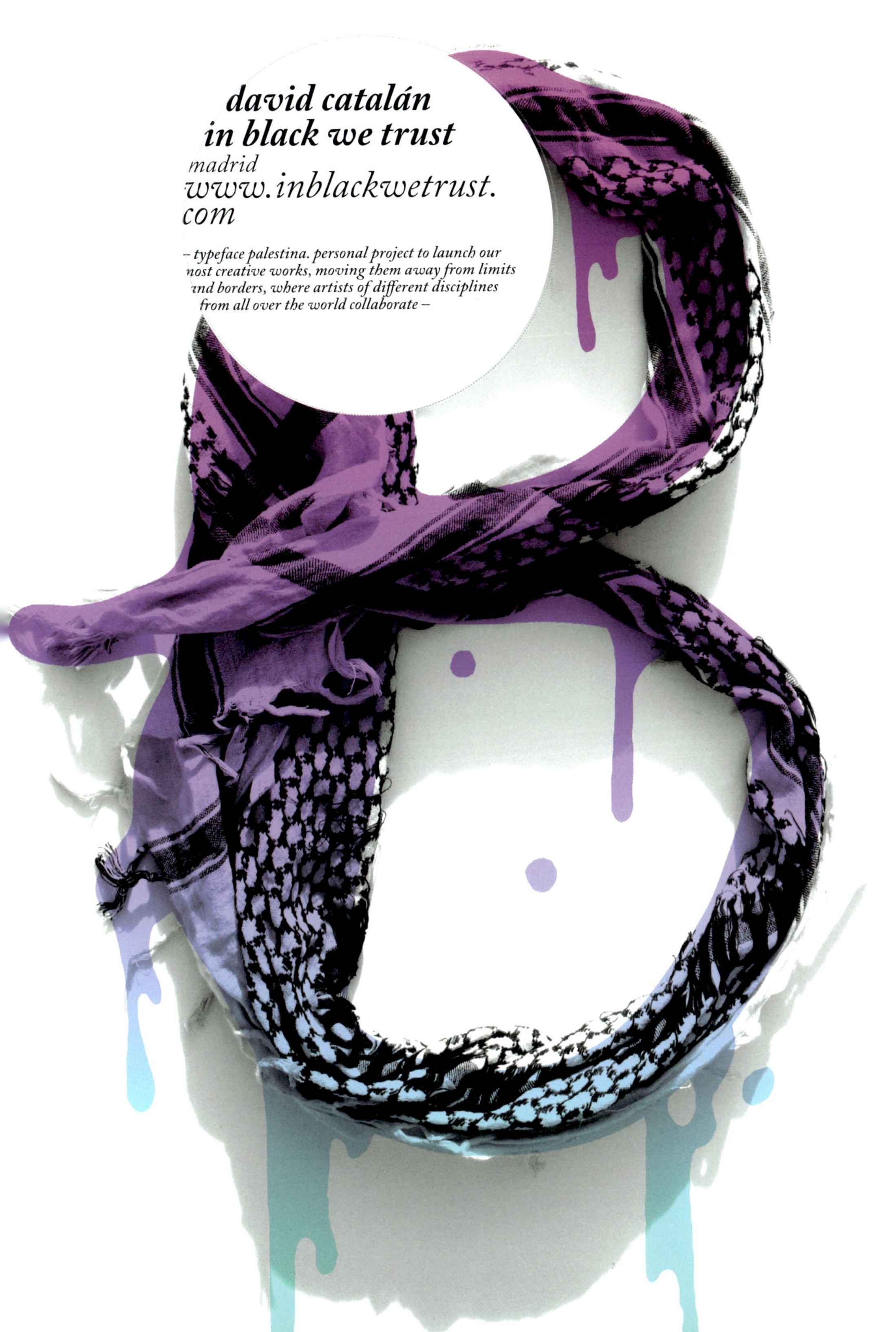
david catalán
in black we trust
madrid
www.inblackwetrust.
com
– typeface palestina. personal project to launch our
nost creative works, moving them away from limits
nd borders, where artists of different disciplines
from all over the world collaborate –

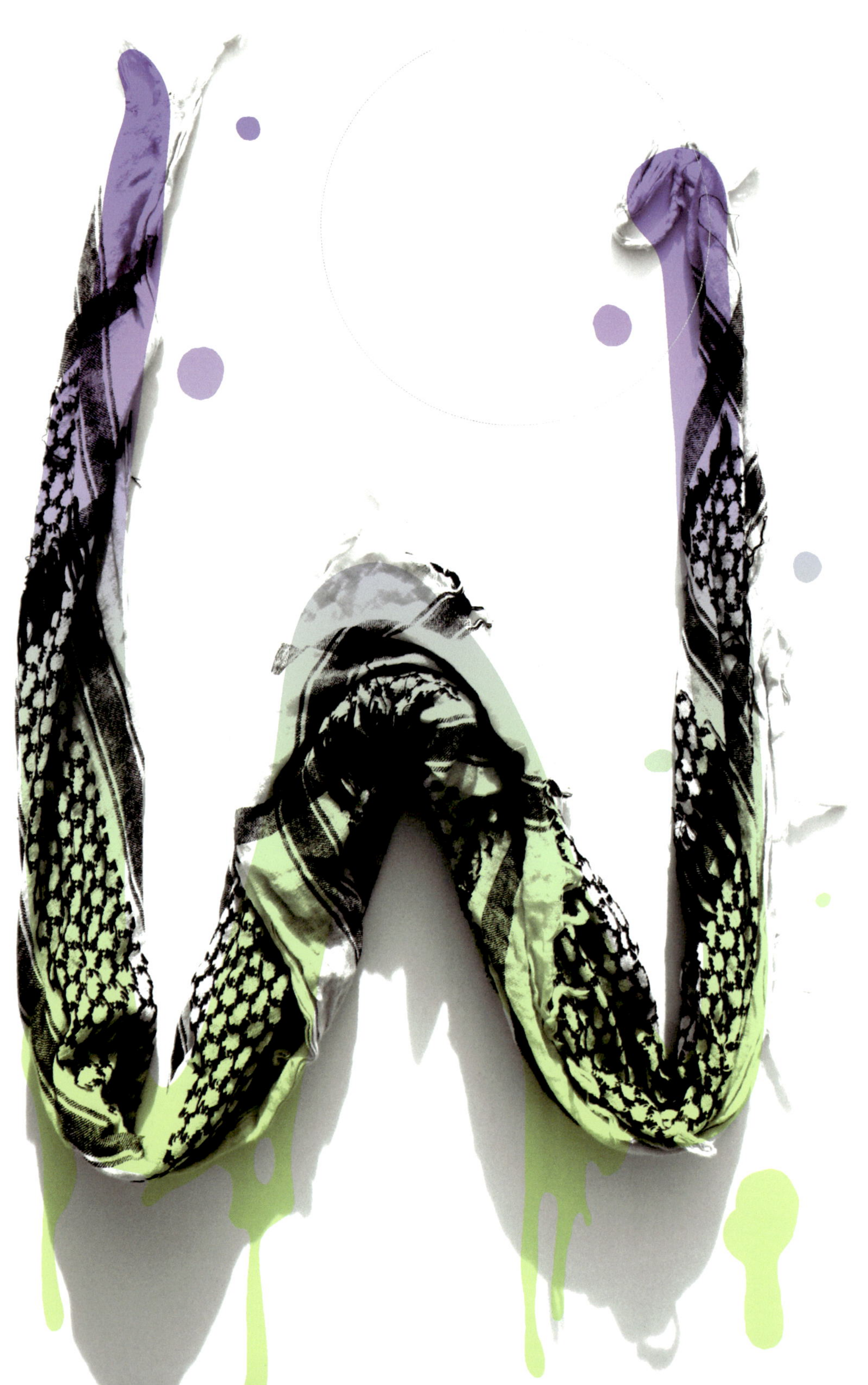

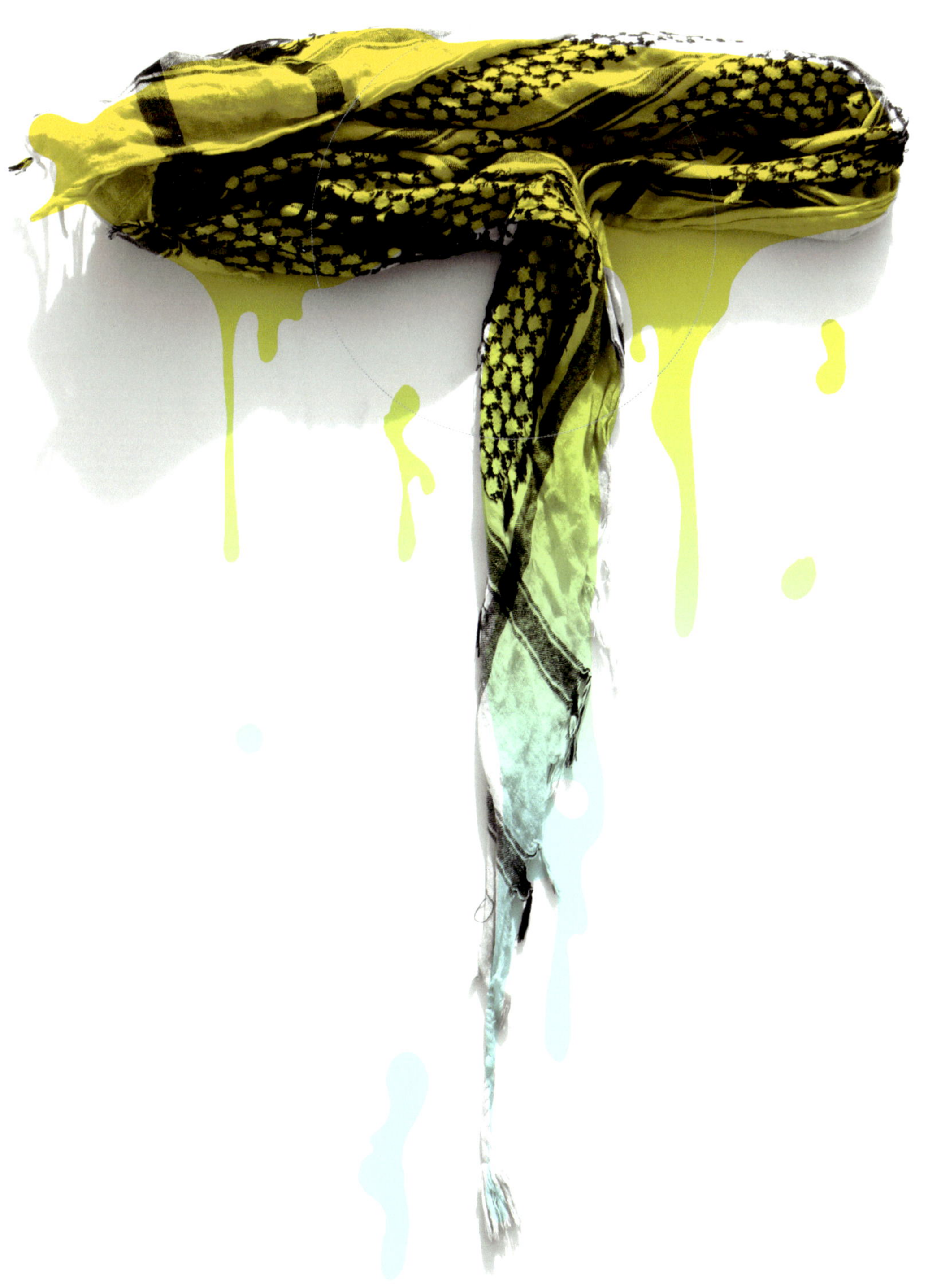

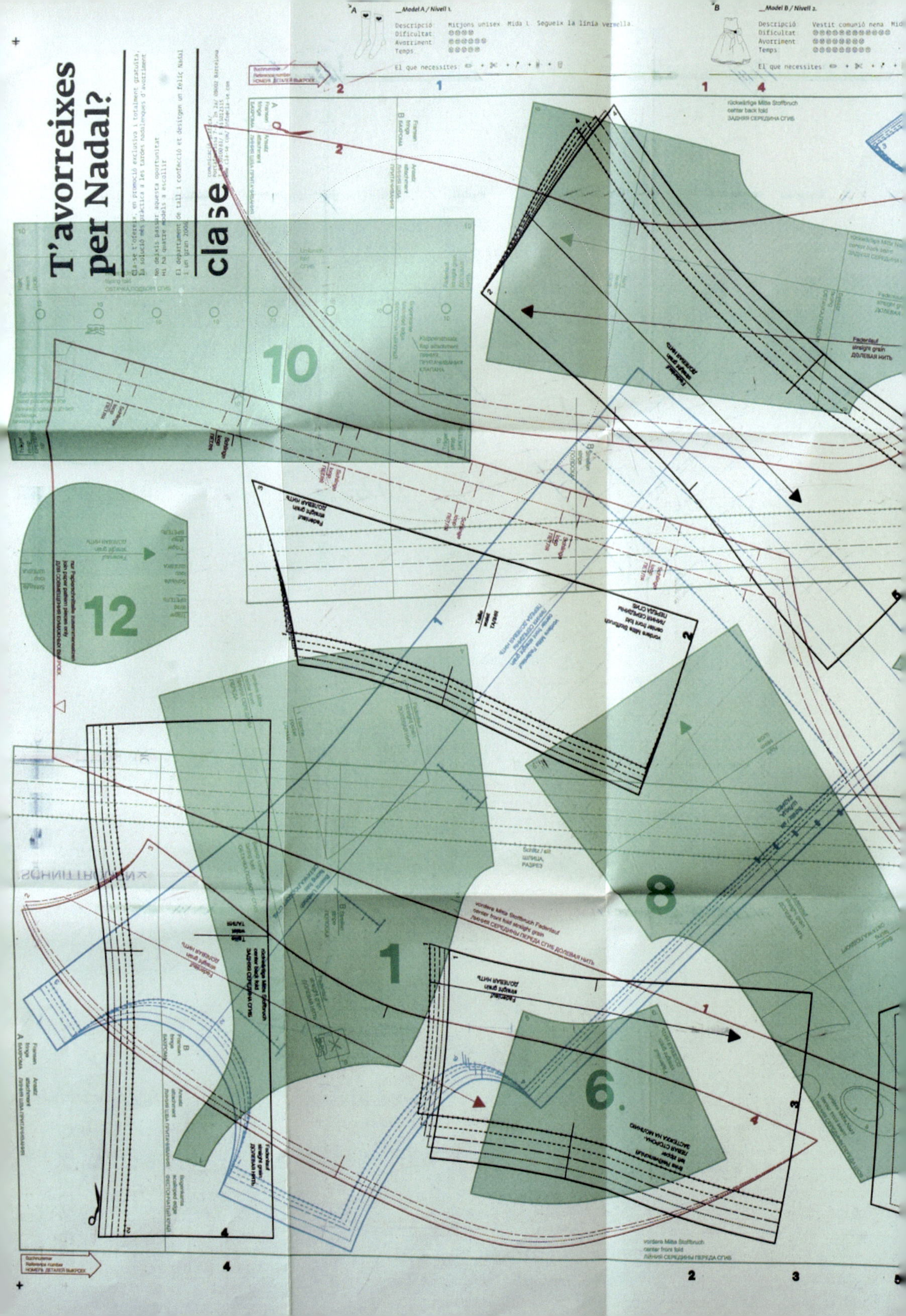

_Model A / Nivell 1.
Descripció Mitjons unisex. Mida L. Segueix la línia vermella.
Dificultat
Avorriment
Temps
El que necessites:
_Model B / Nivell 2.
Descripció Vestit comunió nena. Mid
Dificultat
Avorriment
Temps
El que necessites:
rückwärtige Mitte Stoffbruch
center back fold
ЗАДНЯЯ СЕРЕДИНА СГИБ
T'avorreixes per Nadal?
clase
10
12
1
8
6.
vordere Mitte Stoffbruch
center front fold
ЛИНИЯ СЕРЕДИНЫ ПЕРЕДА СГИБ

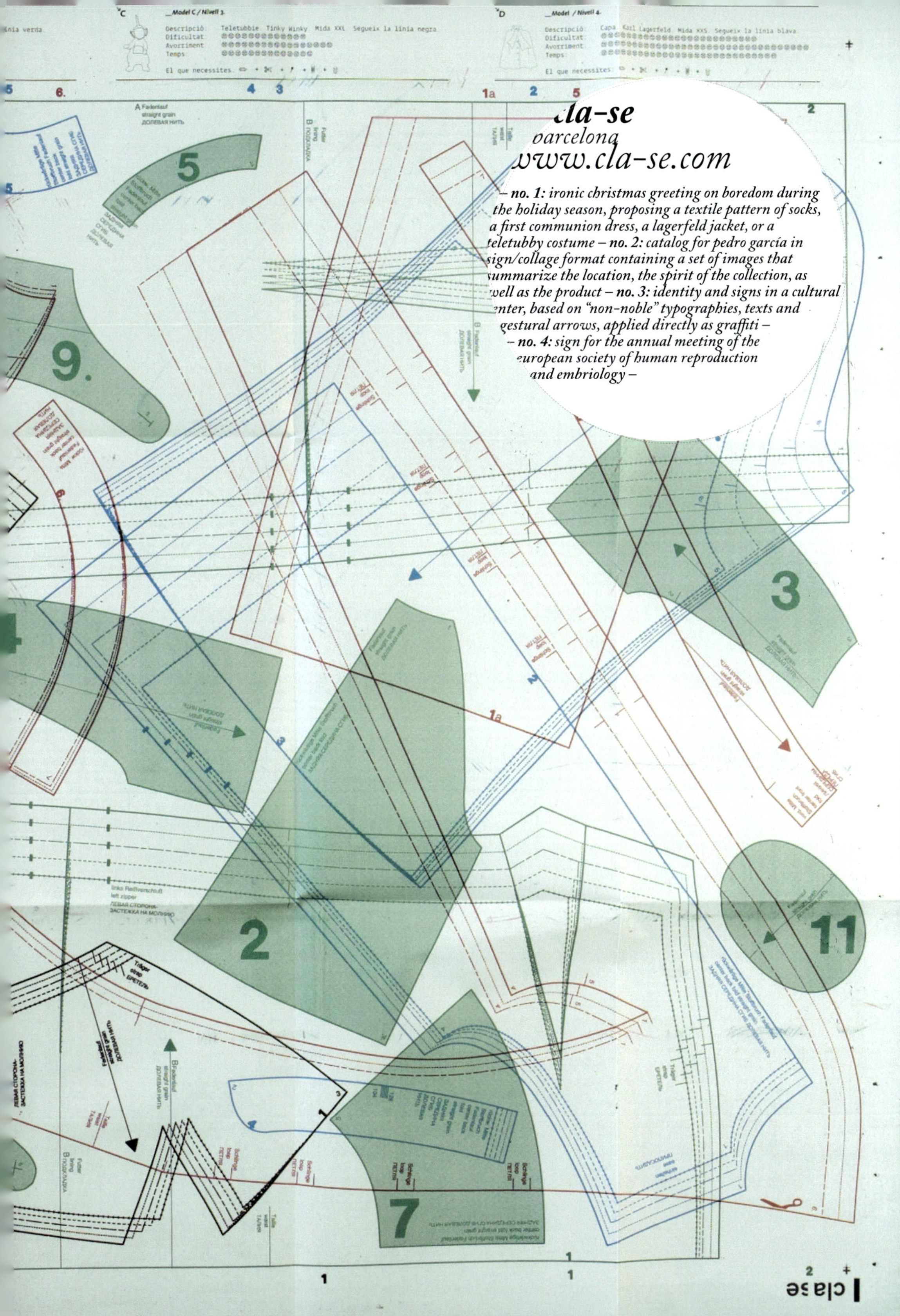

cla-se

barcelona

www.cla-se.com

*– **no. 1:** ironic christmas greeting on boredom during the holiday season, proposing a textile pattern of socks, a first communion dress, a lagerfeld jacket, or a teletubby costume – **no. 2:** catalog for pedro garcía in sign/collage format containing a set of images that summarize the location, the spirit of the collection, as well as the product – **no. 3:** identity and signs in a cultural center, based on "non-noble" typographies, texts and gestural arrows, applied directly as graffiti – – **no. 4:** sign for the annual meeting of the european society of human reproduction and embriology –*

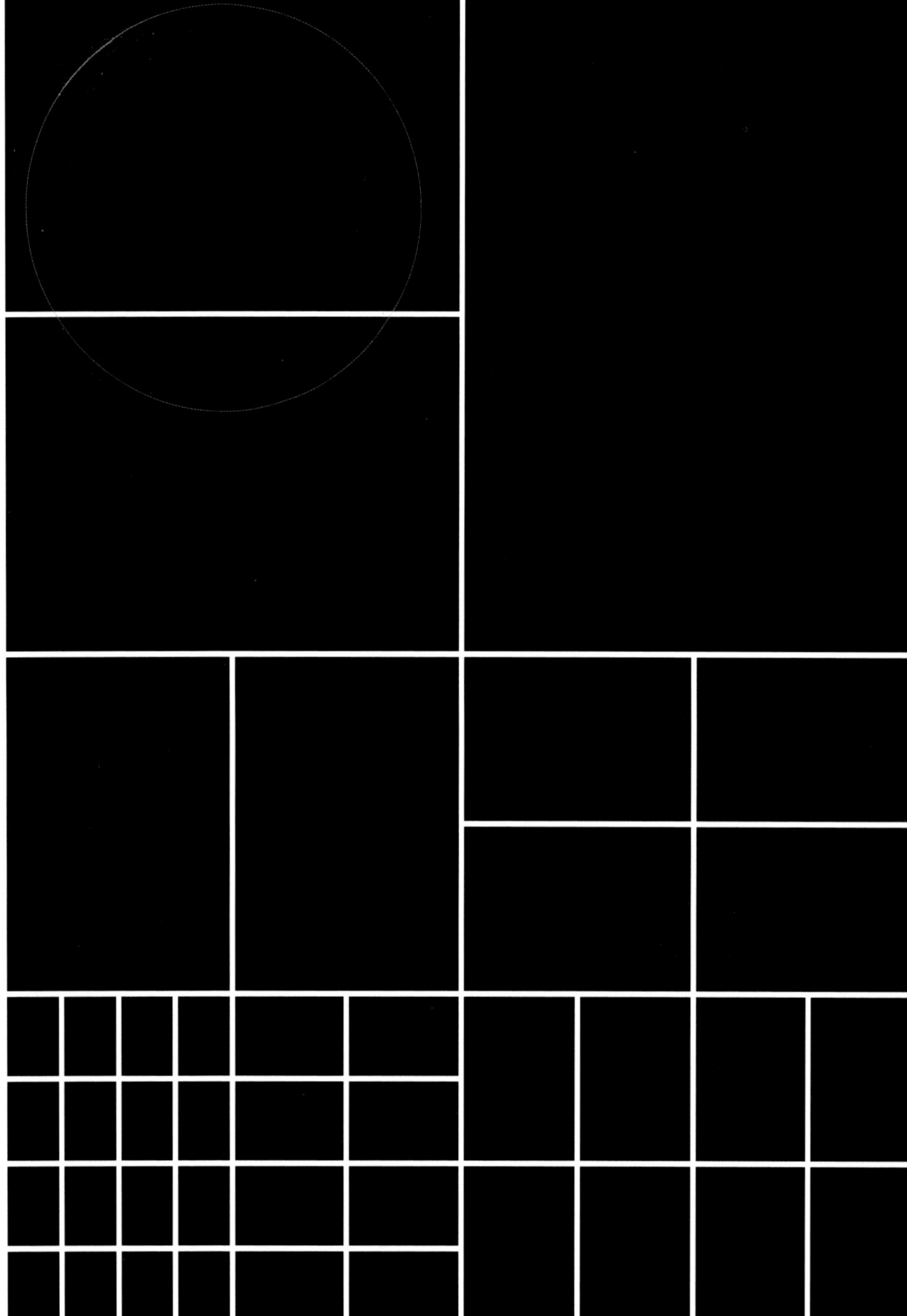

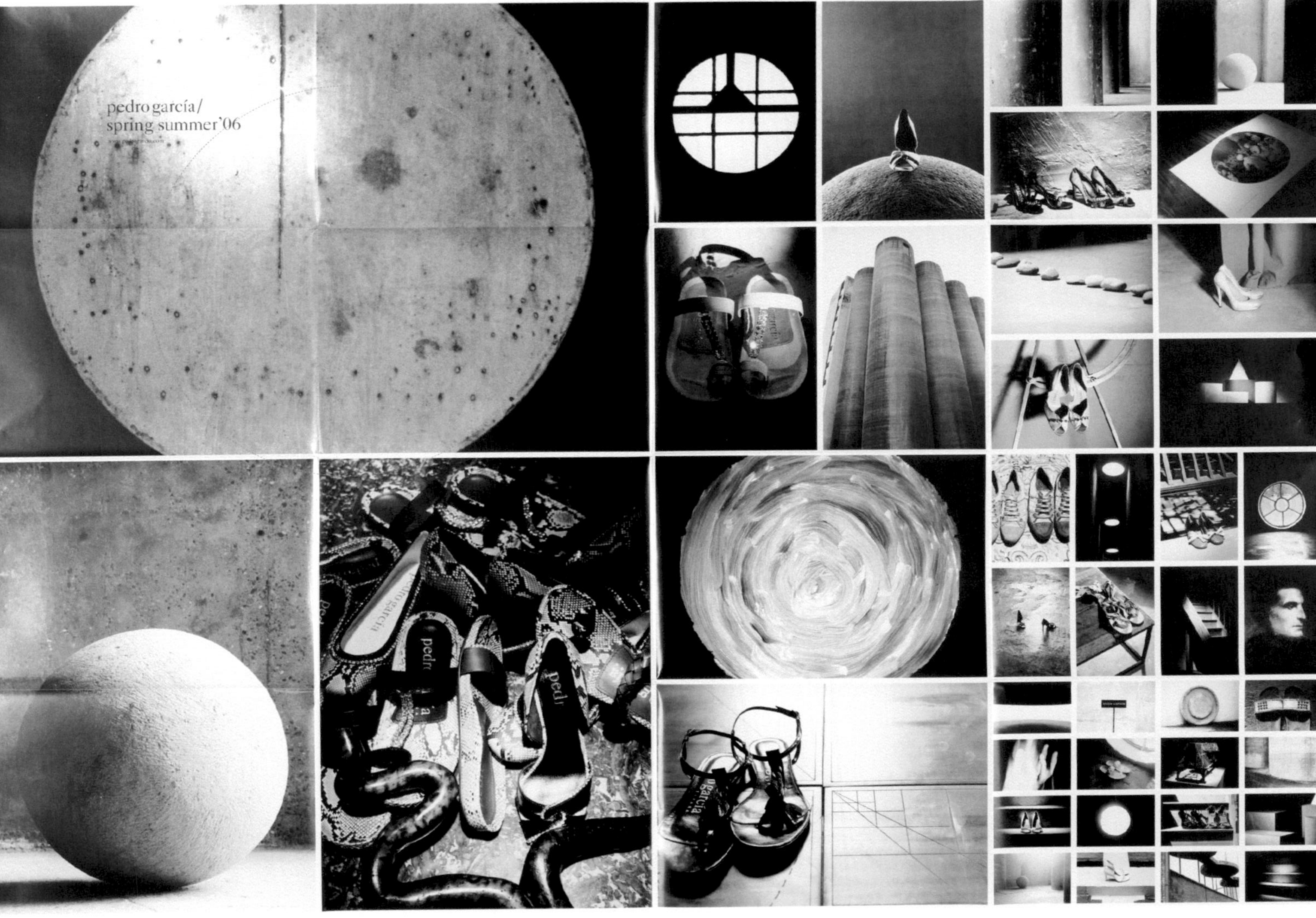
pedro garcía/
spring summer'06

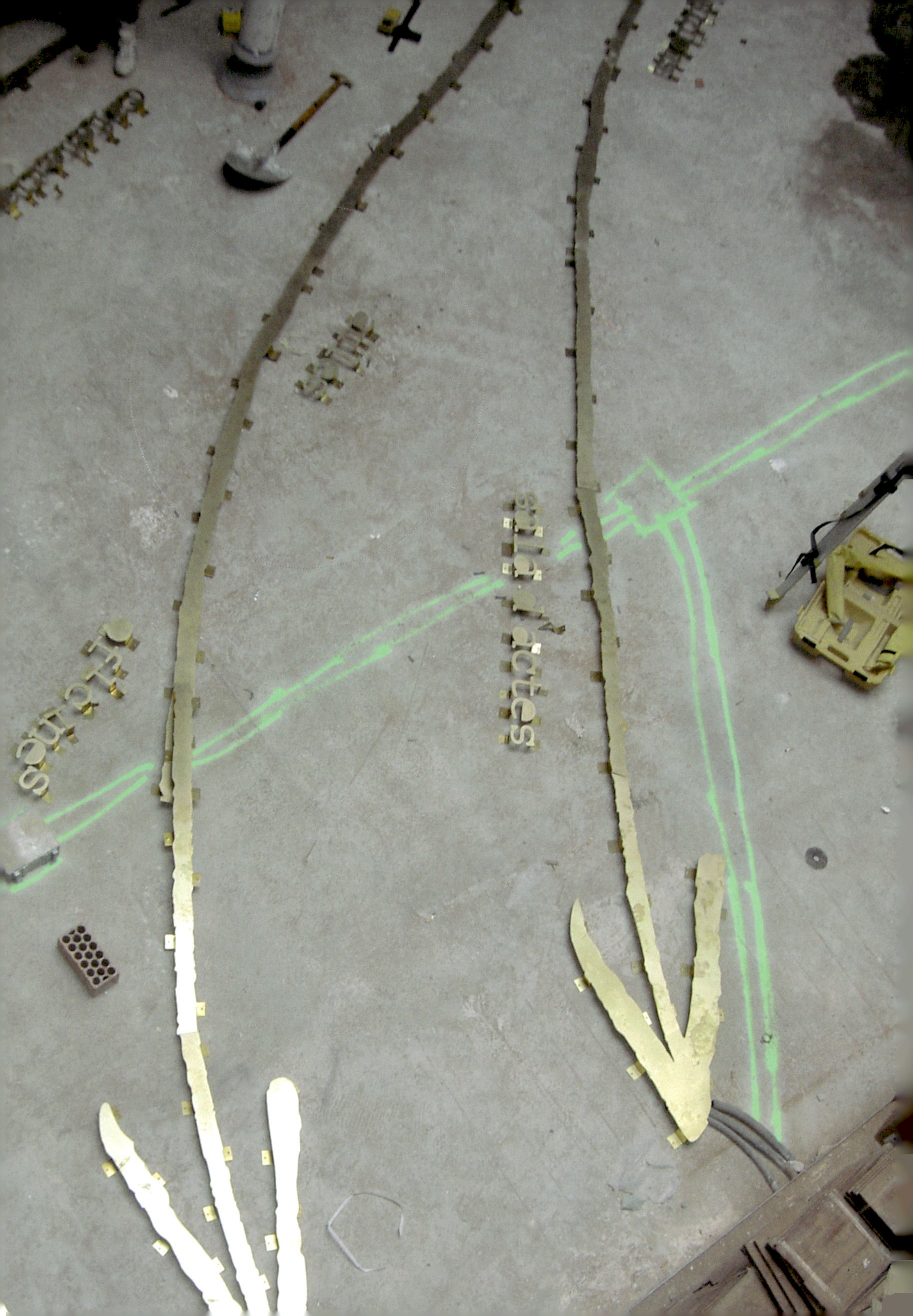

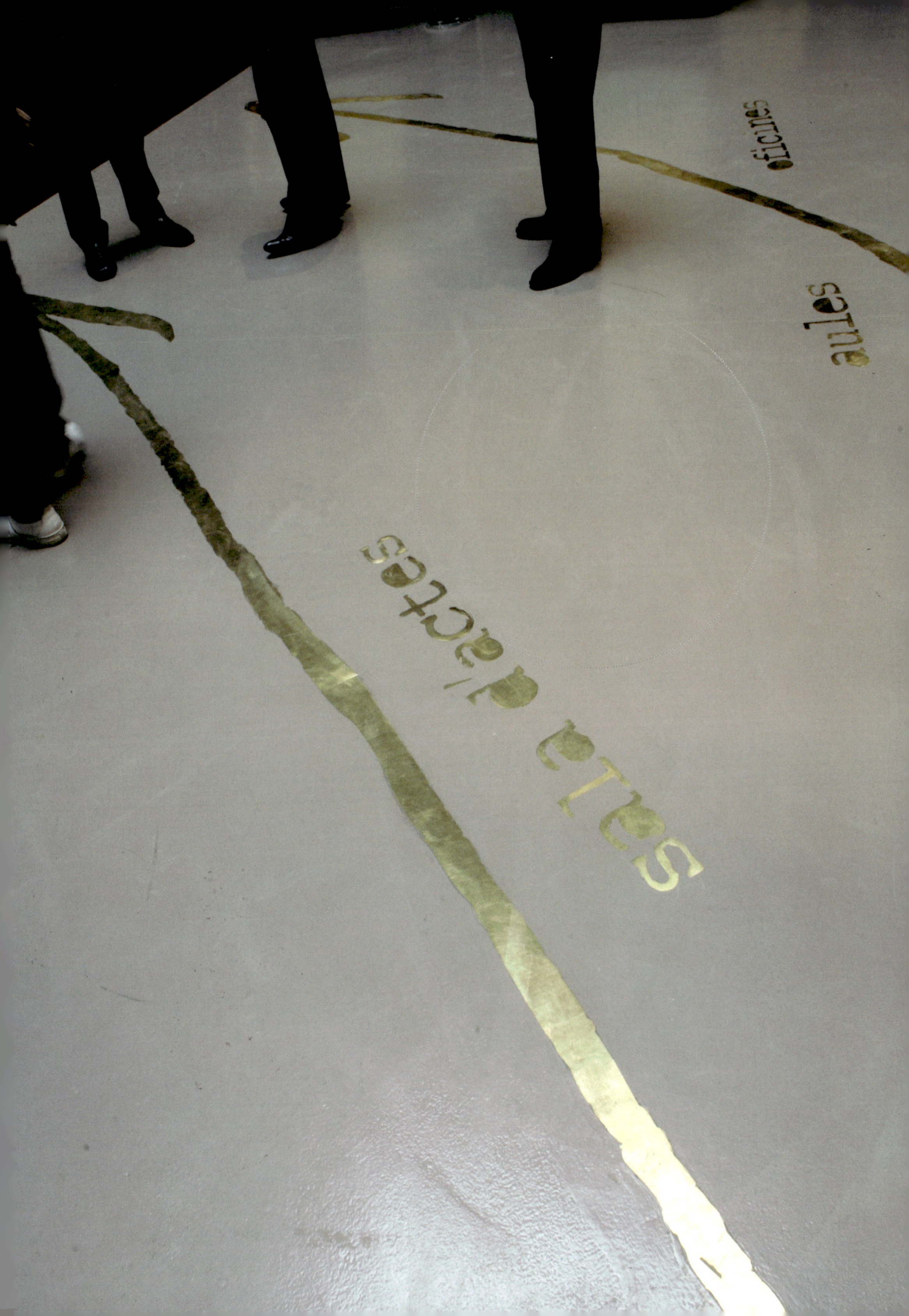
oficines
aules
sala d'actes

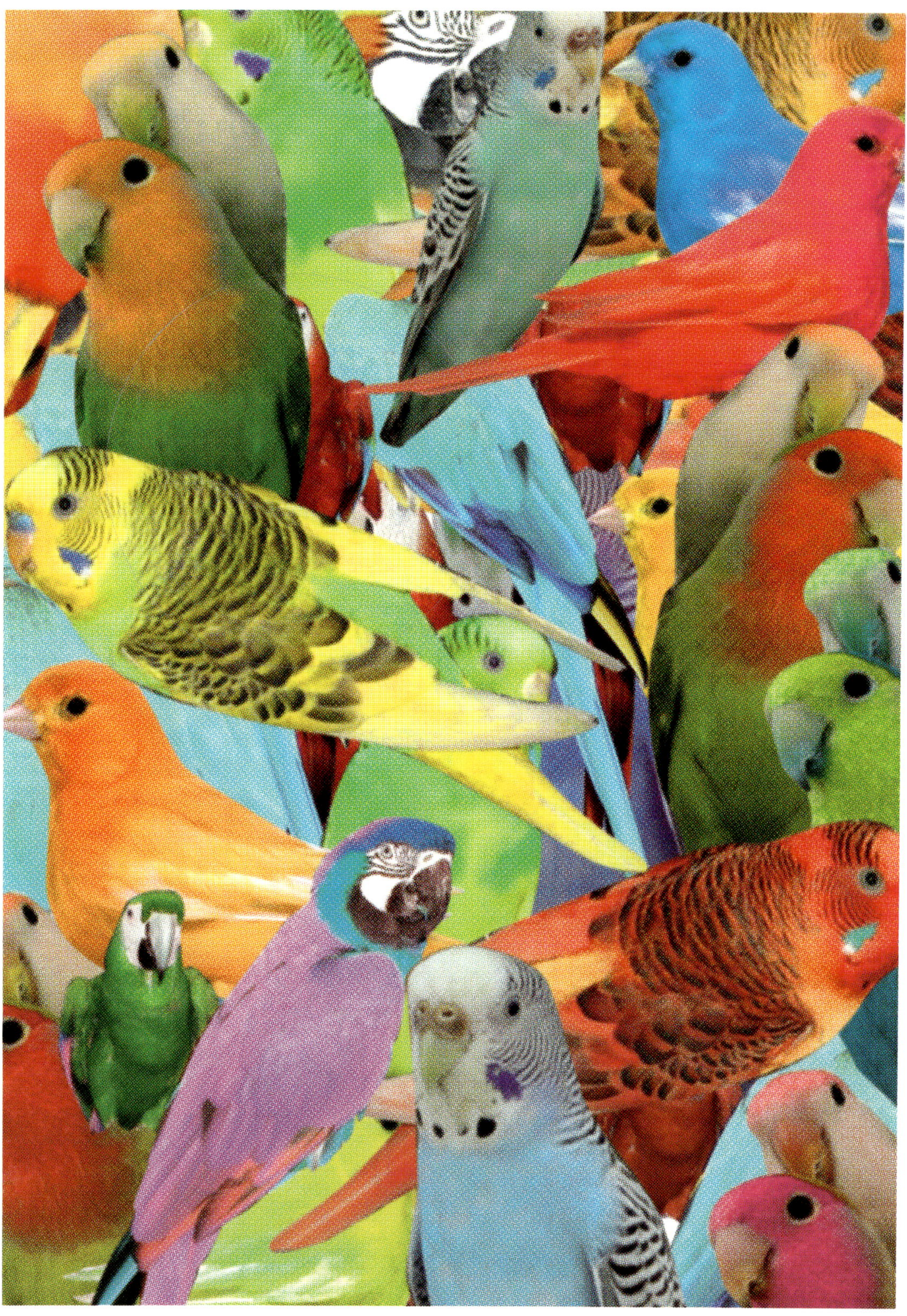

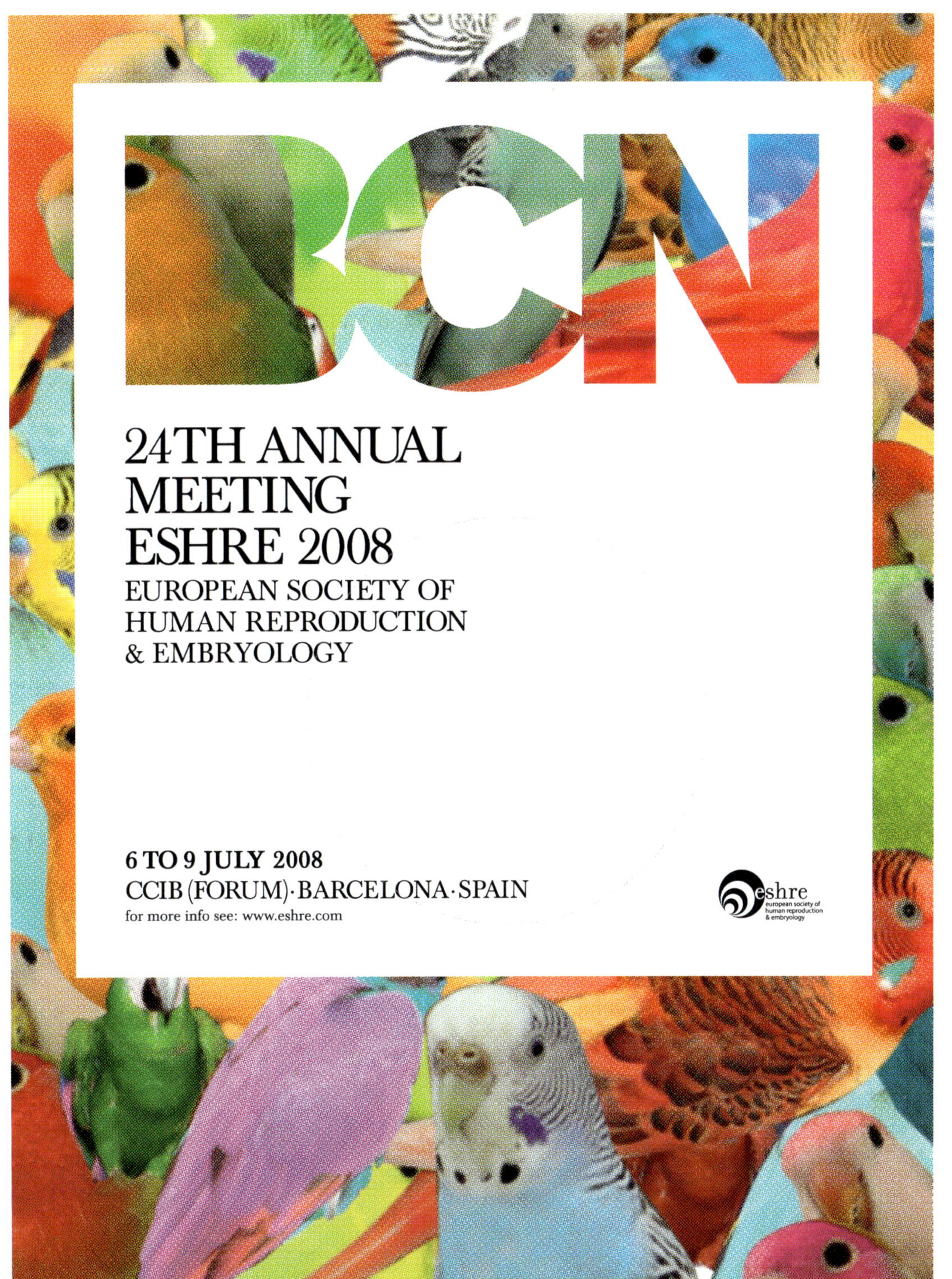
BCN
24TH ANNUAL
MEETING
ESHRE 2008
EUROPEAN SOCIETY OF
HUMAN REPRODUCTION
& EMBRYOLOGY
6 TO 9 JULY 2008
CCIB (FORUM)·BARCELONA·SPAIN
for more info see: www.eshre.com
eshre
european society of
human reproduction
& embryology

d d
d d
d d
d d
d d
d d
d d
d d
d d
d d
d d
d d
d d
d d
d d
d d
d d
d d
d d
d d
d d
d d
d d
d d
d d
d d
d d
d d
d d
d d
d d
d d
d d
d d
d d
d d
d d
d d
d d
d d
d d
d d
d d
d d
d d
d d
d d
d d
d d
d d
d d
d d
d d
d d
d d
d d
d d
d d
d d
d d
d d
d d
d d
d d
d d
d d
d d
d d
d d
d d
d d
d d
d d
d d
d d

d

– domingo –

Francesc Abad
block W. B.
La idea d'un pensament

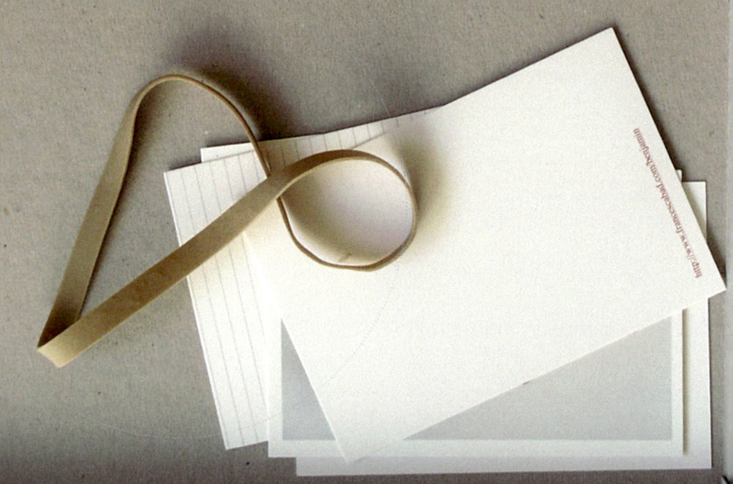
http://www.francescabad.com/benjamin

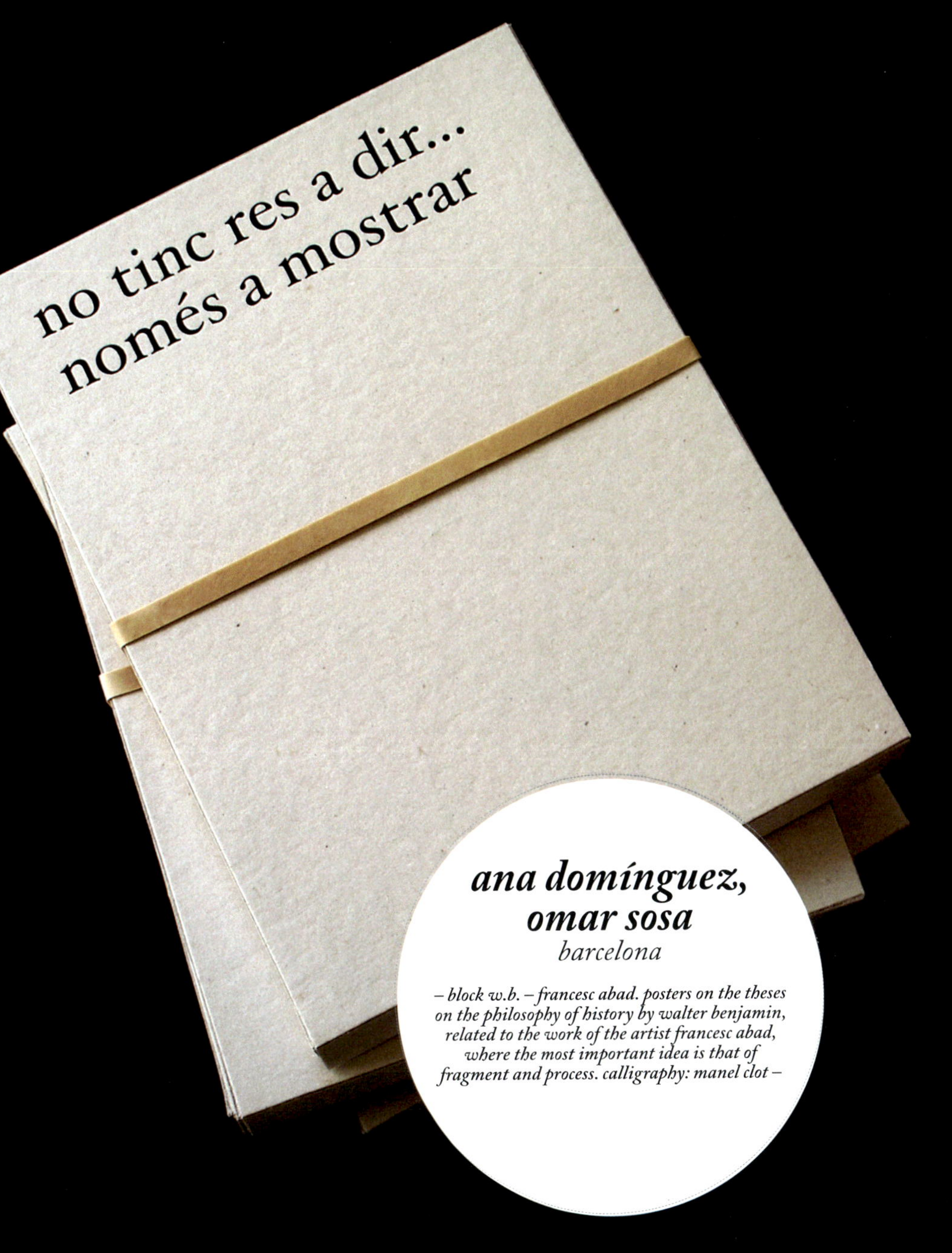

ana domínguez, omar sosa

barcelona

– block w.b. – francesc abad. posters on the theses on the philosophy of history by walter benjamin, related to the work of the artist francesc abad, where the most important idea is that of fragment and process. calligraphy: manel clot –

Susan Buck-Morss, *Dialéctica de la mirada. Walter Benjamin y el proyecto de los Pasajes*. Visor. Madrid, 1995.
Hannah Arendt, *Diario filosófico 1950-1973*. Herder. Barcelona, 2006.
Hannah Arendt, *Eichmann en Jerusalén*. DeBolsillo. Barcelona, 2006. i *Sobre la violencia*. Alianza. Madrid, 2005.
Julia Kristeva, *El genio femenino 1. Hannah Arendt*. Paidós. Buenos Aires, 2000.
Siegfried Kracauer, *Histoire. Les avant-dernières choses*. Stock. Paris, 2006.
Noël Carroll, "Celebraciones filosóficas del arte de masas: la tradición minoritaria", a *Una filosofía del arte de masas*. A.Machado libros. Madrid, 2002.

L'*home sense ombra*, l'home sense atributs, homes en temps d'obscuritat, homes pòstums, l'home sense continguts, homes sense *ombra* = Hugo von Hofmannsthal, Robert Musil, Hannah Arendt, Massimo Cacciari, Giorgio Agamben, Renér Char.

La vida en el círculo encantado del eterno retorno confiere una existencia que no sale de lo aurático. (D10a,1)
Walter Benjamin, Libro de los Pasajes.

A *Indagación de la base y de la cima* (Árdora. Madrid, 1999), el poeta Rena Char escriu: "Durante los meses que siguieron a la Liberación, intenté poner orden en mi manera de ver y de sentir que estaba manchada por un poco de sangre vertida en defensa propia, y me esforcé por separar las cenizas del fuego en el hogar de mi corazón. Ascio, busqué la sombra y restablecí la memoria, la que era anterior a mí." I el traductor del text, Jorge Riechmann, anota: "*Ascio*: etimológicamente "ser sin sombra", derivado del vocablo griego *skia*, sombra. Para los geógrafos de la Antigüedad, habitante de la zona tropical tórrida, llamado así porque cuando el sol se halla en el cenit parecen no tener sombra. Char elaboró su propio mito juvenil de los ascios, hombres vegetales sin sombra, modélicos para el poeta surrealista [...] Lo que aquí nos importa es la asociación entre sombra y memoria.
I a *El renacimiento de la naturaleza* (Paidós. Barcelona, 1994), el controvertit biòleg i filòsof britànic Rupert Sheldrake diu: "...una y otra vez encontramos la figura misteriosa del Hombre verde, una cabeza cortada entrelazada con vegetación, de cuya boca a menudo brotan ramas..."

Para Walter Benjamin, el pasado no es experiencia acumulada, sino ejercicio de experiencia en el presente. El pasado no es un hecho distante que se convierte en objeto de recuerdo sino una necesidad que se construye en el presente, una excusa explicativa que permite encerrar en la forma el suceso transformado como acto lingüístico.
Concha Fernández Martorell

Wolfgang Iser, "La ficcionalización: dimensión antropológica de las ficciones literarias", a Antonio Garrido Domínguez (comp.), *Teorías de la ficción literaria*. Arco/Libros. Madrid, 1997.
Hayden White, "El valor de la narrativa en la representación de la realidad", a *El contenido de la forma: narrativa, discurso y representación histórica*. Paidós. Barcelona, 1992. i "La trama histórica y el problema de la verdad en la representación histórica", a *El texto histórico como artefacto literario*. Paidós. Barcelona, 2003.

En l'obra d'art, l'instant és sempre més important que el temps, de la mateixa manera que és el detall qui revela el conjunt.
Enric Sòria

Els homes han inventat la naftalina de la bellesa. Se'n diu Art.
Chris Marker

C'est cette réserve d'historicité qui soutient la poétique des *Histoire(s) du cinéma*, cette poétique qui fait de toute phrase et de toute image un élément susceptible de s'associer à tout autre pour dire la vérité sur un siècle d'histoire et un siècle de cinéma, quitte à en transformer la nature et la signification. C'est à partir d'elle que peut s'élaborer l'intrigue propre à ces *Histoire(s)*: l'intrigue d'un cinéma qui n'a cessé à la fois de porter témoignage du siècle et de méconnaître son propre témoignage. Les *Histoire(s) du cinéma* sont la manifestation contemporaine la plus éclatante de la poétique romantique du tout parle, mais aussi de la tension originelle qui l'habite.
Jacques Rancière, *Une fable sans morale: Godard, le cinéma, les histoires.*

Nos llega el tedio cuando no sabemos a qué aguardamos. Que lo sepamos, o creamos saber, no es casi nunca sino la expresión de nuestra superficialidad o de nuestra desorientación. El tedio es el umbral de grandes hechos. Y ahora sería importante saber cuál es el polo opuesto dialéctico del tedio. (D2,7)
El tedio es siempre la cara externa del acontecimiento inconsciente. Por eso les pareció tan elegante a los grandes dandis. Ornamento y tedio. (D2a,2)
Uno no debe dejar pasar el tiempo, sino que debe cargar tiempo, invitarlo a que venga a uno mismo. Dejar pasar el tiempo (expulsarlo, rechazarlo): el jugador. El tiempo le sale por todos los poros. Cargar tiempo, como una batería carga electricidad: el *flâneur*. Finalmente, el tercero: carga el tiempo y lo vuelve a dar en otra forma –en la de la expectativa–: el que aguarda. (D3,4)
Tedio: como índice de participación en el dormir del colectivo. ¿Es por eso elegante, hasta el punto de que el dandi procura exhibirlo? (D3,7)
Walter Benjamin, *Libro de los Pasajes*.

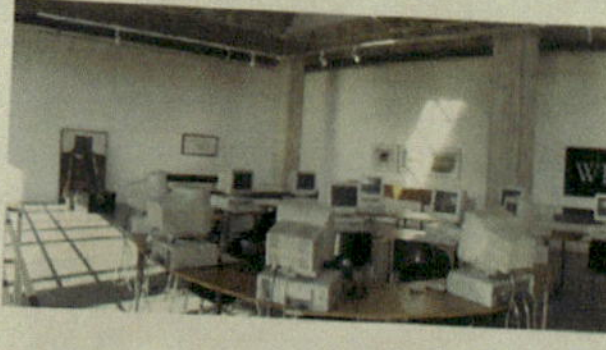

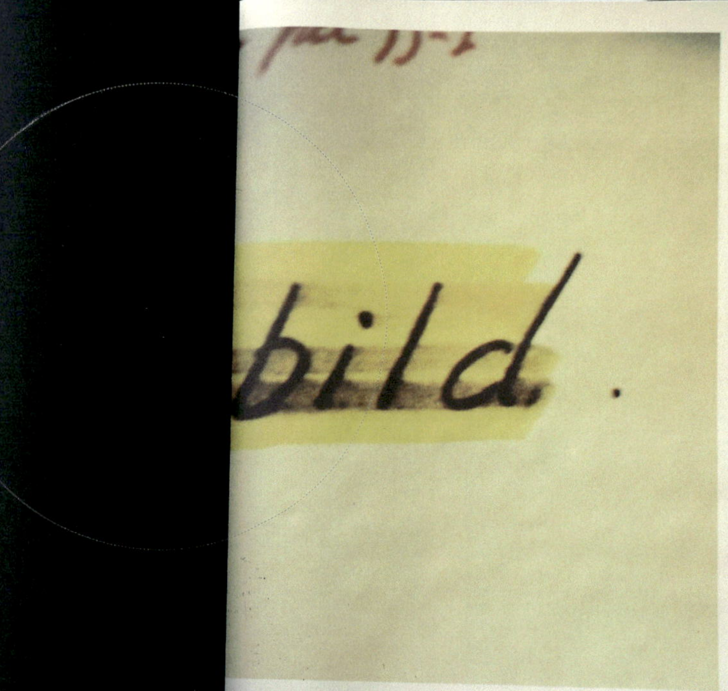

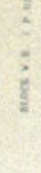

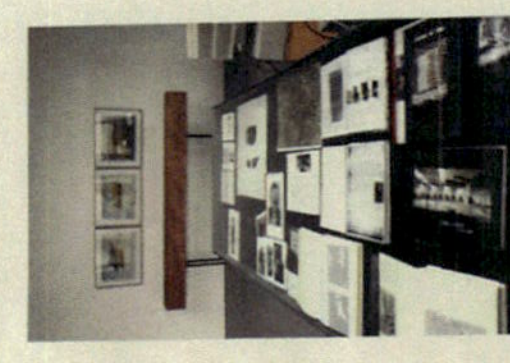

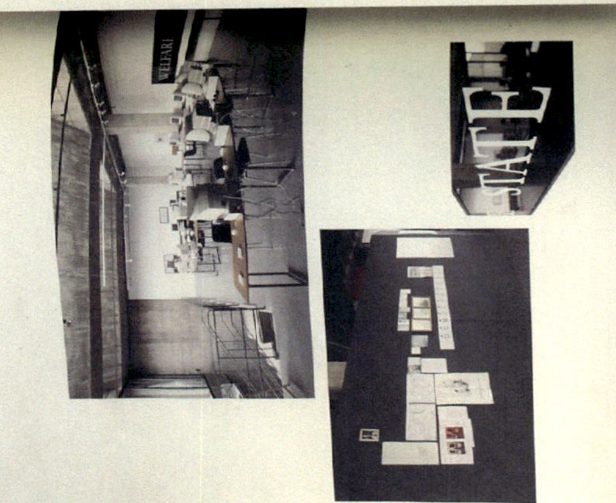

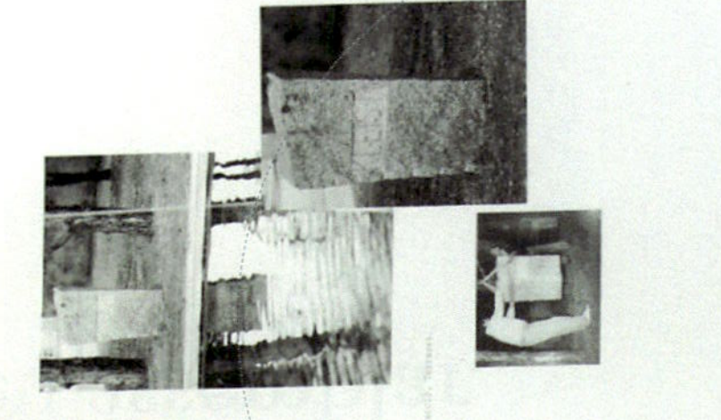

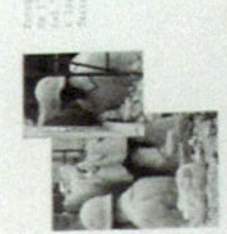

ció de la història que
eviti tota complicitat amb
aquella a què aquests
polítics continuen aferrats.

eeeeeeeeeeeeeeeeeeeeeeeeeeeeeeeeeeeeeeeeeeeeeeeeeeeeeeeeeeeeeeeeeeeeeeeeeeeeeeeeeeeeeeeeeeeeeeeeeeeeeeeeeeeeeeeeeeeeeeeeeeeeeeeeee
eeeeeeeeeeeeeeeeeeeeeeeeeeeeeeeeeeeeeeeeeeeeeeeeeeeeeeeeeeeeeeeeeeeeeeeeeeeeeeeeeeeeeeeeeeeeeeeeeeeeeeeeeeeeeeeeeeeeeeeeeeeeeeeeee
eeeeeeeeeeeeeeeeeeeeeeeeeeeeeeeeeeeeeeeeeeeeeeeeeeeeeeeeeeeeeeeeeeeeeeeeeeeeeeeeeeeeeeeeeeeeeeeeeeeeeeeeeeeeeeeeeeeeeeeeeeeeeeeeee
eeeeeeeeeeeeeeeeeeeeeeeeeeeeeeeeeeeeeeeeeeeeeeeeeeeeeeeeeeeeeeeeeeeeeeeeeeeeeeeeeeeeeeeeeeeeeeeeeeeeeeeeeeeeeeeeeeeeeeeeeeeeeeeeee
eeeeeeeeeeeeeeeeeeeeeeeeeeeeeeeeeeeeeeeeeeeeeeeeeeeeeeeeeeeeeeeeeeeeeeeeeeeeeeeeeeeeeeeeeeeeeeeeeeeeeeeeeeeeeeeeeeeeeeeeeeeeeeeeee
eeeeeeeeeeeeeeeeeeeeeeeeeeeeeeeeeeeeeeeeeeeeeeeeeeeeeeeeeeeeeeeeeeeeeeeeeeeeeeeeeeeeeeeeeeeeeeeeeeeeeeeeeeeeeeeeeeeeeeeeeeeeeeeeee
eeeeeeeeeeeeeeeeeeeeeeeeeeeeeeeeeeeeeeeeeeeeeeeeeeeeeeeeeeeeeeeeeeeeeeeeeeeeeeeeeeeeeeeeeeeeeeeeeeeeeeeeeeeeeeeeeeeeeeeeeeeeeeeeee
eeeeeeeeeeeeeeeeeeeeeeeeeeeeeeeeeeeeeeeeeeeeeeeeeeeeeeeeeeeeeeeeeeeeeeeeeeeeeeeeeeeeeeeeeeeeeeeeeeeeeeeeeeeeeeeeeeeeeeeeeeeeeeeeee
eeeeeeeeeeeeeeeeeeeeeeeeeeeeeeeeeeeeeeeeeeeeeeeeeeeeeeeeeeeeeeeeeeeeeeeeeeeeeeeeeeeeeeeeeeeeeeeeeeeeeeeeeeeeeeeeeeeeeeeeeeeeeeeeee
eeeeeeeeeeeeeeeeeeeeeeeeeeeeeeeeeeeeeeeeeeeeeeeeeeeeeeeeeeeeeeeeeeeeeeeeeeeeeeeeeeeeeeeeeeeeeeeeeeeeeeeeeeeeeeeeeeeeeeeeeeeeeeeeee
eeeeeeeeeeeeeeeeeeeeeeeeeeeeeeeeeeeeeeeeeeeeeeeeeeeeeeeeeeeeeeeeeeeeeeeeeeeeeeeeeeeeeeeeeeeeeeeeeeeeeeeeeeeeeeeeeeeeeeeeeeeeeeeeee
eeeeeeeeeeeeeeeeeeeeeeeeeeeeeeeeeeeeeeeeeeeeeeeeeeeeeeeeeeeeeeeeeeeeeeeeeeeeeeeeeeeeeeeeeeeeeeeeeeeeeeeeeeeeeeeeeeeeeeeeeeeeeeeeee
eeeeeeeeeeeeeeeeeeeeeeeeeeeeeeeeeeeeeeeeeeeeeeeeeeeeeeeeeeeeeeeeeeeeeeeeeeeeeeeeeeeeeeeeeeeeeeeeeeeeeeeeeeeeeeeeeeeeeeeeeeeeeeeeee
eeeeeeeeeeeeeeeeeeeeeeeeeeeeeeeeeeeeeeeeeeeeeeeeeeeeeeeeeeeeeeeeeeeeeeeeeeeeeeeeeeeeeeeeeeeeeeeeeeeeeeeeeeeeeeeeeeeeeeeeeeeeeeeeee
eeeeeeeeeeeeeeeeeeeeeeeeeeeeeeeeeeeeeeeeeeeeeeeeeeeeeeeeeeeeeeeeeeeeeeeeeeeeeeeeeeeeeeeeeeeeeeeeeeeeeeeeeeeeeeeeeeeeeeeeeeeeeeeeee
eeeeeeeeeeeeeeeeeeeeeeeeeeeeeeeeeeeeeeeeeeeeeeeeeeeeeeeeeeeeeeeeeeeeeeeeeeeeeeeeeeeeeeeeeeeeeeeeeeeeeeeeeeeeeeeeeeeeeeeeeeeeeeeeee
eeeeeeeeeeeeeeeeeeeeeeeeeeeeeeeeeeeeeeeeeeeeeeeeeeeeeeeeeeeeeeeeeeeeeeeeeeeeeeeeeeeeeeeeeeeeeeeeeeeeeeeeeeeeeeeeeeeeeeeeeeeeeeeeee
eeeeeeeeeeeeeeeeeeeeeeeeeeeeeeeeeeeeeeeeeeeeeeeeeeeeeeeeeeeeeeeeeeeeeeeeeeeeeeeeeeeeeeeeeeeeeeeeeeeeeeeeeeeeeeeeeeeeeeeeeeeeeeeeee
eeeeeeeeeeeeeeeeeeeeeeeeeeeeeeeeeeeeeeeeeeeeeeeeeeeeeeeeeeeeeeeeeeeeeeeeeeeeeeeeeeeeeeeeeeeeeeeeeeeeeeeeeeeeeeeeeeeeeeeeeeeeeeeeee
eeeeeeeeeeeeeeeeeeeeeeeeeeeeeeeeeeeeeeeeeeeeeeeeeeeeeeeeeeeeeeeeeeeeeeeeeeeeeeeeeeeeeeeeeeeeeeeeeeeeeeeeeeeeeeeeeeeeeeeeeeeeeeeeee
eeeeeeeeeeeeeeeeeeeeeeeeeeeeeeeeeeeeeeeeeeeeeeeeeeeeeeeeeeeeeeeeeeeeeeeeeeeeeeeeeeeeeeeeeeeeeeeeeeeeeeeeeeeeeeeeeeeeeeeeeeeeeeeeee
eeeeeeeeeeeeeeeeeeeeeeeeeeeeeeeeeeeeeeeeeeeeeeeeeeeeeeeeeeeeeeeeeeeeeeeeeeeeeeeeeeeeeeeeeeeeeeeeeeeeeeeeeeeeeeeeeeeeeeeeeeeeeeeeee
eeeeeeeeeeeeeeeeeeeeeeeeeeeeeeeeeeeeeeeeeeeeeeeeeeeeeeeeeeeeeeeeeeeeeeeeeeeeeeeeeeeeeeeeeeeeeeeeeeeeeeeeeeeeeeeeeeeeeeeeeeeeeeeeee
eeeeeeeeeeeeeeeeeeeeeeeeeeeeeeeeeeeeeeeeeeeeeeeeeeeeeeeeeeeeeeeeeeeeeeeeeeeeeeeeeeeeeeeeeeeeeeeeeeeeeeeeeeeeeeeeeeeeeeeeeeeeeeeeee
eeeeeeeeeeeeeeeeeeeeeeeeeeeeeeeeeeeeeeeeeeeeeeeeeeeeeeeeeeeeeeeeeeeeeeeeeeeeeeeeeeeeeeeeeeeeeeeeeeeeeeeeeeeeeeeeeeeeeeeeeeeeeeeeee
eeeeeeeeeeeeeeeeeeeeeeeeeeeeeeeeeeeeeeeeeeeeeeeeeeeeeeeeeeeeeeeeeeeeeeeeeeeeeeeeeeeeeeeeeeeeeeeeeeeeeeeeeeeeeeeeeeeeeeeeeeeeeeeeee
eeeeeeeeeeeeeeeeeeeeeeeeeeeeeeeeeeeeeeeeeeeeeeeeeeeeeeeeeeeeeeeeeeeeeeeeeeeeeeeeeeeeeeeeeeeeeeeeeeeeeeeeeeeeeeeeeeeeeeeeeeeeeeeeee
eeeeeeeeeeeeeeeeeeeeeeeeeeeeeeeeeeeeeeeeeeeeeeeeeeeeeeeeeeeeeeeeeeeeeeeeeeeeeeeeeeeeeeeeeeeeeeeeeeeeeeeeeeeeeeeeeeeeeeeeeeeeeeeeee
eeeeeeeeeeeeeeeeeeeeeeeeeeeeeeeeeeeeeeeeeeeeeeeeeeeeeeeeeeeeeeeeeeeeeeeeeeeeeeeeeeeeeeeeeeeeeeeeeeeeeeeeeeeeeeeeeeeeeeeeeeeeeeeeee
eeeeeeeeeeeeeeeeeeeeeeeeeeeeeeeeeeeeeeeeeeeeeeeeeeeeeeeeeeeeeeeeeeeeeeeeeeeeeeeeeeeeeeeeeeeeeeeeeeeeeeeeeeeeeeeeeeeeeeeeeeeeeeeeee
eeeeeeeeeeeeeeeeeeeeeeeeeeeeeeeeeeeeeeeeeeeeeeeeeeeeeeeeeeeeeeeeeeeeeeeeeeeeeeeeeeeeeeeeeeeeeeeeeeeeeeeeeeeeeeeeeeeeeeeeeeeeeeeeee
eeeeeeeeeeeeeeeeeeeeeeeeeeeeeeeeeeeeeeeeeeeeeeeeeeeeeeeeeeeeeeeeeeeeeeeeeeeeeeeeeeeeeeeeeeeeeeeeeeeeeeeeeeeeeeeeeeeeeeeeeeeeeeeeee
eeeeeeeeeeeeeeeeeeeeeeeeeeeeeeeeeeeeeeeeeeeeeeeeeeeeeeeeeeeeeeeeeeeeeeeeeeeeeeeeeeeeeeeeeeeeeeeeeeeeeeeeeeeeeeeeeeeeeeeeeeeeeeeeee
eeeeeeeeeeeeeeeeeeeeeeeeeeeeeeeeeeeeeeeeeeeeeeeeeeeeeeeeeeeeeeeeeeeeeeeeeeeeeeeeeeeeeeeeeeeeeeeeeeeeeeeeeeeeeeeeeeeeeeeeeeeeeeeeee
eeeeeeeeeeeeeeeeeeeeeeeeeeeeeeeeeeeeeeeeeeeeeeeeeeeeeeeeeeeeeeeeeeeeeeeeeeeeeeeeeeeeeeeeeeeeeeeeeeeeeeeeeeeeeeeeeeeeeeeeeeeeeeeeee
eeeeeeeeeeeeeeeeeeeeeeeeeeeeeeeeeeeeeeeeeeeeeeeeeeeeeeeeeeeeeeeeeeeeeeeeeeeeeeeeeeeeeeeeeeeeeeeeeeeeeeeeeeeeeeeeeeeeeeeeeeeeeeeeee
eeeeeeeeeeeeeeeeeeeeeeeeeeeeeeeeeeeeeeeeeeeeeeeeeeeeeeeeeeeeeeeeeeeeeeeeeeeeeeeeeeeeeeeeeeeeeeeeeeeeeeeeeeeeeeeeeeeeeeeeeeeeeeeeee
eeeeeeeeeeeeeeeeeeeeeeeeeeeeeeeeeeeeeeeeeeeeeeeeeeeeeeeeeeeeeeeeeeeeeeeeeeeeeeeeeeeeeeeeeeeeeeeeeeeeeeeeeeeeeeeeeeeeeeeeeeeeeeeeee
eeeeeeeeeeeeeeeeeeeeeeeeeeeeeeeeeeeeeeeeeeeeeeeeeeeeeeeeeeeeeeeeeeeeeeeeeeeeeeeeeeeeeeeeeeeeeeeeeeeeeeeeeeeeeeeeeeeeeeeeeeeeeeeeee
eeeeeeeeeeeeeeeeeeeeeeeeeeeeeeeeeeeeeeeeeeeeeeeeeeeeeeeeeeeeeeeeeeeeeeeeeeeeeeeeeeeeeeeeeeeeeeeeeeeeeeeeeeeeeeeeeeeeeeeeeeeeeeeeee
eeeeeeeeeeeeeeeeeeeeeeeeeeeeeeeeeeeeeeeeeeeeeeeeeeeeeeeeeeeeeeeeeeeeeeeeeeeeeeeeeeeeeeeeeeeeeeeeeeeeeeeeeeeeeeeeeeeeeeeeeeeeeeeeee
eeeeeeeeeeeeeeeeeeeeeeeeeeeeeeeeeeeeeeeeeeeeeeeeeeeeeeeeeeeeeeeeeeeeeeeeeeeeeeeeeeeeeeeeeeeeeeeeeeeeeeeeeeeeeeeeeeeeeeeeeeeeeeeeee
eeeeeeeeeeeeeeeeeeeeeeeeeeeeeeeeeeeeeeeeeeeeeeeeeeeeeeeeeeeeeeeeeeeeeeeeeeeeeeeeeeeeeeeeeeeeeeeeeeeeeeeeeeeeeeeeeeeeeeeeeeeeeeeeee
eeeeeeeeeeeeeeeeeeeeeeeeeeeeeeeeeeeeeeeeeeeeeeeeeeeeeeeeeeeeeeeeeeeeeeeeeeeeeeeeeeeeeeeeeeeeeeeeeeeeeeeeeeeeeeeeeeeeeeeeeeeeeeeeee
eeeeeeeeeeeeeeeeeeeeeeeeeeeeeeeeeeeeeeeeeeeeeeeeeeeeeeeeeeeeeeeeeeeeeeeeeeeeeeeeeeeeeeeeeeeeeeeeeeeeeeeeeeeeeeeeeeeeeeeeeeeeeeeeee
eeeeeeeeeeeeeeeeeeeeeeeeeeeeeeeeeeeeeeeeeeeeeeeeeeeeeeeeeeeeeeeeeeeeeeeeeeeeeeeeeeeeeeeeeeeeeeeeeeeeeeeeeeeeeeeeeeeeeeeeeeeeeeeeee
eeeeeeeeeeeeeeeeeeeeeeeeeeeeeeeeeeeeeeeeeeeeeeeeeeeeeeeeeeeeeeeeeeeeeeeeeeeeeeeeeeeeeeeeeeeeeeeeeeeeeeeeeeeeeeeeeeeeeeeeeeeeeeeeee
eeeeeeeeeeeeeeeeeeeeeeeeeeeeeeeeeeeeeeeeeeeeeeeeeeeeeeeeeeeeeeeeeeeeeeeeeeeeeeeeeeeeeeeeeeeeeeeeeeeeeeeeeeeeeeeeeeeeeeeeeeeeeeeeee
eeeeeeeeeeeeeeeeeeeeeeeeeeeeeeeeeeeeeeeeeeeeeeeeeeeeeeeeeeeeeeeeeeeeeeeeeeeeeeeeeeeeeeeeeeeeeeeeeeeeeeeeeeeeeeeeeeeeeeeeeeeeeeeeee
eeeeeeeeeeeeeeeeeeeeeeeeeeeeeeeeeeeeeeeeeeeeeeeeeeeeeeeeeeeeeeeeeeeeeeeeeeeeeeeeeeeeeeeeeeeeeeeeeeeeeeeeeeeeeeeeeeeeeeeeeeeeeeeeee
eeeeeeeeeeeeeeeeeeeeeeeeeeeeeeeeeeeeeeeeeeeeeeeeeeeeeeeeeeeeeeeeeeeeeeeeeeeeeeeeeeeeeeeeeeeeeeeeeeeeeeeeeeeeeeeeeeeeeeeeeeeeeeeeee
eeeeeeeeeeeeeeeeeeeeeeeeeeeeeeeeeeeeeeeeeeeeeeeeeeeeeeeeeeeeeeeeeeeeeeeeeeeeeeeeeeeeeeeeeeeeeeeeeeeeeeeeeeeeeeeeeeeeeeeeeeeeeeeeee
eeeeeeeeeeeeeeeeeeeeeeeeeeeeeeeeeeeeeeeeeeeeeeeeeeeeeeeeeeeeeeeeeeeeeeeeeeeeeeeeeeeeeeeeeeeeeeeeeeeeeeeeeeeeeeeeeeeeeeeeeeeeeeeeee
eeeeeeeeeeeeeeeeeeeeeeeeeeeeeeeeeeeeeeeeeeeeeeeeeeeeeeeeeeeeeeeeeeeeeeeeeeeeeeeeeeeeeeeeeeeeeeeeeeeeeeeeeeeeeeeeeeeeeeeeeeeeeeeeee
eeeeeeeeeeeeeeeeeeeeeeeeeeeeeeeeeeeeeeeeeeeeeeeeeeeeeeeeeeeeeeeeeeeeeeeeeeeeeeeeeeeeeeeeeeeeeeeeeeeeeeeeeeeeeeeeeeeeeeeeeeeeeeeeee
eeeeeeeeeeeeeeeeeeeeeeeeeeeeeeeeeeeeeeeeeeeeeeeeeeeeeeeeeeeeeeeeeeeeeeeeeeeeeeeeeeeeeeeeeeeeeeeeeeeeeeeeeeeeeeeeeeeeeeeeeeeeeeeeee
eeeeeeeeeeeeeeeeeeeeeeeeeeeeeeeeeeeeeeeeeeeeeeeeeeeeeeeeeeeeeeeeeeeeeeeeeeeeeeeeeeeeeeeeeeeeeeeeeeeeeeeeeeeeeeeeeeeeeeeeeeeeeeeeee
eeeeeeeeeeeeeeeeeeeeeeeeeeeeeeeeeeeeeeeeeeeeeeeeeeeeeeeeeeeeeeeeeeeeeeeeeeeeeeeeeeeeeeeeeeeeeeeeeeeeeeeeeeeeeeeeeeeeeeeeeeeeeeeeee
eeeeeeeeeeeeeeeeeeeeeeeeeeeeeeeeeeeeeeeeeeeeeeeeeeeeeeeeeeeeeeeeeeeeeeeeeeeeeeeeeeeeeeeeeeeeeeeeeeeeeeeeeeeeeeeeeeeeeeeeeeeeeeeeee
eeeeeeeeeeeeeeeeeeeeeeeeeeeeeeeeeeeeeeeeeeeeeeeeeeeeeeeeeeeeeeeeeeeeeeeeeeeeeeeeeeeeeeeeeeeeeeeeeeeeeeeeeeeeeeeeeeeeeeeeeeeeeeeeee
eeeeeeeeeeeeeeeeeeeeeeeeeeeeeeeeeeeeeeeeeeeeeeeeeeeeeeeeeeeeeeeeeeeeeeeeeeeeeeeeeeeeeeeeeeeeeeeeeeeeeeeeeeeeeeeeeeeeeeeeeeeeeeeeee
eeeeeeeeeeeeeeeeeeeeeeeeeeeeeeeeeeeeeeeeeeeeeeeeeeeeeeeeeeeeeeeeeeeeeeeeeeeeeeeeeeeeeeeeeeeeeeeeeeeeeeeeeeeeeeeeeeeeeeeeeeeeeeeeee
eeeeeeeeeeeeeeeeeeeeeeeeeeeeeeeeeeeeeeeeeeeeeeeeeeeeeeeeeeeeeeeeeeeeeeeeeeeeeeeeeeeeeeeeeeeeeeeeeeeeeeeeeeeeeeeeeeeeeeeeeeeeeeeeee
eeeeeeeeeeeeeeeeeeeeeeeeeeeeeeeeeeeeeeeeeeeeeeeeeeeeeeeeeeeeeeeeeeeeeeeeeeeeeeeeeeeeeeeeeeeeeeeeeeeeeeeeeeeeeeeeeeeeeeeeeeeeeeeeee
eeeeeeeeeeeeeeeeeeeeeeeeeeeeeeeeeeeeeeeeeeeeeeeeeeeeeeeeeeeeeeeeeeeeeeeeeeeeeeeeeeeeeeeeeeeeeeeeeeeeeeeeeeeeeeeeeeeeeeeeeeeeeeeeee
eeeeeeeeeeeeeeeeeeeeeeeeeeeeeeeeeeeeeeeeeeeeeeeeeeeeeeeeeeeeeeeeeeeeeeeeeeeeeeeeeeeeeeeeeeeeeeeeeeeeeeeeeeeeeeeeeeeeeeeeeeeeeeeeee
eeeeeeeeeeeeeeeeeeeeeeeeeeeeeeeeeeeeeeeeeeeeeeeeeeeeeeeeeeeeeeeeeeeeeeeeeeeeeeeeeeeeeeeeeeeeeeeeeeeeeeeeeeeeeeeeeeeeeeeeeeeeeeeeee
eeeeeeeeeeeeeeeeeeeeeeeeeeeeeeeeeeeeeeeeeeeeeeeeeeeeeeeeeeeeeeeeeeeeeeeeeeeeeeeeeeeeeeeeeeeeeeeeeeeeeeeeeeeeeeeeeeeeeeeeeeeeeeeeee
eeeeeeeeeeeeeeeeeeeeeeeeeeeeeeeeeeeeeeeeeeeeeeeeeeeeeeeeeeeeeeeeeeeeeeeeeeeeeeeeeeeeeeeeeeeeeeeeeeeeeeeeeeeeeeeeeeeeeeeeeeeeeeeeee
eeeeeeeeeeeeeeeeeeeeeeeeeeeeeeeeeeeeeeeeeeeeeeeeeeeeeeeeeeeeeeeeeeeeeeeeeeeeeeeeeeeeeeeeeeeeeeeeeeeeeeeeeeeeeeeeeeeeeeeeeeeeeeeeee
eeeeeeeeeeeeeeeeeeeeeeeeeeeeeeeeeeeeeeeeeeeeeeeeeeeeeeeeeeeeeeeeeeeeeeeeeeeeeeeeeeeeeeeeeeeeeeeeeeeeeeeeeeeeeeeeeeeeeeeeeeeeeeeeee
eeeeeeeeeeeeeeeeeeeeeeeeeeeeeeeeeeeeeeeeeeeeeeeeeeeeeeeeeeeeeeeeeeeeeeeeeeeeeeeeeeeeeeeeeeeeeeeeeeeeeeeeeeeeeeeeeeeeeeeeeeeeeeeeee
eeeeeeeeeeeeeeeeeeeeeeeeeeeeeeeeeeeeeeeeeeeeeeeeeeeeeeeeeeeeeeeeeeeeeeeeeeeeeeeeeeeeeeeeeeeeeeeeeeeeeeeeeeeeeeeeeeeeeeeeeeeeeeeeee
eeeeeeeeeeeeeeeeeeeeeeeeeeeeeeeeeeeeeeeeeeeeeeeeeeeeeeeeeeeeeeeeeeeeeeeeeeeeeeeeeeeeeeeeeeeeeeeeeeeeeeeeeeeeeeeeeeeeeeeeeeeeeeeeee
eeeeeeeeeeeeeeeeeeeeeeeeeeeeeeeeeeeeeeeeeeeeeeeeeeeeeeeeeeeeeeeeeeeeeeeeeeeeeeeeeeeeeeeeeeeeeeeeeeeeeeeeeeeeeeeeeeeeeeeeeeeeeeeeee
eeeeeeeeeeeeeeeeeeeeeeeeeeeeeeeeeeeeeeeeeeeeeeeeeeeeeeeeeeeeeeeeeeeeeeeeeeeeeeeeeeeeeeeeeeeeeeeeeeeeeeeeeeeeeeeeeeeeeeeeeeeeeeeeee
eeeeeeeeeeeeeeeeeeeeeeeeeeeeeeeeeeeeeeeeeeeeeeeeeeeeeeeeeeeeeeeeeeeeeeeeeeeeeeeeeeeeeeeeeeeeeeeeeeeeeeeeeeeeeeeeeeeeeeeeeeeeeeeeee
eeeeeeeeeeeeeeeeeeeeeeeeeeeeeeeeeeeeeeeeeeeeeeeeeeeeeeeeeeeeeeeeeeeeeeeeeeeeeeeeeeeeeeeeeeeeeeeeeeeeeeeeeeeeeeeeeeeeeeeeeeeeeeeeee
eeeeeeeeeeeeeeeeeeeeeeeeeeeeeeeeeeeeeeeeeeeeeeeeeeeeeeeeeeeeeeeeeeeeeeeeeeeeeeeeeeeeeeeeeeeeeeeeeeeeeeeeeeeeeeeeeeeeeeeeeeeeeeeeee
eeeeeeeeeeeeeeeeeeeeeeeeeeeeeeeeeeeeeeeeeeeeeeeeeeeeeeeeeeeeeeeeeeeeeeeeeeeeeeeeeeeeeeeeeeeeeeeeeeeeeeeeeeeeeeeeeeeeeeeeeeeeeeeeee

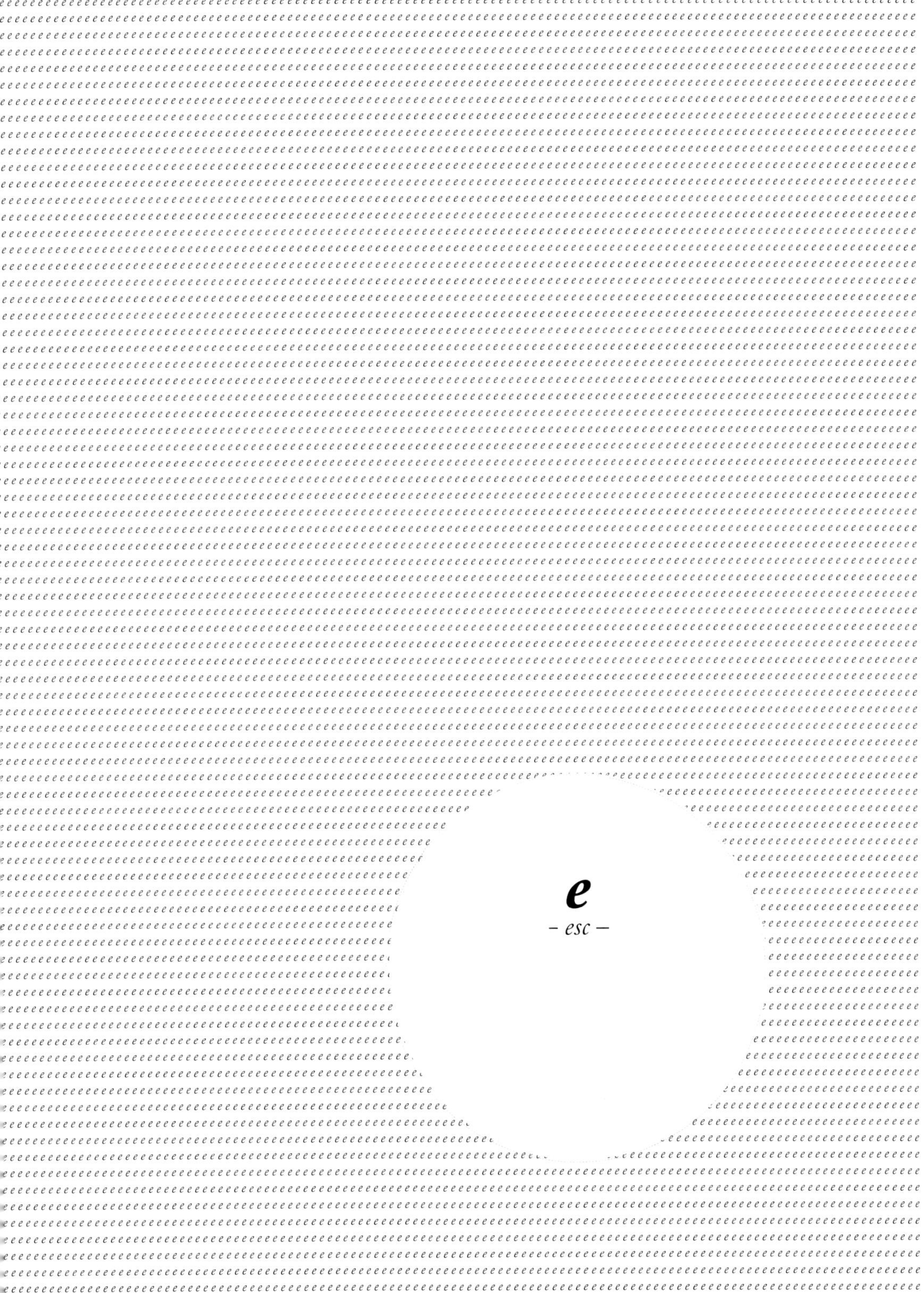
e
– esc –

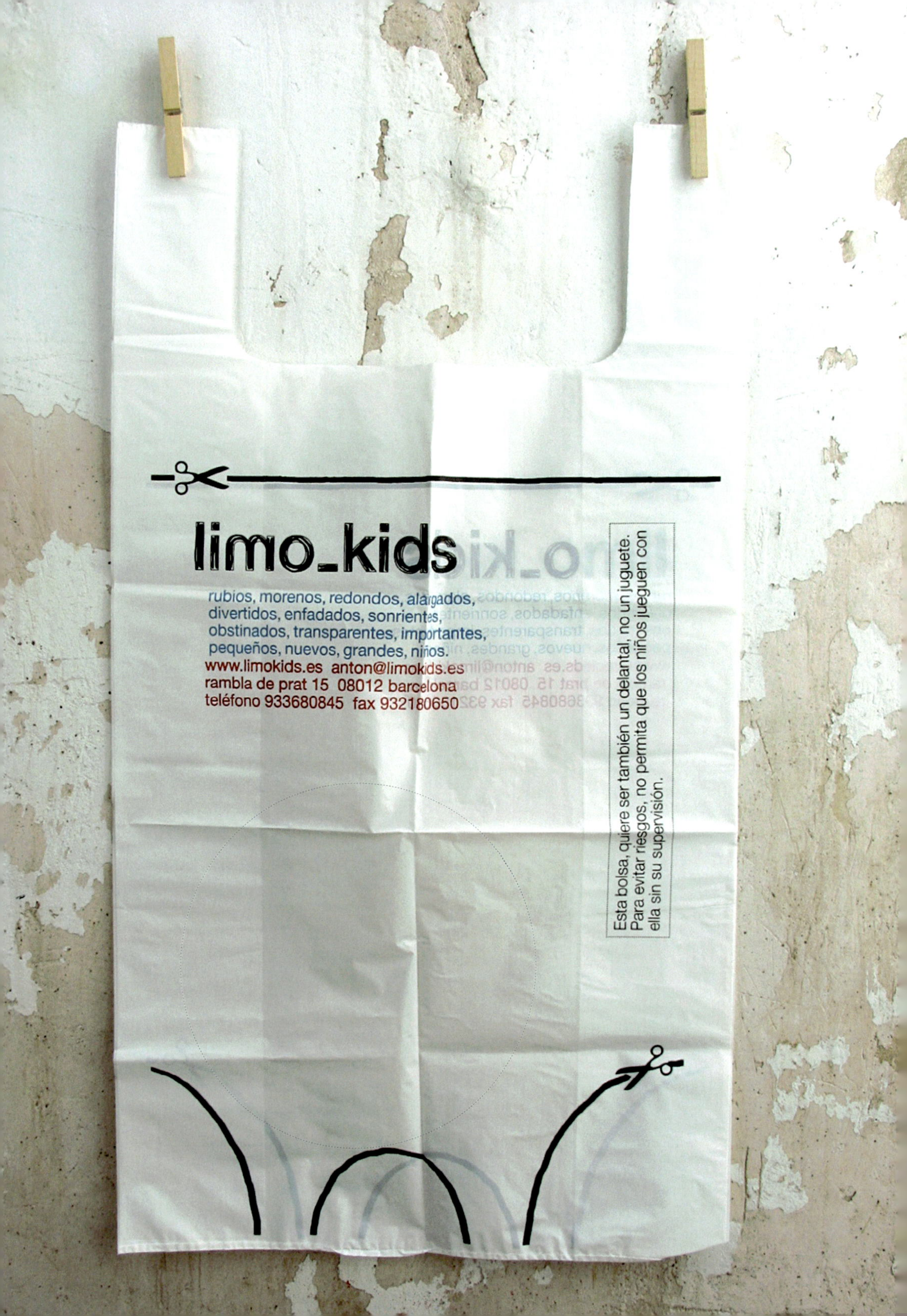
limo_kids
rubios, morenos, redondos, alargados,
divertidos, enfadados, sonrientes,
obstinados, transparentes, importantes,
pequeños, nuevos, grandes, niños.
www.limokids.es anton@limokids.es
rambla de prat 15 08012 barcelona
teléfono 933680845 fax 932180650
Esta bolsa, quiere ser también un delantal, no un juguete.
Para evitar riesgos, no permita que los niños jueguen con
ella sin su supervisión.

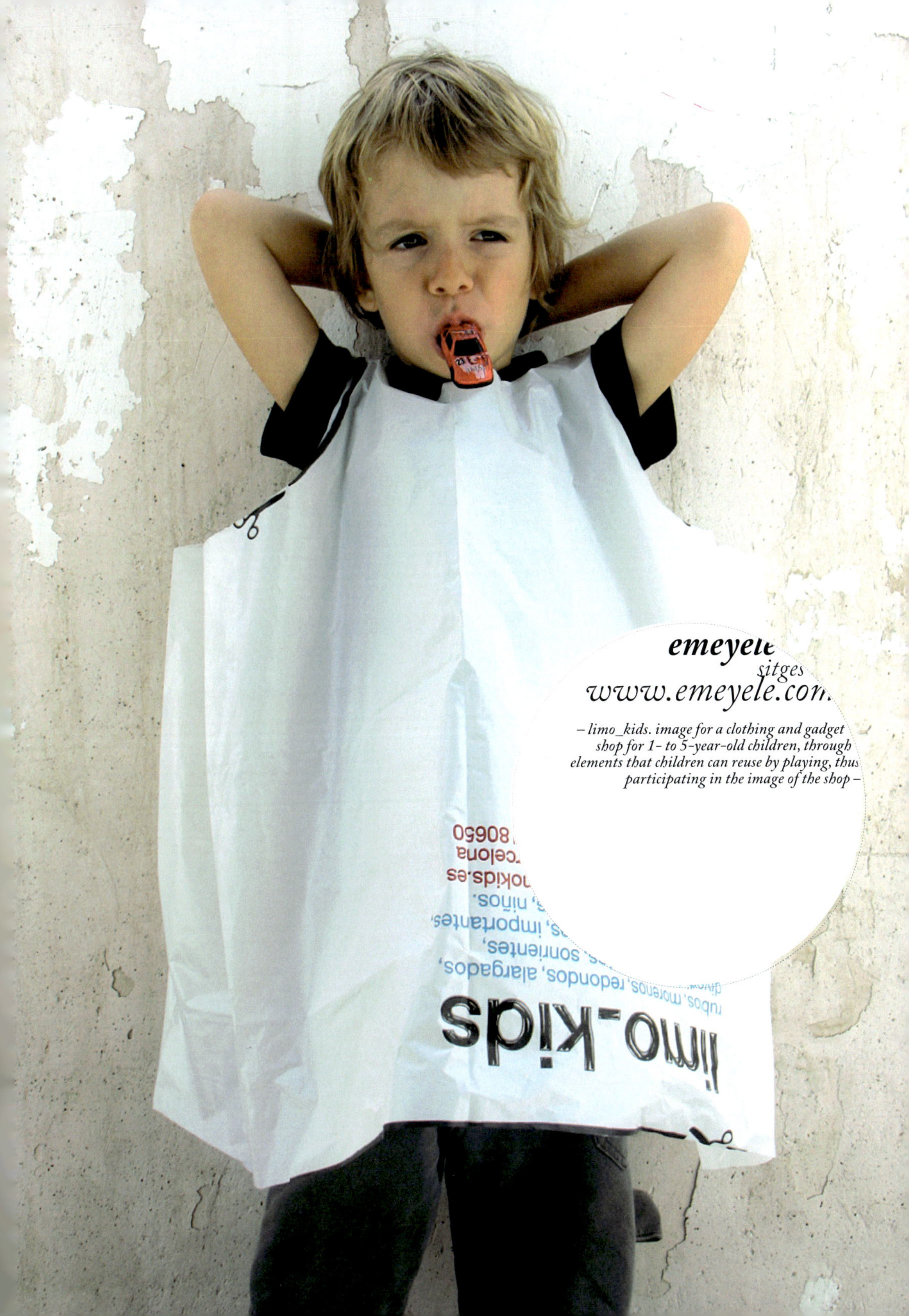

emeyele
sitges
www.emeyele.com

– limo_kids. image for a clothing and gadget shop for 1- to 5-year-old children, through elements that children can reuse by playing, thus participating in the image of the shop –

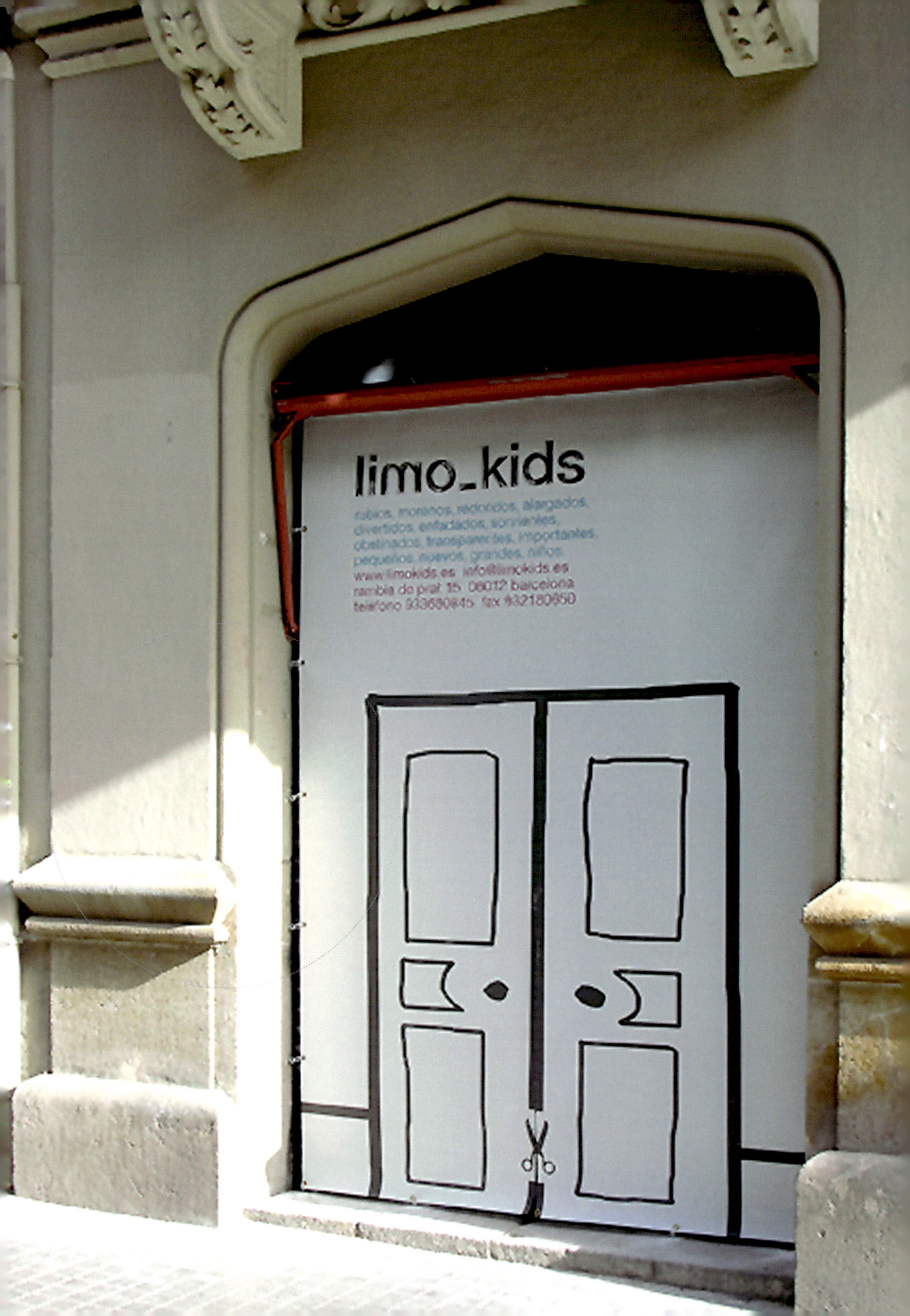
limo_kids
rubios, morenos, redondos, alargados,
divertidos, enfadados, sonrientes,
obstinados, transparentes, importantes,
pequeños, nuevos, grandes, niños
www.limokids.es info@limokids.es
rambla de prat 15 08012 barcelona
telefono 933680845 fax 932180650

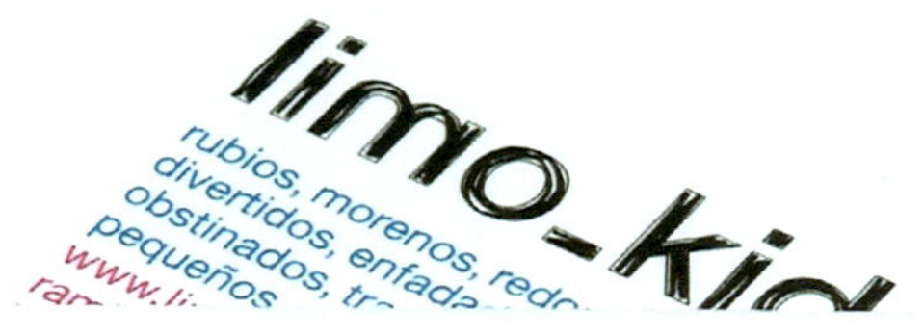

limo_kids

rubios, morenos, redondos, alargados,
divertidos, enfadados, sonrientes,
obstinados, transparentes, importantes,
pequeños, nuevos, grandes, niños.
www.limokids.es anton@limokids.es
rambla de prat 15 08012 barcelona
teléfono 933680845 fax 932180650

lisa lópez

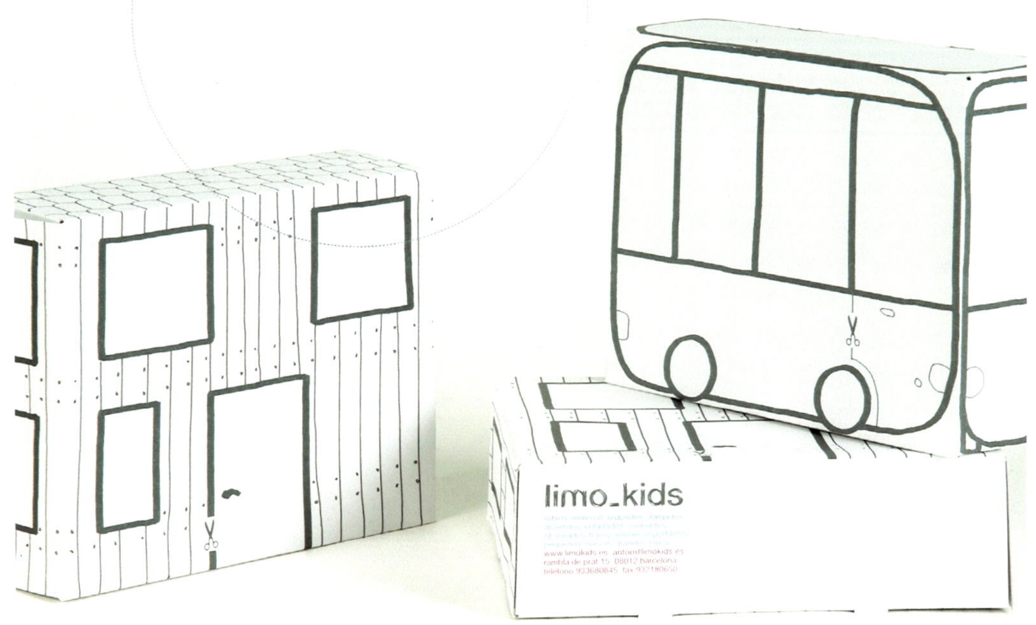

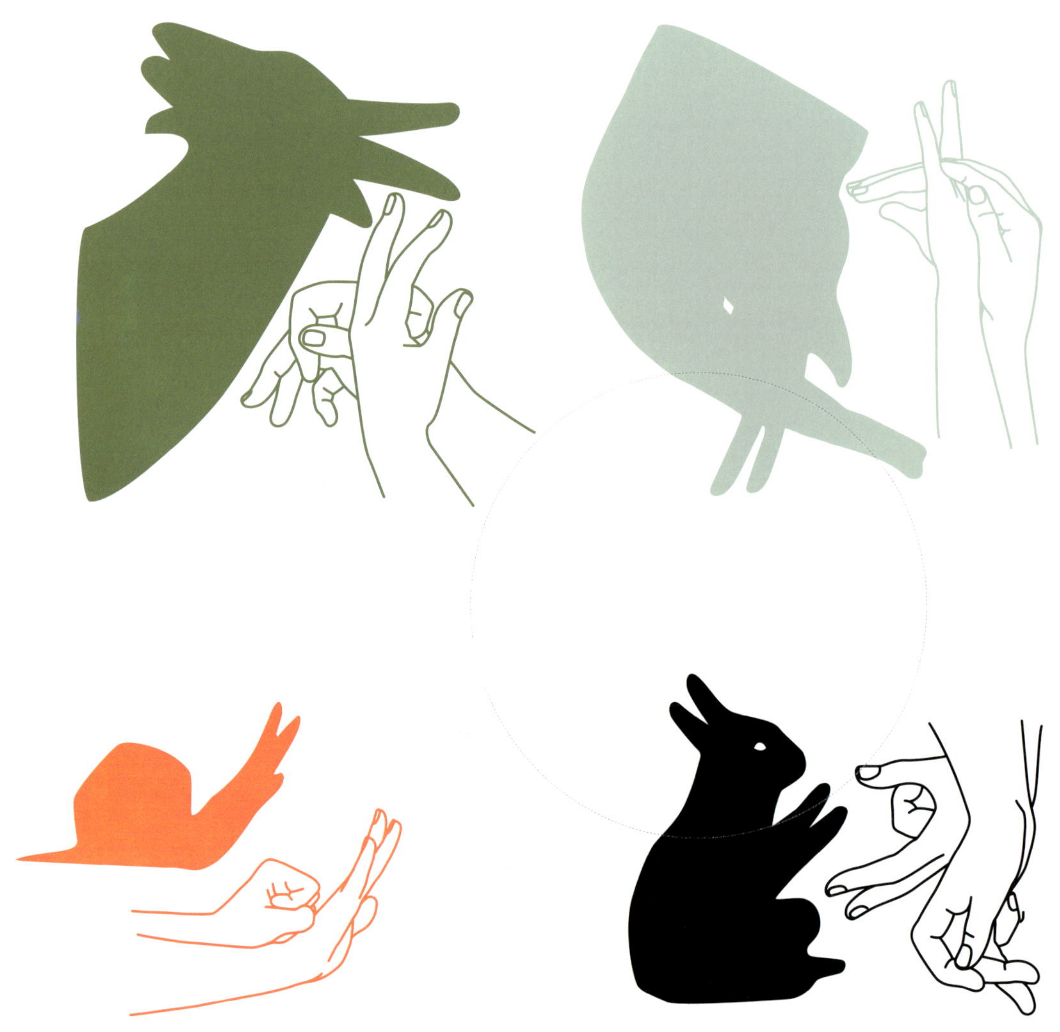

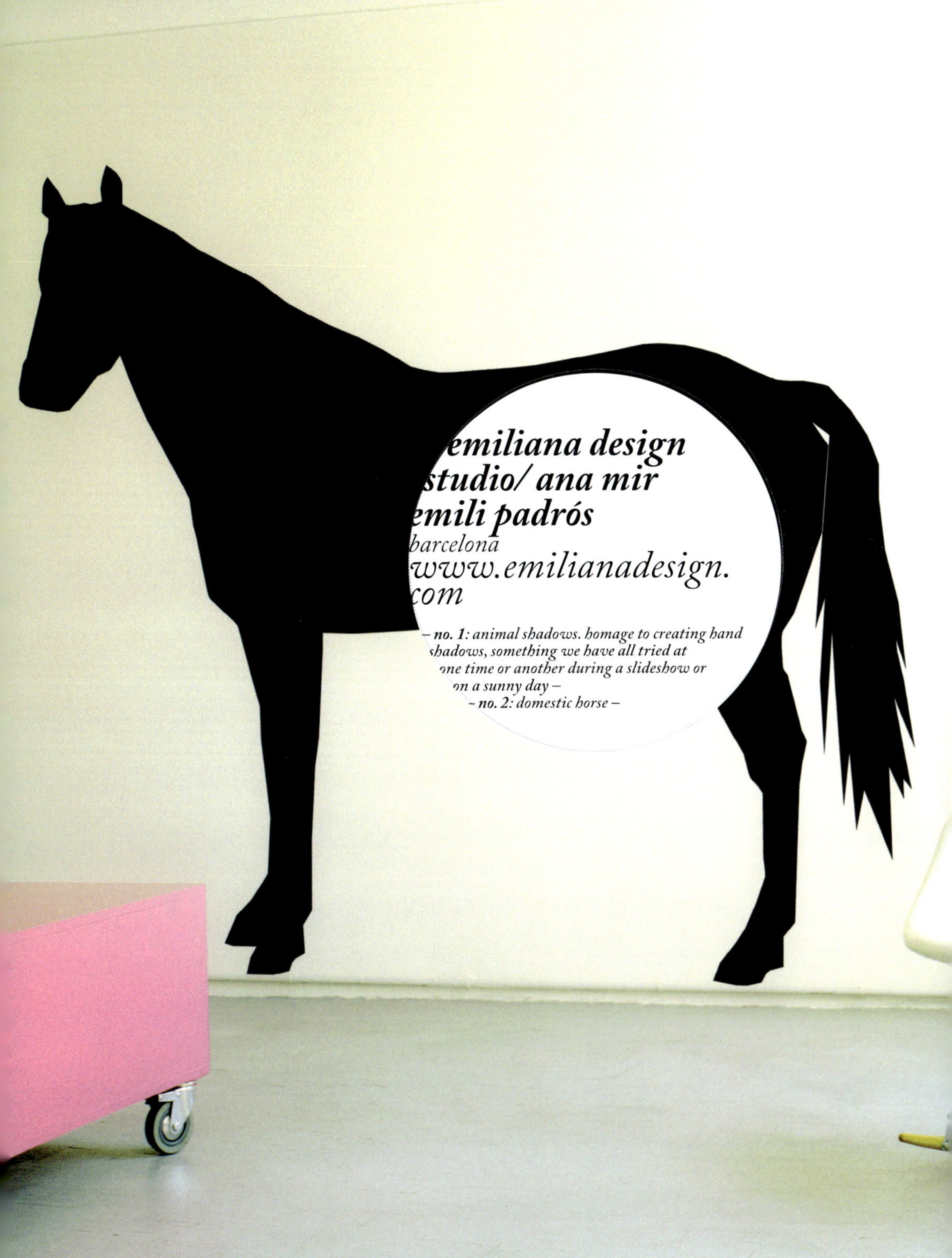
emiliana design
studio/ ana mir
emili padrós
barcelona
www.emilianadesign.
com
– no. 1: animal shadows. homage to creating hand
shadows, something we have all tried at
one time or another during a slideshow or
on a sunny day –
– no. 2: domestic horse –

Esta cara hacia ARRIBA
With this side UP
Insertar en la dirección de la FLECHA
Insert in the direction of ARROW

C° PS2600

1000ml

ECAUCIONES · CAUTION

ener fuera del alcance de los niños
out of reach of children

21: Harmful by inhalation and in contact with skin.
Dañino por inhalación y contacto con la piel.
38: Irritating to eyes and skin.
Producto irritante.
Avoid contact with skin.
Evitar contacto con los ojos y con la piel.
In case of fire don't breathe fumes.
En caso de inflamación no inhalar los vapores.

e Terradas, 17-19
nd. Bufalvent
3 Manresa (Spain)
4 938 770 823
edigitalworld.com

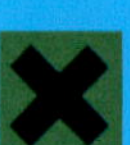

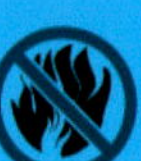

Esta cara hacia ARRIBA
With this side UP
Insertar en la dirección de la FLECHA
Insert in the direction of ARROW

M° PS26

1000ml

PRECAUCIONES · CAUTION

Mantener fuera del alcance de los niños
Keep out of reach of children

R20/21: Harmful by inhalation and in contact with skin.
Dañino por inhalación y contacto con la piel.
R36/38: Irritating to eyes and skin.
Producto irritante.
S24: Avoid contact with skin.
Evitar contacto con los ojos y con la piel.
S41: In case of fire don't breathe fumes.
En caso de inflamación no inhalar los vapores.

Primeros auxilios:
Ojos: enjuague con agua
Piel: lave con agua y jabón
Ingestión: no inducir el vómito
Consulte con toxicología (91 562 04 20)

Premiers soins:
Contact avec les yeux: Rincer à l'eau
Contact avec la peau: Laver à l'eau et au savon
Ingestion: Ne pas donner de vomitif
Consulter un médecin

Erste Hilfe:
Augen: Mit Wasser ausspülen
Haut: Mit Seife und Wasser abwaschen
Verschlucken: Kein Erbrechen verursachen
Sofort einen Arzt aufsuchen.

Primo aiuto:
Occhi: lavare con acqua
Pelle: lavare con acqua e sapone
Ingestione: non indurre il vomito.
Rivolgersi a un medico

Esteve Terradas, 17-19
Pol. Ind. Bufalvent
08243 Manresa (Spain)
T. +34 938 770 823
www.dedigitalworld.com

Servicio de Información
de Toxicología 91 562 04 20

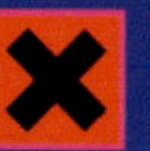

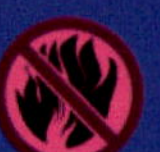

PR

Primeros a
Ojos: enjua
Piel: lave co
Ingestión: n
Consulte co

Premiers s
Contact ave
Contact ave
Ingestion: N
Consulter u

Servicio de
de Toxicolo

Esta cara hacia ARRIBA
With this side UP
Insertar en la dirección de la FLECHA
Insert in the direction of ARROW

Esta cara hacia ARRIBA
With this side UP
Insertar en la dirección de la FLECHA
Insert in the direction of ARROW

espluga+asociats

barcelona

www.espluga.net

– no. 1: bedigital-ink poster. poster for be digital, a digital printing machine company –
– no. 2: clonography. experimental project that began during the investigation process for a client that showed the duality between complex and simple forms and between reality and fiction –
– no. 3: splug-in is a fanzine of espluga+asociados. it is a fanciful summary of information and events of the studio –

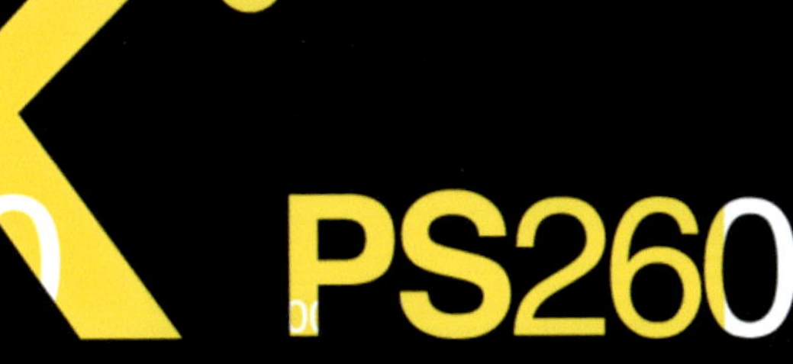

Erste Hilfe:
Augen: Mit Wasser ausspülen
Haut: Mit Seife und Wasser abwaschen
Verschlucken: Kein Erbrechen verursach
Schnell einen Arzt aufsuchen.

Primo aiuto:
Occhi: lavare con acqua
Pelle: lavare con acqua e sapone
Ingestione: non indurre il vomito.
Rivolgersi a un medico

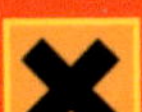

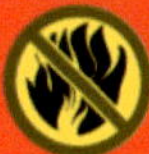

PRECAUCIONES • CAUTION

Mantener fuera del alcance de los niños
Keep out of reach of children

R20/21: Harmful by inhalation and in contact with skin.
Dañino por inhalación y contacto con la piel.
R36/38: Irritating to eyes and skin.
Producto irritante.
S24: Avoid contact with skin.
Evitar contacto con los ojos y con la piel.
S41: In case of fire don't breathe fumes.
En caso de inflamación no inhalar los vapores.

Primeros auxilios:
Ojos: enjuague con a
Piel: lave con agua y
Ingestión: no induzca
Consulte con toxicolo

Premiers soins:
Contact avec les yeu
Contact avec la peau:
Ingestion: Ne pas don
Consulter un médecin

Esteve Terradas, 17-19
Pol. Ind. Bufalvent
08243 Manresa (Spain)
T. +34 938 770 823
ww.bedigitalworld.com

Servicio de Informa
de Toxicología: 91 5

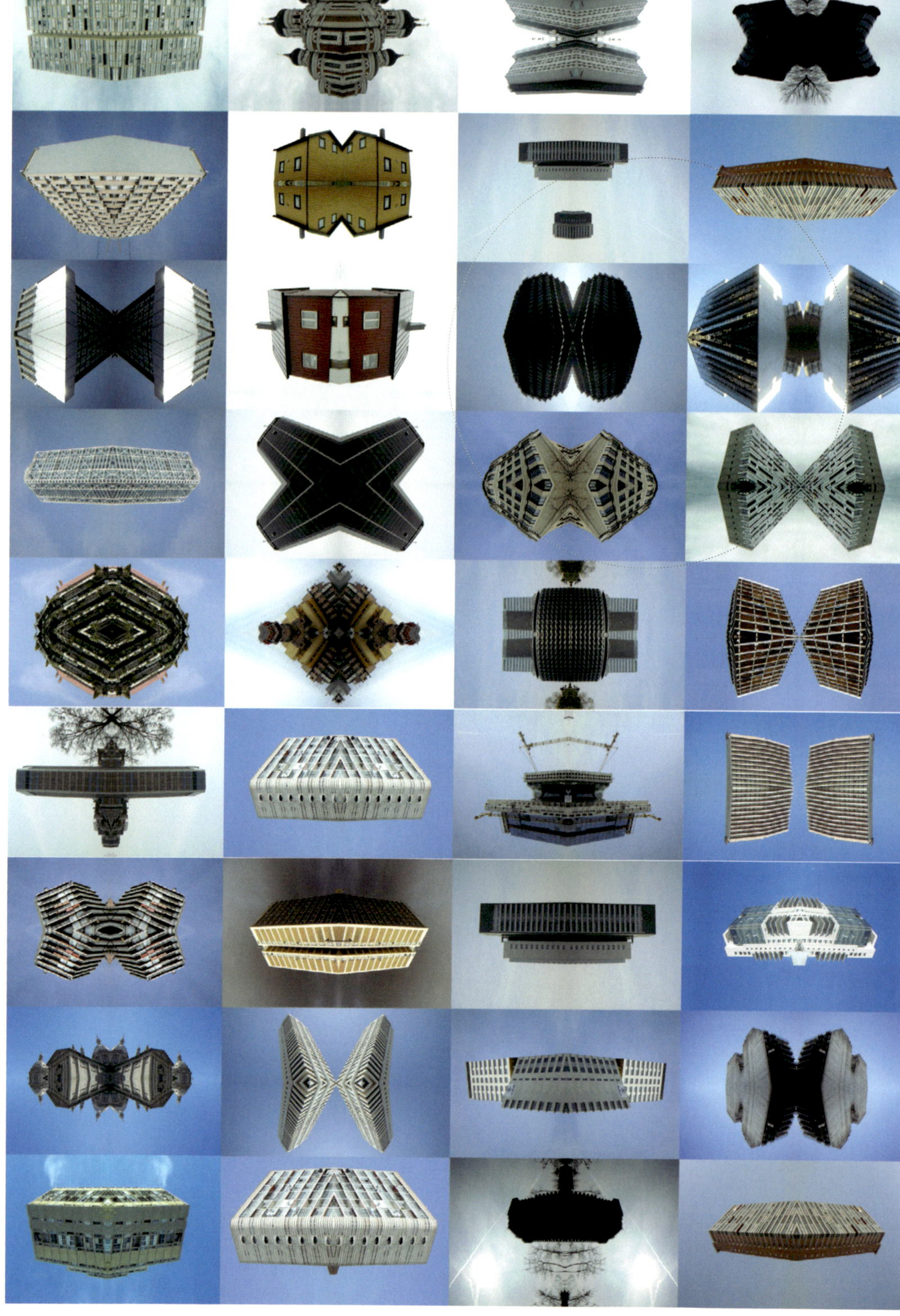

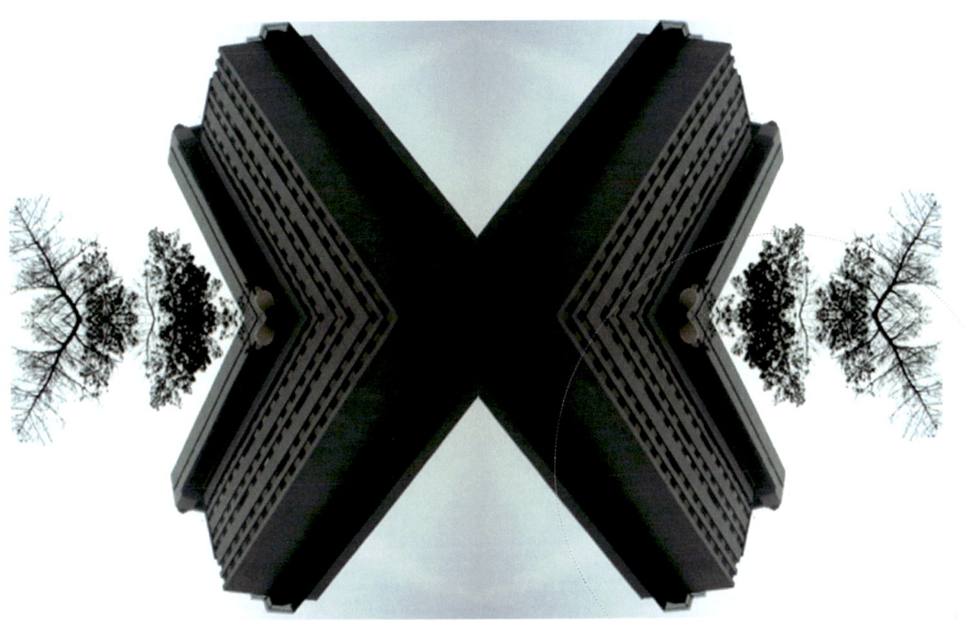

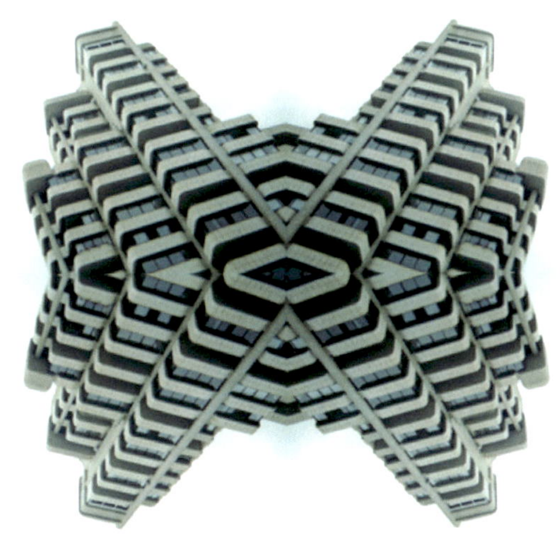

splug-in™

març 2006
www.espluga.net

cosas que pasan dentro
y fuera de can espluga

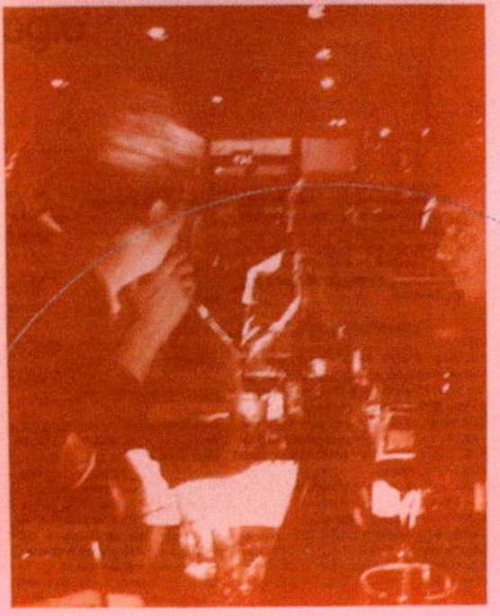

Fuimos elegidos el cuarto miembro de all around design, red europea de agencias de diseño. En enero, en Londres, asistimos por primera vez a una reunión AAD. http://www.all-around-design.com

perfect& fun

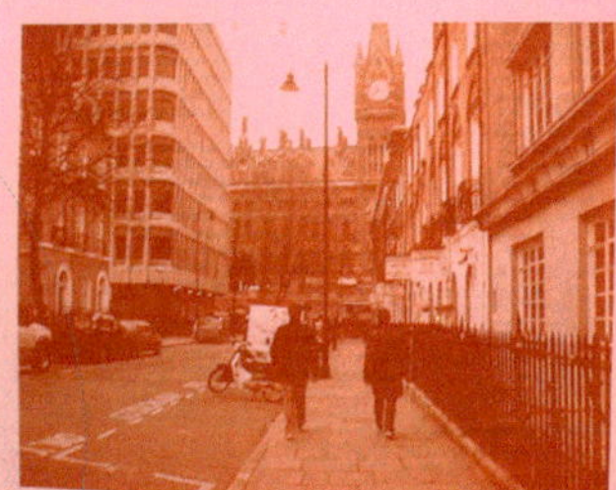

La próxima reunión será después de pascuas en Amsterdam, en las oficinas de QuA. Estas son algunas de las fotos que quedaron de los 3 días de enero y Londres.

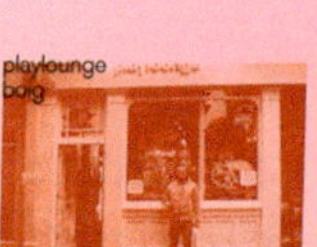

playlounge boig

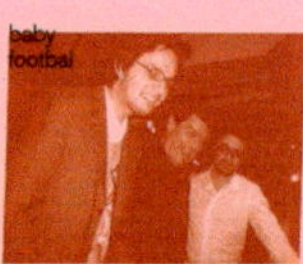

baby footbal

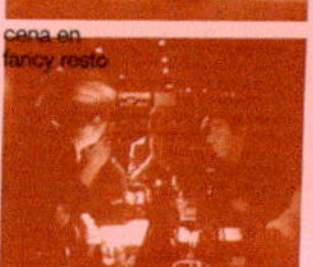

cena en fancy resto

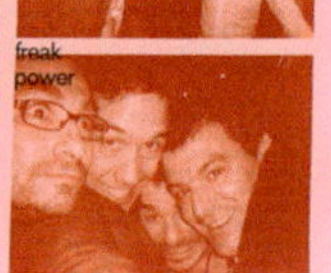

freak power

Este mes, este cd sonó más que cualquier otro. Una y otra vez. También escuchamos "para bailar la bomba se necesita dinamita", pero "Upon this tydal wave of youg blood" fue imbatible.

clap your hands and say yeah!

Clap Your Hands are a five-piece from Brooklyn who're known to break out both harp and harmonica. They've recently been garnering rave press in their home city, and, over just the past two weeks, burning up the internet like a vintage Lohan nipslip. The pundits are saying Wilco (not hearing it), Talking Heads (okay), and Neutral Milk Hotel (getting warmer), but if it checks in with a number of modern and classic new wave referents, the music sings for itself: Clap Your Hands traffics in melodic, exuberant indie rock that pairs the shimmering, wafting feel of Yo La Tengo with a singular vocal presence that sounds like Paul Banks attempting to yodel through Jeff Mangum's throat. Or imagine the Arcade Fire if their music were more fun-loving and less grave.

The record is consistently, remarkably strong, but "The Skin of My Yellow Country Teeth" in particular stands out, with its richly buzzing synth phrases, textbook Modest Mouse guitar lead (a trebly, gliding string bend skimming over the rhythm like a flat stone over a pond), contrapuntal bass, and shuffling drums. The song also features one of vocalist Alec Ounsworth's most memorable performances: He ramps up the urgency as the heavier chords kick in, his voice cracking and shifting in cascading waves as if someone were pressing his vocal cords to a fret board and bending them. "Is This Love?", with its clean, galloping guitars and fruit loop synth trills is the song most blatantly redolent of Neutral Milk Hotel (especially of the unhinged pop and careening vocals Mangum favored on On Avery Island), and its dizzily wowing vocal harmonies carry over to "Heavy Metal", where fuzzed-out bass and wheezing harmonica punch smart shapes into the fizzy guitars.

There's something really refreshing about stumbling across a great band that's trembling on the cusp without any sort of press campaign or other built-in mythology-- you actually get to hear the music with your own ears. While a lot of bands view the promotional apparatus as a necessary evil, Clap Your Hands Say Yeah prove that it's still possible for a band to get heard, given enough talent and perseverance, without a PR agency or a label. Indie rock has received a much-needed kick in the pants, and we have the rare chance to decide what a band sounds like of our own accord before any agency cooks up and disseminates an opinion for us. Damn, maybe this is how it's supposed to work!

www.pitchforkmedia.com

Readymech are free flatpack toys designed to fit on an 8.5"x11" and to be printed on any printer. You can choose from eight toys from all different artists that are rated from Easy to Hard. http://readymech.fwis.com/

do it yourself designers toys

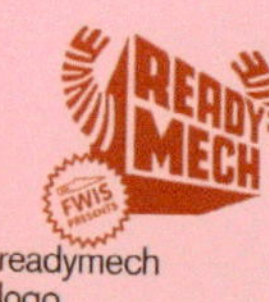

readymech logo.

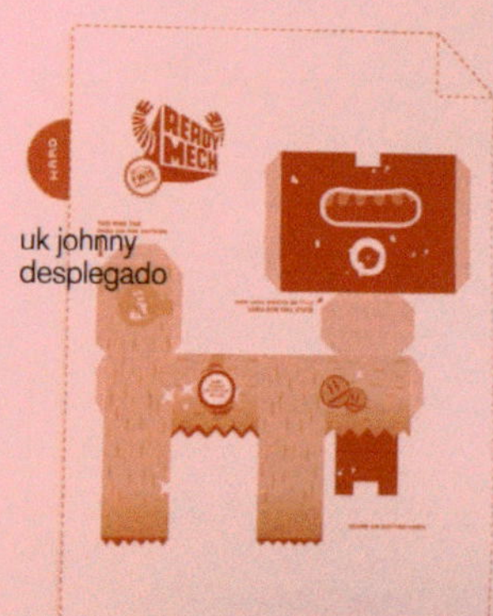

uk johnny desplegado

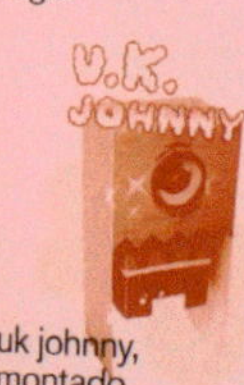

uk johnny, montado

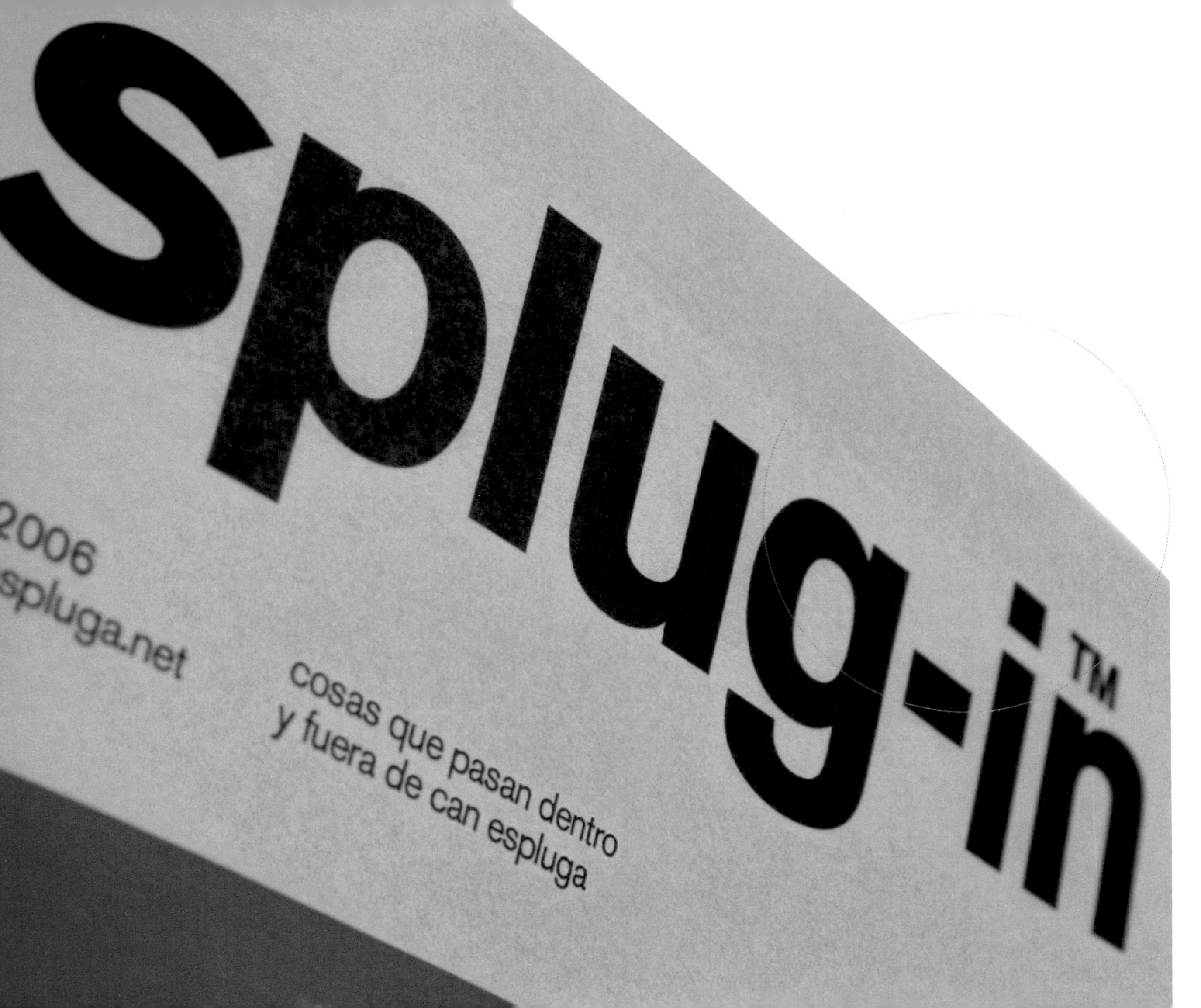
splug-in™
2006
espluga.net
cosas que pasan dentro
y fuera de can espluga

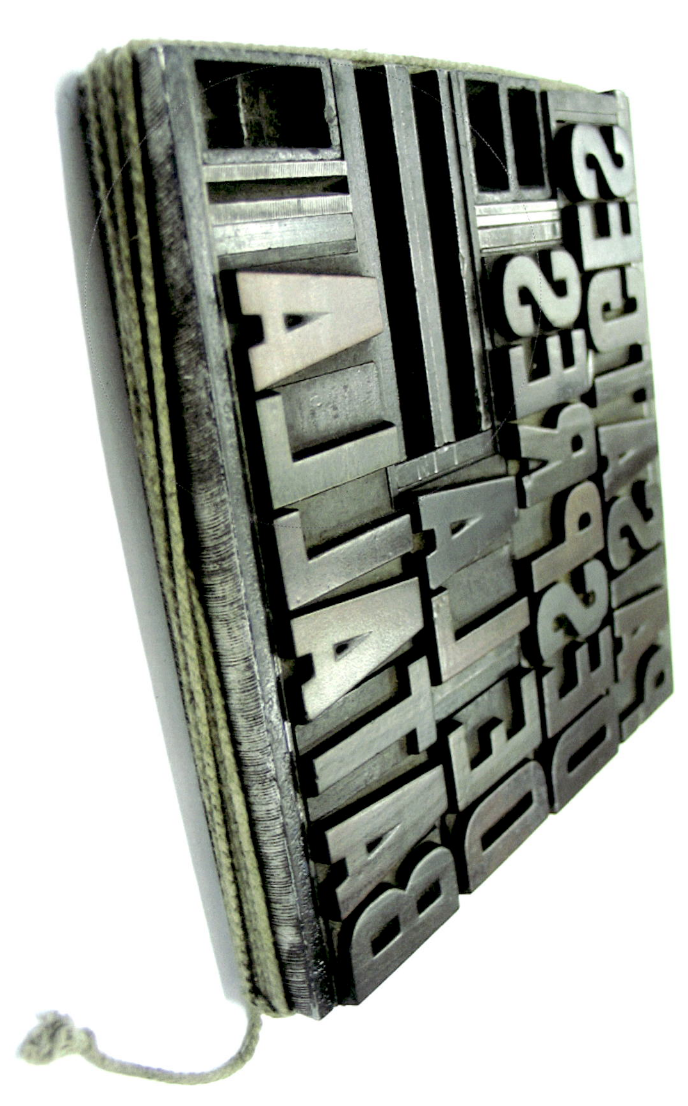

eumogràfic

barcelona – vic

www.eumografic.com

*– **no. 1:** paisatges després de la batalla. book for an art exhibit. the cover was printed with wood type and the inked reverse printed on the front page. the use of the book also leaves its mark –*

*– **no. 2:** catálogo santiago sierra. santiago sierra's catalog in the venice bienniale was designed in black and white with an apparent "lack of design" to reinforce the author's line of work –*

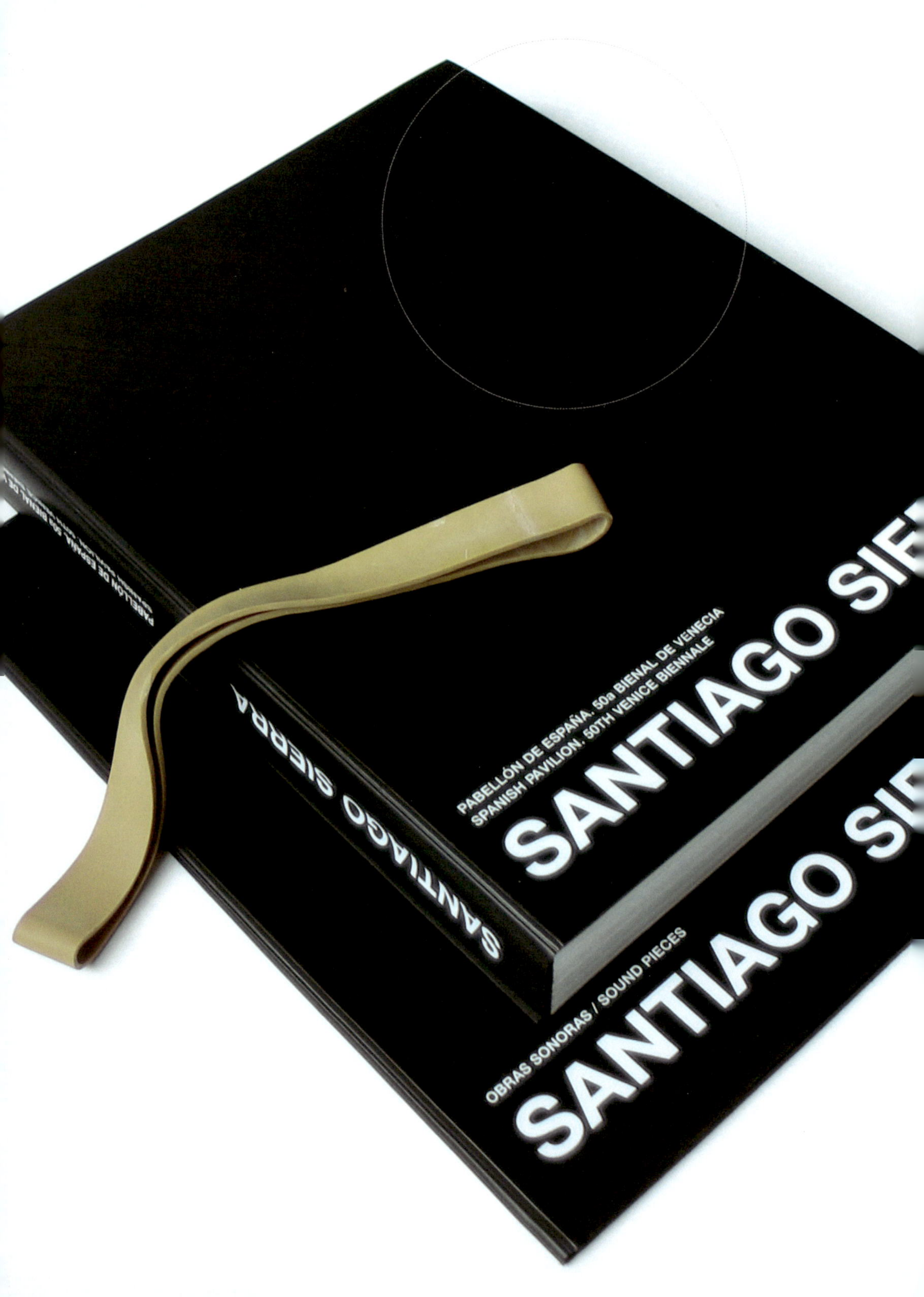

PABELLÓN DE ESPAÑA. 50a BIENAL DE VENECIA
SPANISH PAVILION. 50TH VENICE BIENNALE
SANTIAGO
SANTIAGO SIERRA
OBRAS SONORAS / SOUND PIECES
SANTIAGO

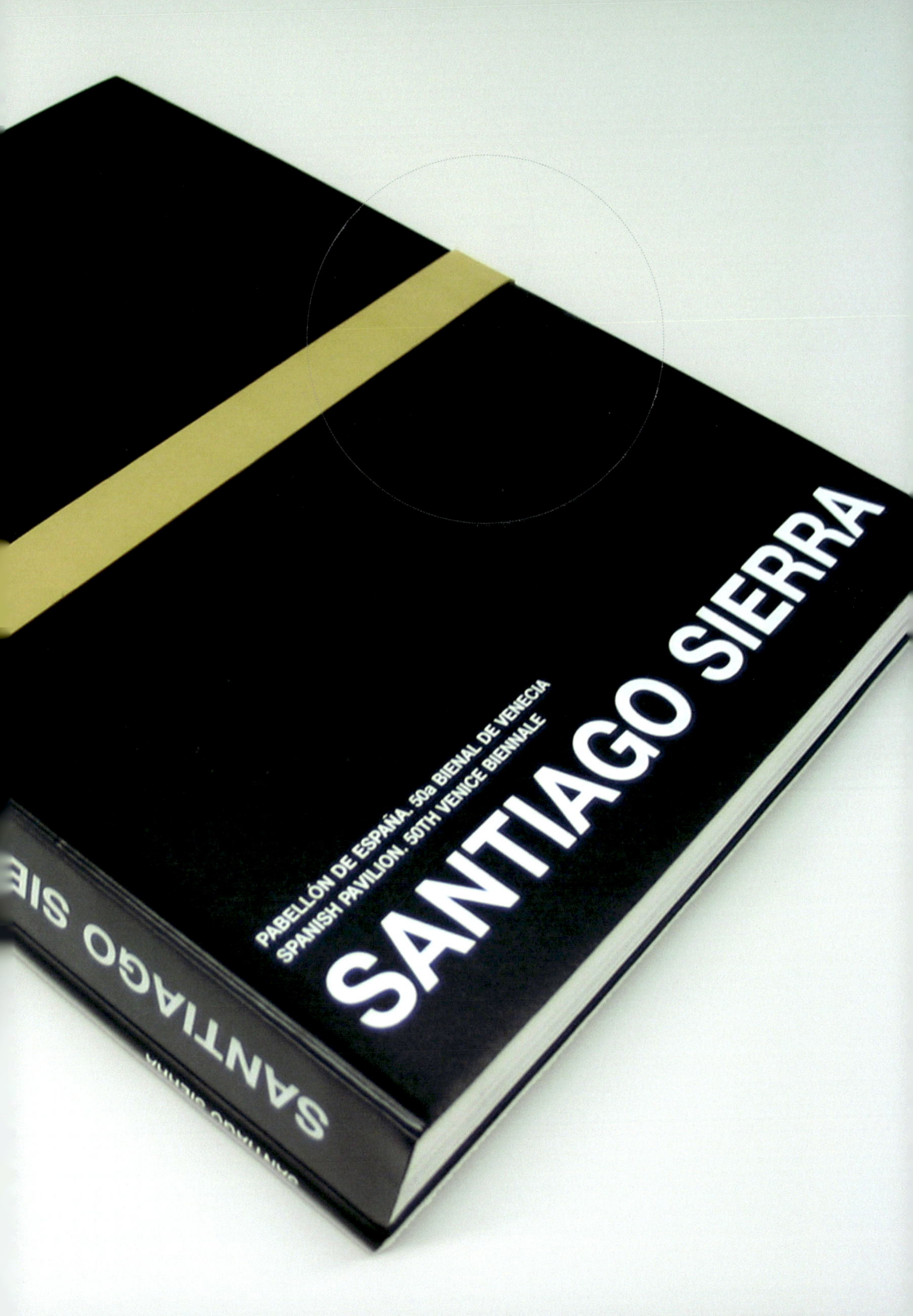
PABELLÓN DE ESPAÑA. 50a BIENAL DE VENECIA
SPANISH PAVILION. 50TH VENICE BIENNALE
SANTIAGO SIERRA

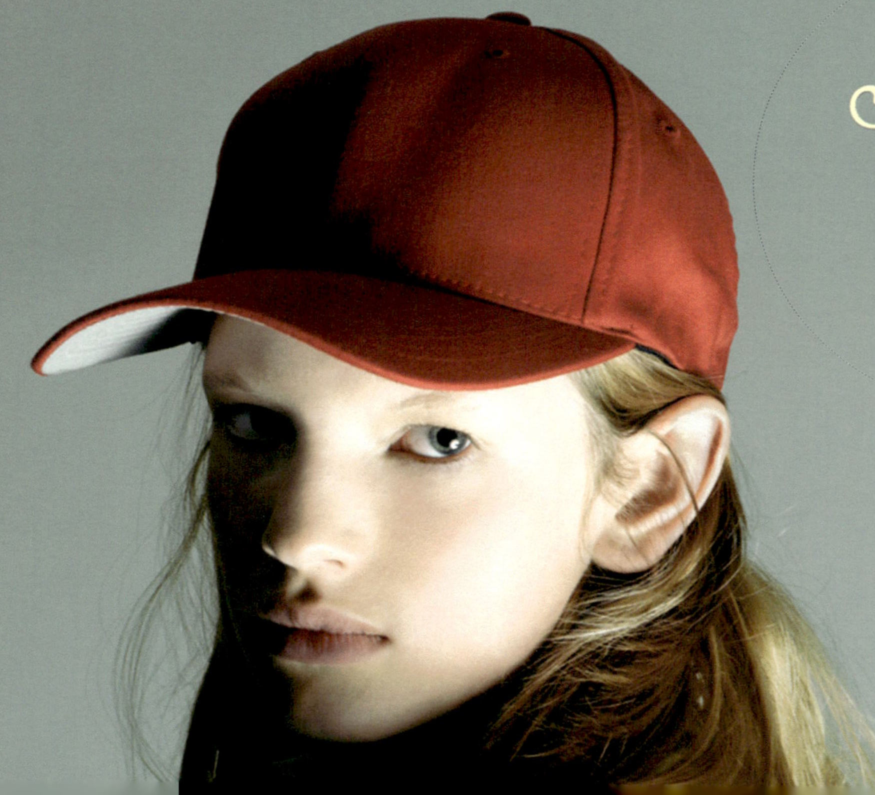
Suite, nº 40

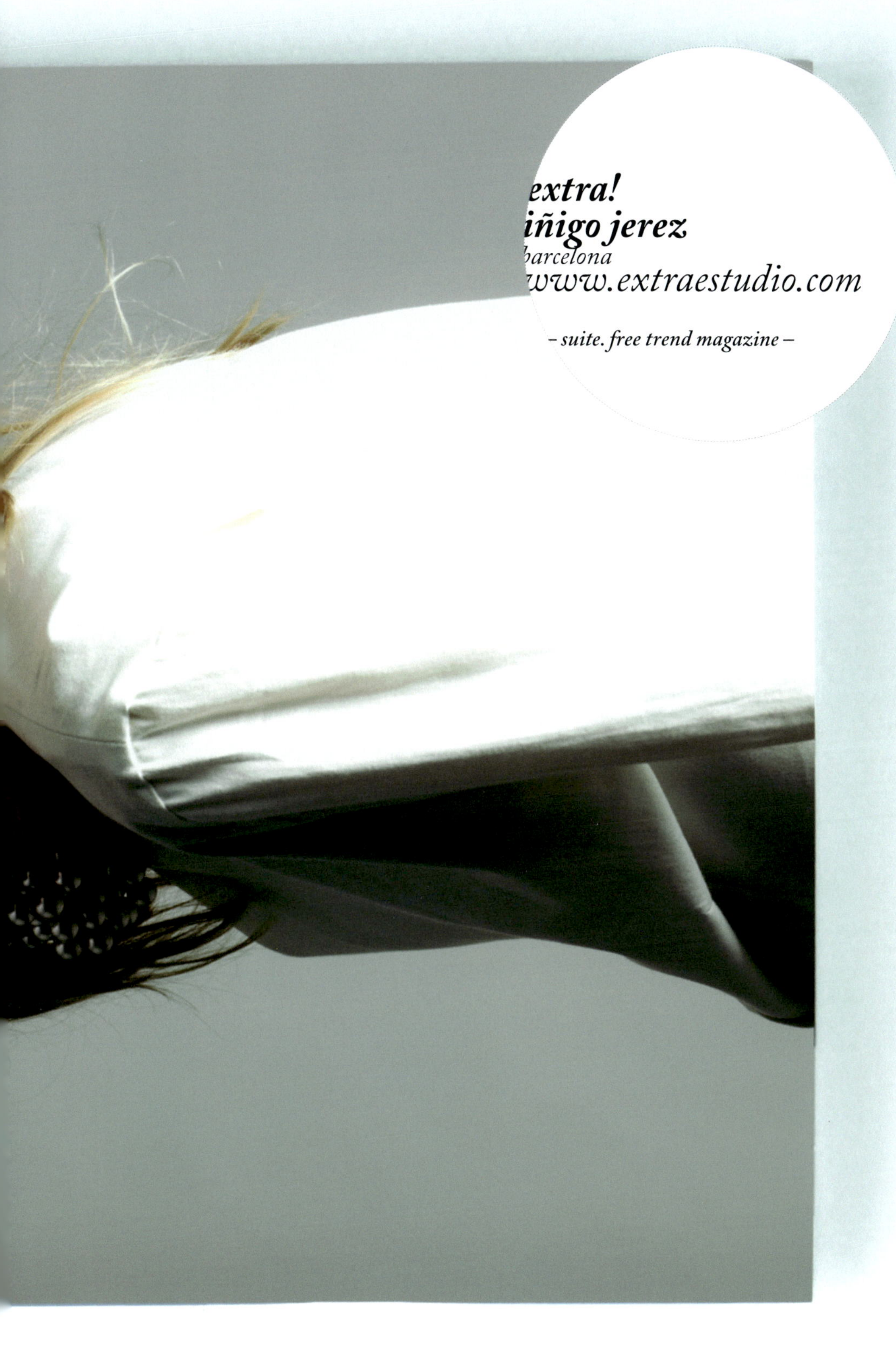
extra!
iñigo jerez
barcelona
www.extraestudio.com
– suite. free trend magazine –

Entre el elenco de premios que gozan de mayor prestigio en el ámbito artístico internacional se encuentra el Turner Prize.[1] Un premio creado en 1984 con el fin de reconocer el peso de la obra de un artista británico –de nacimiento o adopción– menor de cincuenta años y mostrado en el marco de una exposición –o cualquier otra presentación– realizada durante el año anterior a la reunión de su prestigioso jurado. Para que el público sepa quienes son los nominados y, en consecuencia, inaugurar el debate sobre los nuevos comportamientos del arte británico actual, el nombre de los artistas que se seleccionan suele hacerse público en cuanto el jurado lo comunica. Pero no es hasta dos meses después de la inauguración de la muestra que se realiza con la obra de los artistas seleccionados en la Tate Britain de Londres, cuando se llega a la culminación de esta convocatoria cerrada. Se trata del momento en que se hace público el nombre del ganador. Algo que sucede en el transcurso de una gala retransmitida en directo por Channel 4[2] y presentada cada año por una estrella mediática.

Por bien que el hecho de haber sido seleccionado ya es suficiente como para fascinarse con el nombre de los cuatro o cinco artistas «escogidos» –y de los que Channel da debida cuenta a través de los reportajes que emite durante los meses previos al anuncio del ganador–, lo cierto es que después de conocerse el nombre del laureado muchos caen en el olvido y sufren lo que les pasa a las mises después de saberse la nueva Miss Mundo: a nadie le importa quién estaba entre las aspirantes.

Los artistas seleccionados para el Turner Prize 2006 son cuatro: Tomma Abts,[3] Mark Titchner,[4] Rebecca Warren[5] y Phil Collins. Un grupo heterogéneo de artistas que, a la espera de saber quién se lleva el galardón, no escatiman la ocasión para olvidarse del tema hasta el día 4 de diciembre: el día de la gala y, por consiguiente, el final de su espera.

Si no nos cabe la menor duda de que la razón por la que los artistas que han sido seleccionados responde al interés que han despertado entre los miembros del jurado, nos centraremos en Phil Collins, un artista nacido en Runcorn (Gran Bretaña) en 1970, antiguo técnico de fotografía en una cadena de revelados fotográficos y conocido por el deseo de minar a través de sus fotografías, videos, instalaciones, propuestas varias y acontecimientos en vivo las imágenes estereotipadas de la gente, los lugares y la cultura en áreas de conflicto o de cambio como Kosovo, Serbia, Baghdad, Belfast, San Sebastián, Ramallah, etc. En suma, un artista cuyo discurso se inscribe dentro de la línea de ese compromiso social tan en boga y que, si bien hoy son muchos quienes lo reivindican, adquiere pleno sentido cuando es el propio artista quien lo vive en primera persona.

Fascinado por los programas de televisión de bajo coste y los reportajes realizados al estilo de un documental, la obra de Phil Collins trata de las discrepancias que existen entre la realidad y su representación. De modo que no es de extrañar que sus herramientas de trabajo sean la cámara y las personas. Los dos elementos de los que se vale para investigar las relaciones que existen entre los individuos y la cámara, en tanto que instrumento de atracción, manipulación, revelación o tristeza.

« Fascinado por los programas de televisión de bajo coste y los reportajes realizados al estilo de un documental, Phil Collins trata en su obra de las discrepancias que existen entre la realidad y su representación »

Productor de proyectos en regiones políticamente sensibles en los que el artista se involucra como si se tratara de un corresponsal de guerra, o un voluntario en misión de paz, Phil Collins se da a conocer a principios de este siglo tras finalizar sus estudios de bellas artes en la Universidad de Ulster y participar en la tercera edición de Manifesta –Bienal Europea de Arte Contemporáneo con sede cambiante y desarrollada en 2000 en Ljubljana, Eslovenia– con *How to make a refugee* y *Simple Instrument*: dos videos rodados entre mayo y diciembre de 1999 en Skopje, Macedonia, Belgrado y los campos de refugiados de Stenkovec y Chegrane. Dos obras en las que, cuestionando la aparente generosidad de las prácticas artísticas comprometidas socialmente, demostró que lo que en realidad le interesaba era «examinar minuciosamente qué es lo que sucede en el preciso momento en que la cámara se convierte en el sustitutivo de la realidad».[6]

Implicado desde entonces en el examen de la supuesta imparcialidad en la tradición de los documentales, lo que pretende Phil Collins realizando in situ su obra es que el resultado al que llegue, lejos de reducirse a la simple toma de personajes, sea el fruto del encuentro con personas de carne y hueso dispuestas a desnudarse frente a la cámara de un artista. En este caso, frente a la cámara de un artista para quien el acto de gravar significa penetrar en lo más profundo de las situaciones y experiencias humanas para llegar a lo más íntimo y personal de cada ser a través de la empatía y un cuidado balanceo entre la parte sentimental de estas experiencias y el espíritu optimista y de camaradería que suele aflorar en cuanto alguien le dedica su tiempo. ●

1. http://www.tate.org.uk/britain/turnerprize/2006
2. http://www.channel4.com
3. Pintora nacida en Kiel (Alemania) en 1967 y obsesionada con el formato 48x38 cms y seleccionada por su consistente y rigurosa aproximación a la pintura y al lenguaje de la abstracción.
4. Artista nacido en Luton (Gran Bretaña) en 1973. Creador de instalaciones híbridas en las que, combinando las nuevas tecnologías con las viejas técnicas, se pretende crear un diálogo acerca de cómo se reciben los pensamientos y las ideas.
5. Artista apropiacionista nacida en Londres en 1965. Su obra consiste en la reinterpretación de imágenes y de esculturas creadas por algunos de sus artistas héroes. Entre los afortunados se hallan Degas, Picasso, Helmut Newton, etc.
6. Leire Bergara en el texto de la exposición de Phil Collins en la Sala Rekalde: www.salarekalde.bizkaia.net

No Hope No Fear

«Acostado, cuando llegas palidece aún más y no hablará»

Actuando con rectitud desde la abnegación:
Joan Morey

—Realización: Joan Morey—
Autorretrato
Grooming Carlos C. / Camisa RAF by Raf Simons

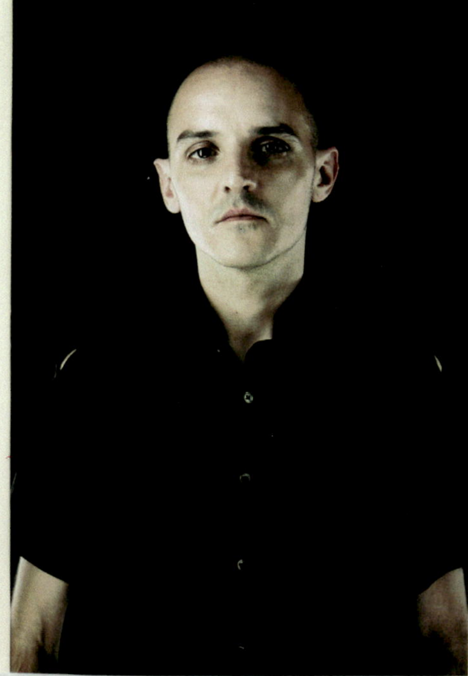

JEREMY SCOTT

10 años

Jeremy Scott celebra sus diez años en la moda. El diseñador americano no ha parado de dar guerra desde 1992 (Pratt University, USA), aunque el reconocimiento internacional le llegó en 1997 con su debut en París. Sus controvertidas colecciones son de las más arriesgados e innovadoras del panorama actual. Galardonado como el mejor diseñador del año en 1996 y 1997, ocupó asimismo el número 32 de la lista de los cien creadores más influyentes que publicó *The Face Magazine* en 2004. Le encontramos recuperándose del último jet-lag en su estudio de Los Ángeles.

—Texto de Carlos Ramírez—
—Fotografía de Jeremy Scott Studio—

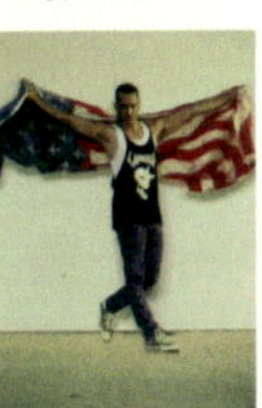

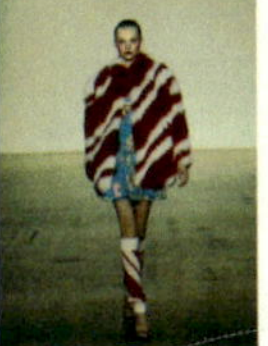

¿Cómo es un día en la vida de Jeremy Scott? Bueno, cada día es diferente. Últimamente he estado viajando bastante, lo que es un poco agotador, dos semanas en New York, tres días en Paris, dos semanas en Los Angeles, luego Australia... Así que ahora por fin estoy de vuelta en Los Angeles, intentando ponerme al día y trabajando en lo próxima colección.

Además de la moda, te interesan la fotografía, el cine, e incluso he averiguado que haces algo de música, ¿a qué se debe tanta inquietud creativa? La verdad es que me gusta hacer diferentes cosas creativas como las que has dicho. ¿Has mencionado lo de actor? ¡Ah, sí! La película de Larry Clark acaba de estrenarse en Estados Unidos. A lo largo de estos años he visto que puedo hacer muchas más cosas de las que creía poder hacer. Soy un artista y me inspiro cuando soy creativo, creo que la creatividad es como el agua.

¿Cuándo decidiste que querías trabajar en la moda? A los 14 años veía los reportajes de los desfiles de París en las revistas, fue entonces cuando me di cuenta de lo creativa e inspiradora que era esta profesión, y sólo quería estar en el lugar donde estaba pasando todo: París. Sin duda, es la ciudad más importante y creativa en lo que se refiere a la moda.

En los últimos años, has vivido en París, Japón y Los Ángeles, ¿con qué te quedarías de cada ciudad? Adoro cosas de las tres. Me fascina el sentido estético de Tokio. Todo el mundo tiene un gran sentido del vestir. Me encanta lo importante que es la moda en París, es un auténtico arte. Y en L.A., lo que más me gusta es el tiempo, el fácil y privado estilo de vida y la forma en la que puedo protegerme del resto.

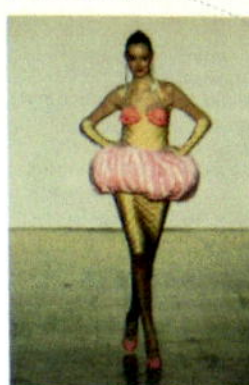

No debe ser fácil desarrollar un proyecto de moda en un entorno donde hay tanta competencia como en París. ¿Cómo fue tu experiencia? ¿Por qué volviste a Estados Unidos? La verdad es que en París fui muy afortunado. Me acogieron muy bien, viéndome como uno de ellos. El sitio prefecto para empezar mi carrera. Decidí volver a L.A. para tener una vida un poco más privada. Me encanta el sol y quería vivir en una casa con jardín y rodeada de árboles. Además, soy vegetariano, y en París era un pequeño problema, ya que en la mayoría de restaurantes ¡todo tenía carne!

Un diseñador de moda
Rudi Gernreich
Un artista
Cindy Sherman
Una canción
Gold Pants de Leslie & The LY's
Un club
Casba (Tokyo)
Una ciudad
Tokyo
Comida favorita
Hamburguesa vegetariana con patatas
Un sueño
Vacaciones
Un color
Púrpura
Una película
Querelle, de R. W. Fassbinder
Pasión o hobby
El trabajo
Una revista
The New York Times

Desde que empezaste, tus colecciones han sido muy irónicas y divertidas. Me recuerdan al concepto de trabajo de Andy Warhol... Como has dicho, me encanta Andy Warhol y su legado en estilo y arte, así que gracias por la comparación. Al igual que Andy estoy influenciado por el mundo que me rodea y la cultura del consumo. Muchos de mis trabajos tienen cierto trasfondo social y un significado bastante profundo. Mi meta es llegar a las personas para inspirarlas.

Tu colección para este invierno se llama Food Fight. ¿Debe interpretarse como un posicionamiento crítico ante las tendencias capitalistas de consumo masivo? Sí, es un enfoque divertido de la nación del *fast food* en la que vivo, y además me encanta el *packaging* que se utiliza para venderla.

Frente a la tendencia de asociar diseñadores en alza con grandes casas, tú rechazaste la oferta del grupo Gucci, entre otras. ¿Por qué? Decliné las ofertas para centrarme en mi propio proyecto. Quería fundar mi marca, para ser independiente y diseñar el tipo de prendas en las que creo. Como has dicho antes, mi estilo es muy Jeremy Scott, y para trabajar en otra marca has de ser otra persona. Para esta generación es importante crear nuevas marcas que tengan su propia identidad, no sólo perpetuar el trabajo de los «antiguos» diseñadores. Lo mismo sucedería si hubiera una actriz que pretendiera ser Marilyn Monroe. Sólo hay un original, el resto son imitaciones baratas.

El nombre de Jeremy Scott aparece a menudo junto al de estrellas del pop como Björk o Madonna, incluso haces una breve aparición en el vídeo *American Life*. ¿Cómo resultó trabajar con ellas? Realmente, disfruto creando diseños para artistas. Como han de ser más espectaculares que los de la vida real, es mucho más excitante el proceso creativo. Björk es un sueño, puede ponerse cualquier cosa que siempre parecerá que lo ha llevado todo la vida, es muy natural. El rodaje de *American Life* fue genial. Me encanta Madonna y siempre es emocionante colaborar con ella, y también lo fue trabajar con Joanas Akerlund, la directora del vídeo.

También has colaborado con otras marcas y diseñadores. Sí, la verdad es que he colaborado con varios. Por ejemplo me encantan los zapatos de Christian Louboutin, hace los mejores tacones del mundo y es una persona encantadora. Adidas es como mi familia, hemos estado haciendo proyectos desde hace varios años; es genial ver cómo mis diseños cobran vida en los pies de los adictos a la marca.

Corre el rumor de que estás trabajando con Tsubi... Es cierto, pero es *top secret*, por supuesto. Lo que te puedo decir es que estoy diseñando una línea llamado Jeremy Loves Tsubi que se lanzará la próxima primavera. ¡Espera a verla! ●

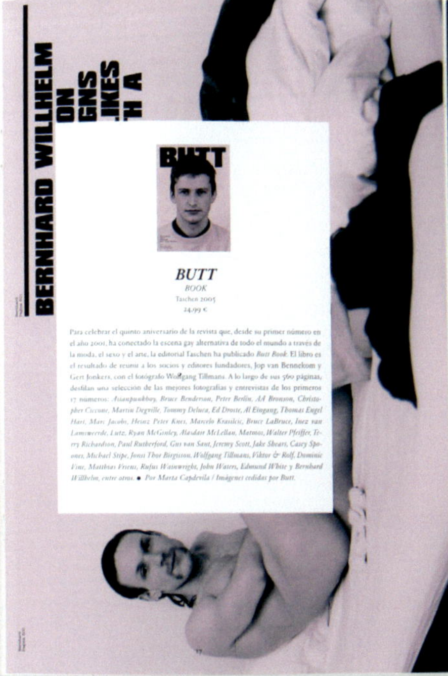

BUTT
BOOK
Taschen 2005
24,99 €

Para celebrar el quinto aniversario de la revista que, desde su primer número en el año 2001, ha conectado la escena gay alternativa de todo el mundo a través de la moda, el sexo y el arte, la editorial Taschen ha publicado *Butt Book*. El libro es el resultado de reunir a los socios y editores fundadores, Jop van Bennekom y Gert Jonkers, con el fotógrafo Wolfgang Tillmans. A lo largo de sus 560 páginas, desfilan una selección de las mejores fotografías y entrevistas de los primeros 17 números: *Asianpunkboy, Bruce Benderson, Peter Berlin, AA Bronson, Christopher Ciccone, Martin Degville, Tommy Deluca, Ed Droste, Al Eingang, Thomas Engel Hart, Marc Jacobs, Heinz Peter Knes, Marcelo Krasilcic, Bruce LaBruce, Inez van Lamsweerde, Lutz, Ryan McGinley, Alasdair McLellan, Matmos, Walter Pfeiffer, Terry Richardson, Paul Rutherford, Gus van Sant, Jeremy Scott, Jake Shears, Casey Spooner, Michael Stipe, Jonsi Thor Birgisson, Wolfgang Tillmans, Viktor & Rolf, Dominic Vine, Matthias Vriens, Rufus Wainwright, John Waters, Edmund White y Bernhard Willhelm, entre otros.* ● *Por Marta Capdevila / Imágenes cedidas por Butt.*

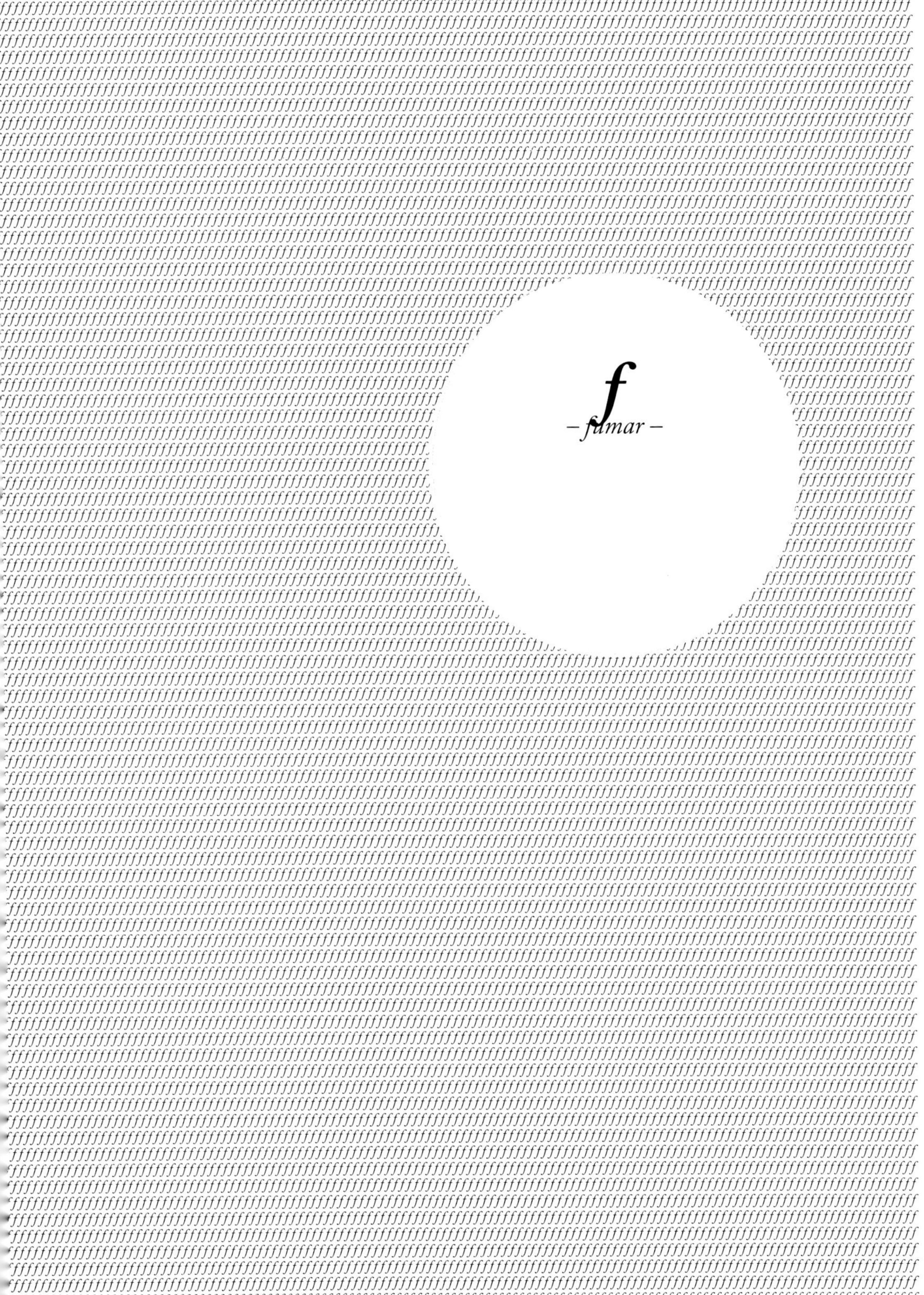
f
– fumar –

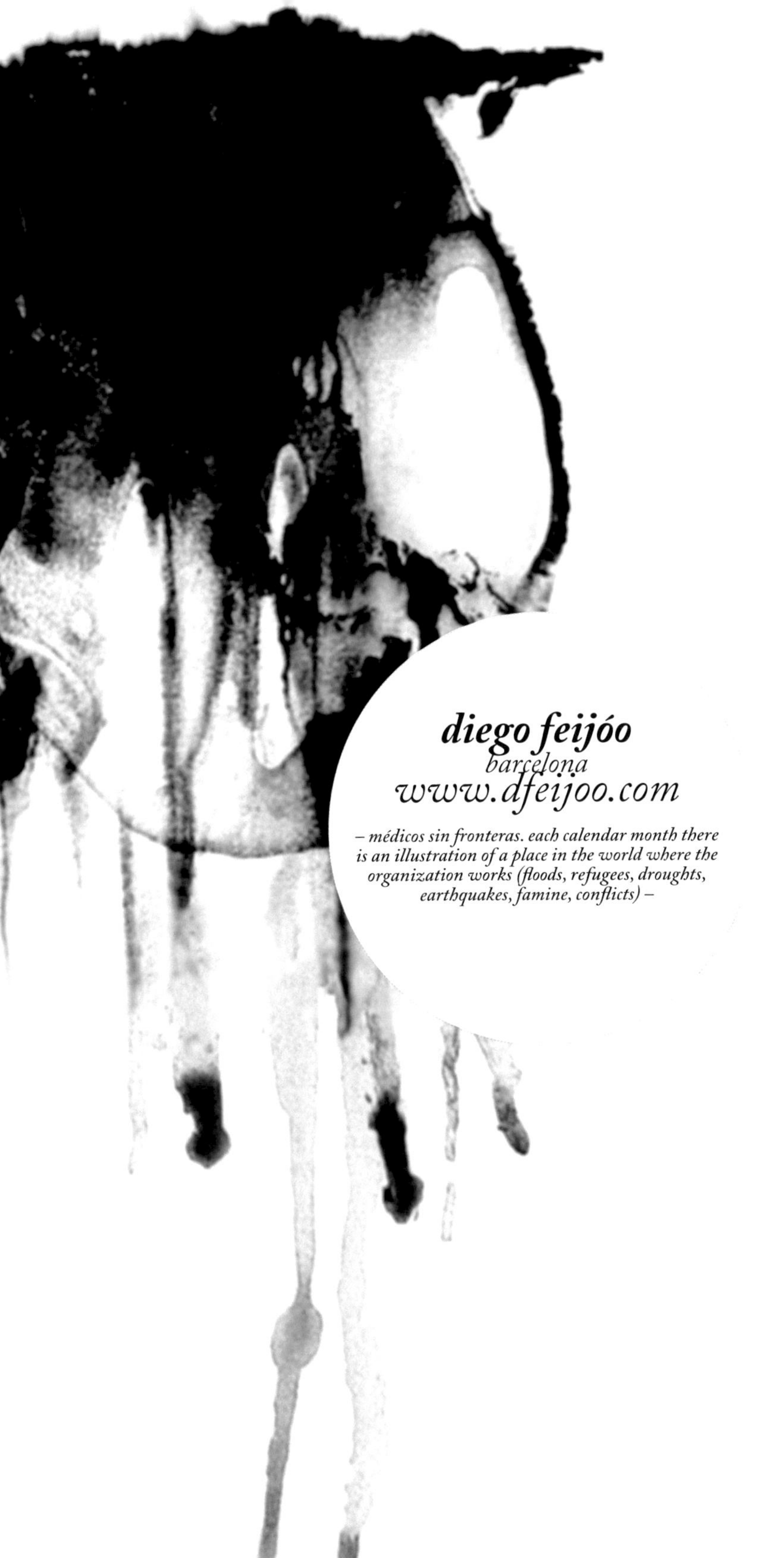

diego feijóo

barcelona

www.dfeijoo.com

– médicos sin fronteras. each calendar month there is an illustration of a place in the world where the organization works (floods, refugees, droughts, earthquakes, famine, conflicts) –

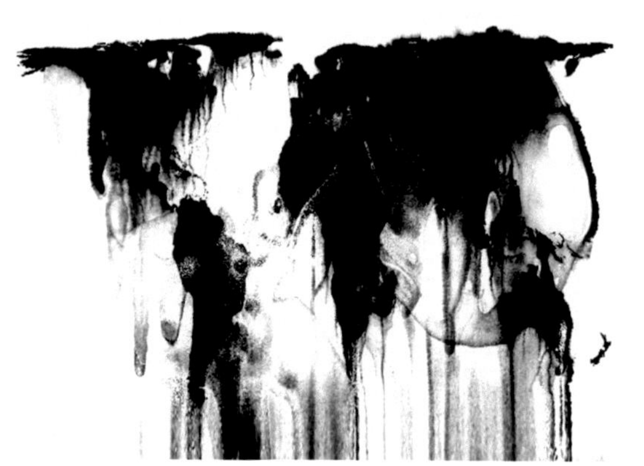

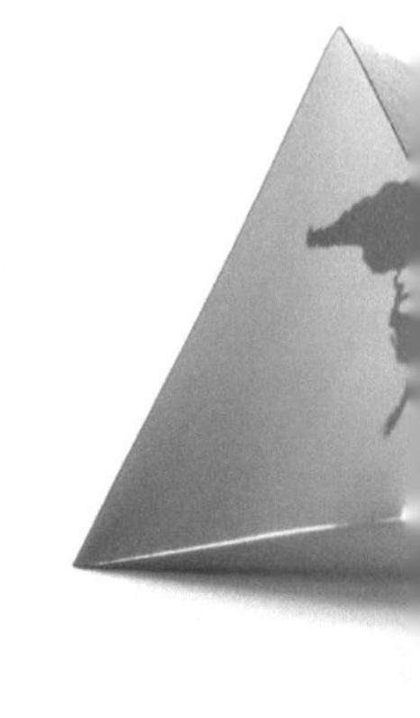

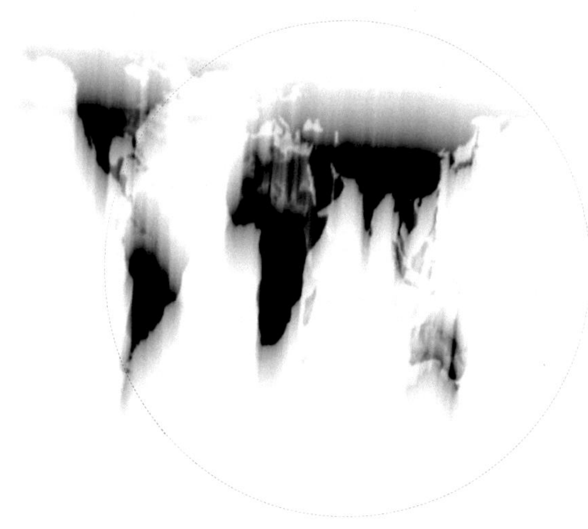

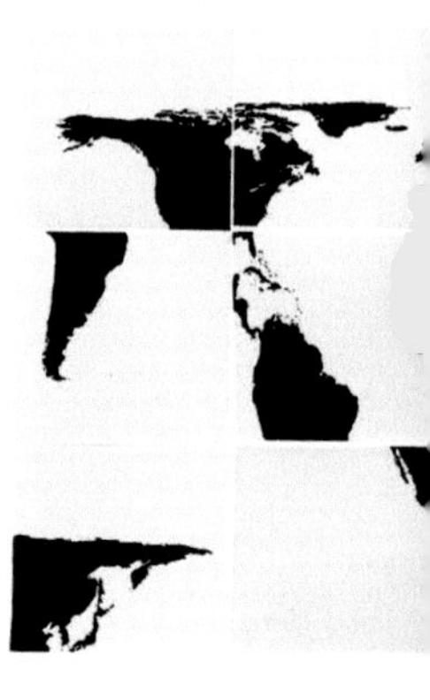

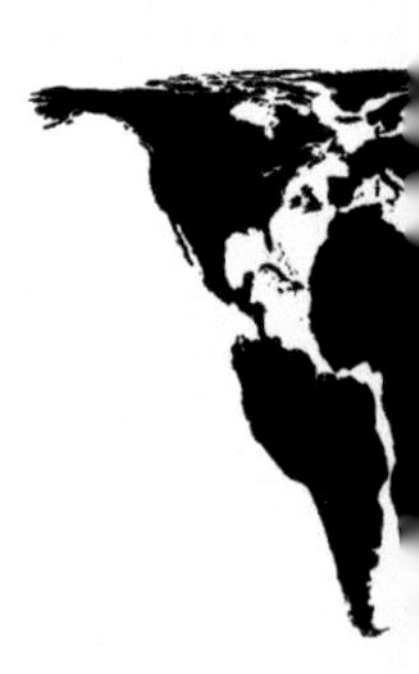

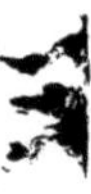

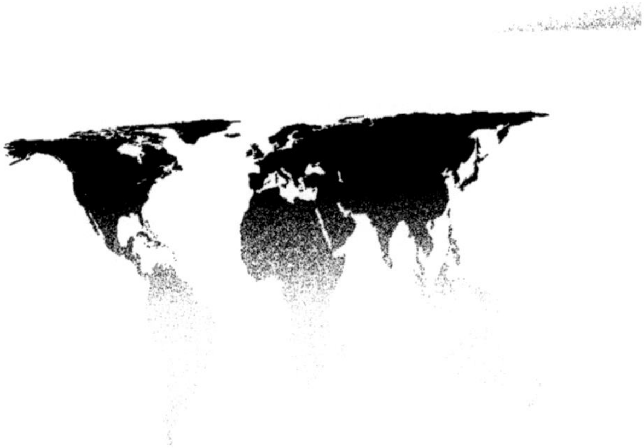

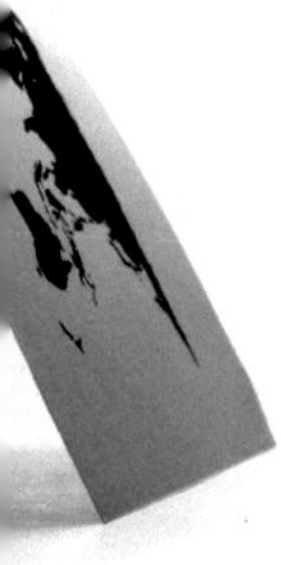

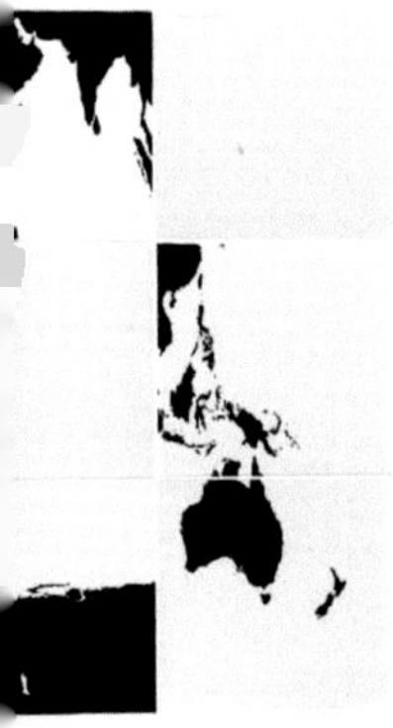

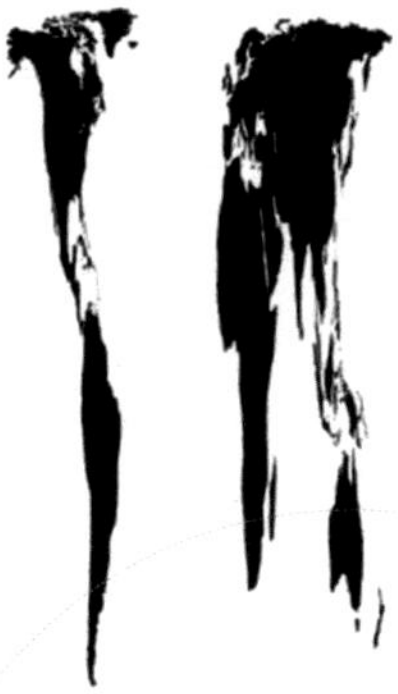

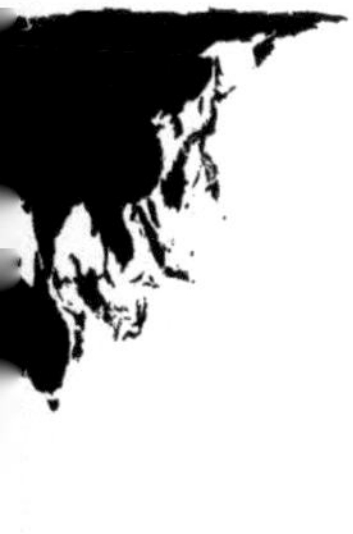

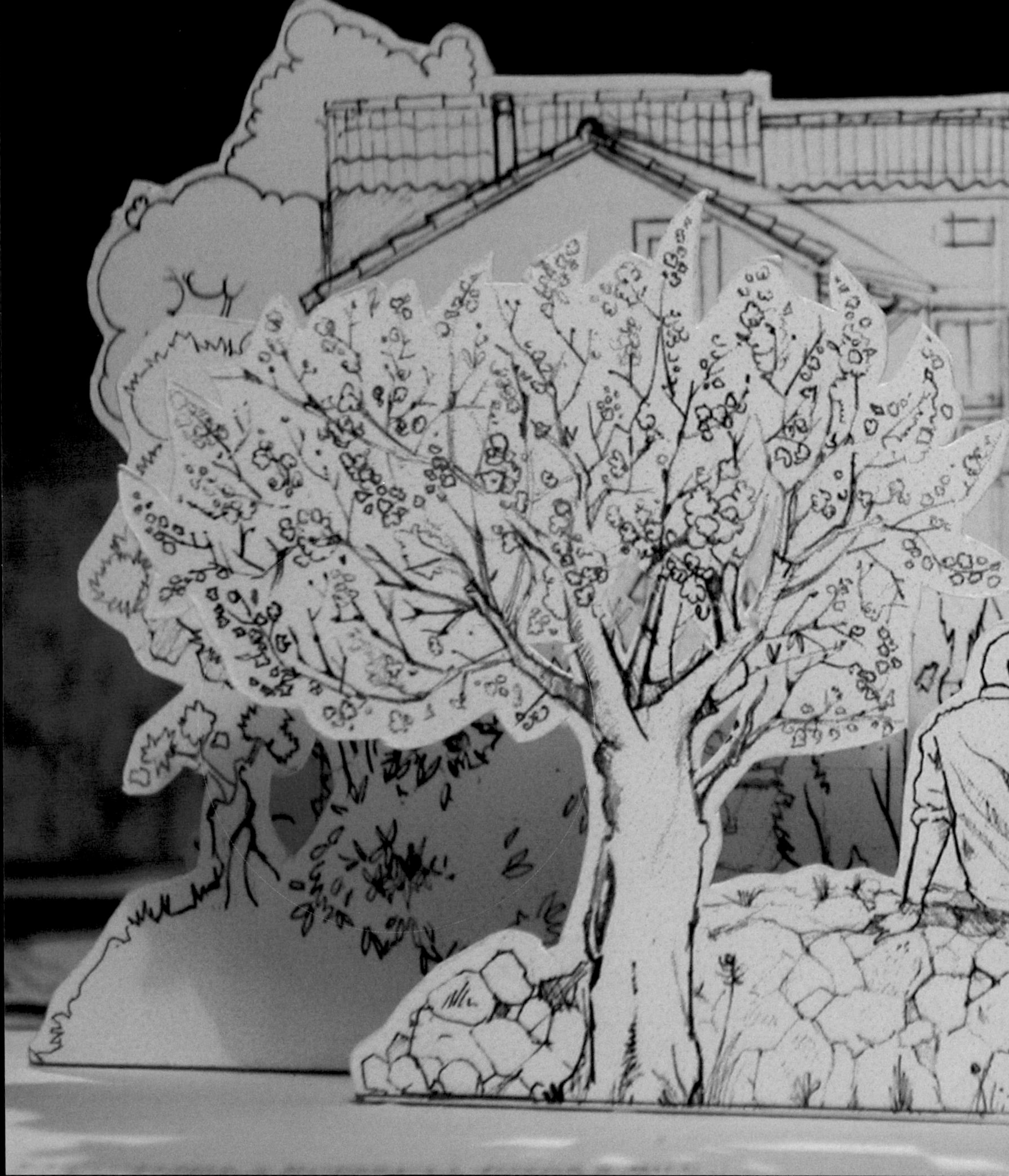

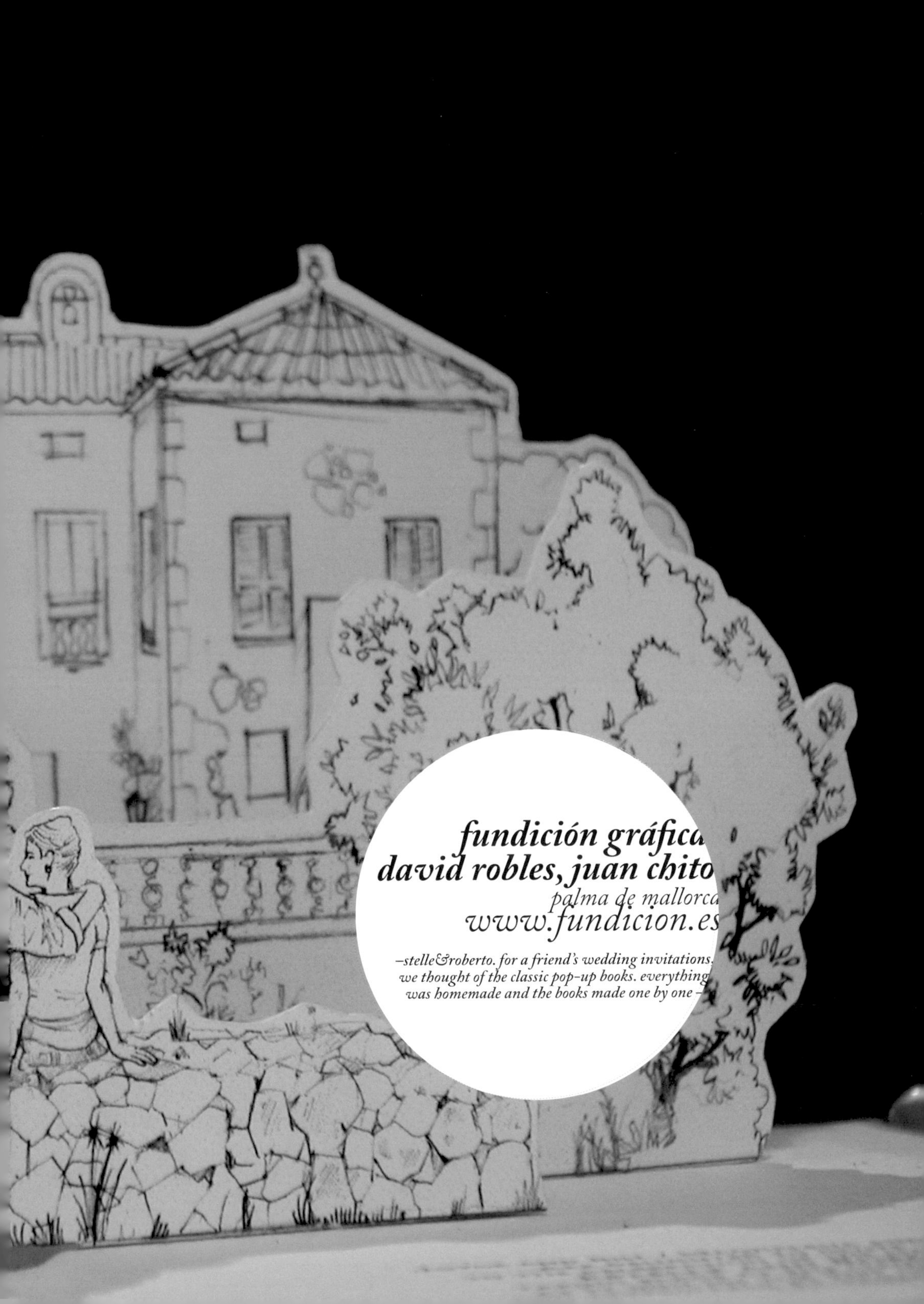

fundición gráfica
david robles, juan chito
palma de mallorca
www.fundicion.es

–stelle&roberto. for a friend's wedding invitations. we thought of the classic pop-up books. everything was homemade and the books made one by one –

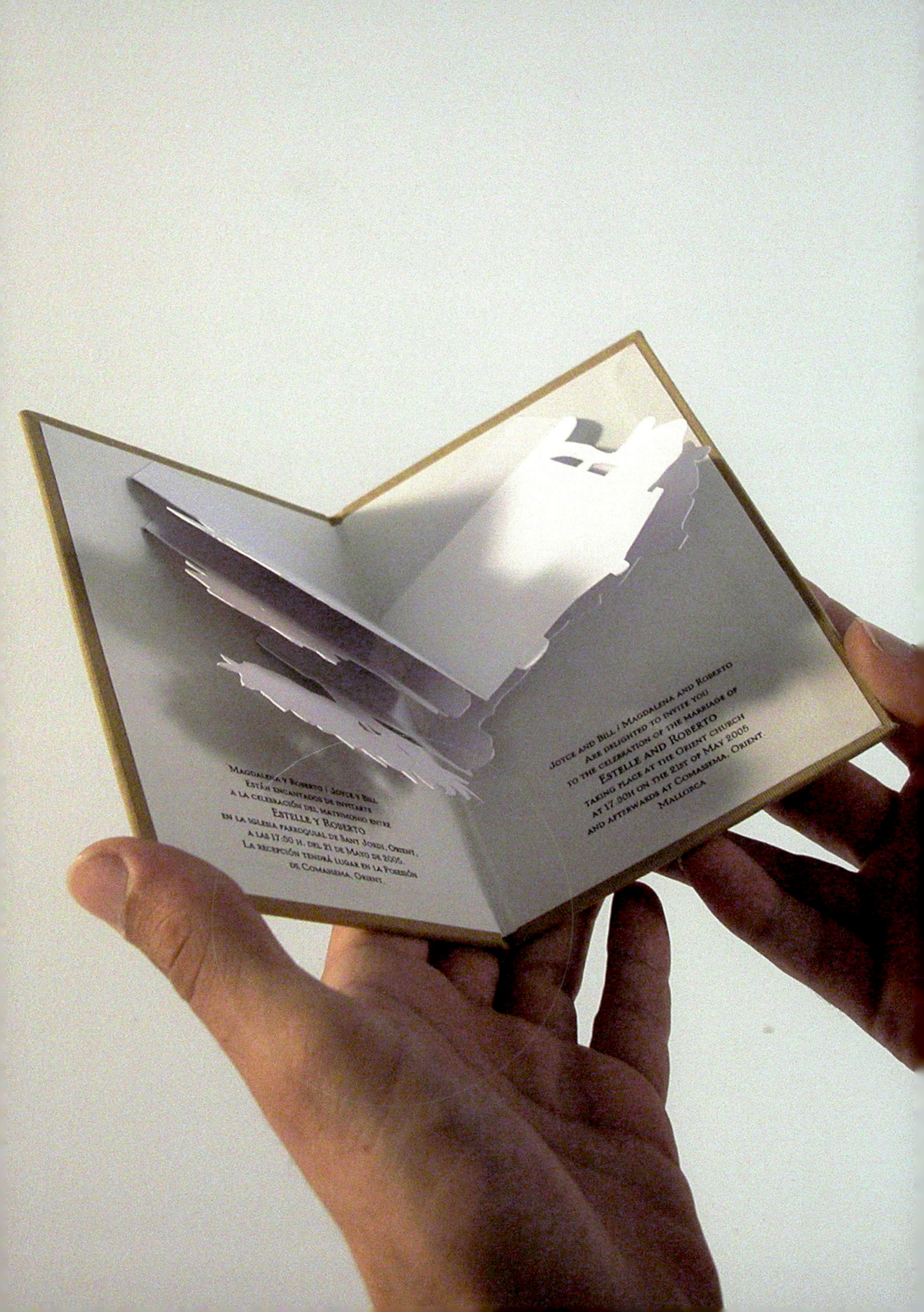
Magdalena y Roberto / Joyce y Bill
Están encantados de invitarte
a la celebración del matrimonio entre
Estelle y Roberto
en la iglesia parroquial de Sant Jordi, Orient,
a las 17:00 h. del 21 de Mayo de 2005.
La recepción tendrá lugar en la Posesión
de Comassema, Orient.
Joyce and Bill / Magdalena and Roberto
Are delighted to invite you
to the celebration of the marriage of
Estelle and Roberto
taking place at the Orient church
at 17.30h on the 21st of May 2005
and afterwards at Comassema, Orient.
Mallorca

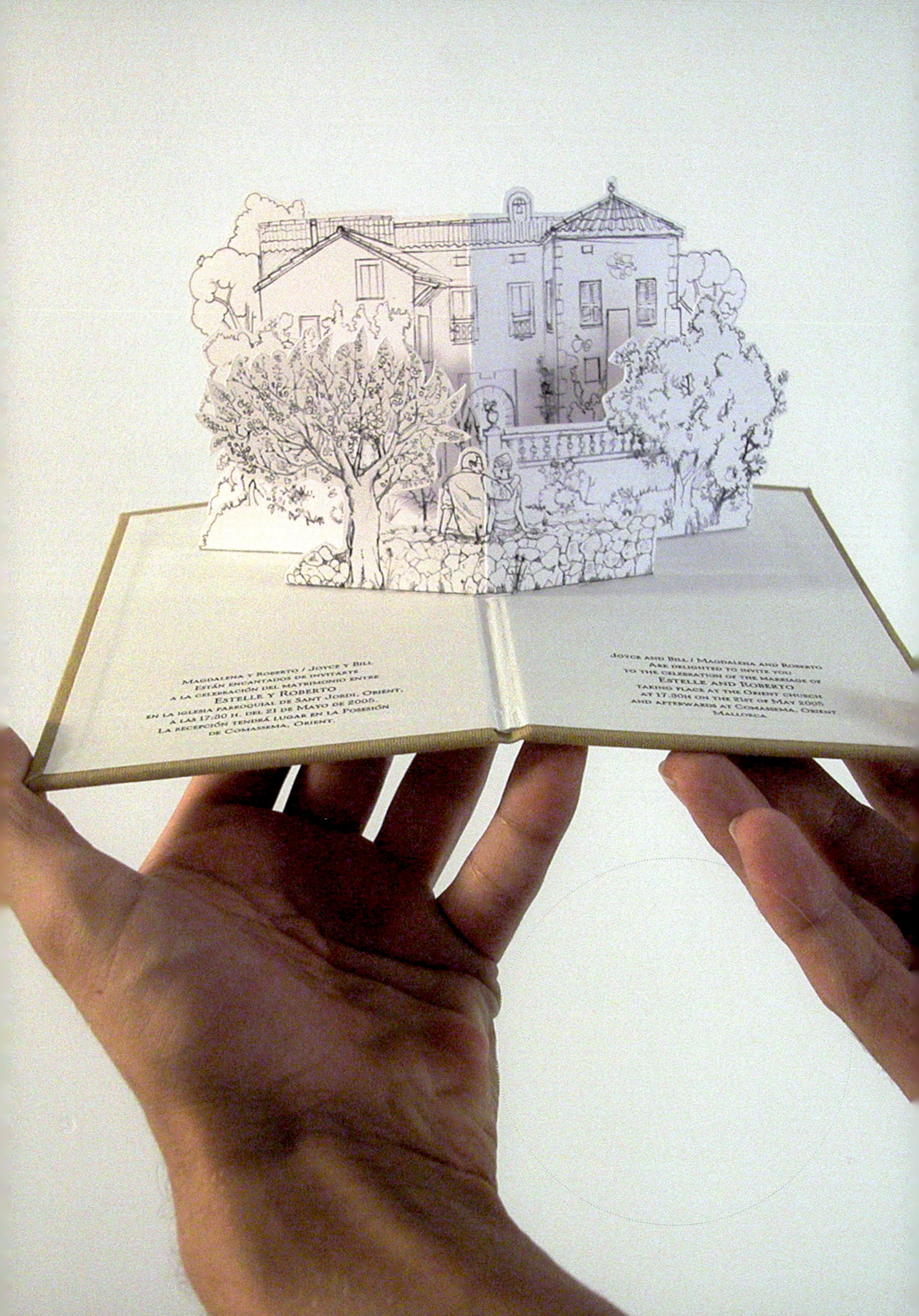
Magdalena y Roberto / Joyce y Bill
Están encantados de invitarte
a la celebración del matrimonio entre
Estelle y Roberto
en la iglesia parroquial de Sant Jordi, Orient,
a las 17:30 h. del 21 de Mayo de 2005.
La recepción tendrá lugar en la Posesión
de Comassema, Orient.
Joyce and Bill / Magdalena and Roberto
Are delighted to invite you
to the celebration of the marriage of
Estelle and Roberto
taking place at the Orient church
at 17.30h on the 21st of May 2005
and afterwards at Comassema, Orient
Mallorca

gggggggggggggggggggggggggggggggggggggggggggggggggggggggggggggggggggggggggggggggggggggggggggggggggggggggggggggggg
gggggggggggggggggggggggggggggggggggggggggggggggggggggggggggggggggggggggggggggggggggggggggggggggggggggggggggggggg
gggggggggggggggggggggggggggggggggggggggggggggggggggggggggggggggggggggggggggggggggggggggggggggggggggggggggggggggg
gggggggggggggggggggggggggggggggggggggggggggggggggggggggggggggggggggggggggggggggggggggggggggggggggggggggggggggggg
gggggggggggggggggggggggggggggggggggggggggggggggggggggggggggggggggggggggggggggggggggggggggggggggggggggggggggggggg
gggggggggggggggggggggggggggggggggggggggggggggggggggggggggggggggggggggggggggggggggggggggggggggggggggggggggggggggg
gggggggggggggggggggggggggggggggggggggggggggggggggggggggggggggggggggggggggggggggggggggggggggggggggggggggggggggggg
gggggggggggggggggggggggggggggggggggggggggggggggggggggggggggggggggggggggggggggggggggggggggggggggggggggggggggggggg
gggggggggggggggggggggggggggggggggggggggggggggggggggggggggggggggggggggggggggggggggggggggggggggggggggggggggggggggg
gggggggggggggggggggggggggggggggggggggggggggggggggggggggggggggggggggggggggggggggggggggggggggggggggggggggggggggggg
gggggggggggggggggggggggggggggggggggggggggggggggggggggggggggggggggggggggggggggggggggggggggggggggggggggggggggggggg
gggggggggggggggggggggggggggggggggggggggggggggggggggggggggggggggggggggggggggggggggggggggggggggggggggggggggggggggg
gggggggggggggggggggggggggggggggggggggggggggggggggggggggggggggggggggggggggggggggggggggggggggggggggggggggggggggggg
gggggggggggggggggggggggggggggggggggggggggggggggggggggggggggggggggggggggggggggggggggggggggggggggggggggggggggggggg
gggggggggggggggggggggggggggggggggggggggggggggggggggggggggggggggggggggggggggggggggggggggggggggggggggggggggggggggg
gggggggggggggggggggggggggggggggggggggggggggggggggggggggggggggggggggggggggggggggggggggggggggggggggggggggggggggggg
gggggggggggggggggggggggggggggggggggggggggggggggggggggggggggggggggggggggggggggggggggggggggggggggggggggggggggggggg
gggggggggggggggggggggggggggggggggggggggggggggggggggggggggggggggggggggggggggggggggggggggggggggggggggggggggggggggg
gggggggggggggggggggggggggggggggggggggggggggggggggggggggggggggggggggggggggggggggggggggggggggggggggggggggggggggggg
gggggggggggggggggggggggggggggggggggggggggggggggggggggggggggggggggggggggggggggggggggggggggggggggggggggggggggggggg
gggggggggggggggggggggggggggggggggggggggggggggggggggggggggggggggggggggggggggggggggggggggggggggggggggggggggggggggg
gggggggggggggggggggggggggggggggggggggggggggggggggggggggggggggggggggggggggggggggggggggggggggggggggggggggggggggggg
gggggggggggggggggggggggggggggggggggggggggggggggggggggggggggggggggggggggggggggggggggggggggggggggggggggggggggggggg
gggggggggggggggggggggggggggggggggggggggggggggggggggggggggggggggggggggggggggggggggggggggggggggggggggggggggggggggg
gggggggggggggggggggggggggggggggggggggggggggggggggggggggggggggggggggggggggggggggggggggggggggggggggggggggggggggggg
gggggggggggggggggggggggggggggggggggggggggggggggggggggggggggggggggggggggggggggggggggggggggggggggggggggggggggggggg
gggggggggggggggggggggggggggggggggggggggggggggggggggggggggggggggggggggggggggggggggggggggggggggggggggggggggggggggg
gggggggggggggggggggggggggggggggggggggggggggggggggggggggggggggggggggggggggggggggggggggggggggggggggggggggggggggggg
gggggggggggggggggggggggggggggggggggggggggggggggggggggggggggggggggggggggggggggggggggggggggggggggggggggggggggggggg
gggggggggggggggggggggggggggggggggggggggggggggggggggggggggggggggggggggggggggggggggggggggggggggggggggggggggggggggg
gggggggggggggggggggggggggggggggggggggggggggggggggggggggggggggggggggggggggggggggggggggggggggggggggggggggggggggggg
gggggggggggggggggggggggggggggggggggggggggggggggggggggggggggggggggggggggggggggggggggggggggggggggggggggggggggggggg
gggggggggggggggggggggggggggggggggggggggggggggggggggggggggggggggggggggggggggggggggggggggggggggggggggggggggggggggg
gggggggggggggggggggggggggggggggggggggggggggggggggggggggggggggggggggggggggggggggggggggggggggggggggggggggggggggggg
gggggggggggggggggggggggggggggggggggggggggggggggggggggggggggggggggggggggggggggggggggggggggggggggggggggggggggggggg
gggggggggggggggggggggggggggggggggggggggggggggggggggggggggggggggggggggggggggggggggggggggggggggggggggggggggggggggg
gggggggggggggggggggggggggggggggggggggggggggggggggggggggggggggggggggggggggggggggggggggggggggggggggggggggggggggggg
gggggggggggggggggggggggggggggggggggggggggggggggggggggggggggggggggggggggggggggggggggggggggggggggggggggggggggggggg
gggggggggggggggggggggggggggggggggggggggggggggggggggggggggggggggggggggggggggggggggggggggggggggggggggggggggggggggg
gggggggggggggggggggggggggggggggggggggggggggggggggggggggggggggggggggggggggggggggggggggggggggggggggggggggggggggggg
gggggggggggggggggggggggggggggggggggggggggggggggggggggggggggggggggggggggggggggggggggggggggggggggggggggggggggggggg
gggggggggggggggggggggggggggggggggggggggggggggggggggggggggggggggggggggggggggggggggggggggggggggggggggggggggggggggg
gggggggggggggggggggggggggggggggggggggggggggggggggggggggggggggggggggggggggggggggggggggggggggggggggggggggggggggggg
gggggggggggggggggggggggggggggggggggggggggggggggggggggggggggggggggggggggggggggggggggggggggggggggggggggggggggggggg
gggggggggggggggggggggggggggggggggggggggggggggggggggggggggggggggggggggggggggggggggggggggggggggggggggggggggggggggg
gggggggggggggggggggggggggggggggggggggggggggggggggggggggggggggggggggggggggggggggggggggggggggggggggggggggggggggggg
gggggggggggggggggggggggggggggggggggggggggggggggggggggggggggggggggggggggggggggggggggggggggggggggggggggggggggggggg
gggggggggggggggggggggggggggggggggggggggggggggggggggggggggggggggggggggggggggggggggggggggggggggggggggggggggggggggg
gggggggggggggggggggggggggggggggggggggggggggggggggggggggggggggggggggggggggggggggggggggggggggggggggggggggggggggggg
gggggggggggggggggggggggggggggggggggggggggggggggggggggggggggggggggggggggggggggggggggggggggggggggggggggggggggggggg
gggggggggggggggggggggggggggggggggggggggggggggggggggggggggggggggggggggggggggggggggggggggggggggggggggggggggggggggg
gggggggggggggggggggggggggggggggggggggggggggggggggggggggggggggggggggggggggggggggggggggggggggggggggggggggggggggggg
gggggggggggggggggggggggggggggggggggggggggggggggggggggggggggggggggggggggggggggggggggggggggggggggggggggggggggggggg
gggggggggggggggggggggggggggggggggggggggggggggggggggggggggggggggggggggggggggggggggggggggggggggggggggggggggggggggg
gggggggggggggggggggggggggggggggggggggggggggggggggggggggggggggggggggggggggggggggggggggggggggggggggggggggggggggggg
gggggggggggggggggggggggggggggggggggggggggggggggggggggggggggggggggggggggggggggggggggggggggggggggggggggggggggggggg
gggggggggggggggggggggggggggggggggggggggggggggggggggggggggggggggggggggggggggggggggggggggggggggggggggggggggggggggg
gggggggggggggggggggggggggggggggggggggggggggggggggggggggggggggggggggggggggggggggggggggggggggggggggggggggggggggggg
gggggggggggggggggggggggggggggggggggggggggggggggggggggggggggggggggggggggggggggggggggggggggggggggggggggggggggggggg
gggggggggggggggggggggggggggggggggggggggggggggggggggggggggggggggggggggggggggggggggggggggggggggggggggggggggggggggg
gggggggggggggggggggggggggggggggggggggggggggggggggggggggggggggggggggggggggggggggggggggggggggggggggggggggggggggggg
gggggggggggggggggggggggggggggggggggggggggggggggggggggggggggggggggggggggggggggggggggggggggggggggggggggggggggggggg
gggggggggggggggggggggggggggggggggggggggggggggggggggggggggggggggggggggggggggggggggggggggggggggggggggggggggggggggg
gggggggggggggggggggggggggggggggggggggggggggggggggggggggggggggggggggggggggggggggggggggggggggggggggggggggggggggggg
gggggggggggggggggggggggggggggggggggggggggggggggggggggggggggggggggggggggggggggggggggggggggggggggggggggggggggggggg
gggggggggggggggggggggggggggggggggggggggggggggggggggggggggggggggggggggggggggggggggggggggggggggggggggggggggggggggg
gggggggggggggggggggggggggggggggggggggggggggggggggggggggggggggggggggggggggggggggggggggggggggggggggggggggggggggggg
gggggggggggggggggggggggggggggggggggggggggggggggggggggggggggggggggggggggggggggggggggggggggggggggggggggggggggggggg
gggggggggggggggggggggggggggggggggggggggggggggggggggggggggggggggggggggggggggggggggggggggggggggggggggggggggggggggg
gggggggggggggggggggggggggggggggggggggggggggggggggggggggggggggggggggggggggggggggggggggggggggggggggggggggggggggggg
gggggggggggggggggggggggggggggggggggggggggggggggggggggggggggggggggggggggggggggggggggggggggggggggggggggggggggggggg
gggggggggggggggggggggggggggggggggggggggggggggggggggggggggggggggggggggggggggggggggggggggggggggggggggggggggggggggg
gggggggggggggggggggggggggggggggggggggggggggggggggggggggggggggggggggggggggggggggggggggggggggggggggggggggggggggggg
gggggggggggggggggggggggggggggggggggggggggggggggggggggggggggggggggggggggggggggggggggggggggggggggggggggggggggggggg
gggggggggggggggggggggggggggggggggggggggggggggggggggggggggggggggggggggggggggggggggggggggggggggggggggggggggggggggg
gggggggggggggggggggggggggggggggggggggggggggggggggggggggggggggggggggggggggggggggggggggggggggggggggggggggggggggggg
gggggggggggggggggggggggggggggggggggggggggggggggggggggggggggggggggggggggggggggggggggggggggggggggggggggggggggggggg
gggggggggggggggggggggggggggggggggggggggggggggggggggggggggggggggggggggggggggggggggggggggggggggggggggggggggggggggg
gggggggggggggggggggggggggggggggggggggggggggggggggggggggggggggggggggggggggggggggggggggggggggggggggggggggggggggggg
gggggggggggggggggggggggggggggggggggggggggggggggggggggggggggggggggggggggggggggggggggggggggggggggggggggggggggggggg

g

– gafas–

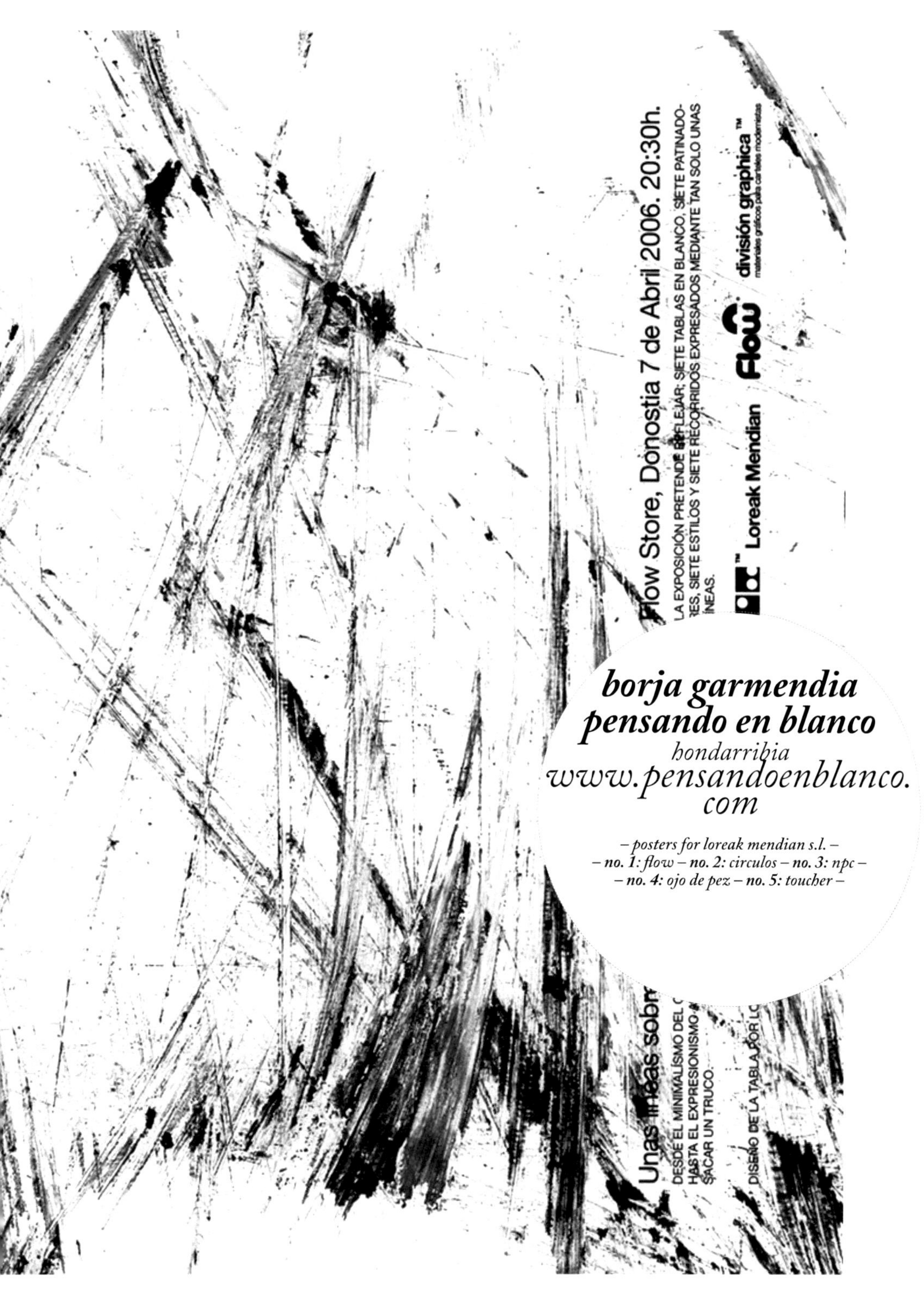

borja garmendia
pensando en blanco
hondarribia
www.pensandoenblanco.com

– posters for loreak mendian s.l. –
– no. 1: flow – no. 2: circulos – no. 3: npc –
– no. 4: ojo de pez – no. 5: toucher –

Loreak Mendian s.l.© 2004

Loreak Mendian™

autum winter 05 type helvetica

Neue Graphic

New Graphic Design

división gráfica™

Loreak Mendian boutiques

Loreak Mendian Donostia
C/Hernani 27_C/Mari 21

Loreak Mendian Bilbo
C/Máximo Aguirre 26_C/Plaza nueva 1

Loreak Mendian Madrid
C/Argensola 5

www.loreakmendian.com

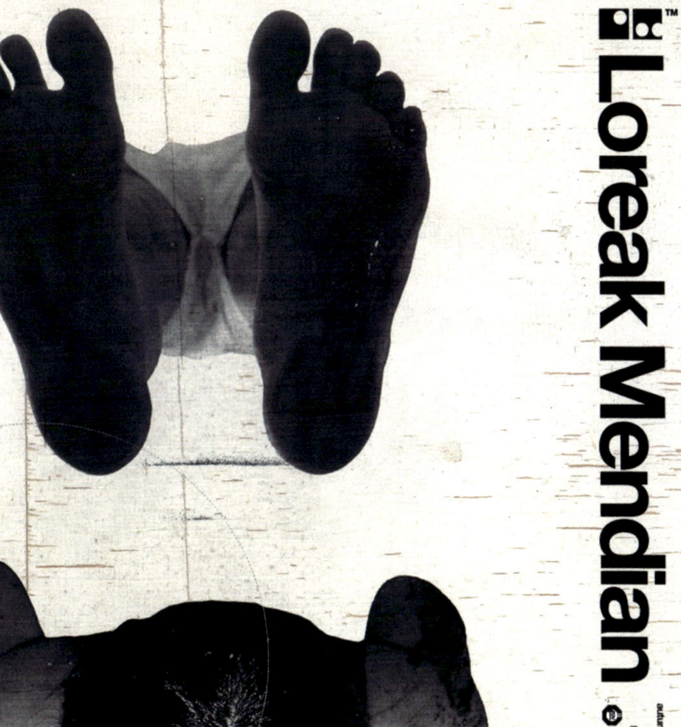

Loreak Mendian™
autum winter 04.05 Neue Graphic
type helvética New Graphic Design
división gráfica™
Loreak Mendian boutiques
www.loreakmendian.com
Loreak Mendian Donostia
C/Hernani 27_C/Mari 21
Loreak Mendian Bilbo
C/Máximo Aguirre 26_C/Plaza nueva 1
Loreak Mendian Madrid
C/Argensola 5
Loreak Mendian s.L©2004

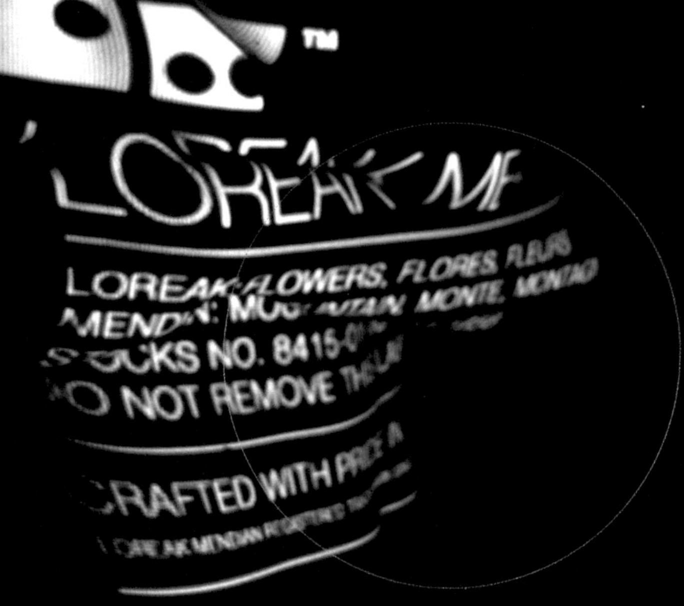

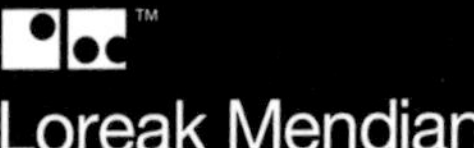

Loreak Mendian

www.loreakmendian.com

LOREAK MENDIAN DONOSTIA
C/Hernani 27 - C/Mari 21

LOREAK MENDIAN BILBO
C/Máximo Aguirre 26 - C/Plaza nueva 1

LOREAK MENDIAN MADRID
C/Argensola 5

LOREAK MENDIAN BARCELONA
C/Sant Joan de la Salle 8

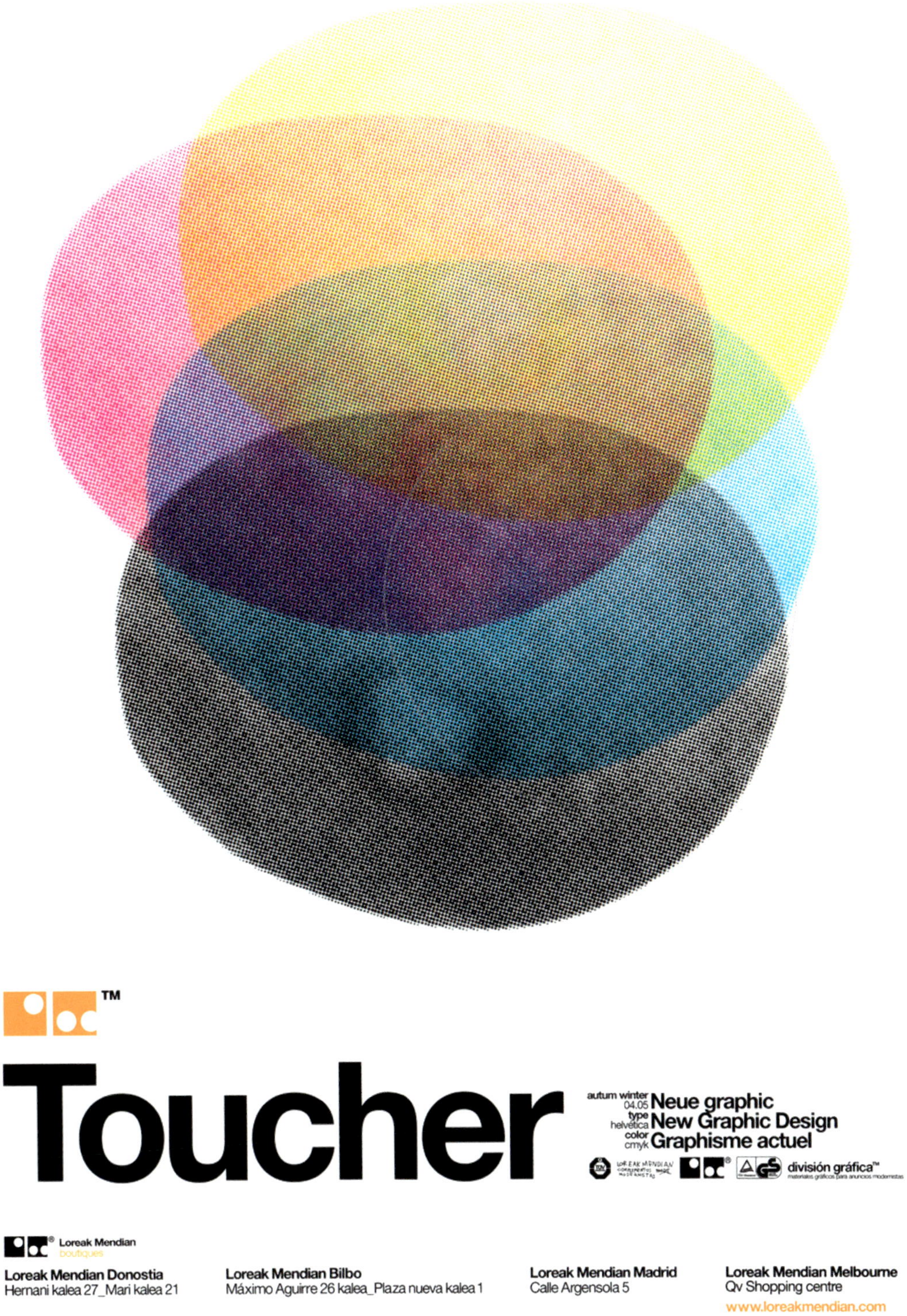

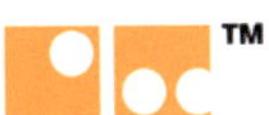

™

Toucher

autum winter 04.05 **Neue graphic**
type helvética **New Graphic Design**
color cmyk **Graphisme actuel**

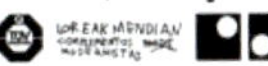
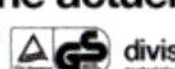
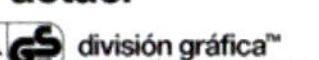

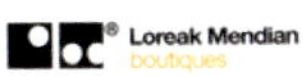

Loreak Mendian Donostia
Hernani kalea 27_Mari kalea 21

Loreak Mendian Bilbo
Máximo Aguirre 26 kalea_Plaza nueva kalea 1

Loreak Mendian Madrid
Calle Argensola 5

Loreak Mendian Melbourne
Qv Shopping centre

www.loreakmendian.com

Play Station Paper

プレイ ステーション ペーパー

Martí Guixé
マルティ ギシェ

094

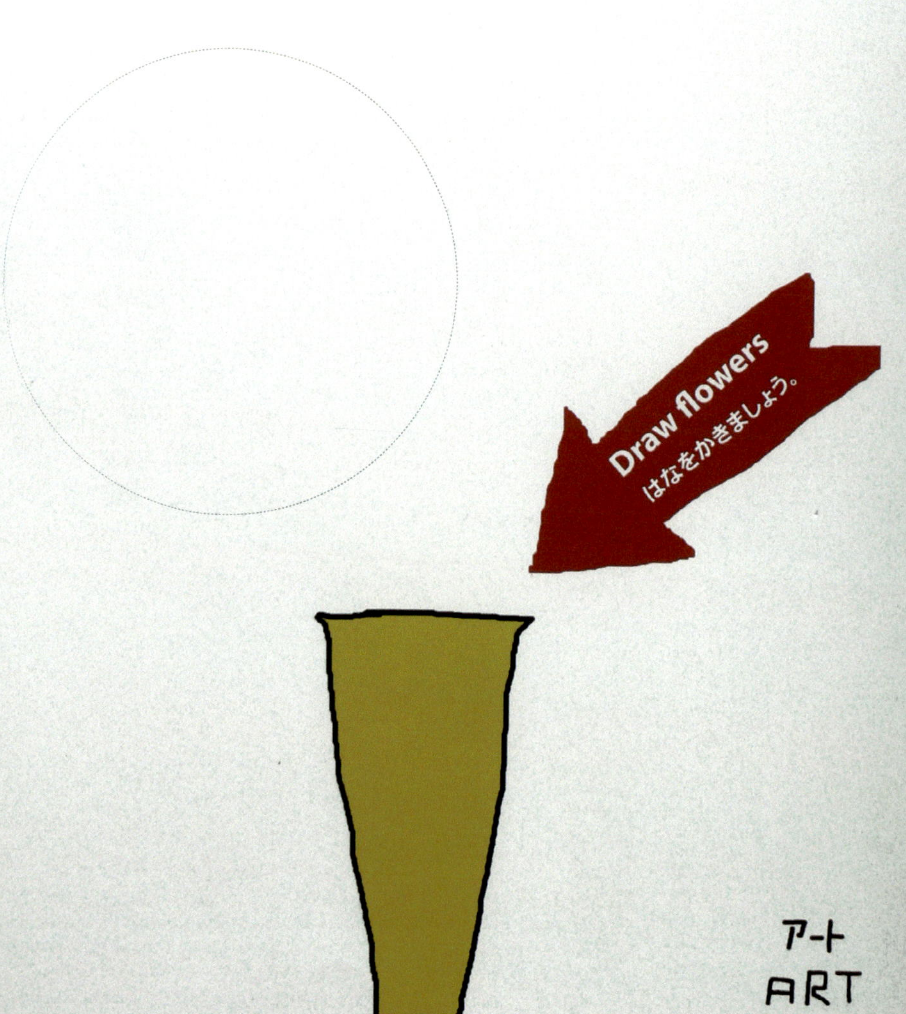

アート
ART

marti guixé
barcelona
www.guixe.com

– concepts and ideas for commercial purposes s.l. play station paper. a magazine for contemporary japanese families. the magazine wanted martí guixé to make a section to encourage children's participation –

d genetically manipulated rice.

for the differences.

おこめと、いでんしくみかえのおこめ。

さんにきいてみよう。

フード
FOOD

Bad News.

Bad news performance:
Step 1
Try to cut and destroy the newspaper early in the morning, before your father read it.
Step 2
Check the reactions.

PERFORMANCES
パフォーマンス

わるいニュース

わるいニュースパフォーマンス：
てじゅん 1
あさはやく、おとうさんがよむまえに、しんぶんをバラバラにきってみよう。
てじゅん 2
はんのうをかんさつしよう。

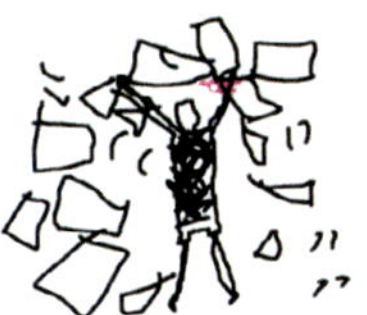

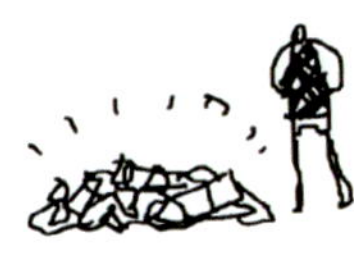

STEP 2 at YOUR OWN RISK
about STEP 1

ちゅうい てじゅん 2 はじぶんのせきにんで！

Martí Guixé
マルティ ギシェ

COCKTAILS
カクテル

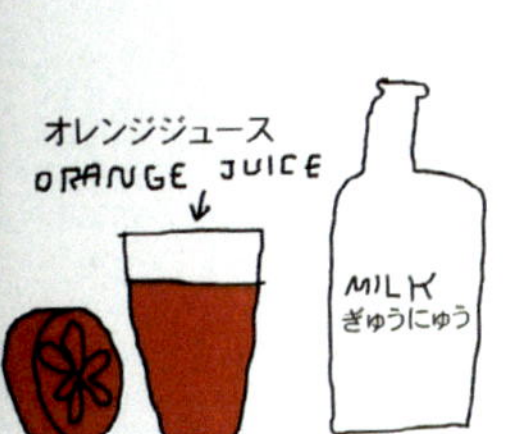

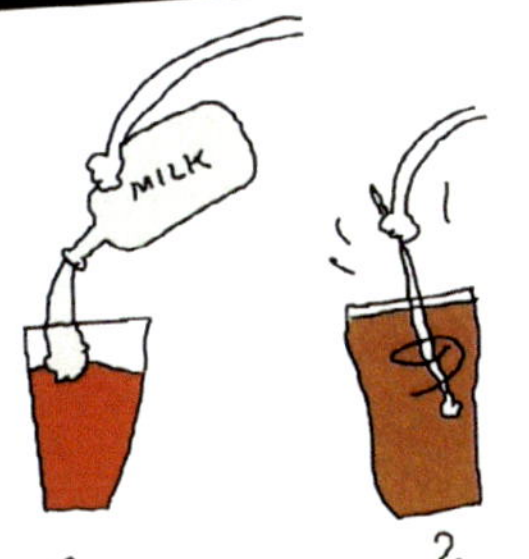

2

3

Drink it at ambient temperature in one time and listening music from POLE.

ポレのきょくをききながらそのままいっきにのむ。

※ポレはベルリンのミュージシャン

Mix 3/4 of fresh orange juice with 1/4 of cow milk.
しんせんなオレンジジュースとぎゅうにゅうを 3 たい 1 でまぜる。

Cow on an orange tree.

Wonderful cocktail specially designed for sunday mornings.

オレンジのきのうえのうし

にちようびのあさにぴったりの、すばらしいカクテル

iiiiiiiiiiiiiiiiiiiiiiiiiiiiiiiiiiiiiiiiiiiiiiiiiiiiiiiiiiiiiiiiiiiiiiiiiiiiiiiiiiiiiiiiiiiiiiiiiiiiiiiiiiiiiiiiiiiiiiiiiiiiiiiiiiiiiiiiiiiii
iiiiiiiiiiiiiiiiiiiiiiiiiiiiiiiiiiiiiiiiiiiiiiiiiiiiiiiiiiiiiiiiiiiiiiiiiiiiiiiiiiiiiiiiiiiiiiiiiiiiiiiiiiiiiiiiiiiiiiiiiiiiiiiiiiiiiiiiiiiii
iiiiiiiiiiiiiiiiiiiiiiiiiiiiiiiiiiiiiiiiiiiiiiiiiiiiiiiiiiiiiiiiiiiiiiiiiiiiiiiiiiiiiiiiiiiiiiiiiiiiiiiiiiiiiiiiiiiiiiiiiiiiiiiiiiiiiiiiiiiii
iiiiiiiiiiiiiiiiiiiiiiiiiiiiiiiiiiiiiiiiiiiiiiiiiiiiiiiiiiiiiiiiiiiiiiiiiiiiiiiiiiiiiiiiiiiiiiiiiiiiiiiiiiiiiiiiiiiiiiiiiiiiiiiiiiiiiiiiiiiii
iiiiiiiiiiiiiiiiiiiiiiiiiiiiiiiiiiiiiiiiiiiiiiiiiiiiiiiiiiiiiiiiiiiiiiiiiiiiiiiiiiiiiiiiiiiiiiiiiiiiiiiiiiiiiiiiiiiiiiiiiiiiiiiiiiiiiiiiiiiii
iiiiiiiiiiiiiiiiiiiiiiiiiiiiiiiiiiiiiiiiiiiiiiiiiiiiiiiiiiiiiiiiiiiiiiiiiiiiiiiiiiiiiiiiiiiiiiiiiiiiiiiiiiiiiiiiiiiiiiiiiiiiiiiiiiiiiiiiiiiii
iiiiiiiiiiiiiiiiiiiiiiiiiiiiiiiiiiiiiiiiiiiiiiiiiiiiiiiiiiiiiiiiiiiiiiiiiiiiiiiiiiiiiiiiiiiiiiiiiiiiiiiiiiiiiiiiiiiiiiiiiiiiiiiiiiiiiiiiiiiii
iiiiiiiiiiiiiiiiiiiiiiiiiiiiiiiiiiiiiiiiiiiiiiiiiiiiiiiiiiiiiiiiiiiiiiiiiiiiiiiiiiiiiiiiiiiiiiiiiiiiiiiiiiiiiiiiiiiiiiiiiiiiiiiiiiiiiiiiiiiii
iiiiiiiiiiiiiiiiiiiiiiiiiiiiiiiiiiiiiiiiiiiiiiiiiiiiiiiiiiiiiiiiiiiiiiiiiiiiiiiiiiiiiiiiiiiiiiiiiiiiiiiiiiiiiiiiiiiiiiiiiiiiiiiiiiiiiiiiiiiii
iiiiiiiiiiiiiiiiiiiiiiiiiiiiiiiiiiiiiiiiiiiiiiiiiiiiiiiiiiiiiiiiiiiiiiiiiiiiiiiiiiiiiiiiiiiiiiiiiiiiiiiiiiiiiiiiiiiiiiiiiiiiiiiiiiiiiiiiiiiii
iiiiiiiiiiiiiiiiiiiiiiiiiiiiiiiiiiiiiiiiiiiiiiiiiiiiiiiiiiiiiiiiiiiiiiiiiiiiiiiiiiiiiiiiiiiiiiiiiiiiiiiiiiiiiiiiiiiiiiiiiiiiiiiiiiiiiiiiiiiii
iiiiiiiiiiiiiiiiiiiiiiiiiiiiiiiiiiiiiiiiiiiiiiiiiiiiiiiiiiiiiiiiiiiiiiiiiiiiiiiiiiiiiiiiiiiiiiiiiiiiiiiiiiiiiiiiiiiiiiiiiiiiiiiiiiiiiiiiiiiii
iiiiiiiiiiiiiiiiiiiiiiiiiiiiiiiiiiiiiiiiiiiiiiiiiiiiiiiiiiiiiiiiiiiiiiiiiiiiiiiiiiiiiiiiiiiiiiiiiiiiiiiiiiiiiiiiiiiiiiiiiiiiiiiiiiiiiiiiiiiii
iiiiiiiiiiiiiiiiiiiiiiiiiiiiiiiiiiiiiiiiiiiiiiiiiiiiiiiiiiiiiiiiiiiiiiiiiiiiiiiiiiiiiiiiiiiiiiiiiiiiiiiiiiiiiiiiiiiiiiiiiiiiiiiiiiiiiiiiiiiii
iiiiiiiiiiiiiiiiiiiiiiiiiiiiiiiiiiiiiiiiiiiiiiiiiiiiiiiiiiiiiiiiiiiiiiiiiiiiiiiiiiiiiiiiiiiiiiiiiiiiiiiiiiiiiiiiiiiiiiiiiiiiiiiiiiiiiiiiiiiii
iiiiiiiiiiiiiiiiiiiiiiiiiiiiiiiiiiiiiiiiiiiiiiiiiiiiiiiiiiiiiiiiiiiiiiiiiiiiiiiiiiiiiiiiiiiiiiiiiiiiiiiiiiiiiiiiiiiiiiiiiiiiiiiiiiiiiiiiiiiii
iiiiiiiiiiiiiiiiiiiiiiiiiiiiiiiiiiiiiiiiiiiiiiiiiiiiiiiiiiiiiiiiiiiiiiiiiiiiiiiiiiiiiiiiiiiiiiiiiiiiiiiiiiiiiiiiiiiiiiiiiiiiiiiiiiiiiiiiiiiii
iiiiiiiiiiiiiiiiiiiiiiiiiiiiiiiiiiiiiiiiiiiiiiiiiiiiiiiiiiiiiiiiiiiiiiiiiiiiiiiiiiiiiiiiiiiiiiiiiiiiiiiiiiiiiiiiiiiiiiiiiiiiiiiiiiiiiiiiiiiii
iiiiiiiiiiiiiiiiiiiiiiiiiiiiiiiiiiiiiiiiiiiiiiiiiiiiiiiiiiiiiiiiiiiiiiiiiiiiiiiiiiiiiiiiiiiiiiiiiiiiiiiiiiiiiiiiiiiiiiiiiiiiiiiiiiiiiiiiiiiii
iiiiiiiiiiiiiiiiiiiiiiiiiiiiiiiiiiiiiiiiiiiiiiiiiiiiiiiiiiiiiiiiiiiiiiiiiiiiiiiiiiiiiiiiiiiiiiiiiiiiiiiiiiiiiiiiiiiiiiiiiiiiiiiiiiiiiiiiiiiii
iiiiiiiiiiiiiiiiiiiiiiiiiiiiiiiiiiiiiiiiiiiiiiiiiiiiiiiiiiiiiiiiiiiiiiiiiiiiiiiiiiiiiiiiiiiiiiiiiiiiiiiiiiiiiiiiiiiiiiiiiiiiiiiiiiiiiiiiiiiii
iiiiiiiiiiiiiiiiiiiiiiiiiiiiiiiiiiiiiiiiiiiiiiiiiiiiiiiiiiiiiiiiiiiiiiiiiiiiiiiiiiiiiiiiiiiiiiiiiiiiiiiiiiiiiiiiiiiiiiiiiiiiiiiiiiiiiiiiiiiii
iiiiiiiiiiiiiiiiiiiiiiiiiiiiiiiiiiiiiiiiiiiiiiiiiiiiiiiiiiiiiiiiiiiiiiiiiiiiiiiiiiiiiiiiiiiiiiiiiiiiiiiiiiiiiiiiiiiiiiiiiiiiiiiiiiiiiiiiiiiii
iiiiiiiiiiiiiiiiiiiiiiiiiiiiiiiiiiiiiiiiiiiiiiiiiiiiiiiiiiiiiiiiiiiiiiiiiiiiiiiiiiiiiiiiiiiiiiiiiiiiiiiiiiiiiiiiiiiiiiiiiiiiiiiiiiiiiiiiiiiii
iiiiiiiiiiiiiiiiiiiiiiiiiiiiiiiiiiiiiiiiiiiiiiiiiiiiiiiiiiiiiiiiiiiiiiiiiiiiiiiiiiiiiiiiiiiiiiiiiiiiiiiiiiiiiiiiiiiiiiiiiiiiiiiiiiiiiiiiiiiii
iiiiiiiiiiiiiiiiiiiiiiiiiiiiiiiiiiiiiiiiiiiiiiiiiiiiiiiiiiiiiiiiiiiiiiiiiiiiiiiiiiiiiiiiiiiiiiiiiiiiiiiiiiiiiiiiiiiiiiiiiiiiiiiiiiiiiiiiiiiii
iiiiiiiiiiiiiiiiiiiiiiiiiiiiiiiiiiiiiiiiiiiiiiiiiiiiiiiiiiiiiiiiiiiiiiiiiiiiiiiiiiiiiiiiiiiiiiiiiiiiiiiiiiiiiiiiiiiiiiiiiiiiiiiiiiiiiiiiiiiii
iiiiiiiiiiiiiiiiiiiiiiiiiiiiiiiiiiiiiiiiiiiiiiiiiiiiiiiiiiiiiiiiiiiiiiiiiiiiiiiiiiiiiiiiiiiiiiiiiiiiiiiiiiiiiiiiiiiiiiiiiiiiiiiiiiiiiiiiiiiii
iiiiiiiiiiiiiiiiiiiiiiiiiiiiiiiiiiiiiiiiiiiiiiiiiiiiiiiiiiiiiiiiiiiiiiiiiiiiiiiiiiiiiiiiiiiiiiiiiiiiiiiiiiiiiiiiiiiiiiiiiiiiiiiiiiiiiiiiiiiii
iiiiiiiiiiiiiiiiiiiiiiiiiiiiiiiiiiiiiiiiiiiiiiiiiiiiiiiiiiiiiiiiiiiiiiiiiiiiiiiiiiiiiiiiiiiiiiiiiiiiiiiiiiiiiiiiiiiiiiiiiiiiiiiiiiiiiiiiiiiii
iiiiiiiiiiiiiiiiiiiiiiiiiiiiiiiiiiiiiiiiiiiiiiiiiiiiiiiiiiiiiiiiiiiiiiiiiiiiiiiiiiiiiiiiiiiiiiiiiiiiiiiiiiiiiiiiiiiiiiiiiiiiiiiiiiiiiiiiiiiii
iiiiiiiiiiiiiiiiiiiiiiiiiiiiiiiiiiiiiiiiiiiiiiiiiiiiiiiiiiiiiiiiiiiiiiiiiiiiiiiiiiiiiiiiiiiiiiiiiiiiiiiiiiiiiiiiiiiiiiiiiiiiiiiiiiiiiiiiiiiii
iiiiiiiiiiiiiiiiiiiiiiiiiiiiiiiiiiiiiiiiiiiiiiiiiiiiiiiiiiiiiiiiiiiiiiiiiiiiiiiiiiiiiiiiiiiiiiiiiiiiiiiiiiiiiiiiiiiiiiiiiiiiiiiiiiiiiiiiiiiii
iiiiiiiiiiiiiiiiiiiiiiiiiiiiiiiiiiiiiiiiiiiiiiiiiiiiiiiiiiiiiiiiiiiiiiiiiiiiiiiiiiiiiiiiiiiiiiiiiiiiiiiiiiiiiiiiiiiiiiiiiiiiiiiiiiiiiiiiiiiii
iiiiiiiiiiiiiiiiiiiiiiiiiiiiiiiiiiiiiiiiiiiiiiiiiiiiiiiiiiiiiiiiiiiiiiiiiiiiiiiiiiiiiiiiiiiiiiiiiiiiiiiiiiiiiiiiiiiiiiiiiiiiiiiiiiiiiiiiiiiii
iiiiiiiiiiiiiiiiiiiiiiiiiiiiiiiiiiiiiiiiiiiiiiiiiiiiiiiiiiiiiiiiiiiiiiiiiiiiiiiiiiiiiiiiiiiiiiiiiiiiiiiiiiiiiiiiiiiiiiiiiiiiiiiiiiiiiiiiiiiii
iiiiiiiiiiiiiiiiiiiiiiiiiiiiiiiiiiiiiiiiiiiiiiiiiiiiiiiiiiiiiiiiiiiiiiiiiiiiiiiiiiiiiiiiiiiiiiiiiiiiiiiiiiiiiiiiiiiiiiiiiiiiiiiiiiiiiiiiiiiii
iiiiiiiiiiiiiiiiiiiiiiiiiiiiiiiiiiiiiiiiiiiiiiiiiiiiiiiiiiiiiiiiiiiiiiiiiiiiiiiiiiiiiiiiiiiiiiiiiiiiiiiiiiiiiiiiiiiiiiiiiiiiiiiiiiiiiiiiiiiii
iiiiiiiiiiiiiiiiiiiiiiiiiiiiiiiiiiiiiiiiiiiiiiiiiiiiiiiiiiiiiiiiiiiiiiiiiiiiiiiiiiiiiiiiiiiiiiiiiiiiiiiiiiiiiiiiiiiiiiiiiiiiiiiiiiiiiiiiiiiii
iiiiiiiiiiiiiiiiiiiiiiiiiiiiiiiiiiiiiiiiiiiiiiiiiiiiiiiiiiiiiiiiiiiiiiiiiiiiiiiiiiiiiiiiiiiiiiiiiiiiiiiiiiiiiiiiiiiiiiiiiiiiiiiiiiiiiiiiiiiii
iiiiiiiiiiiiiiiiiiiiiiiiiiiiiiiiiiiiiiiiiiiiiiiiiiiiiiiiiiiiiiiiiiiiiiiiiiiiiiiiiiiiiiiiiiiiiiiiiiiiiiiiiiiiiiiiiiiiiiiiiiiiiiiiiiiiiiiiiiiii
iiiiiiiiiiiiiiiiiiiiiiiiiiiiiiiiiiiiiiiiiiiiiiiiiiiiiiiiiiiiiiiiiiiiiiiiiiiiiiiiiiiiiiiiiiiiiiiiiiiiiiiiiiiiiiiiiiiiiiiiiiiiiiiiiiiiiiiiiiiii
iiiiiiiiiiiiiiiiiiiiiiiiiiiiiiiiiiiiiiiiiiiiiiiiiiiiiiiiiiiiiiiiiiiiiiiiiiiiiiiiiiiiiiiiiiiiiiiiiiiiiiiiiiiiiiiiiiiiiiiiiiiiiiiiiiiiiiiiiiiii
iiiiiiiiiiiiiiiiiiiiiiiiiiiiiiiiiiiiiiiiiiiiiiiiiiiiiiiiiiiiiiiiiiiiiiiiiiiiiiiiiiiiiiiiiiiiiiiiiiiiiiiiiiiiiiiiiiiiiiiiiiiiiiiiiiiiiiiiiiiii
iiiiiiiiiiiiiiiiiiiiiiiiiiiiiiiiiiiiiiiiiiiiiiiiiiiiiiiiiiiiiiiiiiiiiiiiiiiiiiiiiiiiiiiiiiiiiiiiiiiiiiiiiiiiiiiiiiiiiiiiiiiiiiiiiiiiiiiiiiiii
iiiiiiiiiiiiiiiiiiiiiiiiiiiiiiiiiiiiiiiiiiiiiiiiiiiiiiiiiiiiiiiiiiiiiiiiiiiiiiiiiiiiiiiiiiiiiiiiiiiiiiiiiiiiiiiiiiiiiiiiiiiiiiiiiiiiiiiiiiiii
iiiiiiiiiiiiiiiiiiiiiiiiiiiiiiiiiiiiiiiiiiiiiiiiiiiiiiiiiiiiiiiiiiiiiiiiiiiiiiiiiiiiiiiiiiiiiiiiiiiiiiiiiiiiiiiiiiiiiiiiiiiiiiiiiiiiiiiiiiiii
iiiiiiiiiiiiiiiiiiiiiiiiiiiiiiiiiiiiiiiiiiiiiiiiiiiiiiiiiiiiiiiiiiiiiiiiiiiiiiiiiiiiiiiiiiiiiiiiiiiiiiiiiiiiiiiiiiiiiiiiiiiiiiiiiiiiiiiiiiiii
iiiiiiiiiiiiiiiiiiiiiiiiiiiiiiiiiiiiiiiiiiiiiiiiiiiiiiiiiiiiiiiiiiiiiiiiiiiiiiiiiiiiiiiiiiiiiiiiiiiiiiiiiiiiiiiiiiiiiiiiiiiiiiiiiiiiiiiiiiiii
iiiiiiiiiiiiiiiiiiiiiiiiiiiiiiiiiiiiiiiiiiiiiiiiiiiiiiiiiiiiiiiiiiiiiiiiiiiiiiiiiiiiiiiiiiiiiiiiiiiiiiiiiiiiiiiiiiiiiiiiiiiiiiiiiiiiiiiiiiiii
iiiiiiiiiiiiiiiiiiiiiiiiiiiiiiiiiiiiiiiiiiiiiiiiiiiiiiiiiiiiiiiiiiiiiiiiiiiiiiiiiiiiiiiiiiiiiiiiiiiiiiiiiiiiiiiiiiiiiiiiiiiiiiiiiiiiiiiiiiiii
iiiiiiiiiiiiiiiiiiiiiiiiiiiiiiiiiiiiiiiiiiiiiiiiiiiiiiiiiiiiiiiiiiiiiiiiiiiiiiiiiiiiiiiiiiiiiiiiiiiiiiiiiiiiiiiiiiiiiiiiiiiiiiiiiiiiiiiiiiiii
iiiiiiiiiiiiiiiiiiiiiiiiiiiiiiiiiiiiiiiiiiiiiiiiiiiiiiiiiiiiiiiiiiiiiiiiiiiiiiiiiiiiiiiiiiiiiiiiiiiiiiiiiiiiiiiiiiiiiiiiiiiiiiiiiiiiiiiiiiiii
iiiiiiiiiiiiiiiiiiiiiiiiiiiiiiiiiiiiiiiiiiiiiiiiiiiiiiiiiiiiiiiiiiiiiiiiiiiiiiiiiiiiiiiiiiiiiiiiiiiiiiiiiiiiiiiiiiiiiiiiiiiiiiiiiiiiiiiiiiiii
iiiiiiiiiiiiiiiiiiiiiiiiiiiiiiiiiiiiiiiiiiiiiiiiiiiiiiiiiiiiiiiiiiiiiiiiiiiiiiiiiiiiiiiiiiiiiiiiiiiiiiiiiiiiiiiiiiiiiiiiiiiiiiiiiiiiiiiiiiiii
iiiiiiiiiiiiiiiiiiiiiiiiiiiiiiiiiiiiiiiiiiiiiiiiiiiiiiiiiiiiiiiiiiiiiiiiiiiiiiiiiiiiiiiiiiiiiiiiiiiiiiiiiiiiiiiiiiiiiiiiiiiiiiiiiiiiiiiiiiiii
iiiiiiiiiiiiiiiiiiiiiiiiiiiiiiiiiiiiiiiiiiiiiiiiiiiiiiiiiiiiiiiiiiiiiiiiiiiiiiiiiiiiiiiiiiiiiiiiiiiiiiiiiiiiiiiiiiiiiiiiiiiiiiiiiiiiiiiiiiiii
iiiiiiiiiiiiiiiiiiiiiiiiiiiiiiiiiiiiiiiiiiiiiiiiiiiiiiiiiiiiiiiiiiiiiiiiiiiiiiiiiiiiiiiiiiiiiiiiiiiiiiiiiiiiiiiiiiiiiiiiiiiiiiiiiiiiiiiiiiiii
iiiiiiiiiiiiiiiiiiiiiiiiiiiiiiiiiiiiiiiiiiiiiiiiiiiiiiiiiiiiiiiiiiiiiiiiiiiiiiiiiiiiiiiiiiiiiiiiiiiiiiiiiiiiiiiiiiiiiiiiiiiiiiiiiiiiiiiiiiiii
iiiiiiiiiiiiiiiiiiiiiiiiiiiiiiiiiiiiiiiiiiiiiiiiiiiiiiiiiiiiiiiiiiiiiiiiiiiiiiiiiiiiiiiiiiiiiiiiiiiiiiiiiiiiiiiiiiiiiiiiiiiiiiiiiiiiiiiiiiiii
iiiiiiiiiiiiiiiiiiiiiiiiiiiiiiiiiiiiiiiiiiiiiiiiiiiiiiiiiiiiiiiiiiiiiiiiiiiiiiiiiiiiiiiiiiiiiiiiiiiiiiiiiiiiiiiiiiiiiiiiiiiiiiiiiiiiiiiiiiiii
iiiiiiiiiiiiiiiiiiiiiiiiiiiiiiiiiiiiiiiiiiiiiiiiiiiiiiiiiiiiiiiiiiiiiiiiiiiiiiiiiiiiiiiiiiiiiiiiiiiiiiiiiiiiiiiiiiiiiiiiiiiiiiiiiiiiiiiiiiiii
iiiiiiiiiiiiiiiiiiiiiiiiiiiiiiiiiiiiiiiiiiiiiiiiiiiiiiiiiiiiiiiiiiiiiiiiiiiiiiiiiiiiiiiiiiiiiiiiiiiiiiiiiiiiiiiiiiiiiiiiiiiiiiiiiiiiiiiiiiiii
iiiiiiiiiiiiiiiiiiiiiiiiiiiiiiiiiiiiiiiiiiiiiiiiiiiiiiiiiiiiiiiiiiiiiiiiiiiiiiiiiiiiiiiiiiiiiiiiiiiiiiiiiiiiiiiiiiiiiiiiiiiiiiiiiiiiiiiiiiiii
iiiiiiiiiiiiiiiiiiiiiiiiiiiiiiiiiiiiiiiiiiiiiiiiiiiiiiiiiiiiiiiiiiiiiiiiiiiiiiiiiiiiiiiiiiiiiiiiiiiiiiiiiiiiiiiiiiiiiiiiiiiiiiiiiiiiiiiiiiiii
iiiiiiiiiiiiiiiiiiiiiiiiiiiiiiiiiiiiiiiiiiiiiiiiiiiiiiiiiiiiiiiiiiiiiiiiiiiiiiiiiiiiiiiiiiiiiiiiiiiiiiiiiiiiiiiiiiiiiiiiiiiiiiiiiiiiiiiiiiiii
iiiiiiiiiiiiiiiiiiiiiiiiiiiiiiiiiiiiiiiiiiiiiiiiiiiiiiiiiiiiiiiiiiiiiiiiiiiiiiiiiiiiiiiiiiiiiiiiiiiiiiiiiiiiiiiiiiiiiiiiiiiiiiiiiiiiiiiiiiiii
iiiiiiiiiiiiiiiiiiiiiiiiiiiiiiiiiiiiiiiiiiiiiiiiiiiiiiiiiiiiiiiiiiiiiiiiiiiiiiiiiiiiiiiiiiiiiiiiiiiiiiiiiiiiiiiiiiiiiiiiiiiiiiiiiiiiiiiiiiiii
iiiiiiiiiiiiiiiiiiiiiiiiiiiiiiiiiiiiiiiiiiiiiiiiiiiiiiiiiiiiiiiiiiiiiiiiiiiiiiiiiiiiiiiiiiiiiiiiiiiiiiiiiiiiiiiiiiiiiiiiiiiiiiiiiiiiiiiiiiiii
iiiiiiiiiiiiiiiiiiiiiiiiiiiiiiiiiiiiiiiiiiiiiiiiiiiiiiiiiiiiiiiiiiiiiiiiiiiiiiiiiiiiiiiiiiiiiiiiiiiiiiiiiiiiiiiiiiiiiiiiiiiiiiiiiiiiiiiiiiiii
iiiiiiiiiiiiiiiiiiiiiiiiiiiiiiiiiiiiiiiiiiiiiiiiiiiiiiiiiiiiiiiiiiiiiiiiiiiiiiiiiiiiiiiiiiiiiiiiiiiiiiiiiiiiiiiiiiiiiiiiiiiiiiiiiiiiiiiiiiiii
iiiiiiiiiiiiiiiiiiiiiiiiiiiiiiiiiiiiiiiiiiiiiiiiiiiiiiiiiiiiiiiiiiiiiiiiiiiiiiiiiiiiiiiiiiiiiiiiiiiiiiiiiiiiiiiiiiiiiiiiiiiiiiiiiiiiiiiiiiiii
iiiiiiiiiiiiiiiiiiiiiiiiiiiiiiiiiiiiiiiiiiiiiiiiiiiiiiiiiiiiiiiiiiiiiiiiiiiiiiiiiiiiiiiiiiiiiiiiiiiiiiiiiiiiiiiiiiiiiiiiiiiiiiiiiiiiiiiiiiiii
iiiiiiiiiiiiiiiiiiiiiiiiiiiiiiiiiiiiiiiiiiiiiiiiiiiiiiiiiiiiiiiiiiiiiiiiiiiiiiiiiiiiiiiiiiiiiiiiiiiiiiiiiiiiiiiiiiiiiiiiiiiiiiiiiiiiiiiiiiiii
iiiiiiiiiiiiiiiiiiiiiiiiiiiiiiiiiiiiiiiiiiiiiiiiiiiiiiiiiiiiiiiiiiiiiiiiiiiiiiiiiiiiiiiiiiiiiiiiiiiiiiiiiiiiiiiiiiiiiiiiiiiiiiiiiiiiiiiiiiiii
iiiiiiiiiiiiiiiiiiiiiiiiiiiiiiiiiiiiiiiiiiiiiiiiiiiiiiiiiiiiiiiiiiiiiiiiiiiiiiiiiiiiiiiiiiiiiiiiiiiiiiiiiiiiiiiiiiiiiiiiiiiiiiiiiiiiiiiiiiiii
iiiiiiiiiiiiiiiiiiiiiiiiiiiiiiiiiiiiiiiiiiiiiiiiiiiiiiiiiiiiiiiiiiiiiiiiiiiiiiiiiiiiiiiiiiiiiiiiiiiiiiiiiiiiiiiiiiiiiiiiiiiiiiiiiiiiiiiiiiiii
iiiiiiiiiiiiiiiiiiiiiiiiiiiiiiiiiiiiiiiiiiiiiiiiiiiiiiiiiiiiiiiiiiiiiiiiiiiiiiiiiiiiiiiiiiiiiiiiiiiiiiiiiiiiiiiiiiiiiiiiiiiiiiiiiiiiiiiiiiiii
iiiiiiiiiiiiiiiiiiiiiiiiiiiiiiiiiiiiiiiiiiiiiiiiiiiiiiiiiiiiiiiiiiiiiiiiiiiiiiiiiiiiiiiiiiiiiiiiiiiiiiiiiiiiiiiiiiiiiiiiiiiiiiiiiiiiiiiiiiiii
iiiiiiiiiiiiiiiiiiiiiiiiiiiiiiiiiiiiiiiiiiiiiiiiiiiiiiiiiiiiiiiiiiiiiiiiiiiiiiiiiiiiiiiiiiiiiiiiiiiiiiiiiiiiiiiiiiiiiiiiiiiiiiiiiiiiiiiiiiiii
iiiiiiiiiiiiiiiiiiiiiiiiiiiiiiiiiiiiiiiiiiiiiiiiiiiiiiiiiiiiiiiiiiiiiiiiiiiiiiiiiiiiiiiiiiiiiiiiiiiiiiiiiiiiiiiiiiiiiiiiiiiiiiiiiiiiiiiiiiiii
iiiiiiiiiiiiiiiiiiiiiiiiiiiiiiiiiiiiiiiiiiiiiiiiiiiiiiiiiiiiiiiiiiiiiiiiiiiiiiiiiiiiiiiiiiiiiiiiiiiiiiiiiiiiiiiiiiiiiiiiiiiiiiiiiiiiiiiiiiiii
iiiiiiiiiiiiiiiiiiiiiiiiiiiiiiiiiiiiiiiiiiiiiiiiiiiiiiiiiiiiiiiiiiiiiiiiiiiiiiiiiiiiiiiiiiiiiiiiiiiiiiiiiiiiiiiiiiiiiiiiiiiiiiiiiiiiiiiiiiiii
iiiiiiiiiiiiiiiiiiiiiiiiiiiiiiiiiiiiiiiiiiiiiiiiiiiiiiiiiiiiiiiiiiiiiiiiiiiiiiiiiiiiiiiiiiiiiiiiiiiiiiiiiiiiiiiiiiiiiiiiiiiiiiiiiiiiiiiiiiiii

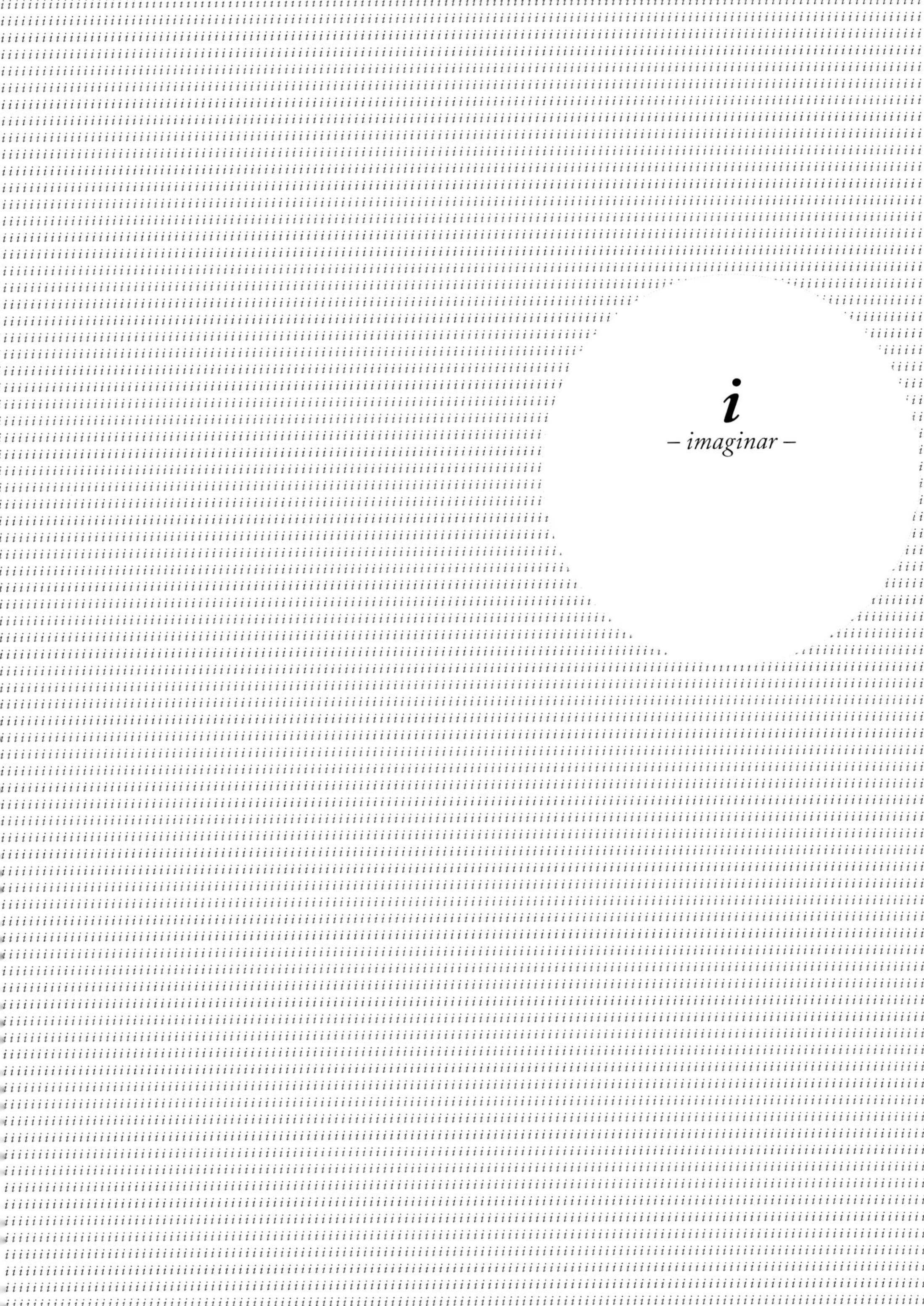
i
– imaginar –

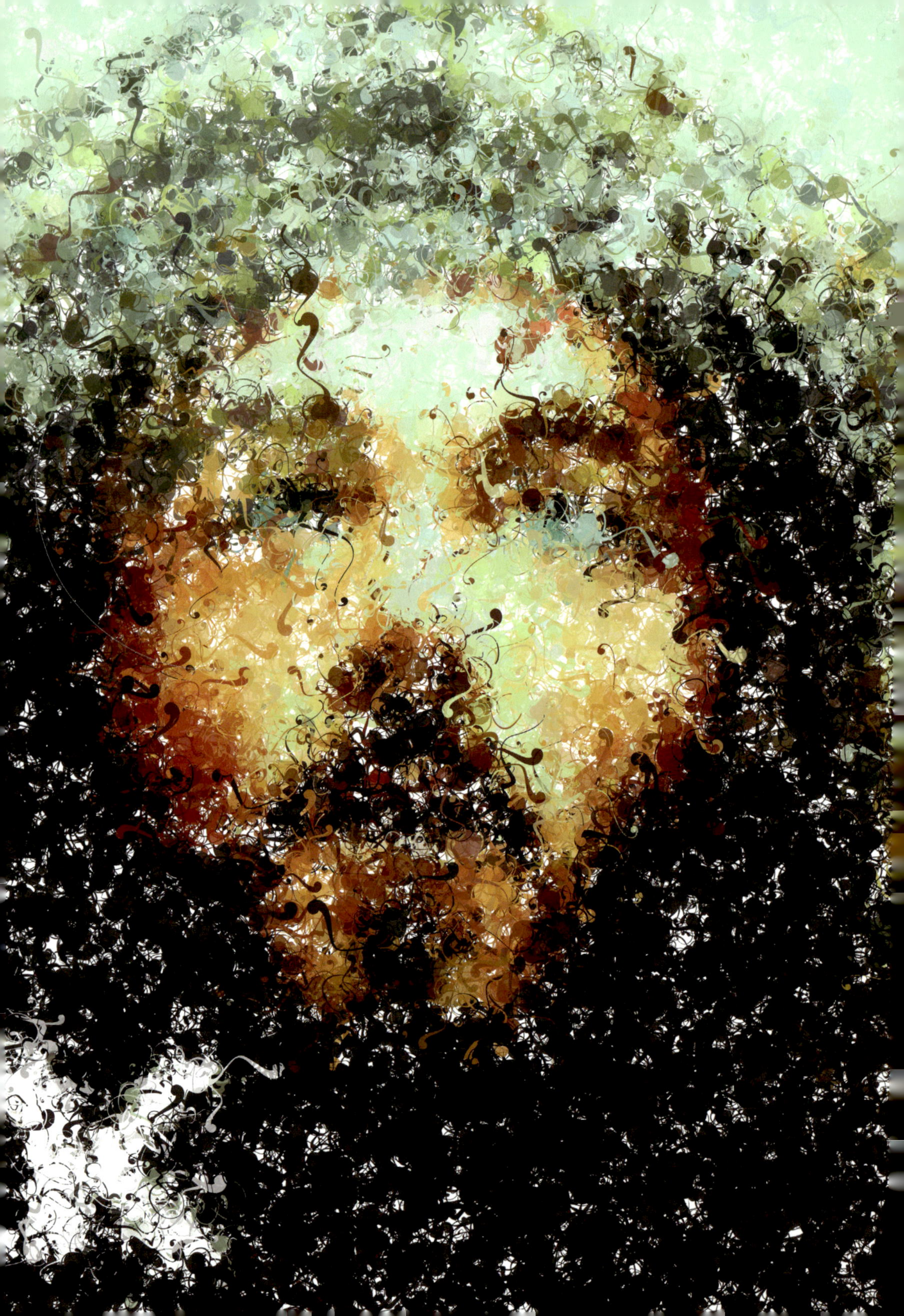

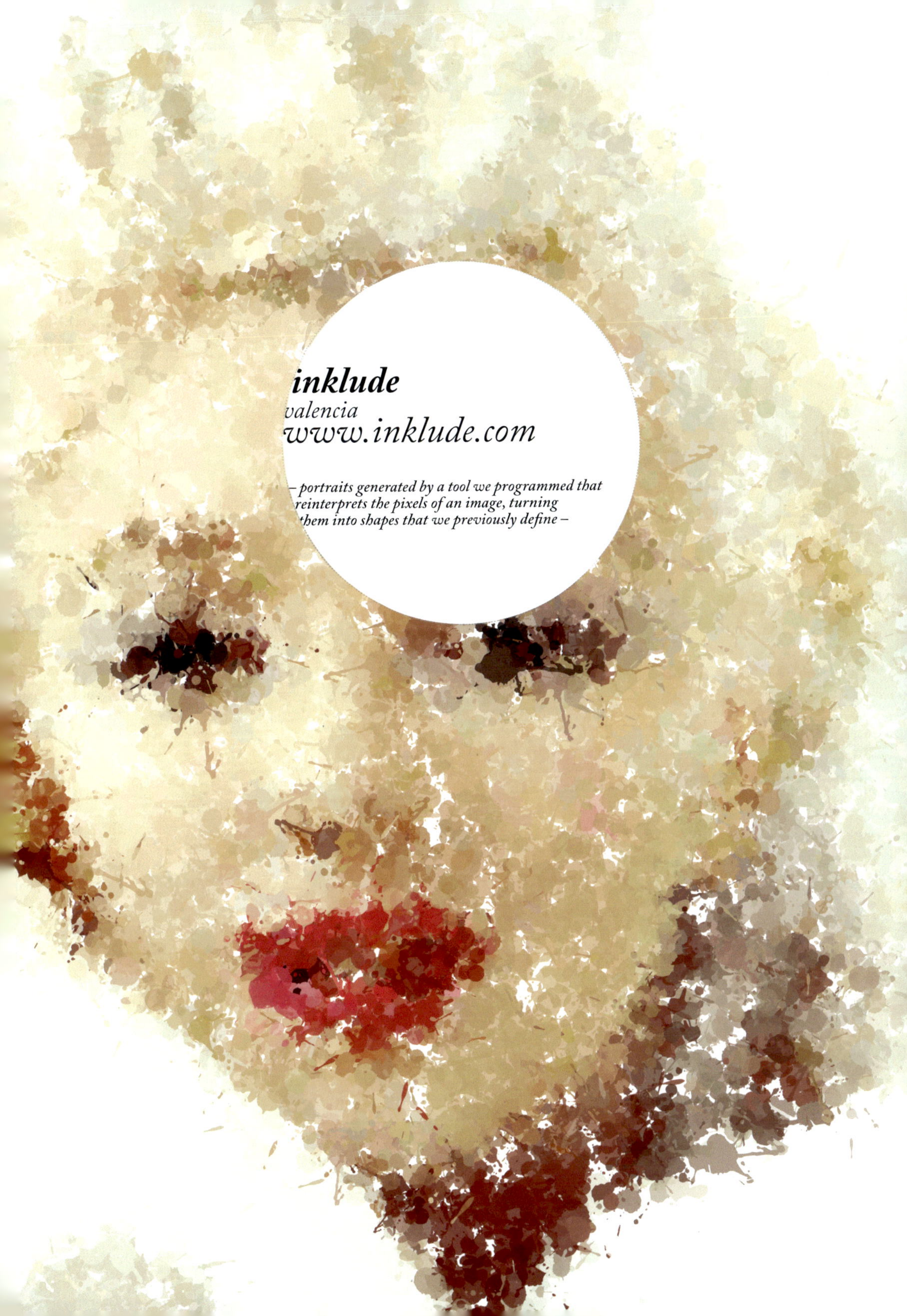

inklude

valencia

www.inklude.com

– portraits generated by a tool we programmed that reinterprets the pixels of an image, turning them into shapes that we previously define –

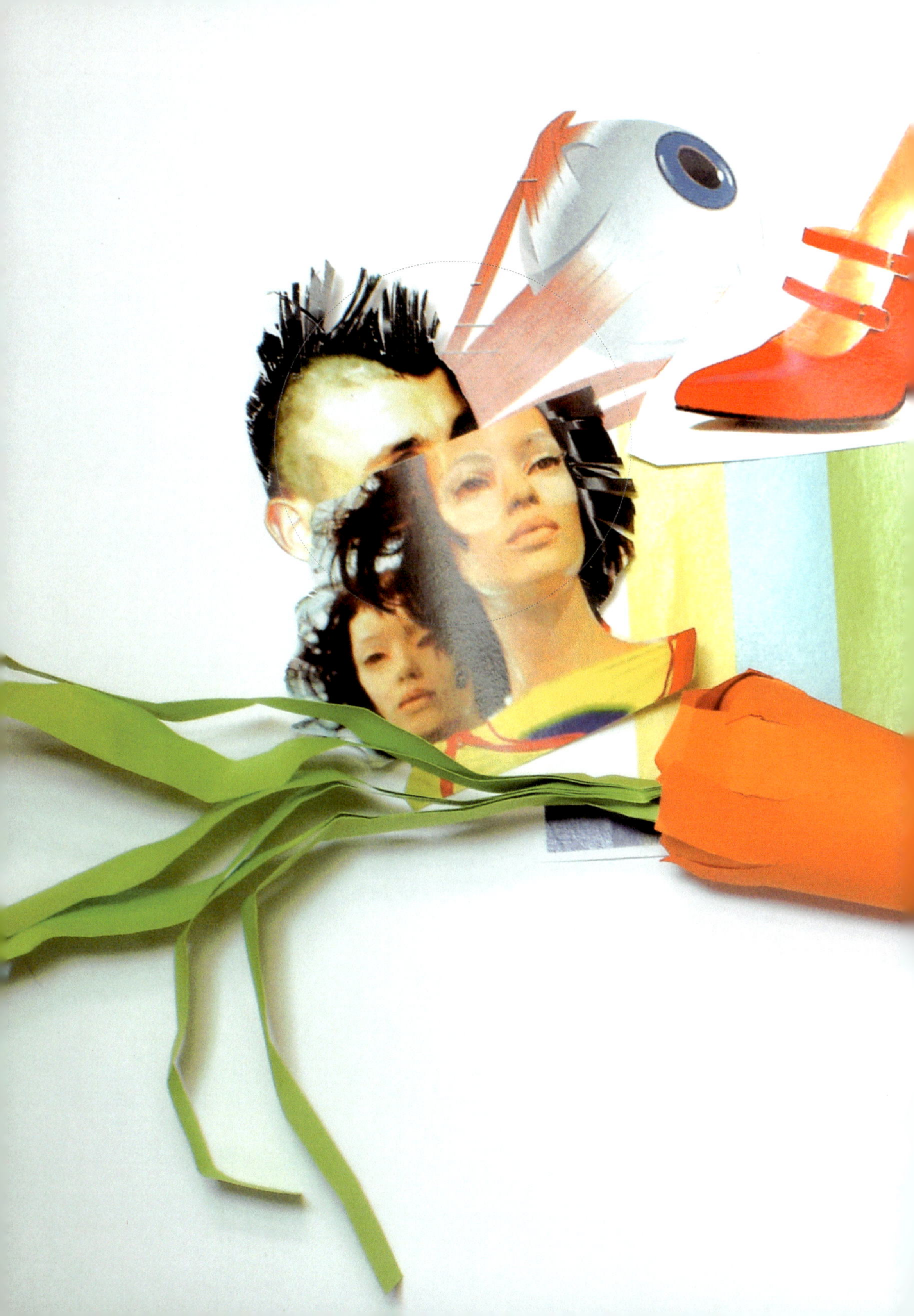

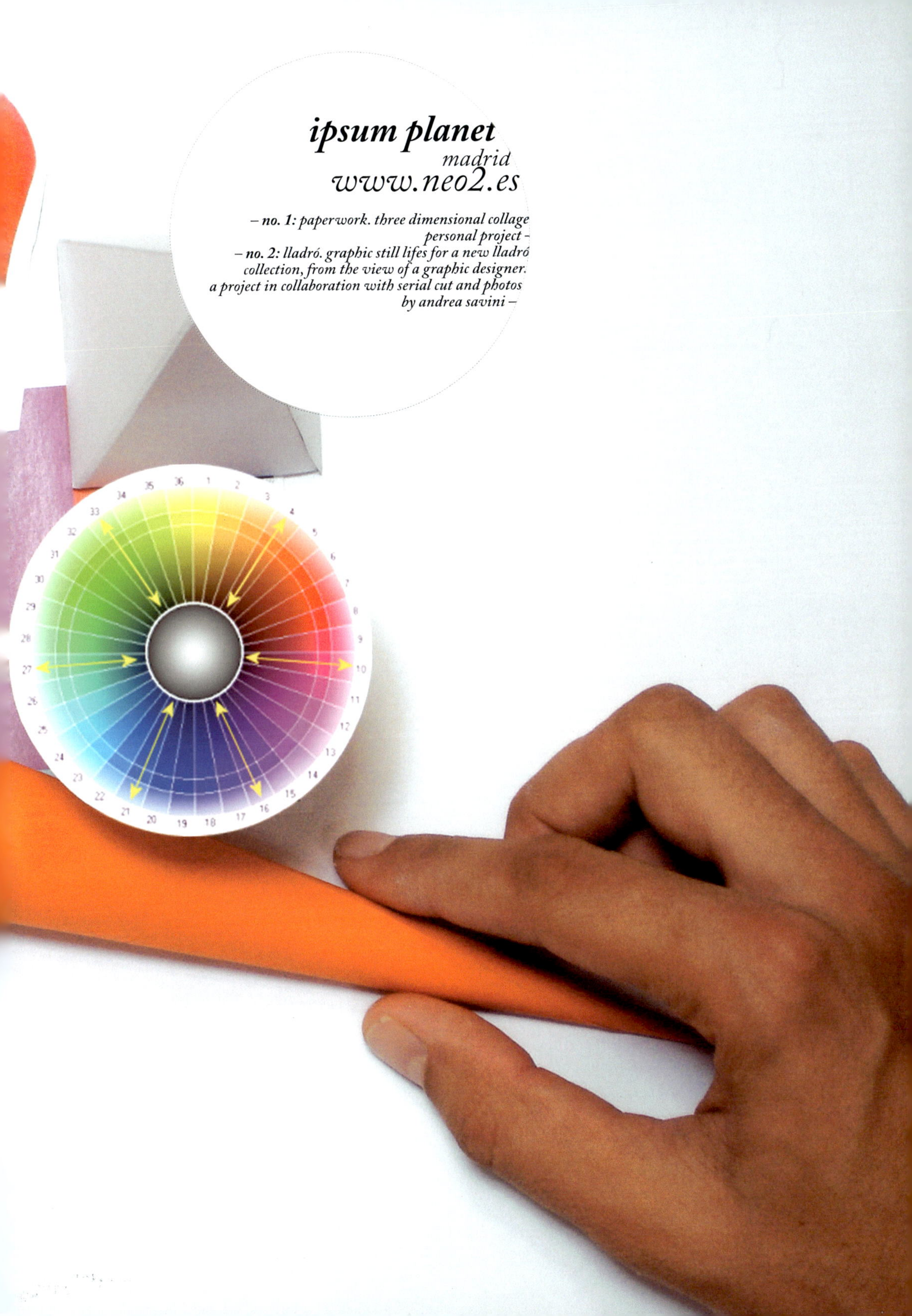
ipsum planet
madrid
www.neo2.es
– no. 1: paperwork. three dimensional collage
personal project –
– no. 2: lladró. graphic still lifes for a new lladró
collection, from the view of a graphic designer.
a project in collaboration with serial cut and photos
by andrea savini –

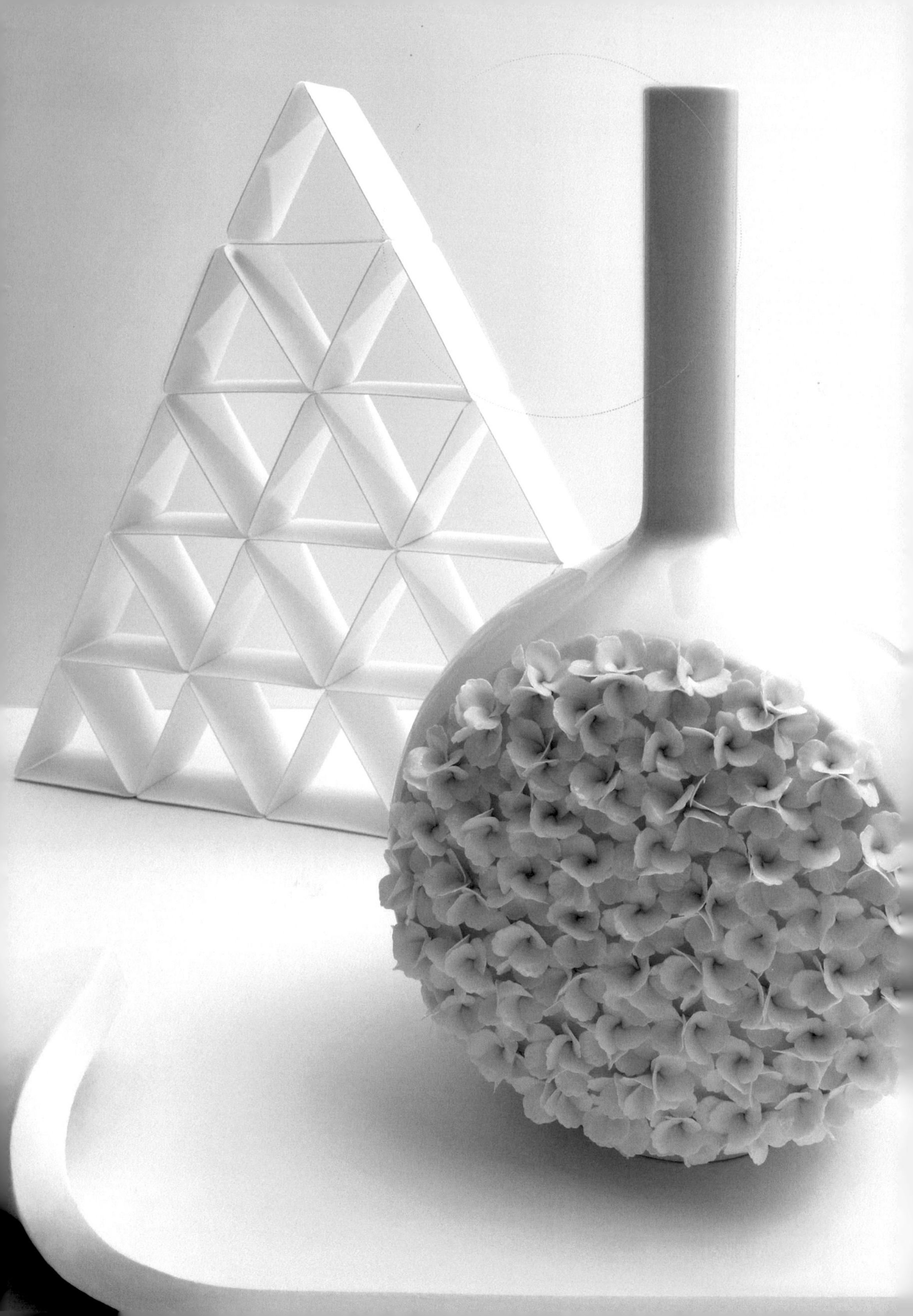

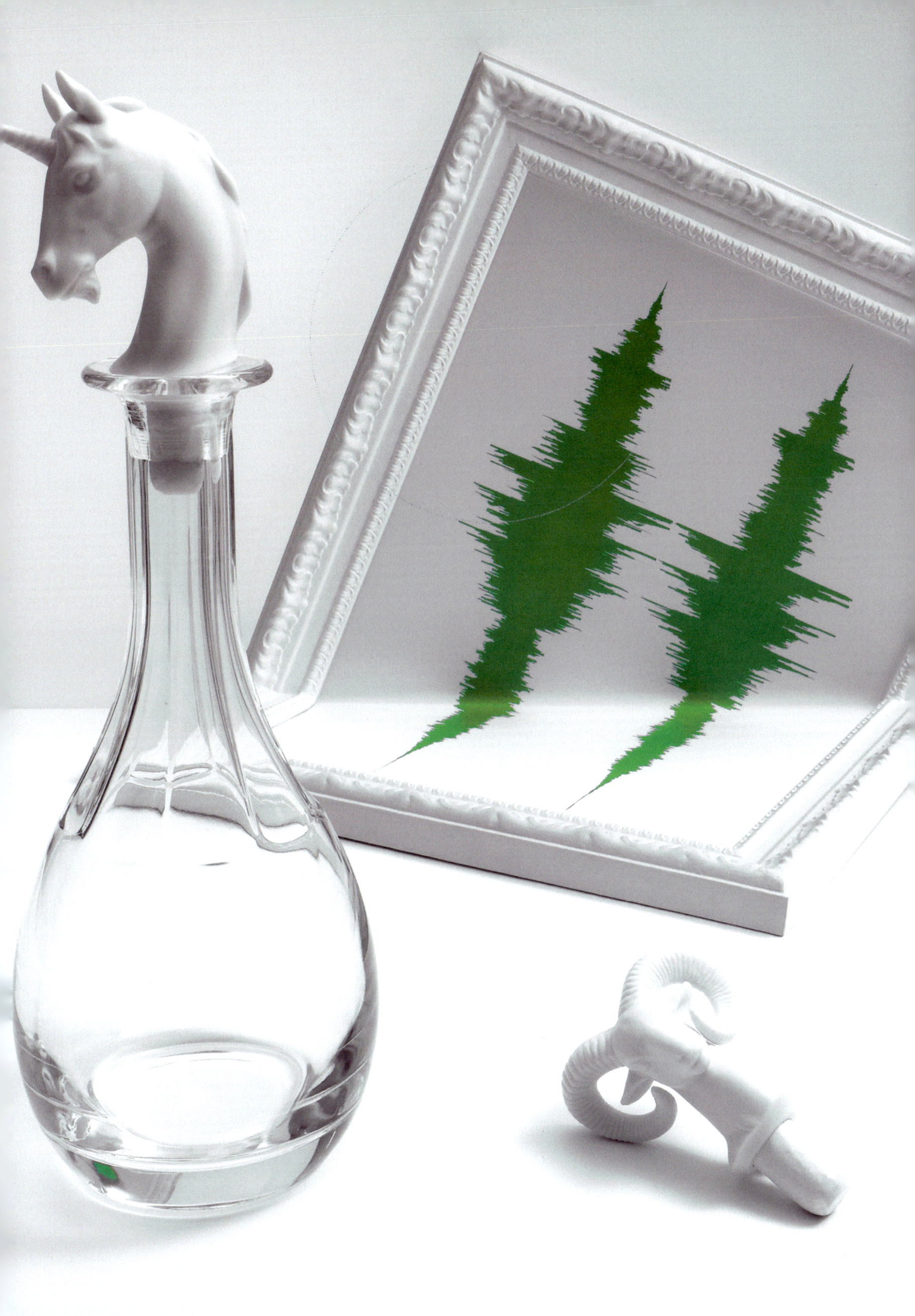

j
– ja, ja –

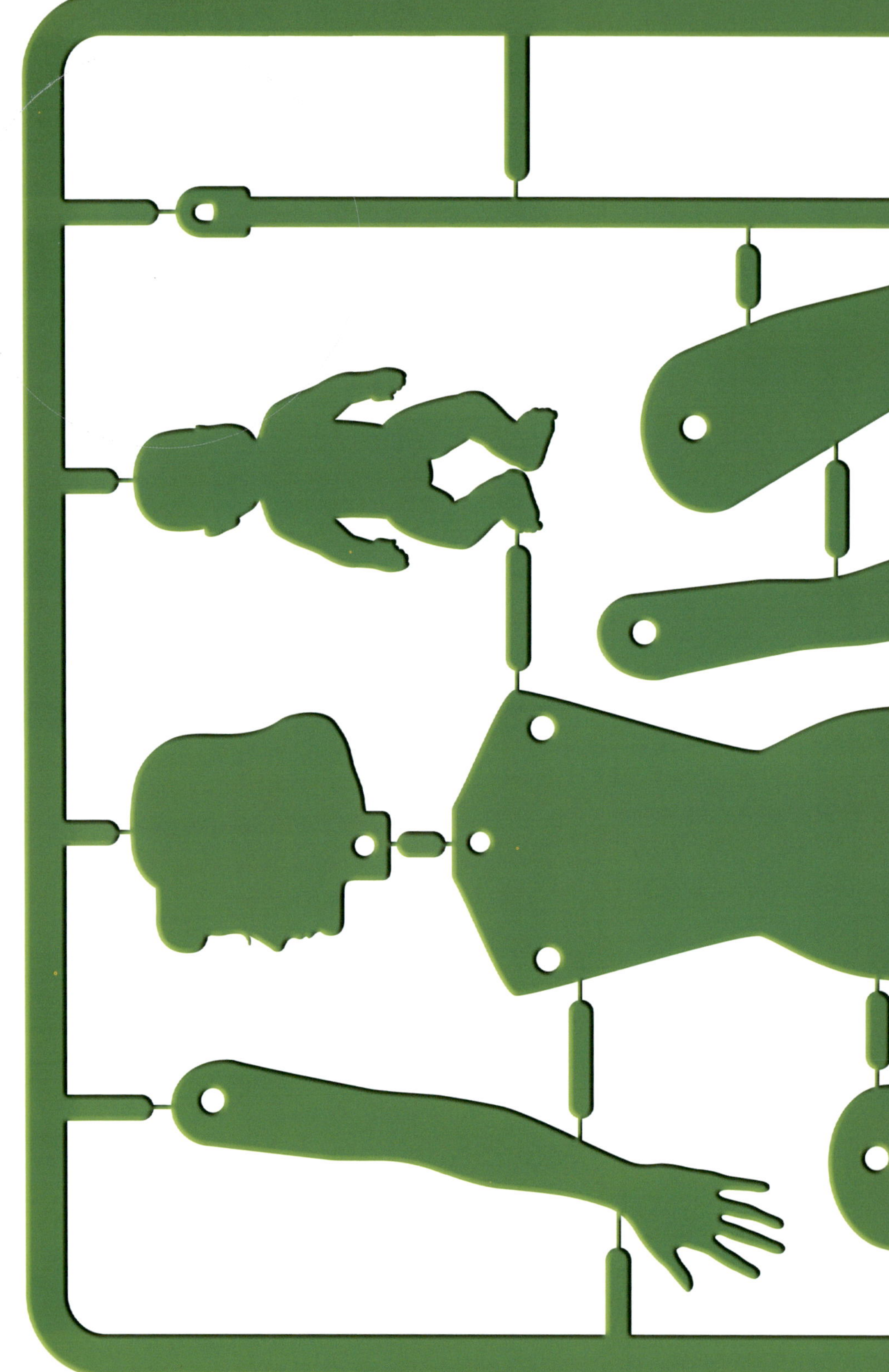

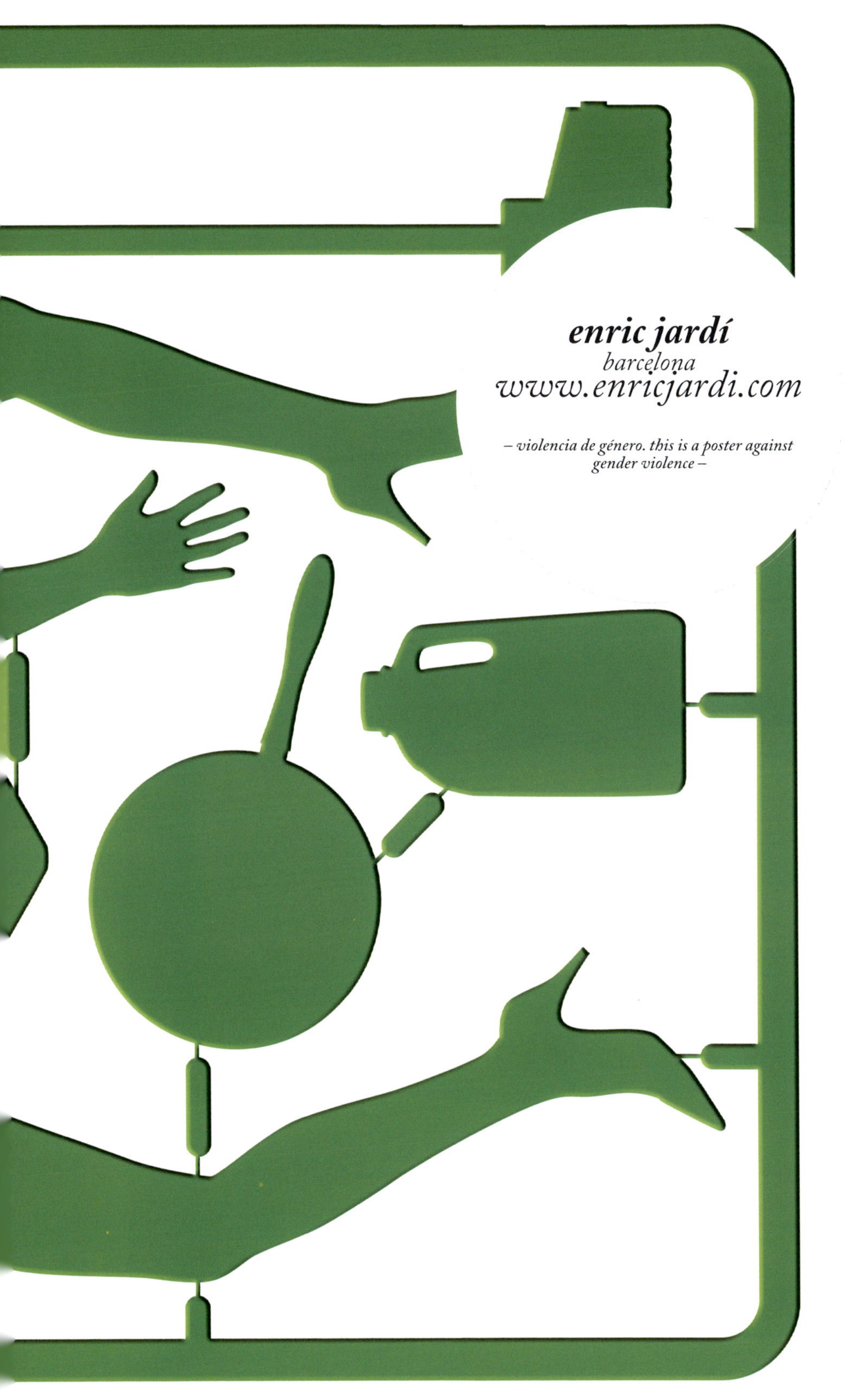
enric jardí
barcelona
www.enricjardi.com
– violencia de género. this is a poster against
gender violence –

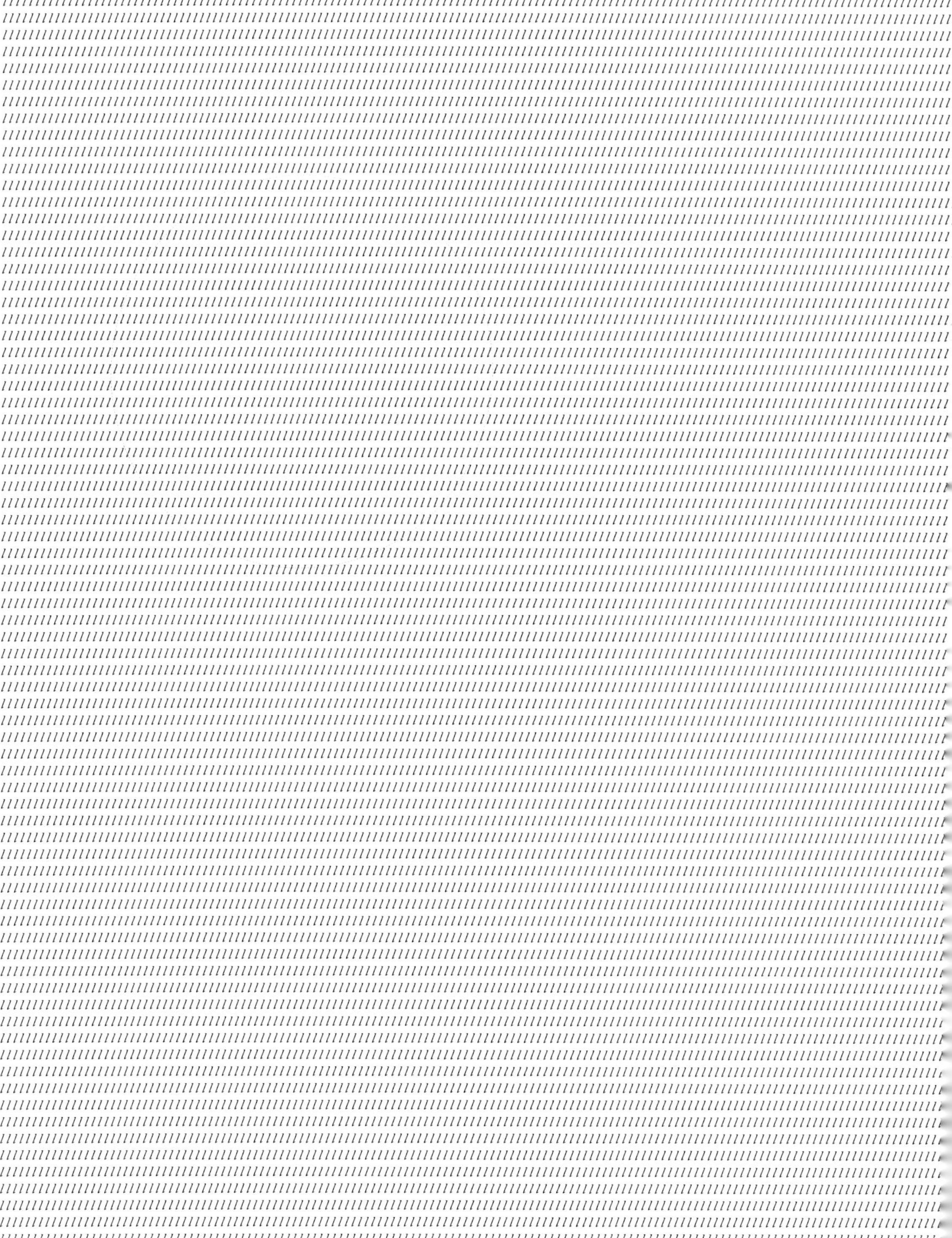

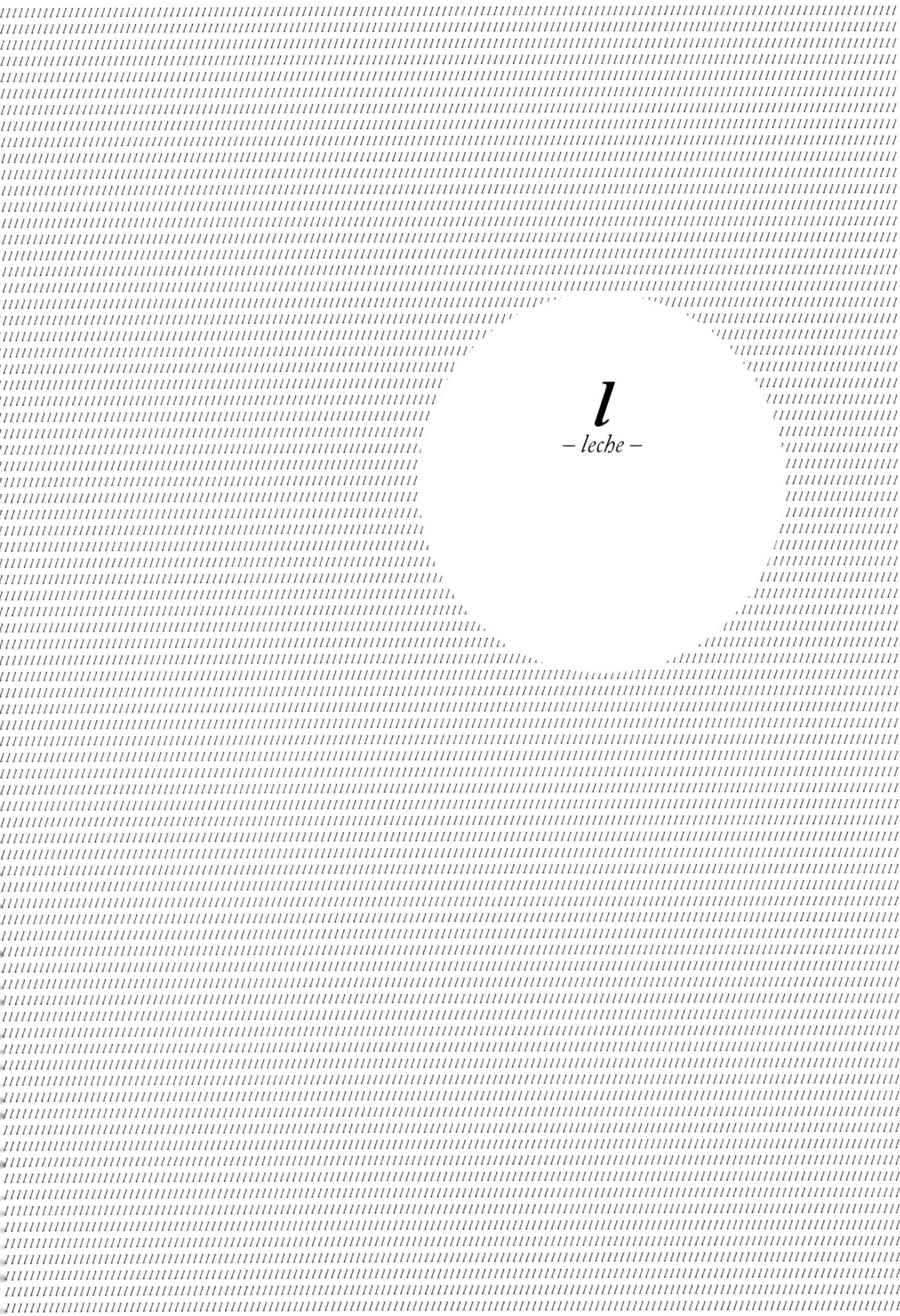

l

– leche –

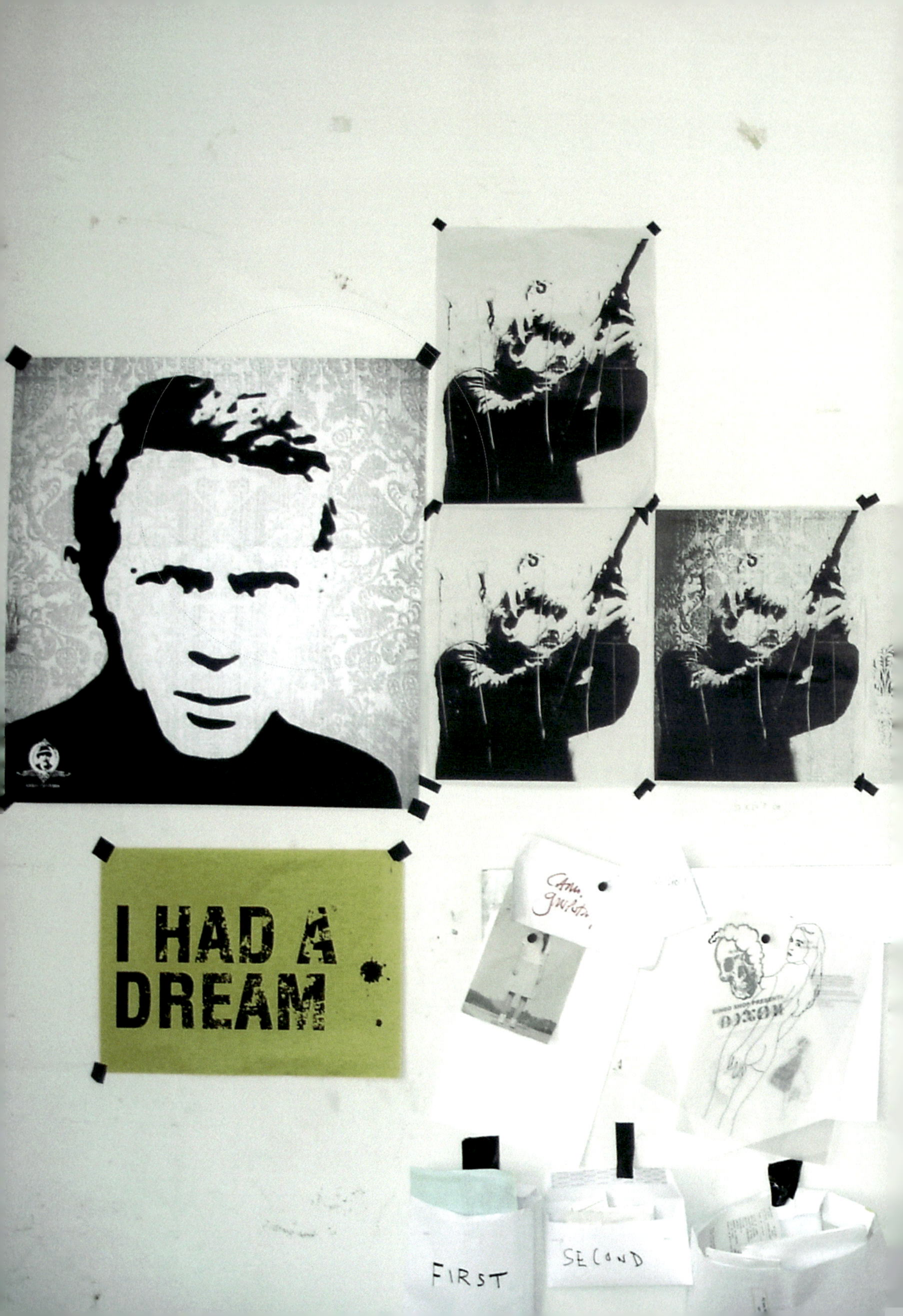

I HAD A
DREAM

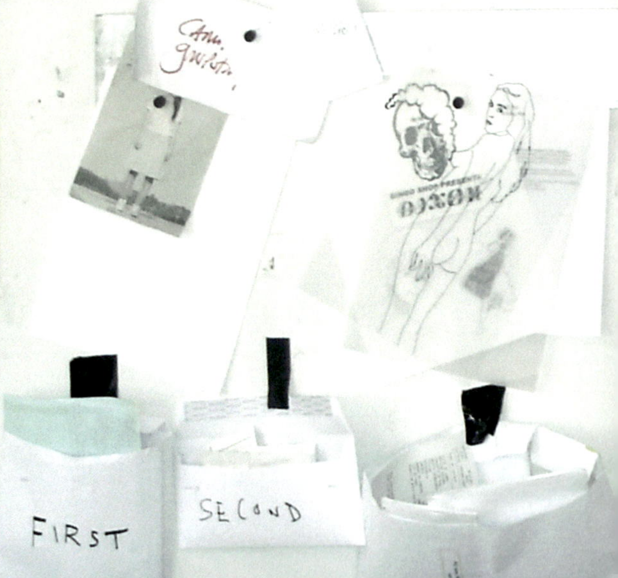

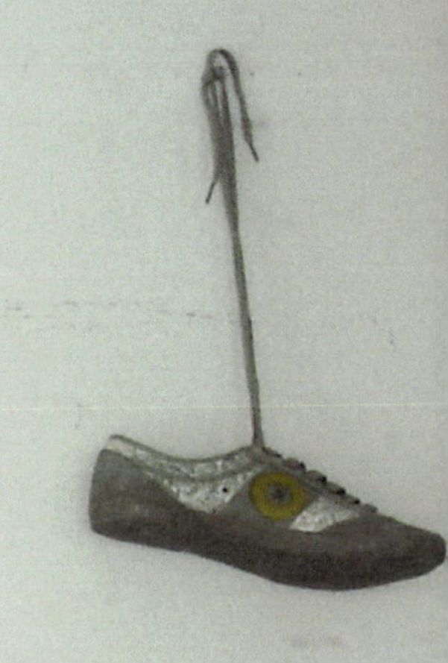

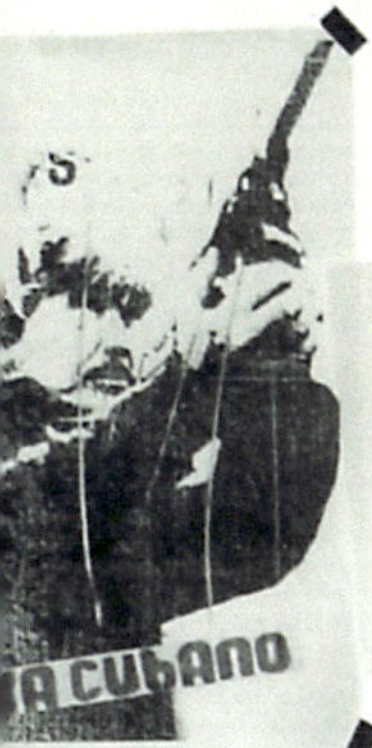

lekuonastudio
barcelona
lekuonastudio@gmail.com

*– **no. 1:** the oütsiders. series of posters from a selection of film artists, using the illustration technique –*
*– **no. 2:** vialis. shoe company season catalog consisting of illustrations of different women related to different shoes –*
*– **no. 3:** geishas. personal project –*

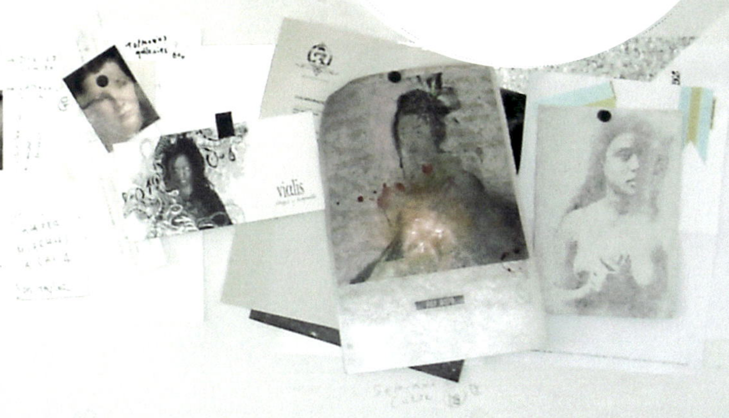

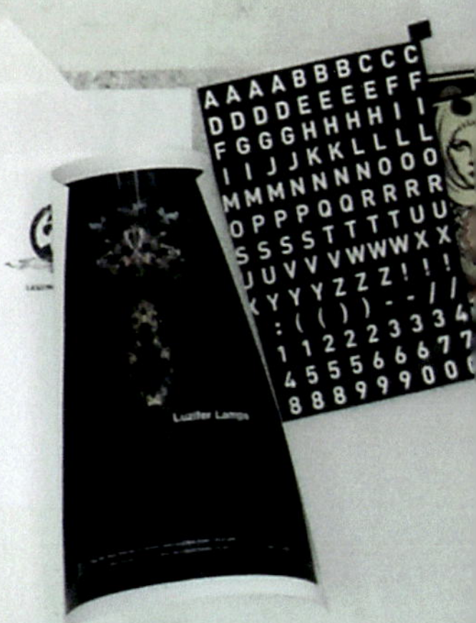

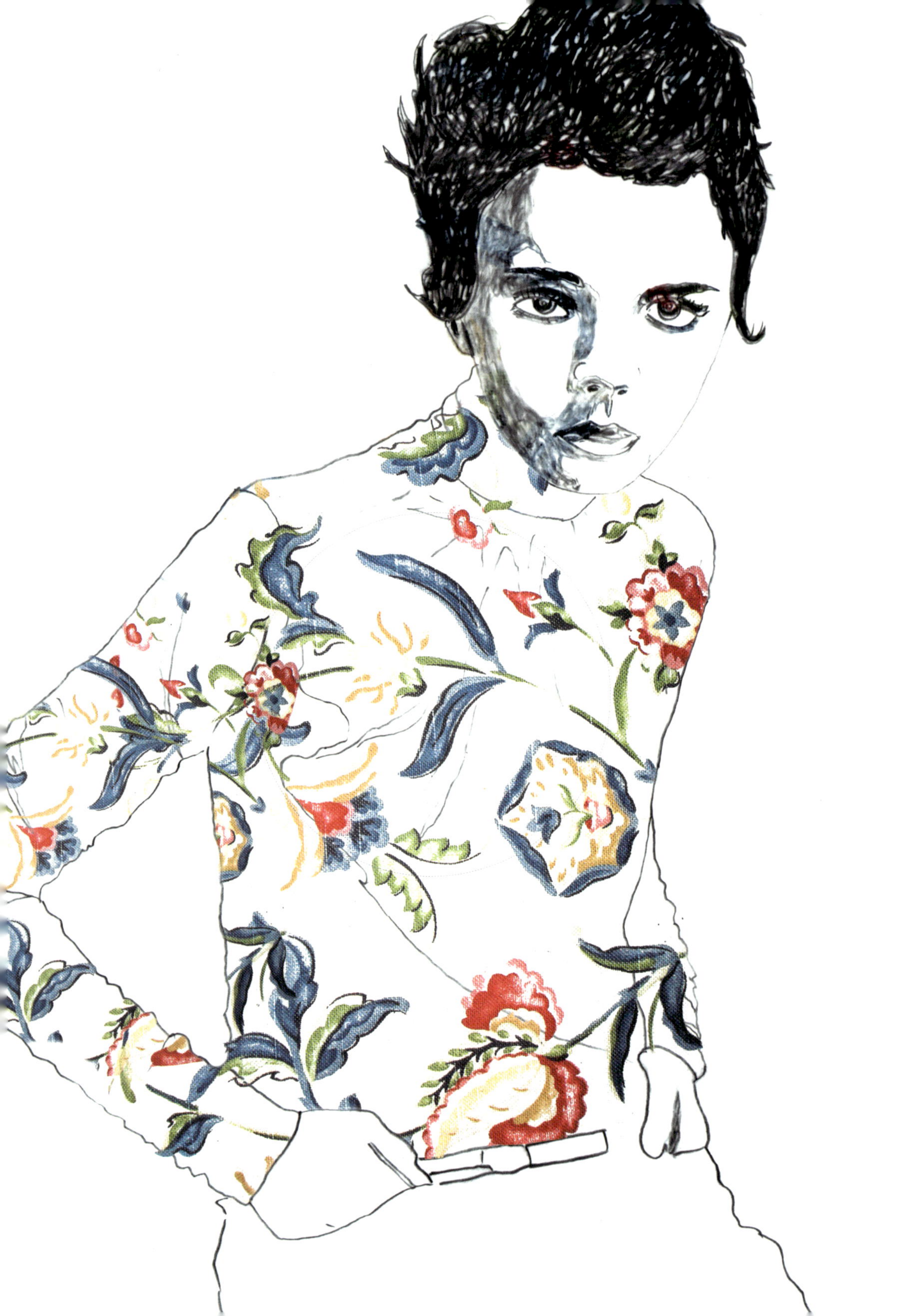

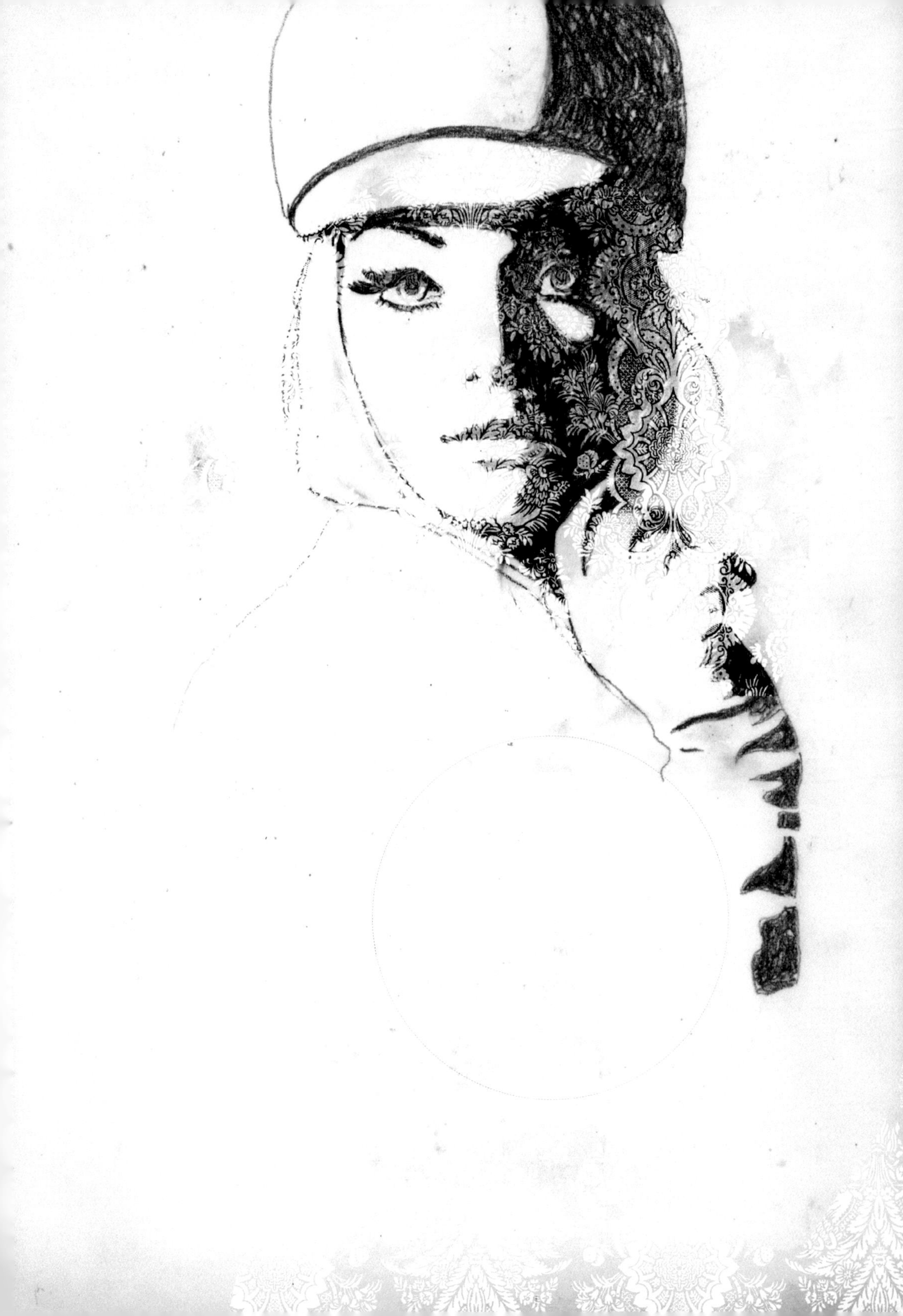

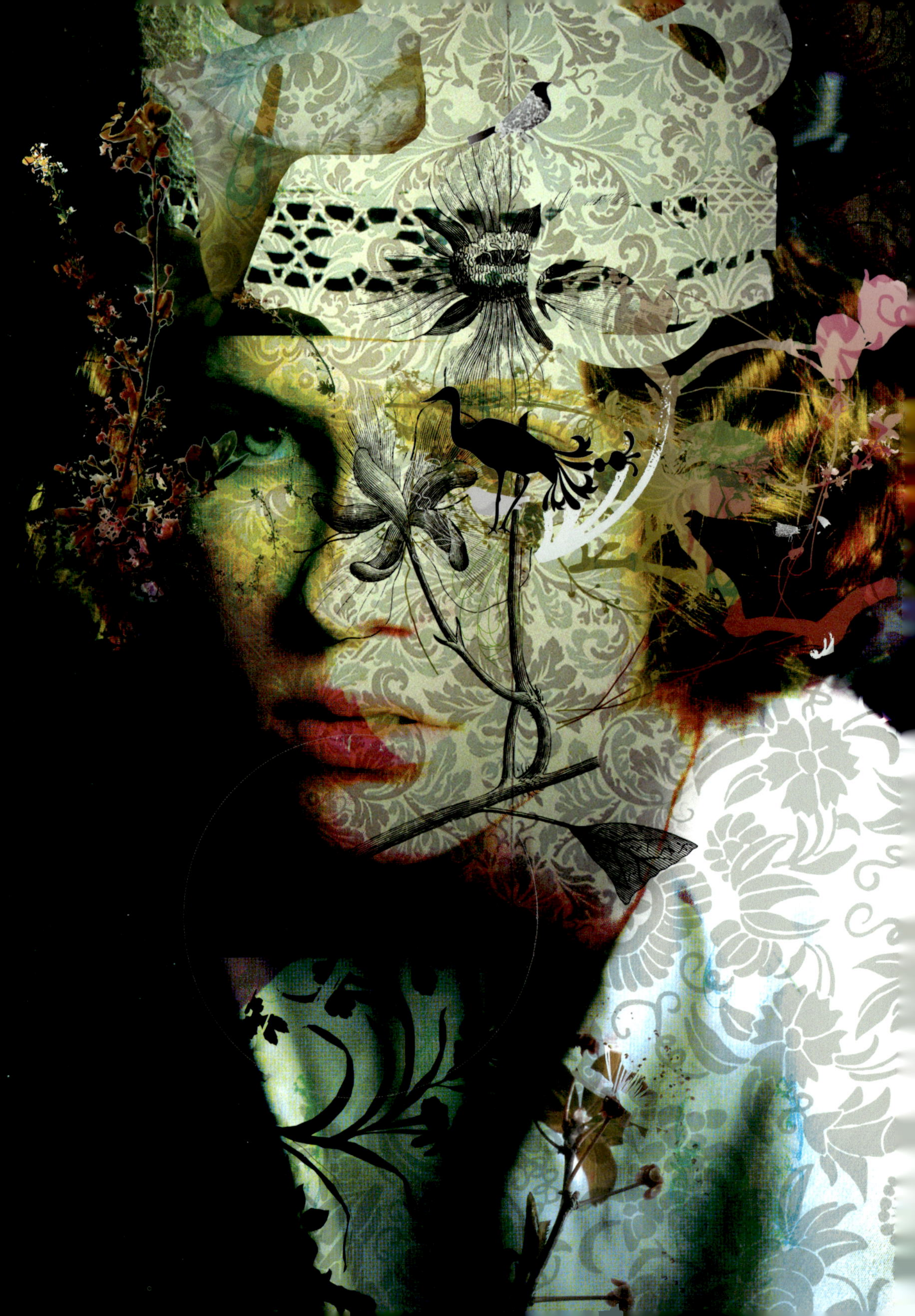

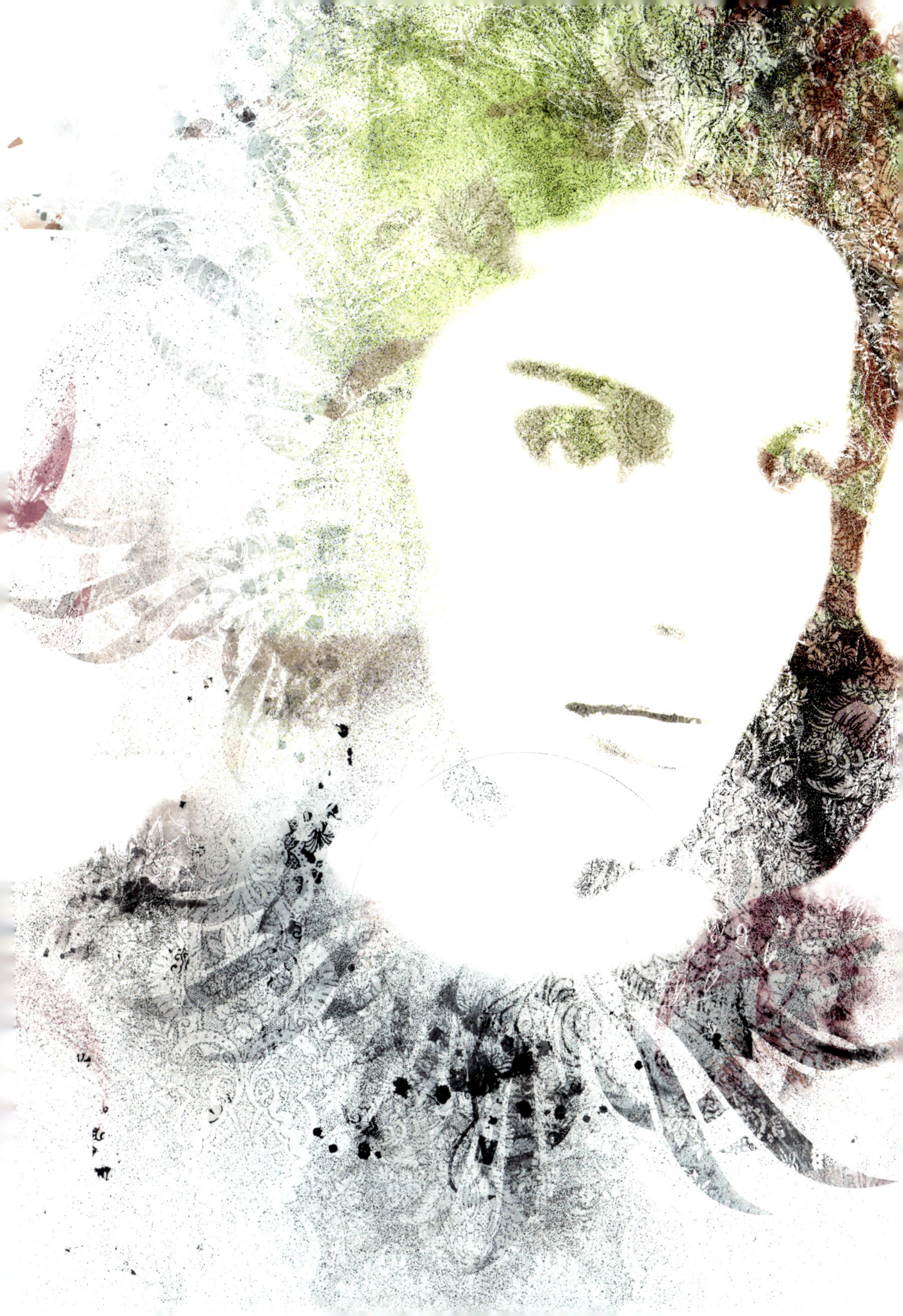

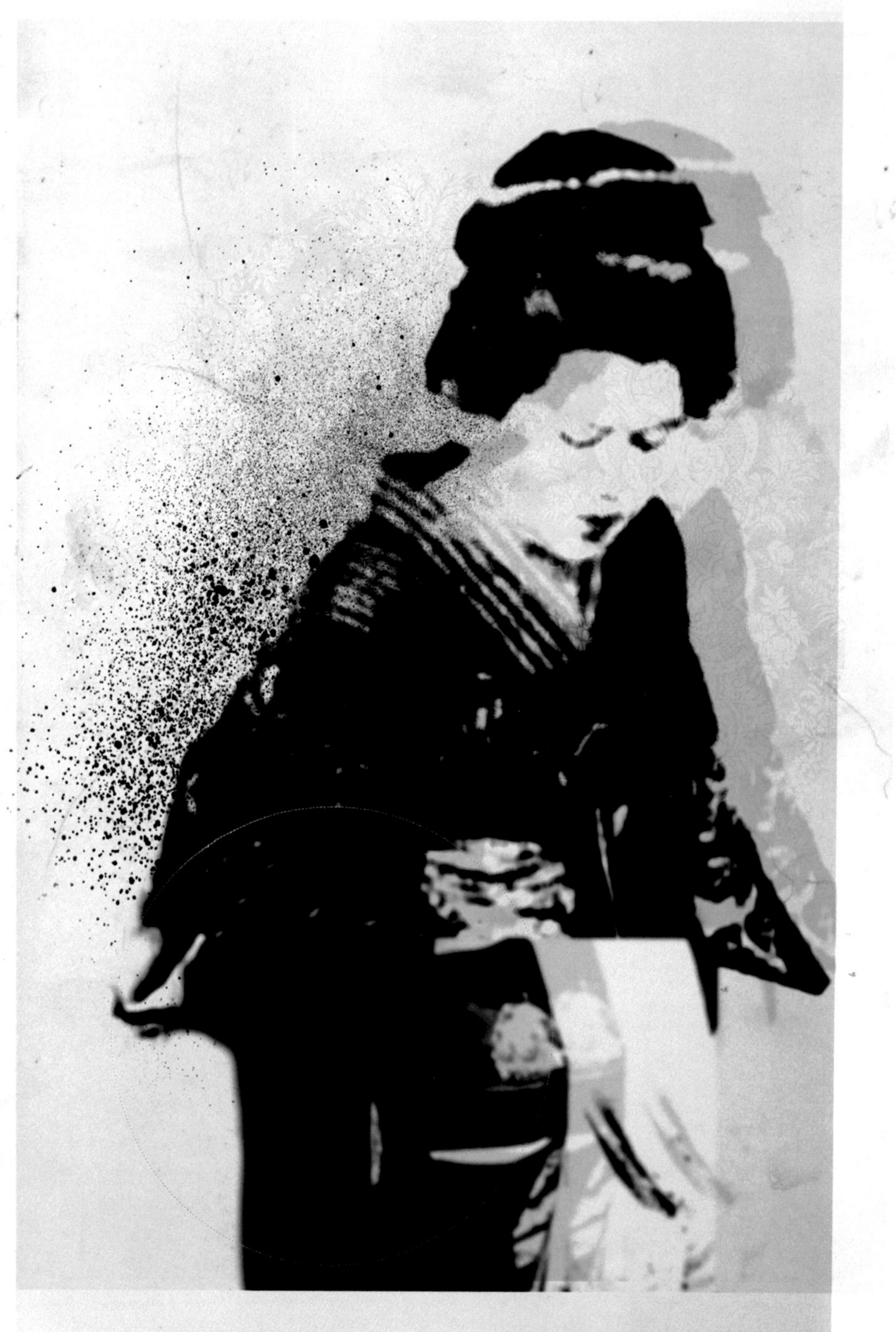

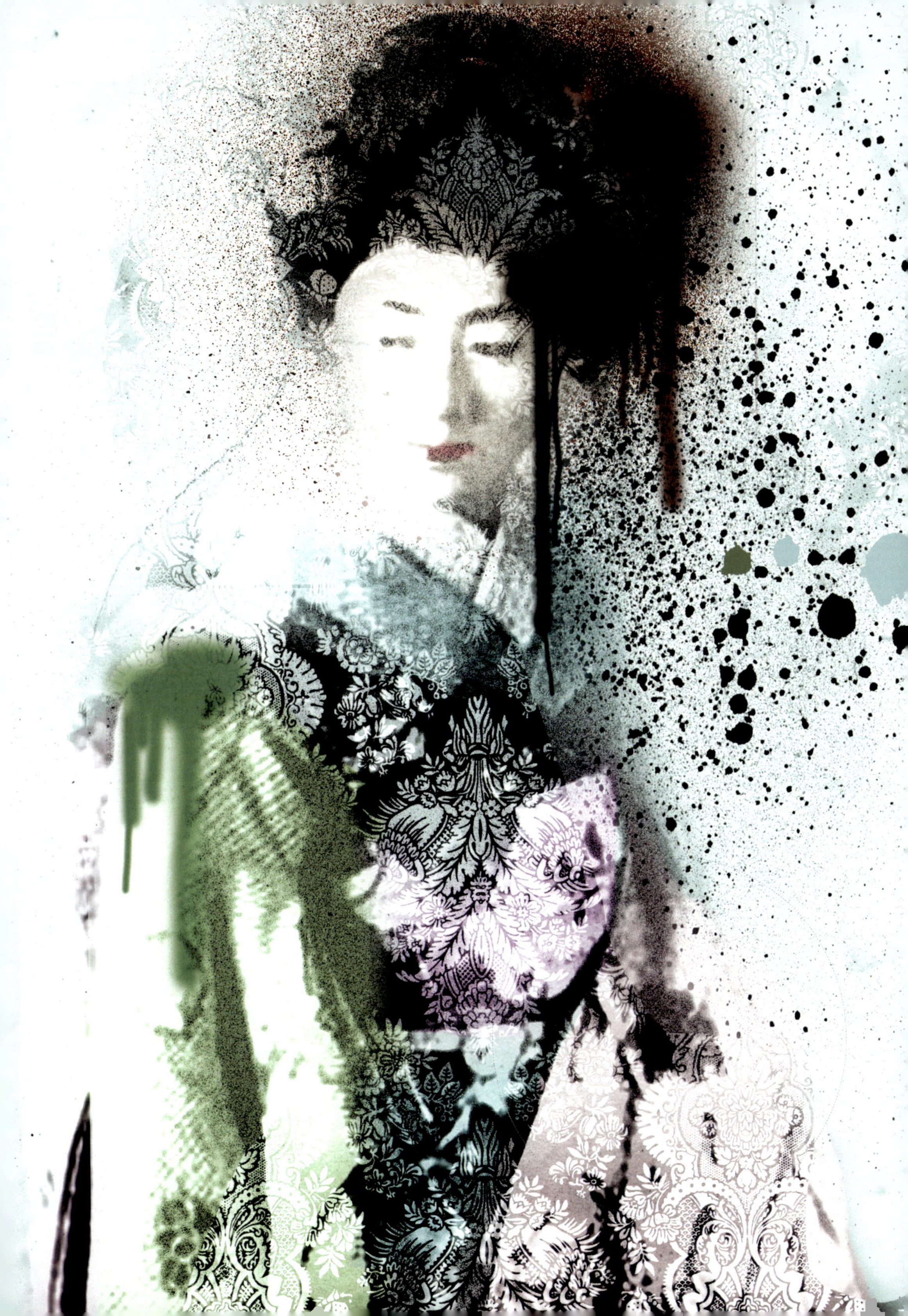

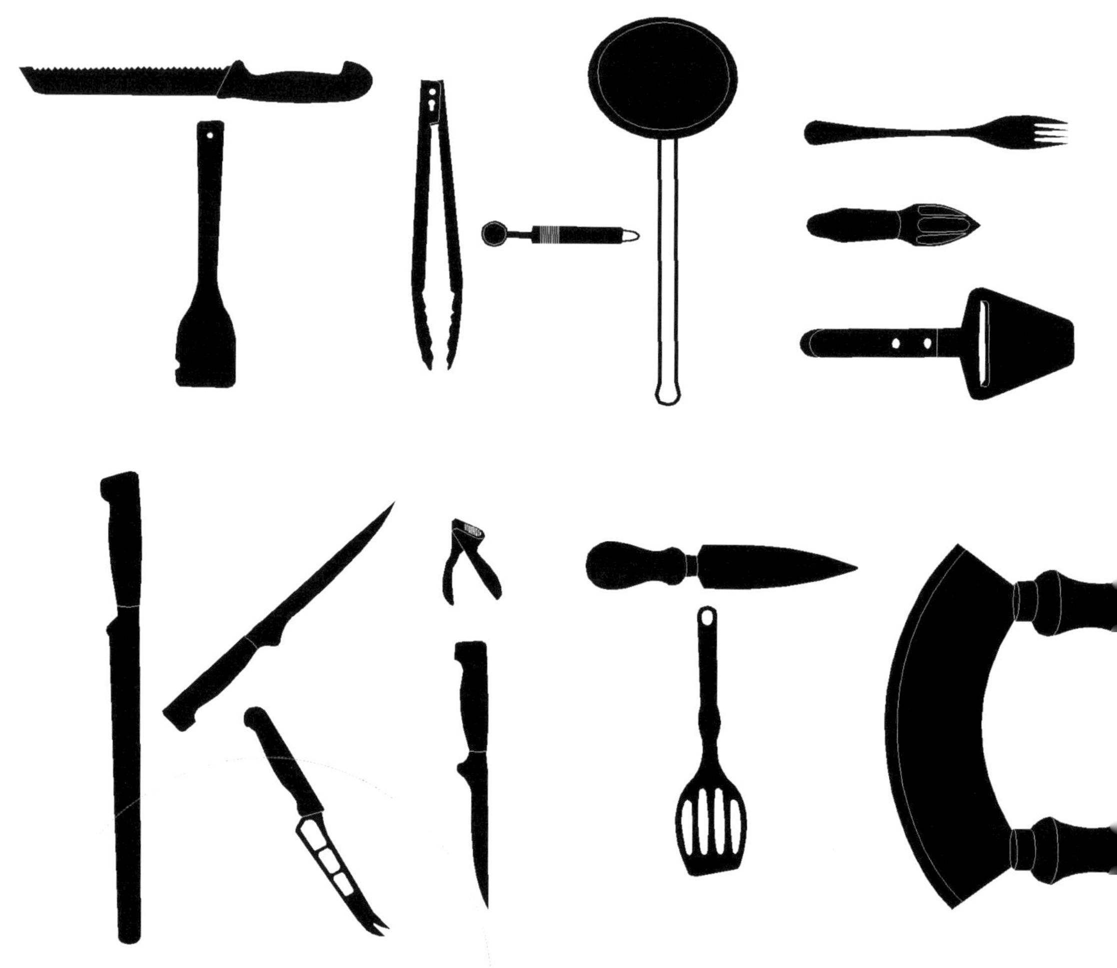

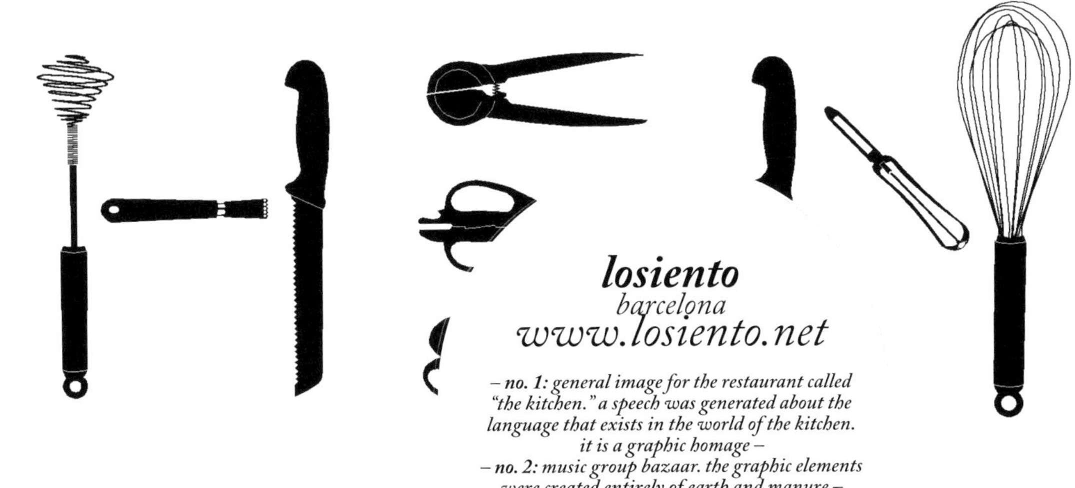

losiento
barcelona
www.losiento.net

*– **no. 1:** general image for the restaurant called "the kitchen." a speech was generated about the language that exists in the world of the kitchen. it is a graphic homage –*
*– **no. 2:** music group bazaar. the graphic elements were created entirely of earth and manure –*

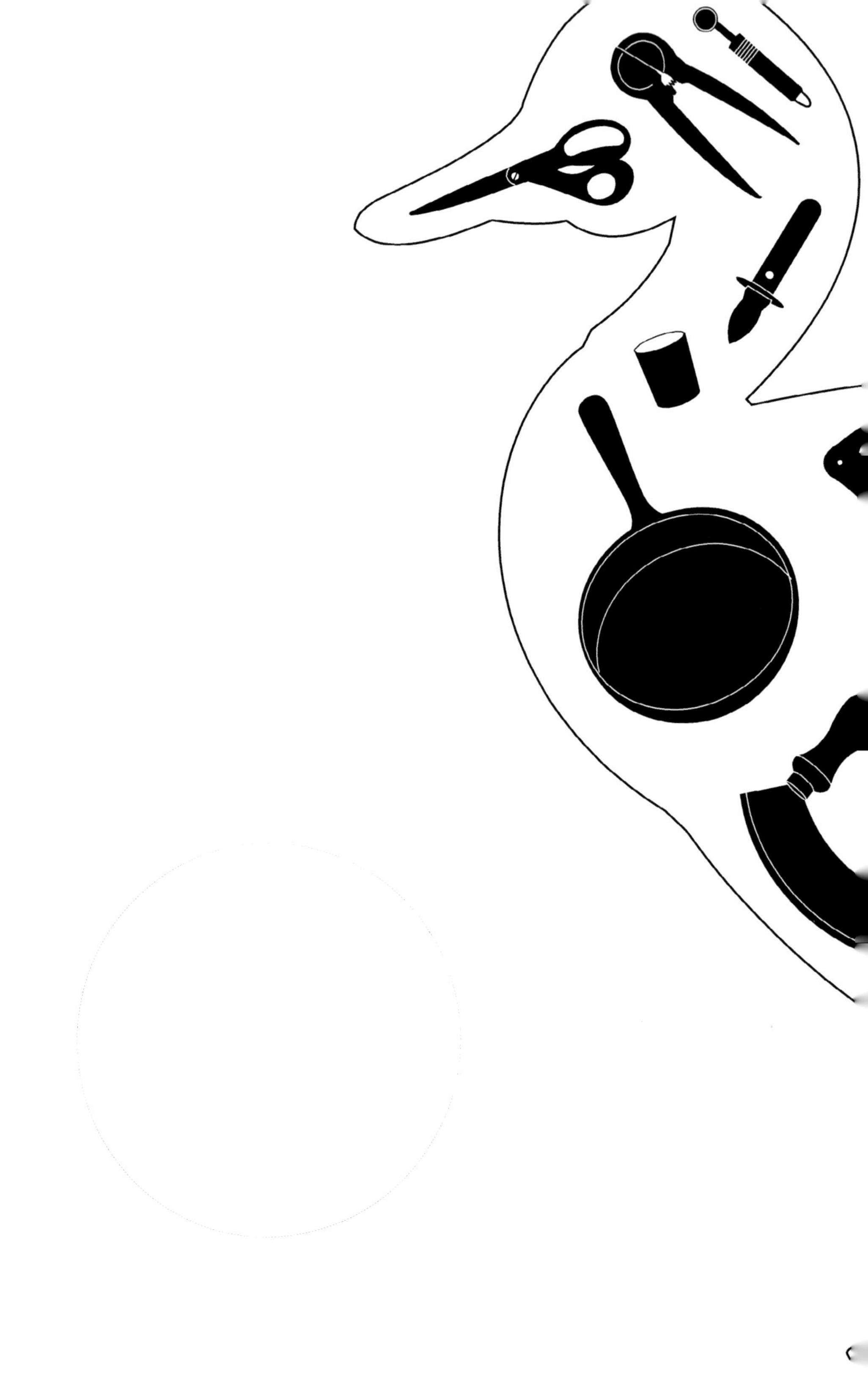

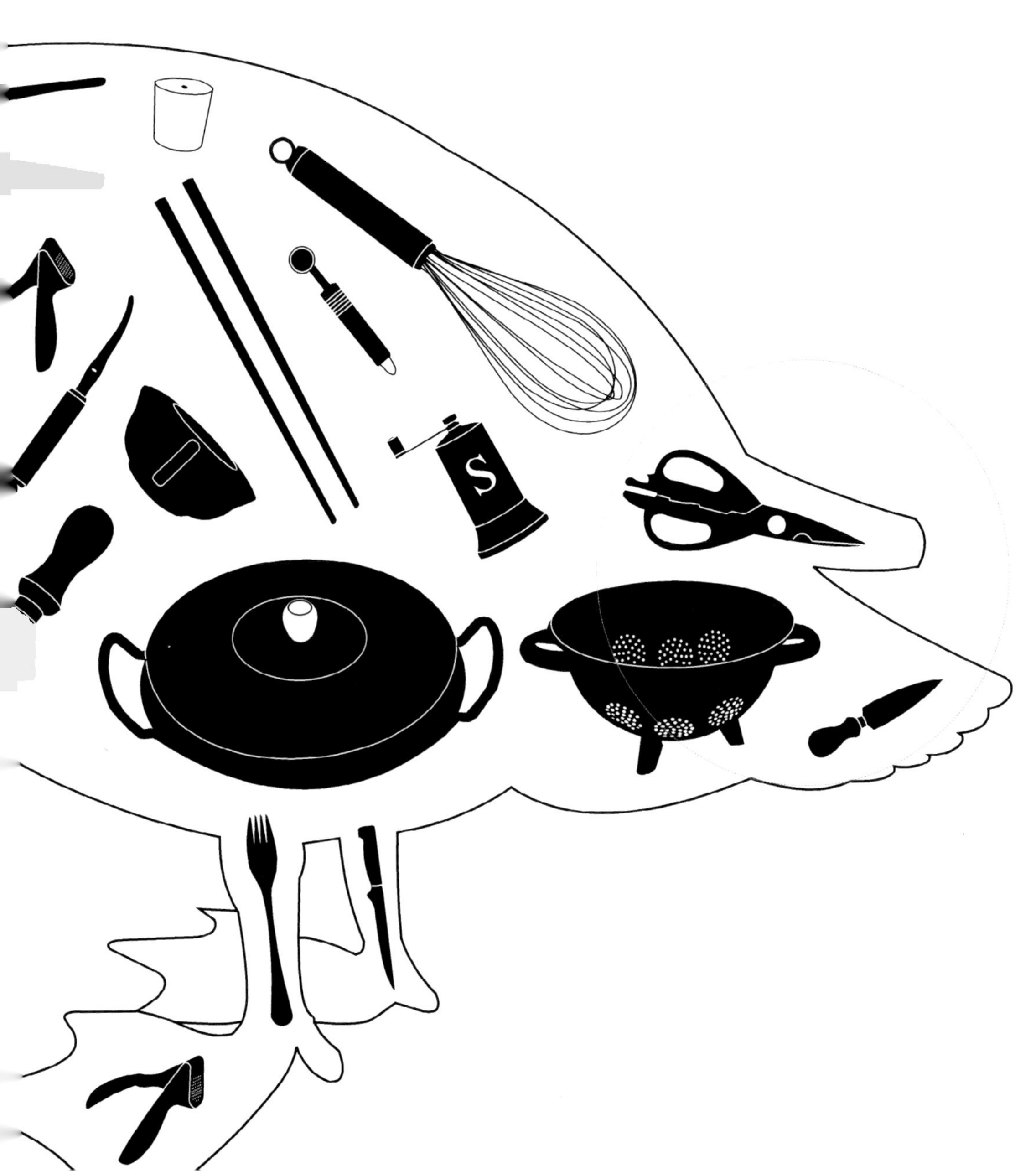

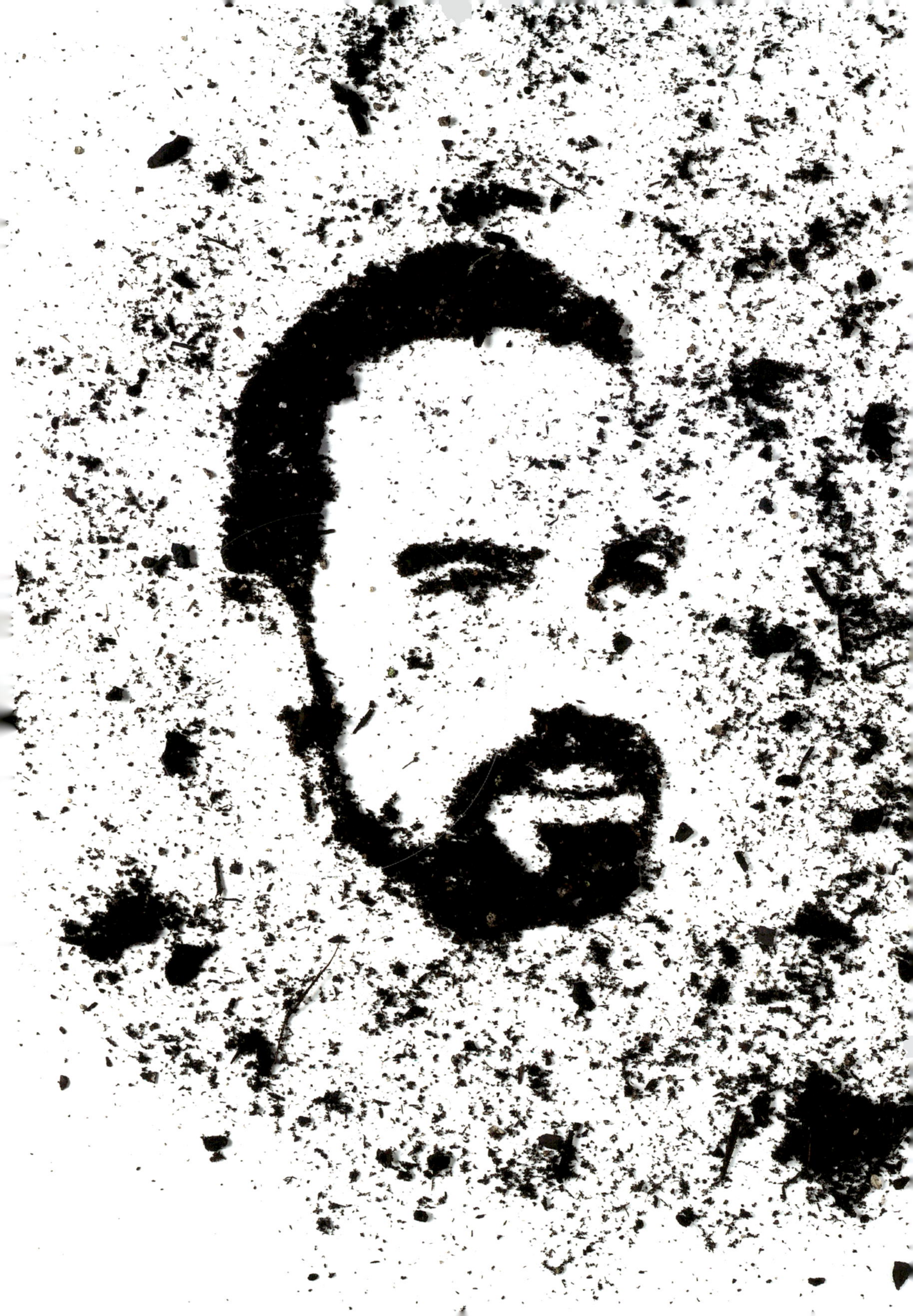

_m_

– maleta –

Source: UN Millenium Goals World Report 2005

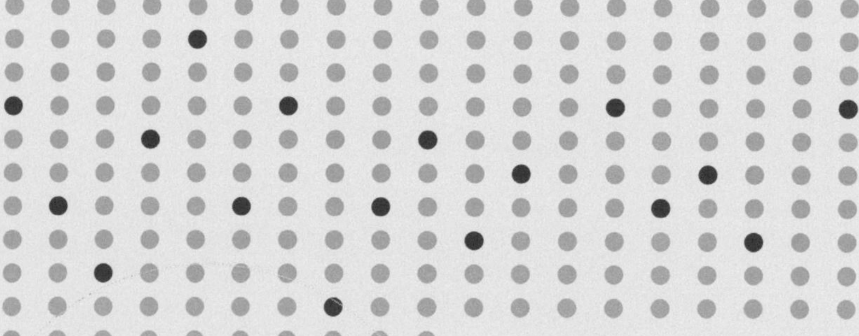

Sub-Saharan Africa under-five mortality rate per 100 live births

Europe under-five mortality rate per 100 live births

Millenium Development Goal 04

We can reduce under-five child mortality by 2015.

milleniumgoals.org

ivan mato
a coruña
www.ivanmato.com

– poster test that seeks to demonstrate the difficulty in distinguishing typographies from scratch. made up of wood types from the letterpress workshop of the london college of communication –

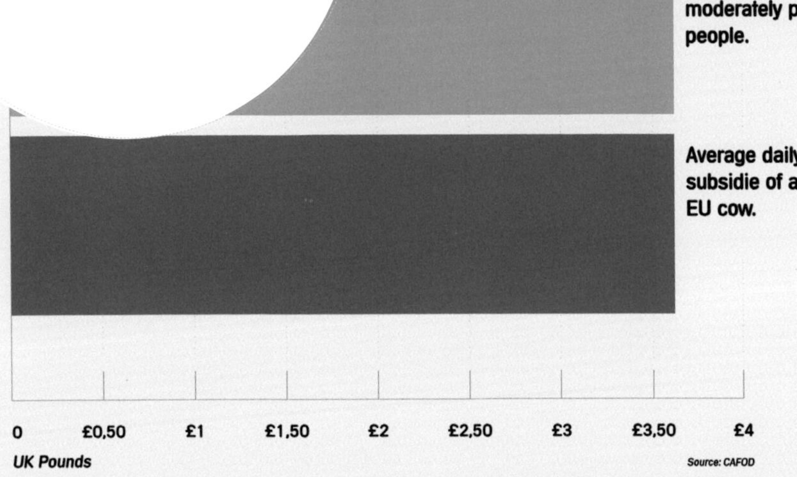

Millenium Development Goal 08

We can develop a global partnership for development by 2015.

milleniumcampaign.org

Women work 66% of the world's working hours

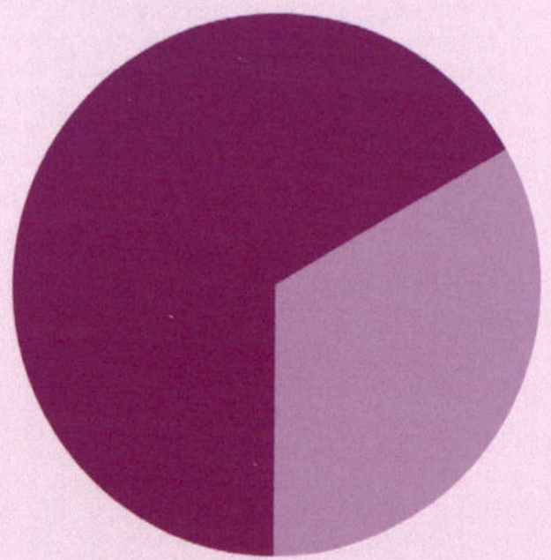

Women produce 50% of the world's food

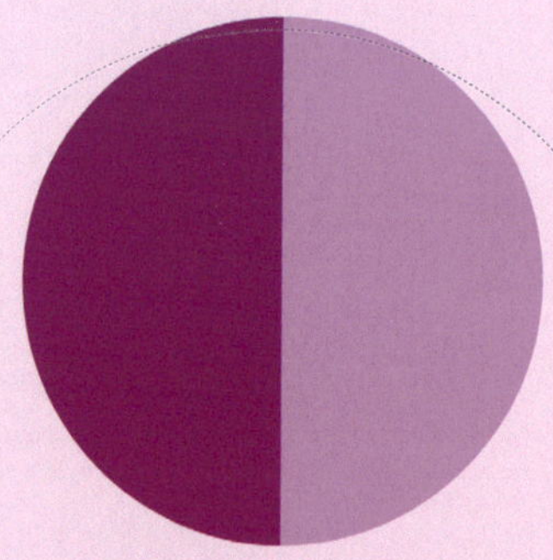

Women earn 10% of the world's income

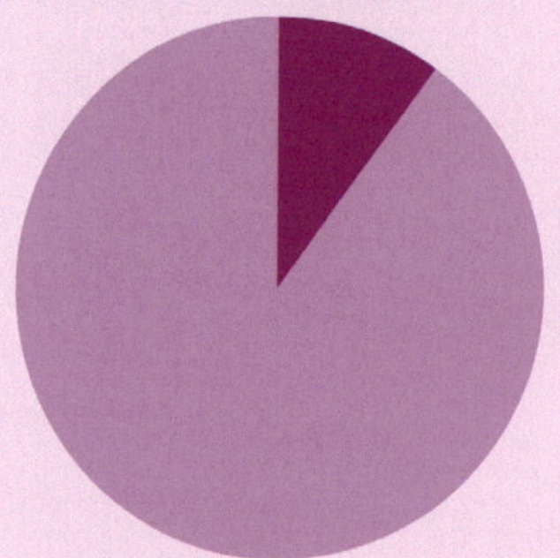

Women own less than 1% of the world's property.

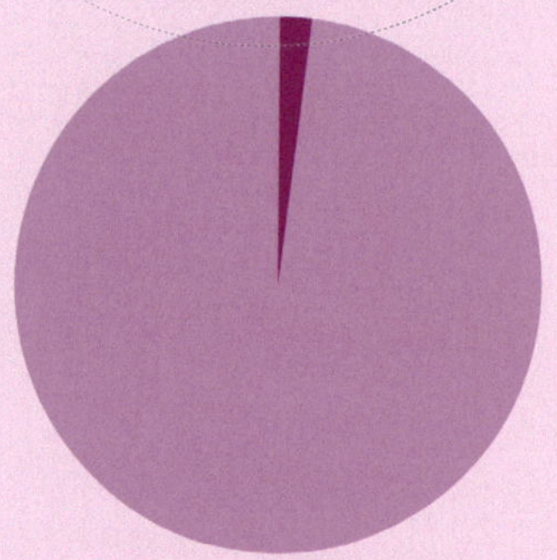

Source: Women's International Network

Millenium Development Goal 03

We can promote gender equality & empower women by 2015.

millenniumgoals.org

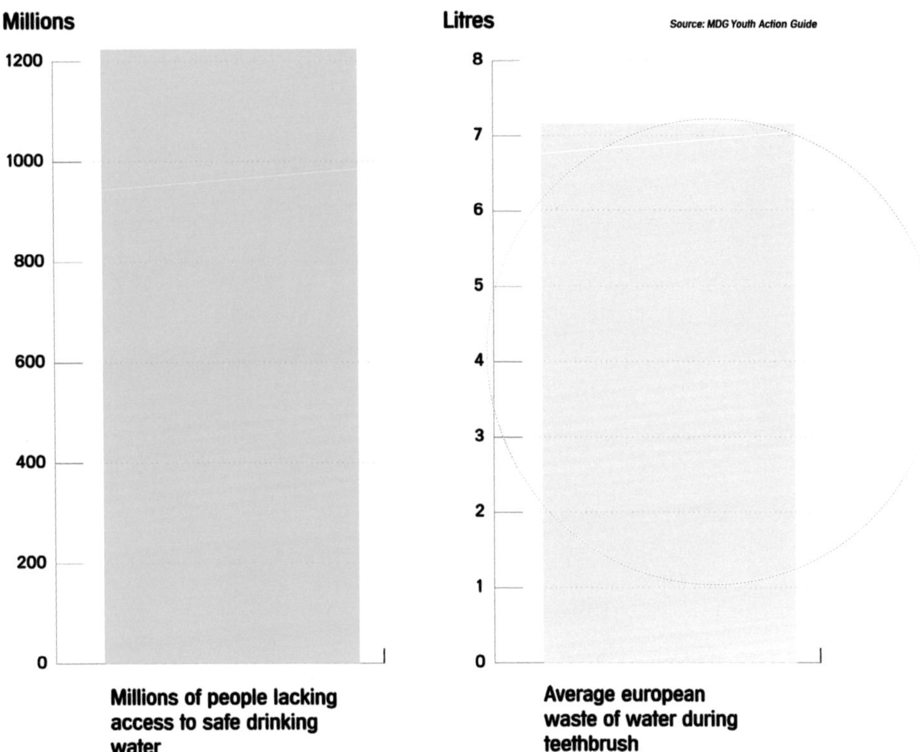

Millenium Development Goal 07

We can ensure environmental sustainability by 2015.

milleniumcampaign.org

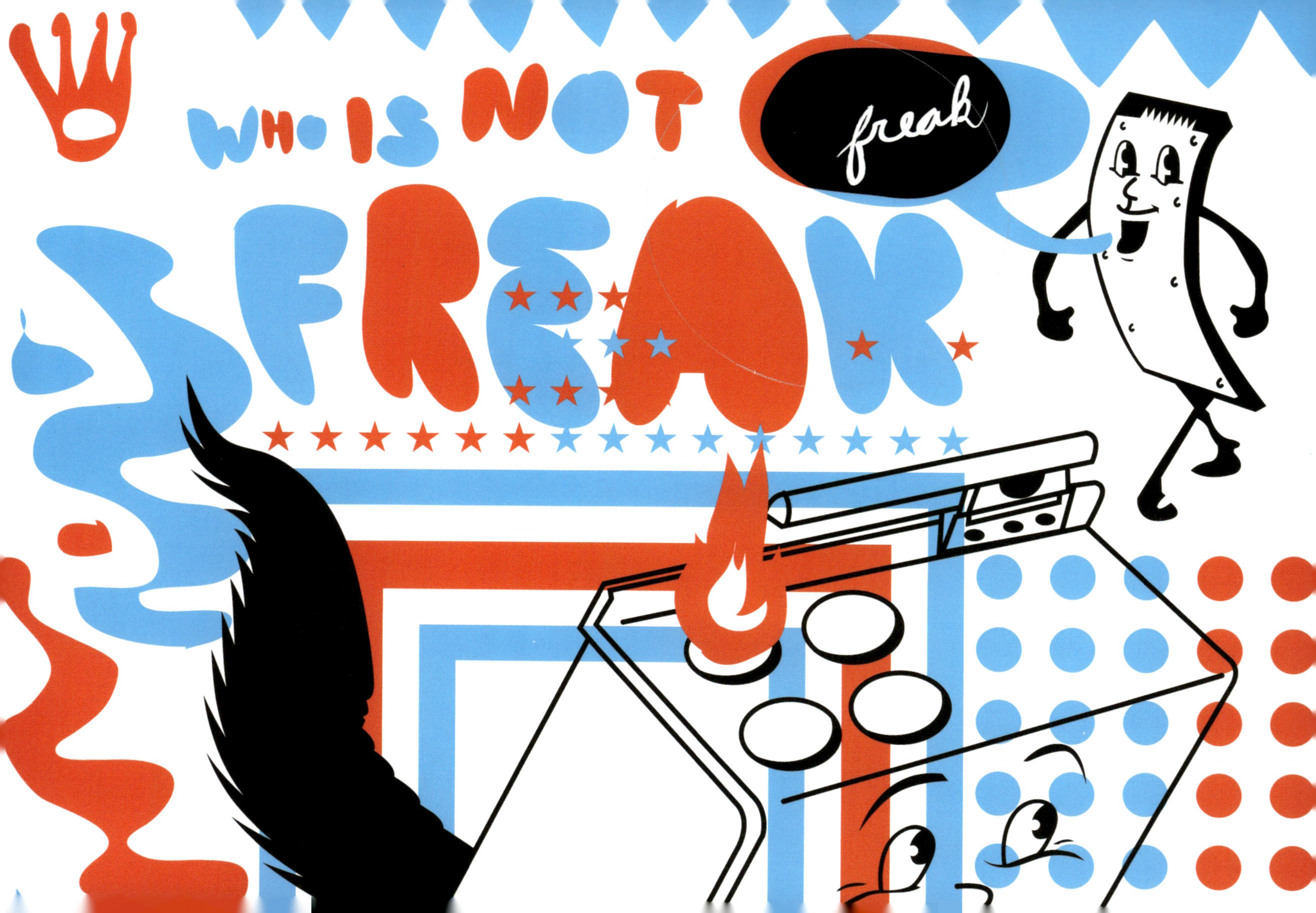
WHO IS NOT
FREAK
freak

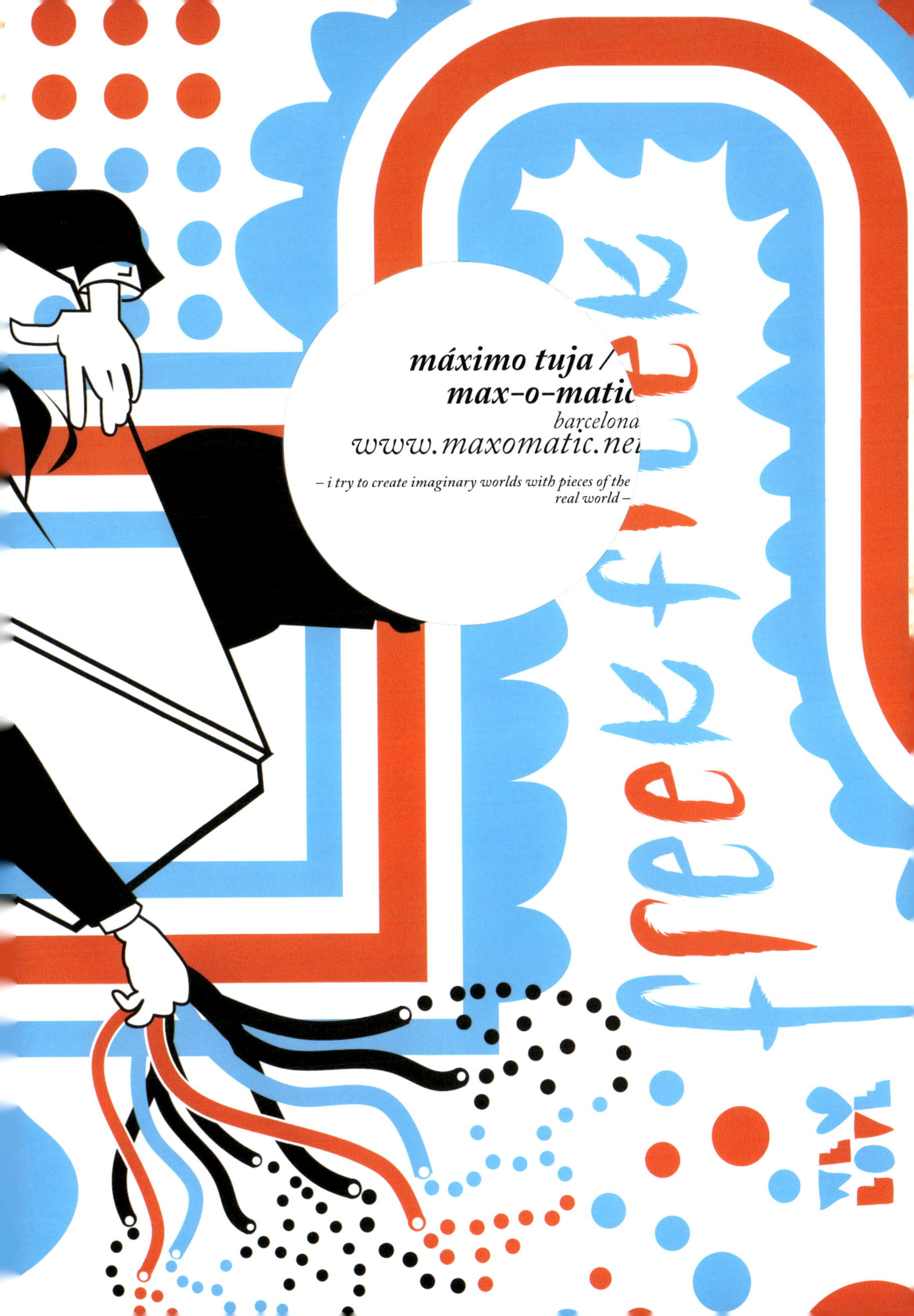

máximo tuja /
max-o-matic
barcelona
www.maxomatic.net

– i try to create imaginary worlds with pieces of the real world –

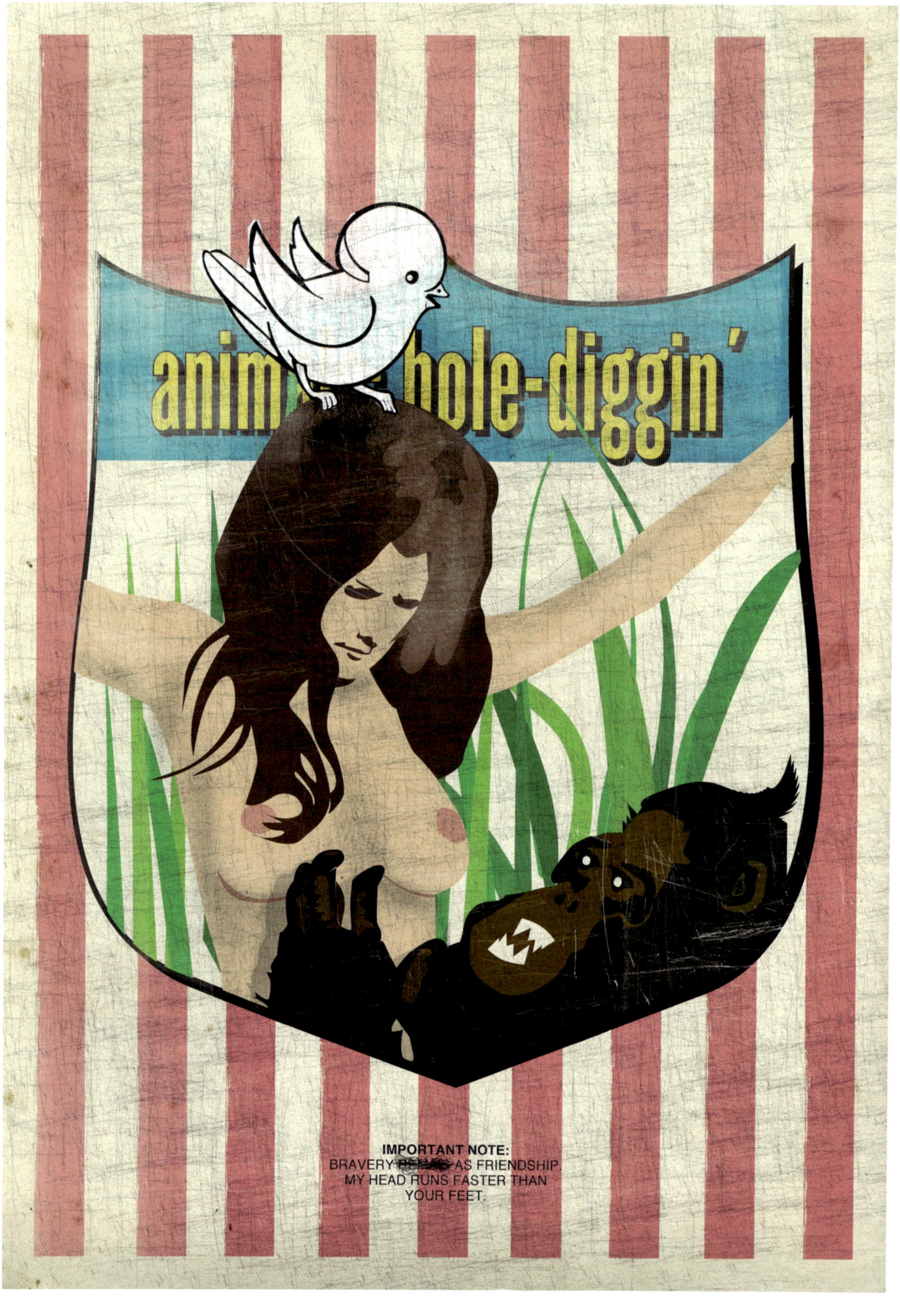

anim hole-diggin´

IMPORTANT NOTE:
BRAVERY AS FRIENDSHIP.
MY HEAD RUNS FASTER THAN
YOUR FEET.

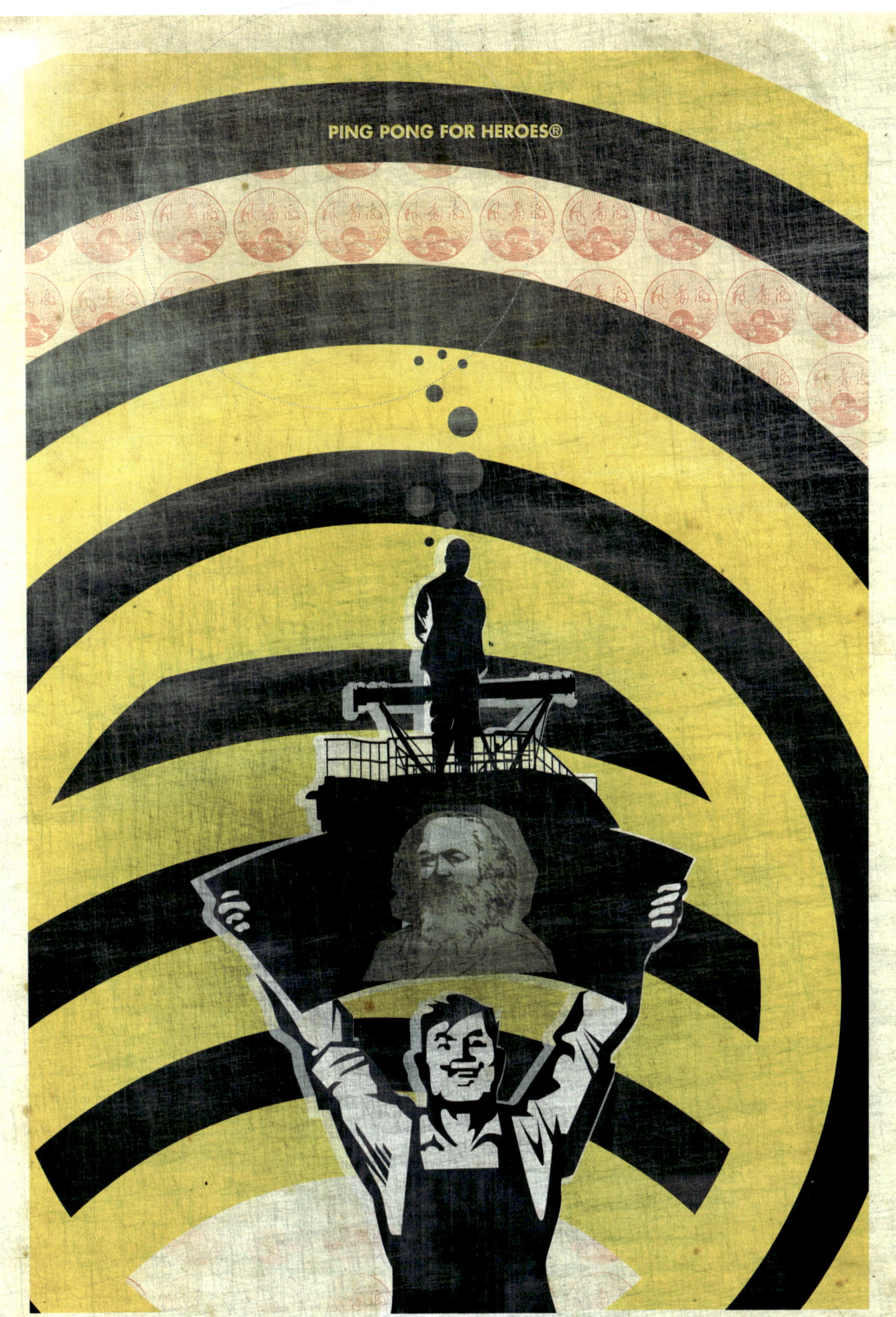
PING PONG FOR HEROES®

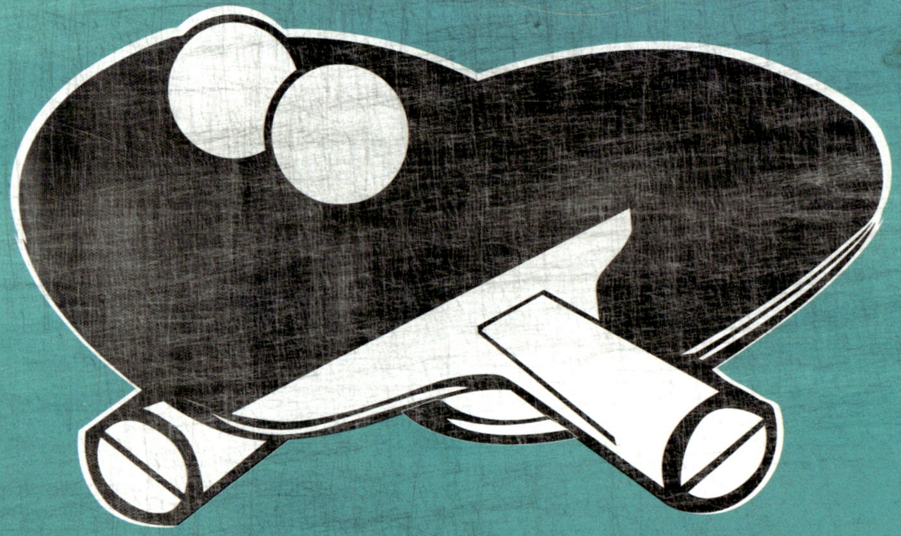

PING PONG FOR HEROES®

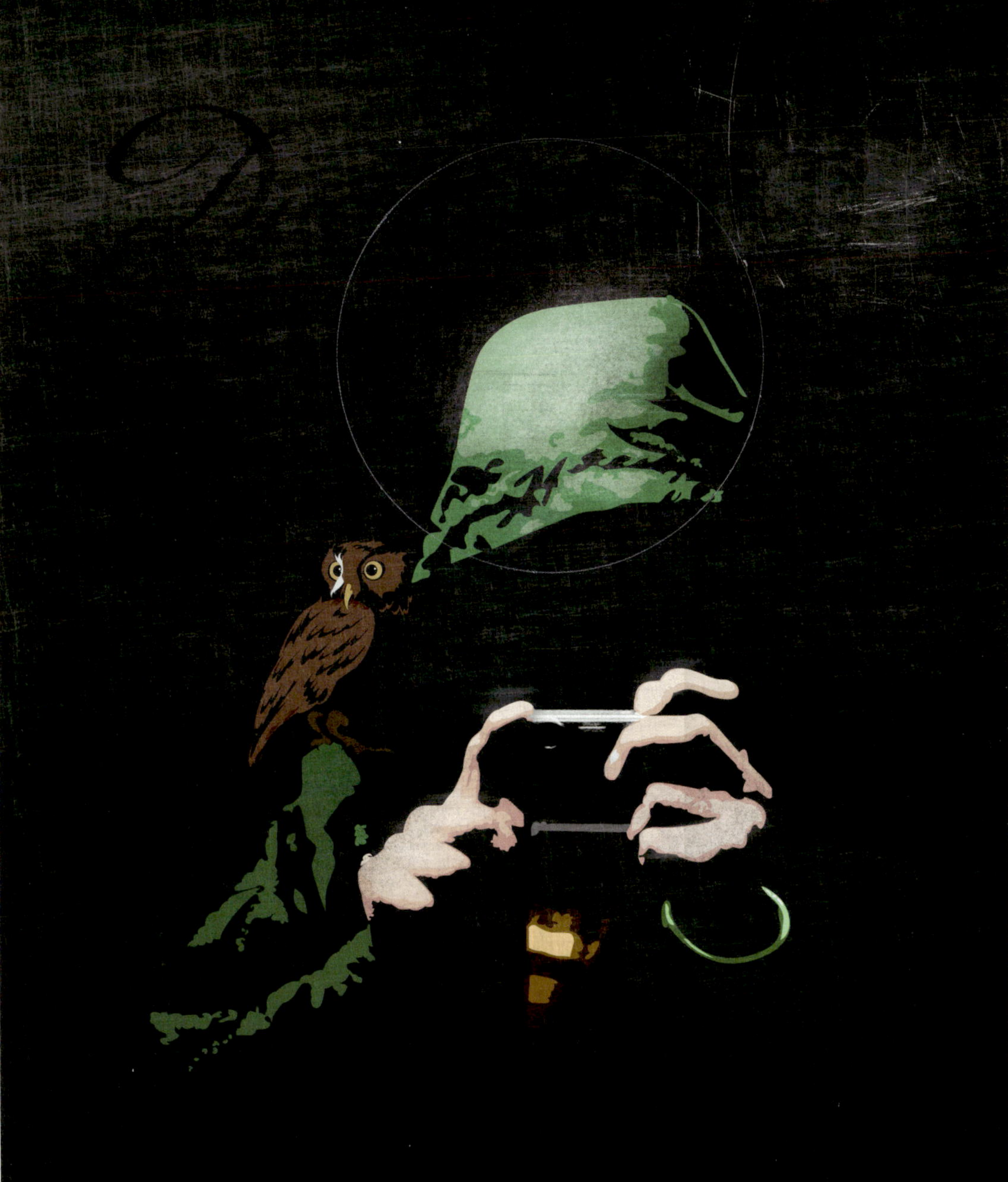

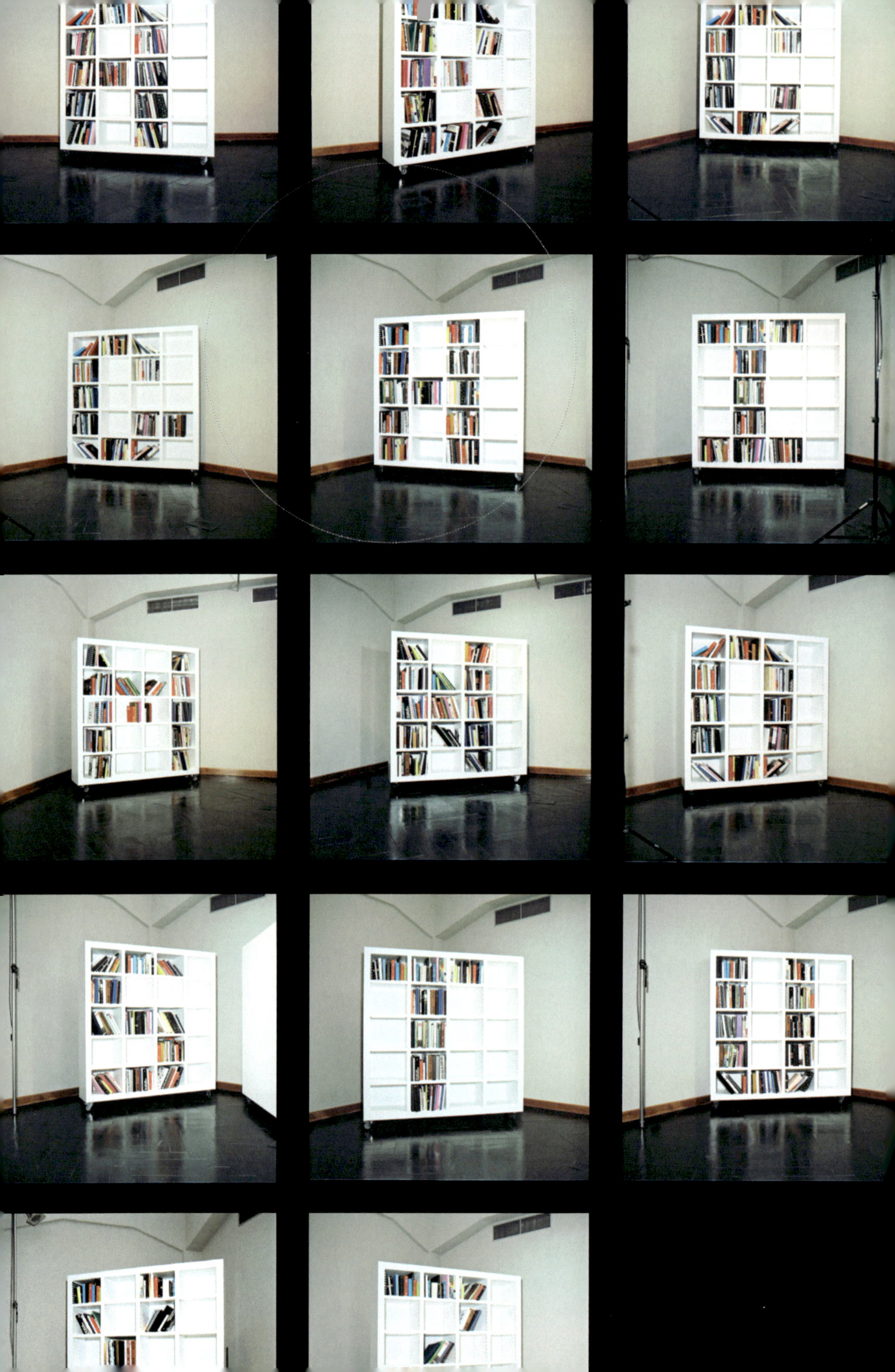

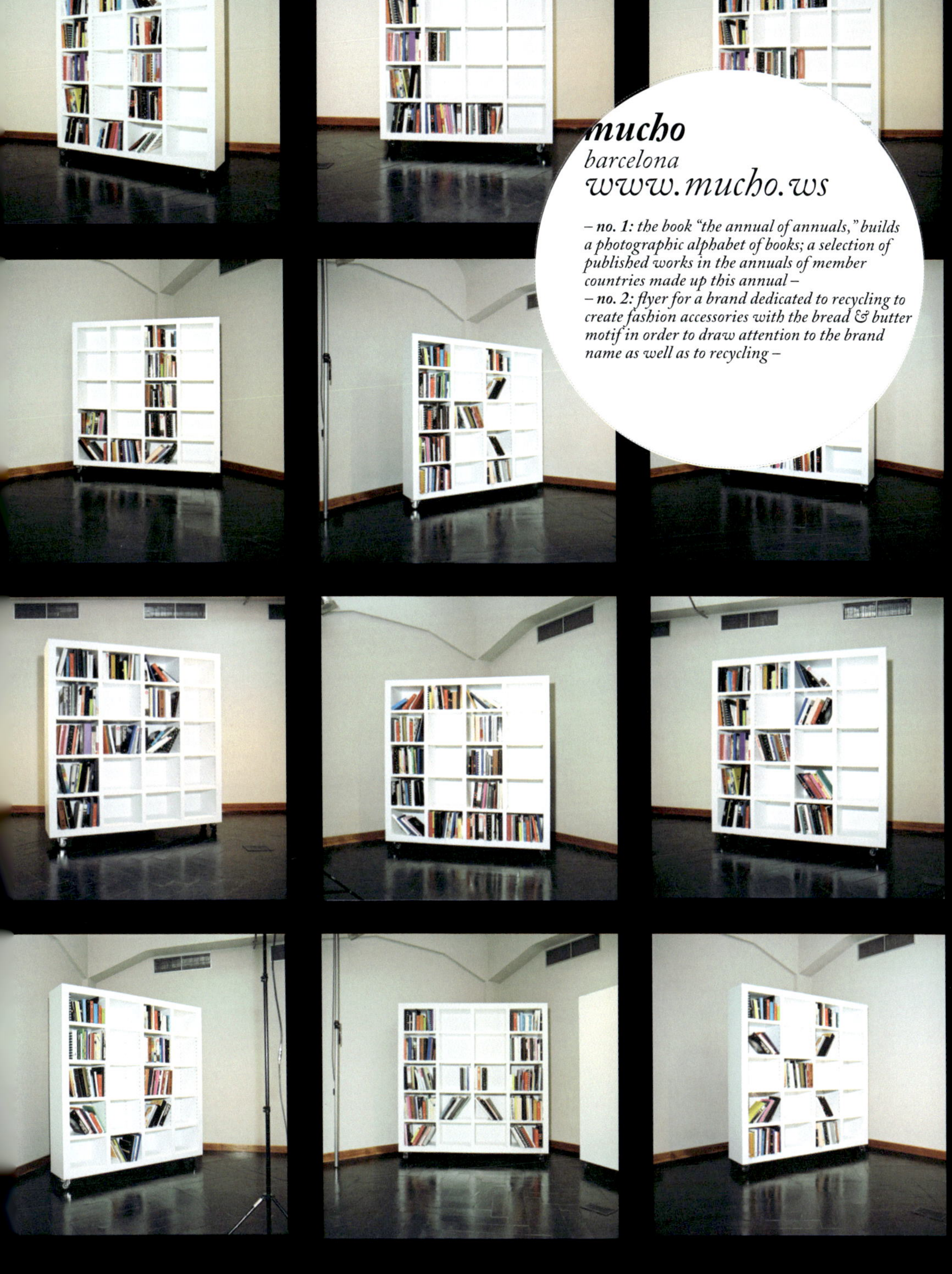

mucho

barcelona

www.mucho.ws

*– **no. 1:** the book "the annual of annuals," builds a photographic alphabet of books; a selection of published works in the annuals of member countries made up this annual –*

*– **no. 2:** flyer for a brand dedicated to recycling to create fashion accessories with the bread & butter motif in order to draw attention to the brand name as well as to recycling –*

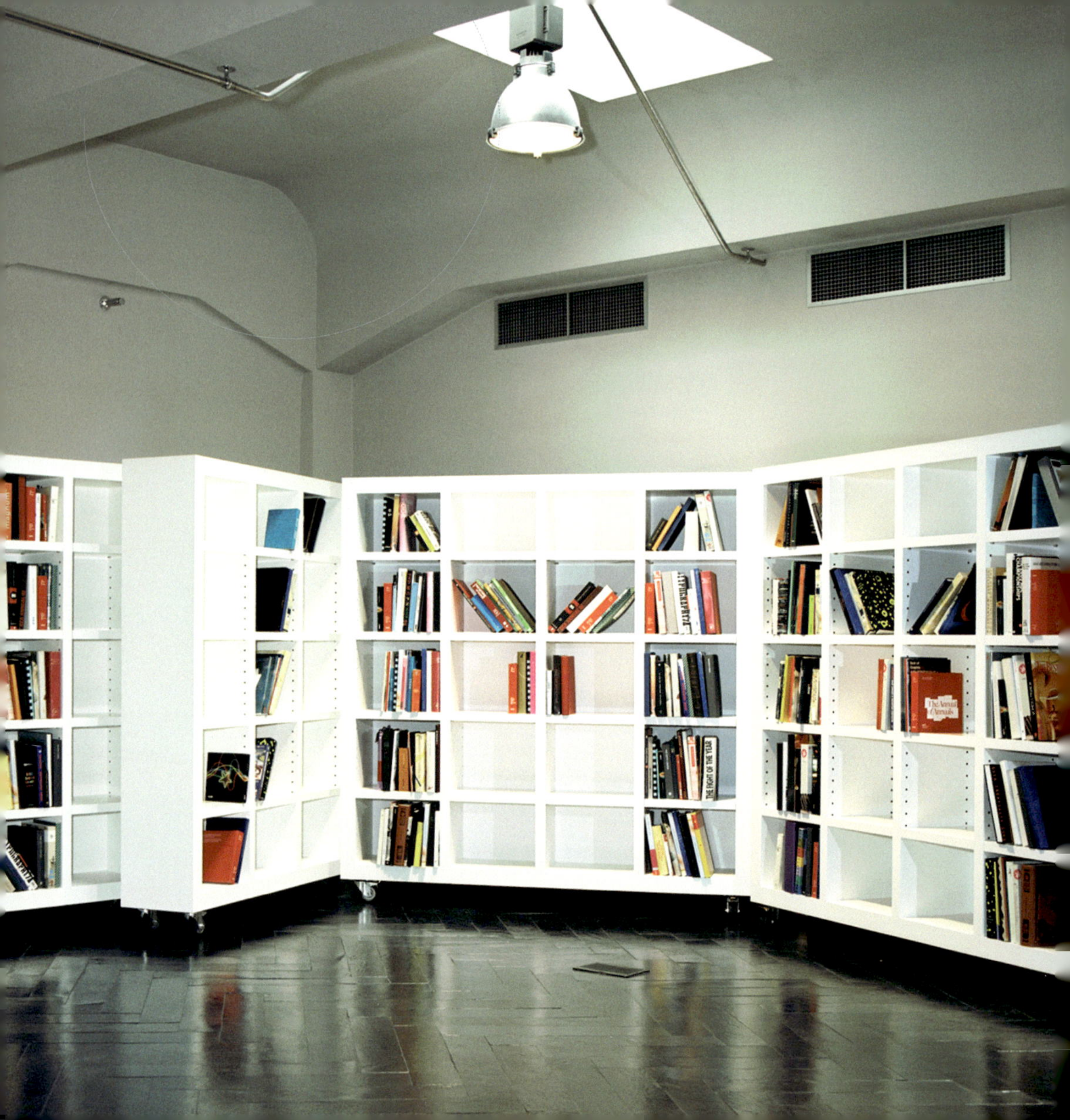
THE FIGHT OF THE YEAR
The Annual of Annuals

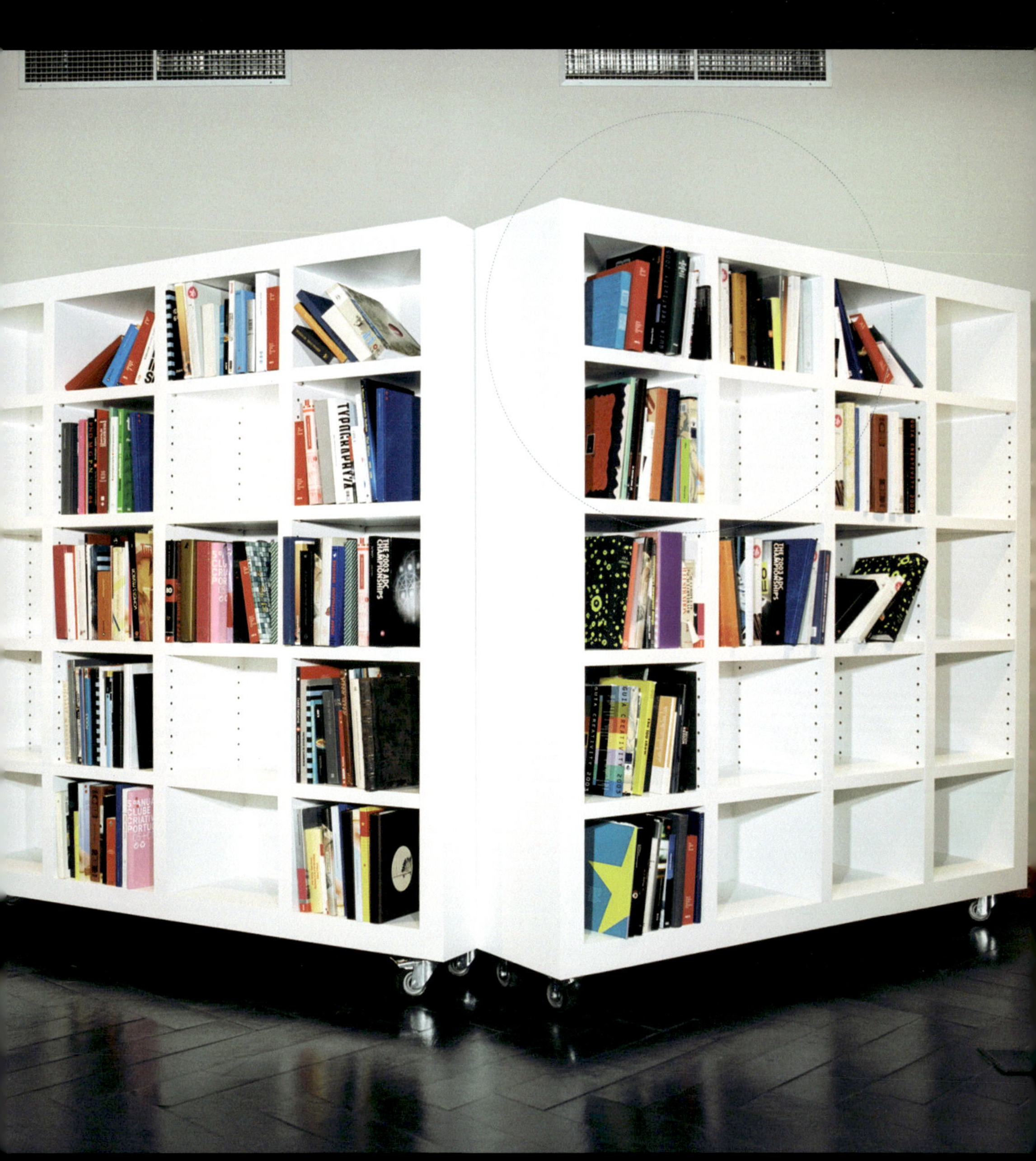
THE 2003 ADC CHAMPIONSHIPS
THE 2003 ADC CHAMPIONSHIPS

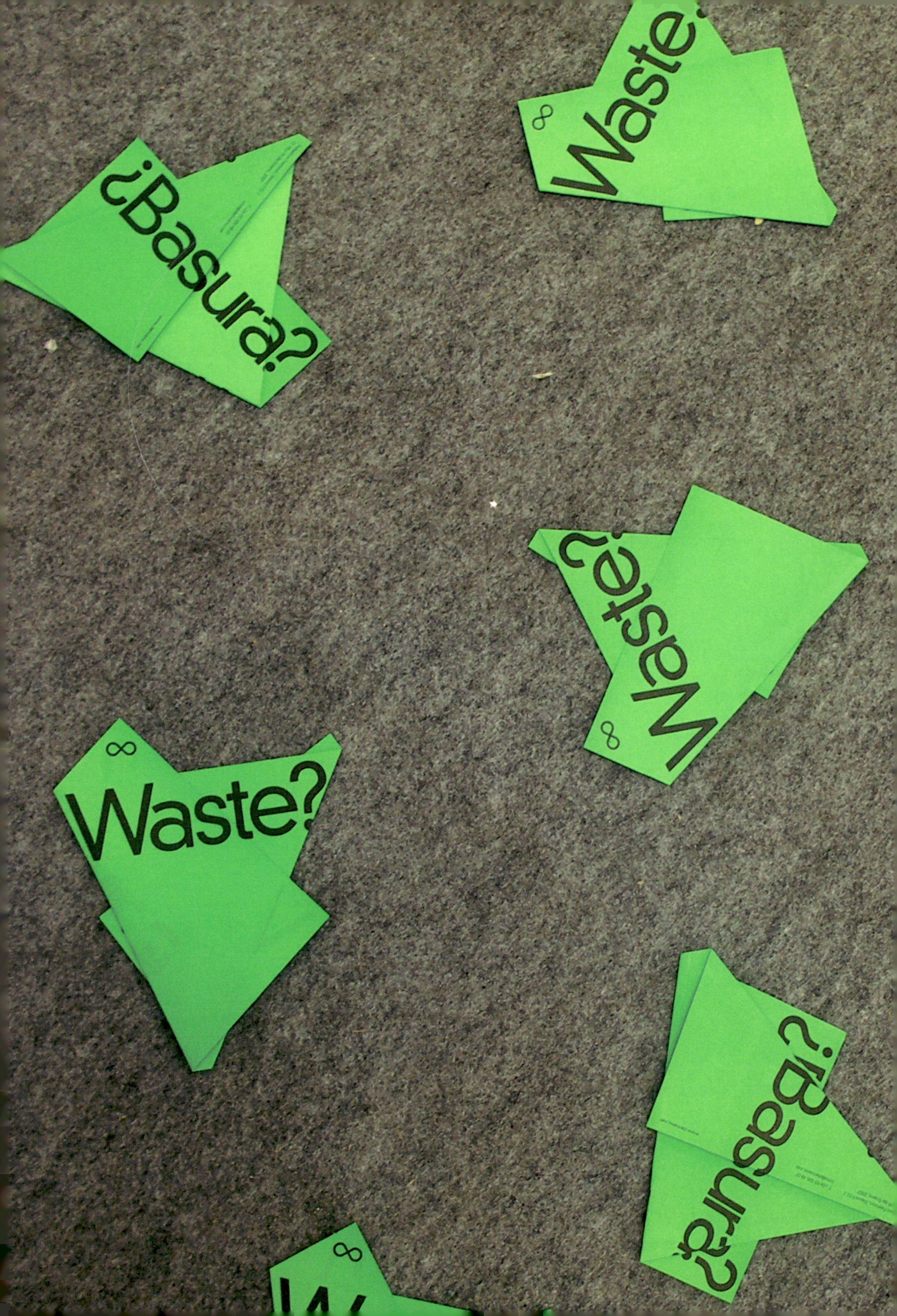
¿Basura?
Waste?
Waste?
Waste?
¿Basura?

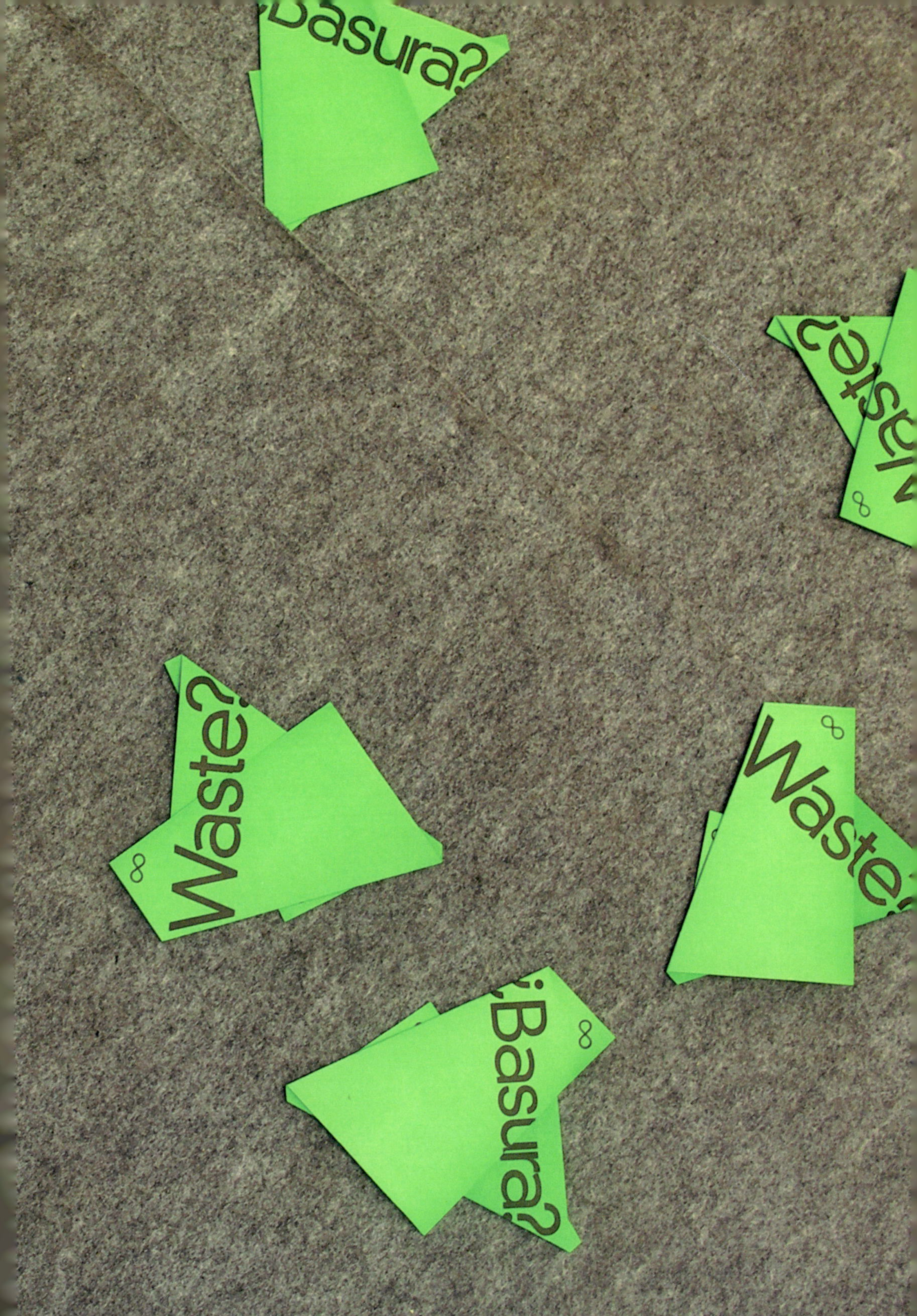
Waste?
¿Basura?

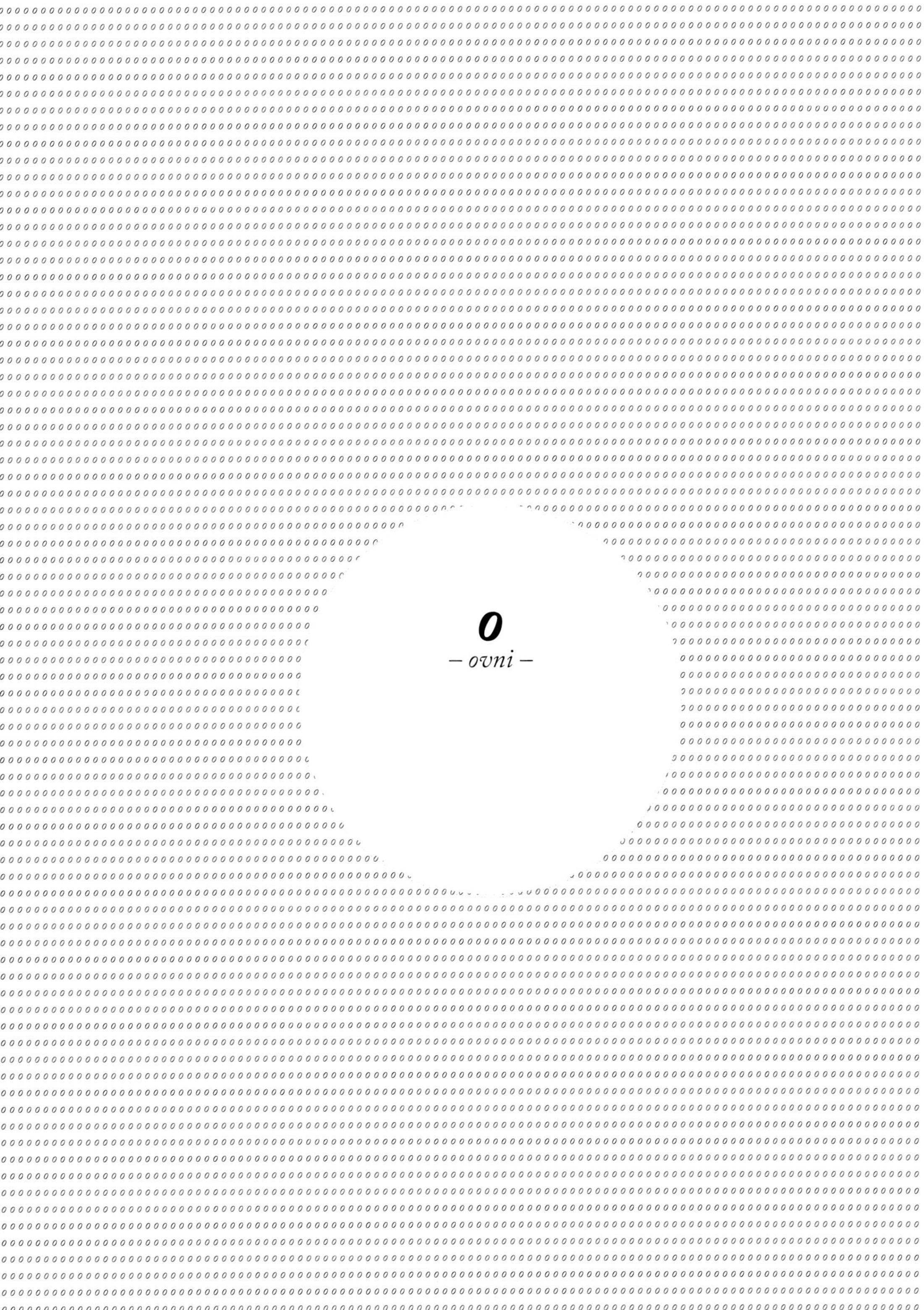

0
– ovni –

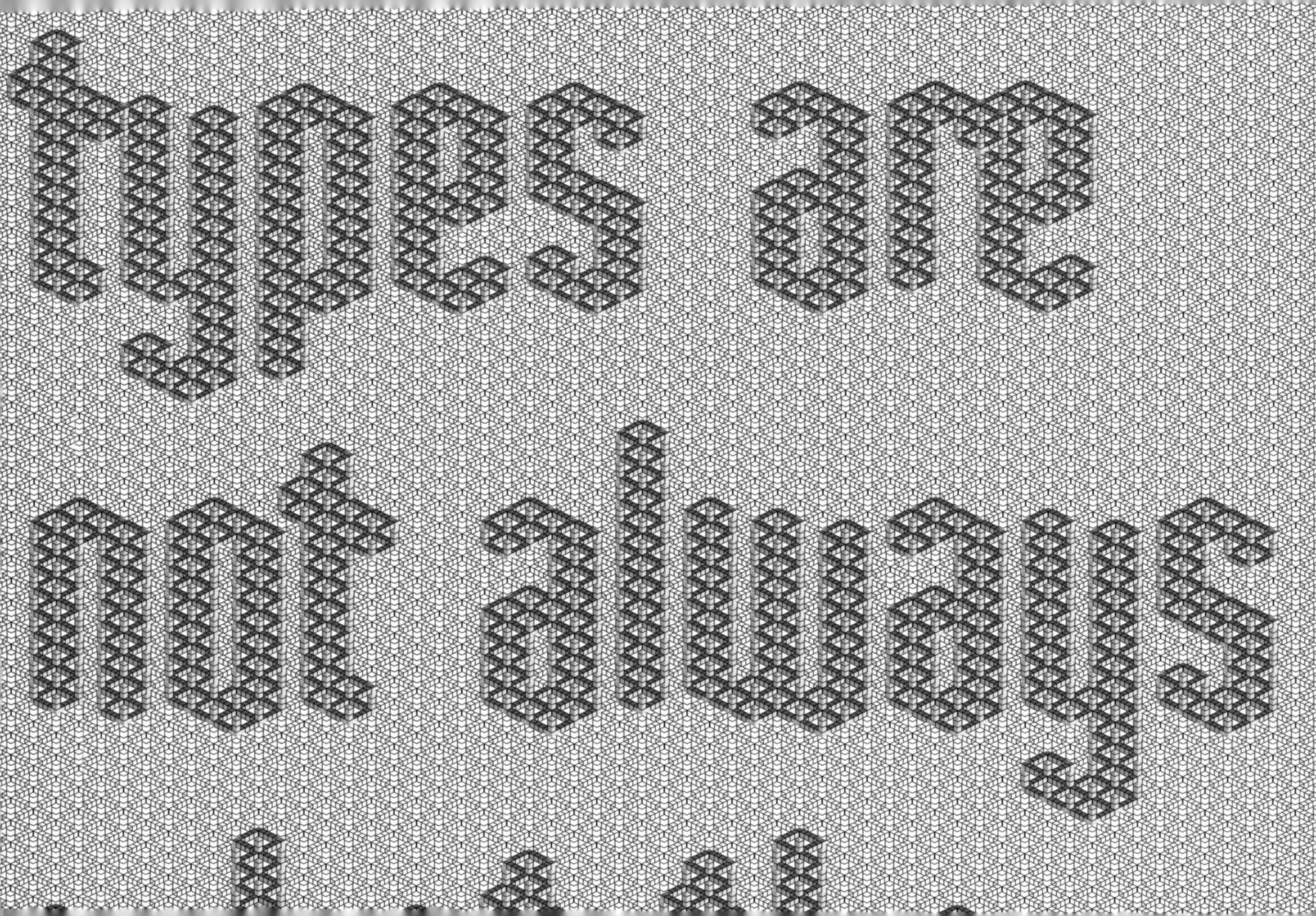
types are
not always

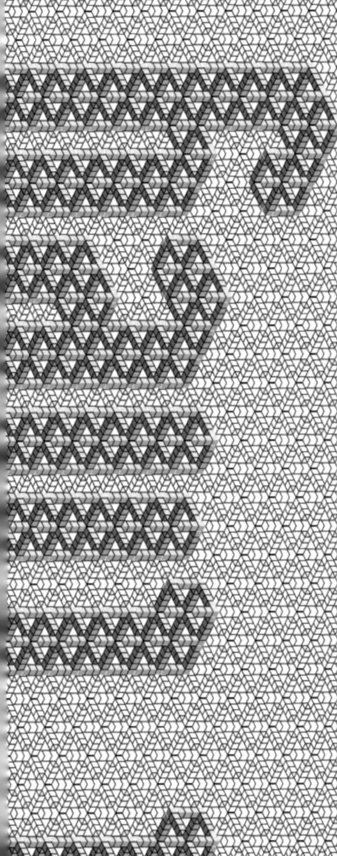

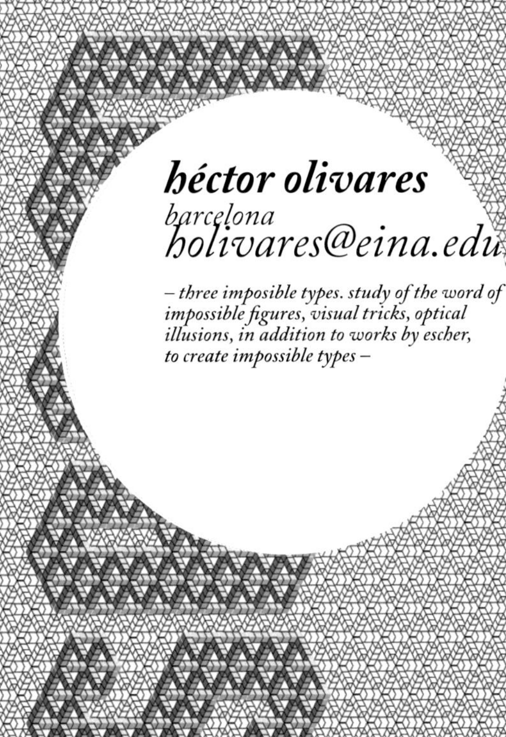

héctor olivares
barcelona
holivares@eina.edu

– three imposible types. study of the word of impossible figures, visual tricks, optical illusions, in addition to works by escher, to create impossible types –

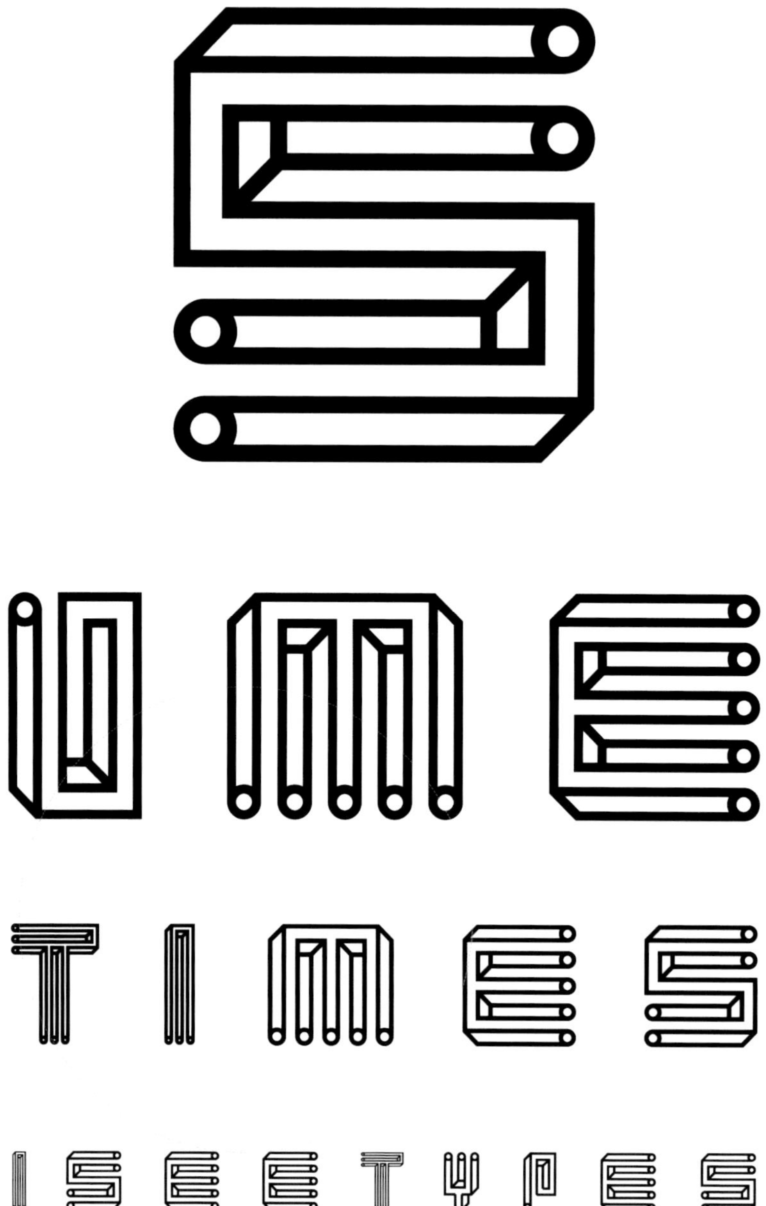
S
OME
TIMES
I SEE TYPES

don't try
to do
this type
at home

pppppppppppppppppppppppppppppppppppppppppppppppppppppppppppppppppppppppppppppppppppppppppppppppppppppppppppp
pppppppppppppppppppppppppppppppppppppppppppppppppppppppppppppppppppppppppppppppppppppppppppppppppppppppppppp
pppppppppppppppppppppppppppppppppppppppppppppppppppppppppppppppppppppppppppppppppppppppppppppppppppppppppppp
pppppppppppppppppppppppppppppppppppppppppppppppppppppppppppppppppppppppppppppppppppppppppppppppppppppppppppp
pppppppppppppppppppppppppppppppppppppppppppppppppppppppppppppppppppppppppppppppppppppppppppppppppppppppppppp
pppppppppppppppppppppppppppppppppppppppppppppppppppppppppppppppppppppppppppppppppppppppppppppppppppppppppppp
pppppppppppppppppppppppppppppppppppppppppppppppppppppppppppppppppppppppppppppppppppppppppppppppppppppppppppp
pppppppppppppppppppppppppppppppppppppppppppppppppppppppppppppppppppppppppppppppppppppppppppppppppppppppppppp
pppppppppppppppppppppppppppppppppppppppppppppppppppppppppppppppppppppppppppppppppppppppppppppppppppppppppppp
pppppppppppppppppppppppppppppppppppppppppppppppppppppppppppppppppppppppppppppppppppppppppppppppppppppppppppp
pppppppppppppppppppppppppppppppppppppppppppppppppppppppppppppppppppppppppppppppppppppppppppppppppppppppppppp
pppppppppppppppppppppppppppppppppppppppppppppppppppppppppppppppppppppppppppppppppppppppppppppppppppppppppppp
pppppppppppppppppppppppppppppppppppppppppppppppppppppppppppppppppppppppppppppppppppppppppppppppppppppppppppp
pppppppppppppppppppppppppppppppppppppppppppppppppppppppppppppppppppppppppppppppppppppppppppppppppppppppppppp
pppppppppppppppppppppppppppppppppppppppppppppppppppppppppppppppppppppppppppppppppppppppppppppppppppppppppppp
pppppppppppppppppppppppppppppppppppppppppppppppppppppppppppppppppppppppppppppppppppppppppppppppppppppppppppp
pppppppppppppppppppppppppppppppppppppppppppppppppppppppppppppppppppppppppppppppppppppppppppppppppppppppppppp
pppppppppppppppppppppppppppppppppppppppppppppppppppppppppppppppppppppppppppppppppppppppppppppppppppppppppppp
pppppppppppppppppppppppppppppppppppppppppppppppppppppppppppppppppppppppppppppppppppppppppppppppppppppppppppp
pppppppppppppppppppppppppppppppppppppppppppppppppppppppppppppppppppppppppppppppppppppppppppppppppppppppppppp
pppppppppppppppppppppppppppppppppppppppppppppppppppppppppppppppppppppppppppppppppppppppppppppppppppppppppppp
pppppppppppppppppppppppppppppppppppppppppppppppppppppppppppppppppppppppppppppppppppppppppppppppppppppppppppp
pppppppppppppppppppppppppppppppppppppppppppppppppppppppppppppppppppppppppppppppppppppppppppppppppppppppppppp
pppppppppppppppppppppppppppppppppppppppppppppppppppppppppppppppppppppppppppppppppppppppppppppppppppppppppppp
pppppppppppppppppppppppppppppppppppppppppppppppppppppppppppppppppppppppppppppppppppppppppppppppppppppppppppp
pppppppppppppppppppppppppppppppppppppppppppppppppppppppppppppppppppppppppppppppppppppppppppppppppppppppppppp
pppppppppppppppppppppppppppppppppppppppppppppppppppppppppppppppppppppppppppppppppppppppppppppppppppppppppppp
pppppppppppppppppppppppppppppppppppppppppppppppppppppppppppppppppppppppppppppppppppppppppppppppppppppppppppp
pppppppppppppppppppppppppppppppppppppppppppppppppppppppppppppppppppppppppppppppppppppppppppppppppppppppppppp
pppppppppppppppppppppppppppppppppppppppppppppppppppppppppppppppppppppppppppppppppppppppppppppppppppppppppppp
pppppppppppppppppppppppppppppppppppppppppppppppppppppppppppppppppppppppppppppppppppppppppppppppppppppppppppp
pppppppppppppppppppppppppppppppppppppppppppppppppppppppppppppppppppppppppppppppppppppppppppppppppppppppppppp
pppppppppppppppppppppppppppppppppppppppppppppppppppppppppppppppppppppppppppppppppppppppppppppppppppppppppppp
pppppppppppppppppppppppppppppppppppppppppppppppppppppppppppppppppppppppppppppppppppppppppppppppppppppppppppp
pppppppppppppppppppppppppppppppppppppppppppppppppppppppppppppppppppppppppppppppppppppppppppppppppppppppppppp
pppppppppppppppppppppppppppppppppppppppppppppppppppppppppppppppppppppppppppppppppppppppppppppppppppppppppppp
pppppppppppppppppppppppppppppppppppppppppppppppppppppppppppppppppppppppppppppppppppppppppppppppppppppppppppp
pppppppppppppppppppppppppppppppppppppppppppppppppppppppppppppppppppppppppppppppppppppppppppppppppppppppppppp
pppppppppppppppppppppppppppppppppppppppppppppppppppppppppppppppppppppppppppppppppppppppppppppppppppppppppppp
pppppppppppppppppppppppppppppppppppppppppppppppppppppppppppppppppppppppppppppppppppppppppppppppppppppppppppp
pppppppppppppppppppppppppppppppppppppppppppppppppppppppppppppppppppppppppppppppppppppppppppppppppppppppppppp
pppppppppppppppppppppppppppppppppppppppppppppppppppppppppppppppppppppppppppppppppppppppppppppppppppppppppppp
pppppppppppppppppppppppppppppppppppppppppppppppppppppppppppppppppppppppppppppppppppppppppppppppppppppppppppp
pppppppppppppppppppppppppppppppppppppppppppppppppppppppppppppppppppppppppppppppppppppppppppppppppppppppppppp
pppppppppppppppppppppppppppppppppppppppppppppppppppppppppppppppppppppppppppppppppppppppppppppppppppppppppppp
pppppppppppppppppppppppppppppppppppppppppppppppppppppppppppppppppppppppppppppppppppppppppppppppppppppppppppp
pppppppppppppppppppppppppppppppppppppppppppppppppppppppppppppppppppppppppppppppppppppppppppppppppppppppppppp
pppppppppppppppppppppppppppppppppppppppppppppppppppppppppppppppppppppppppppppppppppppppppppppppppppppppppppp
pppppppppppppppppppppppppppppppppppppppppppppppppppppppppppppppppppppppppppppppppppppppppppppppppppppppppppp
pppppppppppppppppppppppppppppppppppppppppppppppppppppppppppppppppppppppppppppppppppppppppppppppppppppppppppp
pppppppppppppppppppppppppppppppppppppppppppppppppppppppppppppppppppppppppppppppppppppppppppppppppppppppppppp
pppppppppppppppppppppppppppppppppppppppppppppppppppppppppppppppppppppppppppppppppppppppppppppppppppppppppppp
pppppppppppppppppppppppppppppppppppppppppppppppppppppppppppppppppppppppppppppppppppppppppppppppppppppppppppp
pppppppppppppppppppppppppppppppppppppppppppppppppppppppppppppppppppppppppppppppppppppppppppppppppppppppppppp
pppppppppppppppppppppppppppppppppppppppppppppppppppppppppppppppppppppppppppppppppppppppppppppppppppppppppppp
pppppppppppppppppppppppppppppppppppppppppppppppppppppppppppppppppppppppppppppppppppppppppppppppppppppppppppp
pppppppppppppppppppppppppppppppppppppppppppppppppppppppppppppppppppppppppppppppppppppppppppppppppppppppppppp
pppppppppppppppppppppppppppppppppppppppppppppppppppppppppppppppppppppppppppppppppppppppppppppppppppppppppppp
pppppppppppppppppppppppppppppppppppppppppppppppppppppppppppppppppppppppppppppppppppppppppppppppppppppppppppp
pppppppppppppppppppppppppppppppppppppppppppppppppppppppppppppppppppppppppppppppppppppppppppppppppppppppppppp
pppppppppppppppppppppppppppppppppppppppppppppppppppppppppppppppppppppppppppppppppppppppppppppppppppppppppppp
pppppppppppppppppppppppppppppppppppppppppppppppppppppppppppppppppppppppppppppppppppppppppppppppppppppppppppp
pppppppppppppppppppppppppppppppppppppppppppppppppppppppppppppppppppppppppppppppppppppppppppppppppppppppppppp
pppppppppppppppppppppppppppppppppppppppppppppppppppppppppppppppppppppppppppppppppppppppppppppppppppppppppppp
pppppppppppppppppppppppppppppppppppppppppppppppppppppppppppppppppppppppppppppppppppppppppppppppppppppppppppp
pppppppppppppppppppppppppppppppppppppppppppppppppppppppppppppppppppppppppppppppppppppppppppppppppppppppppppp
pppppppppppppppppppppppppppppppppppppppppppppppppppppppppppppppppppppppppppppppppppppppppppppppppppppppppppp
pppppppppppppppppppppppppppppppppppppppppppppppppppppppppppppppppppppppppppppppppppppppppppppppppppppppppppp
pppppppppppppppppppppppppppppppppppppppppppppppppppppppppppppppppppppppppppppppppppppppppppppppppppppppppppp
pppppppppppppppppppppppppppppppppppppppppppppppppppppppppppppppppppppppppppppppppppppppppppppppppppppppppppp
pppppppppppppppppppppppppppppppppppppppppppppppppppppppppppppppppppppppppppppppppppppppppppppppppppppppppppp
pppppppppppppppppppppppppppppppppppppppppppppppppppppppppppppppppppppppppppppppppppppppppppppppppppppppppppp
pppppppppppppppppppppppppppppppppppppppppppppppppppppppppppppppppppppppppppppppppppppppppppppppppppppppppppp
pppppppppppppppppppppppppppppppppppppppppppppppppppppppppppppppppppppppppppppppppppppppppppppppppppppppppppp
pppppppppppppppppppppppppppppppppppppppppppppppppppppppppppppppppppppppppppppppppppppppppppppppppppppppppppp
pppppppppppppppppppppppppppppppppppppppppppppppppppppppppppppppppppppppppppppppppppppppppppppppppppppppppppp
pppppppppppppppppppppppppppppppppppppppppppppppppppppppppppppppppppppppppppppppppppppppppppppppppppppppppppp
pppppppppppppppppppppppppppppppppppppppppppppppppppppppppppppppppppppppppppppppppppppppppppppppppppppppppppp
pppppppppppppppppppppppppppppppppppppppppppppppppppppppppppppppppppppppppppppppppppppppppppppppppppppppppppp
pppppppppppppppppppppppppppppppppppppppppppppppppppppppppppppppppppppppppppppppppppppppppppppppppppppppppppp
pppppppppppppppppppppppppppppppppppppppppppppppppppppppppppppppppppppppppppppppppppppppppppppppppppppppppppp
pppppppppppppppppppppppppppppppppppppppppppppppppppppppppppppppppppppppppppppppppppppppppppppppppppppppppppp
pppppppppppppppppppppppppppppppppppppppppppppppppppppppppppppppppppppppppppppppppppppppppppppppppppppppppppp
pppppppppppppppppppppppppppppppppppppppppppppppppppppppppppppppppppppppppppppppppppppppppppppppppppppppppppp
pppppppppppppppppppppppppppppppppppppppppppppppppppppppppppppppppppppppppppppppppppppppppppppppppppppppppppp
pppppppppppppppppppppppppppppppppppppppppppppppppppppppppppppppppppppppppppppppppppppppppppppppppppppppppppp

p

– pájaro –

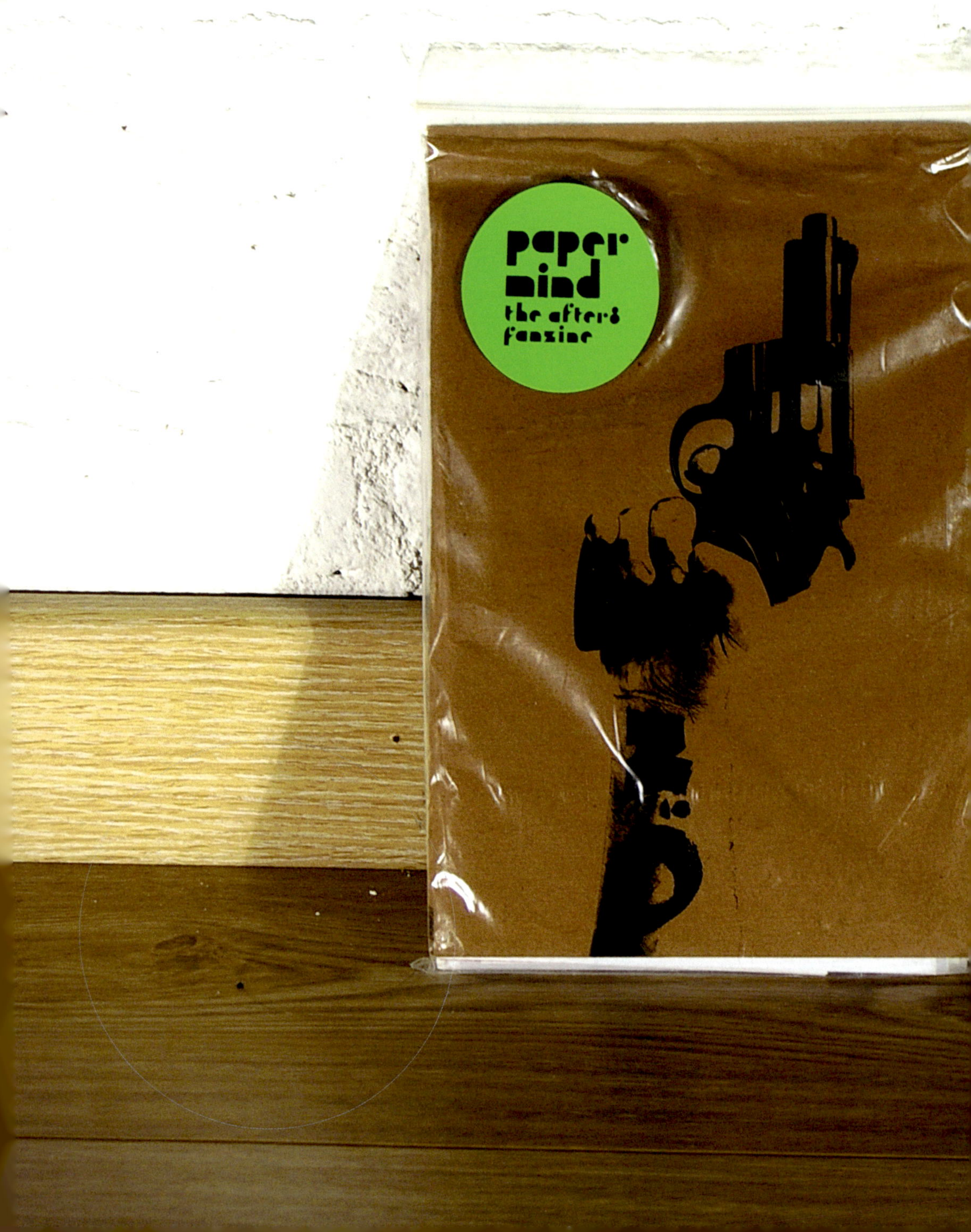

paper
mind
the after8
fanzine

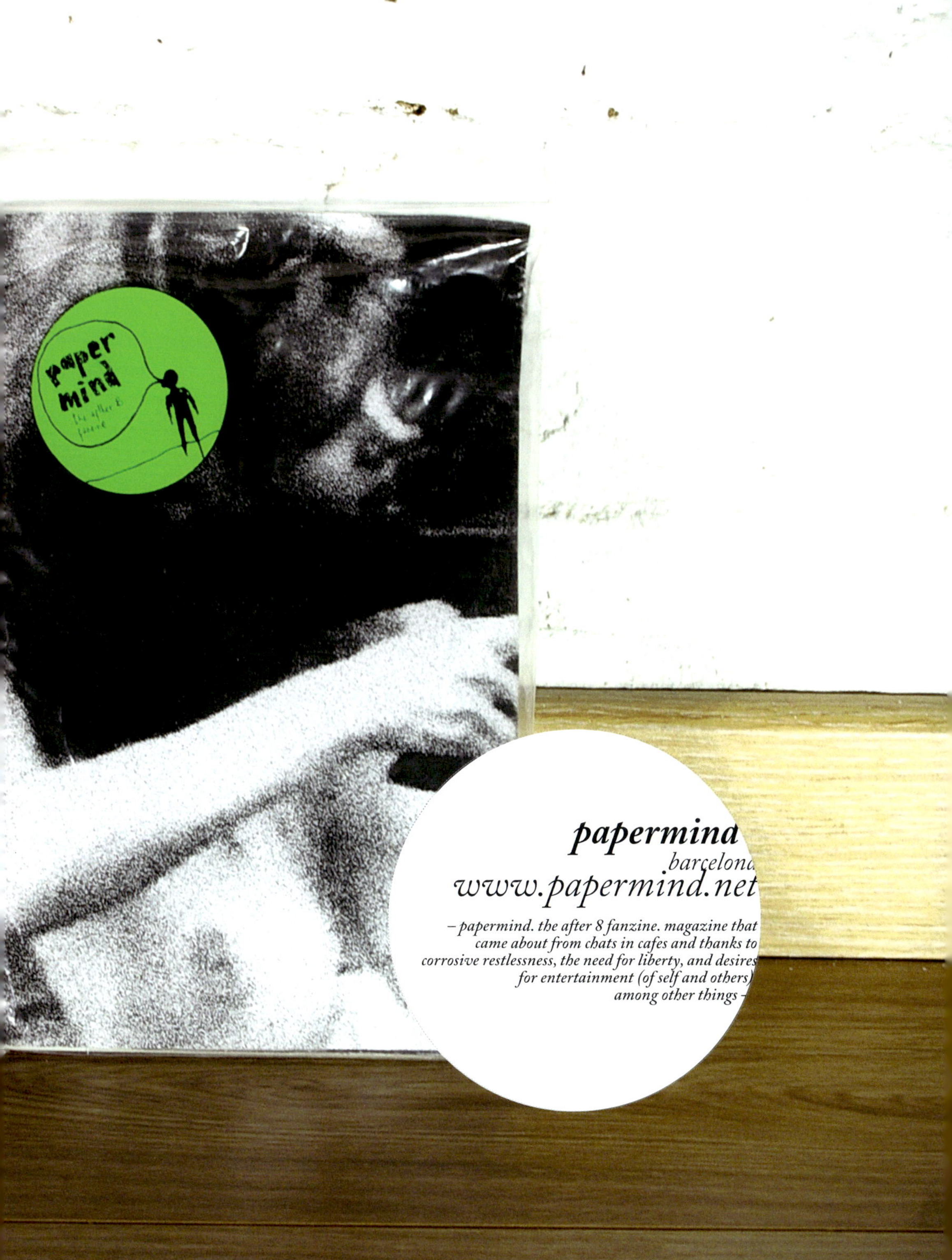
paper mind
papermind
barcelona
www.papermind.net
– papermind. the after 8 fanzine. magazine that
came about from chats in cafes and thanks to
corrosive restlessness, the need for liberty, and desires
for entertainment (of self and others)
among other things –

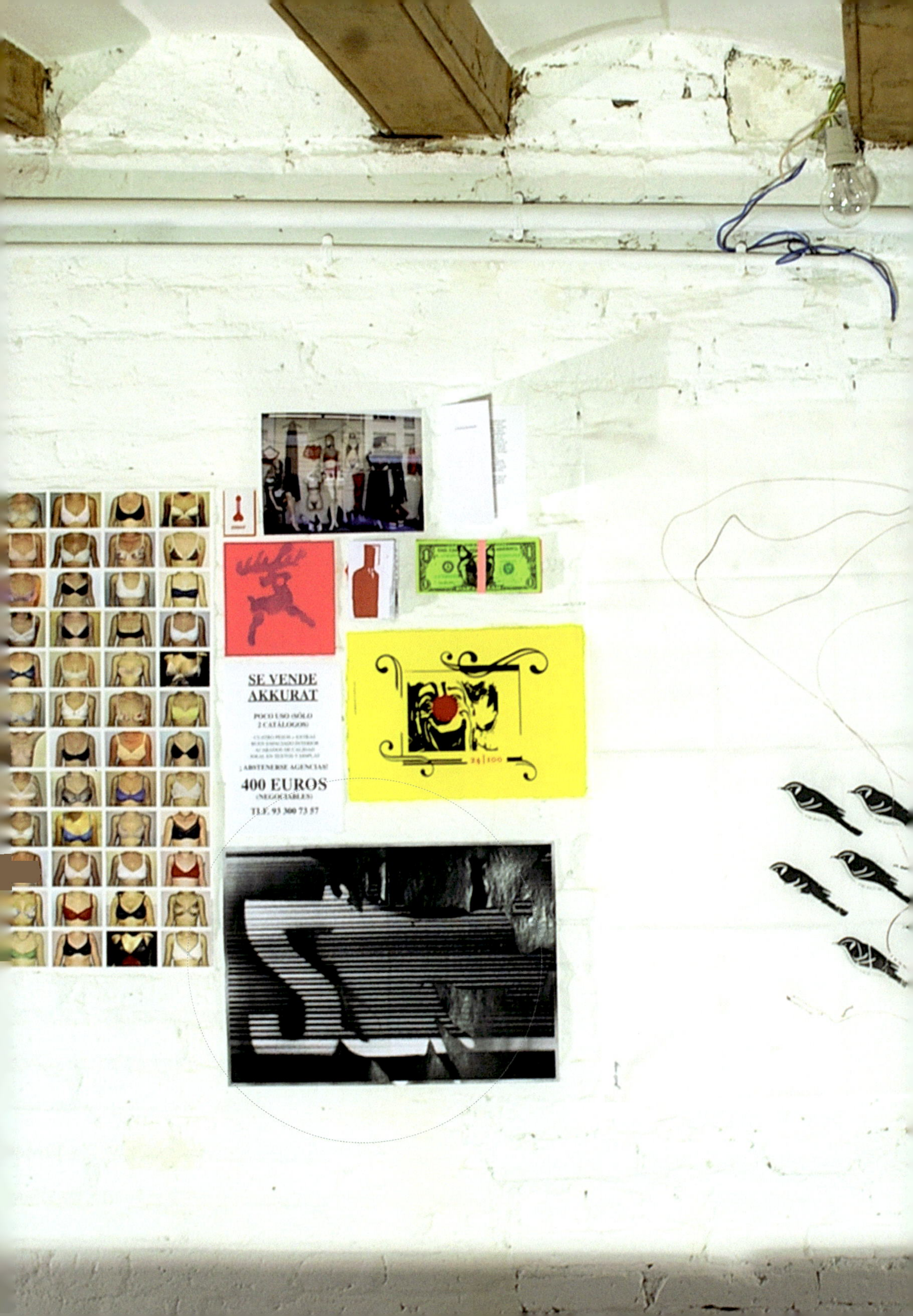
SE VENDE
AKKURAT
POCO USO (SÓLO
2 CATÁLOGOS)
¡ABSTENERSE AGENCIAS!
400 EUROS
(NEGOCIABLES)
TLF. 93 300 73 57
24|100

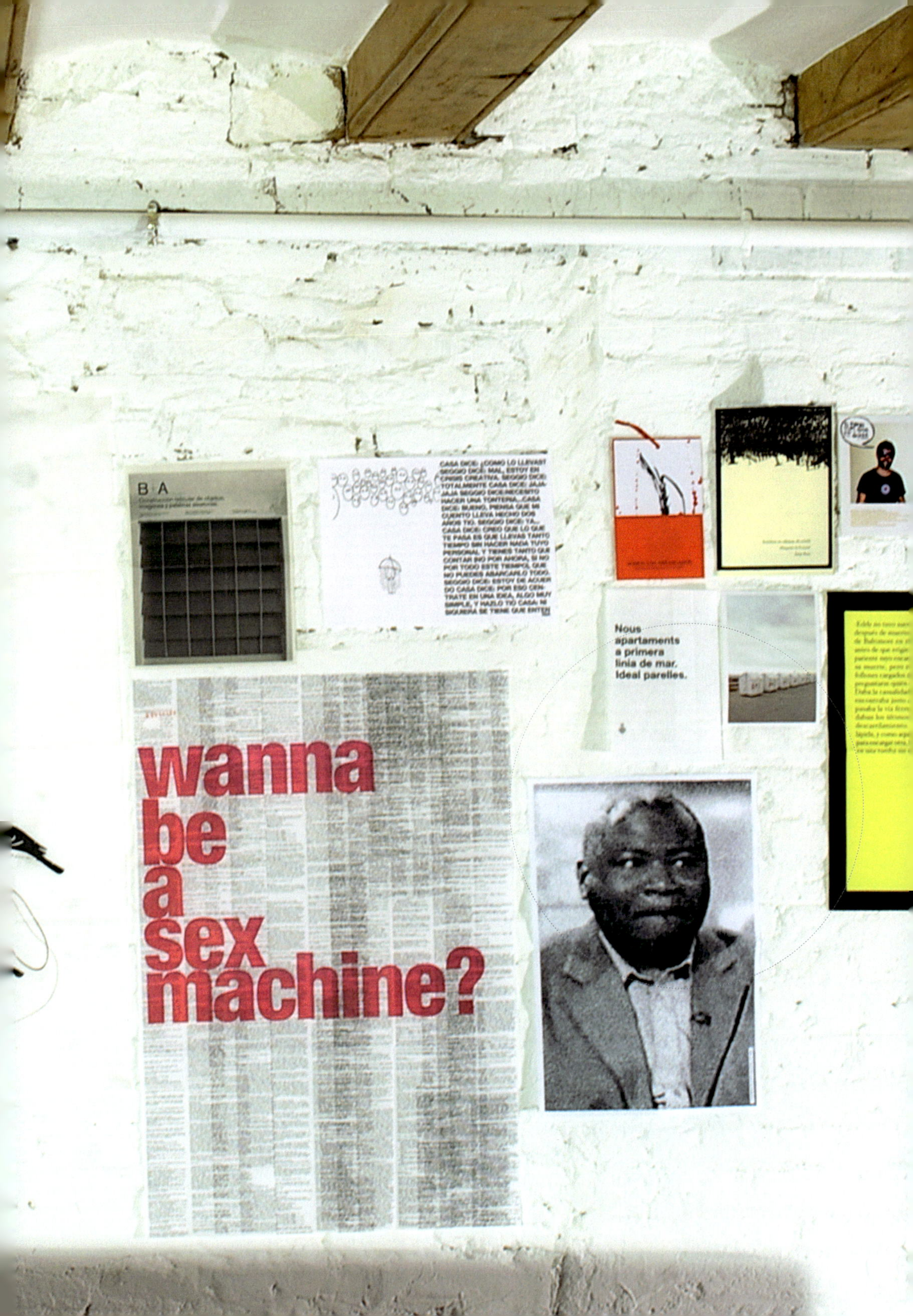
B A
CASA DICE: ¿COMO LO LLEVAS? SEGGIO DICE: MAL, ESTOY EN CRISIS CREATIVA. SEGGIO DICE: TOTALMENTE CASA DICE: JAJA-JAJA SEGGIO DICE:NECESITO HACER UNA TONTERIA...CASA DICE: BUENO, PIENSA QUE MI CUENTO LLEVA HECHO DOS AÑOS TIO. SEGGIO DICE: YA... CASA DICE: CREO QUE LO QUE TE PASA ES QUE LLEVAS TANTO TIEMPO SIN HACER NADA TUYO PERSONAL, Y TIENES TANTO QUE CONTAR (NO POR AHORA, SI NO POR TODO ESTE TIEMPO), QUE NO PUEDES ABARCARLO TODO. SEGGIO DICE: ESTOY DE ACUER DO CASA DICE: POR ESO CEN-TRATE EN UNA IDEA, ALGO MUY SIMPLE, Y HAZLO TIO CASA: NI SIQUIERA SE TIENE QUE ENTEN
Nous apartaments a primera linia de mar. Ideal parelles.
wanna be a sex machine?

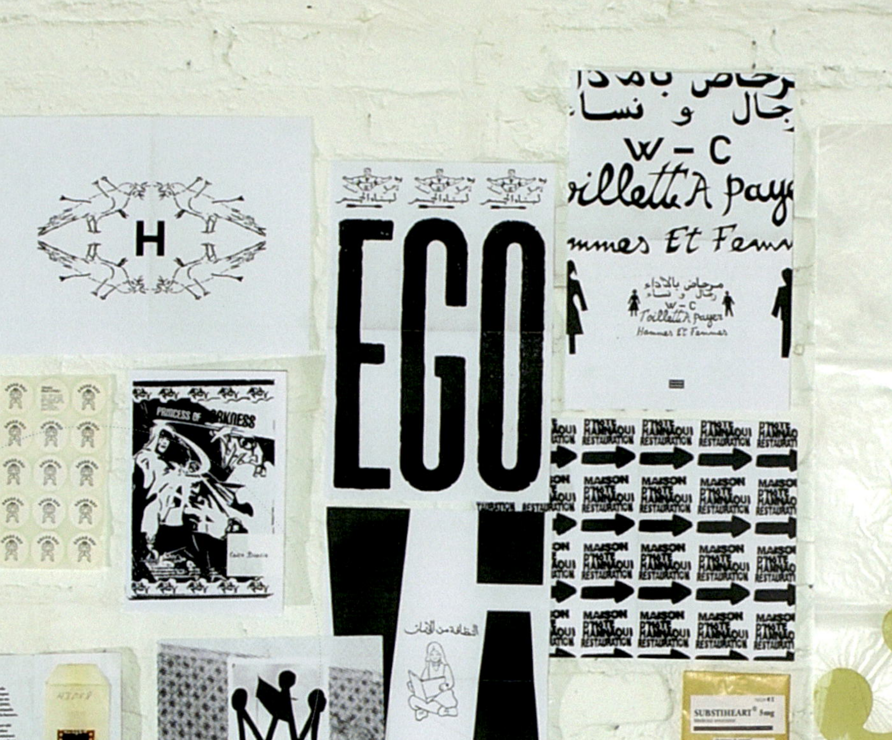
H
EGO
W – C
RESTAURATION
SUBSTIHEART® 5mg

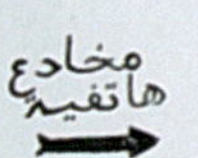
مخادع
هاتفية

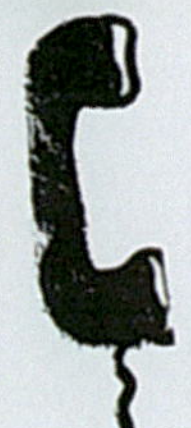

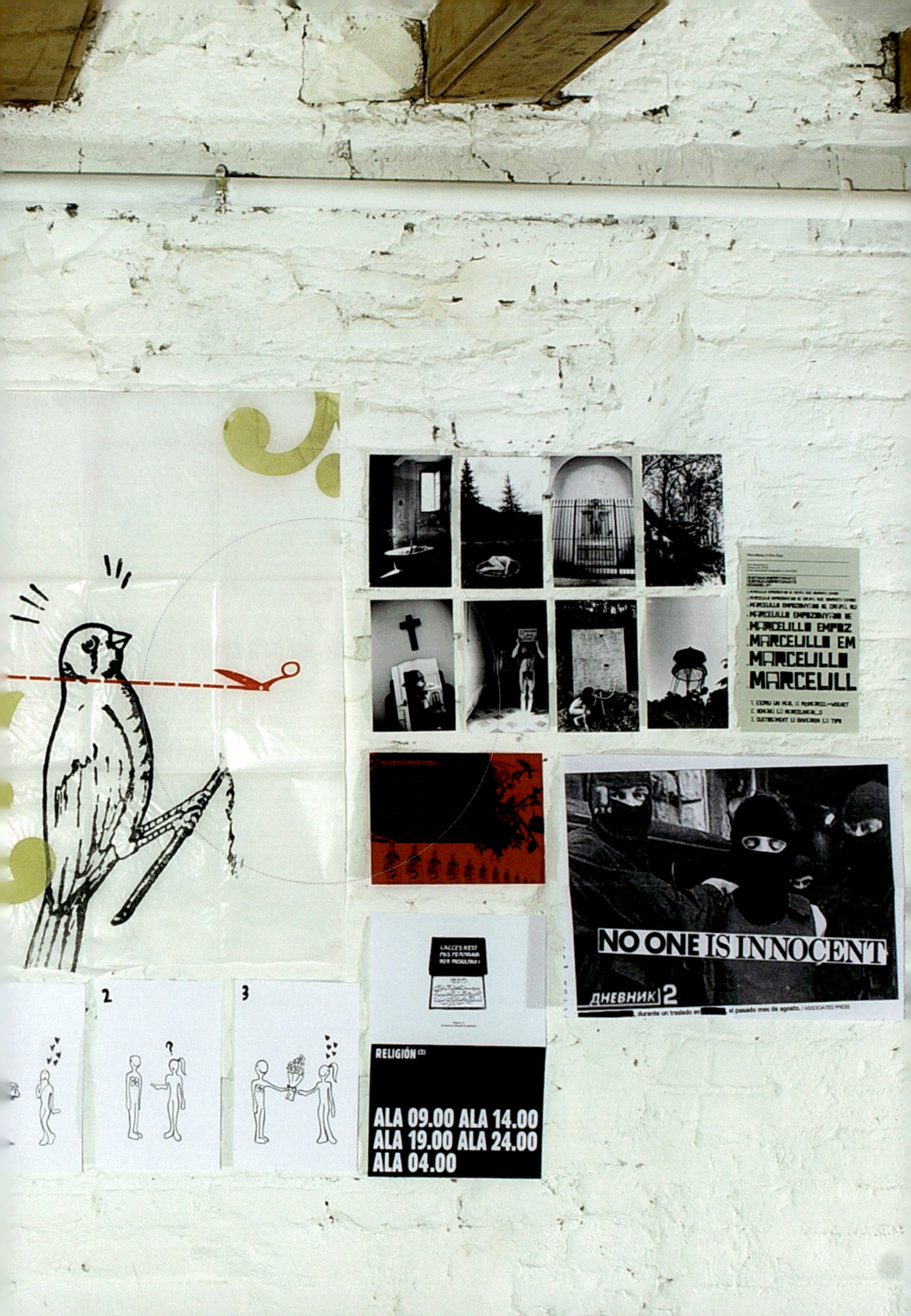
2
3
RELIGIÓN (2)
ALA 09.00 ALA 14.00
ALA 19.00 ALA 24.00
ALA 04.00
NO ONE IS INNOCENT
ДНЕВНИК 2
, durante un traslado en , el pasado mes de agosto./ ASSOCIATED PRESS

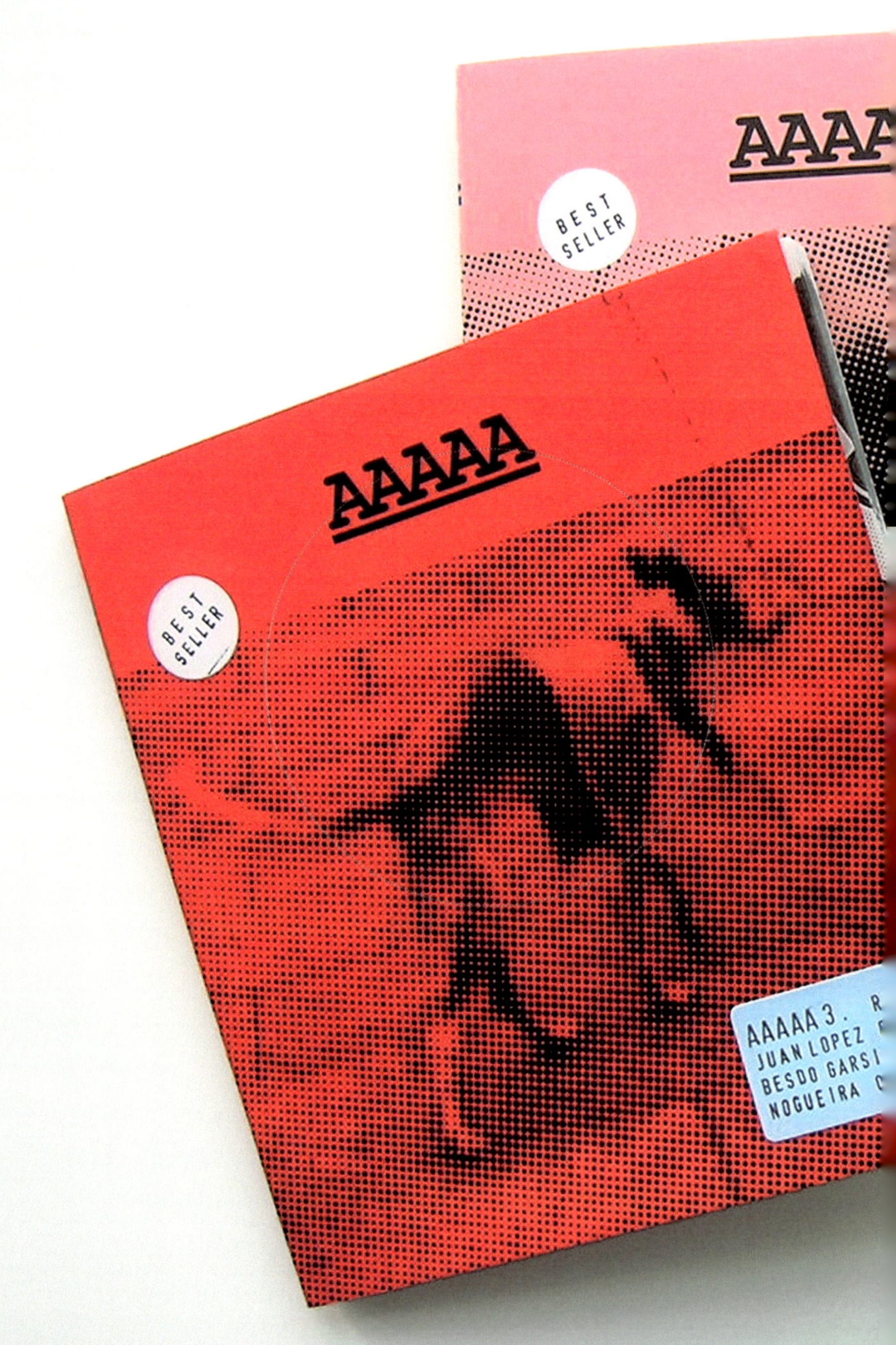
AAAAA
BEST SELLER
BEST SELLER
AAAAA 3.
JUAN LOPEZ
BESDO GARSI
NOGUEIRA

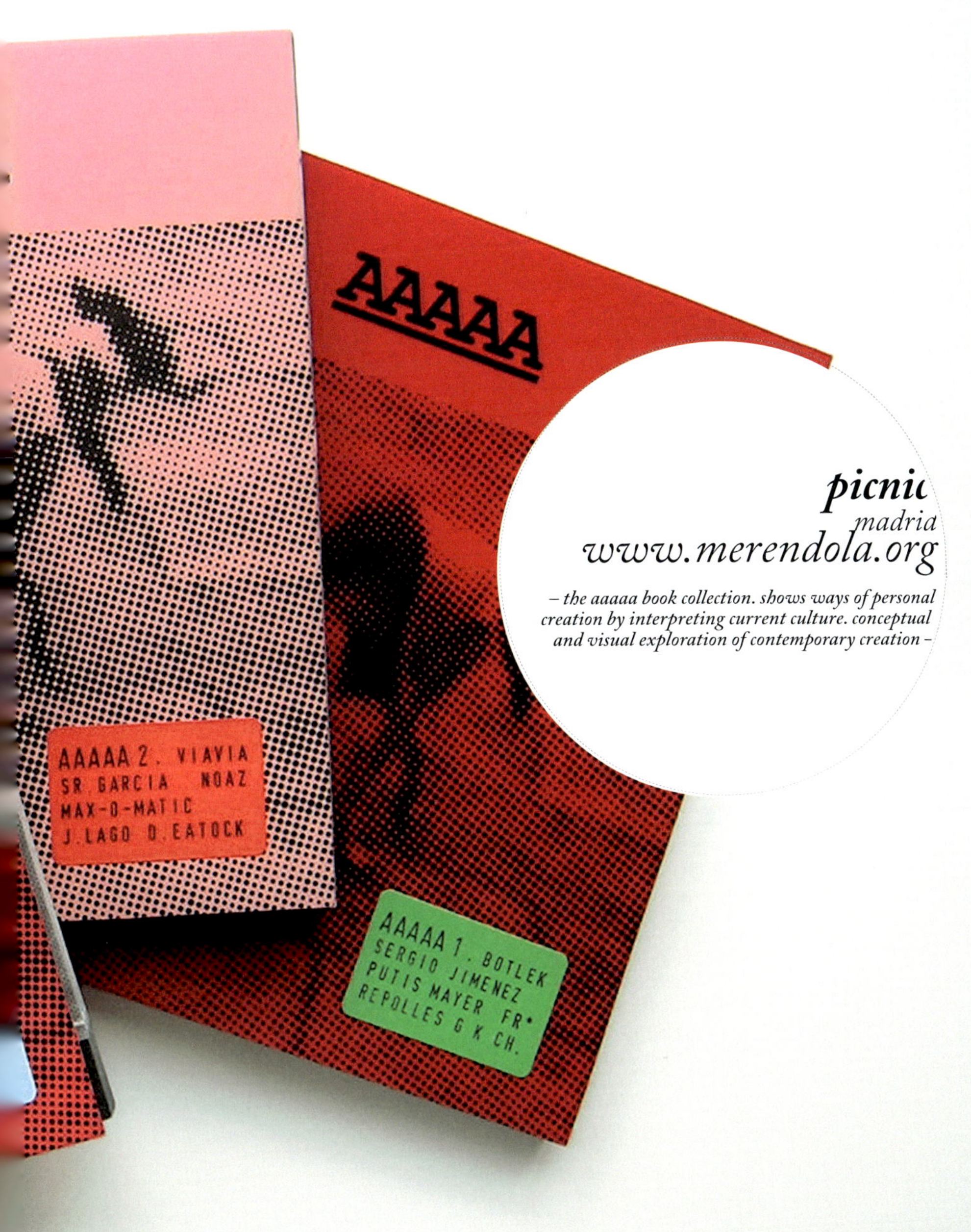

picnic

madrid

www.merendola.org

– the aaaaa book collection. shows ways of personal creation by interpreting current culture. conceptual and visual exploration of contemporary creation –

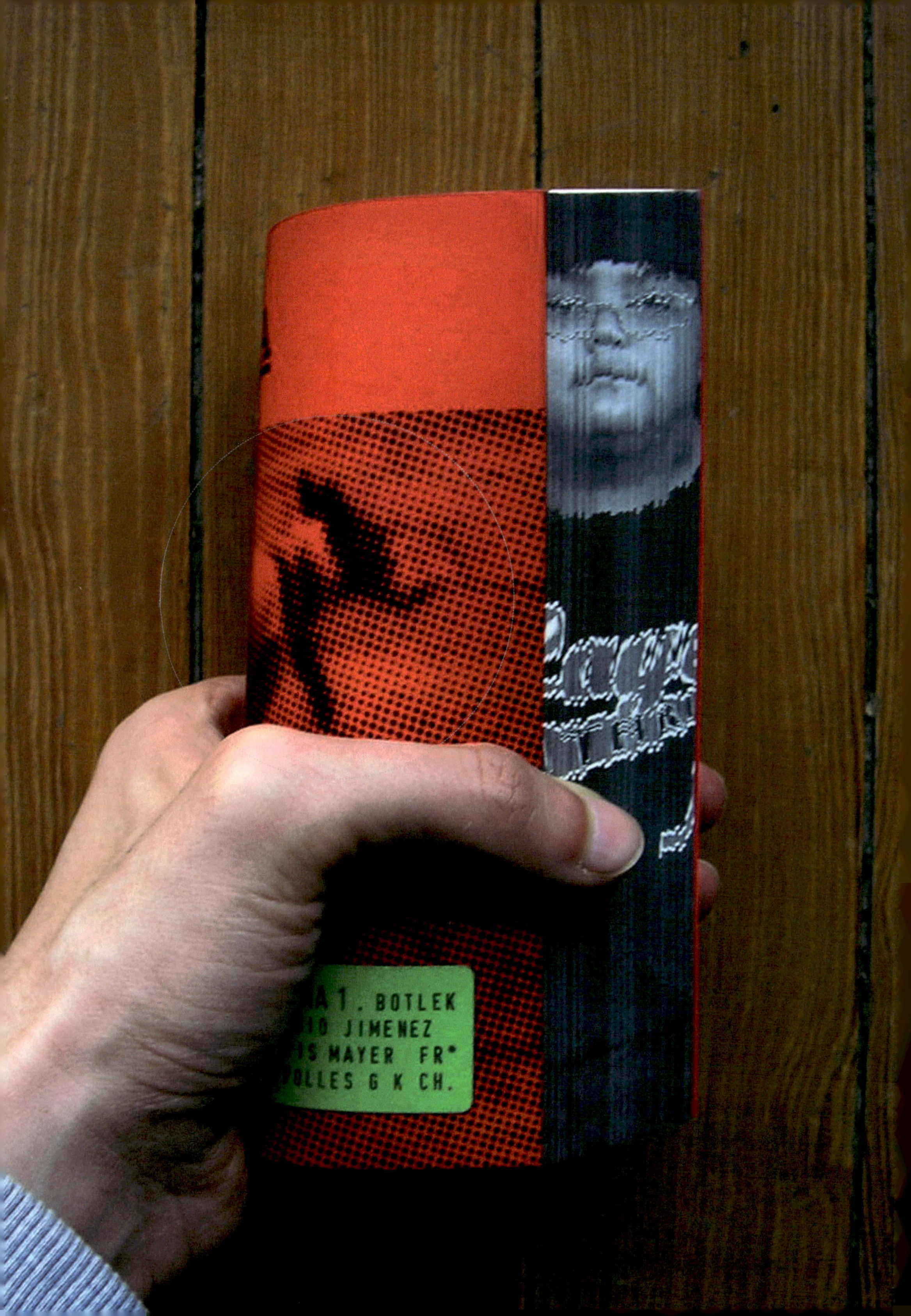
1 . BOTLEK
JIMENEZ
MAYER FR*
G K CH.

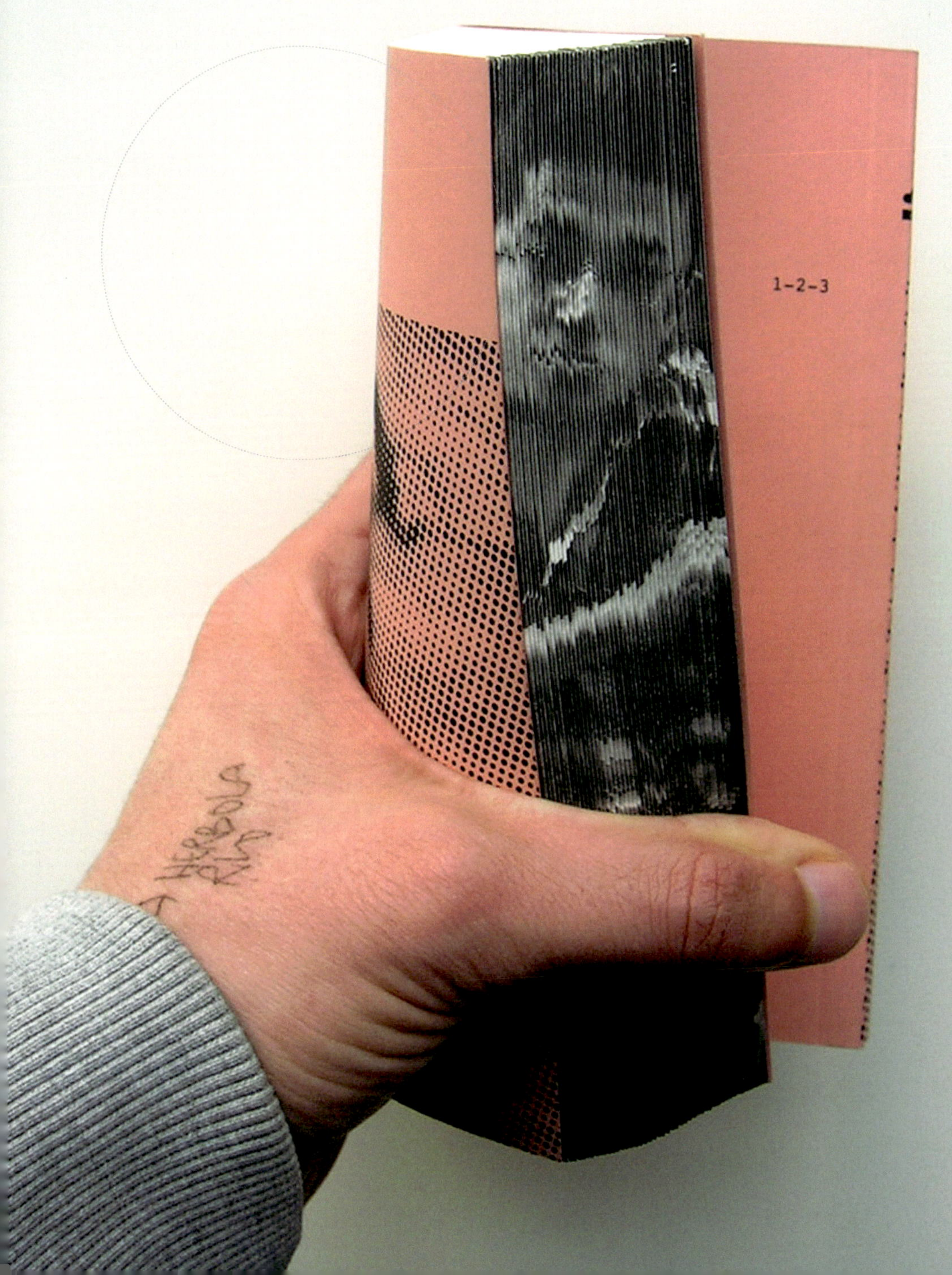
1–2–3

Prix Ars Electronica

Radio FRO Projects during Ars Electronica 2005:
DIY Databasing!, Do It Yourself! Radio on Demand

Matt Locke (BBC, UK),
Dieter Daniels (HGB Leipzig)

Space-project of Artists-group CNTRCPY™:
Travelling to planet Mars with mobile-based navigation.

elcetrolobby roundabout III with Zeitgenossen (AT)

Paula le Dieu (GB), Roland Alton-Scheidl (AT)
talk about open standards

"Perspectives for Creative Archive Licences in
Austria and elsewhere" Paula le Dieu (GB), Juliane Alton (A)

Scott Snibbe (US), Christa
Sommerer (A) and Theo Jansen (NL)

Electrolobby Kitchen
Brucknerhaus
02.09. – 06.09.

Electrolobby
Hybrid Clusters, Paradox Encounters

hosted by Andreas Hirsch
t. Andreas Hirsch (AT)

Brucknerhaus Linz
02.09./10.00
03.09./10.00
04.09./10.00
05.09./10.00
06.09./10.00

Electrolobby Kitchen
Brucknerhaus
02.09. – 06.09.

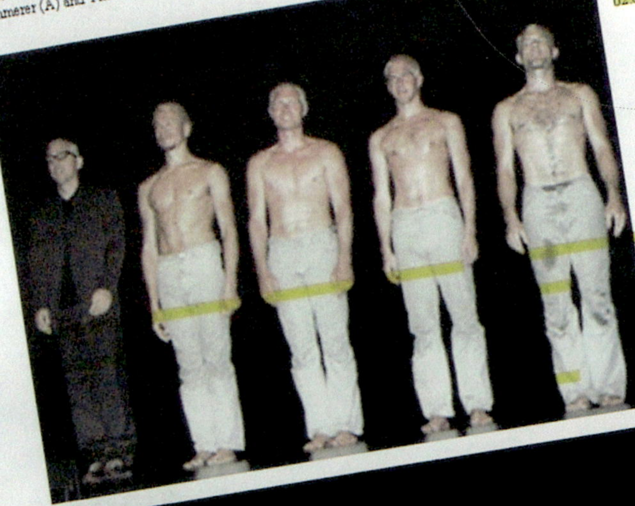

Electrolobby Kitchen
Brucknerhaus
02.09. – 06.09.

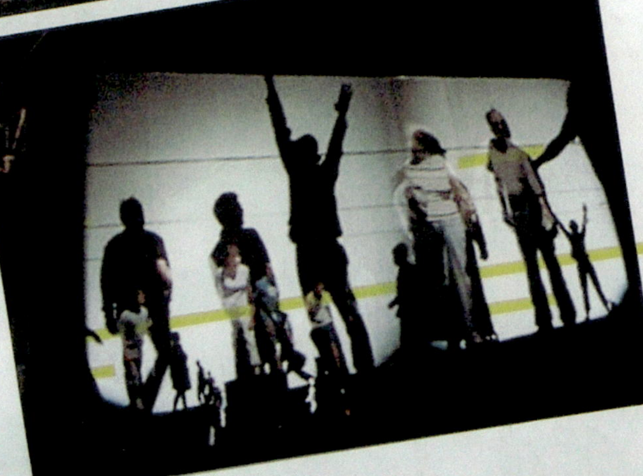

Electrolo
Electro
Electrol
Electrolo

Electrolobby Kitchen
Brucknerhaus
02.09. – 06.09.

miquel polidan
barcelona
http://new.onlybcn.es

– times æ screen 12 pt / 36 pt. typographical creation for the ars electronica festival which looks to polarize the aesthetic of thetimes new roman system by provoking a hybrid with a classic typography –

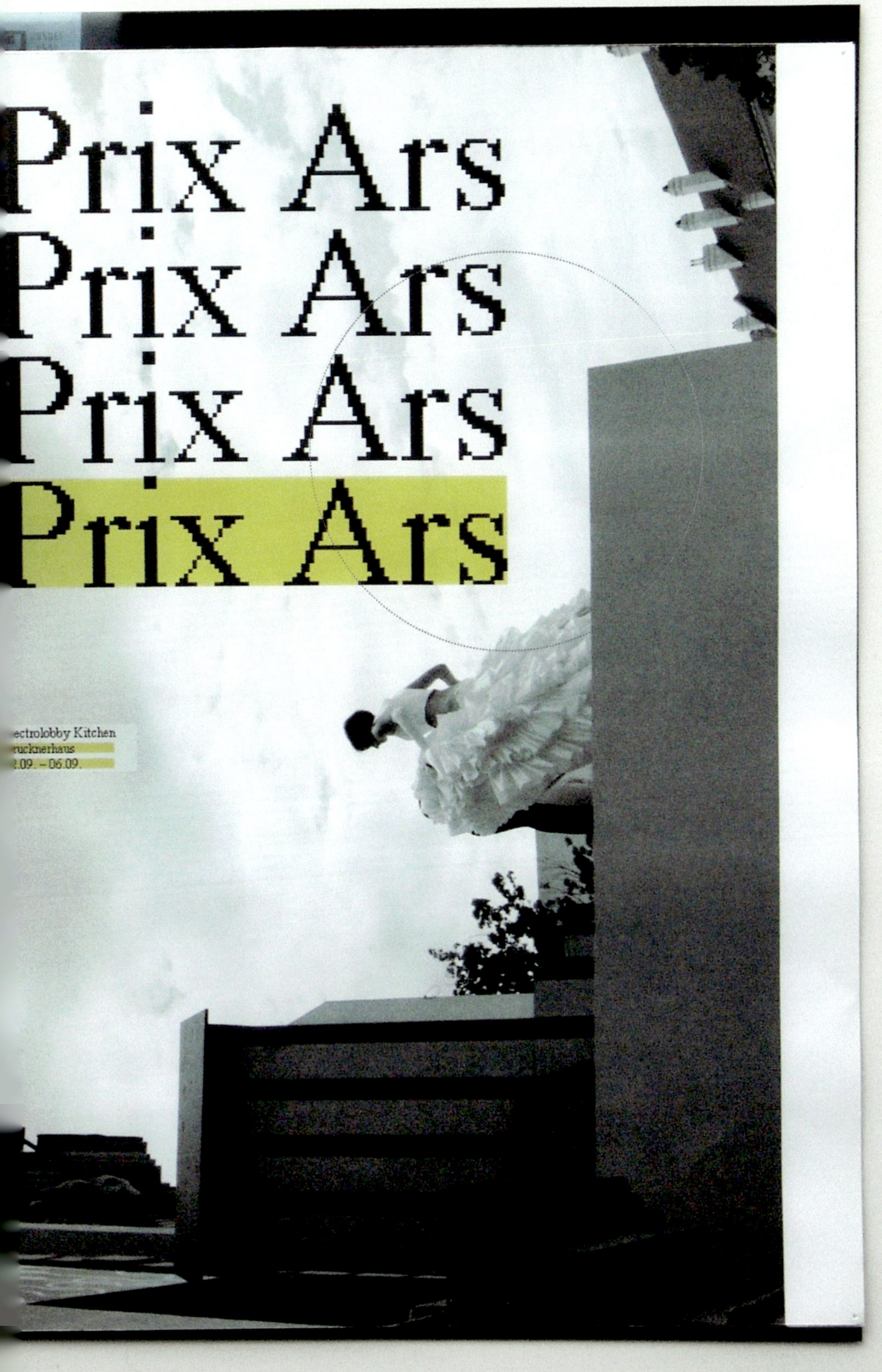
Prix Ars
Prix Ars
Prix Ars
Prix Ars
ectrolobby Kitchen
rucknerhaus
.09. – 06.09.

PALAU DE LA MÚSICA
BARCELONA

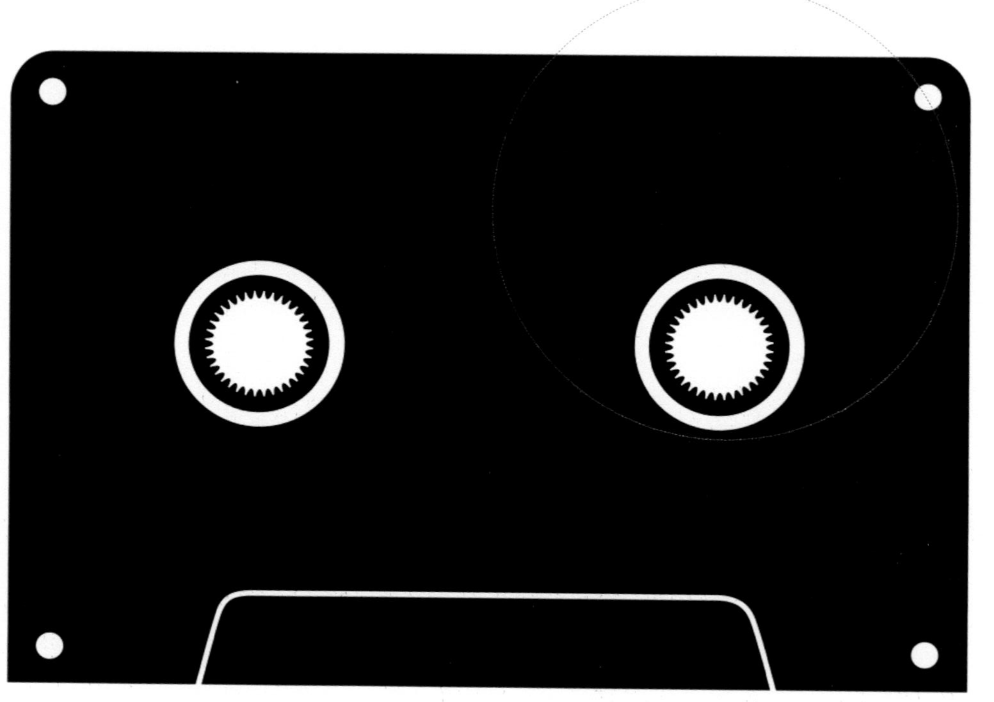

porcuatro

barcelona

www.porcuatro.com

– abbreviate. commemorative signs for the 100 th anniversary of the palau de música catalana. an option sent to competition –

1908 - 2008

Els primers
100 anys
de música

Palau de
la Música

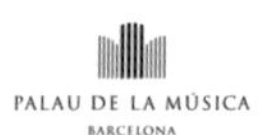

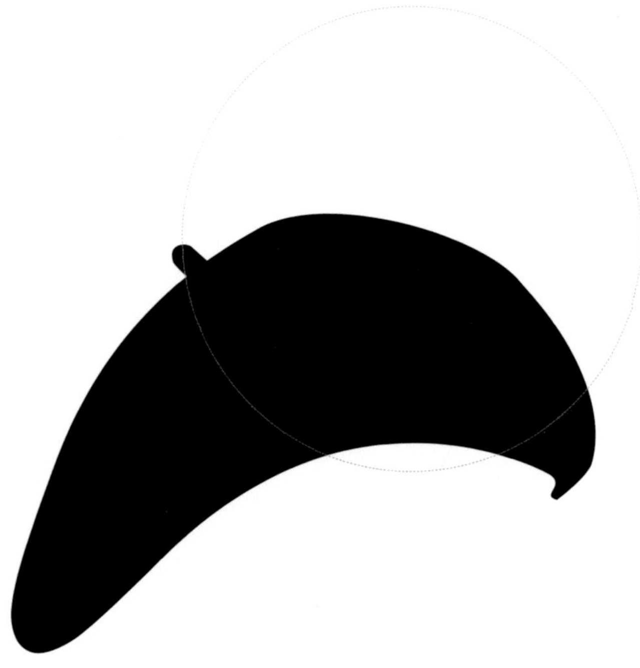

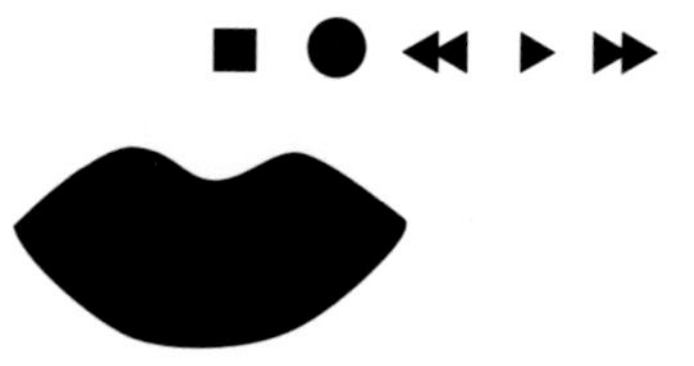

1908 - 2008

Els primers
100 anys
de música

Palau de
la Música

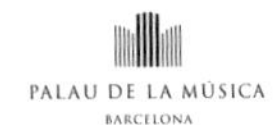

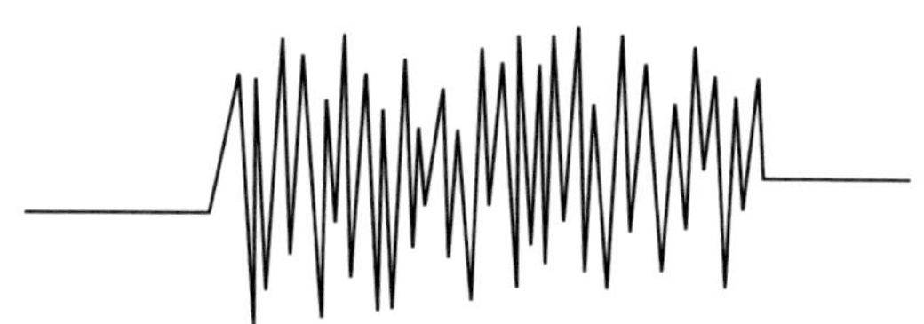

1908 - 2008

Els primers
100 anys
de música

Palau de
la Música

rrrrrrrrrrrrrrrrrrrrrrrrrrrrrrrrrrrrrrrrrrrrrrrrrrrrrrrrrrrrrrrrrrrrrrrrrrrrrrrrrrrrrrrrrrrrrrrrrrrrrrrrrrrrrrrrrrrrrrrrrrrrrr
rrrrrrrrrrrrrrrrrrrrrrrrrrrrrrrrrrrrrrrrrrrrrrrrrrrrrrrrrrrrrrrrrrrrrrrrrrrrrrrrrrrrrrrrrrrrrrrrrrrrrrrrrrrrrrrrrrrrrrrrrrrrrr
rrrrrrrrrrrrrrrrrrrrrrrrrrrrrrrrrrrrrrrrrrrrrrrrrrrrrrrrrrrrrrrrrrrrrrrrrrrrrrrrrrrrrrrrrrrrrrrrrrrrrrrrrrrrrrrrrrrrrrrrrrrrrr
rrrrrrrrrrrrrrrrrrrrrrrrrrrrrrrrrrrrrrrrrrrrrrrrrrrrrrrrrrrrrrrrrrrrrrrrrrrrrrrrrrrrrrrrrrrrrrrrrrrrrrrrrrrrrrrrrrrrrrrrrrrrrr
rrrrrrrrrrrrrrrrrrrrrrrrrrrrrrrrrrrrrrrrrrrrrrrrrrrrrrrrrrrrrrrrrrrrrrrrrrrrrrrrrrrrrrrrrrrrrrrrrrrrrrrrrrrrrrrrrrrrrrrrrrrrrr
rrrrrrrrrrrrrrrrrrrrrrrrrrrrrrrrrrrrrrrrrrrrrrrrrrrrrrrrrrrrrrrrrrrrrrrrrrrrrrrrrrrrrrrrrrrrrrrrrrrrrrrrrrrrrrrrrrrrrrrrrrrrrr
rrrrrrrrrrrrrrrrrrrrrrrrrrrrrrrrrrrrrrrrrrrrrrrrrrrrrrrrrrrrrrrrrrrrrrrrrrrrrrrrrrrrrrrrrrrrrrrrrrrrrrrrrrrrrrrrrrrrrrrrrrrrrr
rrrrrrrrrrrrrrrrrrrrrrrrrrrrrrrrrrrrrrrrrrrrrrrrrrrrrrrrrrrrrrrrrrrrrrrrrrrrrrrrrrrrrrrrrrrrrrrrrrrrrrrrrrrrrrrrrrrrrrrrrrrrrr
rrrrrrrrrrrrrrrrrrrrrrrrrrrrrrrrrrrrrrrrrrrrrrrrrrrrrrrrrrrrrrrrrrrrrrrrrrrrrrrrrrrrrrrrrrrrrrrrrrrrrrrrrrrrrrrrrrrrrrrrrrrrrr
rrrrrrrrrrrrrrrrrrrrrrrrrrrrrrrrrrrrrrrrrrrrrrrrrrrrrrrrrrrrrrrrrrrrrrrrrrrrrrrrrrrrrrrrrrrrrrrrrrrrrrrrrrrrrrrrrrrrrrrrrrrrrr
rrrrrrrrrrrrrrrrrrrrrrrrrrrrrrrrrrrrrrrrrrrrrrrrrrrrrrrrrrrrrrrrrrrrrrrrrrrrrrrrrrrrrrrrrrrrrrrrrrrrrrrrrrrrrrrrrrrrrrrrrrrrrr
rrrrrrrrrrrrrrrrrrrrrrrrrrrrrrrrrrrrrrrrrrrrrrrrrrrrrrrrrrrrrrrrrrrrrrrrrrrrrrrrrrrrrrrrrrrrrrrrrrrrrrrrrrrrrrrrrrrrrrrrrrrrrr
rrrrrrrrrrrrrrrrrrrrrrrrrrrrrrrrrrrrrrrrrrrrrrrrrrrrrrrrrrrrrrrrrrrrrrrrrrrrrrrrrrrrrrrrrrrrrrrrrrrrrrrrrrrrrrrrrrrrrrrrrrrrrr
rrrrrrrrrrrrrrrrrrrrrrrrrrrrrrrrrrrrrrrrrrrrrrrrrrrrrrrrrrrrrrrrrrrrrrrrrrrrrrrrrrrrrrrrrrrrrrrrrrrrrrrrrrrrrrrrrrrrrrrrrrrrrr
rrrrrrrrrrrrrrrrrrrrrrrrrrrrrrrrrrrrrrrrrrrrrrrrrrrrrrrrrrrrrrrrrrrrrrrrrrrrrrrrrrrrrrrrrrrrrrrrrrrrrrrrrrrrrrrrrrrrrrrrrrrrrr
rrrrrrrrrrrrrrrrrrrrrrrrrrrrrrrrrrrrrrrrrrrrrrrrrrrrrrrrrrrrrrrrrrrrrrrrrrrrrrrrrrrrrrrrrrrrrrrrrrrrrrrrrrrrrrrrrrrrrrrrrrrrrr
rrrrrrrrrrrrrrrrrrrrrrrrrrrrrrrrrrrrrrrrrrrrrrrrrrrrrrrrrrrrrrrrrrrrrrrrrrrrrrrrrrrrrrrrrrrrrrrrrrrrrrrrrrrrrrrrrrrrrrrrrrrrrr
rrrrrrrrrrrrrrrrrrrrrrrrrrrrrrrrrrrrrrrrrrrrrrrrrrrrrrrrrrrrrrrrrrrrrrrrrrrrrrrrrrrrrrrrrrrrrrrrrrrrrrrrrrrrrrrrrrrrrrrrrrrrrr
rrrrrrrrrrrrrrrrrrrrrrrrrrrrrrrrrrrrrrrrrrrrrrrrrrrrrrrrrrrrrrrrrrrrrrrrrrrrrrrrrrrrrrrrrrrrrrrrrrrrrrrrrrrrrrrrrrrrrrrrrrrrrr
rrrrrrrrrrrrrrrrrrrrrrrrrrrrrrrrrrrrrrrrrrrrrrrrrrrrrrrrrrrrrrrrrrrrrrrrrrrrrrrrrrrrrrrrrrrrrrrrrrrrrrrrrrrrrrrrrrrrrrrrrrrrrr
rrrrrrrrrrrrrrrrrrrrrrrrrrrrrrrrrrrrrrrrrrrrrrrrrrrrrrrrrrrrrrrrrrrrrrrrrrrrrrrrrrrrrrrrrrrrrrrrrrrrrrrrrrrrrrrrrrrrrrrrrrrrrr
rrrrrrrrrrrrrrrrrrrrrrrrrrrrrrrrrrrrrrrrrrrrrrrrrrrrrrrrrrrrrrrrrrrrrrrrrrrrrrrrrrrrrrrrrrrrrrrrrrrrrrrrrrrrrrrrrrrrrrrrrrrrrr
rrrrrrrrrrrrrrrrrrrrrrrrrrrrrrrrrrrrrrrrrrrrrrrrrrrrrrrrrrrrrrrrrrrrrrrrrrrrrrrrrrrrrrrrrrrrrrrrrrrrrrrrrrrrrrrrrrrrrrrrrrrrrr
rrrrrrrrrrrrrrrrrrrrrrrrrrrrrrrrrrrrrrrrrrrrrrrrrrrrrrrrrrrrrrrrrrrrrrrrrrrrrrrrrrrrrrrrrrrrrrrrrrrrrrrrrrrrrrrrrrrrrrrrrrrrrr
rrrrrrrrrrrrrrrrrrrrrrrrrrrrrrrrrrrrrrrrrrrrrrrrrrrrrrrrrrrrrrrrrrrrrrrrrrrrrrrrrrrrrrrrrrrrrrrrrrrrrrrrrrrrrrrrrrrrrrrrrrrrrr
rrrrrrrrrrrrrrrrrrrrrrrrrrrrrrrrrrrrrrrrrrrrrrrrrrrrrrrrrrrrrrrrrrrrrrrrrrrrrrrrrrrrrrrrrrrrrrrrrrrrrrrrrrrrrrrrrrrrrrrrrrrrrr
rrrrrrrrrrrrrrrrrrrrrrrrrrrrrrrrrrrrrrrrrrrrrrrrrrrrrrrrrrrrrrrrrrrrrrrrrrrrrrrrrrrrrrrrrrrrrrrrrrrrrrrrrrrrrrrrrrrrrrrrrrrrrr
rrrrrrrrrrrrrrrrrrrrrrrrrrrrrrrrrrrrrrrrrrrrrrrrrrrrrrrrrrrrrrrrrrrrrrrrrrrrrrrrrrrrrrrrrrrrrrrrrrrrrrrrrrrrrrrrrrrrrrrrrrrrrr
rrrrrrrrrrrrrrrrrrrrrrrrrrrrrrrrrrrrrrrrrrrrrrrrrrrrrrrrrrrrrrrrrrrrrrrrrrrrrrrrrrrrrrrrrrrrrrrrrrrrrrrrrrrrrrrrrrrrrrrrrrrrrr
rrrrrrrrrrrrrrrrrrrrrrrrrrrrrrrrrrrrrrrrrrrrrrrrrrrrrrrrrrrrrrrrrrrrrrrrrrrrrrrrrrrrrrrrrrrrrrrrrrrrrrrrrrrrrrrrrrrrrrrrrrrrrr
rrrrrrrrrrrrrrrrrrrrrrrrrrrrrrrrrrrrrrrrrrrrrrrrrrrrrrrrrrrrrrrrrrrrrrrrrrrrrrrrrrrrrrrrrrrrrrrrrrrrrrrrrrrrrrrrrrrrrrrrrrrrrr
rrrrrrrrrrrrrrrrrrrrrrrrrrrrrrrrrrrrrrrrrrrrrrrrrrrrrrrrrrrrrrrrrrrrrrrrrrrrrrrrrrrrrrrrrrrrrrrrrrrrrrrrrrrrrrrrrrrrrrrrrrrrrr
rrrrrrrrrrrrrrrrrrrrrrrrrrrrrrrrrrrrrrrrrrrrrrrrrrrrrrrrrrrrrrrrrrrrrrrrrrrrrrrrrrrrrrrrrrrrrrrrrrrrrrrrrrrrrrrrrrrrrrrrrrrrrr
rrrrrrrrrrrrrrrrrrrrrrrrrrrrrrrrrrrrrrrrrrrrrrrrrrrrrrrrrrrrrrrrrrrrrrrrrrrrrrrrrrrrrrrrrrrrrrrrrrrrrrrrrrrrrrrrrrrrrrrrrrrrrr
rrrrrrrrrrrrrrrrrrrrrrrrrrrrrrrrrrrrrrrrrrrrrrrrrrrrrrrrrrrrrrrrrrrrrrrrrrrrrrrrrrrrrrrrrrrrrrrrrrrrrrrrrrrrrrrrrrrrrrrrrrrrrr
rrrrrrrrrrrrrrrrrrrrrrrrrrrrrrrrrrrrrrrrrrrrrrrrrrrrrrrrrrrrrrrrrrrrrrrrrrrrrrrrrrrrrrrrrrrrrrrrrrrrrrrrrrrrrrrrrrrrrrrrrrrrrr
rrrrrrrrrrrrrrrrrrrrrrrrrrrrrrrrrrrrrrrrrrrrrrrrrrrrrrrrrrrrrrrrrrrrrrrrrrrrrrrrrrrrrrrrrrrrrrrrrrrrrrrrrrrrrrrrrrrrrrrrrrrrrr
rrrrrrrrrrrrrrrrrrrrrrrrrrrrrrrrrrrrrrrrrrrrrrrrrrrrrrrrrrrrrrrrrrrrrrrrrrrrrrrrrrrrrrrrrrrrrrrrrrrrrrrrrrrrrrrrrrrrrrrrrrrrrr
rrrrrrrrrrrrrrrrrrrrrrrrrrrrrrrrrrrrrrrrrrrrrrrrrrrrrrrrrrrrrrrrrrrrrrrrrrrrrrrrrrrrrrrrrrrrrrrrrrrrrrrrrrrrrrrrrrrrrrrrrrrrrr
rrrrrrrrrrrrrrrrrrrrrrrrrrrrrrrrrrrrrrrrrrrrrrrrrrrrrrrrrrrrrrrrrrrrrrrrrrrrrrrrrrrrrrrrrrrrrrrrrrrrrrrrrrrrrrrrrrrrrrrrrrrrrr
rrrrrrrrrrrrrrrrrrrrrrrrrrrrrrrrrrrrrrrrrrrrrrrrrrrrrrrrrrrrrrrrrrrrrrrrrrrrrrrrrrrrrrrrrrrrrrrrrrrrrrrrrrrrrrrrrrrrrrrrrrrrrr
rrrrrrrrrrrrrrrrrrrrrrrrrrrrrrrrrrrrrrrrrrrrrrrrrrrrrrrrrrrrrrrrrrrrrrrrrrrrrrrrrrrrrrrrrrrrrrrrrrrrrrrrrrrrrrrrrrrrrrrrrrrrrr
rrrrrrrrrrrrrrrrrrrrrrrrrrrrrrrrrrrrrrrrrrrrrrrrrrrrrrrrrrrrrrrrrrrrrrrrrrrrrrrrrrrrrrrrrrrrrrrrrrrrrrrrrrrrrrrrrrrrrrrrrrrrrr
rrrrrrrrrrrrrrrrrrrrrrrrrrrrrrrrrrrrrrrrrrrrrrrrrrrrrrrrrrrrrrrrrrrrrrrrrrrrrrrrrrrrrrrrrrrrrrrrrrrrrrrrrrrrrrrrrrrrrrrrrrrrrr
rrrrrrrrrrrrrrrrrrrrrrrrrrrrrrrrrrrrrrrrrrrrrrrrrrrrrrrrrrrrrrrrrrrrrrrrrrrrrrrrrrrrrrrrrrrrrrrrrrrrrrrrrrrrrrrrrrrrrrrrrrrrrr
rrrrrrrrrrrrrrrrrrrrrrrrrrrrrrrrrrrrrrrrrrrrrrrrrrrrrrrrrrrrrrrrrrrrrrrrrrrrrrrrrrrrrrrrrrrrrrrrrrrrrrrrrrrrrrrrrrrrrrrrrrrrrr
rrrrrrrrrrrrrrrrrrrrrrrrrrrrrrrrrrrrrrrrrrrrrrrrrrrrrrrrrrrrrrrrrrrrrrrrrrrrrrrrrrrrrrrrrrrrrrrrrrrrrrrrrrrrrrrrrrrrrrrrrrrrrr
rrrrrrrrrrrrrrrrrrrrrrrrrrrrrrrrrrrrrrrrrrrrrrrrrrrrrrrrrrrrrrrrrrrrrrrrrrrrrrrrrrrrrrrrrrrrrrrrrrrrrrrrrrrrrrrrrrrrrrrrrrrrrr
rrrrrrrrrrrrrrrrrrrrrrrrrrrrrrrrrrrrrrrrrrrrrrrrrrrrrrrrrrrrrrrrrrrrrrrrrrrrrrrrrrrrrrrrrrrrrrrrrrrrrrrrrrrrrrrrrrrrrrrrrrrrrr
rrrrrrrrrrrrrrrrrrrrrrrrrrrrrrrrrrrrrrrrrrrrrrrrrrrrrrrrrrrrrrrrrrrrrrrrrrrrrrrrrrrrrrrrrrrrrrrrrrrrrrrrrrrrrrrrrrrrrrrrrrrrrr
rrrrrrrrrrrrrrrrrrrrrrrrrrrrrrrrrrrrrrrrrrrrrrrrrrrrrrrrrrrrrrrrrrrrrrrrrrrrrrrrrrrrrrrrrrrrrrrrrrrrrrrrrrrrrrrrrrrrrrrrrrrrrr
rrrrrrrrrrrrrrrrrrrrrrrrrrrrrrrrrrrrrrrrrrrrrrrrrrrrrrrrrrrrrrrrrrrrrrrrrrrrrrrrrrrrrrrrrrrrrrrrrrrrrrrrrrrrrrrrrrrrrrrrrrrrrr
rrrrrrrrrrrrrrrrrrrrrrrrrrrrrrrrrrrrrrrrrrrrrrrrrrrrrrrrrrrrrrrrrrrrrrrrrrrrrrrrrrrrrrrrrrrrrrrrrrrrrrrrrrrrrrrrrrrrrrrrrrrrrr
rrrrrrrrrrrrrrrrrrrrrrrrrrrrrrrrrrrrrrrrrrrrrrrrrrrrrrrrrrrrrrrrrrrrrrrrrrrrrrrrrrrrrrrrrrrrrrrrrrrrrrrrrrrrrrrrrrrrrrrrrrrrrr
rrrrrrrrrrrrrrrrrrrrrrrrrrrrrrrrrrrrrrrrrrrrrrrrrrrrrrrrrrrrrrrrrrrrrrrrrrrrrrrrrrrrrrrrrrrrrrrrrrrrrrrrrrrrrrrrrrrrrrrrrrrrrr
rrrrrrrrrrrrrrrrrrrrrrrrrrrrrrrrrrrrrrrrrrrrrrrrrrrrrrrrrrrrrrrrrrrrrrrrrrrrrrrrrrrrrrrrrrrrrrrrrrrrrrrrrrrrrrrrrrrrrrrrrrrrrr
rrrrrrrrrrrrrrrrrrrrrrrrrrrrrrrrrrrrrrrrrrrrrrrrrrrrrrrrrrrrrrrrrrrrrrrrrrrrrrrrrrrrrrrrrrrrrrrrrrrrrrrrrrrrrrrrrrrrrrrrrrrrrr
rrrrrrrrrrrrrrrrrrrrrrrrrrrrrrrrrrrrrrrrrrrrrrrrrrrrrrrrrrrrrrrrrrrrrrrrrrrrrrrrrrrrrrrrrrrrrrrrrrrrrrrrrrrrrrrrrrrrrrrrrrrrrr
rrrrrrrrrrrrrrrrrrrrrrrrrrrrrrrrrrrrrrrrrrrrrrrrrrrrrrrrrrrrrrrrrrrrrrrrrrrrrrrrrrrrrrrrrrrrrrrrrrrrrrrrrrrrrrrrrrrrrrrrrrrrrr
rrrrrrrrrrrrrrrrrrrrrrrrrrrrrrrrrrrrrrrrrrrrrrrrrrrrrrrrrrrrrrrrrrrrrrrrrrrrrrrrrrrrrrrrrrrrrrrrrrrrrrrrrrrrrrrrrrrrrrrrrrrrrr
rrrrrrrrrrrrrrrrrrrrrrrrrrrrrrrrrrrrrrrrrrrrrrrrrrrrrrrrrrrrrrrrrrrrrrrrrrrrrrrrrrrrrrrrrrrrrrrrrrrrrrrrrrrrrrrrrrrrrrrrrrrrrr
rrrrrrrrrrrrrrrrrrrrrrrrrrrrrrrrrrrrrrrrrrrrrrrrrrrrrrrrrrrrrrrrrrrrrrrrrrrrrrrrrrrrrrrrrrrrrrrrrrrrrrrrrrrrrrrrrrrrrrrrrrrrrr
rrrrrrrrrrrrrrrrrrrrrrrrrrrrrrrrrrrrrrrrrrrrrrrrrrrrrrrrrrrrrrrrrrrrrrrrrrrrrrrrrrrrrrrrrrrrrrrrrrrrrrrrrrrrrrrrrrrrrrrrrrrrrr
rrrrrrrrrrrrrrrrrrrrrrrrrrrrrrrrrrrrrrrrrrrrrrrrrrrrrrrrrrrrrrrrrrrrrrrrrrrrrrrrrrrrrrrrrrrrrrrrrrrrrrrrrrrrrrrrrrrrrrrrrrrrrr
rrrrrrrrrrrrrrrrrrrrrrrrrrrrrrrrrrrrrrrrrrrrrrrrrrrrrrrrrrrrrrrrrrrrrrrrrrrrrrrrrrrrrrrrrrrrrrrrrrrrrrrrrrrrrrrrrrrrrrrrrrrrrr
rrrrrrrrrrrrrrrrrrrrrrrrrrrrrrrrrrrrrrrrrrrrrrrrrrrrrrrrrrrrrrrrrrrrrrrrrrrrrrrrrrrrrrrrrrrrrrrrrrrrrrrrrrrrrrrrrrrrrrrrrrrrrr
rrrrrrrrrrrrrrrrrrrrrrrrrrrrrrrrrrrrrrrrrrrrrrrrrrrrrrrrrrrrrrrrrrrrrrrrrrrrrrrrrrrrrrrrrrrrrrrrrrrrrrrrrrrrrrrrrrrrrrrrrrrrrr
rrrrrrrrrrrrrrrrrrrrrrrrrrrrrrrrrrrrrrrrrrrrrrrrrrrrrrrrrrrrrrrrrrrrrrrrrrrrrrrrrrrrrrrrrrrrrrrrrrrrrrrrrrrrrrrrrrrrrrrrrrrrrr
rrrrrrrrrrrrrrrrrrrrrrrrrrrrrrrrrrrrrrrrrrrrrrrrrrrrrrrrrrrrrrrrrrrrrrrrrrrrrrrrrrrrrrrrrrrrrrrrrrrrrrrrrrrrrrrrrrrrrrrrrrrrrr
rrrrrrrrrrrrrrrrrrrrrrrrrrrrrrrrrrrrrrrrrrrrrrrrrrrrrrrrrrrrrrrrrrrrrrrrrrrrrrrrrrrrrrrrrrrrrrrrrrrrrrrrrrrrrrrrrrrrrrrrrrrrrr
rrrrrrrrrrrrrrrrrrrrrrrrrrrrrrrrrrrrrrrrrrrrrrrrrrrrrrrrrrrrrrrrrrrrrrrrrrrrrrrrrrrrrrrrrrrrrrrrrrrrrrrrrrrrrrrrrrrrrrrrrrrrrr
rrrrrrrrrrrrrrrrrrrrrrrrrrrrrrrrrrrrrrrrrrrrrrrrrrrrrrrrrrrrrrrrrrrrrrrrrrrrrrrrrrrrrrrrrrrrrrrrrrrrrrrrrrrrrrrrrrrrrrrrrrrrrr
rrrrrrrrrrrrrrrrrrrrrrrrrrrrrrrrrrrrrrrrrrrrrrrrrrrrrrrrrrrrrrrrrrrrrrrrrrrrrrrrrrrrrrrrrrrrrrrrrrrrrrrrrrrrrrrrrrrrrrrrrrrrrr
rrrrrrrrrrrrrrrrrrrrrrrrrrrrrrrrrrrrrrrrrrrrrrrrrrrrrrrrrrrrrrrrrrrrrrrrrrrrrrrrrrrrrrrrrrrrrrrrrrrrrrrrrrrrrrrrrrrrrrrrrrrrrr
rrrrrrrrrrrrrrrrrrrrrrrrrrrrrrrrrrrrrrrrrrrrrrrrrrrrrrrrrrrrrrrrrrrrrrrrrrrrrrrrrrrrrrrrrrrrrrrrrrrrrrrrrrrrrrrrrrrrrrrrrrrrrr
rrrrrrrrrrrrrrrrrrrrrrrrrrrrrrrrrrrrrrrrrrrrrrrrrrrrrrrrrrrrrrrrrrrrrrrrrrrrrrrrrrrrrrrrrrrrrrrrrrrrrrrrrrrrrrrrrrrrrrrrrrrrrr
rrrrrrrrrrrrrrrrrrrrrrrrrrrrrrrrrrrrrrrrrrrrrrrrrrrrrrrrrrrrrrrrrrrrrrrrrrrrrrrrrrrrrrrrrrrrrrrrrrrrrrrrrrrrrrrrrrrrrrrrrrrrrr
rrrrrrrrrrrrrrrrrrrrrrrrrrrrrrrrrrrrrrrrrrrrrrrrrrrrrrrrrrrrrrrrrrrrrrrrrrrrrrrrrrrrrrrrrrrrrrrrrrrrrrrrrrrrrrrrrrrrrrrrrrrrrr
rrrrrrrrrrrrrrrrrrrrrrrrrrrrrrrrrrrrrrrrrrrrrrrrrrrrrrrrrrrrrrrrrrrrrrrrrrrrrrrrrrrrrrrrrrrrrrrrrrrrrrrrrrrrrrrrrrrrrrrrrrrrrr
rrrrrrrrrrrrrrrrrrrrrrrrrrrrrrrrrrrrrrrrrrrrrrrrrrrrrrrrrrrrrrrrrrrrrrrrrrrrrrrrrrrrrrrrrrrrrrrrrrrrrrrrrrrrrrrrrrrrrrrrrrrrrr
rrrrrrrrrrrrrrrrrrrrrrrrrrrrrrrrrrrrrrrrrrrrrrrrrrrrrrrrrrrrrrrrrrrrrrrrrrrrrrrrrrrrrrrrrrrrrrrrrrrrrrrrrrrrrrrrrrrrrrrrrrrrrr

r
– risa –

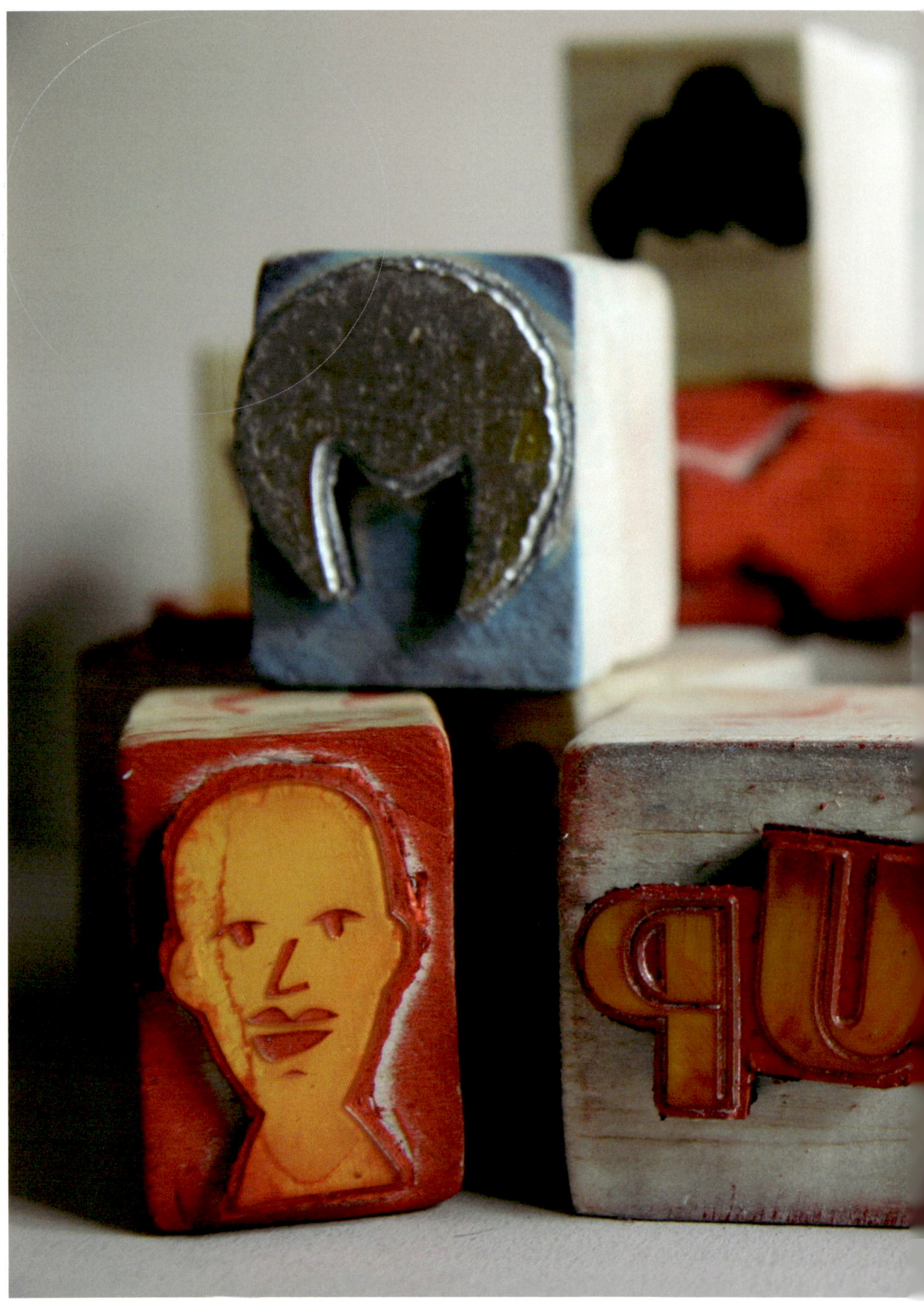

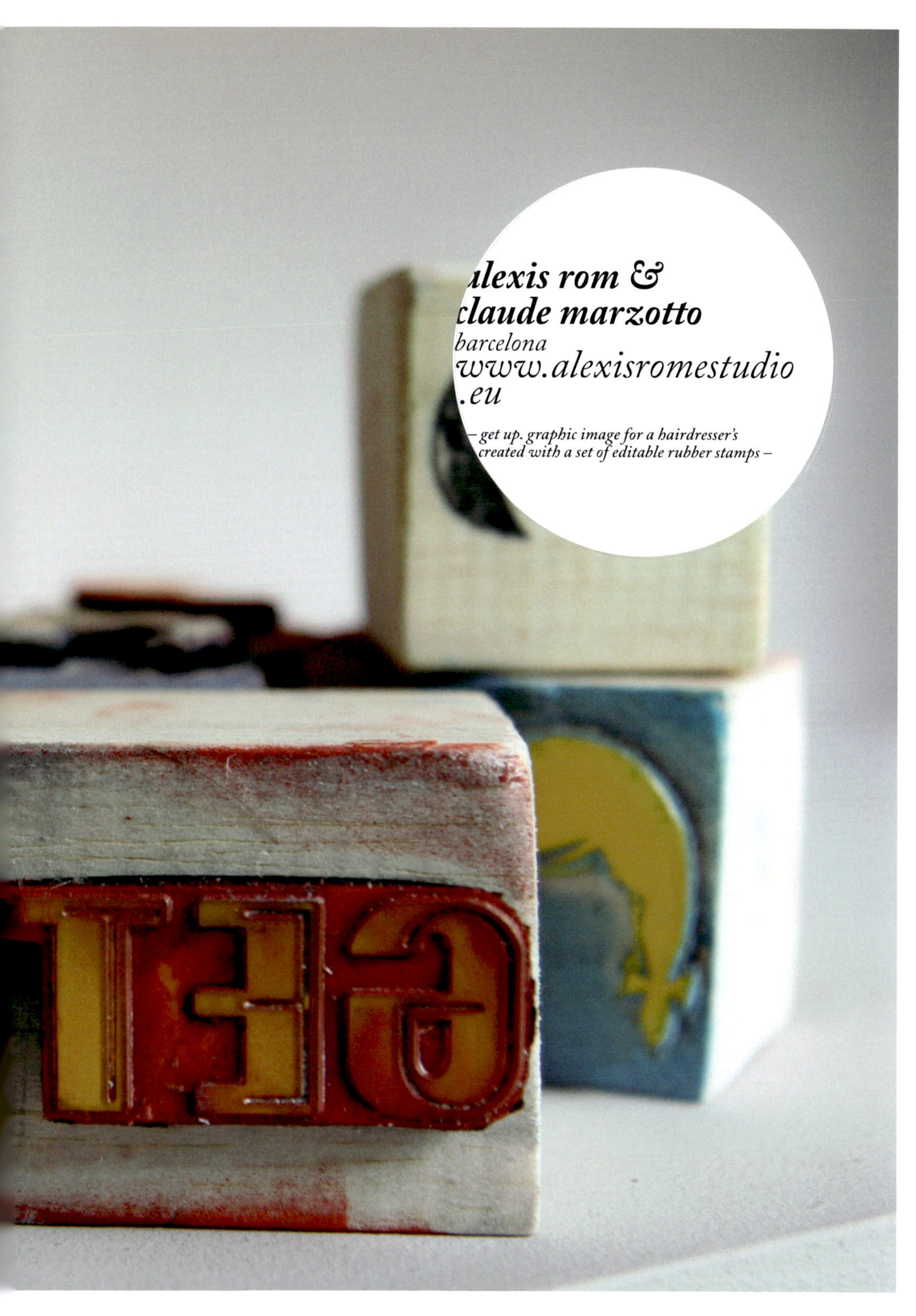

alexis rom & claude marzotto

barcelona

www.alexisromestudio.eu

– get up. graphic image for a hairdresser's created with a set of editable rubber stamps –

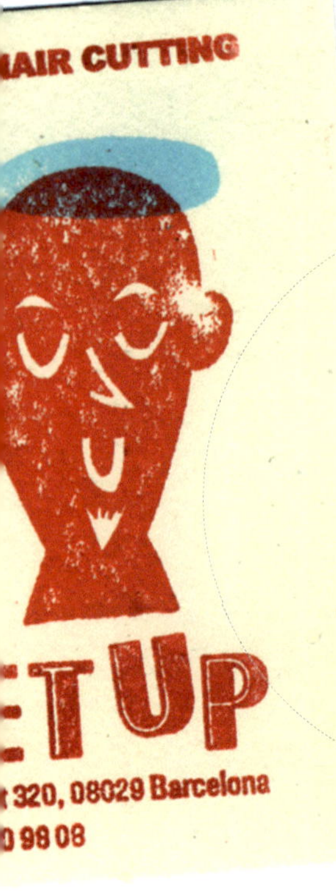
AIR CUTTING
ETUP
320, 08029 Barcelona
0 98 08

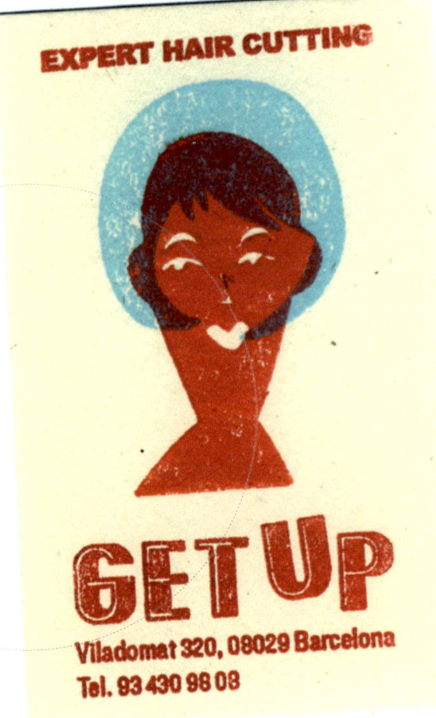
EXPERT HAIR CUTTING
GET UP
Viladomat 320, 08029 Barcelona
Tel. 93 430 98 08

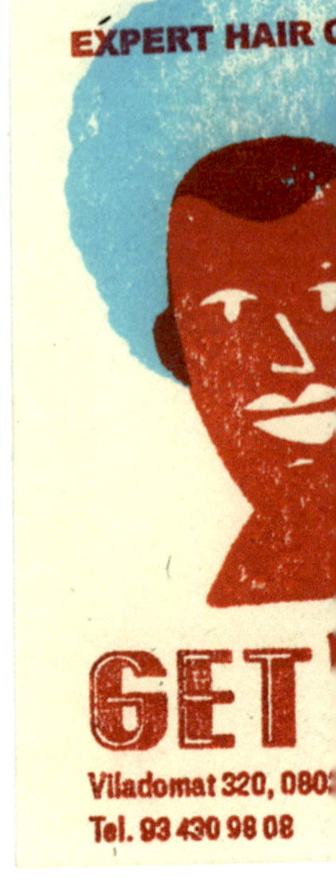
EXPERT HAIR
GET
Viladomat 320, 080
Tel. 93 430 98 08

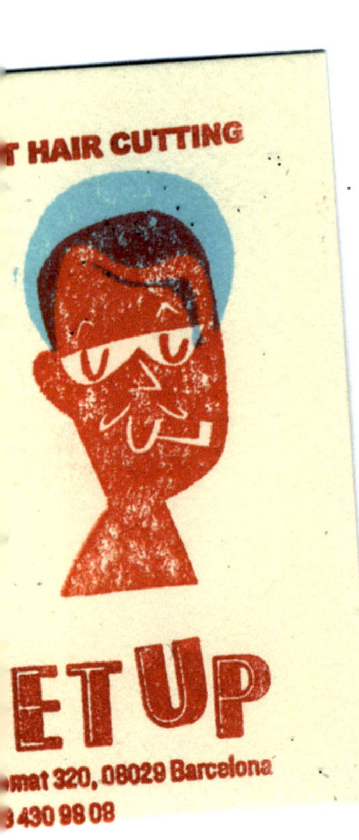
HAIR CUTTING
ETUP
mat 320, 08029 Barcelona
430 98 08

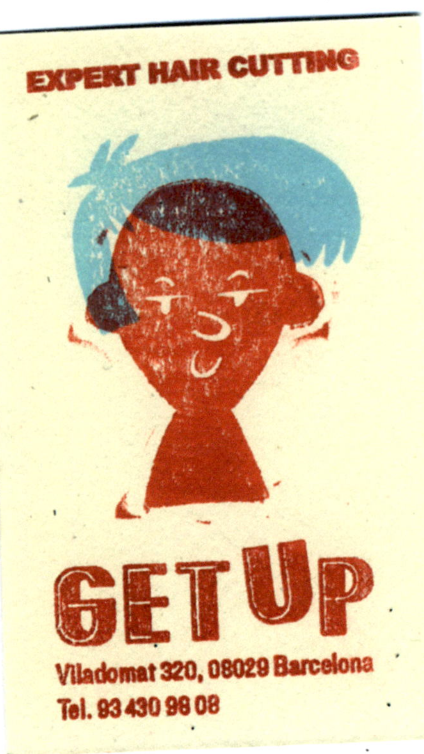
EXPERT HAIR CUTTING
GET UP
Viladomat 320, 08029 Barcelona
Tel. 93 430 98 08

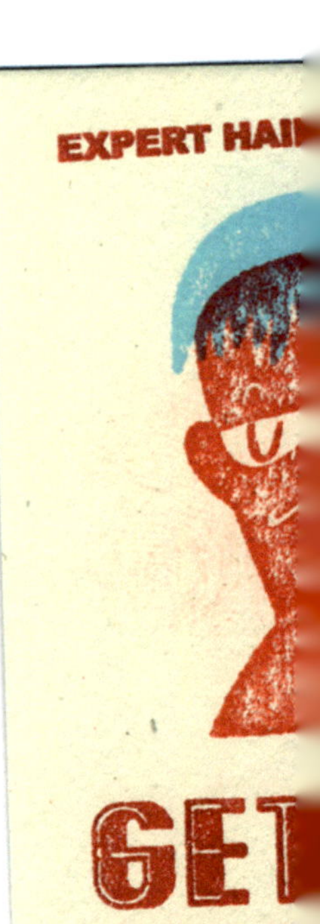
EXPERT HAI
GET
Viladomat 320,

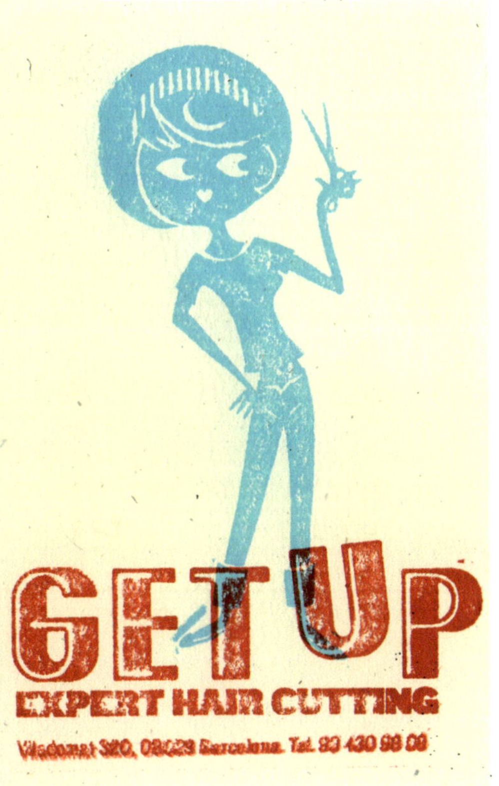
GET UP
EXPERT HAIR CUTTING
Viladomat 320, 08029 Barcelona. Tel. 93 430 98 08

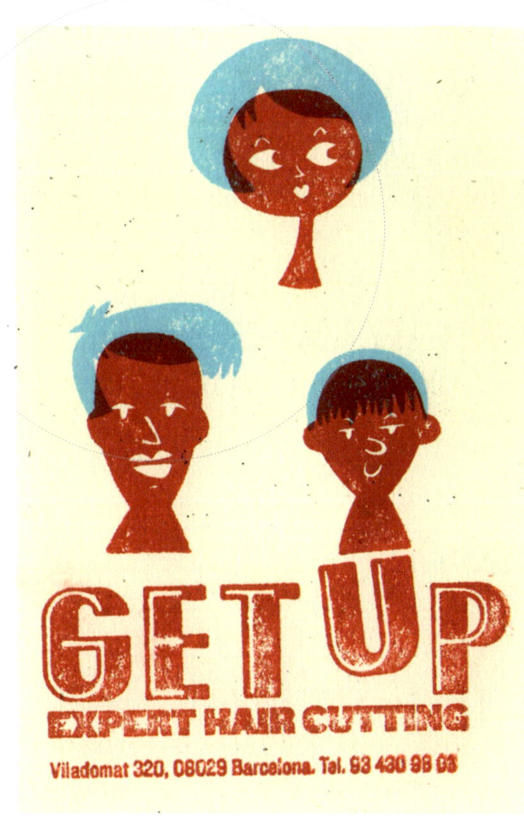
GET UP
EXPERT HAIR CUTTING
Viladomat 320, 08029 Barcelona. Tel. 93 430 98 08

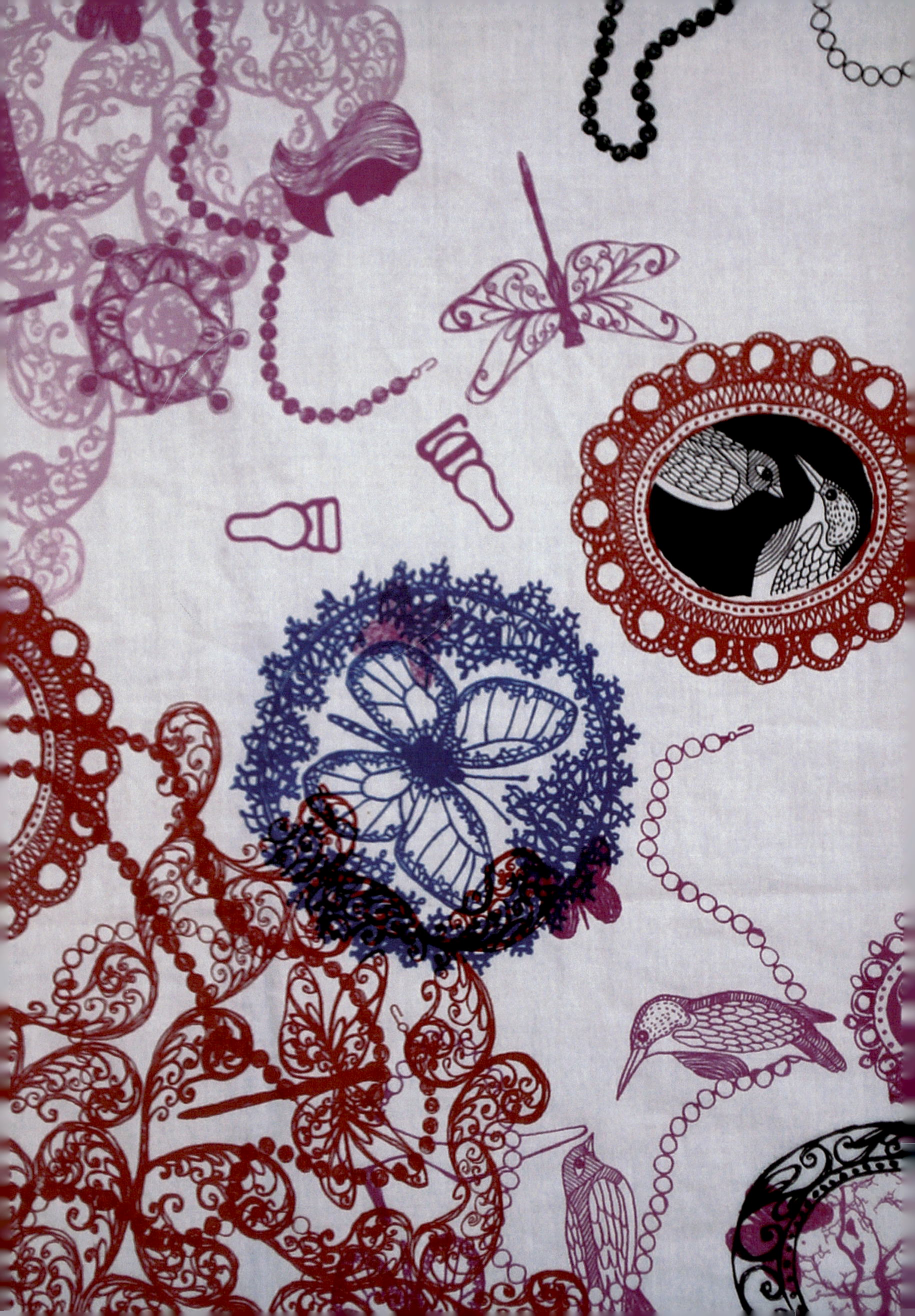

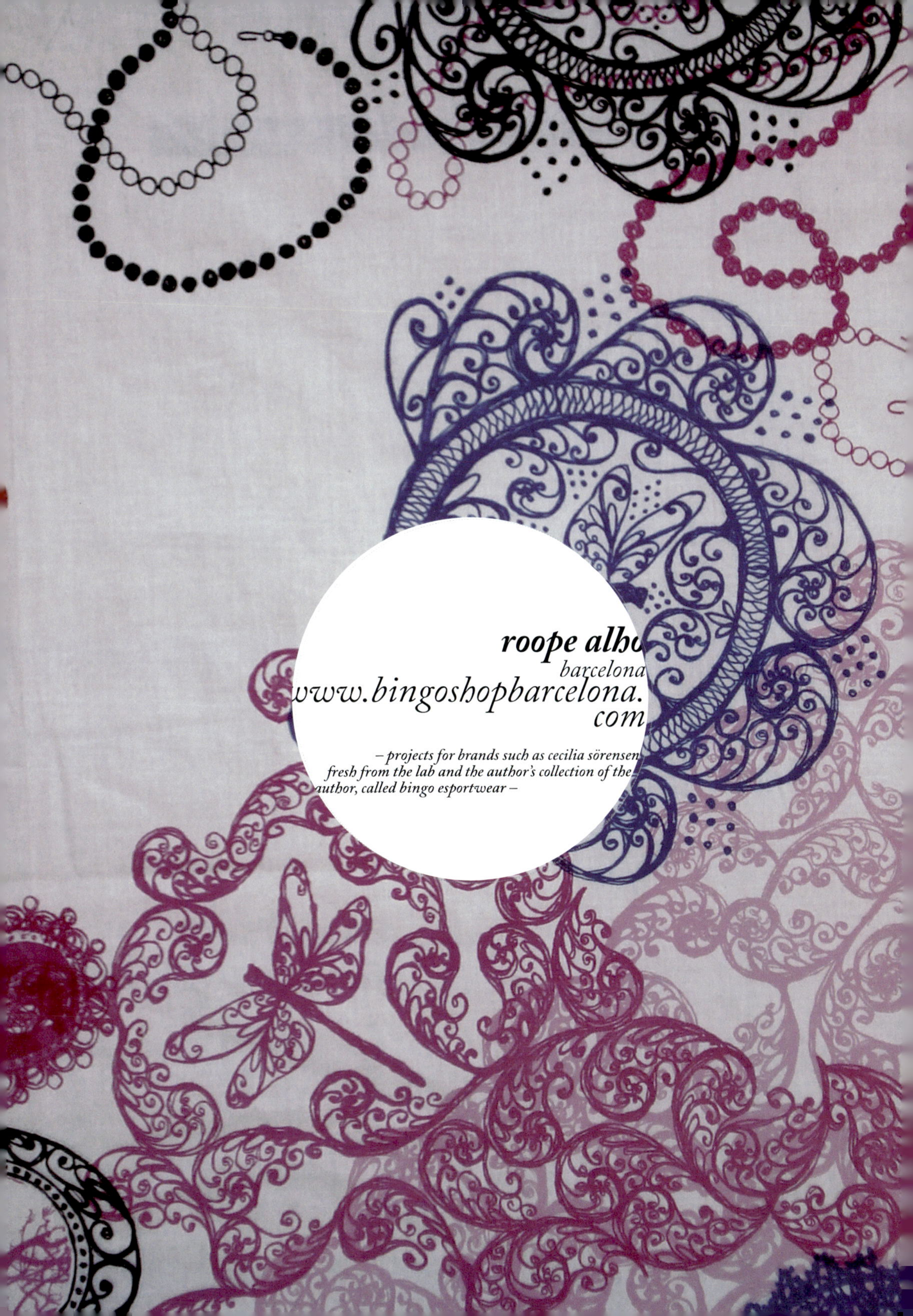
roope alho
barcelona
www.bingoshopbarcelona.
com
– projects for brands such as cecilia sörensen
fresh from the lab and the author's collection of the
author, called bingo esportwear –

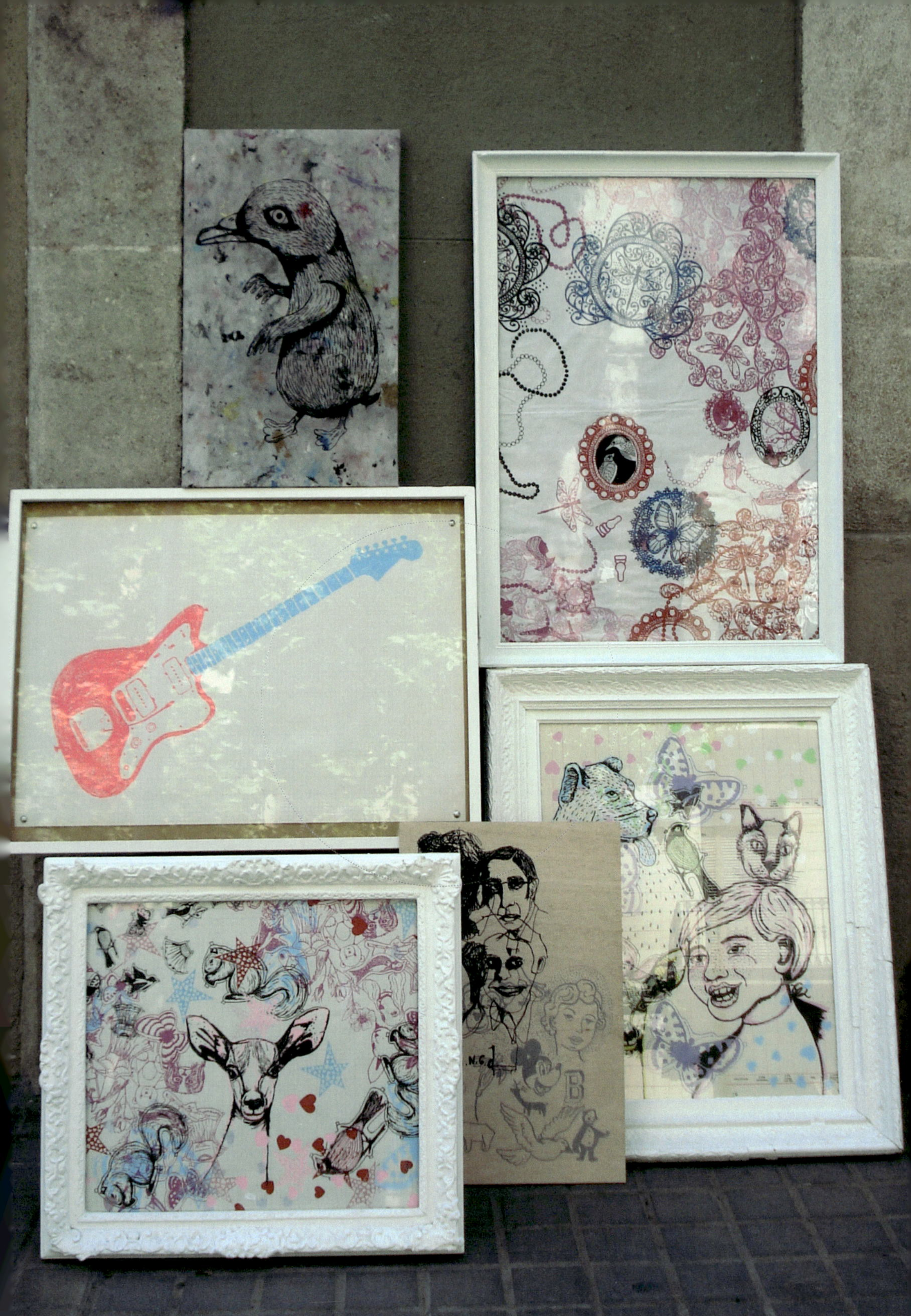

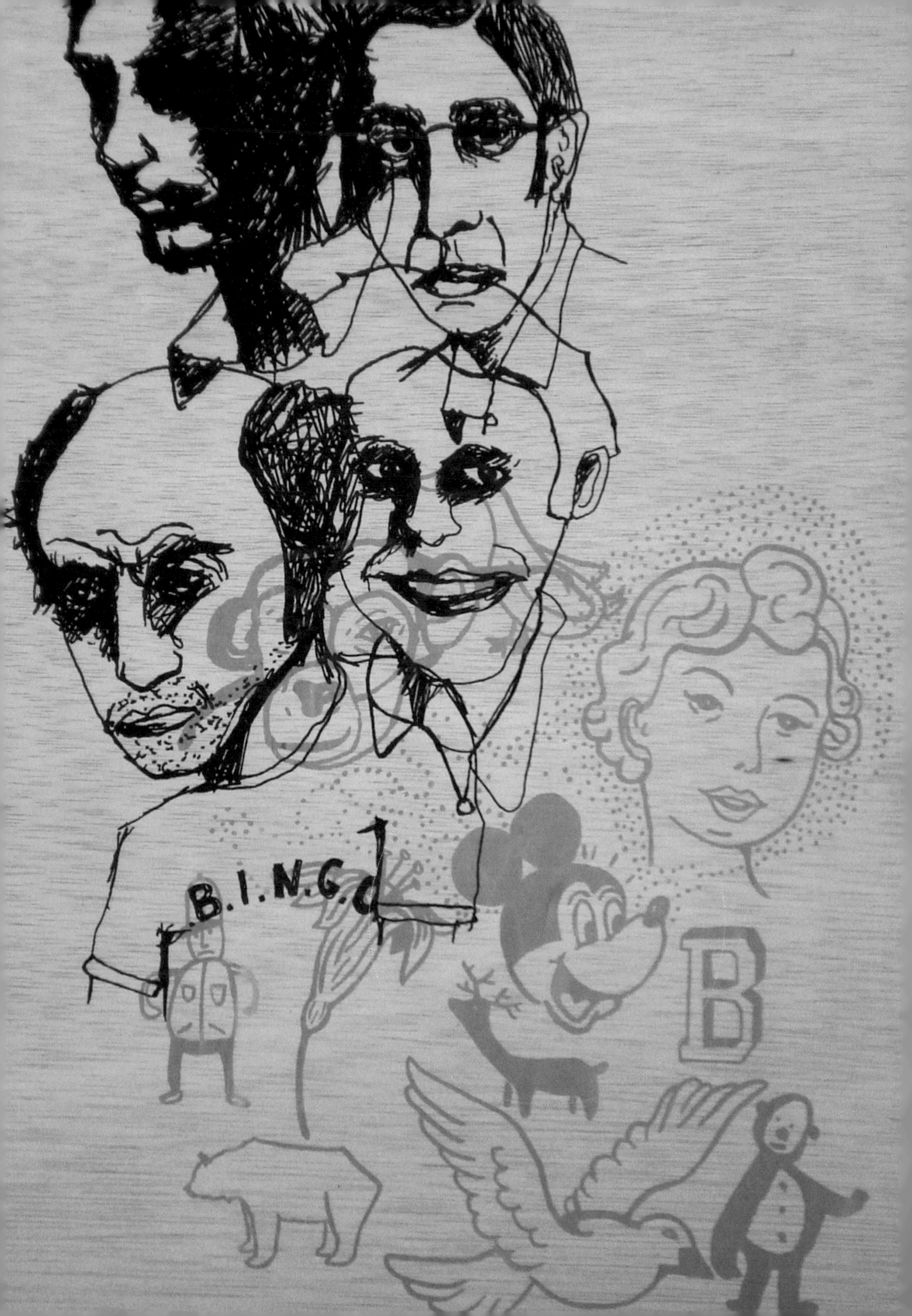
B.I.N.G.O
B

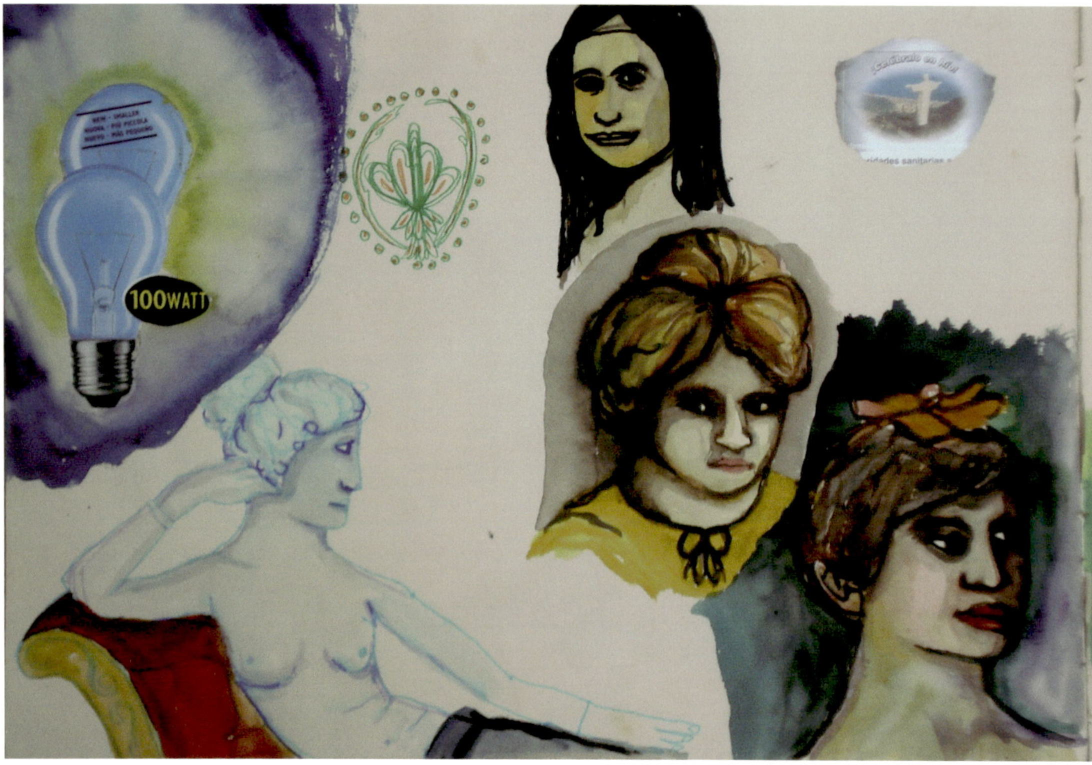

100WATT

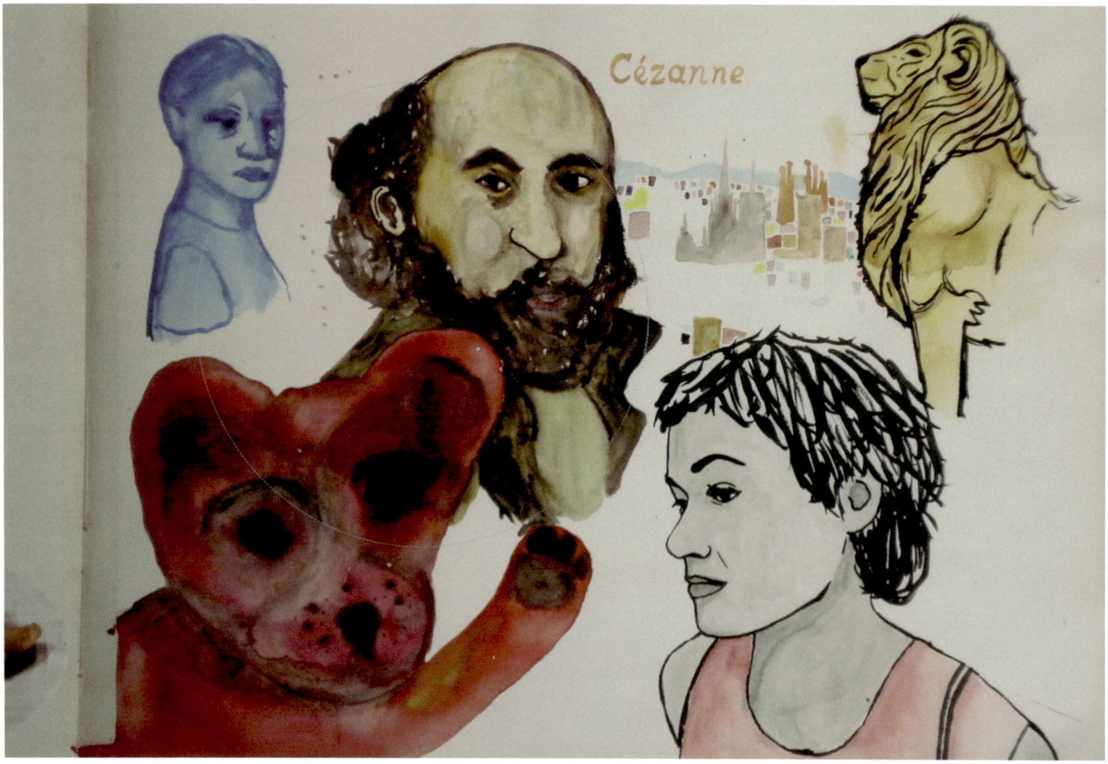

Cézanne

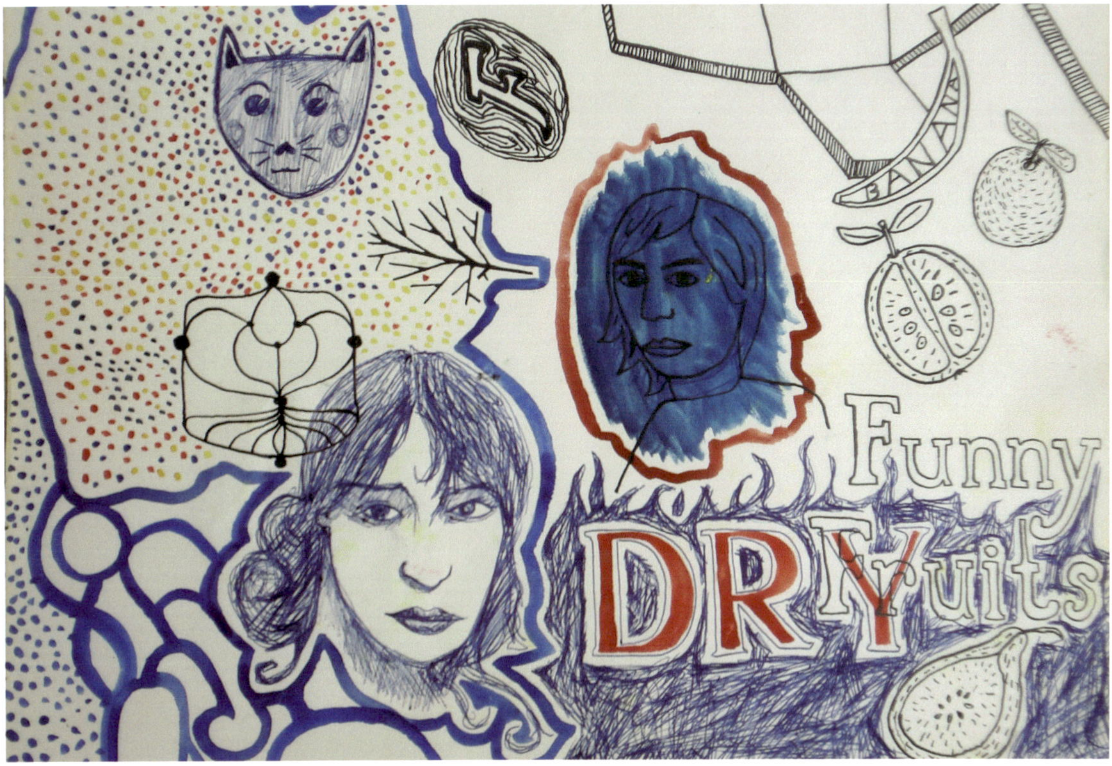

BANANA
Funny
DRY fruits 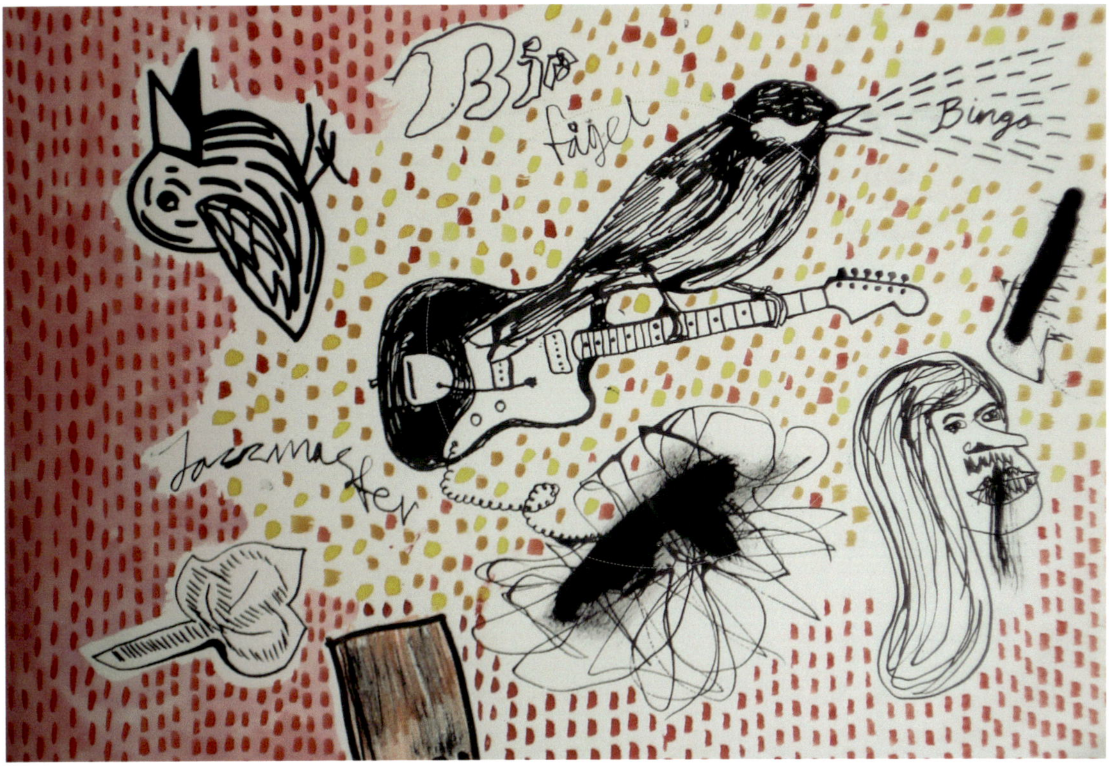
Bio
fågel
Bingo
Jazzmaster

Terrassa
De:
P_O_4 **Oficina**®
Data:
Març–Juny 2007
Assumpte:

P_O_4 P_O_4 P_O_4

Terrassa
De:
P_O_4 **Oficina**®
Data:
Març–Juny 2007
Assumpte:

Terrassa
De:
P_O_4 **Oficina**®
Data:
Març–Juny 2007
Assumpte:

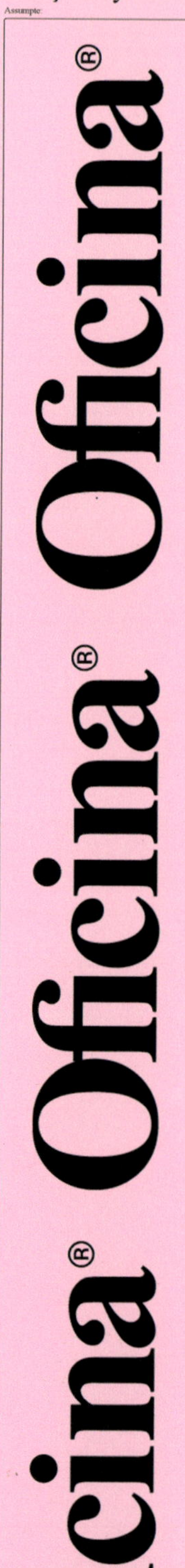

Terrassa
De:
P_O_4 Oficina®
Data:
Març–Juny 2007
Assumpte:

www.p-oberts.org

Oficina® Oficina® Oficina® Oficina®

Oficina® Oficina® Oficina®

run design

barcelona

www.rundesign.net

*– **no. 1:** ajuntament de terrassa (imcet). "oficina" is an art project developed in the "processos oberts" cycle its identity springs from the knowledge of what the main element of communication between the office ("oficina") and the city would be –*

*– **no. 2:** interferències 06. graphics for a contemporary art cycle in terrassa. the element all communication is centered on are actual minority statistics in the city census –*

Fax per a:

Terrassa

De:

P_O_4 Oficina®

Data:

2/3/07

Assumpte:

Saluta-cions cordials.

Organitza

Ajuntament de Terrassa
Cultura

Amb el suport de:

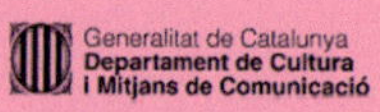

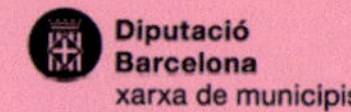

Col·labora:

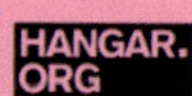

Fax per a:

Terrassa

De:

P_O_4 Oficina®

Data:

Juny 2007

Assumpte:

Si estàs interessat en intervenir en el procés d'un projecte d'art contemporani, ara pots! Les artistes Momu & No Es t'esperen a la oficina de P_O amb 6 dels seus projectes a la taula a punt per començar a desenvolupar i produir, tu pots ser qui marqui les directrius, interessos i formalitat de la obra, vine a construir allò que t'agradaria trobar a una exposició. Sigues el Senyor P que estan esperant. Acostat a l'Oficina d'Acció de Momu & No Es divendres de 5.30 a 8.30 i dissabtes i diumenges de 10.30 a 19.50 al Carrer San Gaietà 66. 2on, Terrassa.

Vine i tria, tu decideixes, tu seràs el nostre Senyor P.

La maquina de clonar de plastelina
Fabricar una gran bola de plastilina seccionada. Modelem-la junts amb la cançó de Gosth!

La Catifa més maca del mon.
Momu i No Es han descobert quelcom: volen ballar vestides dels elements que composen la catifa més maca del mon.

Buscar feina a Terrassa
Competició entre les dues per veure qui troba feina la millor feina abans. On t'agradaria trobar-nos?

Los Diminutos
Ningú saben on son.... Però creiem haver-los vist i davant la certesa de la seva existència els trobarem!

Dormir en un Bazar Chino
Objectiu: Passar la nit a un basar Xinès. I, de mentres, al exterior una congregació de gent fent...

Diari d'un acoso
Dos formoses Artistes, dos comissaris sense escrúpols, un procés i un lloc. ACOSO. Fins on vols que ens arrossegui aquesta situació?

On i com?
Momu & No Es (Oficina d'acció)
al C/Sant Gaietà, 66. 2on, Terrassa
Dv de 17 a 20.30
Ds i Dm de 10.30 a 19.30
Tel. 93 788 14 04
www.p-oberts.org

Que és P_O?
P_O_4 Oficina, projecte artístic que prioritza la transparència i el procés de treball en art, pren com a punt de partida i debat la noció d'oficina per tal d'afavorir diferents línies d'actuació al voltant del binomi que conforma i sustenta les pràctiques artístiques: l'artista i el seu treball davant l'usuari i la seva recepció. D'aquesta manera **P_O_4 Oficina** investiga durant diversos mesos múltiples estratègies de proximitat i intercanvi entre els diferents agents implicats en el fet artístic(curadors, gestors, coordinadors, artistes, receptors...) tot redefinint així altres models de contacte, aprenentatge i coneixement entre el context artístic i la societat actual, en aquest cas la ciutat i els habitants de terrassa.

Organitza

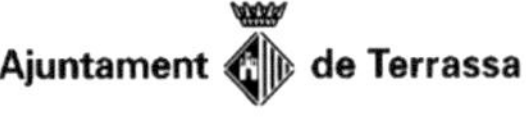

Amb el suport de:

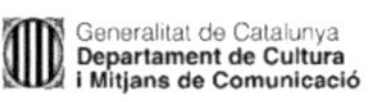

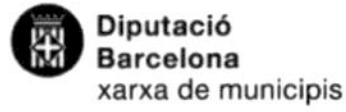

Col·labora:

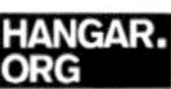

A TERRASSA HI HA 28 VAQUES,*

Interferències 2006

Peces per a un puzzle urbà

La ciutat té una cultura contemporània viva que de vegades passa desapercebuda. A través d'exposicions, concerts i altres activitats, **Interferències** mostrarà diferents facetes d'aquesta riquesa comuna. De fet, interferir significa tallar el pas, però també provocar un canvi, un moviment inesperat. Vols interferir en la cultura de la teva ciutat?

Per a més informació: **www.terrassa.org/interferencies**

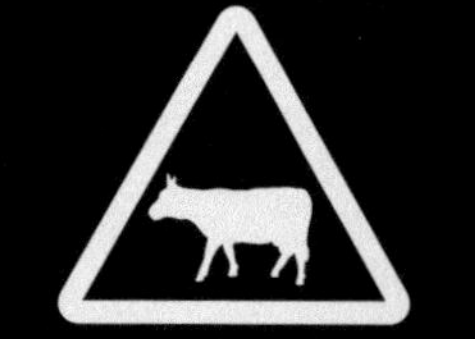

Disseny Gràfic: Xavier Roca / RUN

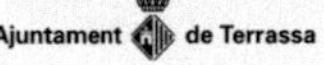

Generalitat de Catalunya
Departament de Cultura

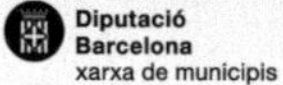

(*) FONT: Idescat

A TERRASSA HI HA 23 ARTISTES,*

Interferències 2006
Peces per a un puzzle urbà

La ciutat té una cultura contemporània viva que de vegades passa desapercebuda. A través d'exposicions, concerts i altres activitats, **Interferències** mostrarà diferents facetes d'aquesta riquesa comuna. De fet, interferir significa tallar el pas, però també provocar un canvi, un moviment inesperat. Vols interferir en la cultura de la teva ciutat?

Per a més informació: **www.terrassa.org/interferencies**

Disseny Gràfic: Xavier Roca / RUN

Ajuntament de Terrassa
Cultura

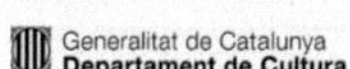

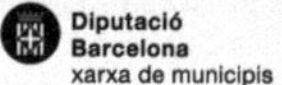

(*) FONT: Idescat

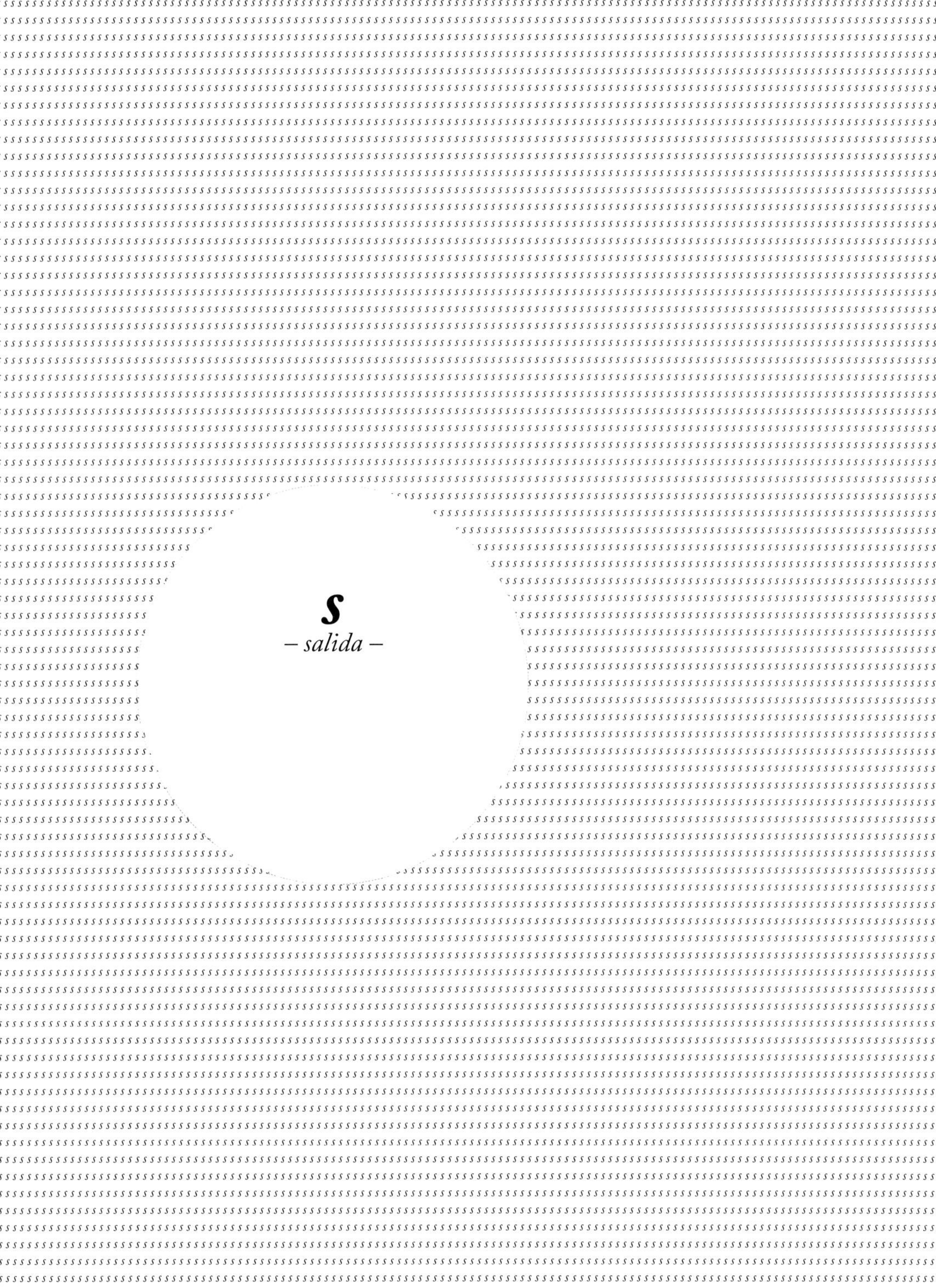

s

– salida –

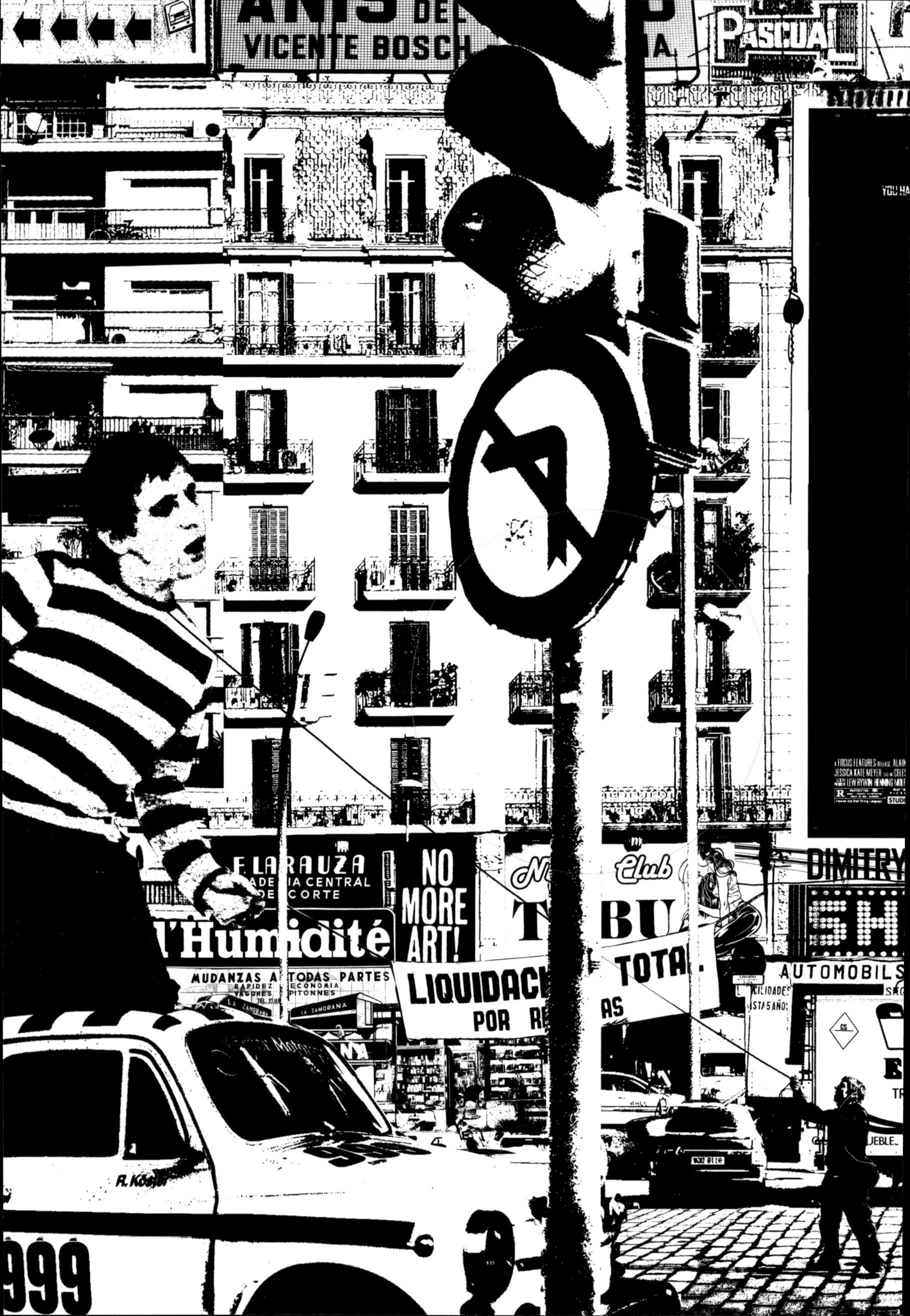

VICENTE BOSCH
PASCUAL
F. LARAUZA
NO MORE ART!
Club
l'Humidité
MUDANZAS A TODAS PARTES
LIQUIDAC TOTAL
POR
DIMITRY
AUTOMOBILS
999

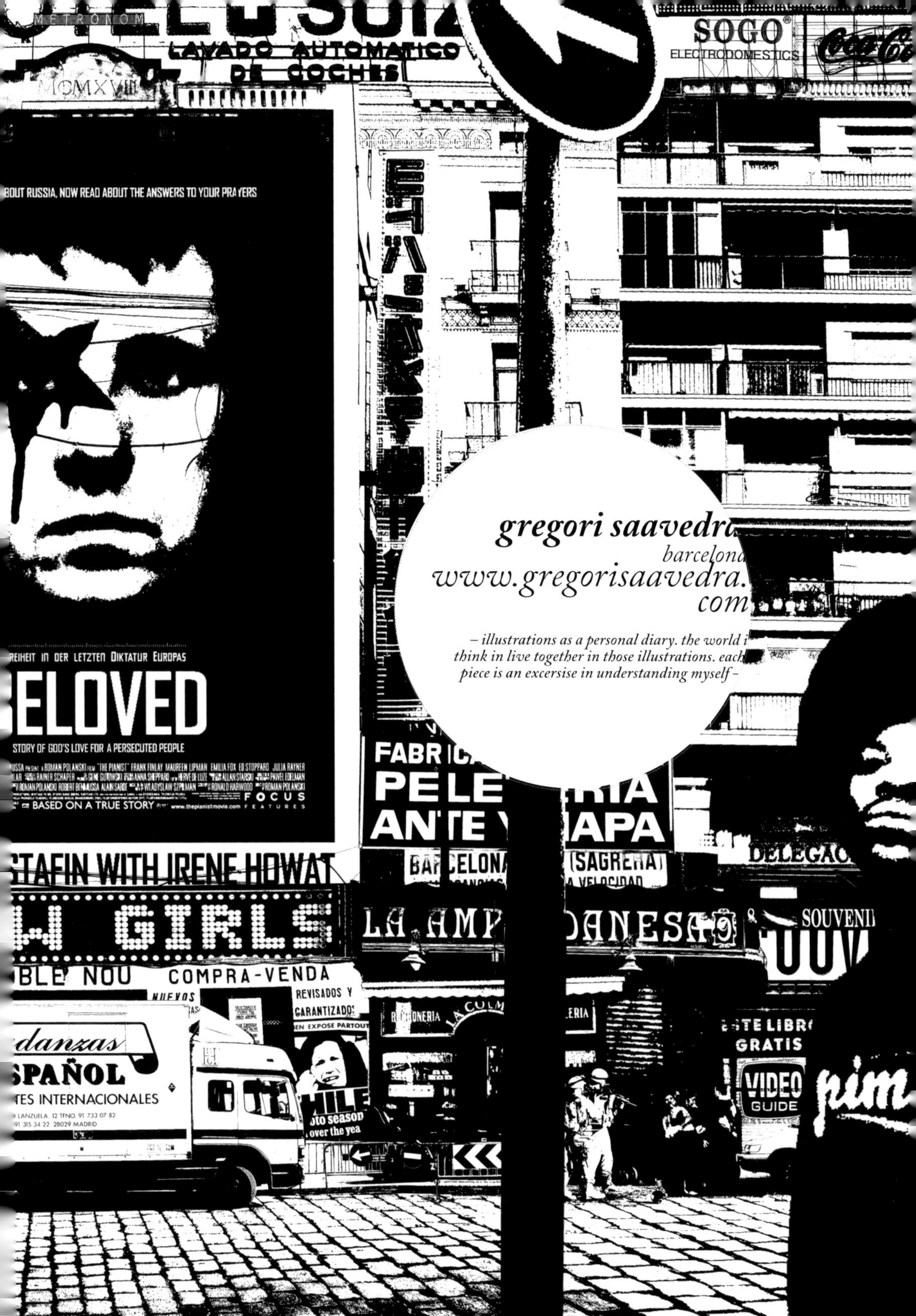
gregori saavedra
barcelona
www.gregorisaavedra.
com
– illustrations as a personal diary. the world i
think in live together in those illustrations. each
piece is an excersise in understanding myself –
LAVADO AUTOMATICO
DE COCHES
MCMXVIII
SOGO
ELECTRODOMESTICS
BOUT RUSSIA, NOW READ ABOUT THE ANSWERS TO YOUR PRAYERS
REIHEIT IN DER LETZTEN DIKTATUR EUROPAS
ELOVED
STORY OF GOD'S LOVE FOR A PERSECUTED PEOPLE
BASED ON A TRUE STORY
www.thepianistmovie.com
FOCUS
FEATURES
STAFIN WITH IRENE HOWAT
W GIRLS
BLE NOU
COMPRA-VENDA
REVISADOS Y
GARANTIZADOS
danzas
SPAÑOL
TES INTERNACIONALES
FABRI
PELE RIA
ANTE APA
(SAGRERA)
LA AMP DANESA
DELEGAC
SOUVENI
ESTE LIBRO
GRATIS
VIDEO
GUIDE

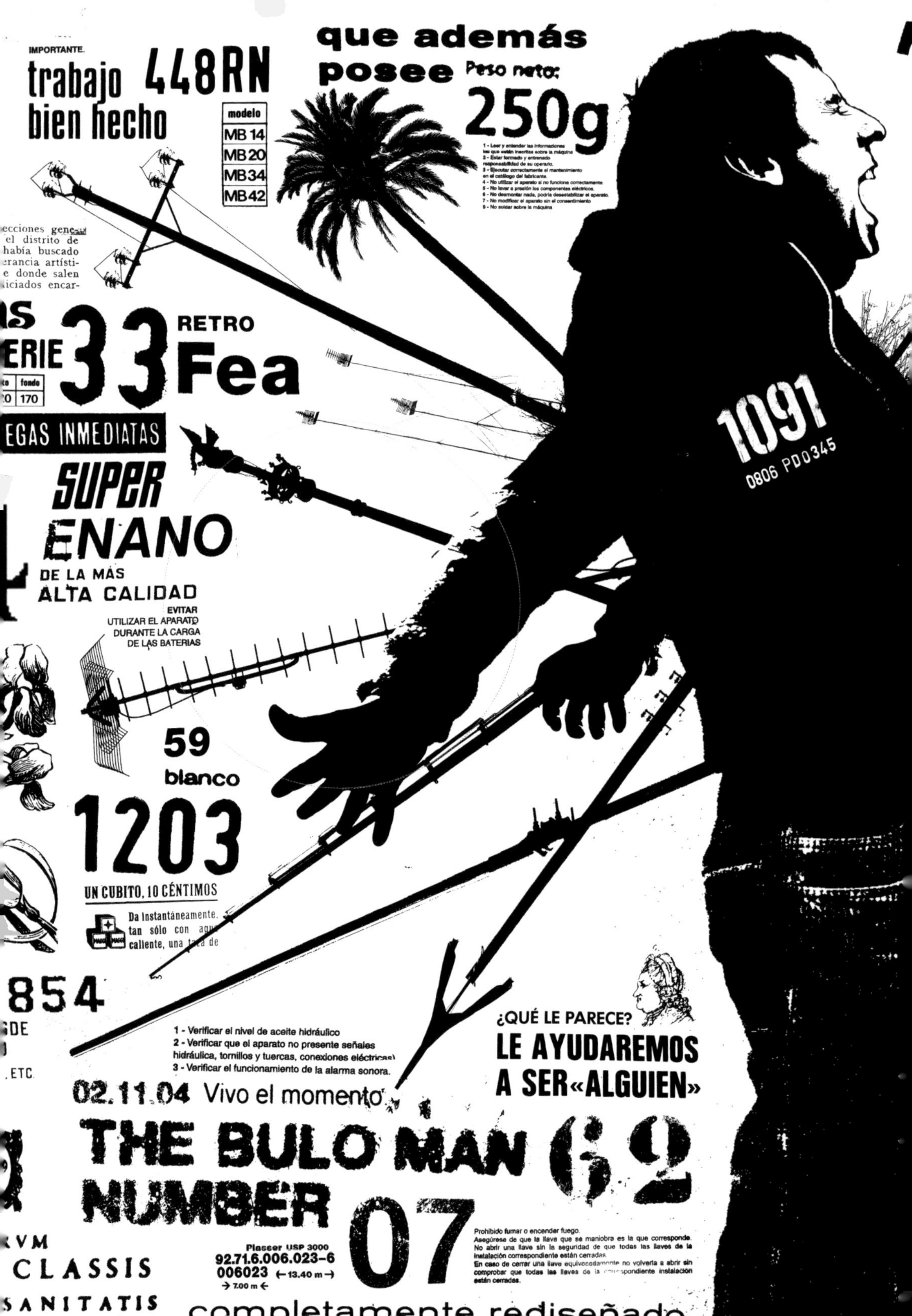

IMPORTANTE.
trabajo bien hecho
448RN
modelo
MB 14
MB 20
MB 34
MB 42
que además posee
Peso neto:
250g
1 - Leer y entender las informaciones
las que están inscritas sobre la máquina
2 - Estar formado y entrenado
responsabilidad de su operario.
3 - Ejecutar correctamente el mantenimiento
en el catálogo del fabricante.
4 - No utilizar el aparato si no funciona correctamente.
5 - No lavar a presión los componentes eléctricos.
6 - No desmontar nada, podría desestabilizar el aparato.
7 - No modificar el aparato sin el consentimiento
9 - No soldar sobre la máquina
ecciones gene
el distrito de
había buscado
erancia artísti-
e donde salen
iciados encar-
ERIE
33
RETRO
Fea
fondo
170
EGAS INMEDIATAS
SUPER
ENANO
DE LA MÁS
ALTA CALIDAD
EVITAR
UTILIZAR EL APARATO
DURANTE LA CARGA
DE LAS BATERIAS
1091
0806 PD0345
59
blanco
1203
UN CUBITO, 10 CÉNTIMOS
Da instantáneamente,
tan sólo con agu
caliente, una taza de
854
DE
ETC.
1 - Verificar el nivel de aceite hidráulico
2 - Verificar que el aparato no presente señales
hidráulica, tornillos y tuercas, conexiones eléctricas
3 - Verificar el funcionamiento de la alarma sonora.
¿QUÉ LE PARECE?
LE AYUDAREMOS
A SER «ALGUIEN»
02.11.04 Vivo el momento
THE BULO MAN
62
NUMBER
07
Prohibido fumar o encender fuego.
Asegúrese de que la llave que se maniobra es la que corresponde.
No abrir una llave sin la seguridad de que todas las llaves de la instalación correspondiente están cerradas.
En caso de cerrar una llave equivocadamente no volvería a abrir sin comprobar que todas las llaves de la correspondiente instalación están cerradas.
Plasser USP 3000
92.71.6.006.023-6
006023
13.40 m
7.00 m
RVM
CLASSIS
SANITATIS
completamente rediseñado

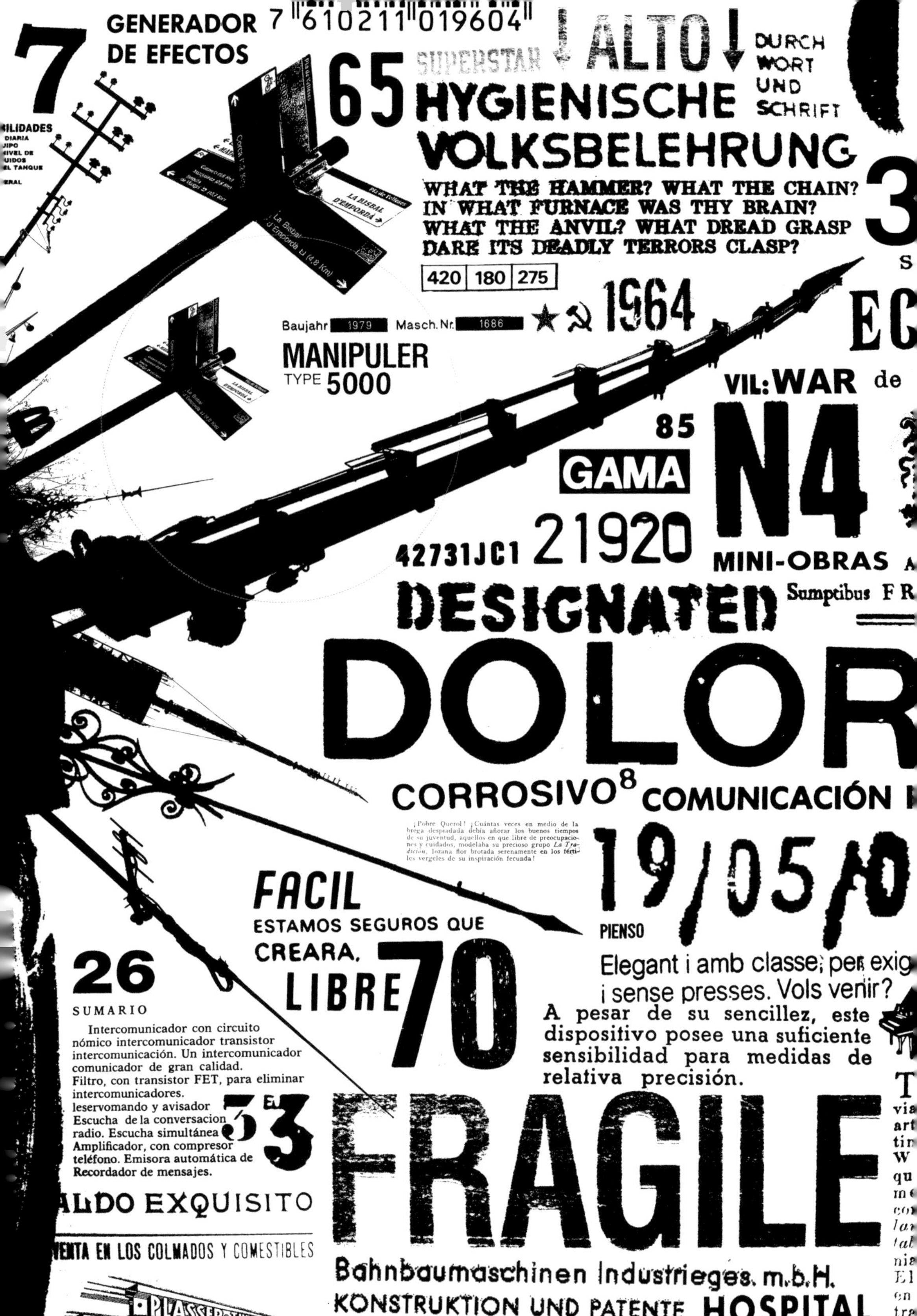
7
GENERADOR
DE EFECTOS
7 610211 019604
SUPERSTAR
ALTO
DURCH
WORT
UND
SCHRIFT
65
HYGIENISCHE
VOLKSBELEHRUNG
WHAT THE HAMMER? WHAT THE CHAIN?
IN WHAT FURNACE WAS THY BRAIN?
WHAT THE ANVIL? WHAT DREAD GRASP
DARE ITS DEADLY TERRORS CLASP?
420 180 275
1964
Baujahr 1979 Masch. Nr. 1686
MANIPULER
TYPE 5000
VIL: WAR
85
GAMA
N4
42731JC1 21920
MINI-OBRAS
DESIGNATED
Sumptibus
DOLOR
CORROSIVO8
COMUNICACIÓN
¡Pobre Querol! ¡Cuántas veces en medio de la brega despiadada debía añorar los buenos tiempos de su juventud, aquellos en que libre de preocupaciones y cuidados, modelaba su precioso grupo La Tradición, lozana flor brotada serenamente en los fértiles vergeles de su inspiración fecunda!
19/05/
FACIL
ESTAMOS SEGUROS QUE
CREARA,
LIBRE
70
PIENSO
Elegant i amb classe; per exig
i sense presses. Vols venir?
A pesar de su sencillez, este
dispositivo posee una suficiente
sensibilidad para medidas de
relativa precisión.
26
SUMARIO
Intercomunicador con circuito
nómico intercomunicador transistor
intercomunicación. Un intercomunicador
comunicador de gran calidad.
Filtro, con transistor FET, para eliminar
intercomunicadores.
leservomando y avisador
Escucha de la conversacion
radio. Escucha simultánea
Amplificador, con compresor
teléfono. Emisora automática de
Recordador de mensajes.
33
ALDO EXQUISITO
VENTA EN LOS COLMADOS Y COMESTIBLES
FRAGILE
Bahnbaumaschinen Industriegés. m.b.H.
KONSTRUKTION UND PATENTE
HOSPITAL
PLASSER

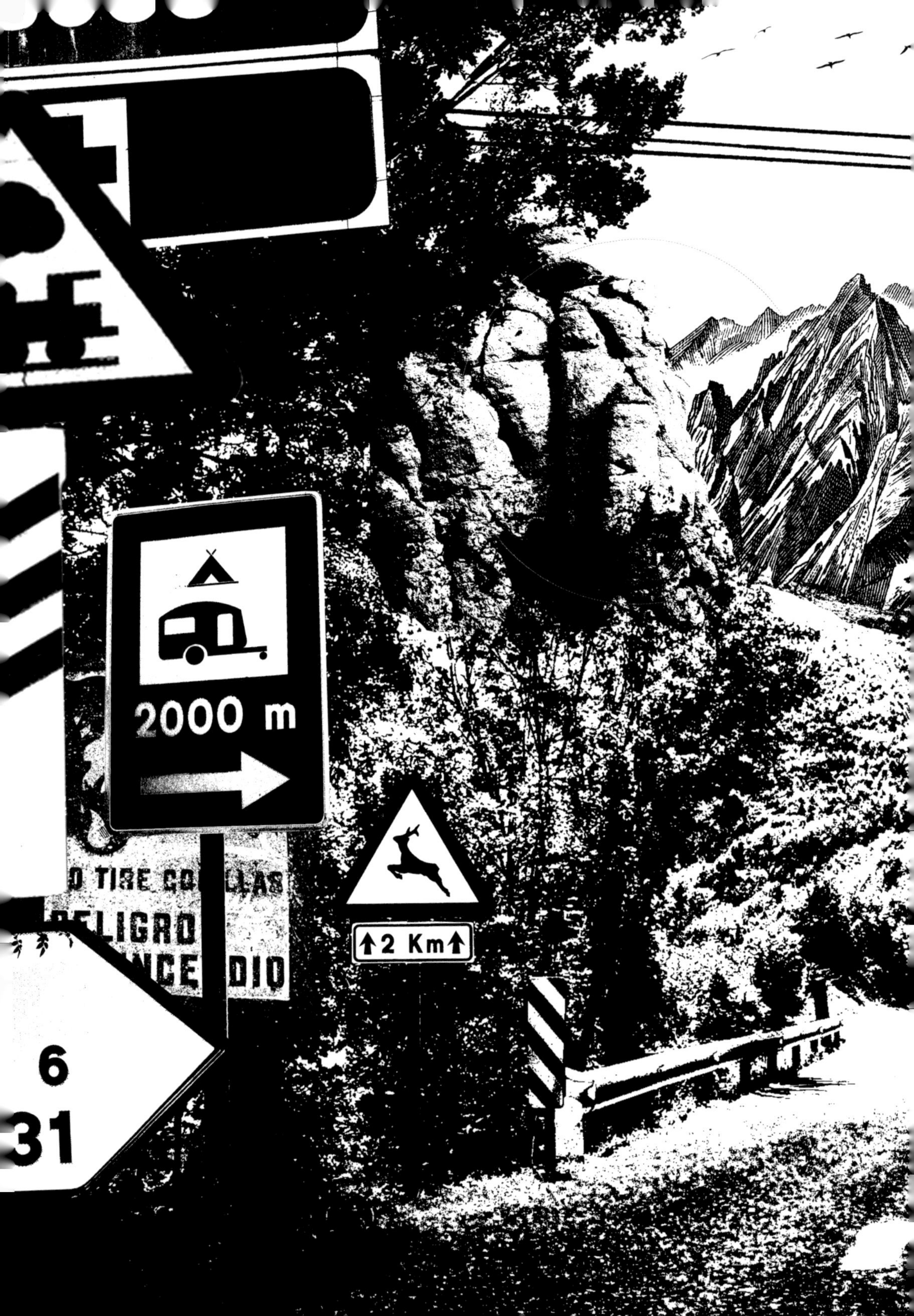
2000 m
2 Km
6
31

Para mas informa
ASOCIACION MICO
974
PARA L
Y RECO
ASOCI
N-2
K
36
90
STOP
45
59

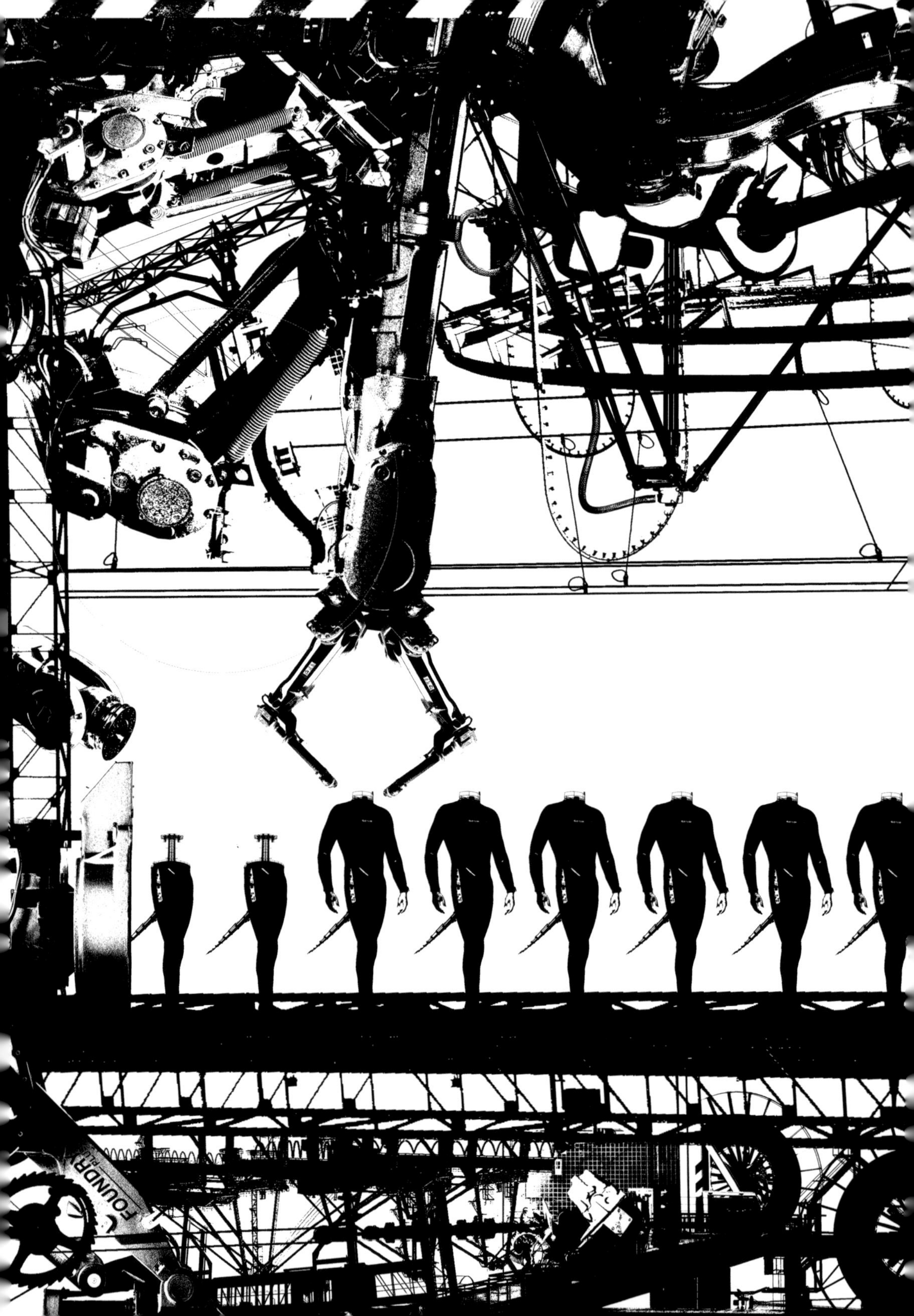

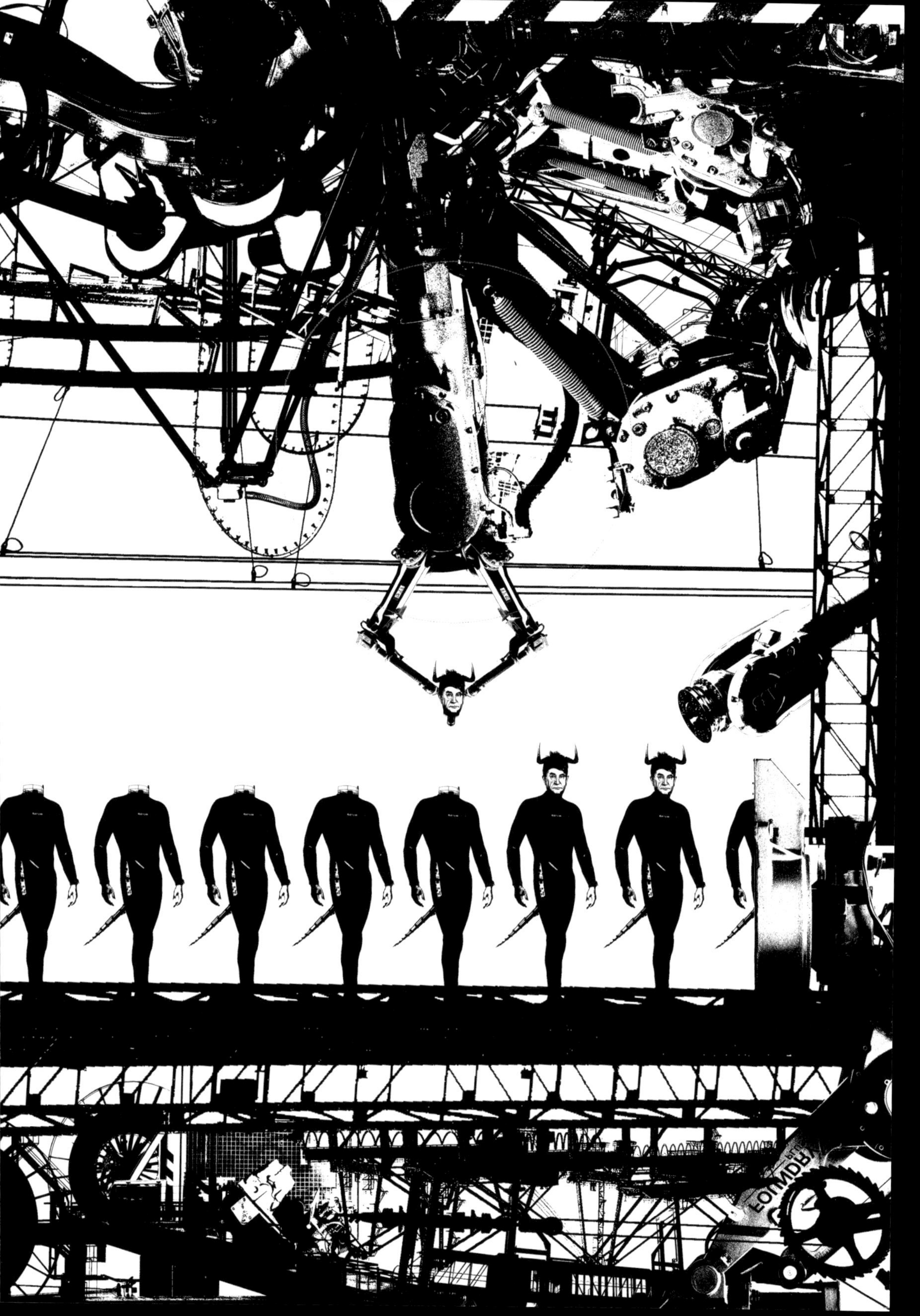

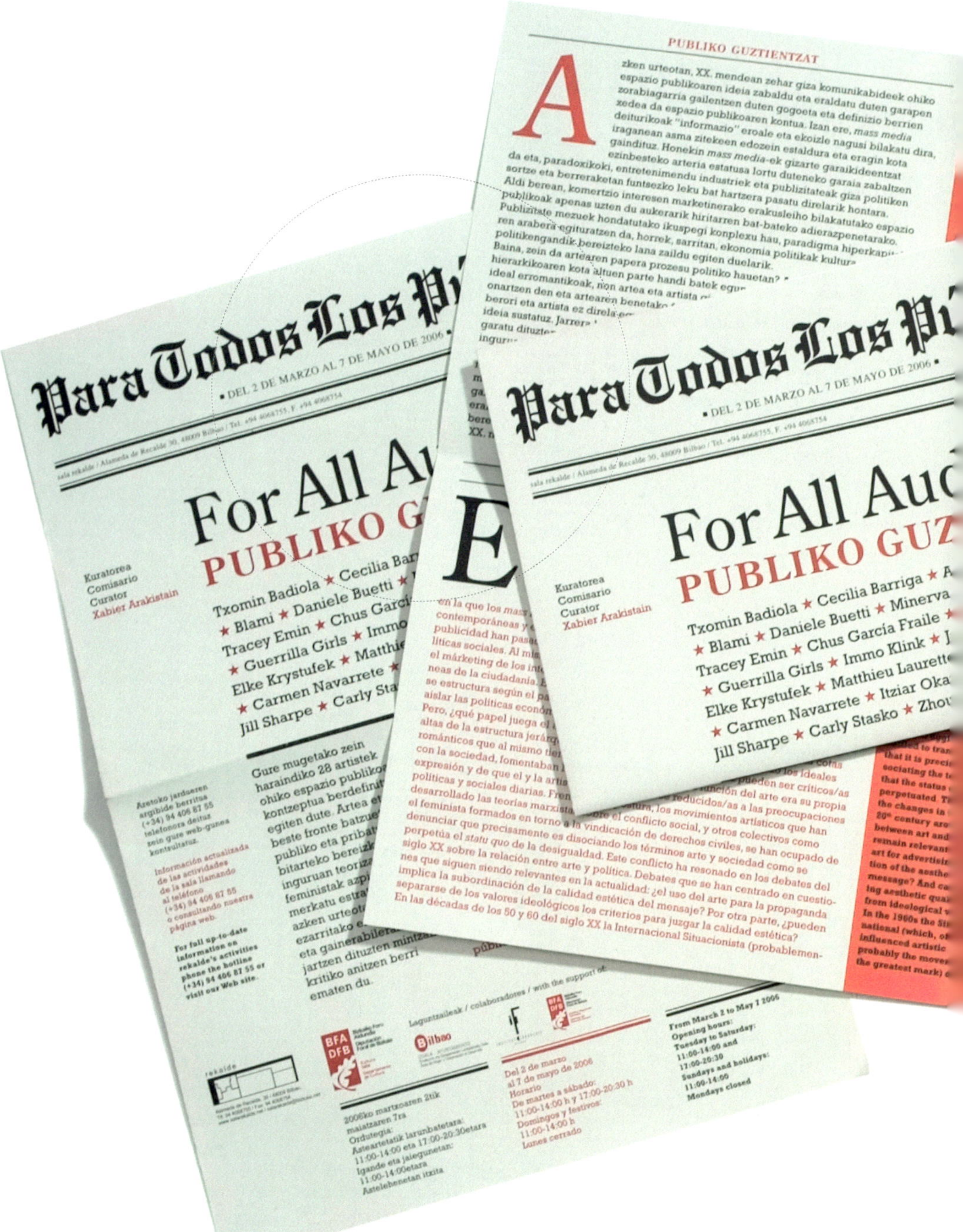

PUBLIKO GUZTIENTZAT

Azken urteotan, XX. mendean zehar giza komunikabideek ohiko espazio publikoaren ideia zabaldu eta eraldatu duten garapen zorabiagarria gailentzen duten gogoeta eta definizio berrien zedea da espazio publikoaren kontua. Izan ere, *mass media* deiturikoak "informazio" eroale eta ekoizle nagusi bilakatu dira, iraganean asma zitekeen edozein estaldura eta eragin kota gainditu. Honekin *mass media*-ek gizarte garaikideentzat ezinbesteko arteria estatusa lortu duteneko garaia zabaltzen da eta, paradoxikoki, entretenimendu industriek eta publizitateak giza politiken sortze eta berreraketan funtsezko leku bat hartzera pasatu direlarik hontara. Aldi berean, komertzio interesen marketinerako erakusleiho bilakatutako espazio publikoak apenas uzten du aukerarik hiritarren bat-bateko adierazpenetarako. Publizitate mezuek hondatutako ikuspegi konplexu hau, paradigma hiperkapi… ren arabera egituratzen da, horrek, sarritan, ekonomia politikak kultur… politikengandik bereizteko lana zaildu egiten duelarik.
Baina, zein da artearen papera prozesu politiko hauetan? …
hierarkikoaren kota altuen parte handi batek egu…
ideal erromantikoak, non artea eta artista …
onartzen den eta artearen benetako …
berori eta artista ez direla …
ideia sustatuz. Jarrer…
garatu dituzte…
ingur…

Para Todos Los P…

■ DEL 2 DE MARZO AL 7 DE MAYO DE 2006 ■

sala rekalde / Alameda de Recalde 30, 48009 Bilbao / Tel. +94 4068755, F. +94 4068754

For All Aud…

PUBLIKO GUZ…

Kuratorea
Comisario
Curator
Xabier Arakistain

Txomin Badiola ★ Cecilia Barriga ★ A… ★ Blami ★ Daniele Buetti ★ Minerva … Tracey Emin ★ Chus García Fraile ★ J… ★ Guerrilla Girls ★ Immo Klink ★ … Elke Krystufek ★ Matthieu Laurette … ★ Carmen Navarrete ★ Itziar Oka… Jill Sharpe ★ Carly Stasko ★ Zhou…

E…

en la que los *mass* … contemporáneas y … publicidad han pasa… líticas sociales. Al mis… el márketing de los int… neas de la ciudadanía. … se estructura según el pa… aislar las políticas econón… Pero, ¿qué papel juega el … altas de la estructura jerárq… románticos que al mismo tie… con la sociedad, fomentaban … expresión y de que el y la artis… políticas y sociales diarias. Fren… desarrollado las teorías marxista… el feminista formados en torno a la vindicación de derechos civiles, se han ocupado de denunciar que precisamente es disociando los términos arte y sociedad como se perpetúa el *statu quo* de la desigualdad. Este conflicto ha resonado en los debates del siglo XX sobre la relación entre arte y política. Debates que se han centrado en cuestiones que siguen siendo relevantes en la actualidad: ¿el uso del arte para la propaganda implica la subordinación de la calidad estética del mensaje? Por otra parte, ¿pueden separarse de los valores ideológicos los criterios para juzgar la calidad estética? En las décadas de los 50 y 60 del siglo XX la Internacional Situacionista (probablemen-

… cons… los ideales … pueden ser críticos/as … función del arte era su propia … reducidos/as a las preocupaciones … cultura, los movimientos artísticos que han … sobre el conflicto social, y otros colectivos como

Para Todos Los P…

■ DEL 2 DE MARZO AL 7 DE MAYO DE 2006 ■

For All Au…

PUBLIKO G…

Kuratorea
Comisario
Curator
Xabier Arakistain

Txomin Badiola ★ Cecilia Bar… ★ Blami ★ Daniele Buetti ★ … Tracey Emin ★ Chus Garcí… ★ Guerrilla Girls ★ Immo… Elke Krystufek ★ Matthie… ★ Carmen Navarrete ★ … Jill Sharpe ★ Carly Sta…

Gure mugetako zein haraindiko 28 artistek ohiko espazio publiko… kontzeptua berdefinit… egiten dute. Artea et… beste fronte batzue… publiko eta pribat… bitarteko bereizk… inguruan teoriza… feministak azpi… merkatu estra… azken urteot… ezarritako e… eta gainerabilera… jartzen dituzten mintza… kritiko anitzen berri ematen du.

Aretoko jardueren argibide berritua (+34) 94 406 87 55 telefonora deituz zein gure web-gunea kontsultatuz.

Información actualizada de las actividades de la sala llamando al teléfono (+34) 94 406 87 55 o consultando nuestra página web.

For full up-to-date information on rekalde's activities phone the hotline (+34) 94 406 87 55 or visit our Web site.

Laguntzaileak / colaboradores / with the support of:

BFA DFB

Bilbao

rekalde

2006ko martxoaren 2tik maiatzaren 7ra
Ordutegia:
Asteartetatik larunbatetara:
11:00-14:00 eta 17:00-20:30etara
Igande eta jaiegunetan:
11:00-14:00etara
Astelehenetan itxita

Del 2 de marzo al 7 de mayo de 2006
Horario
De martes a sábado:
11:00-14:00 h y 17:00-20:30 h
Domingos y festivos:
11:00-14:00 h
Lunes cerrado

From March 2 to May 7 2006
Opening hours:
Tuesday to Saturday:
11:00-14:00 and
17:00-20:30
Sundays and holidays:
11:00-14:00
Mondays closed

salon de thé

barcelona

www.salondethe.net

– para todos los públicos / for all audiences. catalog of an exhibit that questions the market strategies imposed on citizens and theorizes on the division between public and private in journalistic language –

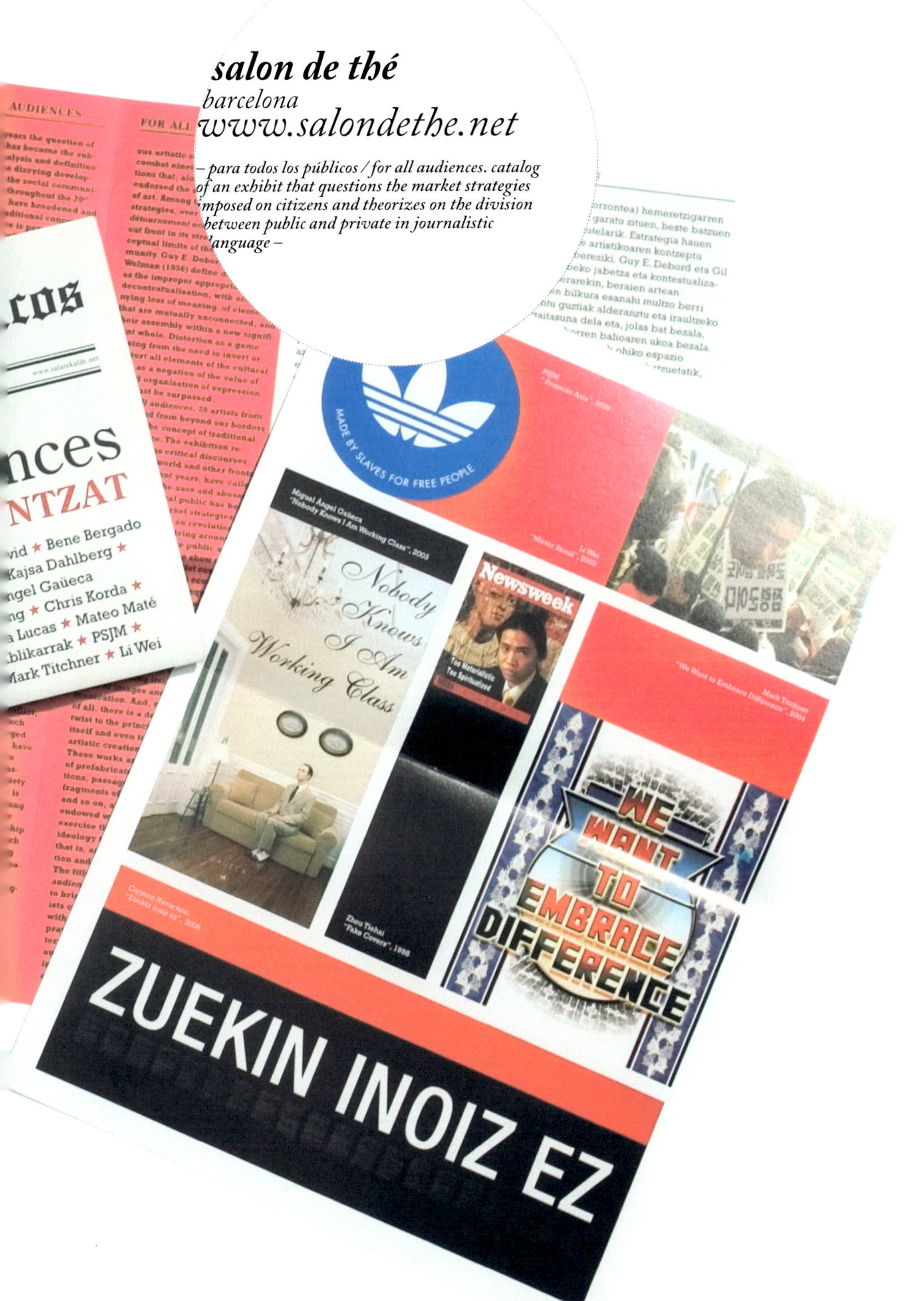

Publiko Guztientzat
Para Todos Los Públicos
For All Audiences

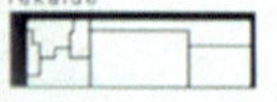

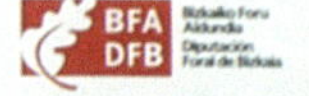

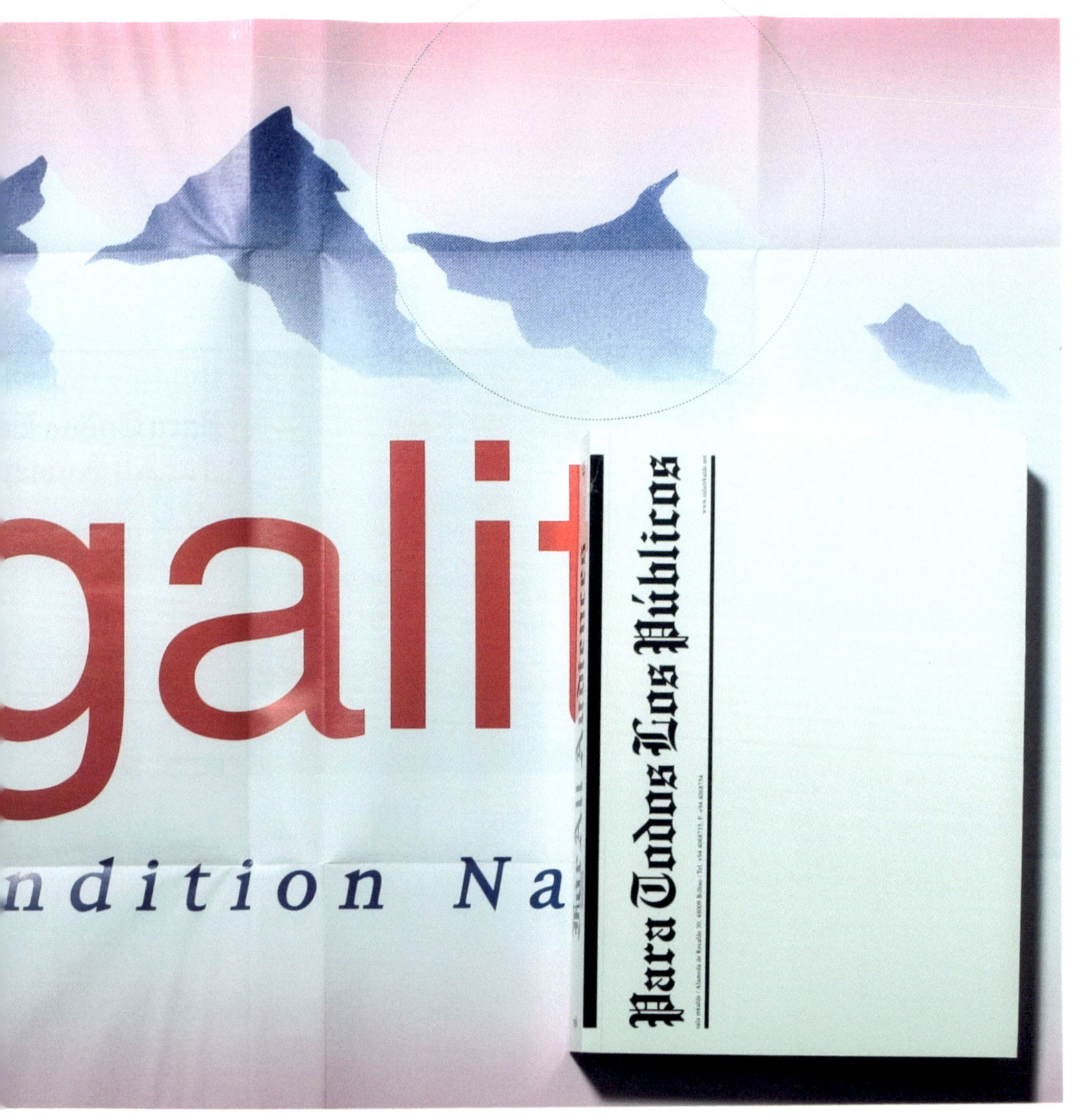
galit
ndition Na
Para Todos Los Públicos

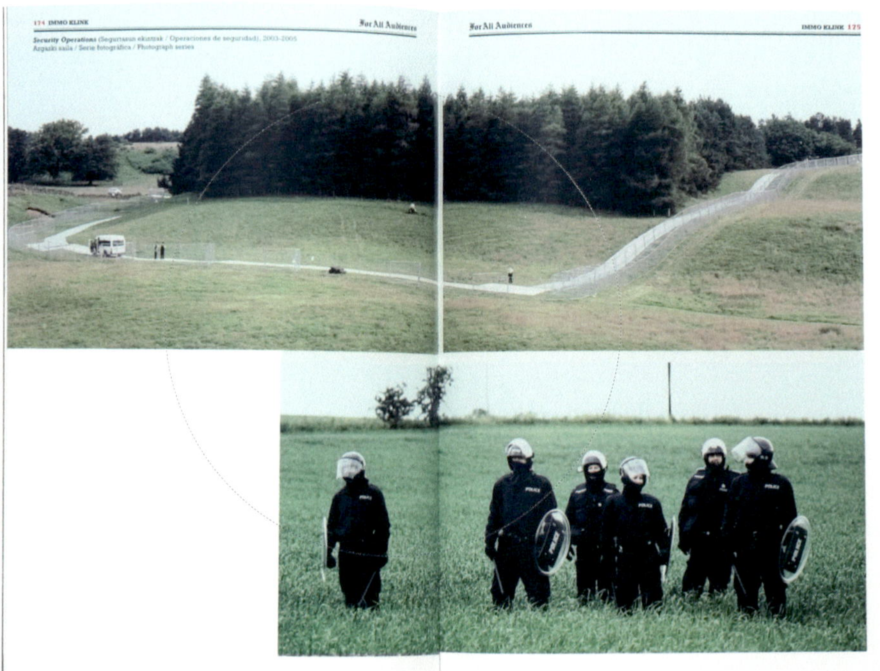

We Want to Embrace Difference, 2003.
Bandera inprimatua / Banderola impresa / Printed banner. 293 x 239,5 cm.
Courtesy Vilma Gold Gallery

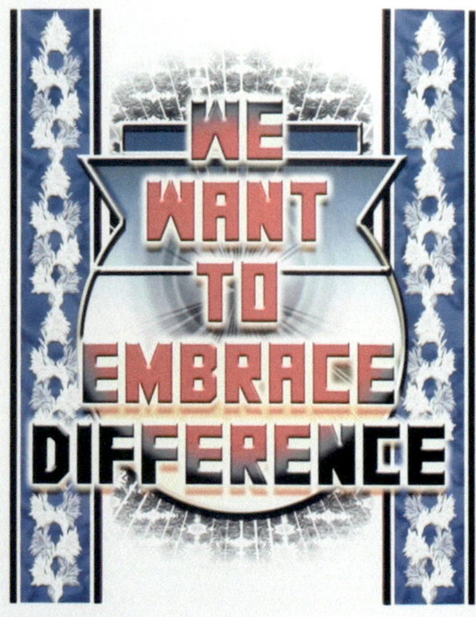

Like Wasting Everything on Someone Else's Dream, 2005.
Dustran-a eta argi kutxa / Dustran y caja de luz / Dustran and lightbox. 155 x 105 x 15 cm.
Courtesy Vilma Gold Gallery

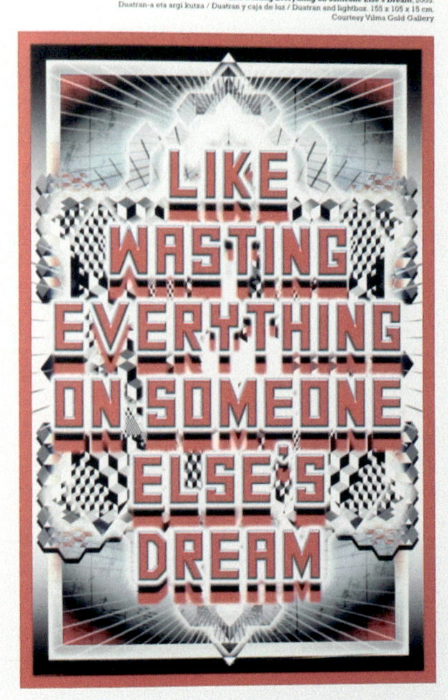

Para Todos Los Públicos

La exposición colectiva *Para todos los públicos* presenta las obras de veintiocho artistas provenientes de muy diversos contextos culturales pero que comparten a través de sus obras territorios conceptuales afines, situados en torno a la necesidad de redefinir el significado tradicional de "lo público".

En la exposición se incluyen tanto proyectos ya realizados como también nuevas producciones específicas de los artistas Txomin Badiola, Cecilia Barriga, Anat Ben-David, Bene Bergado, Blami, Daniele Buetti, Minerva Cuevas, Kajsa Dahlberg, Tracey Emin, Chus García-Fraile, Miguel Ángel Gaüeca, Guerrilla Girls, Immo Klink, Jakob Kolding, Chris Korda, Elke Krystufek, Matthieu Laurette, Cristina Lucas, Mateo Maté, Carmen Navarrete, Itziar Okariz, Pripublikarrak, PSJM, Jill Sharpe, Carly Stasko, Zhou Tiehai, Mark Titchner y Li Wei.

Creemos que esta propuesta es un buen reflejo del campo de investigación comisarial desarrollado por Xabier Arakistain en la última década, firmemente apoyado en la influencia de la teoría feminista sobre la práctica artística contemporánea. A partir de una reflexión crítica sobre la forma en que la publicidad y los *mass media* inciden constantemente en la esfera pública, las diversas contestaciones artísticas que componen la muestra cuestionan los excesos a los que son sometidos los ciudadanos a través de estrategias de márketing y de otro tipo de intervenciones de control sobre el espacio público.

Con la propuesta expositiva de Arakistain se reafirma una línea de trabajo promovida en los últimos años por la sala rekalde. Se trata de invitar a comisarios externos a la institución a desarrollar un proyecto expositivo específico en el que puedan establecer bases conceptuales propias para una investigación personal. Estas iniciativas suponen una cierta discontinuidad temporal en el programa de la institución, pero son bienvenidas por las nuevas dinámicas de trabajo que generan. Durante un tiempo se establece un diálogo abierto entre la institución y los agentes invitados y la audiencia se encuentra ante unos dispositivos de exposición realizados como resultado de un prolongado trabajo de estudio. Es un gesto de sincera hospitalidad con el que esperamos que en el tiempo compartido juntos se genere la potencialidad de un cambio y también es una forma de reivindicar el movimiento como parte necesaria de la reflexión de toda institución.

rekalde

Vivienne Westwood-entzako 2000ko udazken-neguko Tracey Emin-en publizitate kanpaina
Campaña publicitaria de Tracey Emin para Vivienne Westwood otoño-invierno de 2000
Tracey Emin for Vivienne Westwood Autumn-Winter 2000 publicity campaign

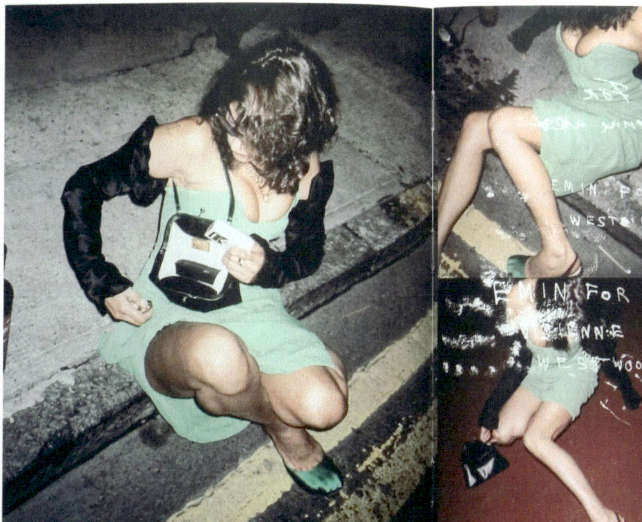

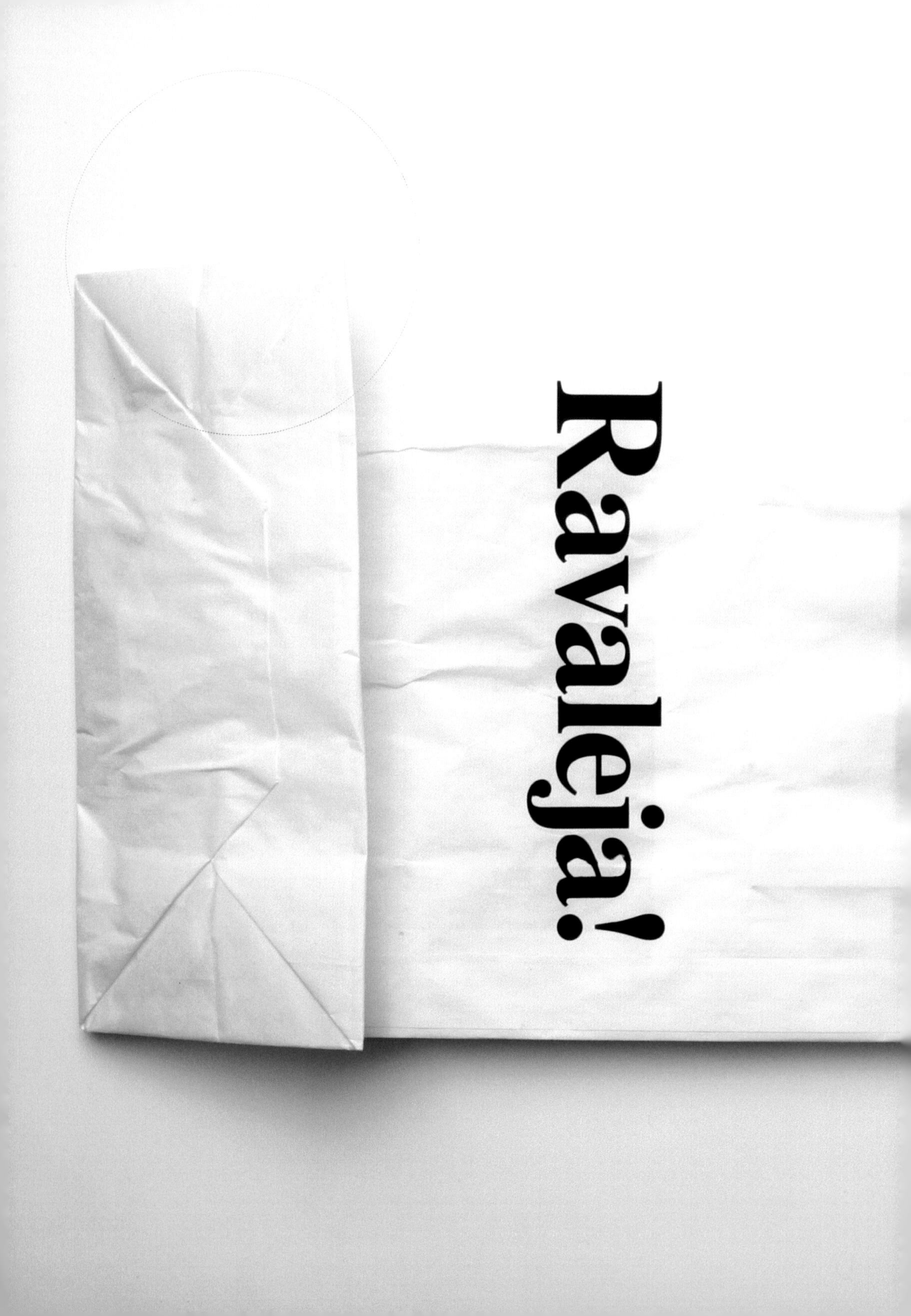

Ravaleja!

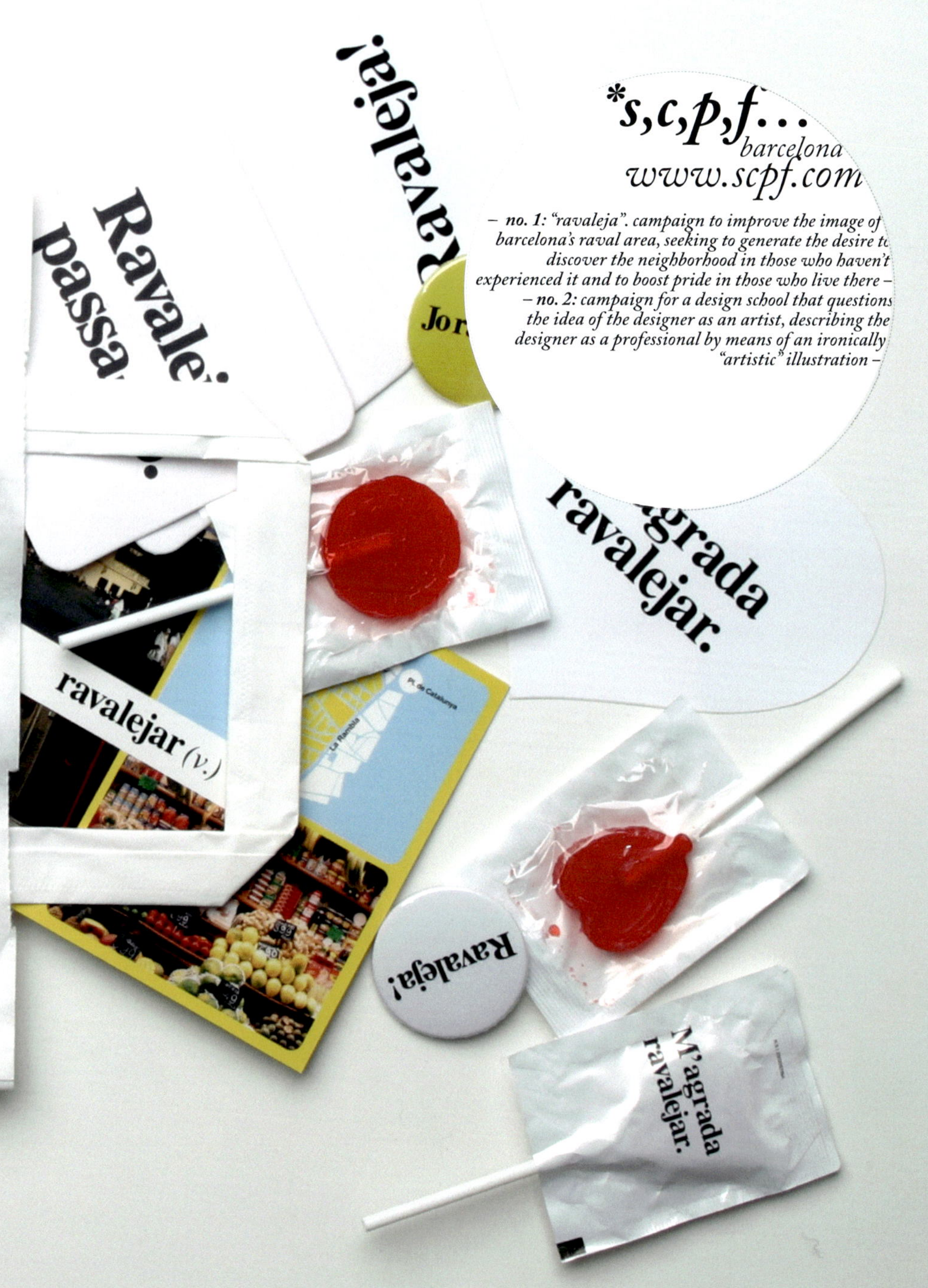

***s,c,p,f…**
barcelona
www.scpf.com

*– **no. 1:** "ravaleja". campaign to improve the image of barcelona's raval area, seeking to generate the desire to discover the neighborhood in those who haven't experienced it and to boost pride in those who live there –*
*– **no. 2:** campaign for a design school that questions the idea of the designer as an artist, describing the designer as a professional by means of an ironically "artistic" illustration –*

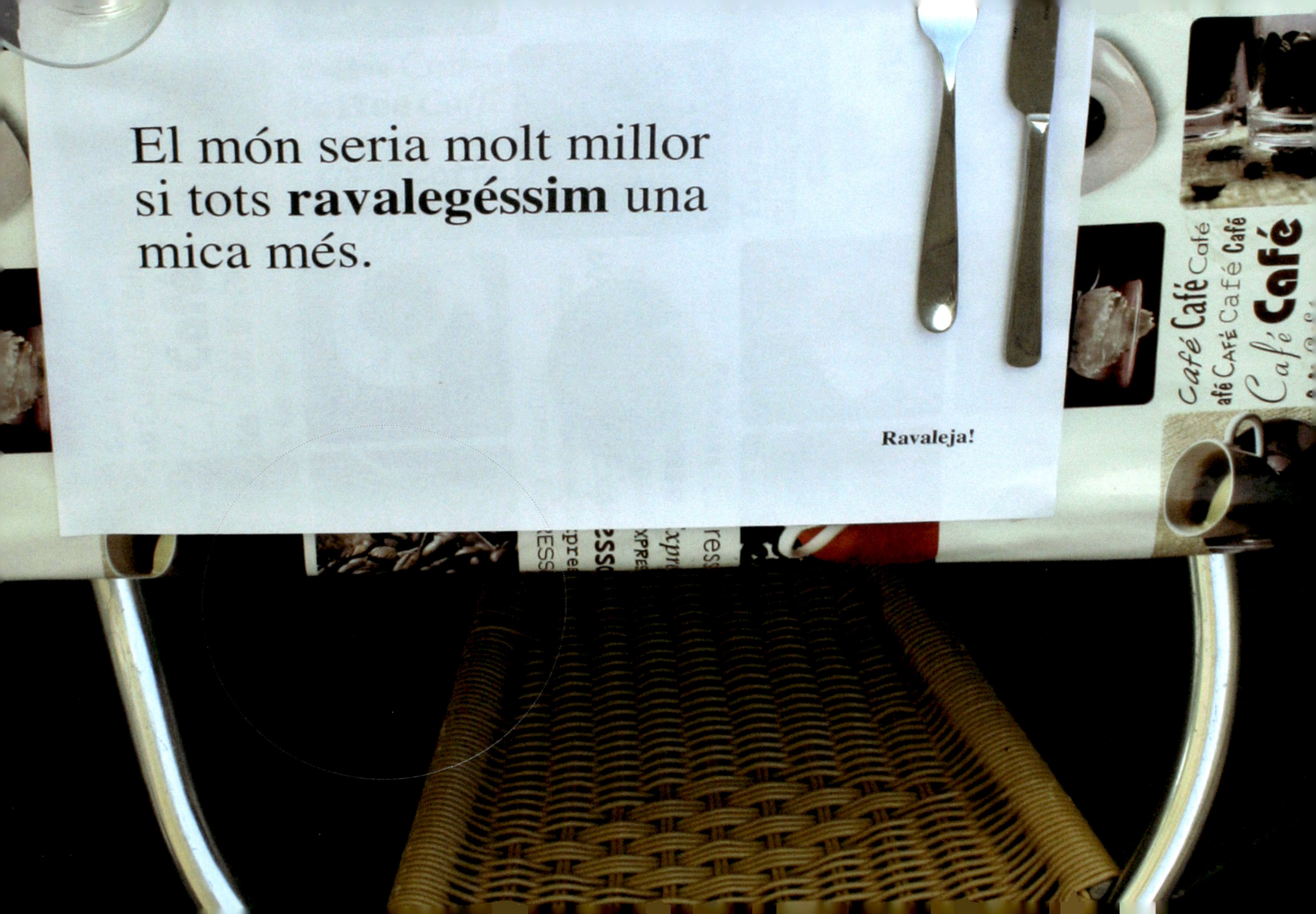
El món seria molt millor
si tots **ravalegéssim** una
mica més.
Ravaleja!

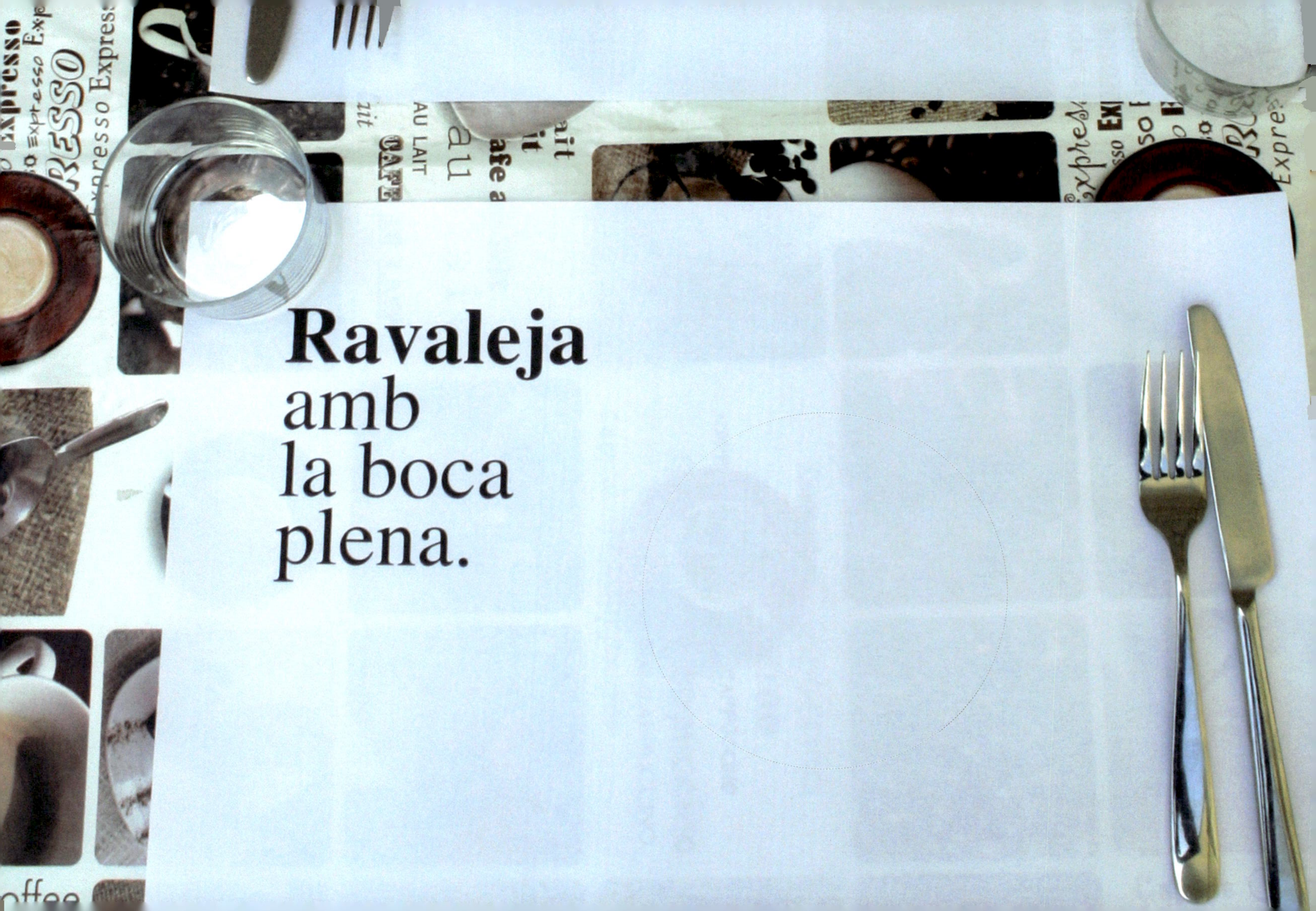
Ravaleja
amb
la boca
plena.

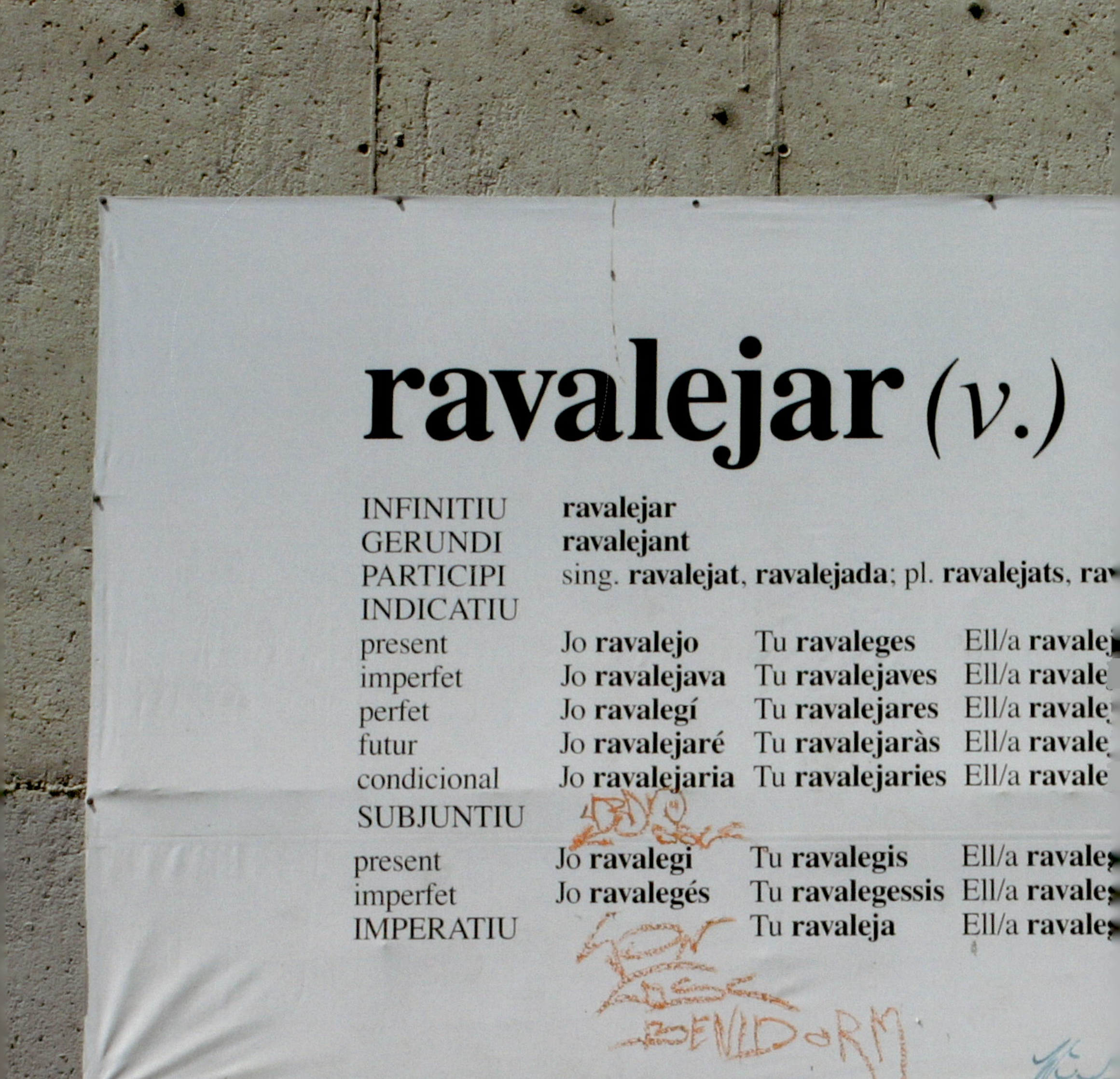
ravalejar (v.)
INFINITIU ravalejar
GERUNDI ravalejant
PARTICIPI sing. ravalejat, ravalejada; pl. ravalejats,
INDICATIU
present Jo ravalejo Tu ravaleges Ell/a
imperfet Jo ravalejava Tu ravalejaves Ell/a
perfet Jo ravalegí Tu ravalejares Ell/a
futur Jo ravalejaré Tu ravalejaràs Ell/a
condicional Jo ravalejaria Tu ravalejaries Ell/a
SUBJUNTIU
present Jo ravalegi Tu ravalegis Ell/a
imperfet Jo ravalegés Tu ravalegessis Ell/a
IMPERATIU Tu ravaleja Ell/a
BENIDORM

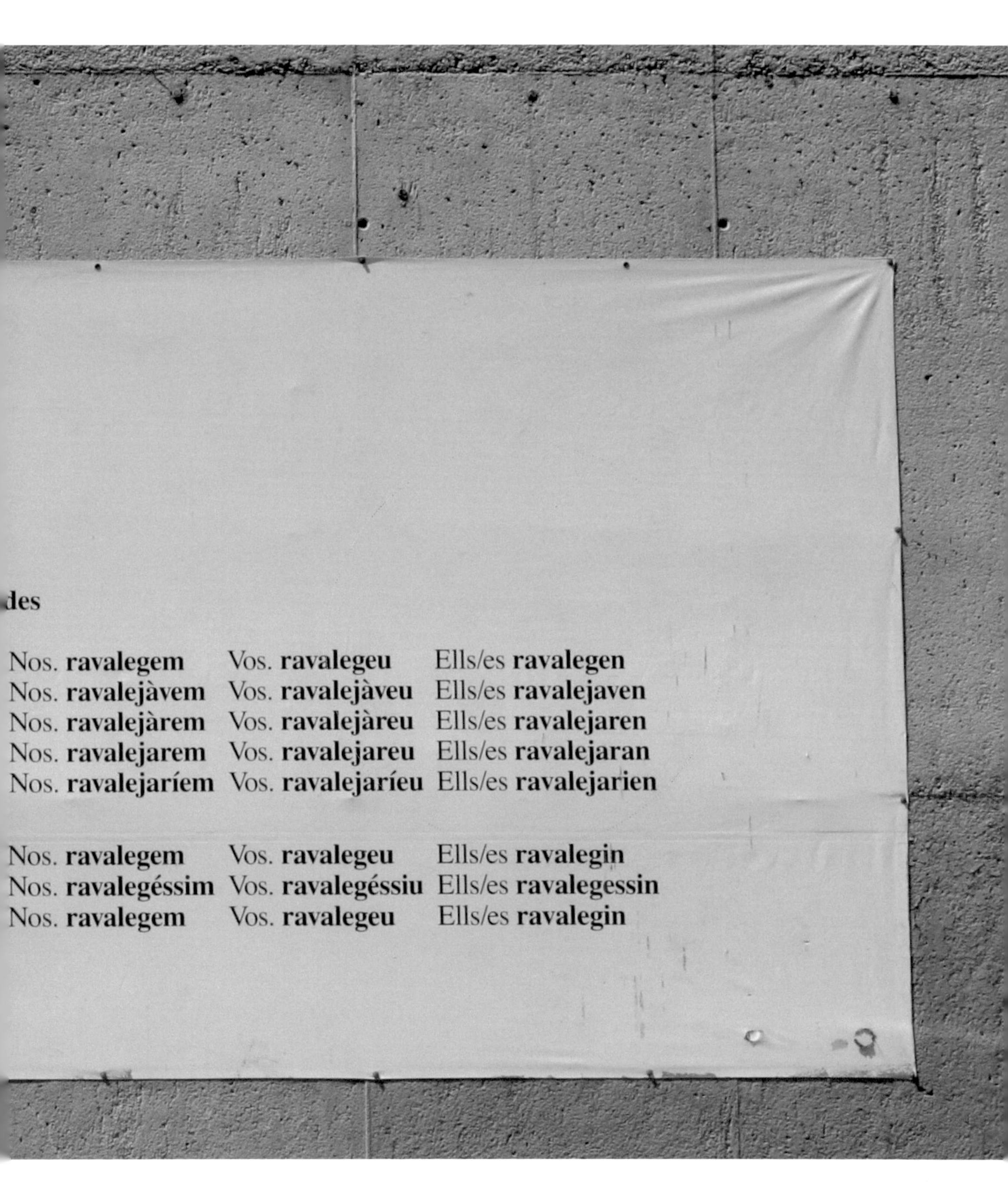
des
Nos. ravalegem Vos. ravalegeu Ells/es ravalegen
Nos. ravalejàvem Vos. ravalejàveu Ells/es ravalejaven
Nos. ravalejàrem Vos. ravalejàreu Ells/es ravalejaren
Nos. ravalejarem Vos. ravalejareu Ells/es ravalejaran
Nos. ravalejaríem Vos. ravalejaríeu Ells/es ravalejarien
Nos. ravalegem Vos. ravalegeu Ells/es ravalegin
Nos. ravalegéssim Vos. ravalegéssiu Ells/es ravalegessin
Nos. ravalegem Vos. ravalegeu Ells/es ravalegin

ELISAVA Escola Superior de Disseny

L'escola de disseny de Barcelona
per als professionals del disseny del futur.

www.elisava.es

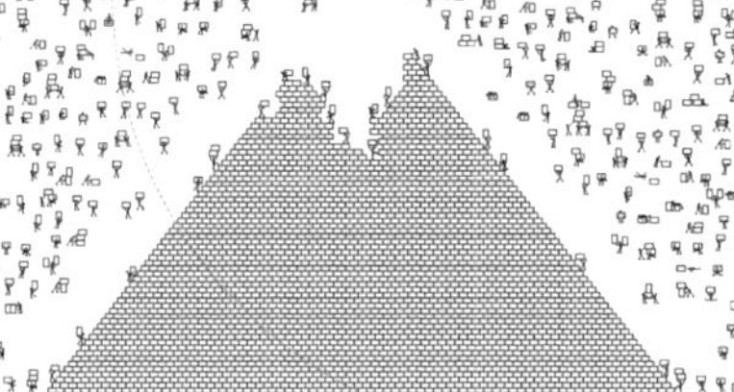

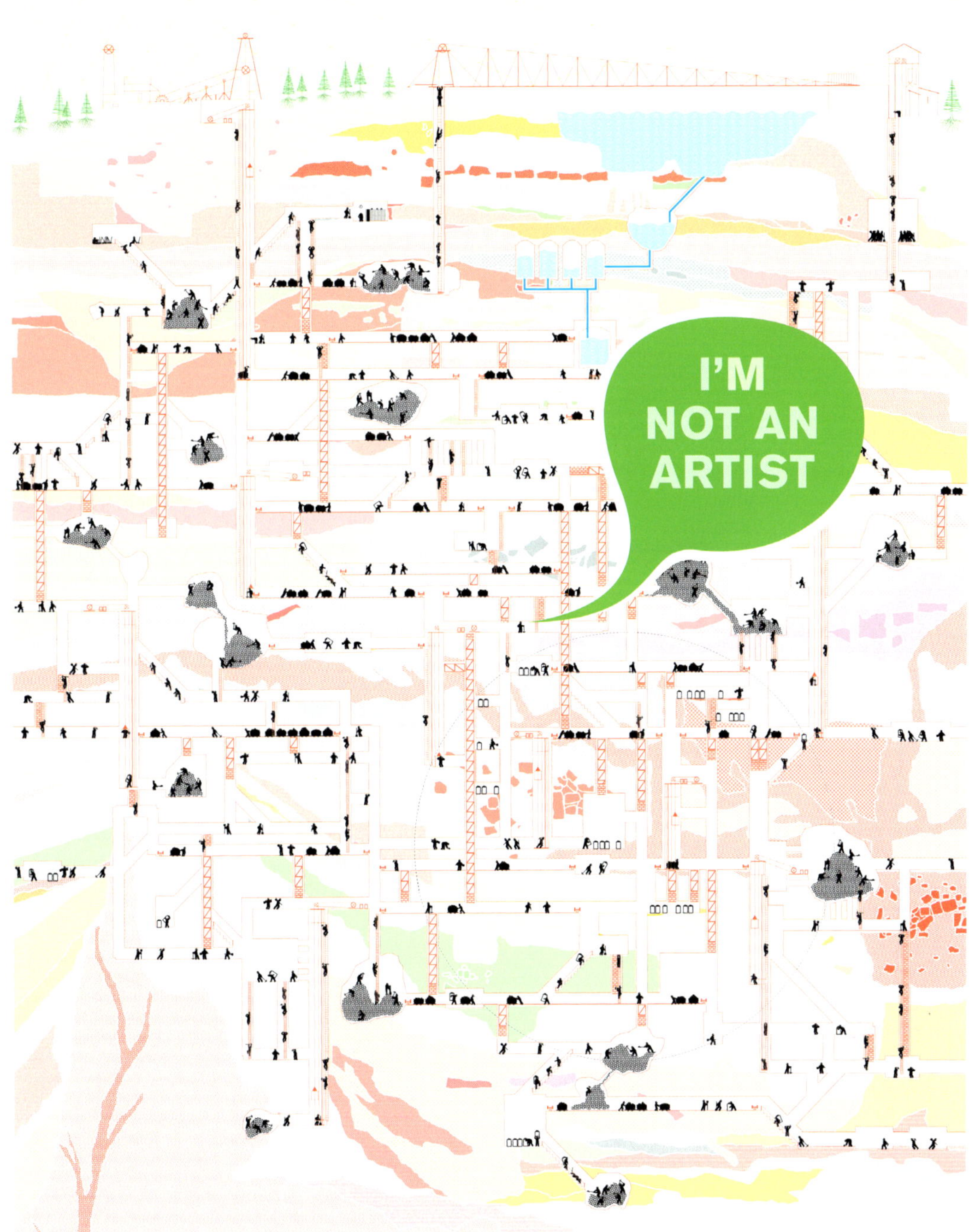
I'M
NOT AN
ARTIST

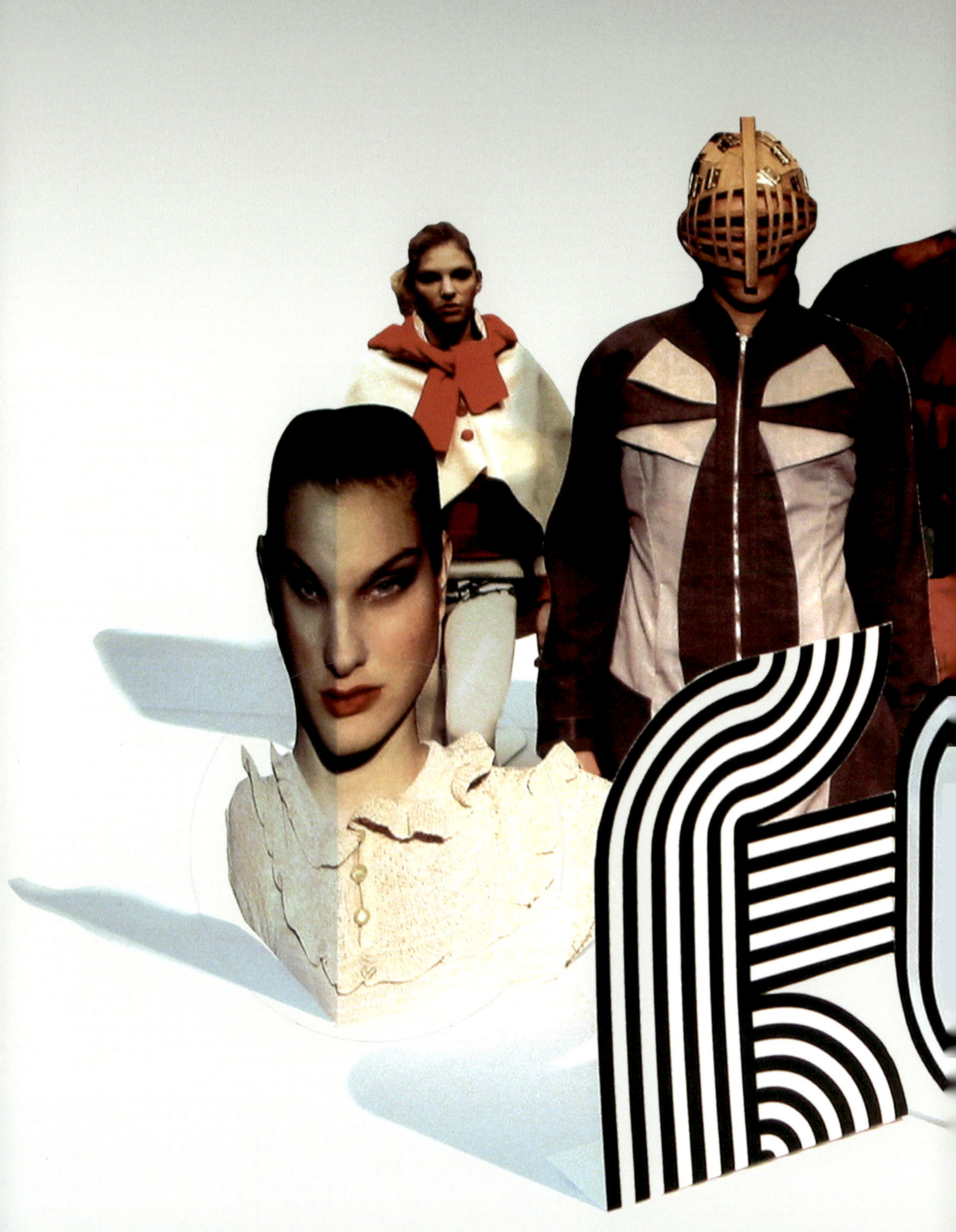

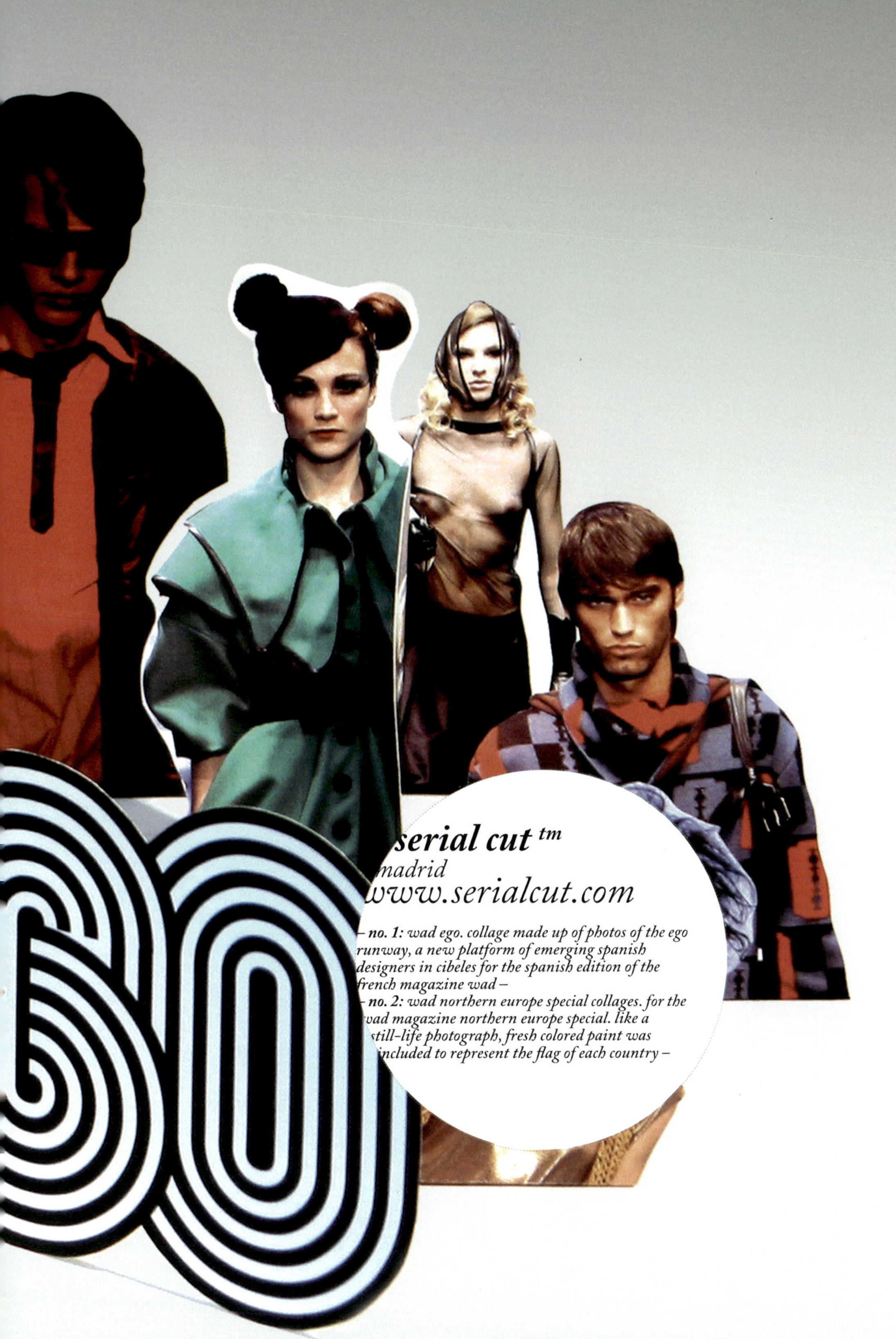

serial cut ™
madrid
www.serialcut.com
– no. 1: wad ego. collage made up of photos of the ego runway, a new platform of emerging spanish designers in cibeles for the spanish edition of the french magazine wad –
– no. 2: wad northern europe special collages. for the wad magazine northern europe special. like a still-life photograph, fresh colored paint was included to represent the flag of each country –

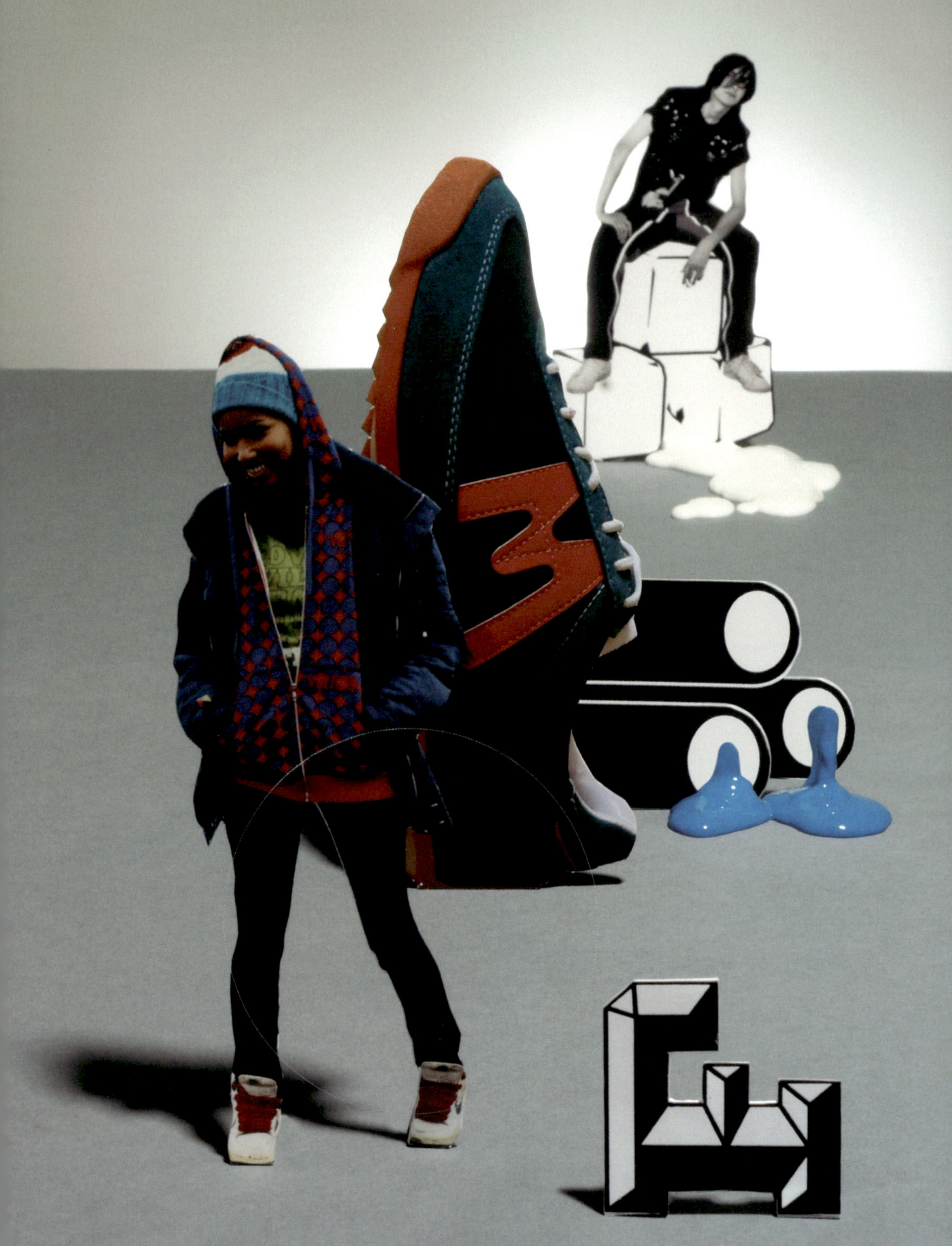

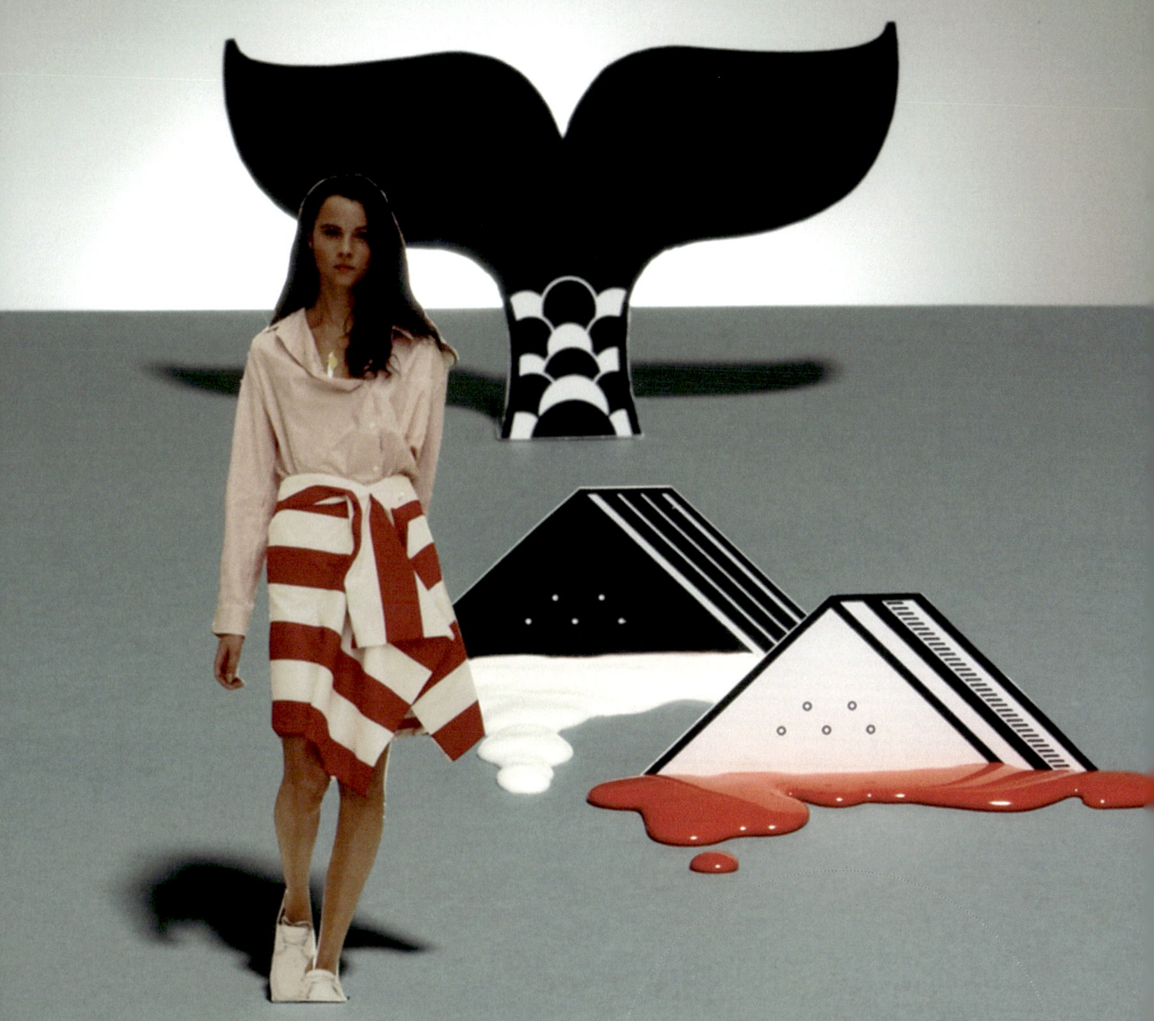

DANE MARK

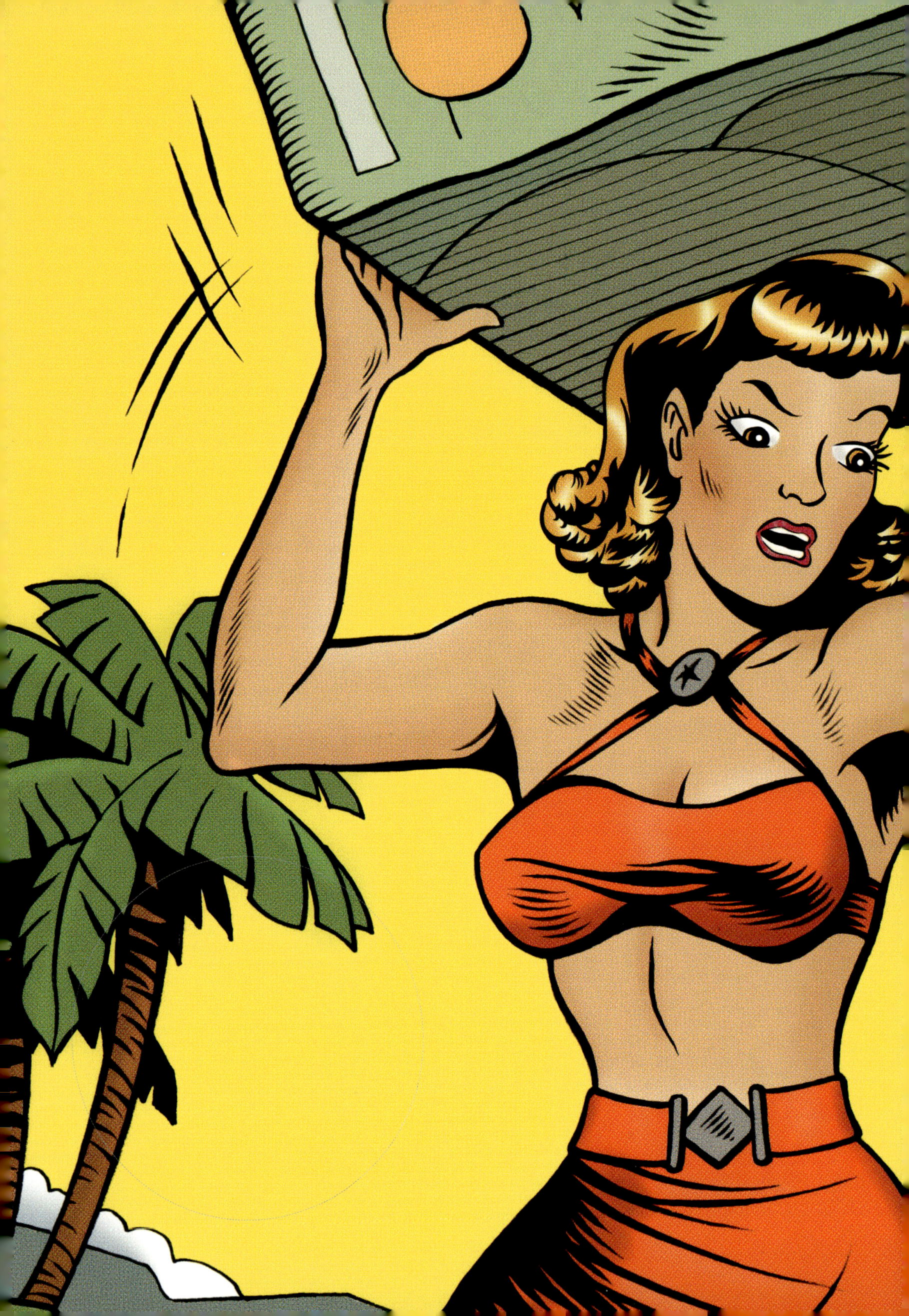

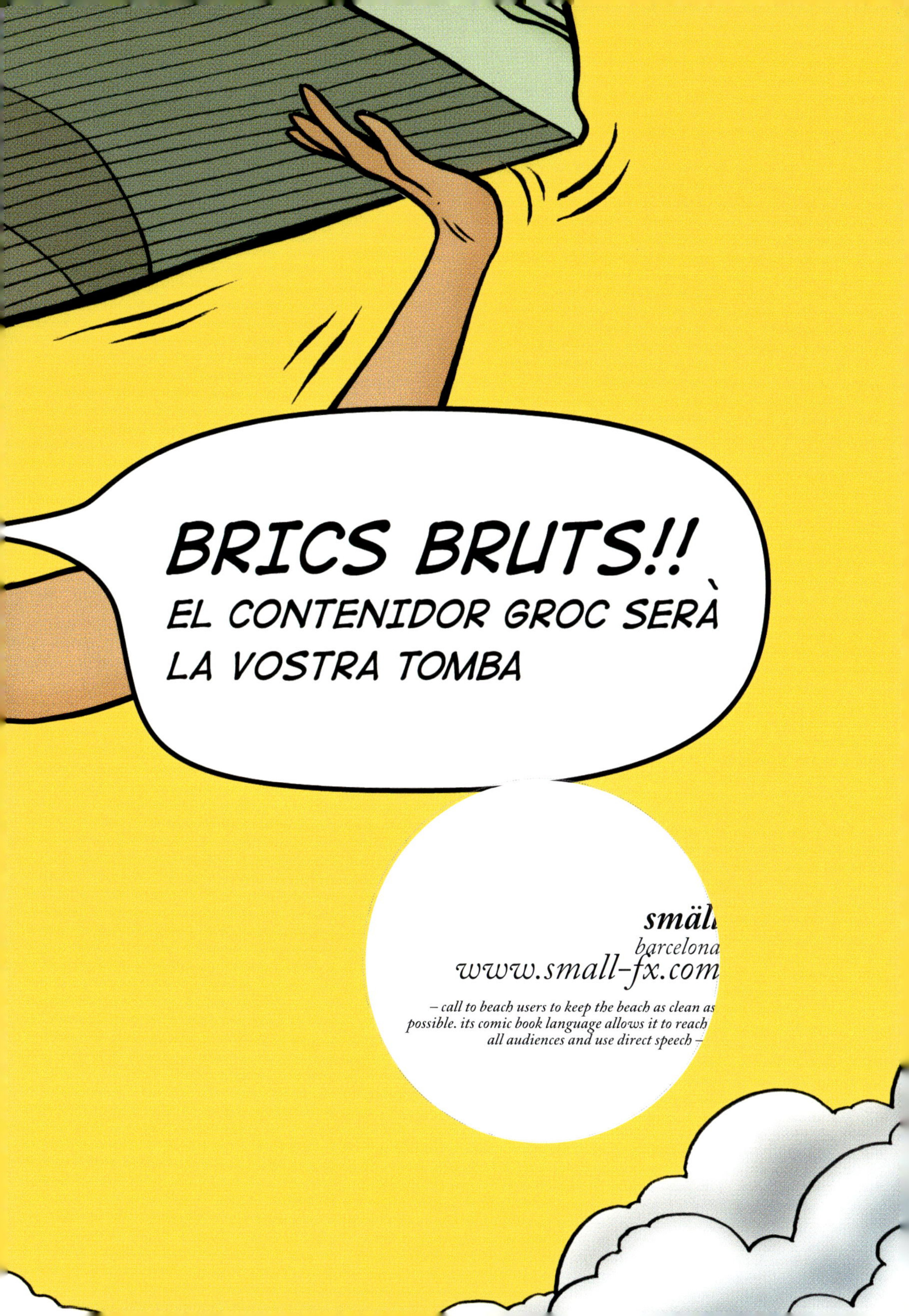
BRICS BRUTS!!
EL CONTENIDOR GROC SERÀ LA VOSTRA TOMBA
smäll
barcelona
www.small-fx.com
– call to beach users to keep the beach as clean as possible. its comic book language allows it to reach all audiences and use direct speech –

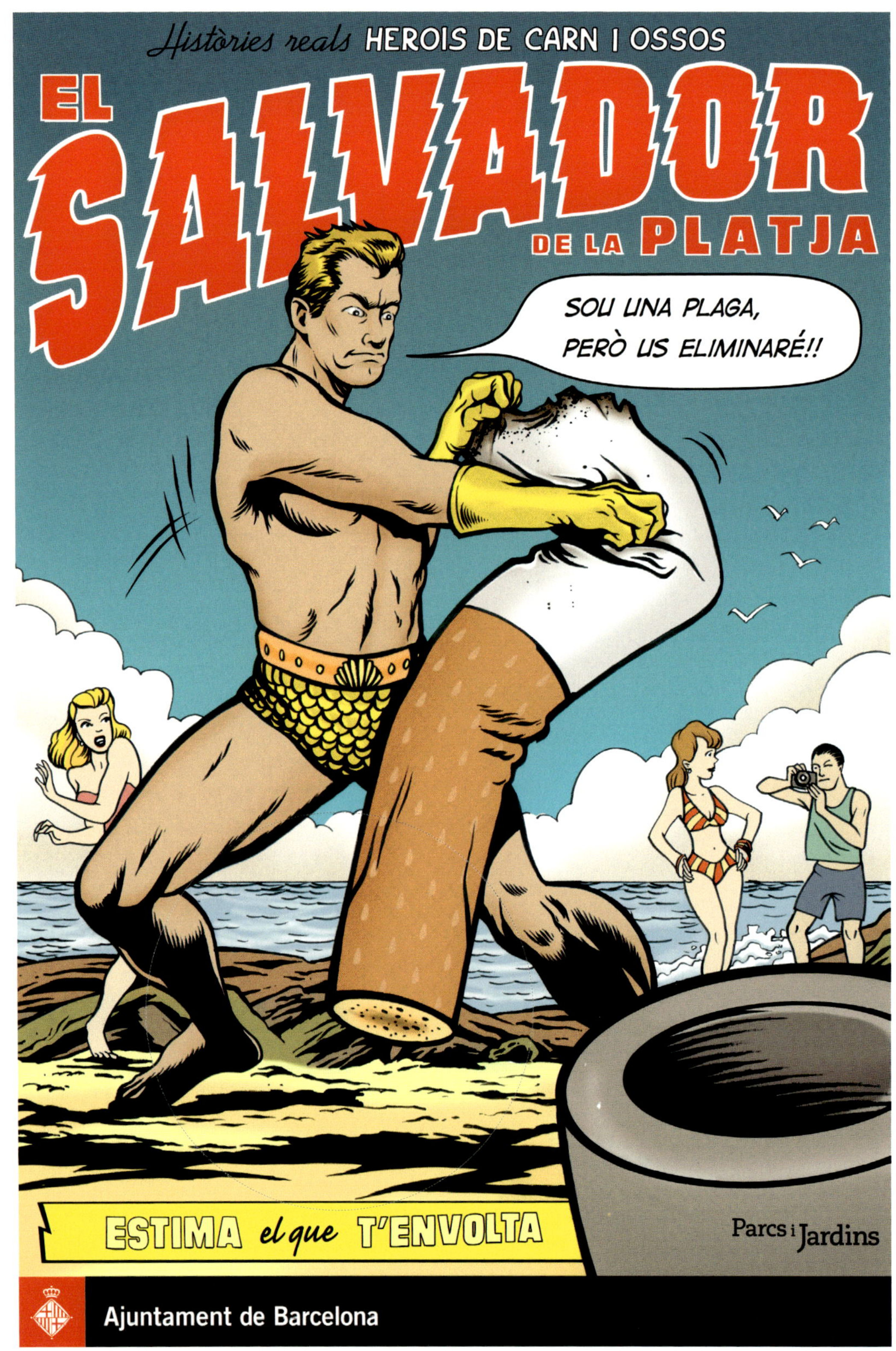
Històries reals HEROIS DE CARN I OSSOS
EL SALVADOR DE LA PLATJA
SOU UNA PLAGA, PERÒ US ELIMINARÉ!!
ESTIMA el que T'ENVOLTA
Parcs i Jardins
Ajuntament de Barcelona

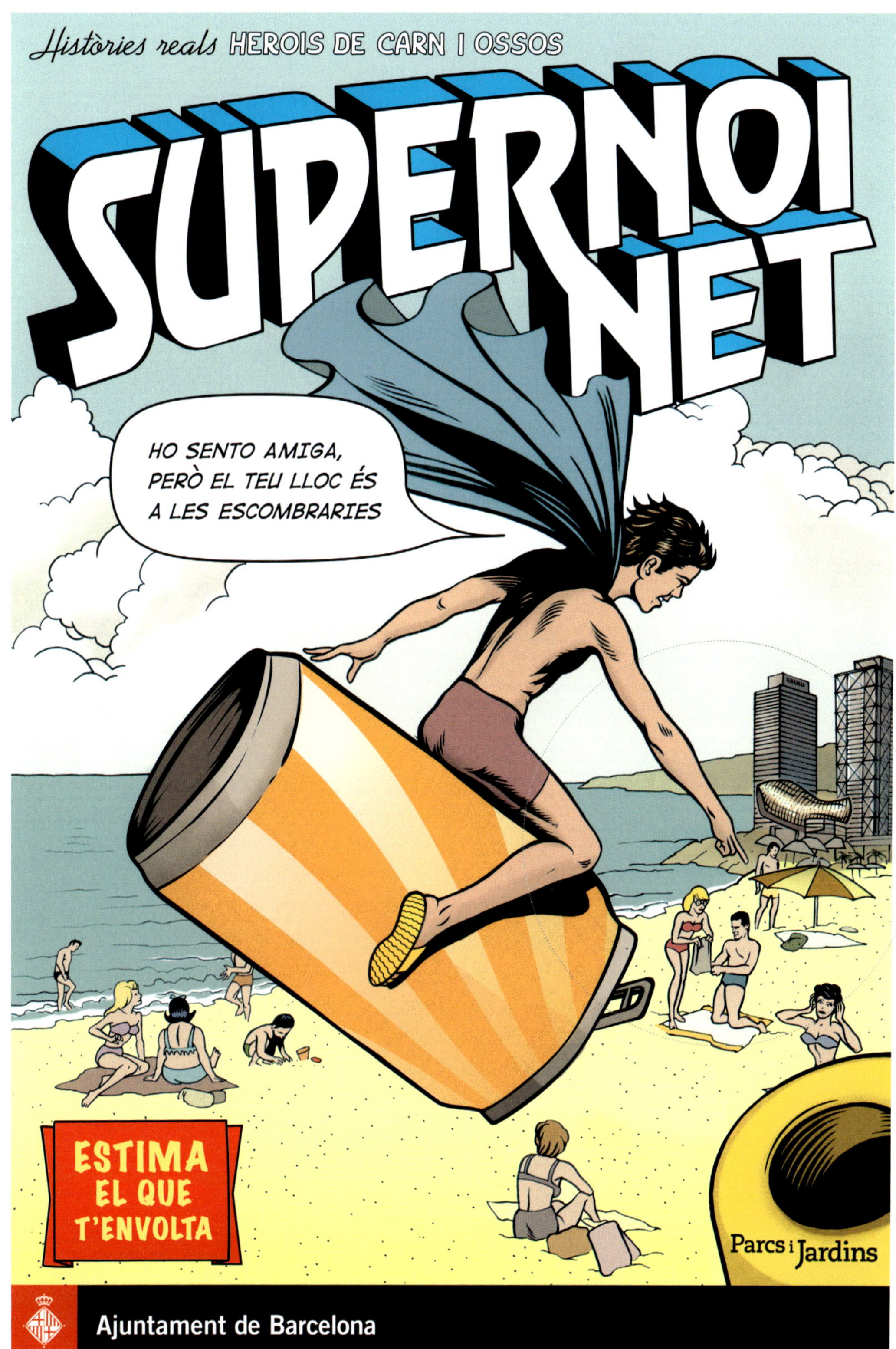
Històries reals HEROIS DE CARN I OSSOS
SUPERNOI NET
HO SENTO AMIGA, PERÒ EL TEU LLOC ÉS A LES ESCOMBRARIES
ESTIMA EL QUE T'ENVOLTA
Parcs i Jardins
Ajuntament de Barcelona

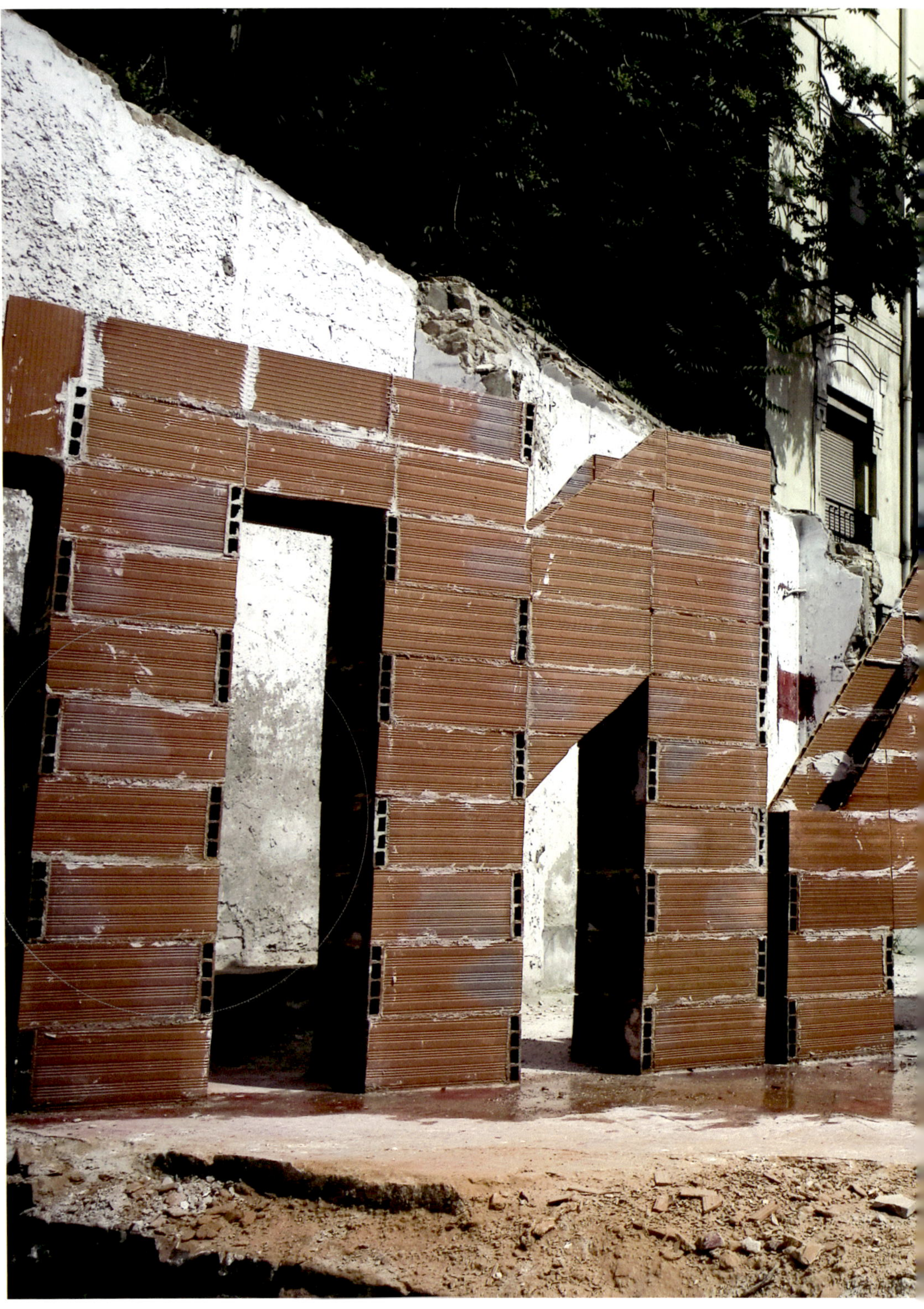

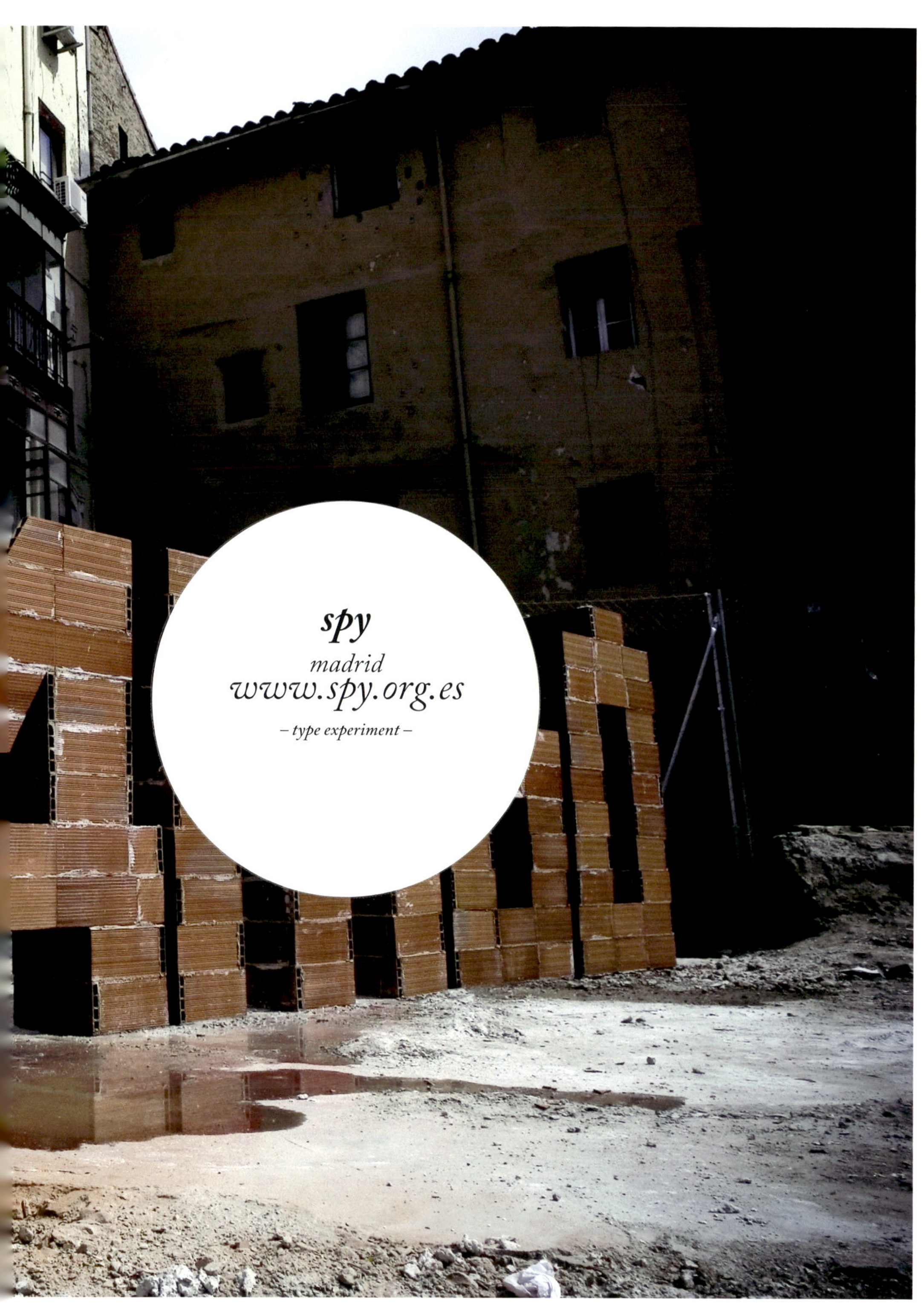
spy
madrid
www.spy.org.es
– type experiment –

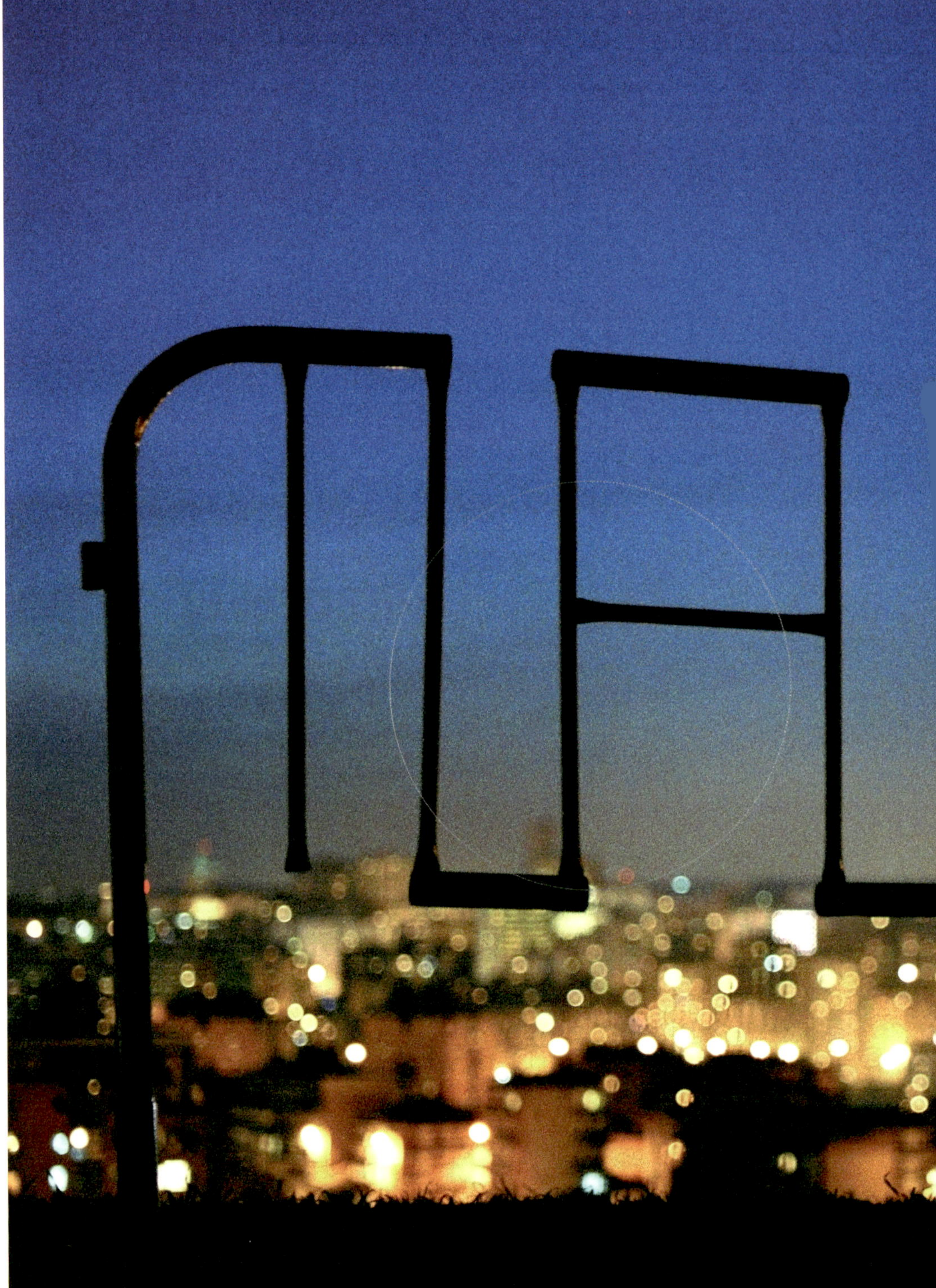

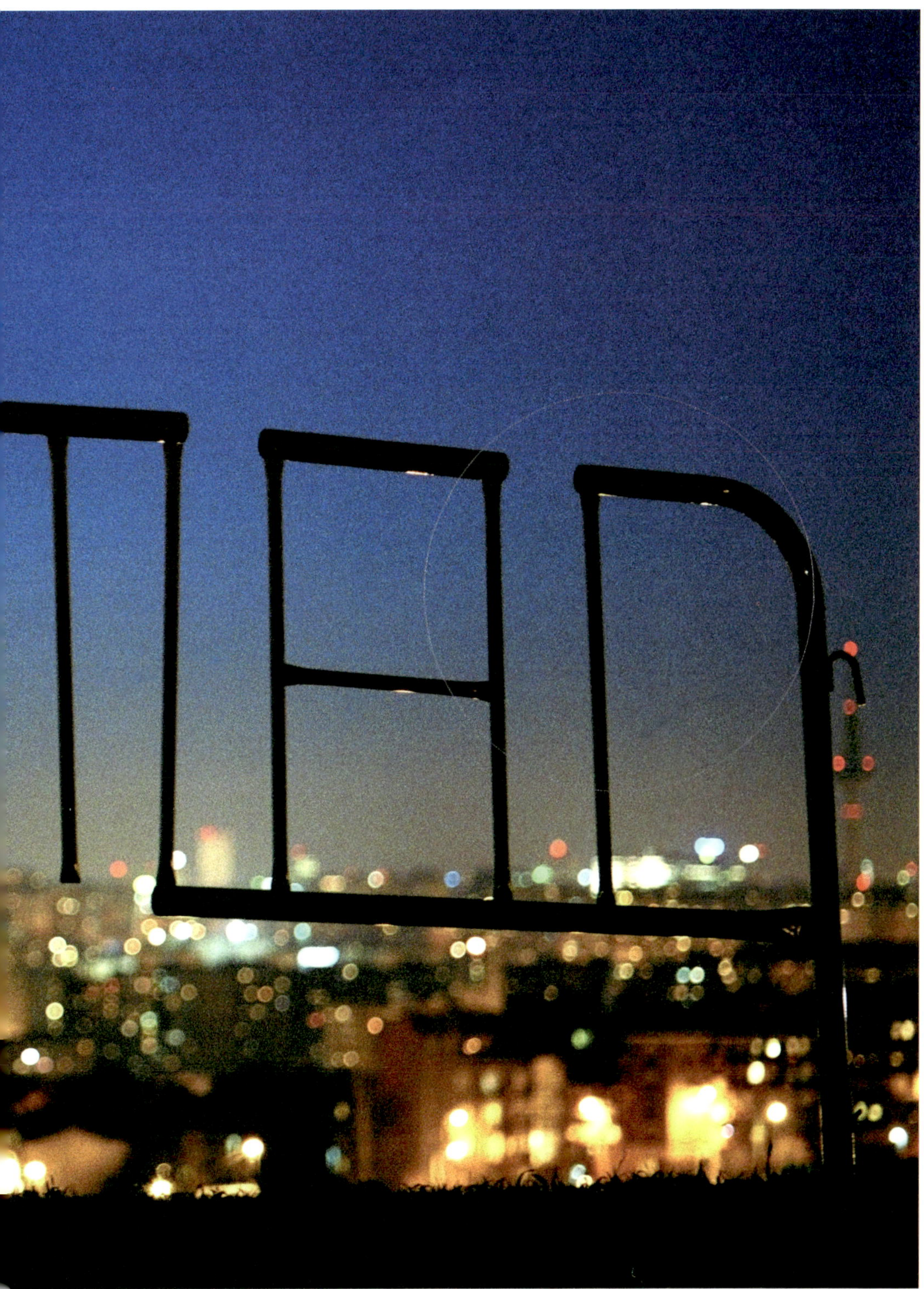

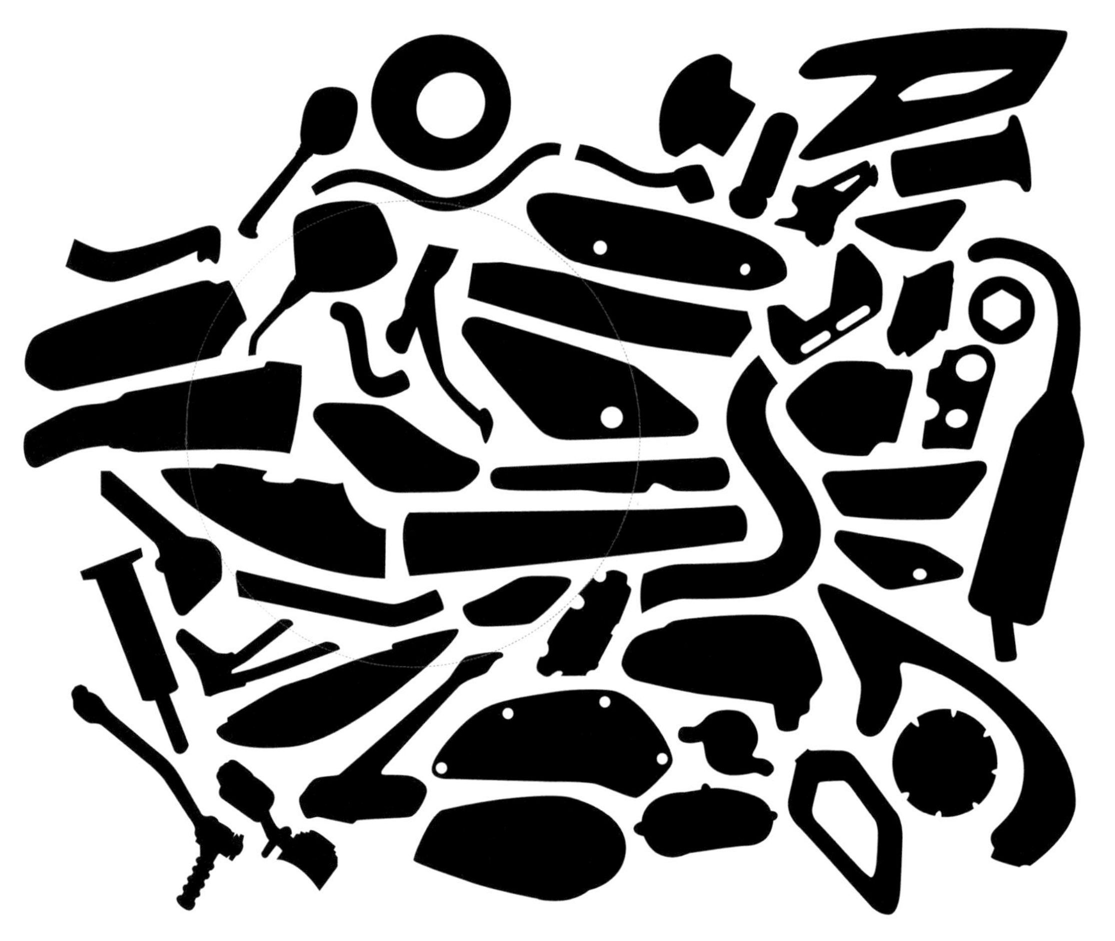

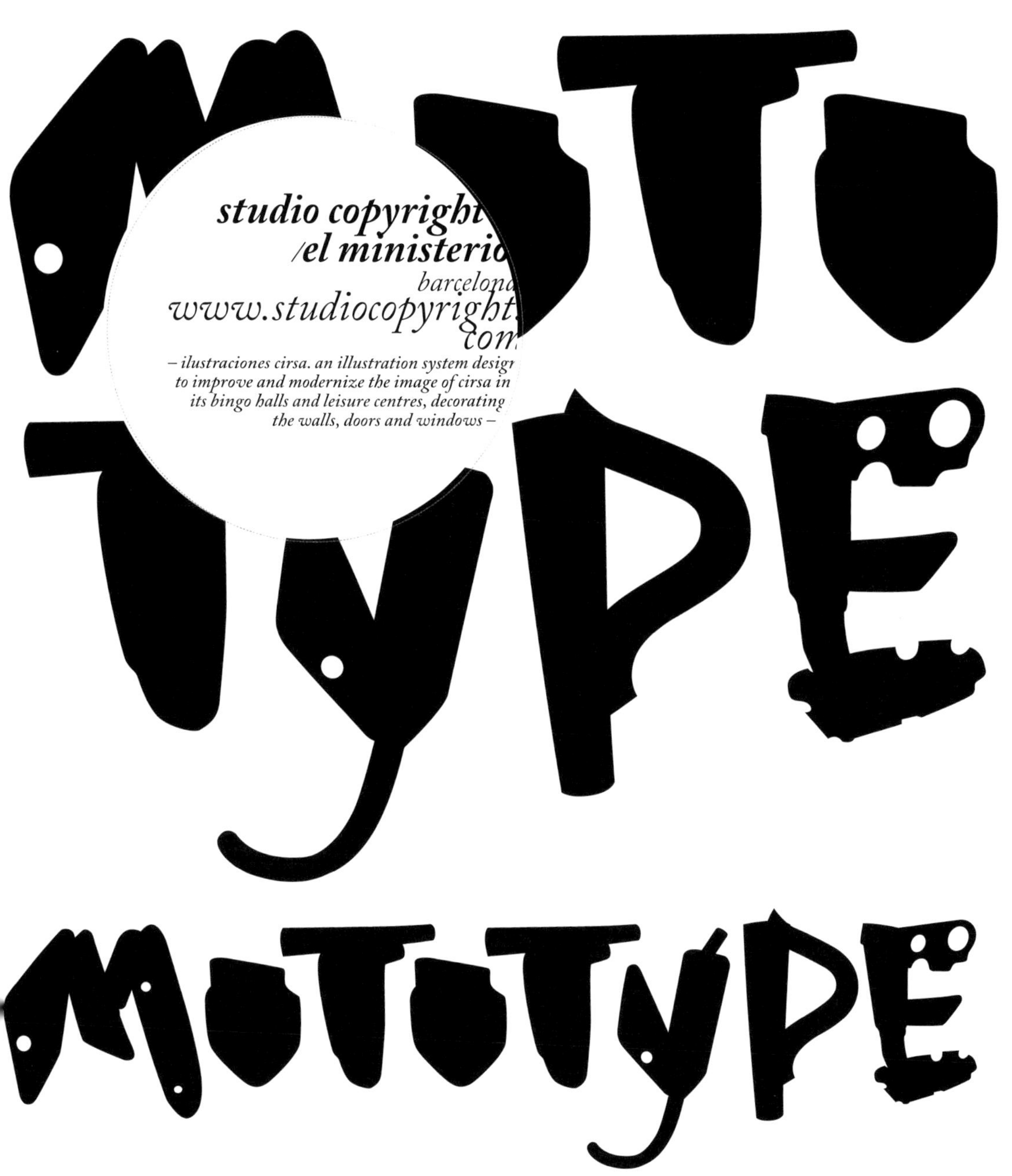

studio copyright
/el ministerio
barcelona
www.studiocopyright
com
– ilustraciones cirsa. an illustration system desig
to improve and modernize the image of cirsa in
its bingo halls and leisure centres, decorating
the walls, doors and windows –

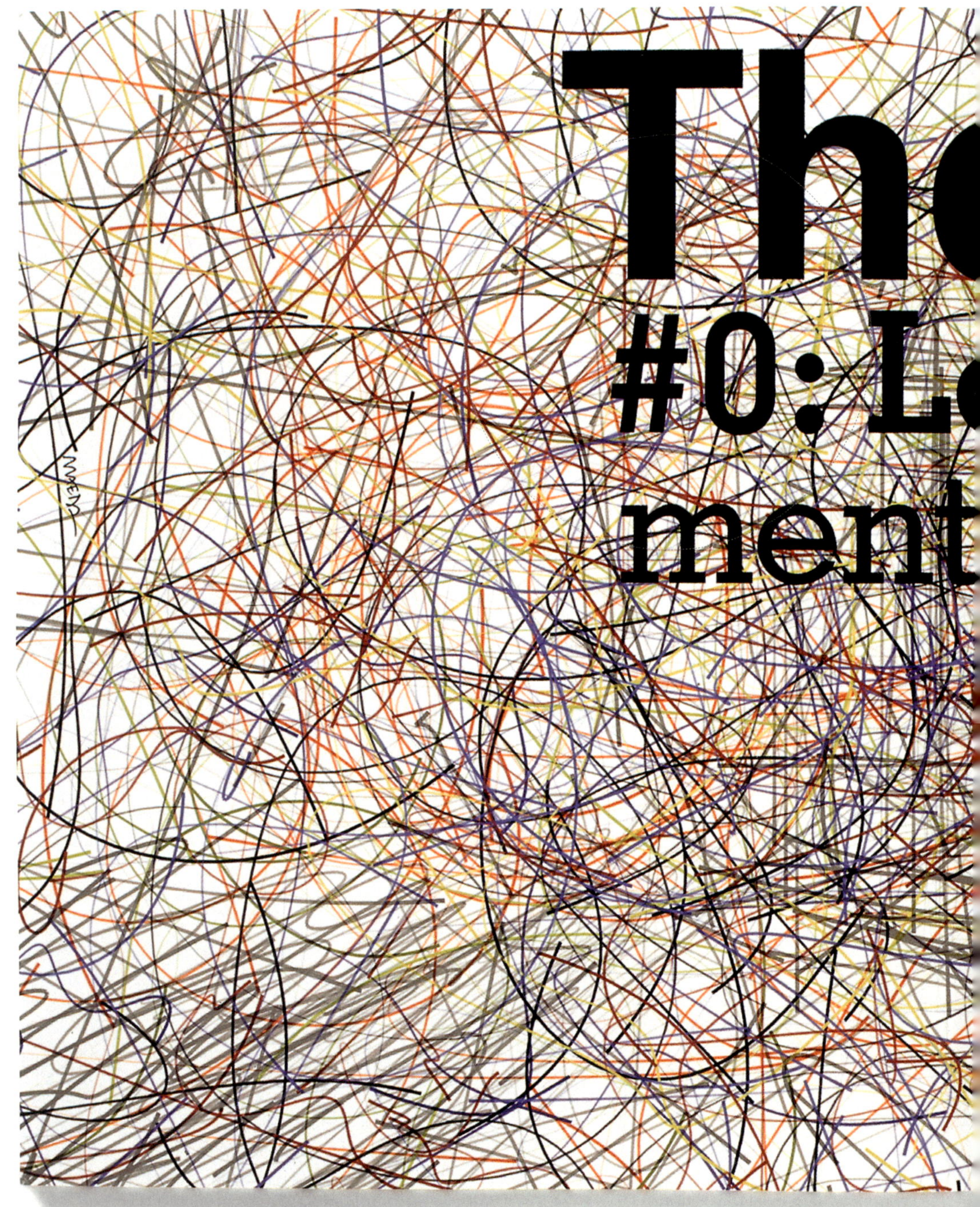
Th
#0: L
ment

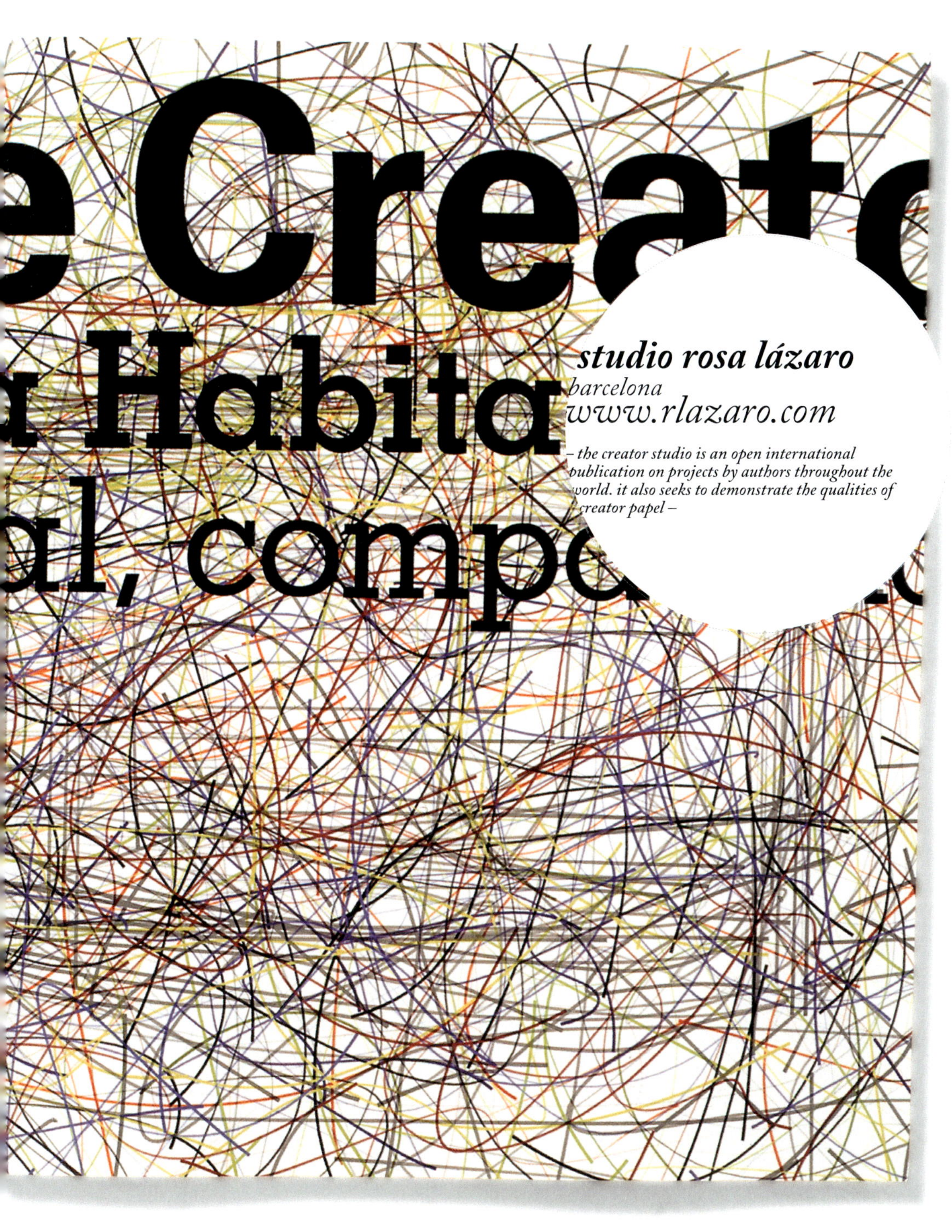
eCreat
a Habita
al, compa
studio rosa lázaro
barcelona
www.rlazaro.com
– the creator studio is an open international publication on projects by authors throughout the world. it also seeks to demonstrate the qualities of creator papel –

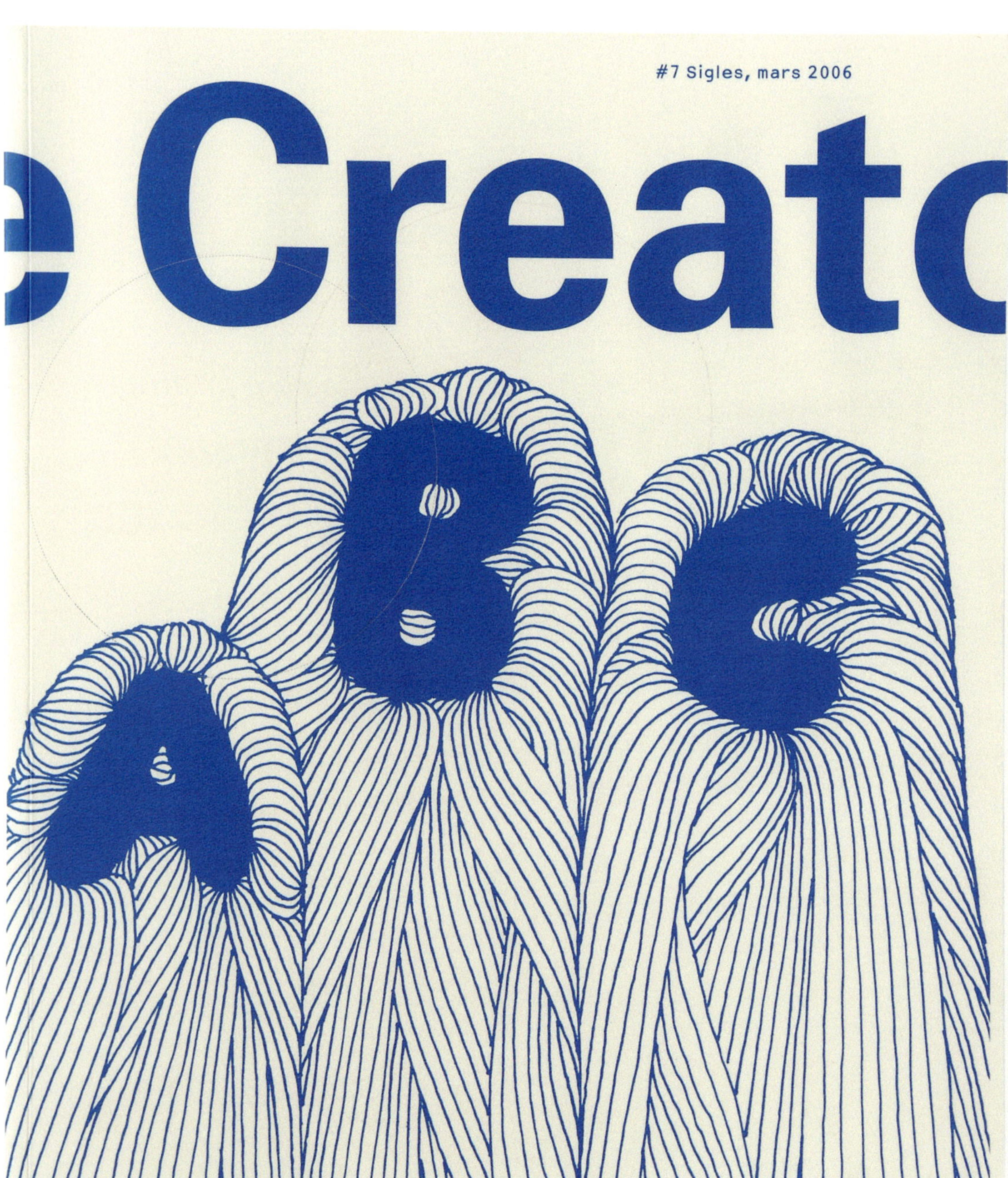
#7 Sigles, mars 2006
e Creato
A
B
C

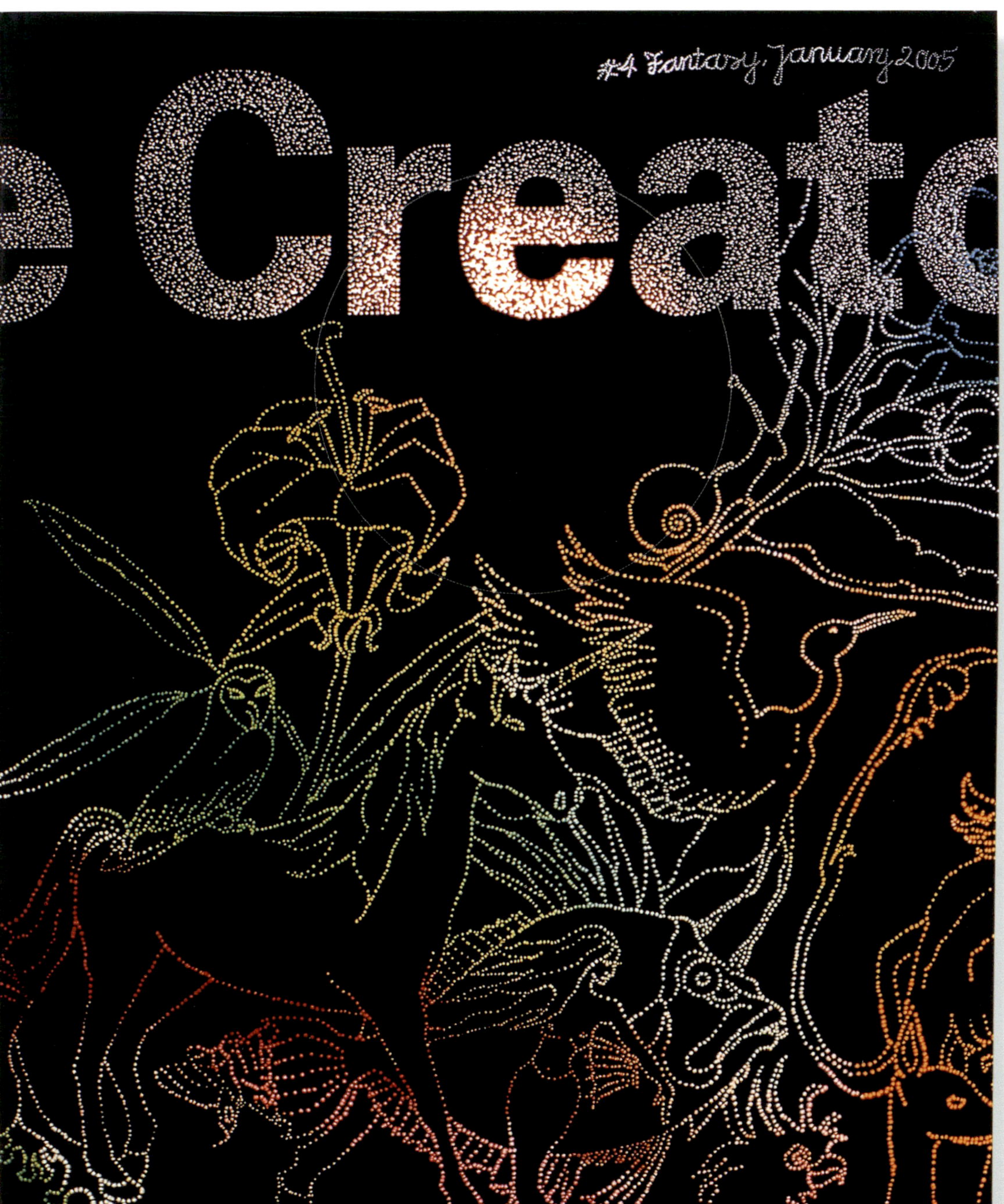
#4 Fantasy, January 2005
Creat

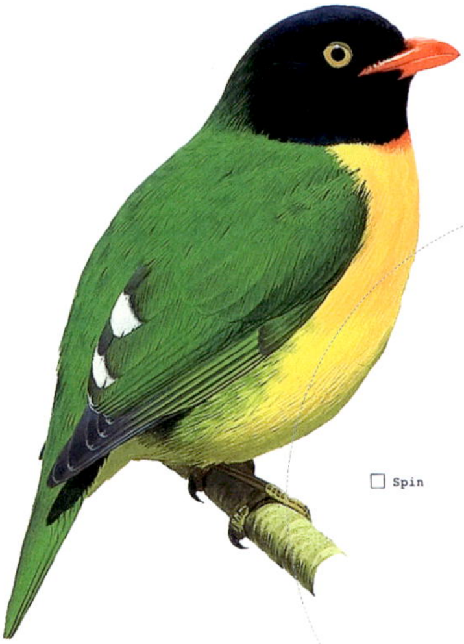

☐ Spin

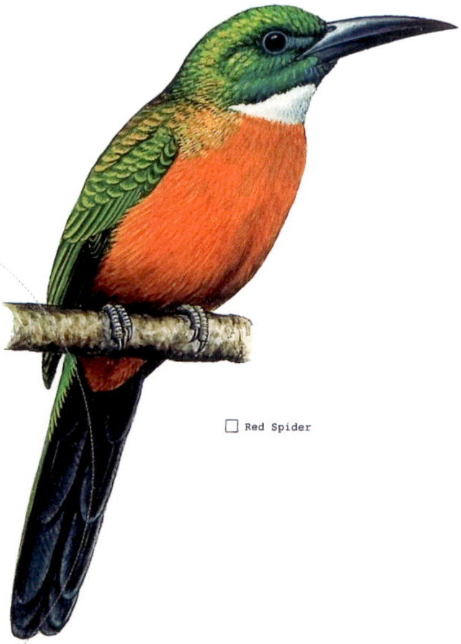

☐ Red Spider

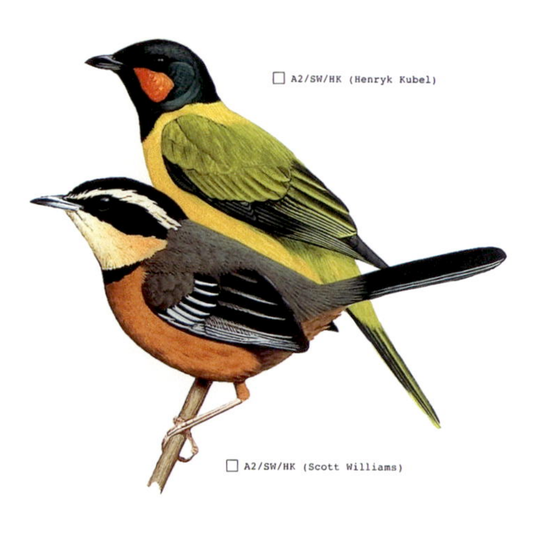

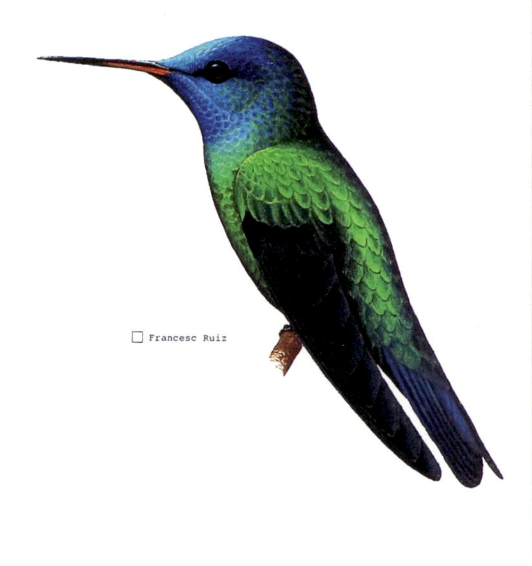

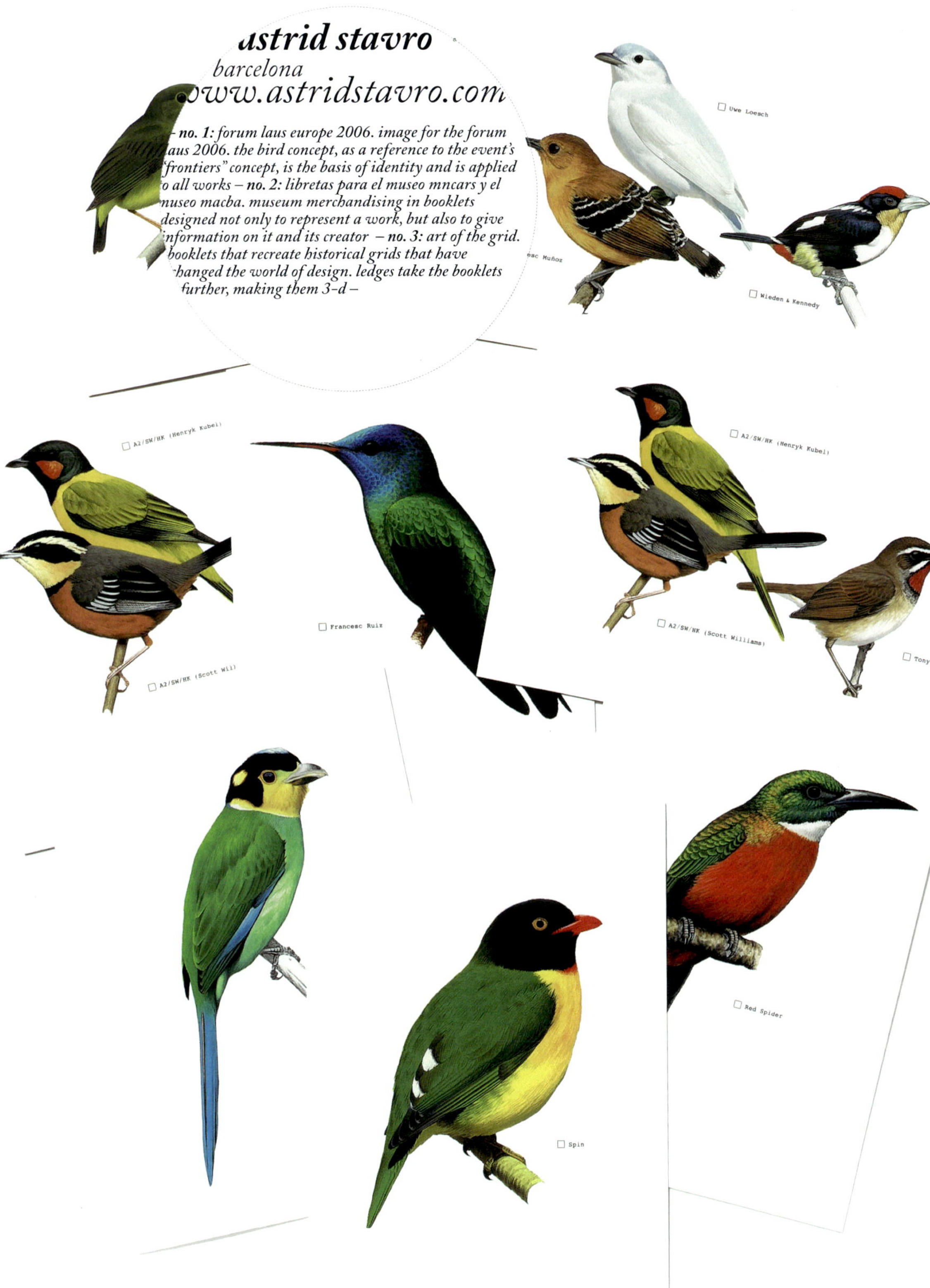

astrid stavro

barcelona

www.astridstavro.com

*– **no. 1:** forum laus europe 2006. image for the forum laus 2006. the bird concept, as a reference to the event's "frontiers" concept, is the basis of identity and is applied to all works – **no. 2:** libretas para el museo mncars y el museo macba. museum merchandising in booklets designed not only to represent a work, but also to give information on it and its creator – **no. 3:** art of the grid. booklets that recreate historical grids that have changed the world of design. ledges take the booklets further, making them 3-d –*

SPIN *Collaborae Omnistudios*

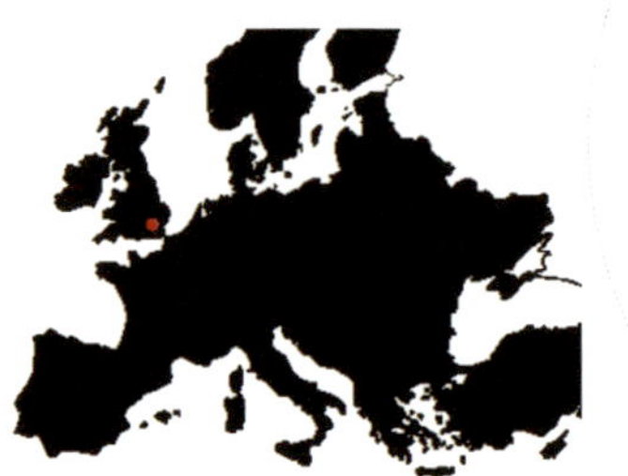

Especie: Estudio de diseño gráfico, audiovisual e interactivo. Habitat: Londres. Distribución: Mayoritariamente el Reino Unido y otros países europeos.

Species: Print, television and interactive design studio. Habitat: London. Distribution: Mostly UK and other European countries.

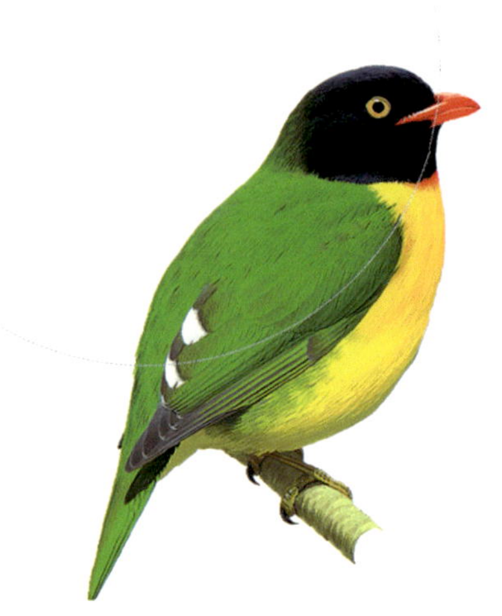

Fundado en 1992, Spin trabaja en los ámbitos del diseño gráfico, interactivo y de televisión. Entre sus clientes se encuentran desde pequeñas empresas locales hasta grandes multinacionales. En Spin aman los retos creativos, la tipografía y el trabajo con imágenes. Y están convencidos de que el diseño tiene que ver con el contenido, la funcionalidad y la naturaleza física de cada medio. Para su proceso consideran fundamental la colaboración interna y externa con fotógrafos, ilustradores, tipógrafos, programadores y animadores.

Founded in 1992 Spin's work covers print, television and interactive design. Clients range from the small and local to the large and international. They are excited by challenging thinking, imagery and typography. For Spin, graphic design is about content, functionality, expression and the physical nature of the medium they are working in. Collaboration within the studio, with clients and with photographers, illustrators, programmers, typographers and animators is fundamental to the process.

CONFERENCIA / CONFERENCE

La liberación a través de la estructura

Vamos a hablar del modo en que los sistemas ayudan en el proceso creativo y permiten una mayor libertad de expresión mostrando ejemplos de cómo las estructuras que hemos diseñado le han dado forma a nuestro trabajo. Para nosotros un sistema es una manera de pensar que le da a cada proyecto un modo de comportamiento único que se puede desarrollar en un nítido lenguaje visual. Después, este pensamiento se traslada a la imagen, a la tipografía, al color, al movimiento, al formato, al medio y a la voz. Si un cliente tiene un concepto de la idea y del sistema que emana de ella, tiene una conexión con todas las expresiones y desarrollos subsiguientes.

Liberation through structure

We are going to talk about how systems help the creative process and allow greater freedom of expression showing examples of how the different structures we have devised informed our work. A system for us is a way of thinking which gives a project a unique mode behaviour that can be developed into a distinct visual language. This thinking then applies to image, typography, colour, movement, format, media and voice. If a client has an understanding of the idea and the system springing from it they then have a connection with all subsequent expressions and developments.

WORKSHOP

Spin: Stories and questions

Hablaremos de las ideas y propuestas que están detras de nuestros trabajos, y discutiremos abiertamente sobre lo que significa trabajar en los diferentes medios.

Spin: Stories and questions

We plan to talk about the ideas and approaches that are behind our work and have an open discussion about working across different media.

☐ Conferencia / Conference: 07/07/06, 19h ☐ Workshop: 07/07/06, 10-12h

FORUM LAUS EUROPE 2006

Fronteras

La libertad llama

05 - 08 Julio / Barcelona
www.forumlauseurope.net

Diseñadores que son pensadores. Intelectuales que son directores de arte. Ilustradores que fotografían, tipógrafos que ruedan películas. Prácticos teóricos. Estudios europeos con clientes de Nueva York. Parisinos de Londres, berlineses de Lisboa, madrileños de Barcelona. El Forum Laus Europe 06 reúne a los que cruzan sus propias fronteras. A los que buscan en otros ámbitos. A los que van y a los que vienen.

ADG-FAD y ADC*E presentan este mes de Julio de 2006 un conjunto de participantes variado, heterogéneo, ecléctico y abierto. Voces tan diversas como A2/SW/HK, Oliviero Toscani, å.b.ä.k.e., Spin, David Casacuberta, Francesc Ruiz, Red Spider, Tony Herzt, Francesc Muñoz, Wieden & Kennedy y Alexandre Bettler entre muchos otros.

A través de conferencias, workshops y presentaciones conoceremos sus experiencias, compartiremos sus ideas y debatiremos sus aportaciones. ¿Qué buscan fuera? ¿Cómo redibujan los límites de sus respectivos ámbitos? ¿Cómo viven la multidisciplinariedad? ¿Qué significa para ellas y ellos la identidad? ¿Y la globalización?

Queremos conocer sus opciones creativas y sus tentativas para alcanzar una cuota mayor de libertad.

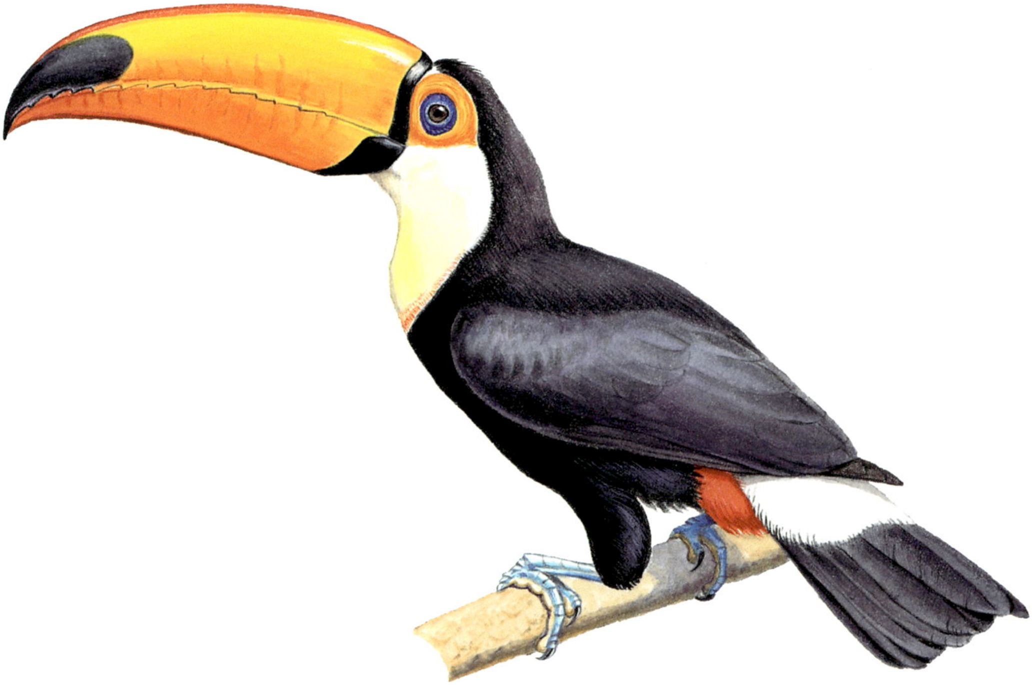

Organizan:

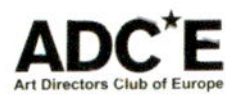

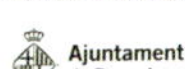

Instituciones:

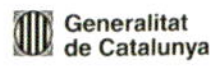

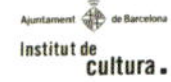

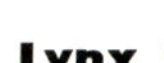

Colaboran:

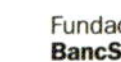

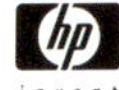

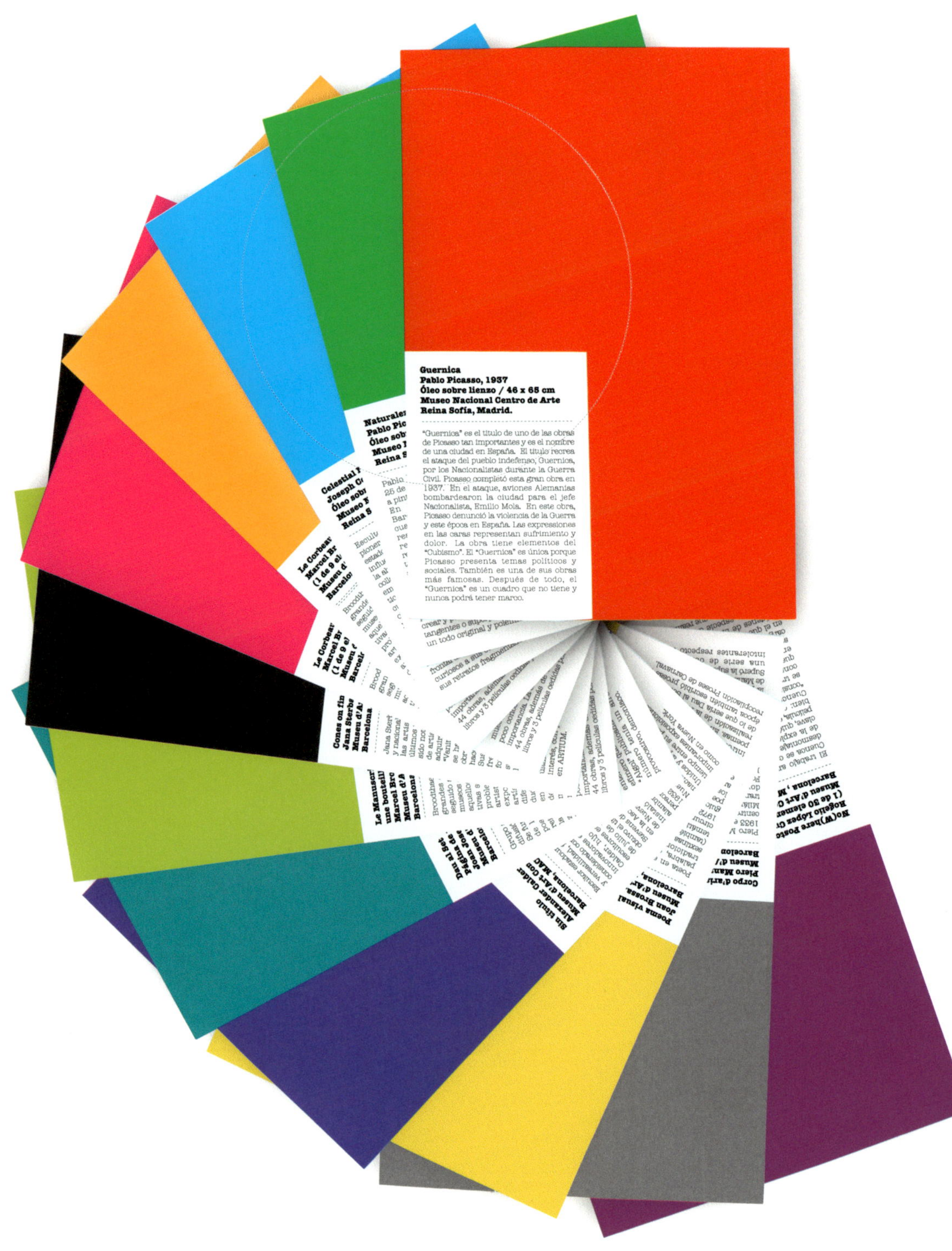
Guernica
Pablo Picasso, 1937
Óleo sobre lienzo / 46 x 65 cm
Museo Nacional Centro de Arte
Reina Sofía, Madrid.
"Guernica" es el titulo de uno de las obras de Picasso tan importantes y es el nombre de una ciudad en España. El titulo recrea el ataque del pueblo indefenso, Guernica, por los Nacionalistas durante la Guerra Civil. Picasso completó esta gran obra en 1937. En el ataque, aviones Alemanias bombardearon la ciudad para el jefe Nacionalista, Emilio Mola. En este obra, Picasso denunció la violencia de la Guerra y este época en España. Las expressiones en las caras representan sufrimiento y dolor. La obra tiene elementos del "Cubismo". El "Guernica" es única porque Picasso presenta temas políticos y sociales. También es una de sus obras más famosas. Después de todo, el "Guernica" es un cuadro que no tiene y nunca podrá tener marco.

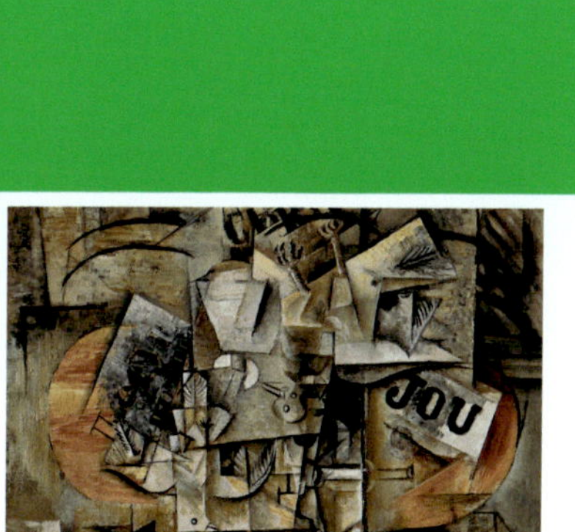

Naturaleza Muerta, Pablo Picasso, 1912 Óleo sobre lienzo / 46 x 65 cm

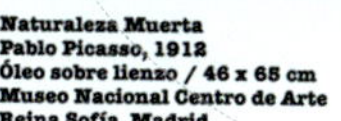

Naturaleza Muerta
Pablo Picasso, 1912
Óleo sobre lienzo / 46 x 65 cm
Museo Nacional Centro de Arte Reina Sofía, Madrid.

Pablo Ruiz Picasso nace en Málaga el 25 de octubre de 1881. Picasso empieza a pintar muy joven a la edad de 10 años. En 1896 la familia se instala en Barcelona. Naturaleza Muerta es un cuadro totalmente cubista, reduce la realidad a formas cuadrangulares y rectangulares. Este caso concreto responde al cubismo analítico que compartimenta la realidad como si la viésemos a través de un caleidoscopio; en ocasiones nos es difícil identificar los objetos. El color se reduce al mínimo y las gamas son muy exiguas, lo importante es la simplificación de las formas y la nueva propuesta cubista que Picasso ayudó a crear y poner en marcha. Planos distintos tangentes o superpuestos que conforman un todo original y polémico.

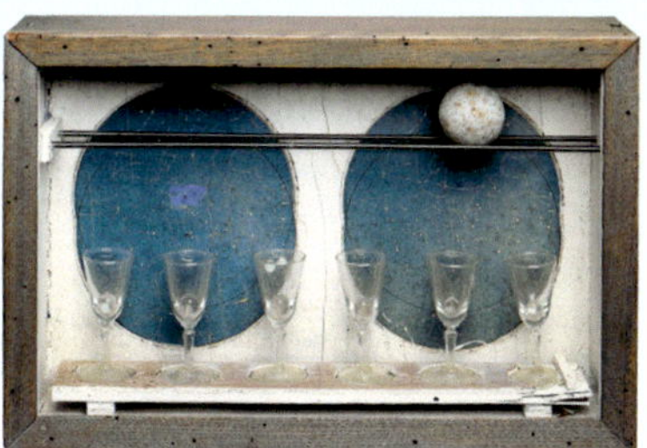

Celestial Navigation, Joseph Cornell, 1912 Caja de madera / 100 x 65 cm

Celestial Navigation
Joseph Cornell, 1912
Óleo sobre lienzo / 46 x 65 cm
Museo Nacional Centro de Arte Reina Sofía, Madrid.

Escultor estadounidense, uno de los pioneros del ensamblaje. Nació en Nyack, estado de Nueva York, y su obra refleja la influencia del movimiento surrealista, de la abstracción cubista y de la técnica de collage. A mediados de la década de 1930 empezó a crear sus obras más características, entre las que se incluye una caja, cuyo frente es de vidrio, que contiene objetos encontrados, tales como fotografías y material impreso, así como fragmentos de imágenes múltiples en una cuidada yuxtaposición surrealista. Más que cuadros o esculturas, sus obras se suele calificar como "construcciones". Es el surrealismo metido en una cajón con un frontal de vidrio. Desde allí nos asomamos curiosos a sus collages de entomólogo y sus retratos fragmentados.

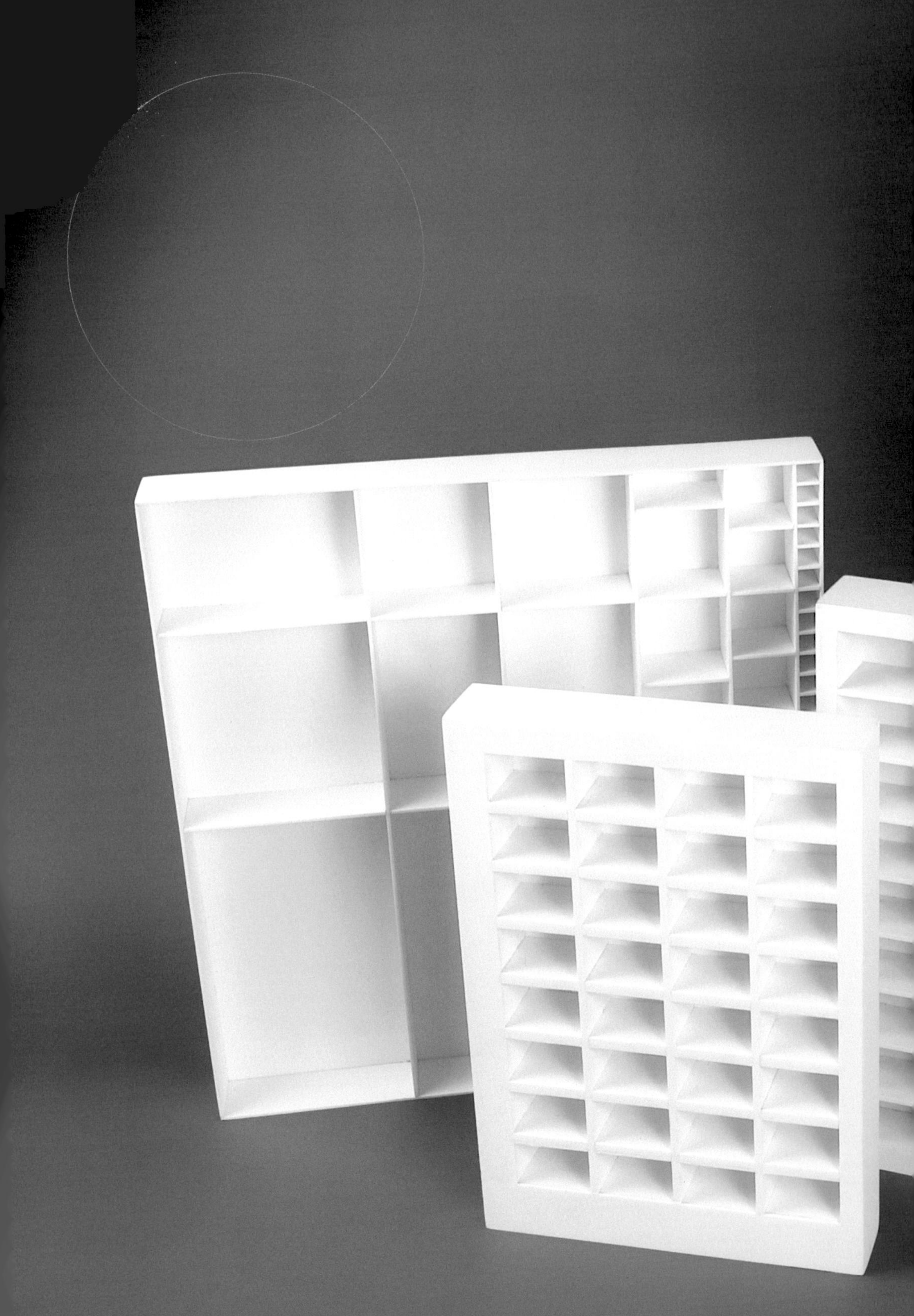

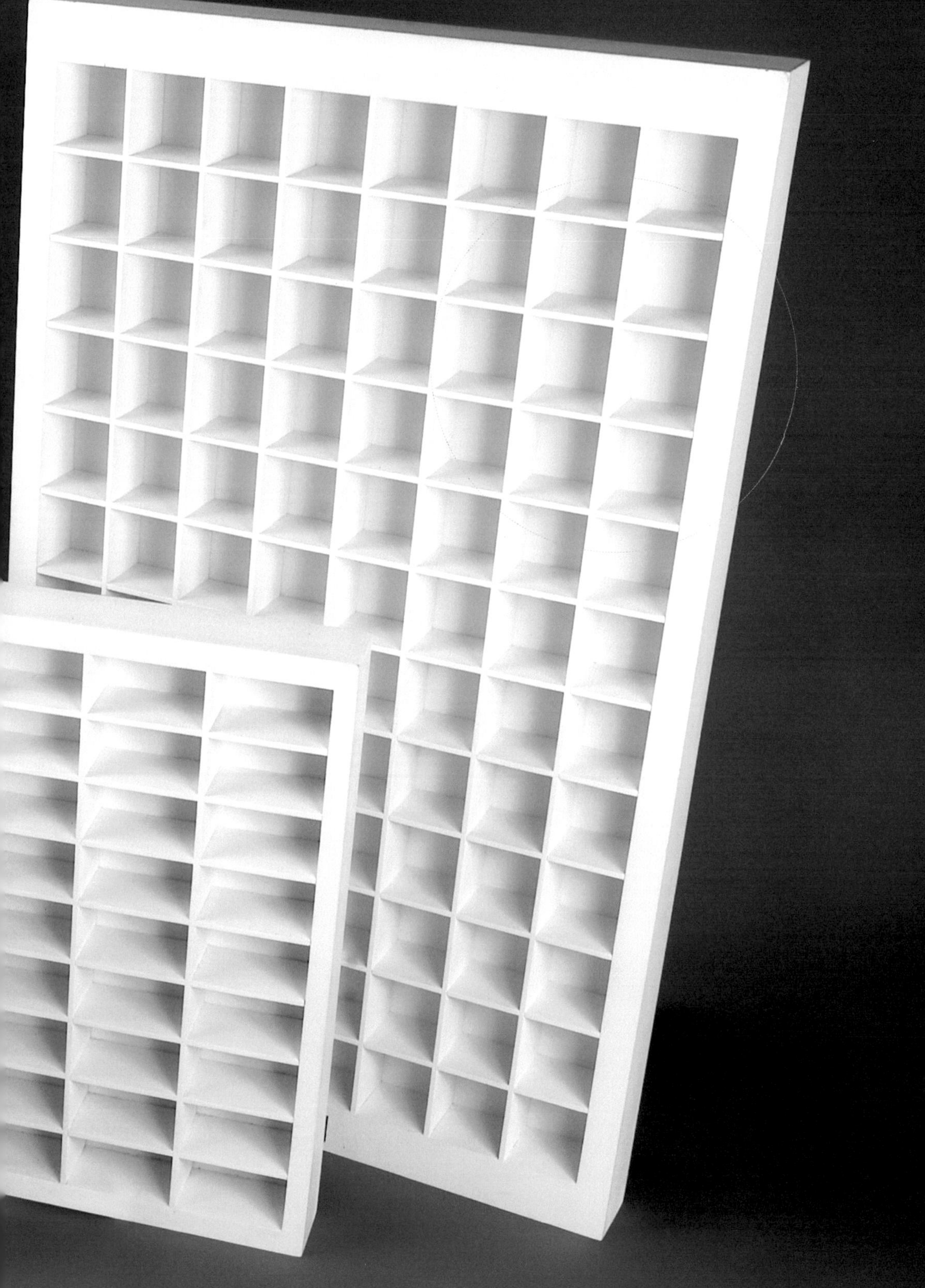

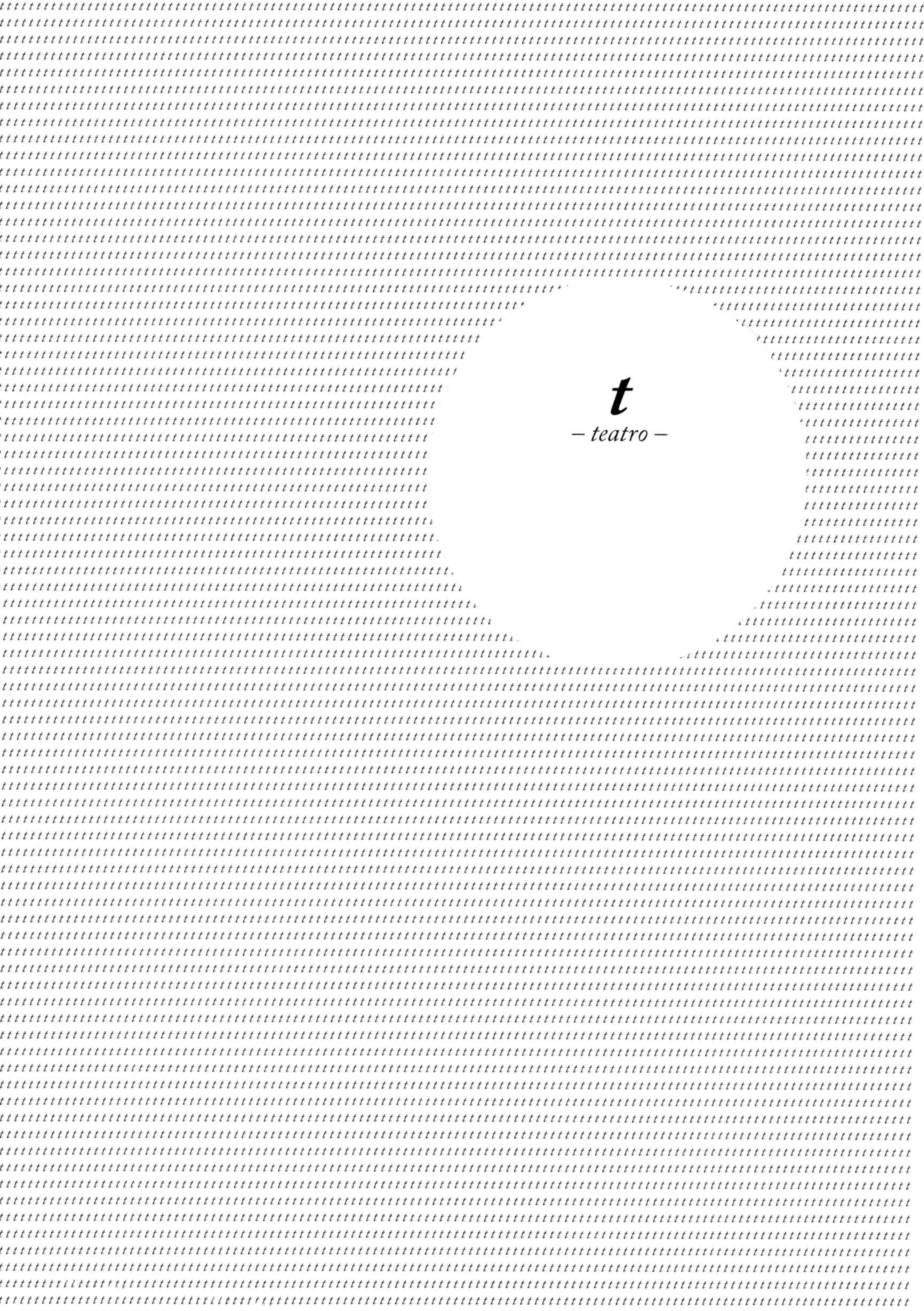
t
– teatro –

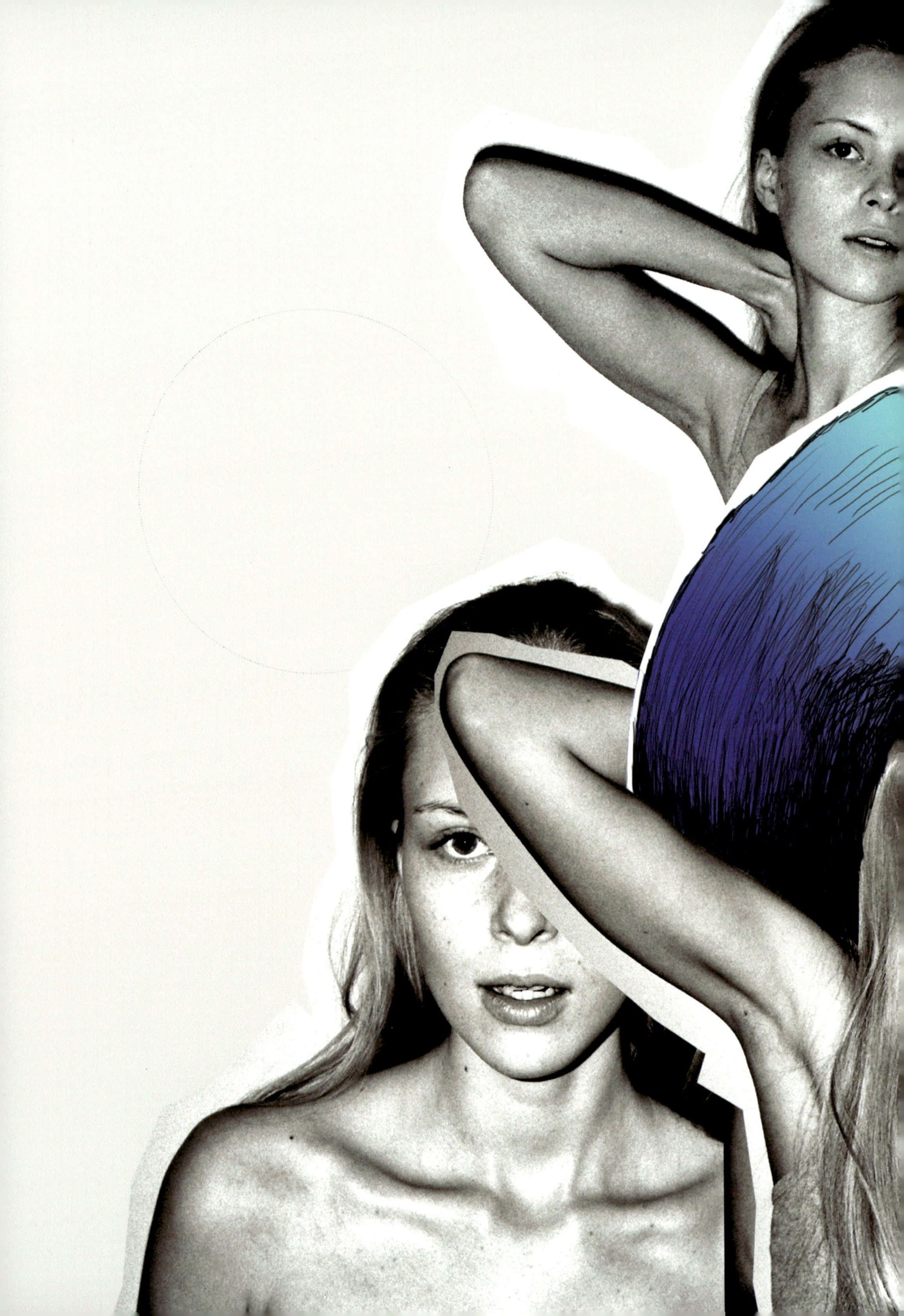

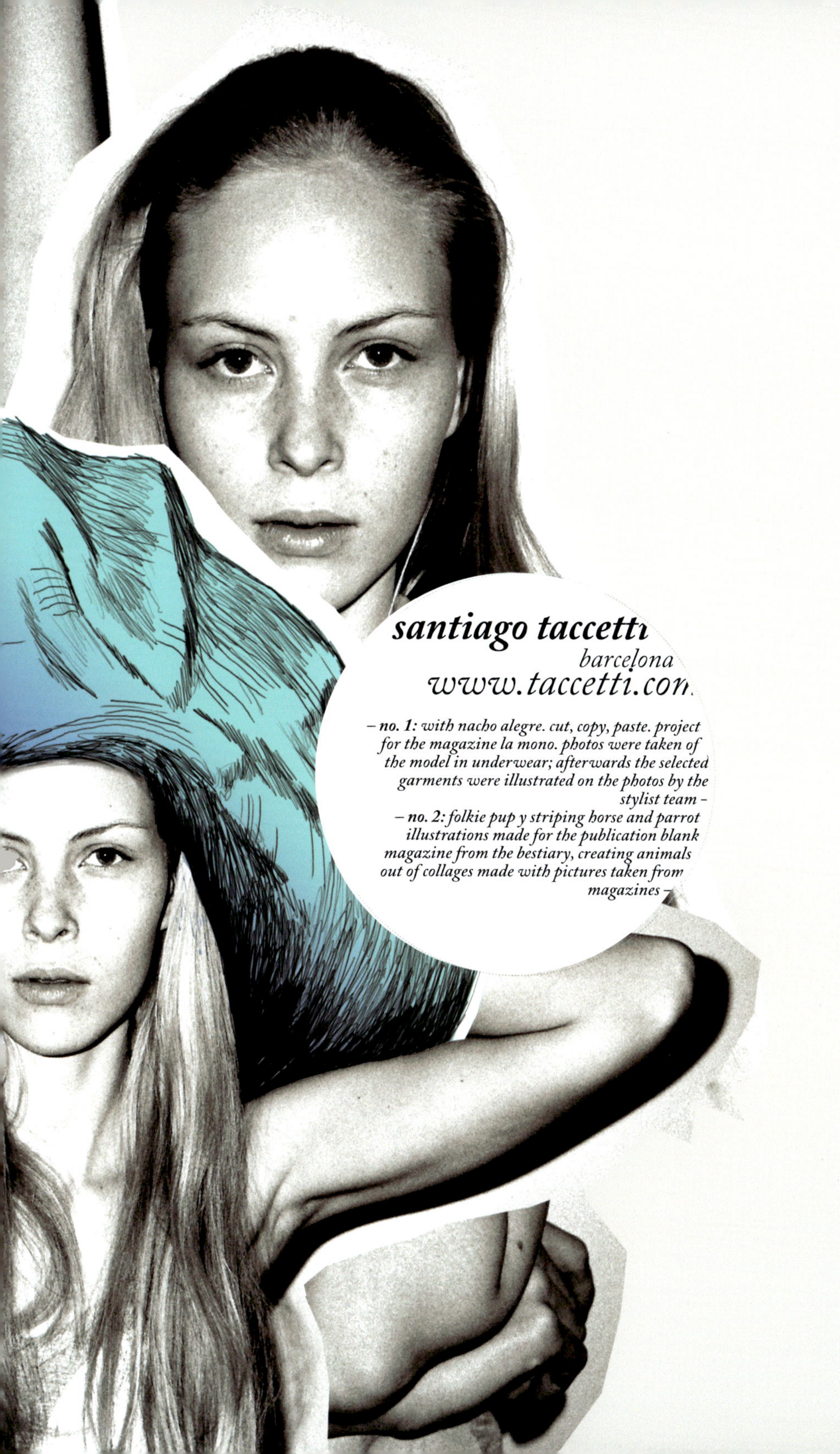

santiago taccetti

barcelona

www.taccetti.com

*– **no. 1:** with nacho alegre. cut, copy, paste. project for the magazine la mono. photos were taken of the model in underwear; afterwards the selected garments were illustrated on the photos by the stylist team –*

*– **no. 2:** folkie pup y striping horse and parrot illustrations made for the publication blank magazine from the bestiary, creating animals out of collages made with pictures taken from magazines –*

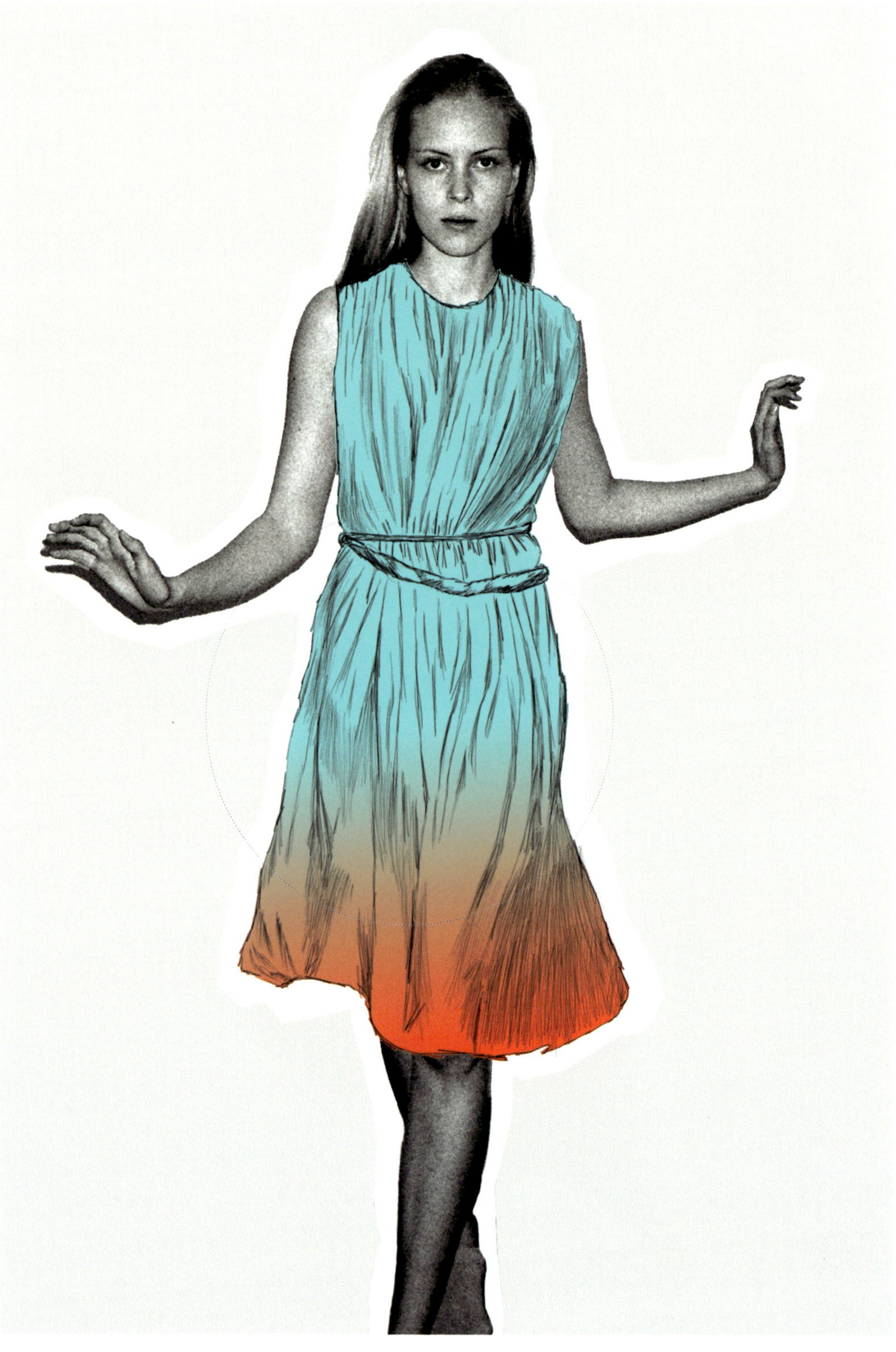

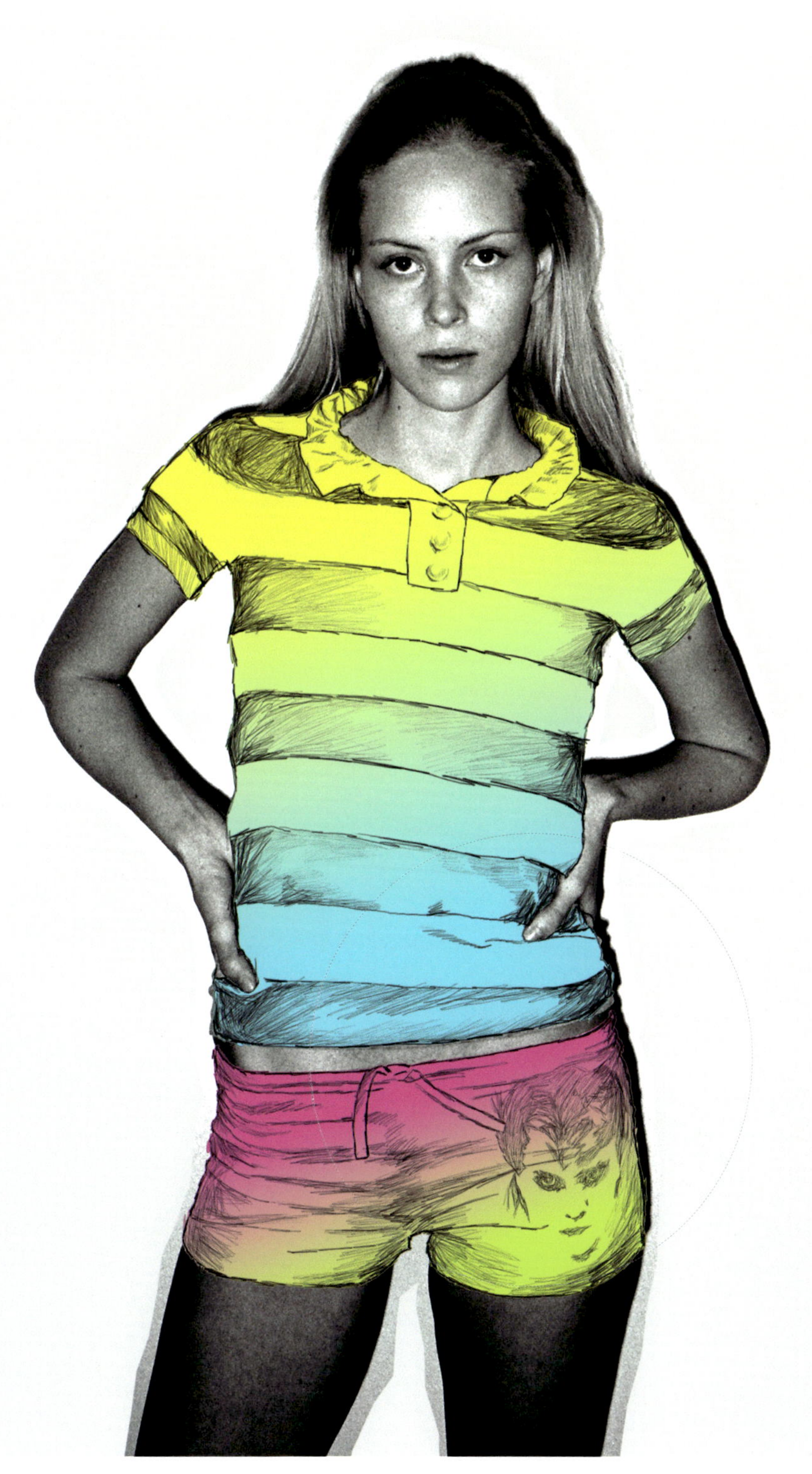

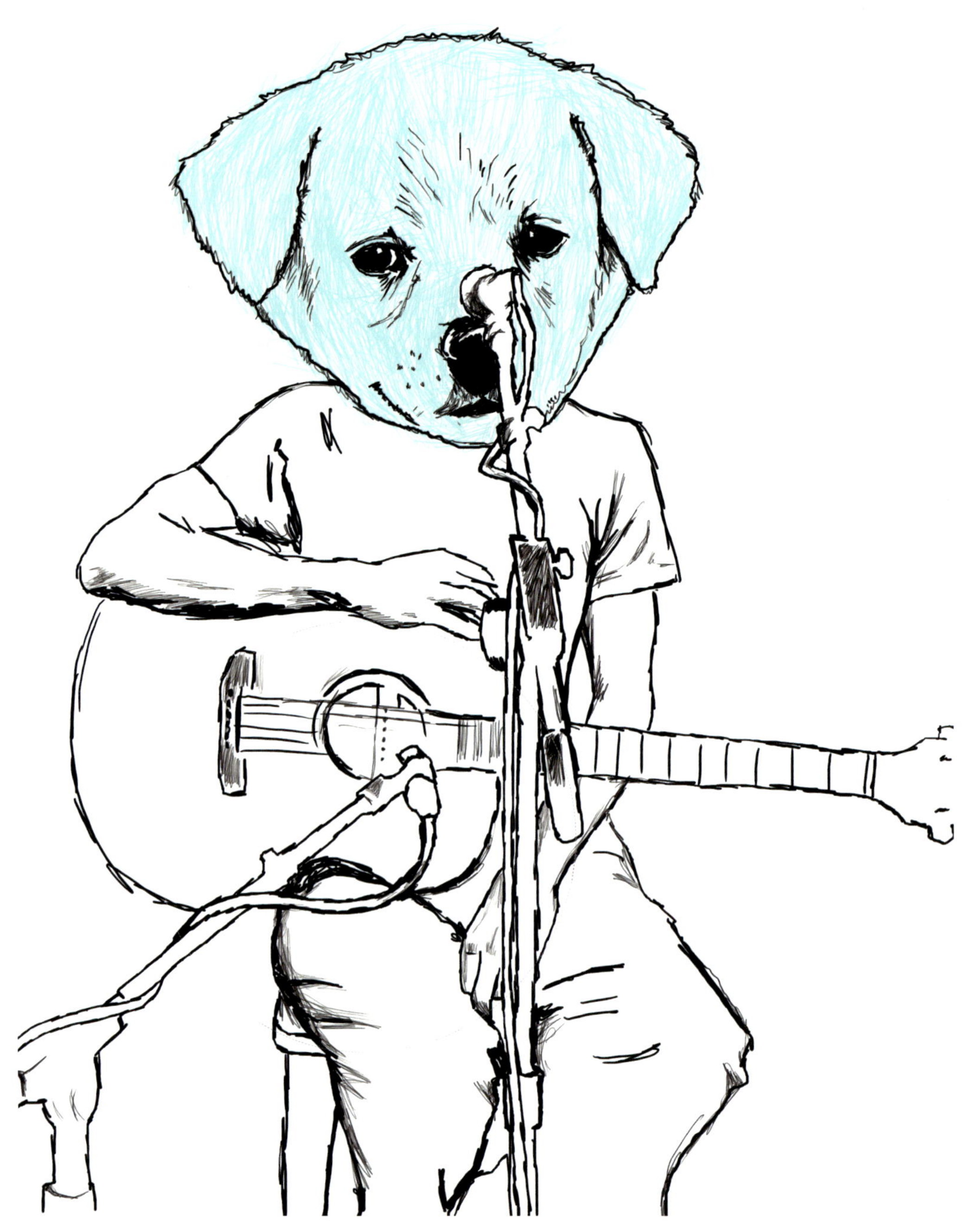

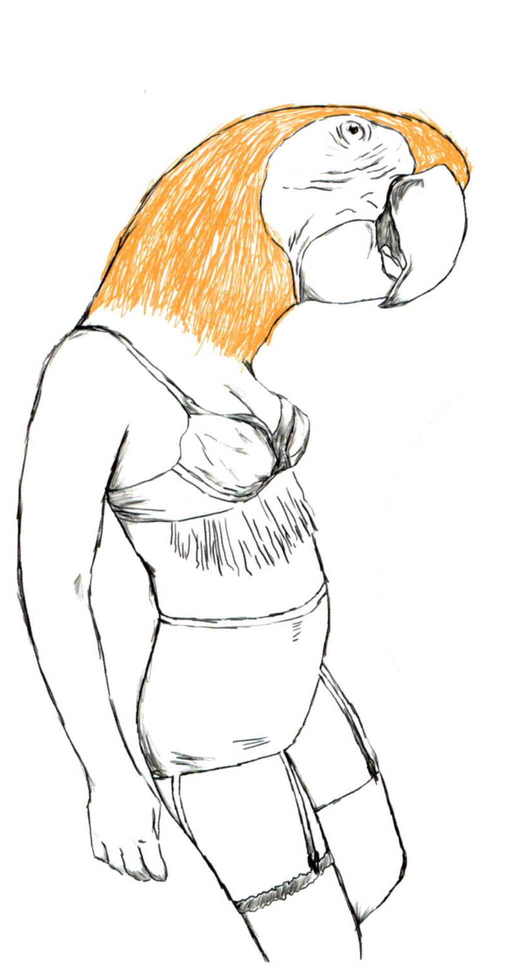

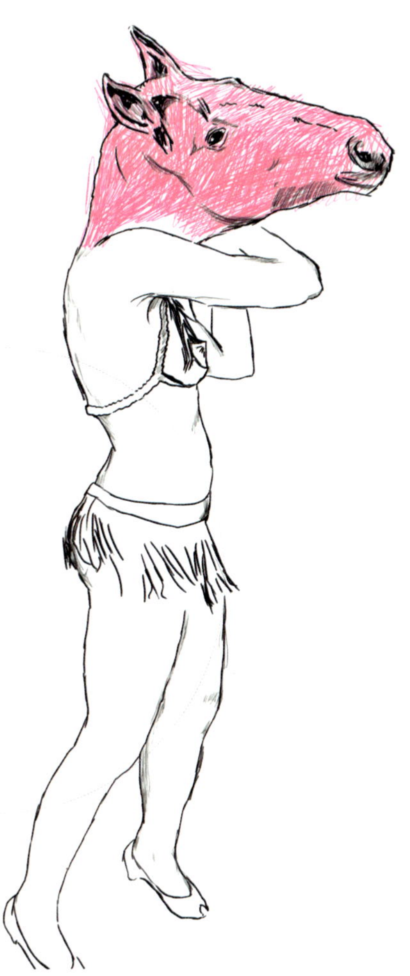

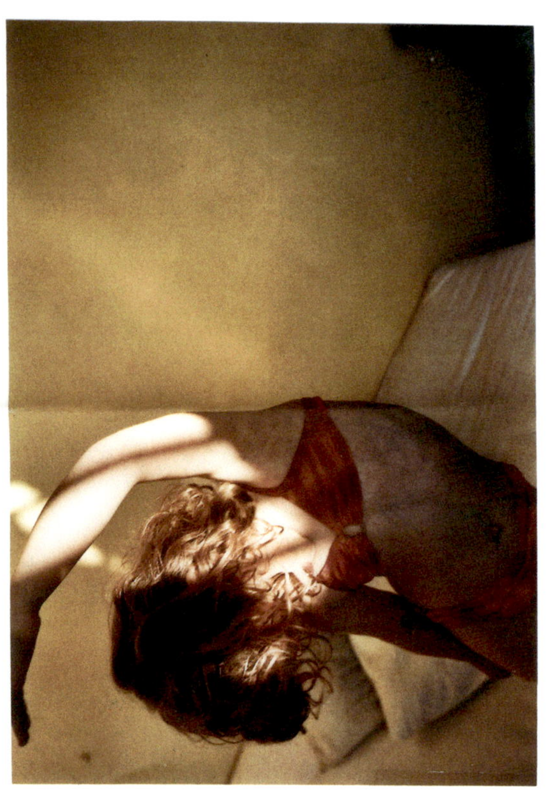
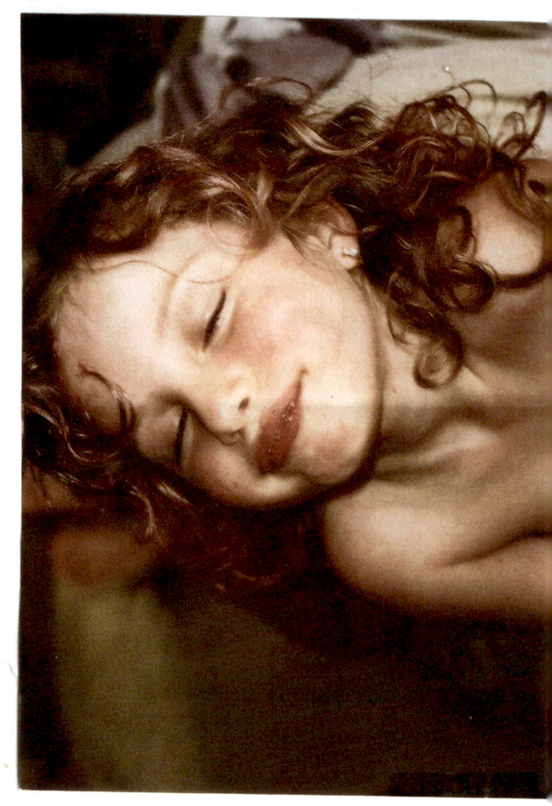
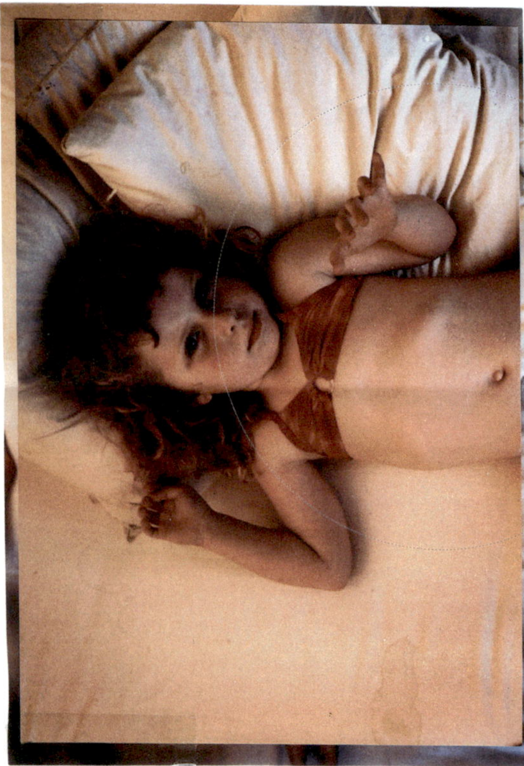
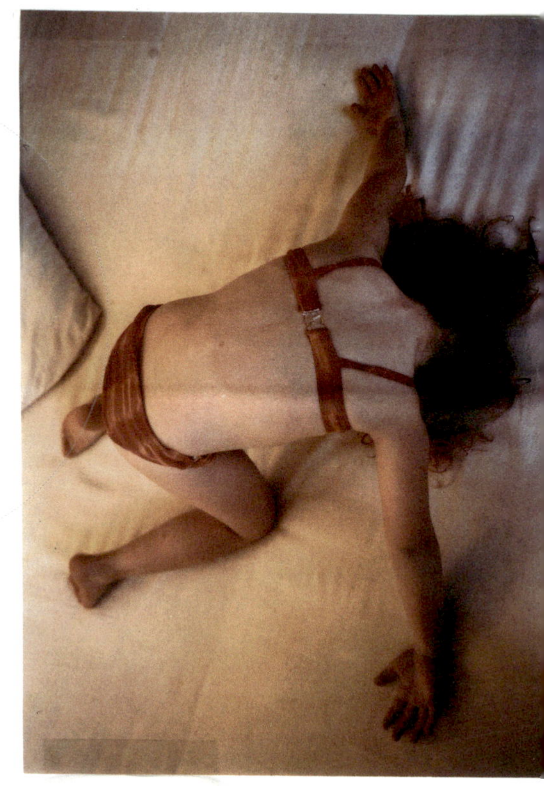

IMAGES ROSA CODINA 2005 THE LIFT PHOTO WWW.THELIFT.TV DESIGN: WWW.THEPAGE.TV

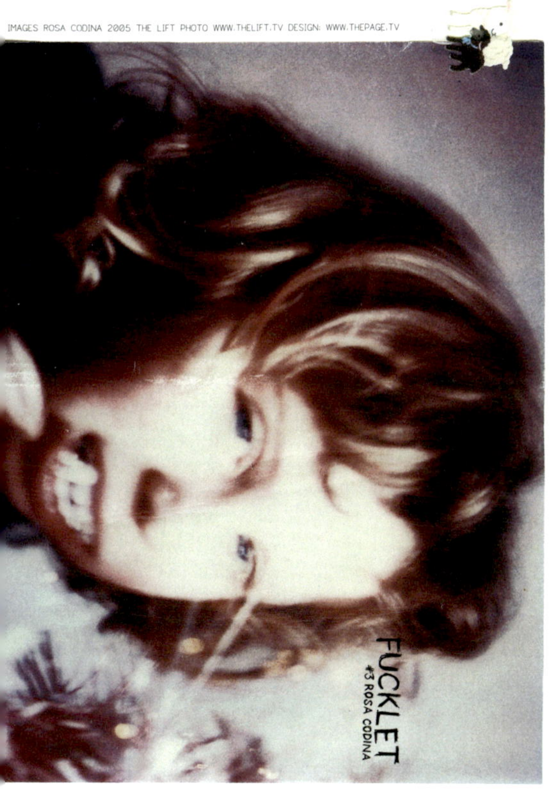

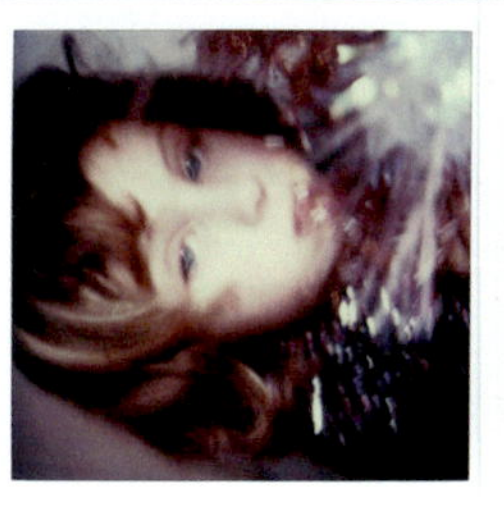

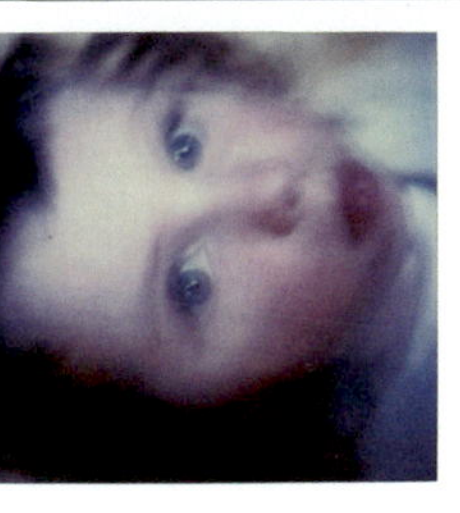

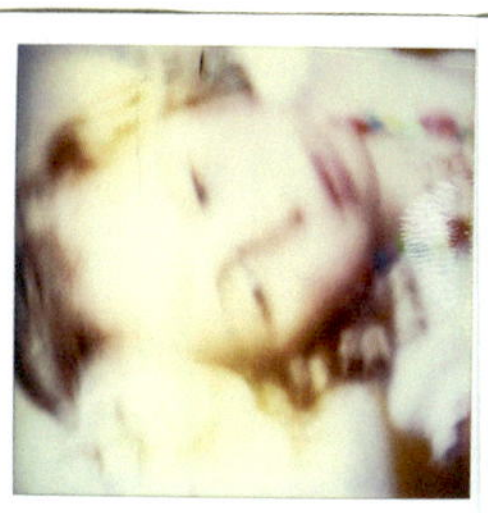

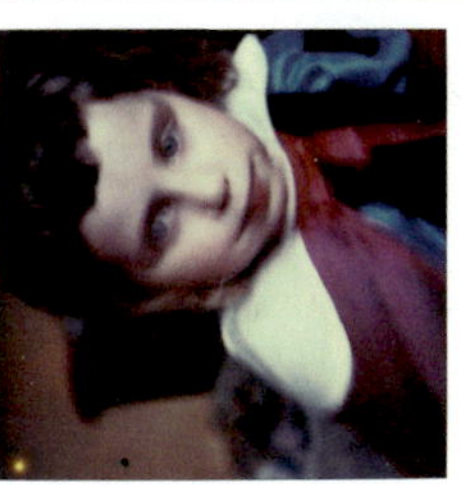

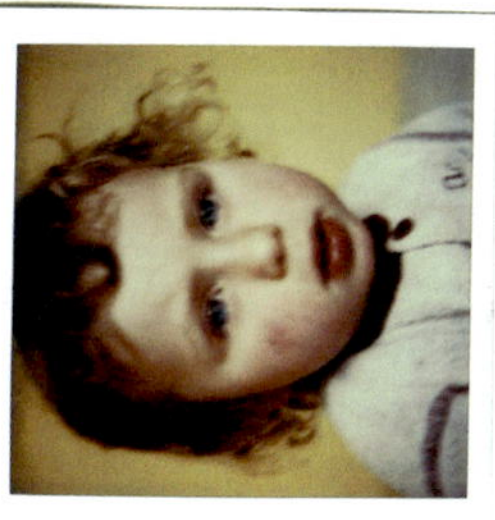

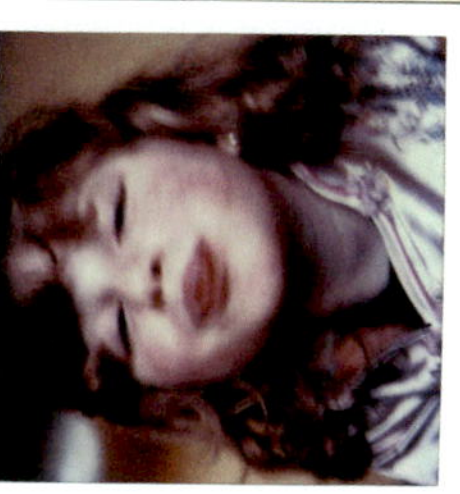

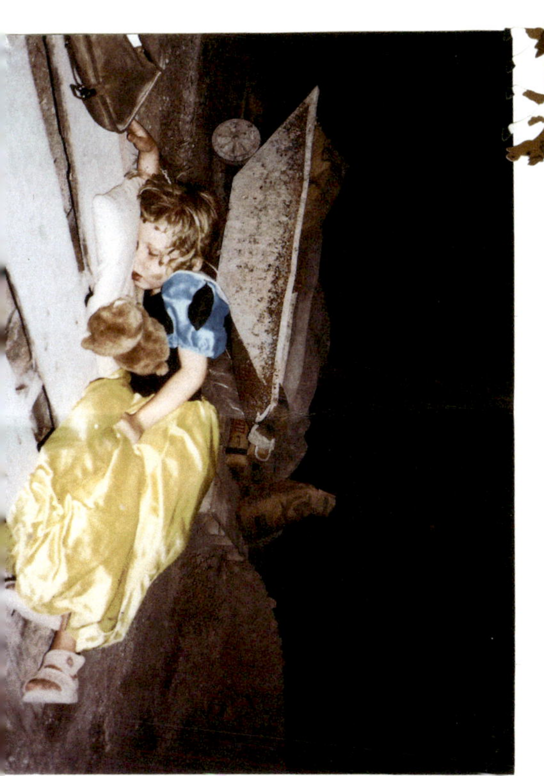

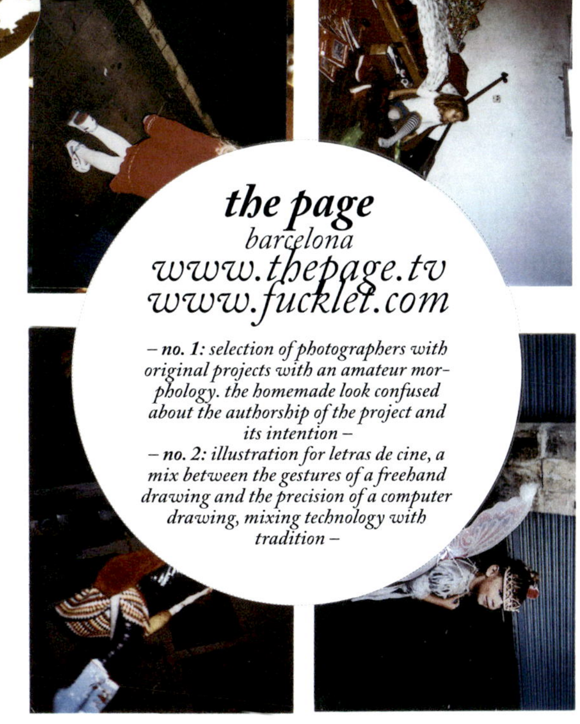

the page

barcelona

www.thepage.tv

www.fucklet.com

*– **no. 1:** selection of photographers with original projects with an amateur morphology. the homemade look confused about the authorship of the project and its intention –*

*– **no. 2:** illustration for letras de cine, a mix between the gestures of a freehand drawing and the precision of a computer drawing, mixing technology with tradition –*

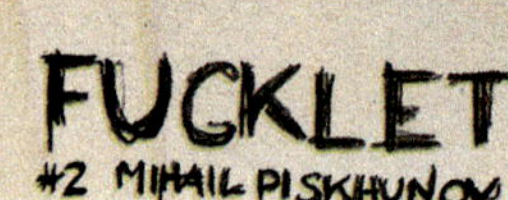
FUCKLET
#2 MIHAIL PISKHUNOV

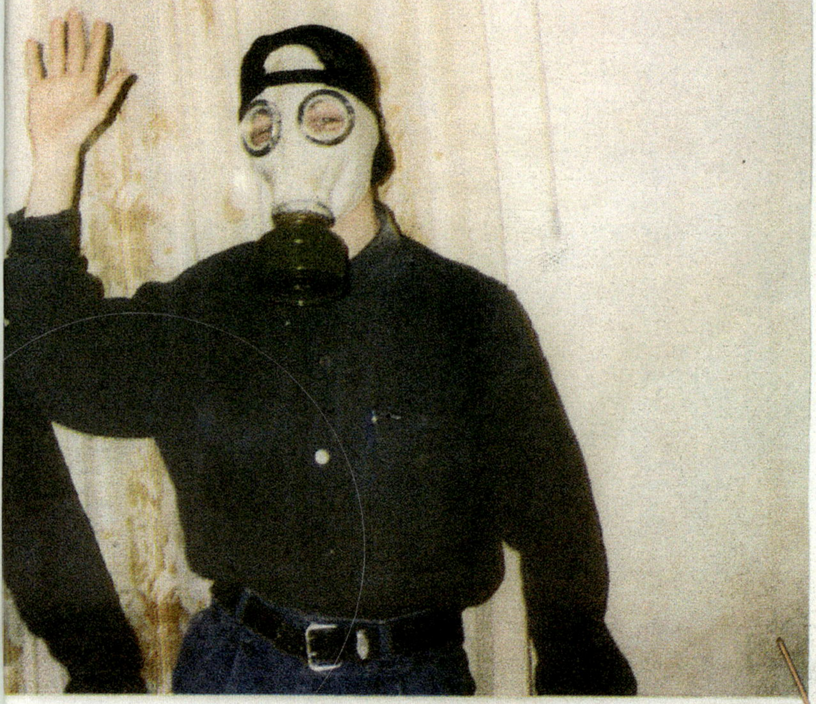

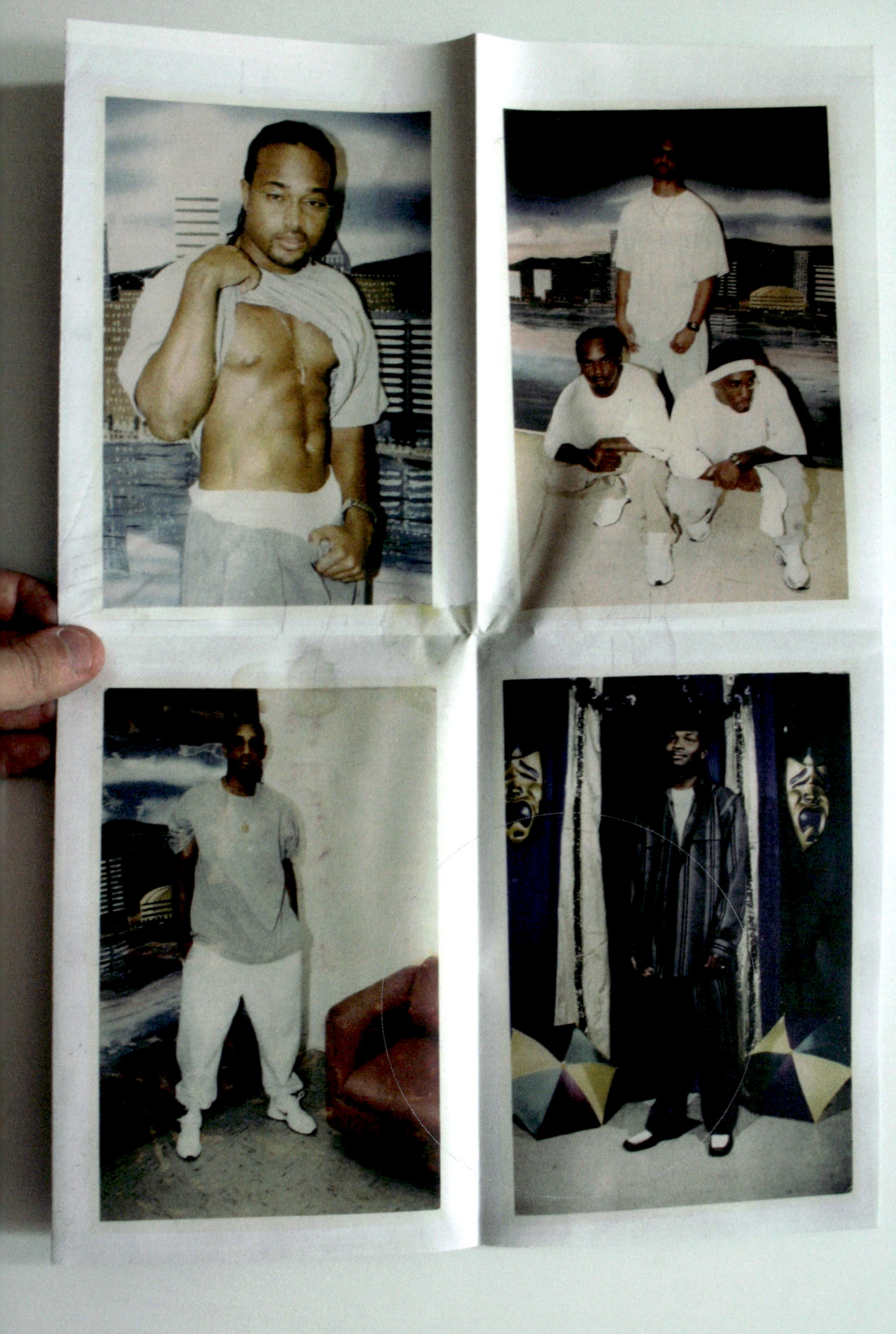

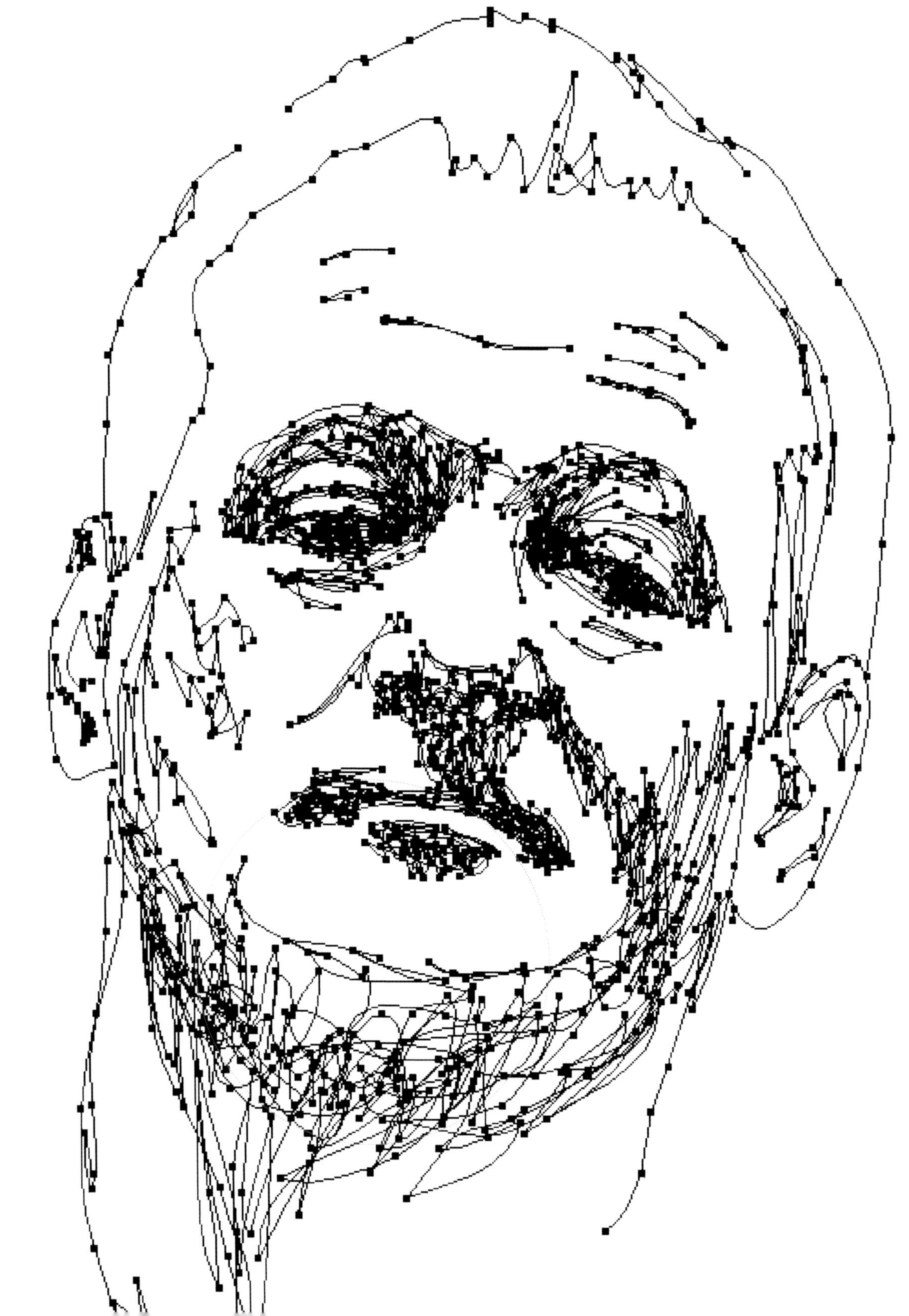

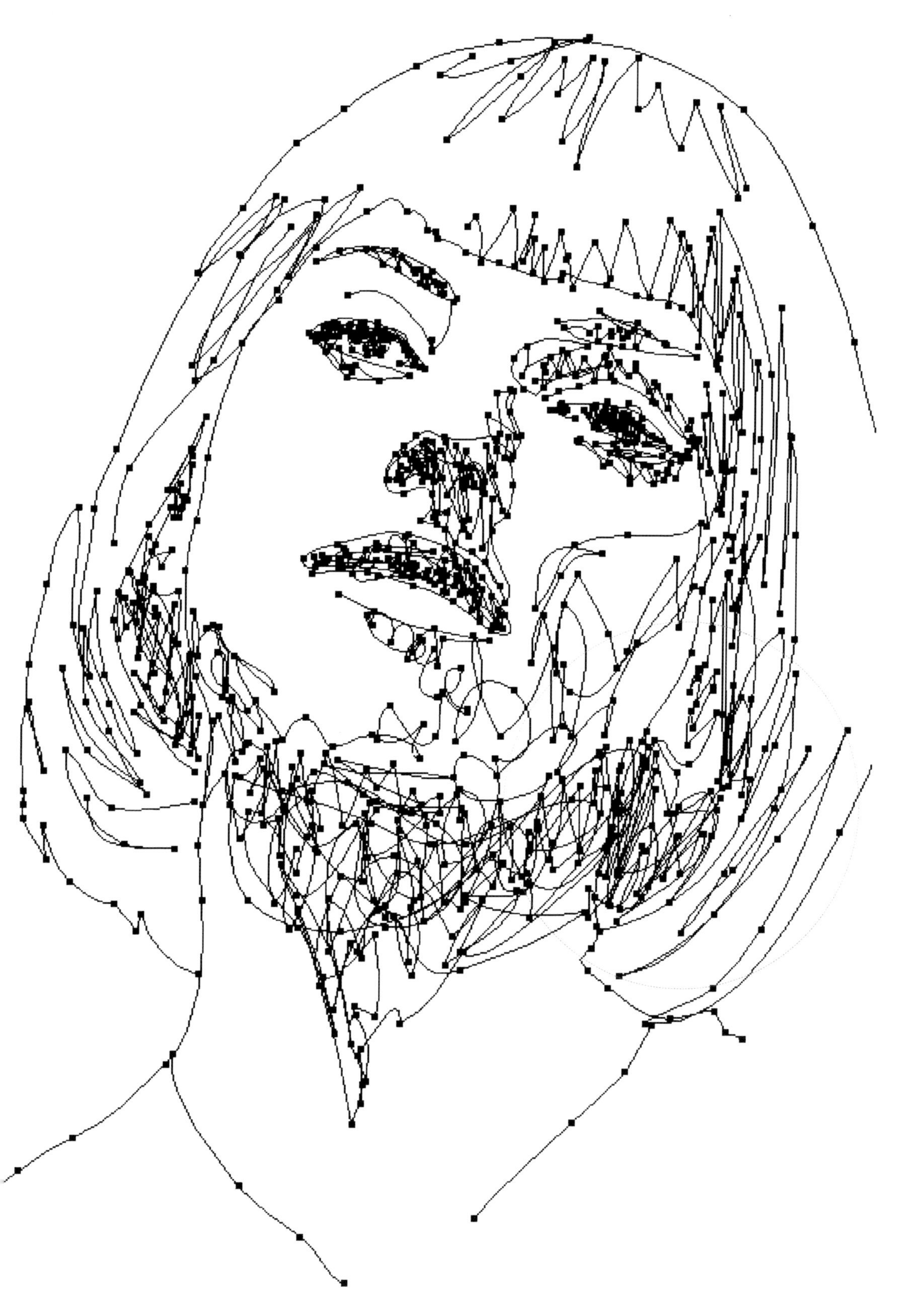

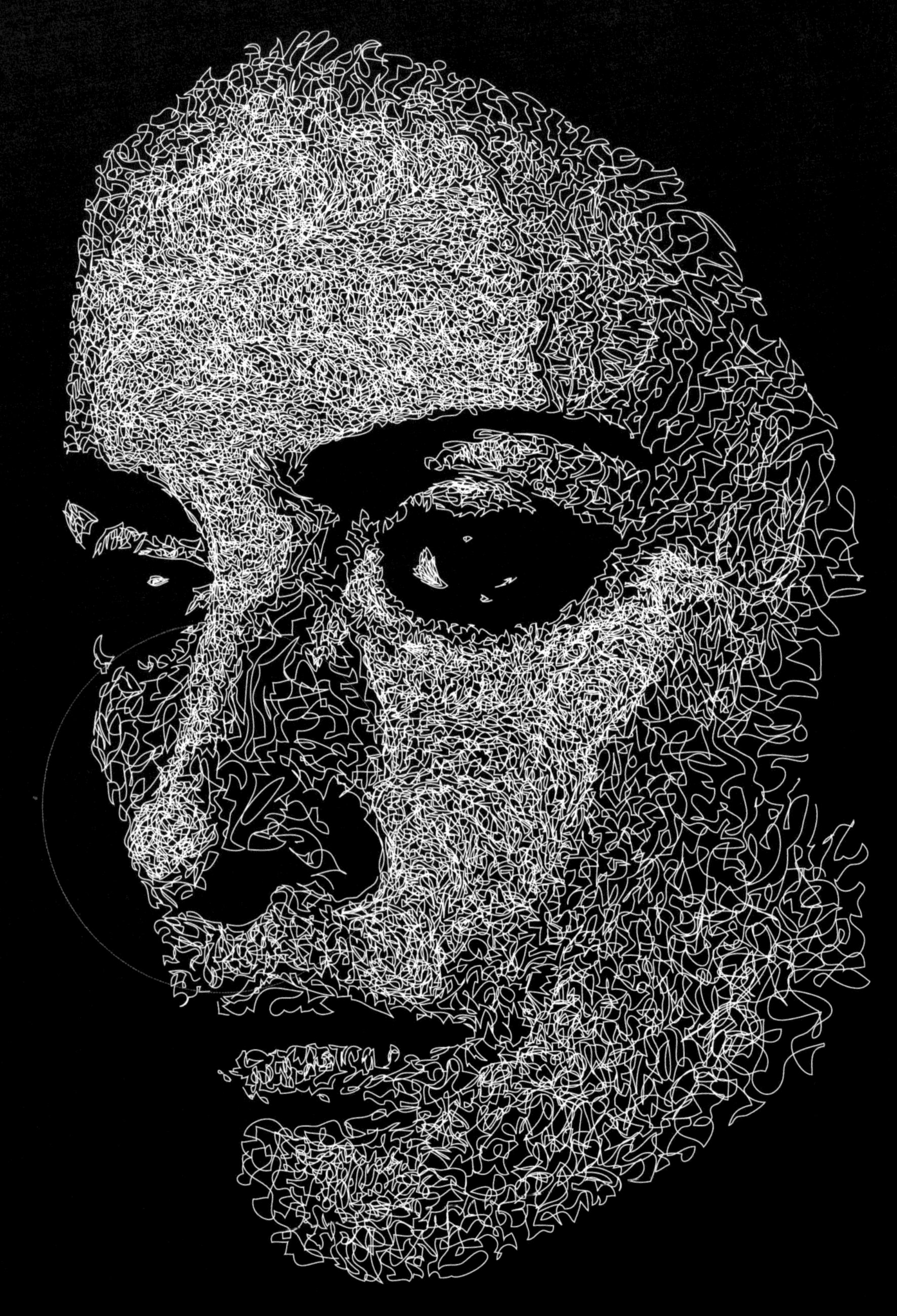

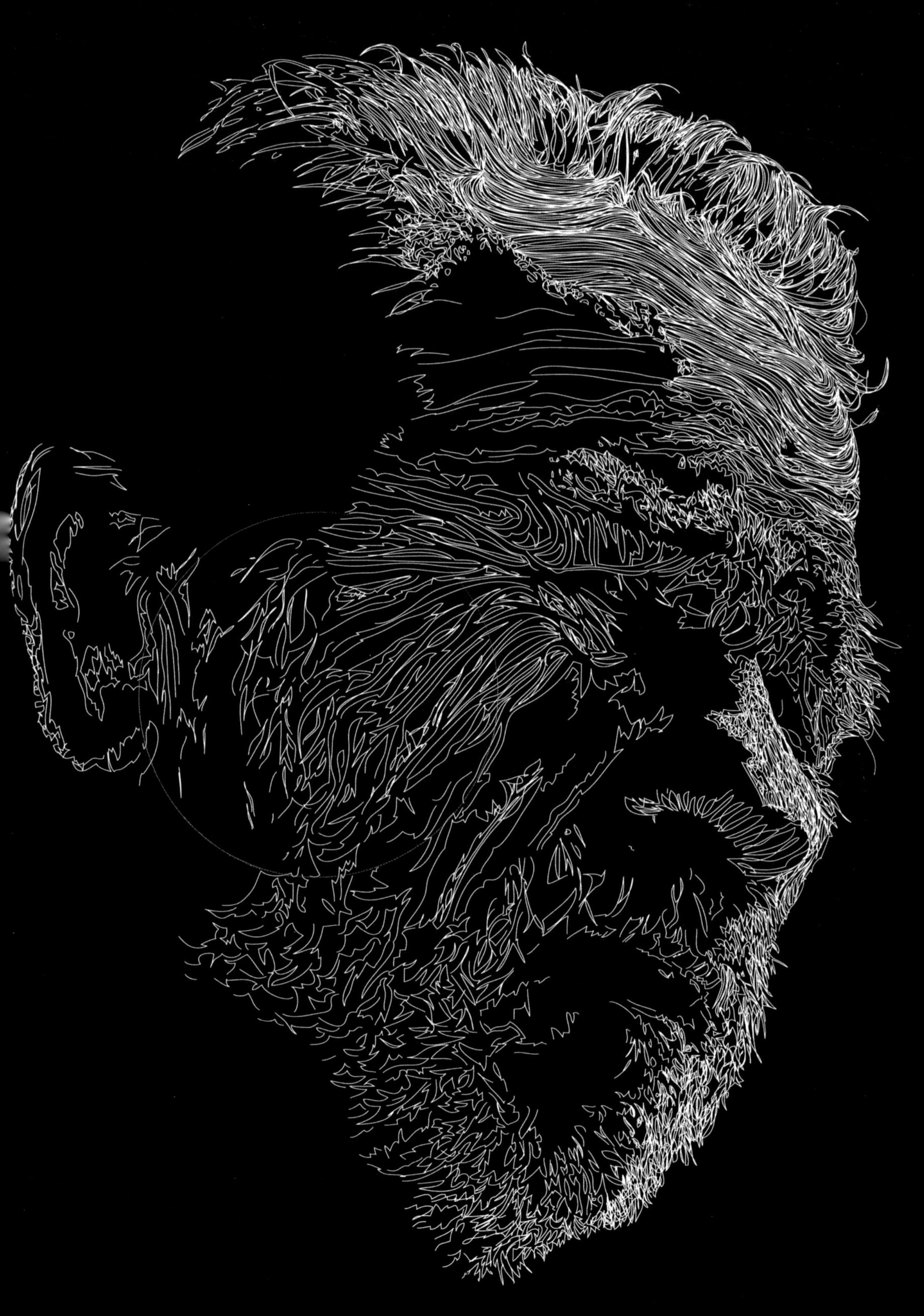

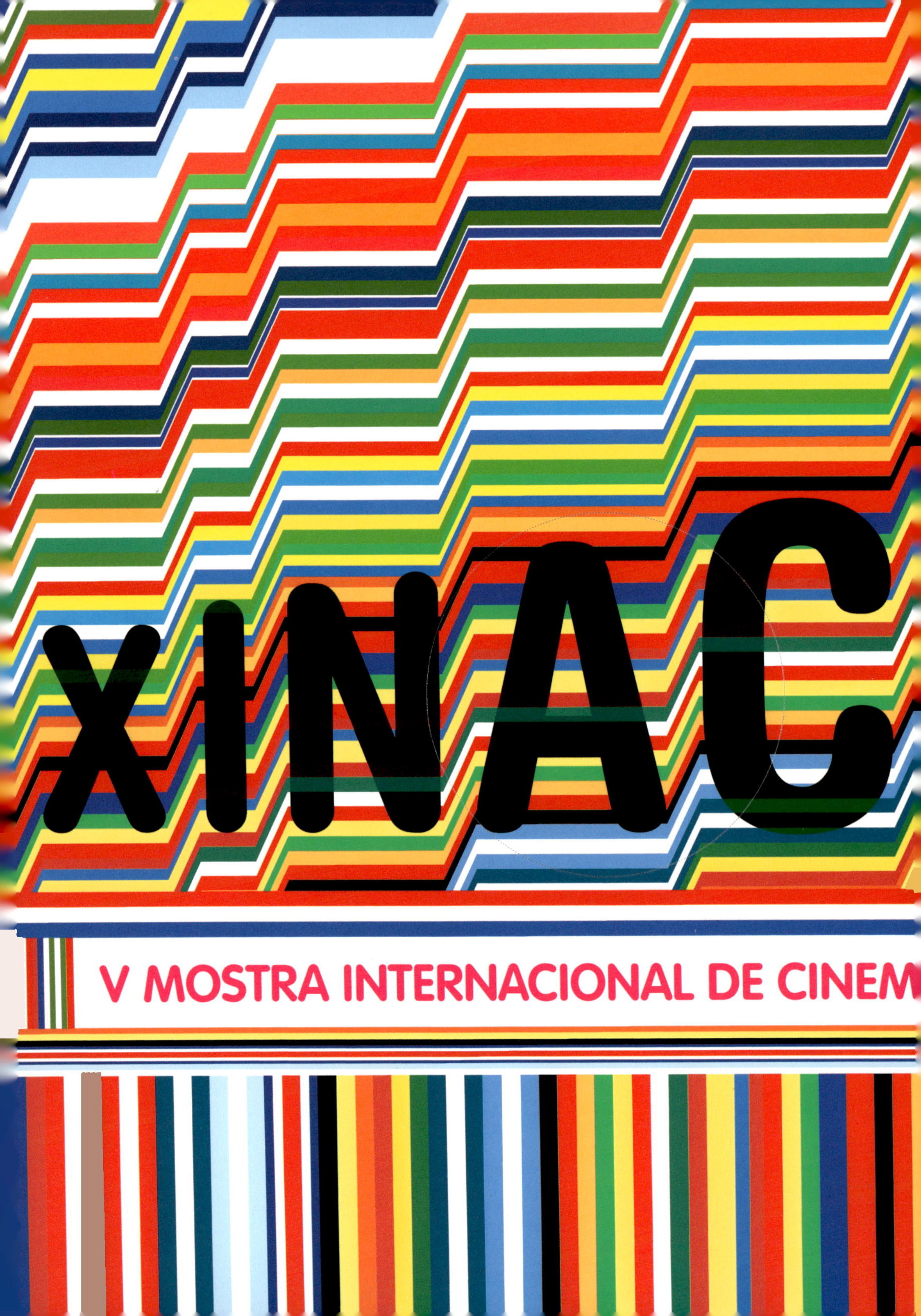
XINAC
V MOSTRA INTERNACIONAL DE CINEM

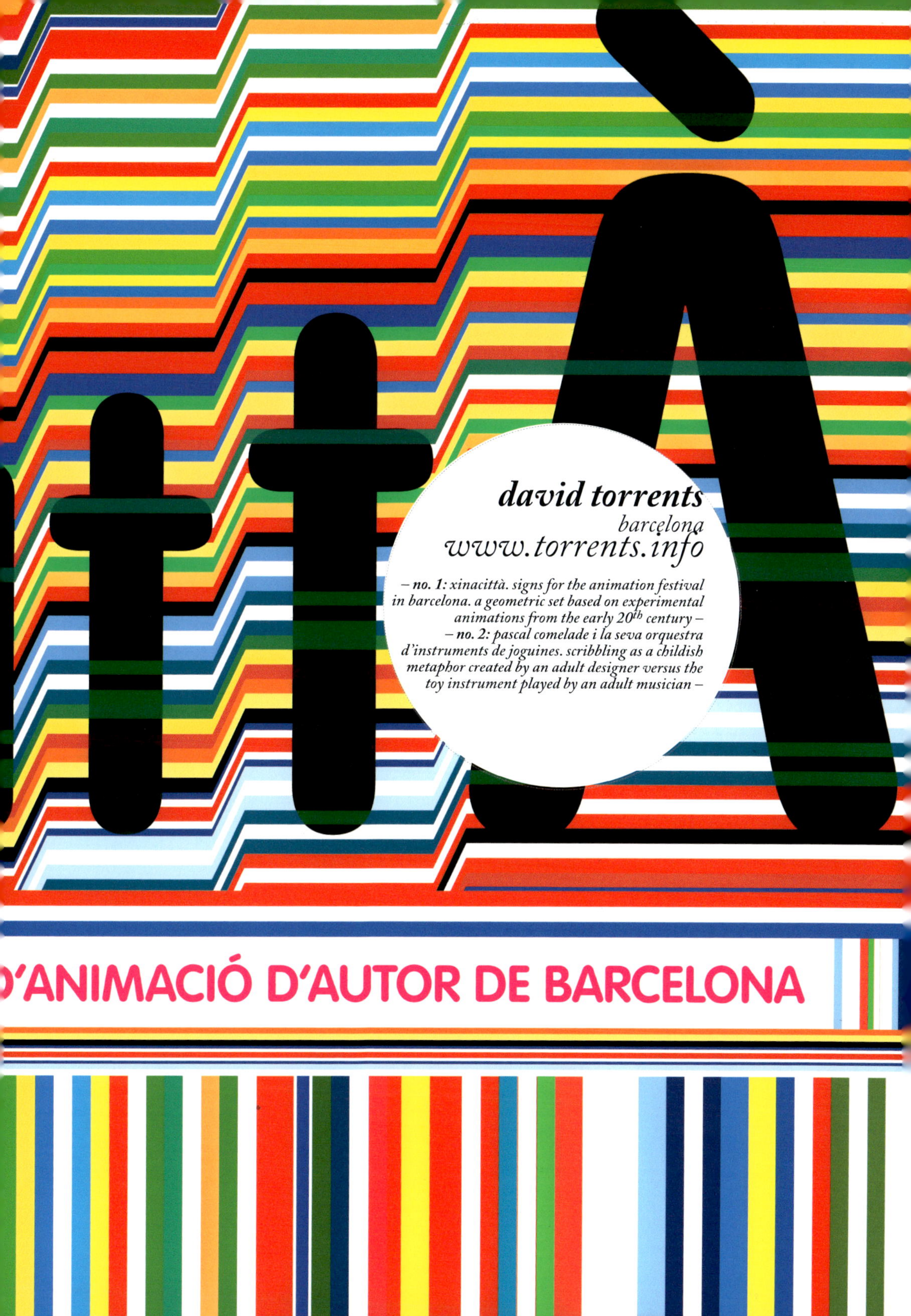

david torrents

barcelona

www.torrents.info

*– **no. 1:** xinacittà. signs for the animation festival in barcelona. a geometric set based on experimental animations from the early 20th century –*

*– **no. 2:** pascal comelade i la seva orquestra d'instruments de joguines. scribbling as a childish metaphor created by an adult designer versus the toy instrument played by an adult musician –*

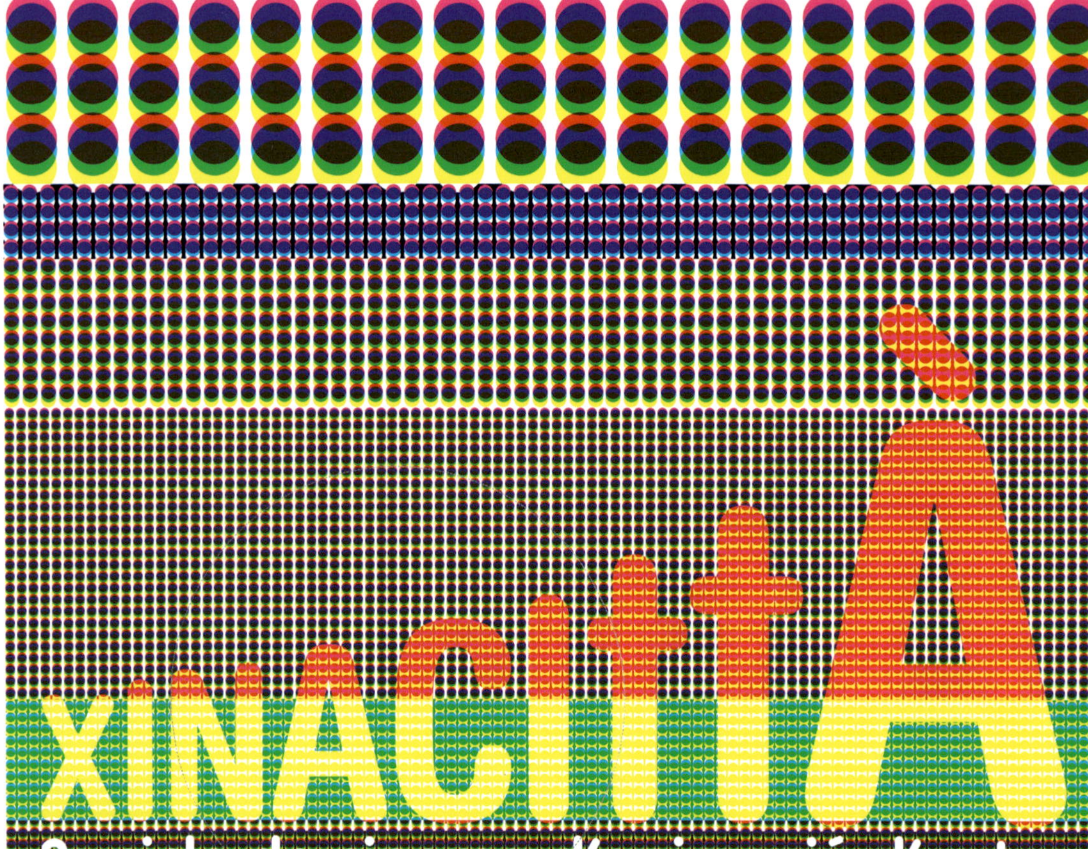

3r cicle de cinema d'animació d'autor

3, 10, 17 i 24 de juny a les 21:30 a la plaça del carrer St. Llàtzer

Projeccions simultànies al carrer St. Llàtzer i a DosTrece, bar RA, St. Pau 68, Xalar Cafè

Tallers de creació a l'ALMAZEN - www.xinacitta.com

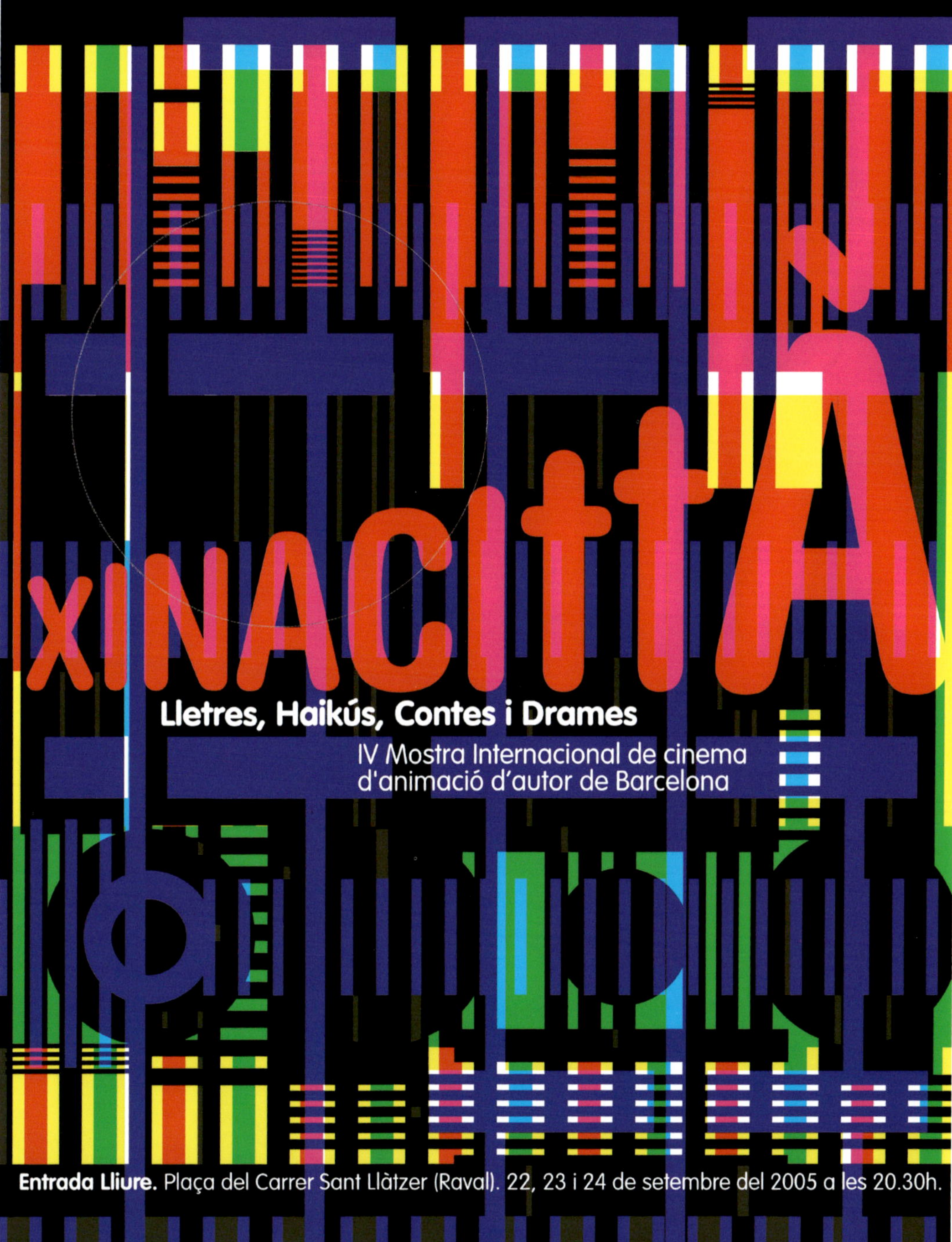
xINACIttÀ
Lletres, Haikús, Contes i Drames
IV Mostra Internacional de cinema
d'animació d'autor de Barcelona
Entrada Lliure. Plaça del Carrer Sant Llàtzer (Raval). 22, 23 i 24 de setembre del 2005 a les 20.30h.

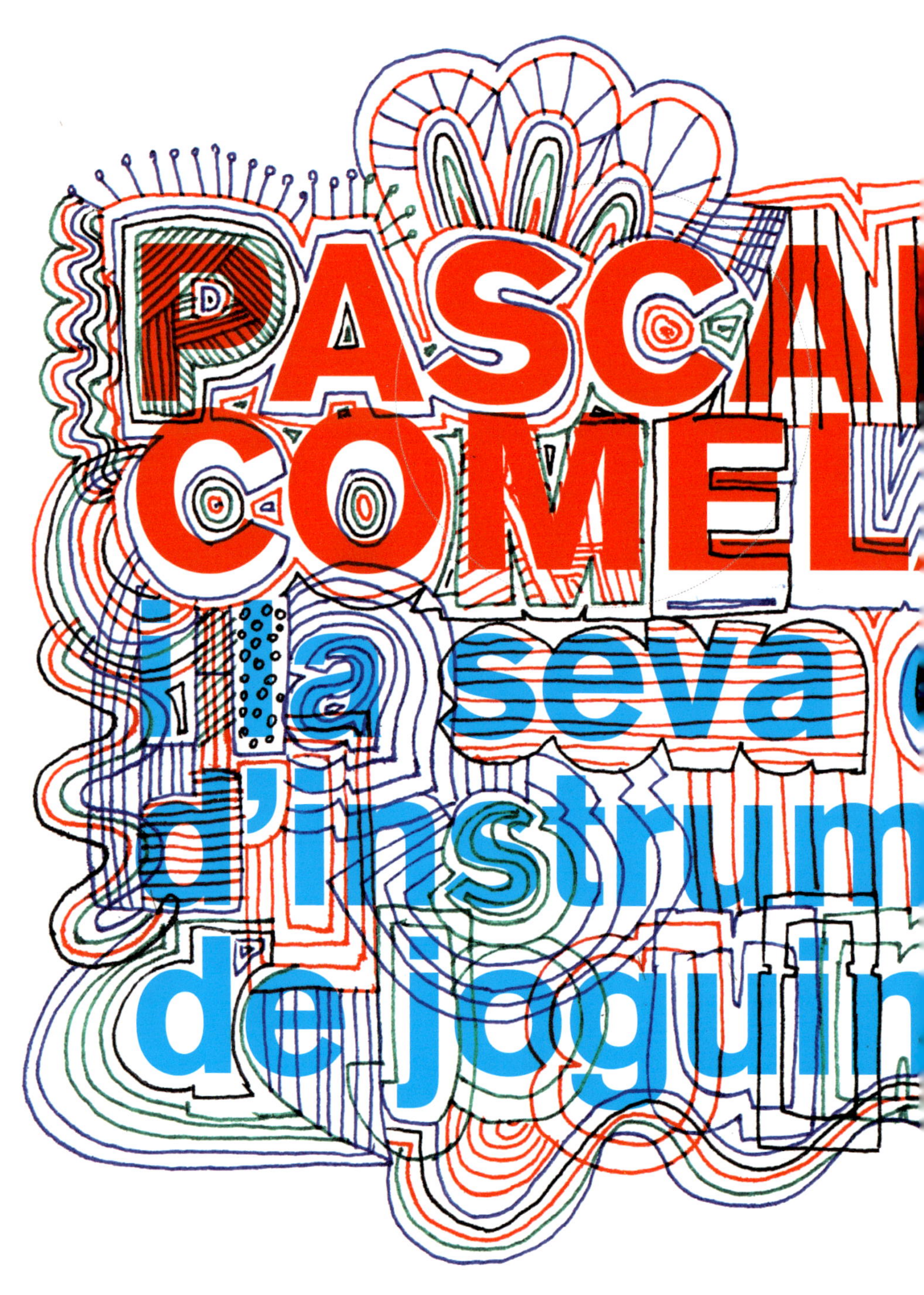
PASCA
COMEL
i la seva
d'instrum
de joguin

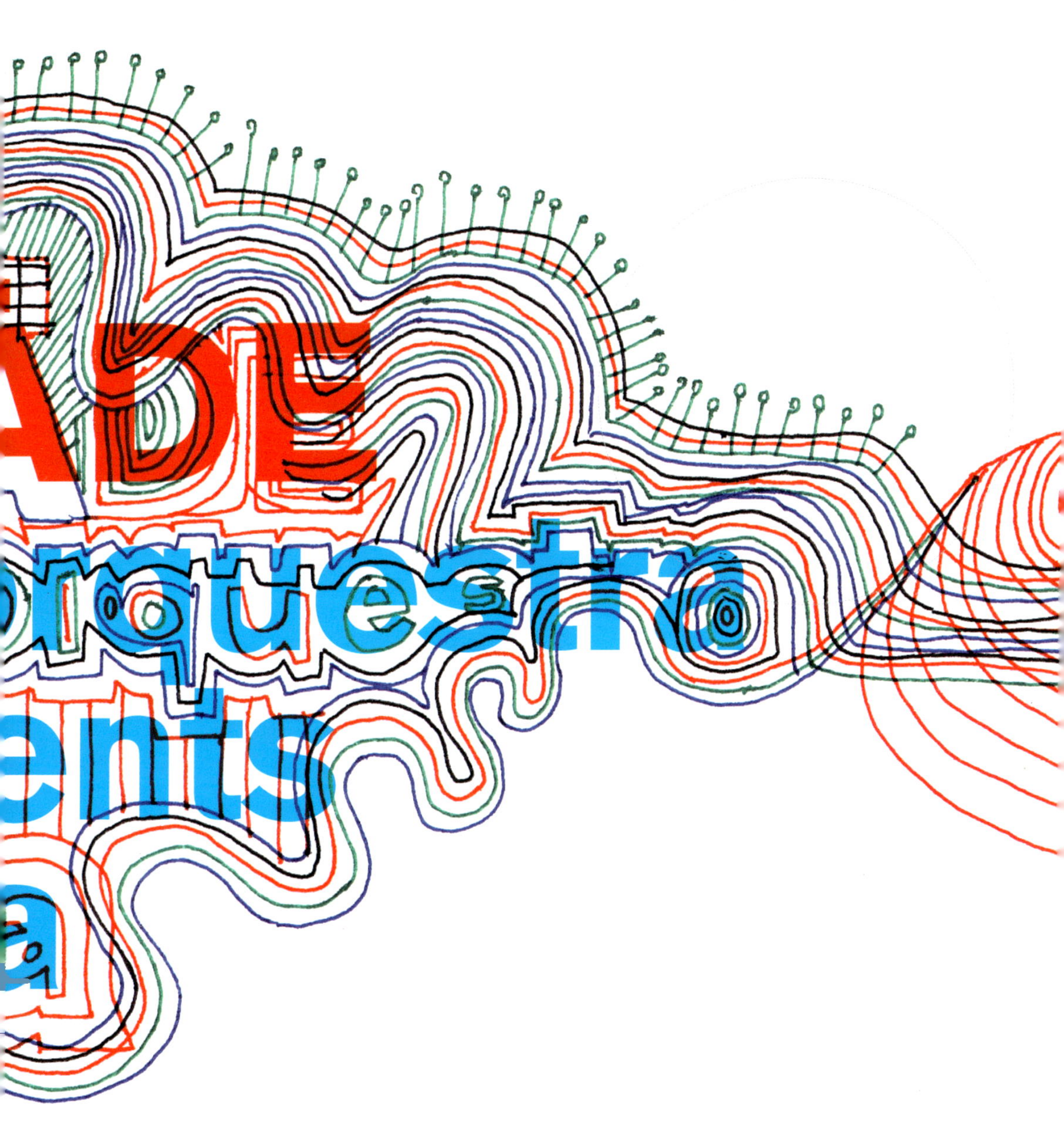
ADE
rquestra
ents
a

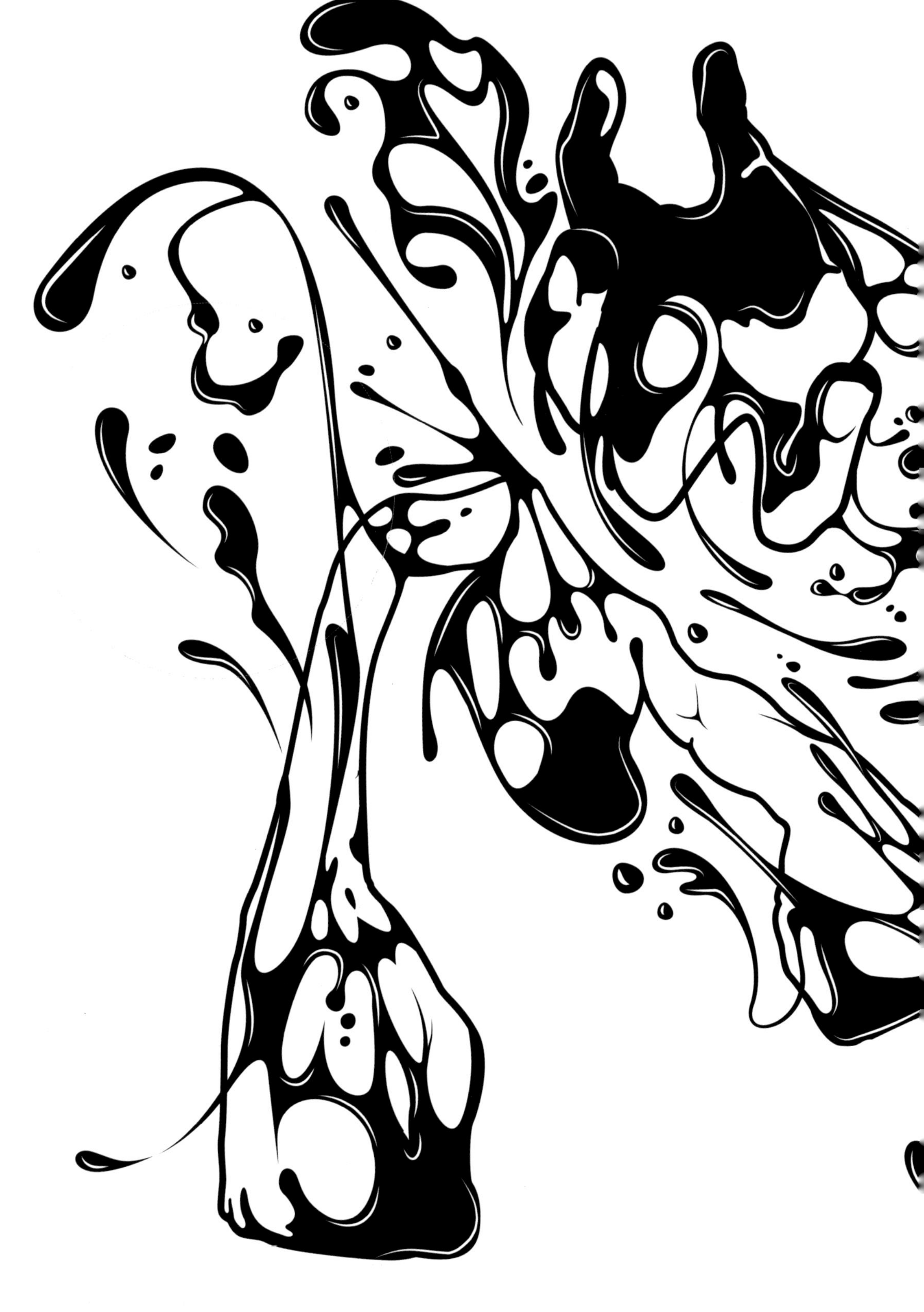

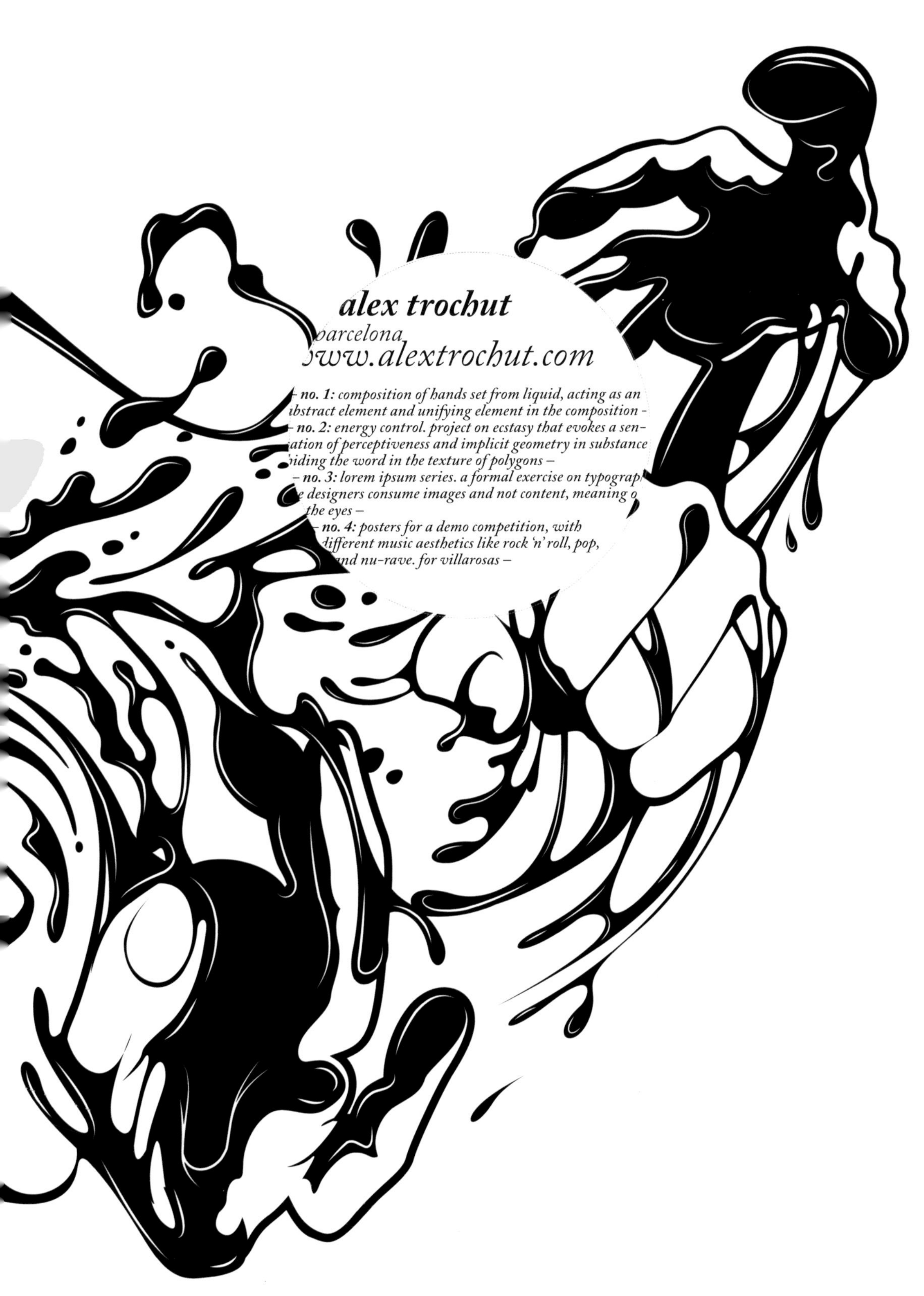
alex trochut
arcelona
ww.alextrochut.com
– no. 1: composition of hands set from liquid, acting as an
bstract element and unifying element in the composition –
– no. 2: energy control. project on ecstasy that evokes a sen-
ation of perceptiveness and implicit geometry in substance
iding the word in the texture of polygons –
– no. 3: lorem ipsum series. a formal exercise on typograp
designers consume images and not content, meaning
the eyes –
– no. 4: posters for a demo competition, with
ifferent music aesthetics like rock 'n' roll, pop,
nd nu-rave. for villarosas –

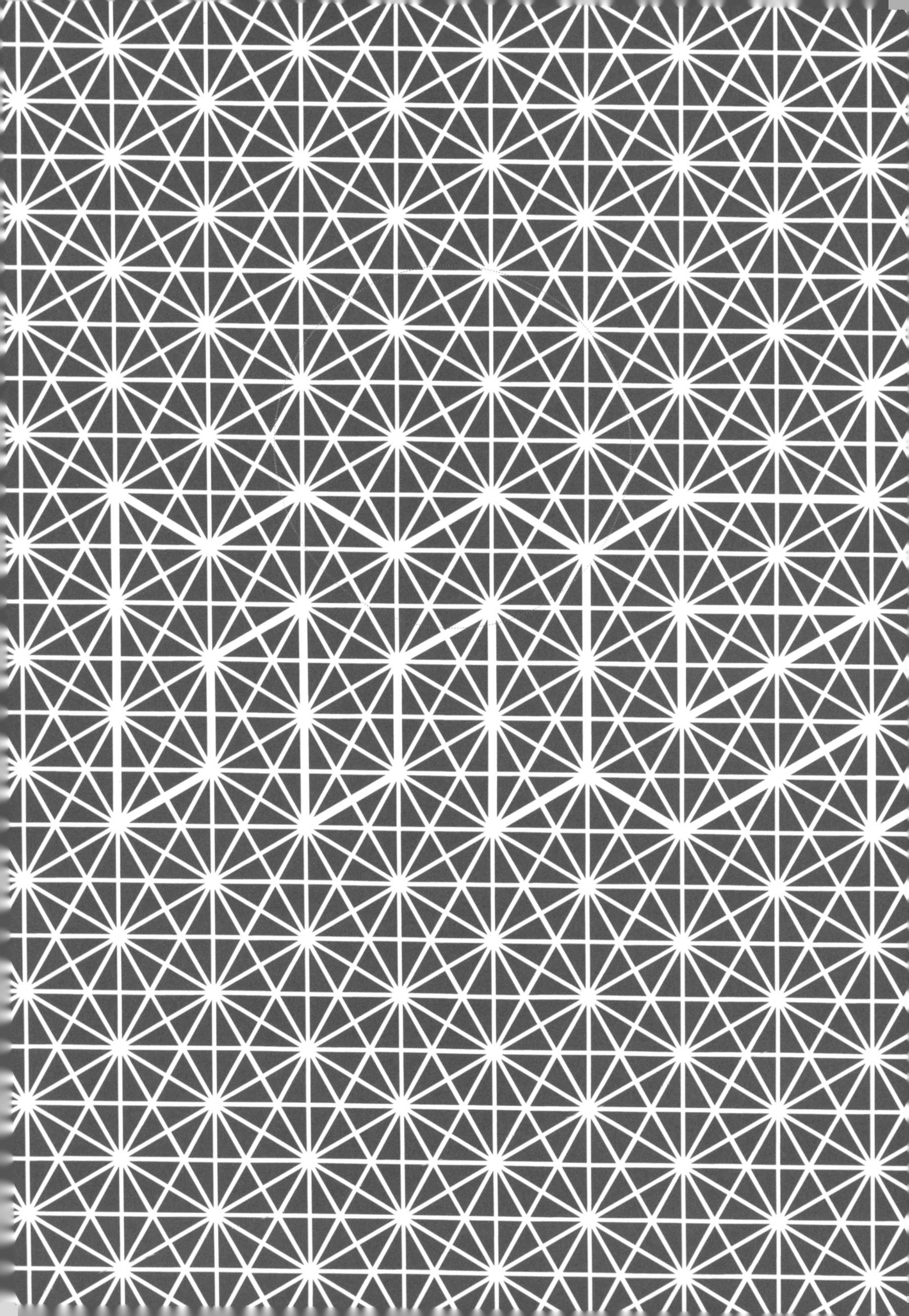

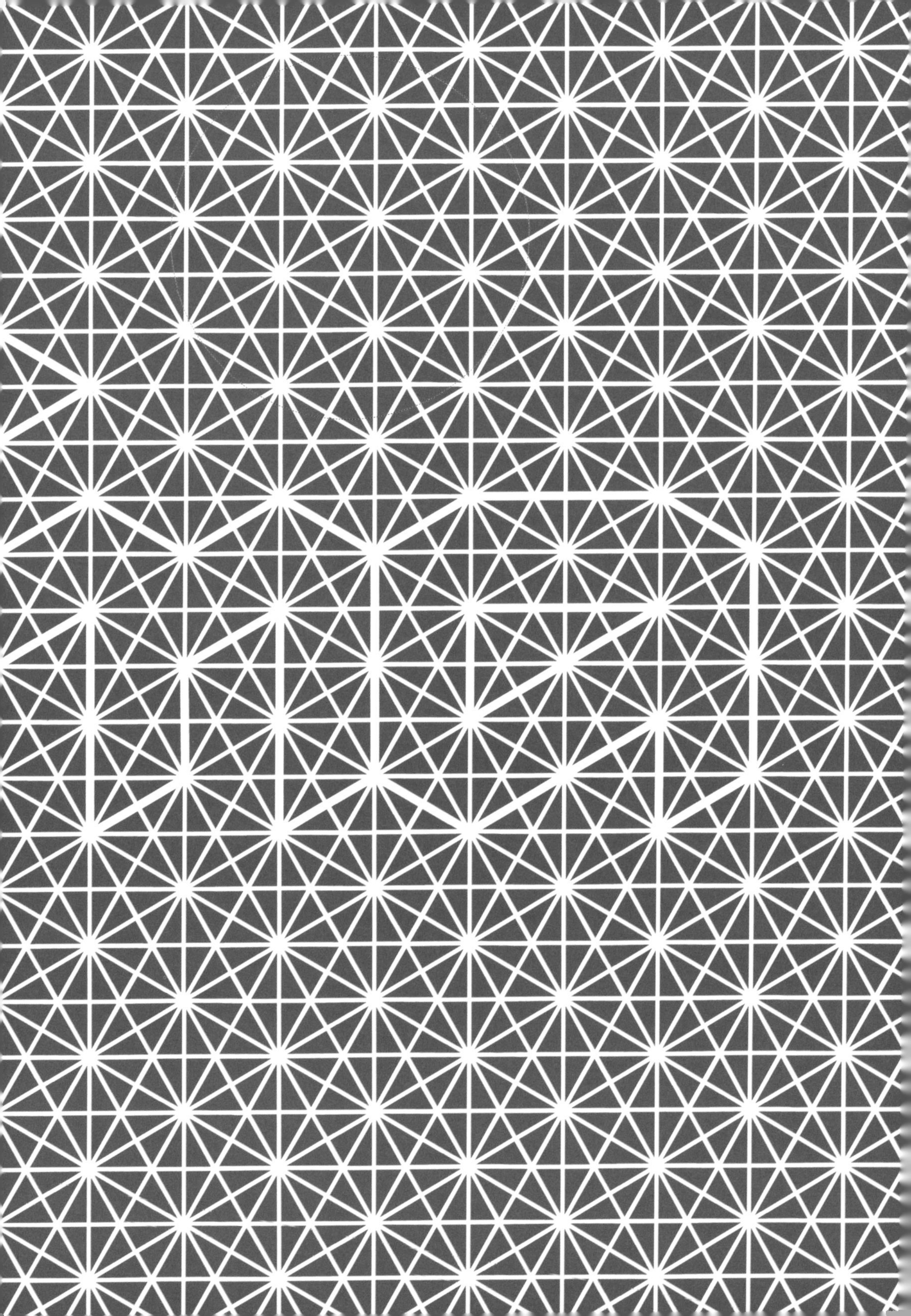

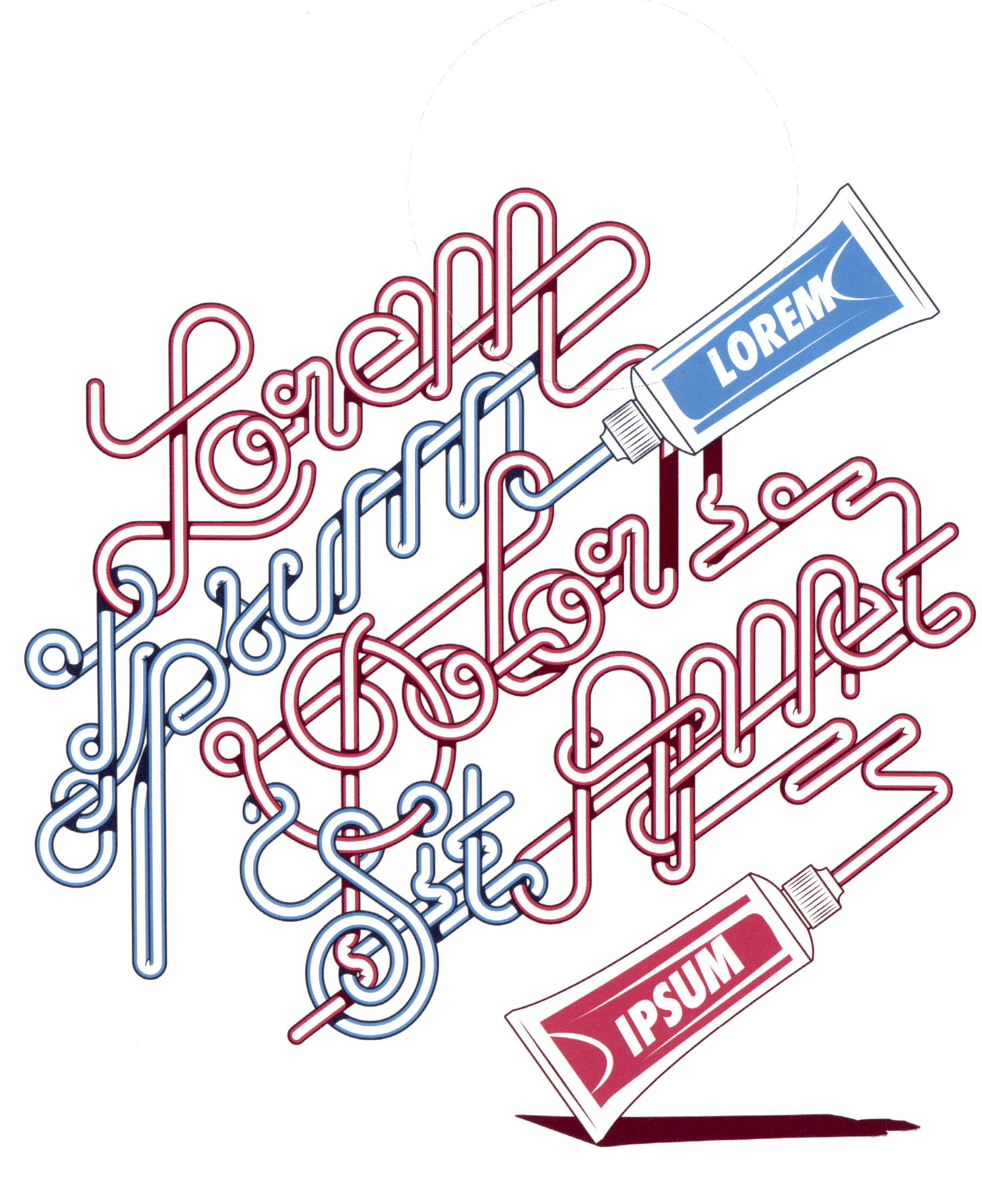
LOREM
IPSUM

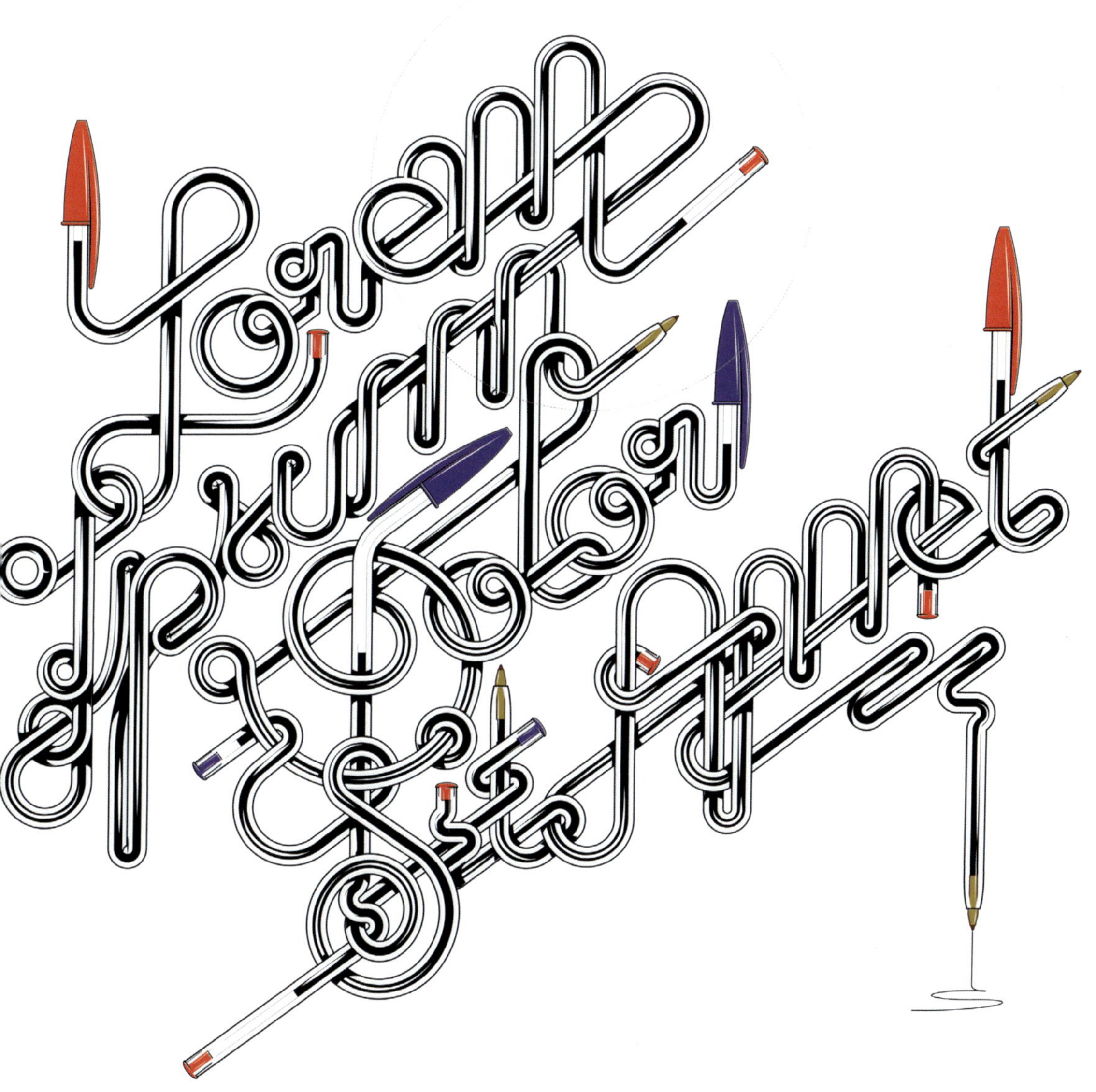
Lorem ipsum dolor sit amet

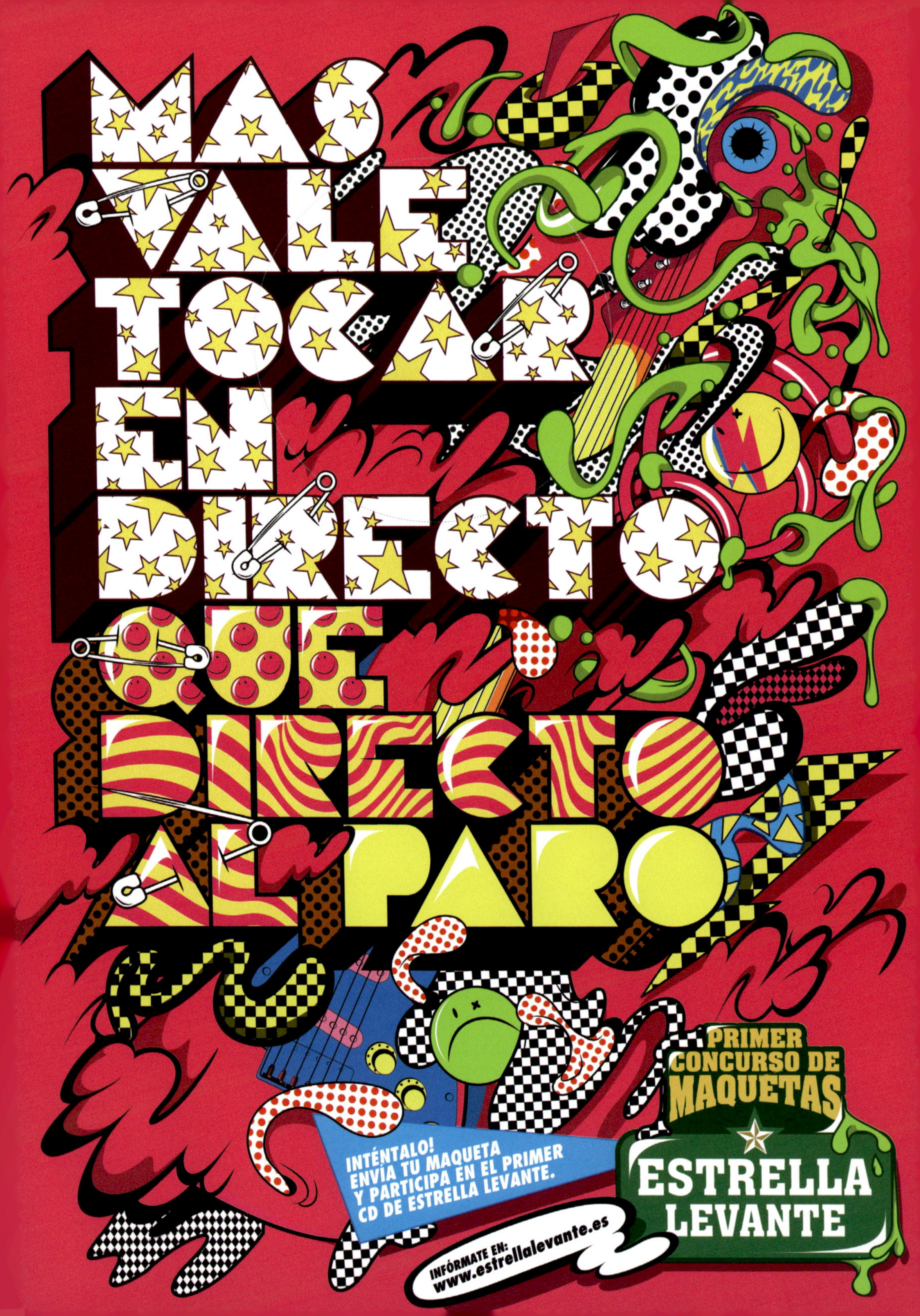

MAS VALE TOCAR EN DIRECTO QUE DIRECTO AL PARO
INTÉNTALO! ENVÍA TU MAQUETA Y PARTICIPA EN EL PRIMER CD DE ESTRELLA LEVANTE.
INFÓRMATE EN: www.estrellalevante.es
PRIMER CONCURSO DE MAQUETAS
ESTRELLA LEVANTE

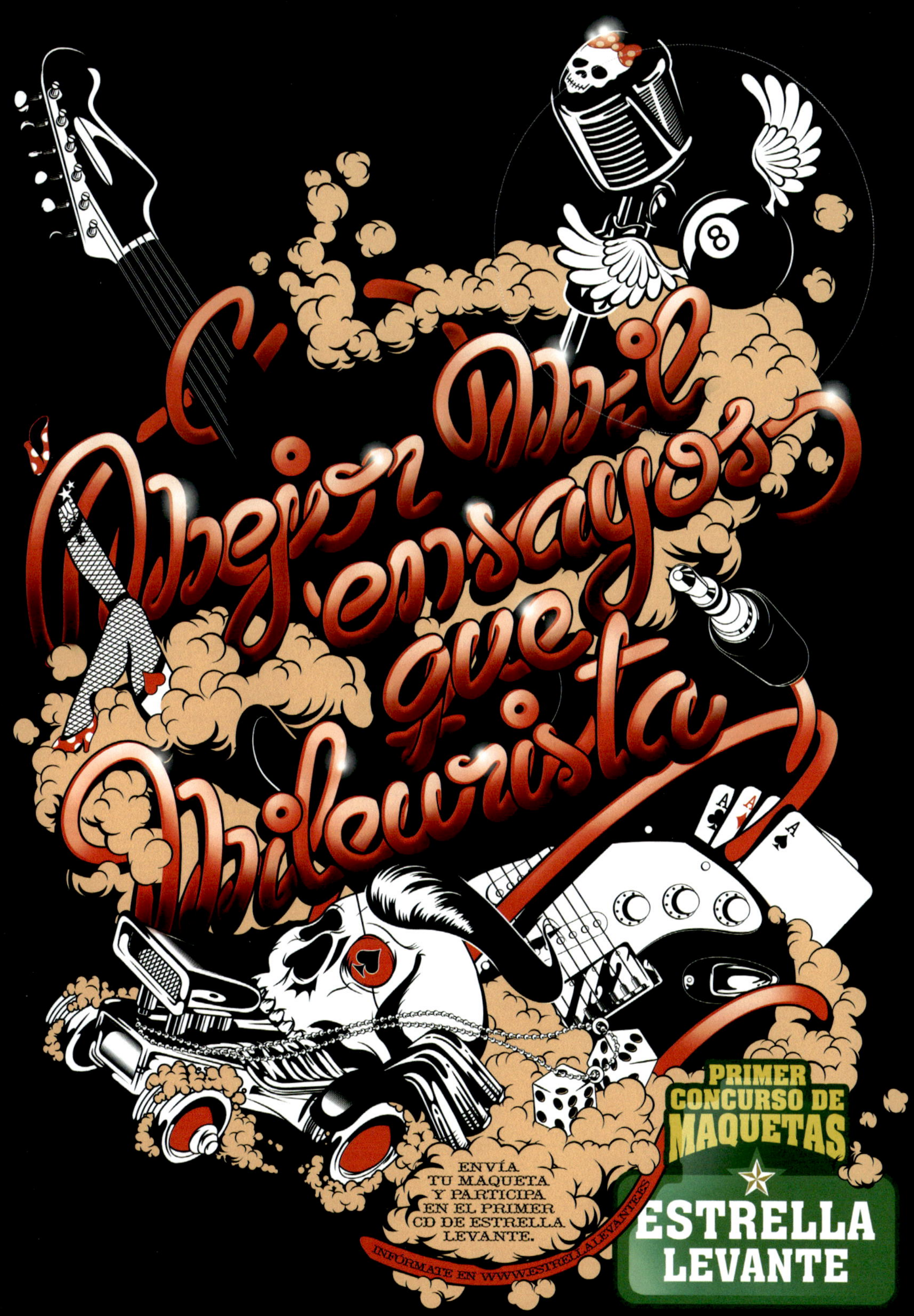
Mejor mil 'ensayos' que mileurista
ENVÍA TU MAQUETA Y PARTICIPA EN EL PRIMER CD DE ESTRELLA LEVANTE.
INFÓRMATE EN WWW.ESTRELLALEVANTE.ES
PRIMER CONCURSO DE MAQUETAS
ESTRELLA LEVANTE

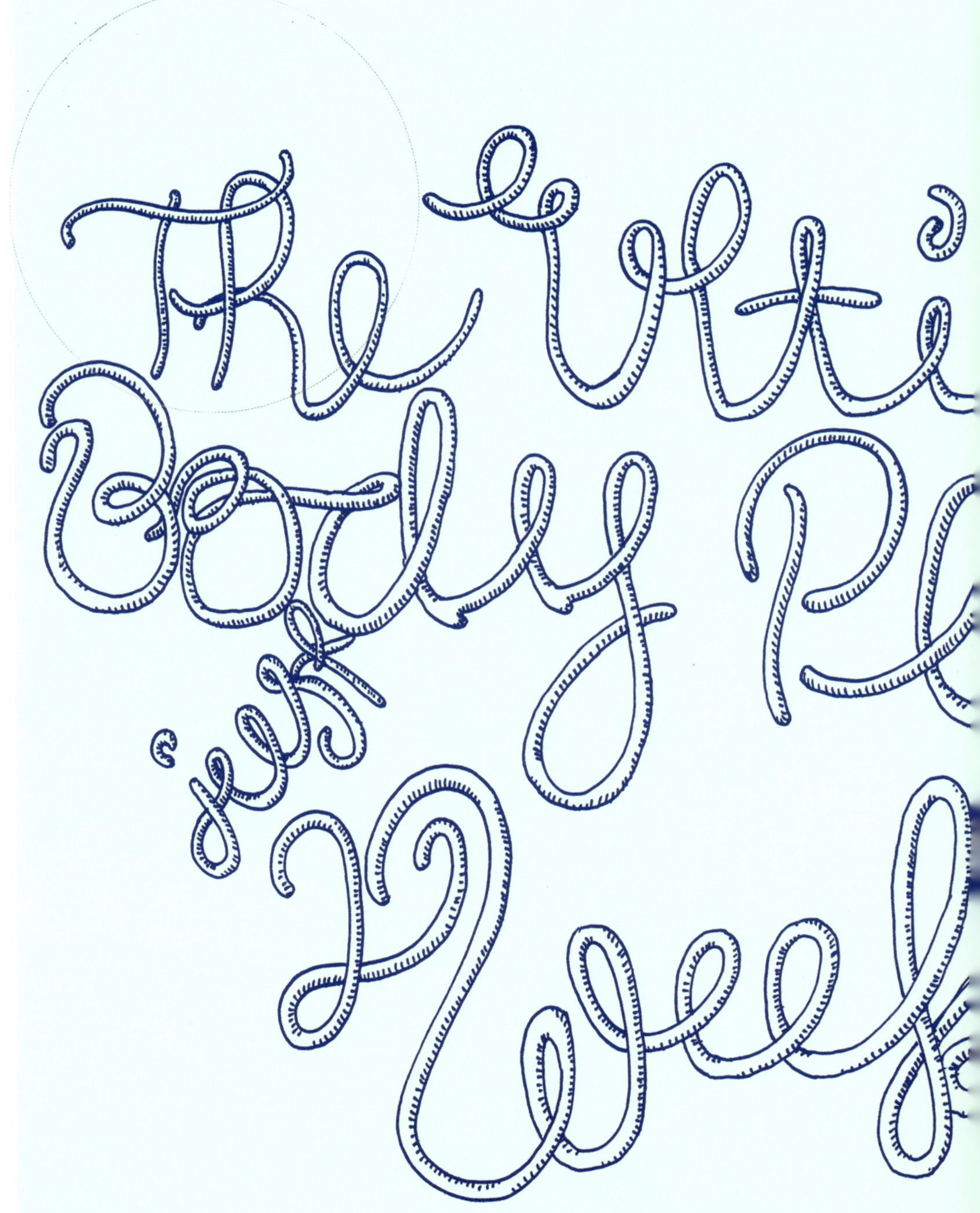
The
Body
in 22

twopoints

barcelona

www.twopoints.net

*– **no. 1:** the one weekend book series. in each issue the artist and one or more invited artists have 48 hours to live the city, document it, and create a visual diary of it without using a computer –*

*– **no. 2:** project for creators magazine on rush hour in barcelona, from 8:00 a.m. to 9:00 a.m. carried out to capture the movement of people that, though habitual, does not escape absurdity –*

*– **no. 3:** sign for the 100th anniversary of the palau de la música catalana. the project was to link th tradition and the future of the palau throug the colorful art nouveau skylight that presides over the concert hall–*

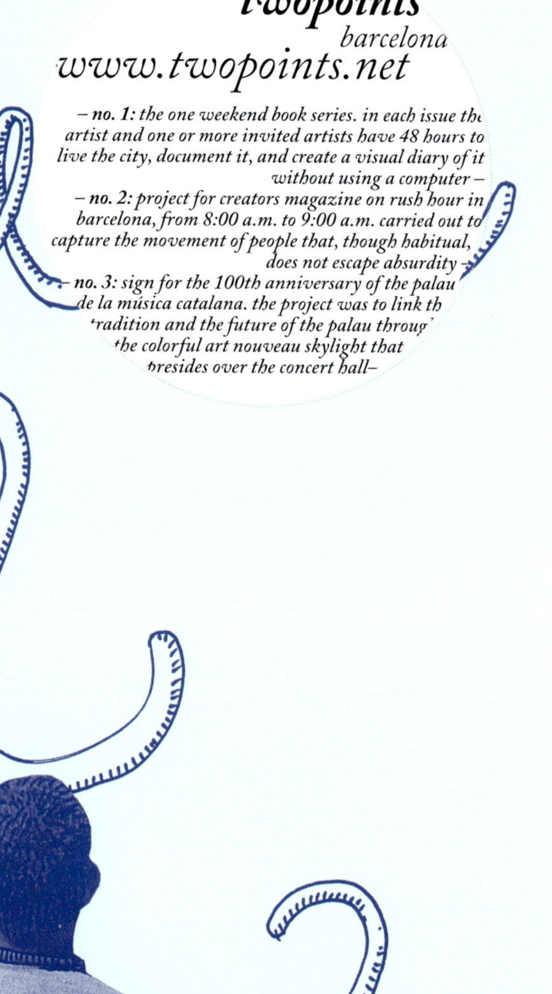

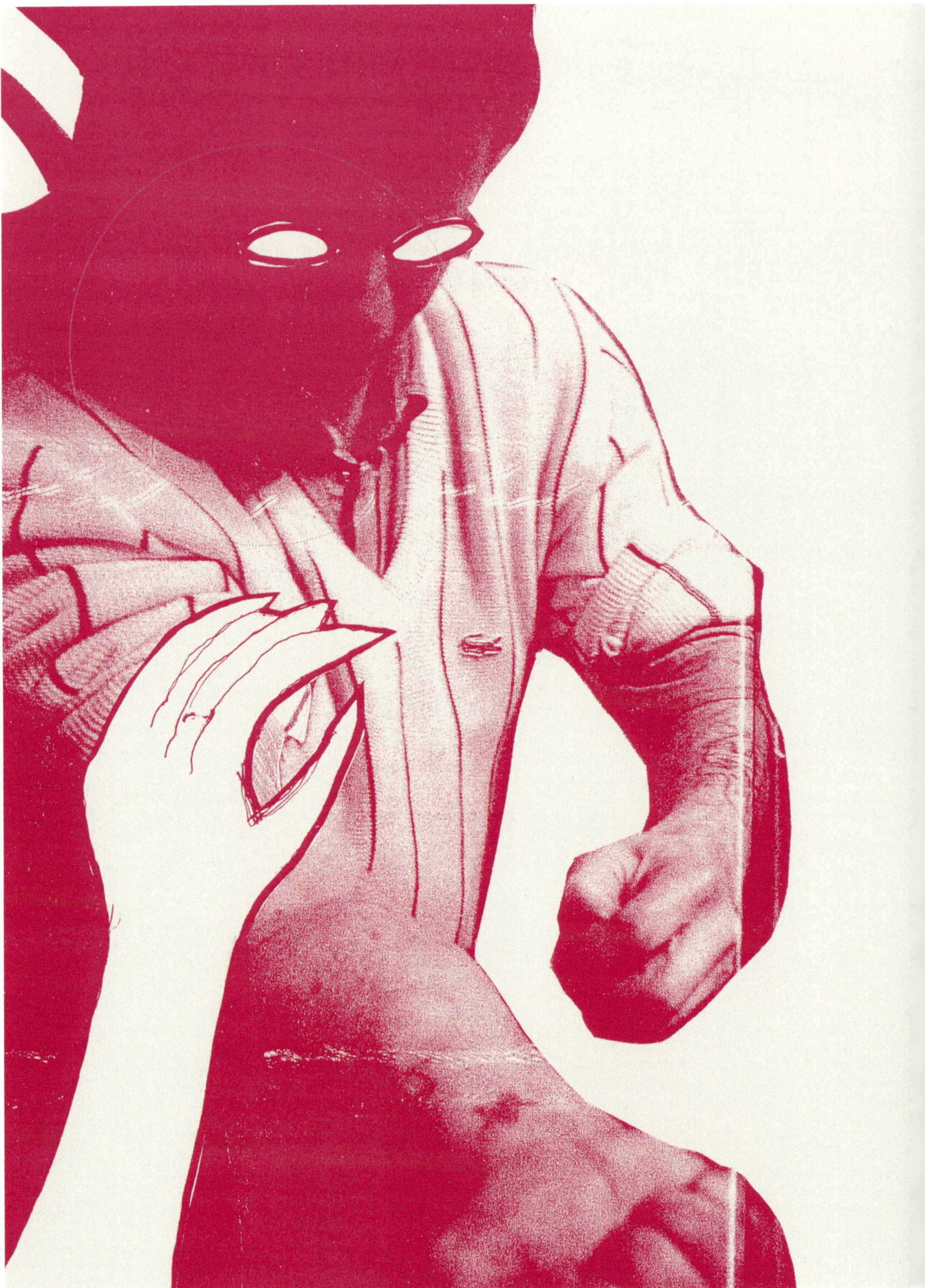

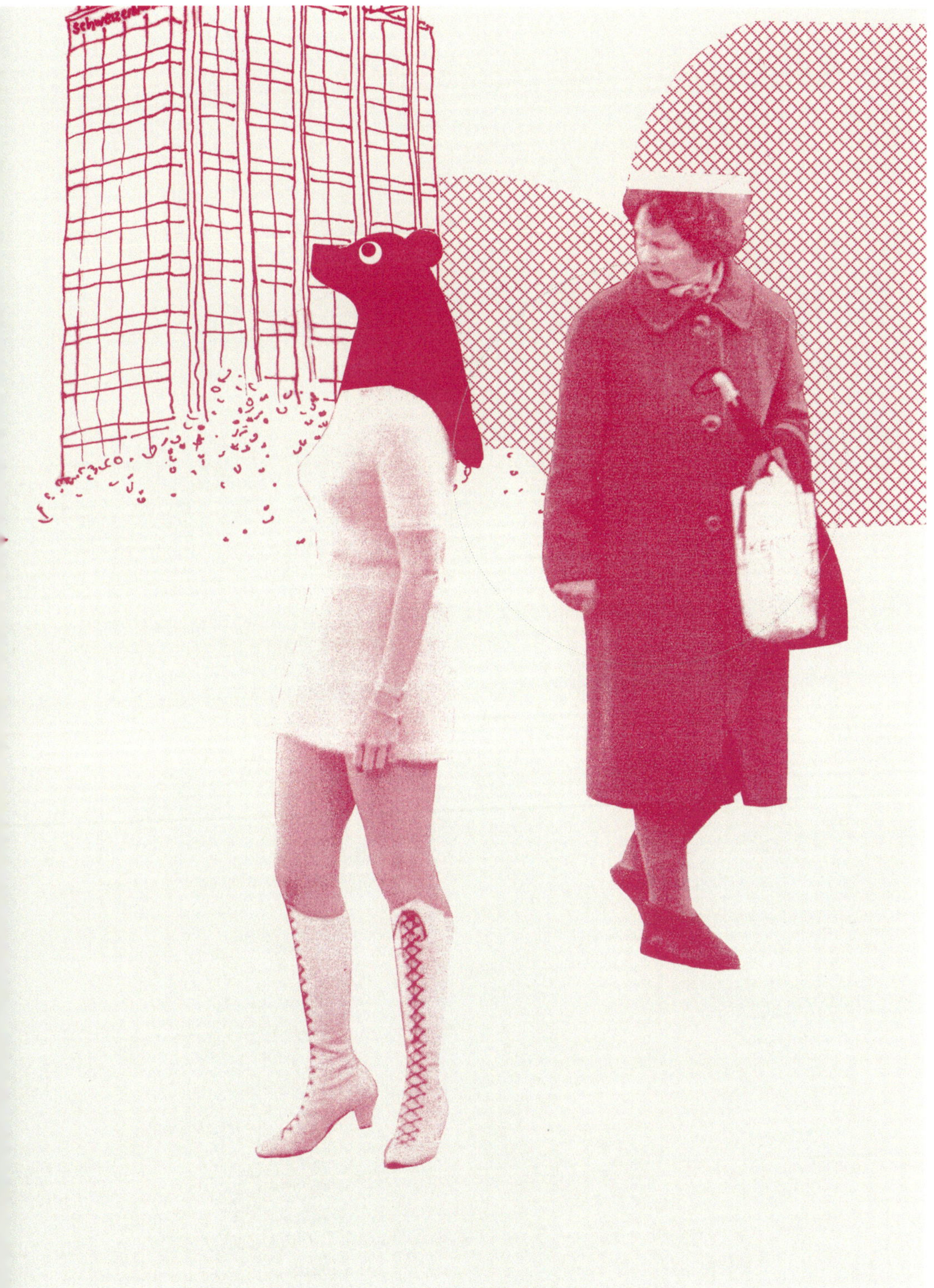

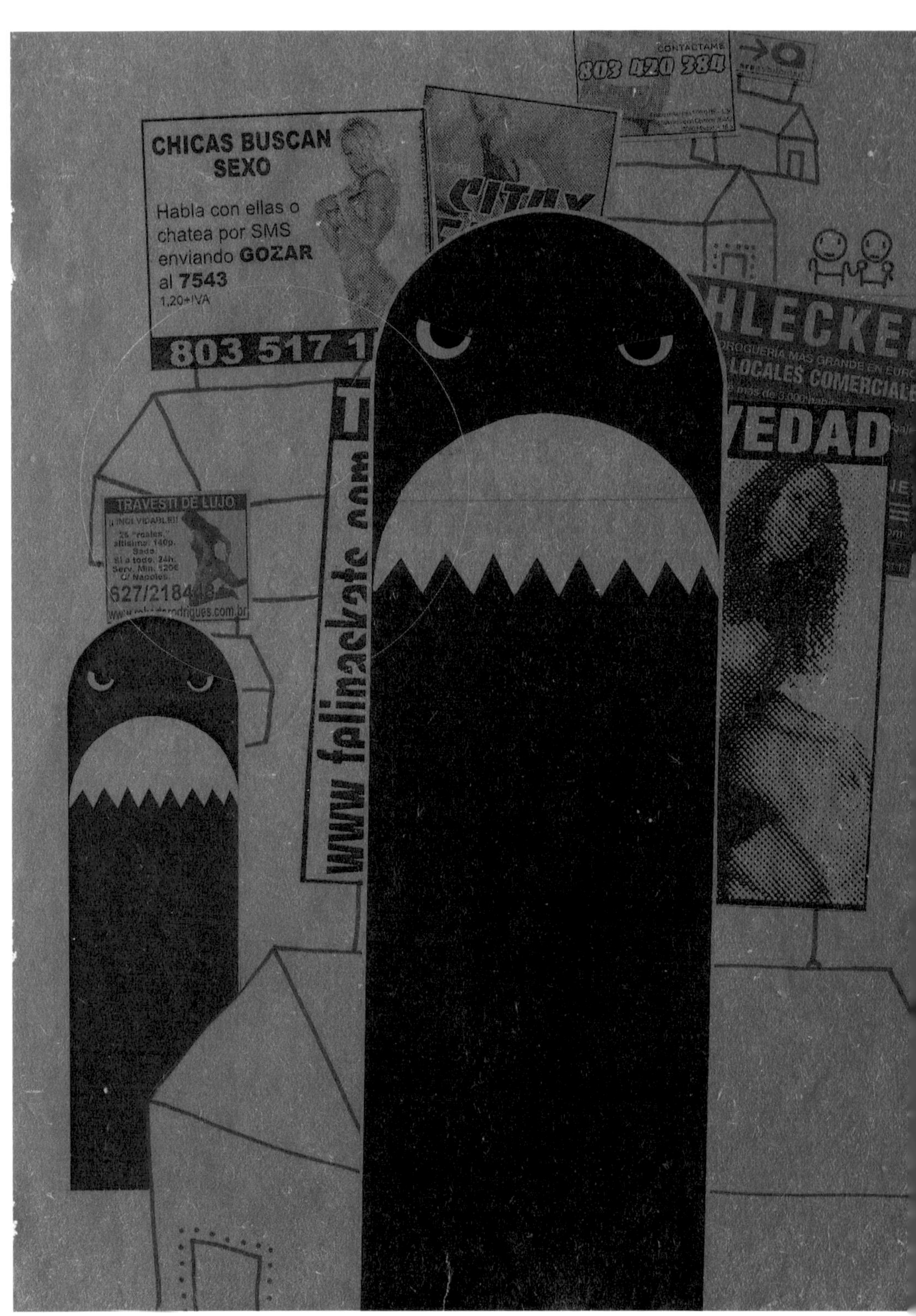
CONTACTAME
803 420 384
CHICAS BUSCAN SEXO
Habla con ellas o chatea por SMS enviando GOZAR al 7543
1,20+IVA
803 517 1
HLECKE
DROGUERIA MAS GRANDE EN EURO
LOCALES COMERCIALE
VEDAD
TRAVESTI DE LUJO
¡¡INOLVIDABLE!!

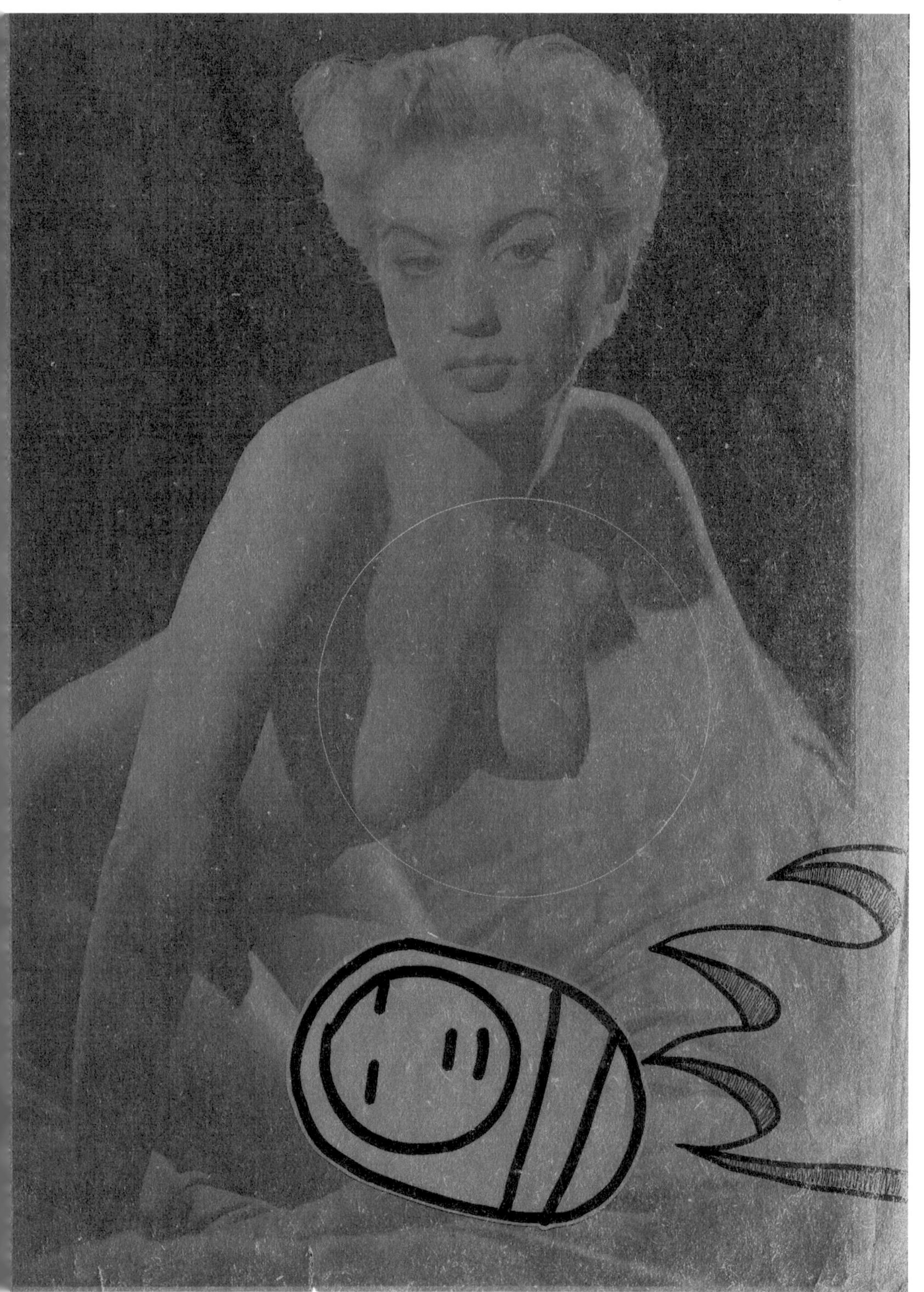

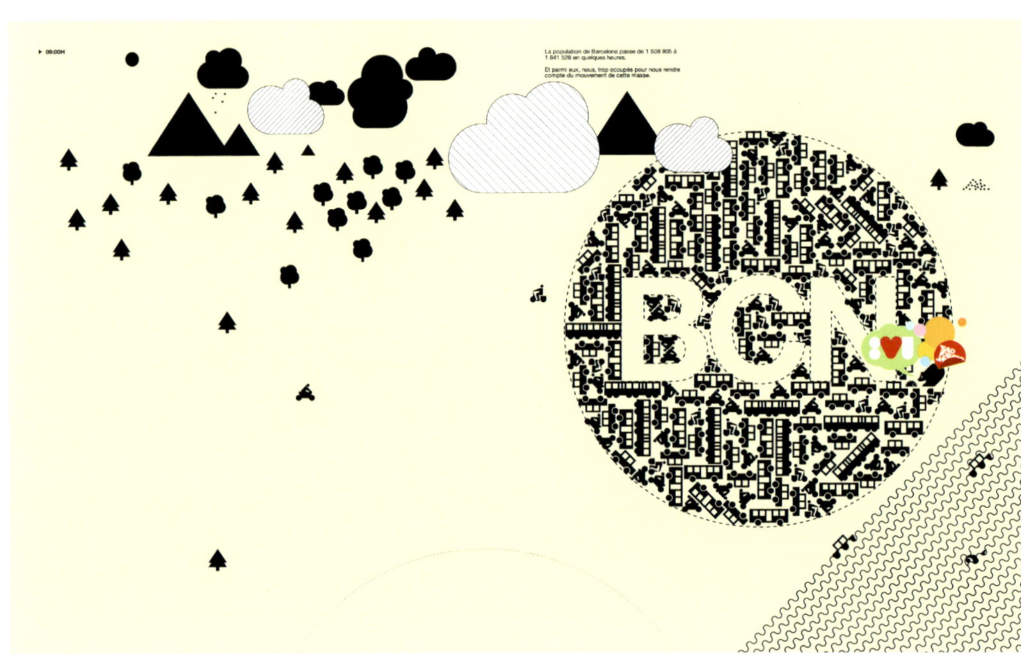

▸ 09:00H
La population de Barcelona passe de 1 508 805 à 1 841 526 en quelques heures.
Et parmi eux, nous, trop occupés pour nous rendre compte du mouvement de cette masse.
BCN

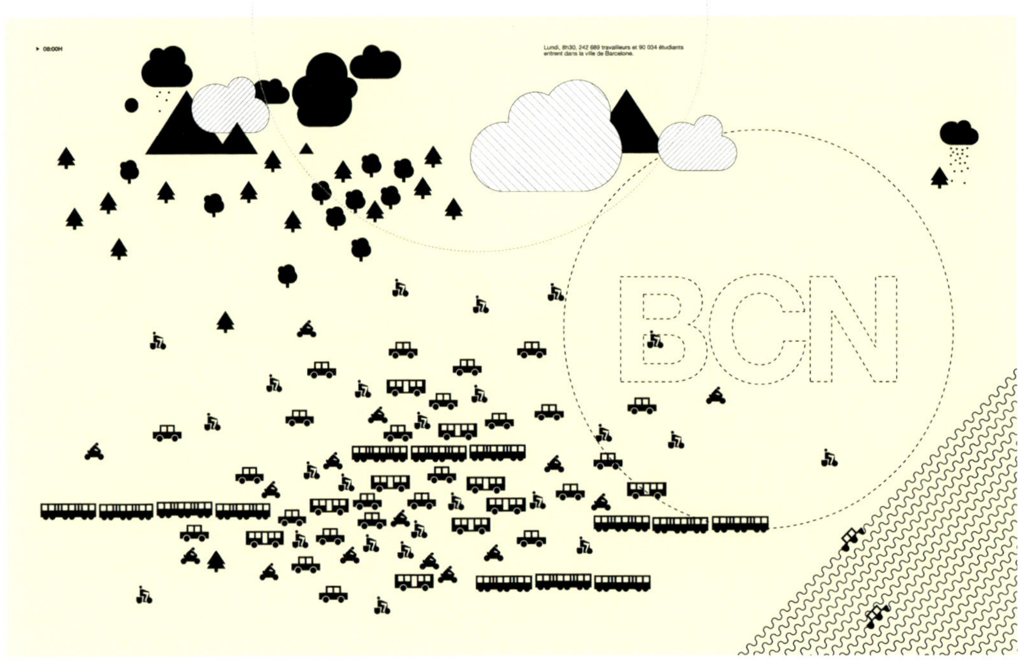

▸ 08:00H
Lundi, 8h30, 242 689 travailleurs et 90 034 étudiants entrent dans la ville de Barcelone.
BCN

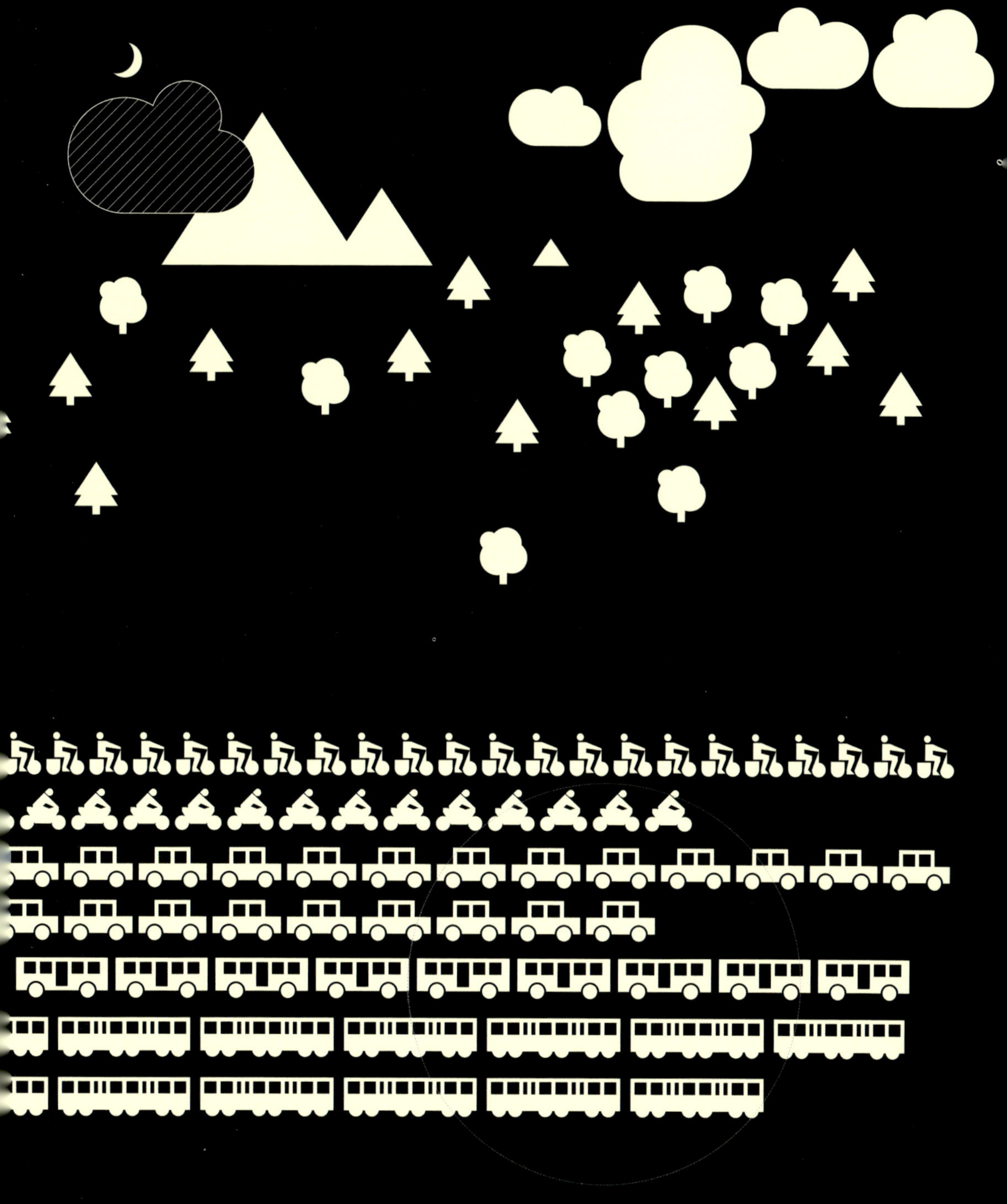

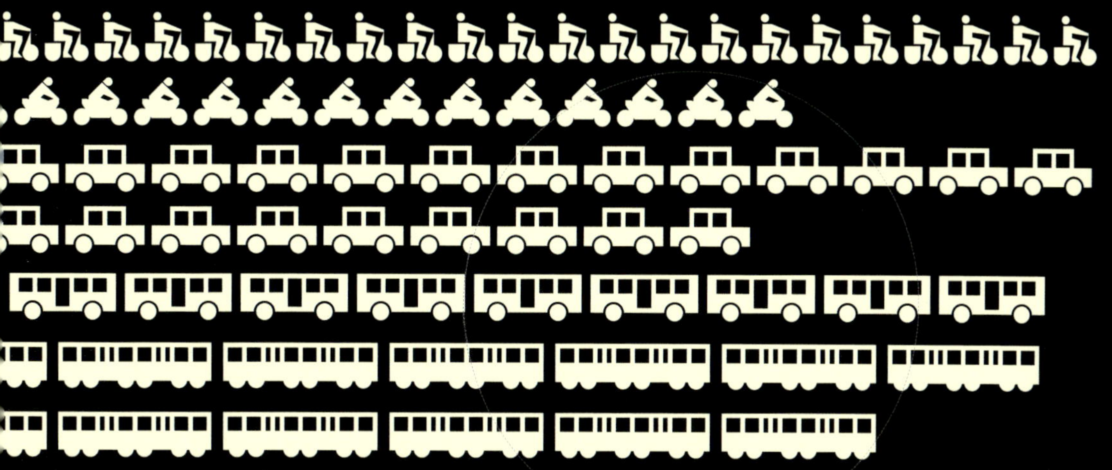

NADA ACABA Y
TODO EMPIEZA
J.V.FOIX

2008, INICIO
DE UN SEGUNDO
CENTENARIO

DEL PALAU
DE LA MÚSICA
CATALANA

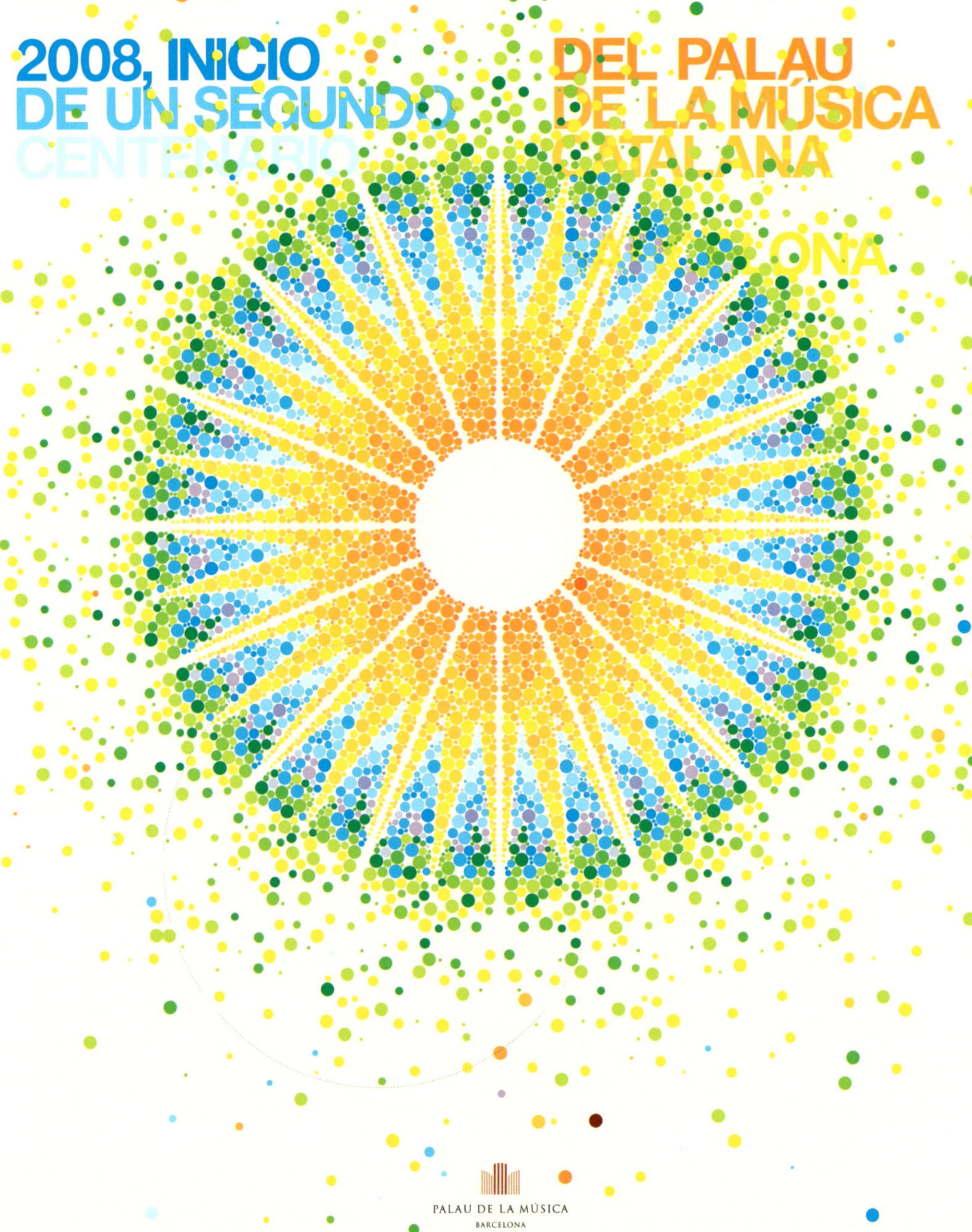

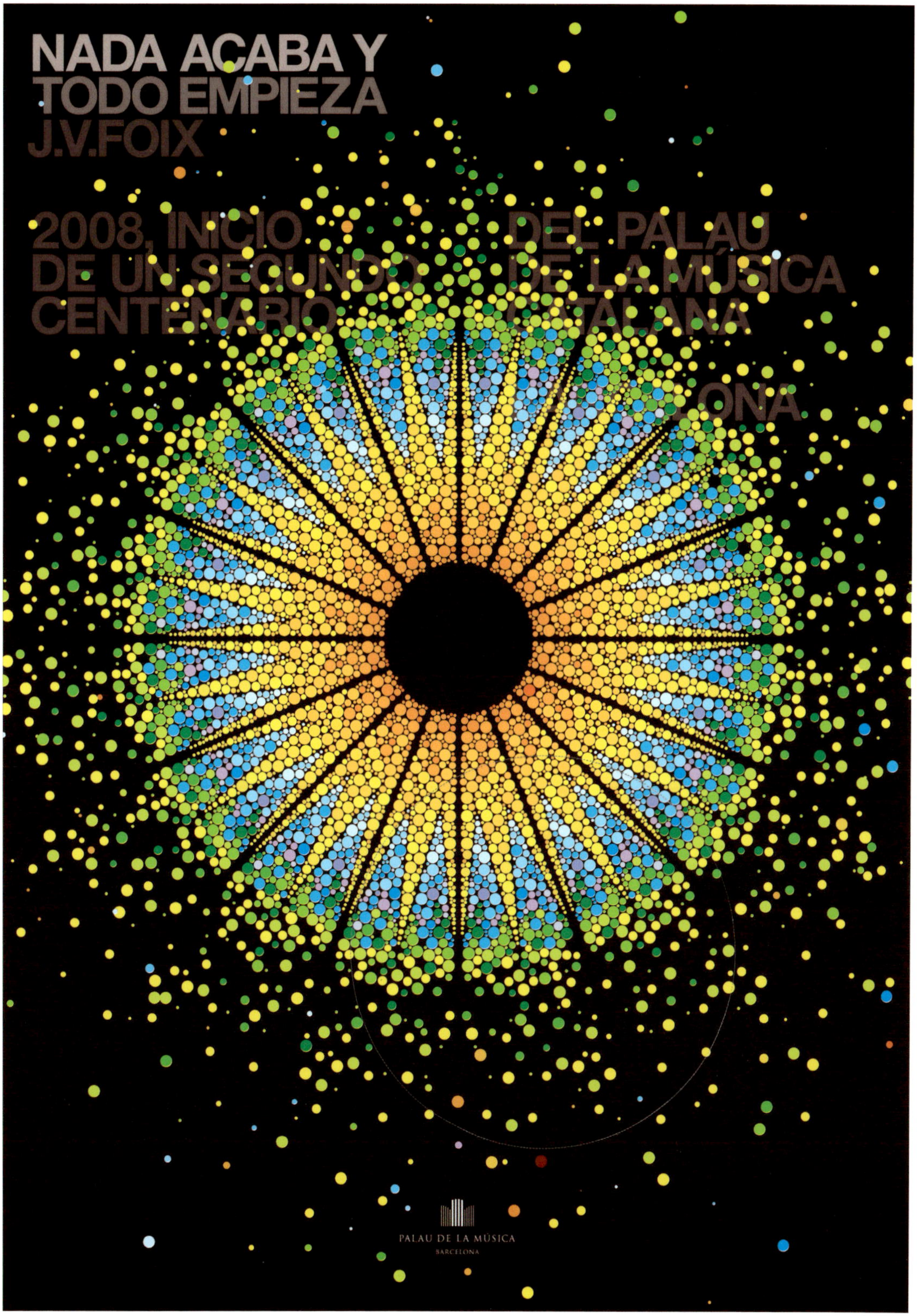

NADA ACABA Y
TODO EMPIEZA
J.V.FOIX

2008, INICIO
DE UN SEGUNDO
CENTENARIO

DEL PALAU
DE LA MÚSICA
CATALANA

BARCELONA

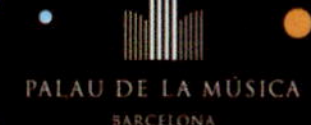

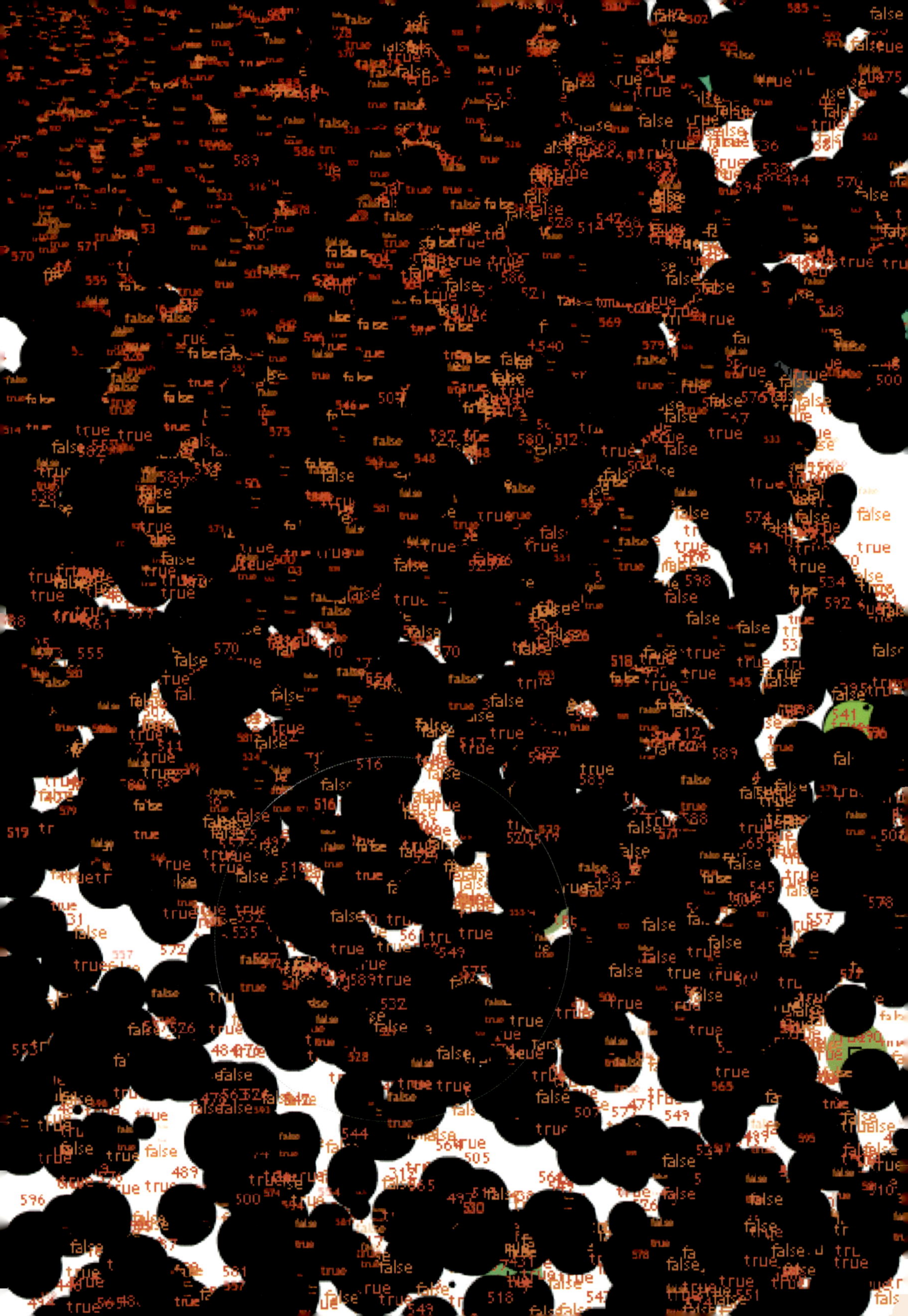

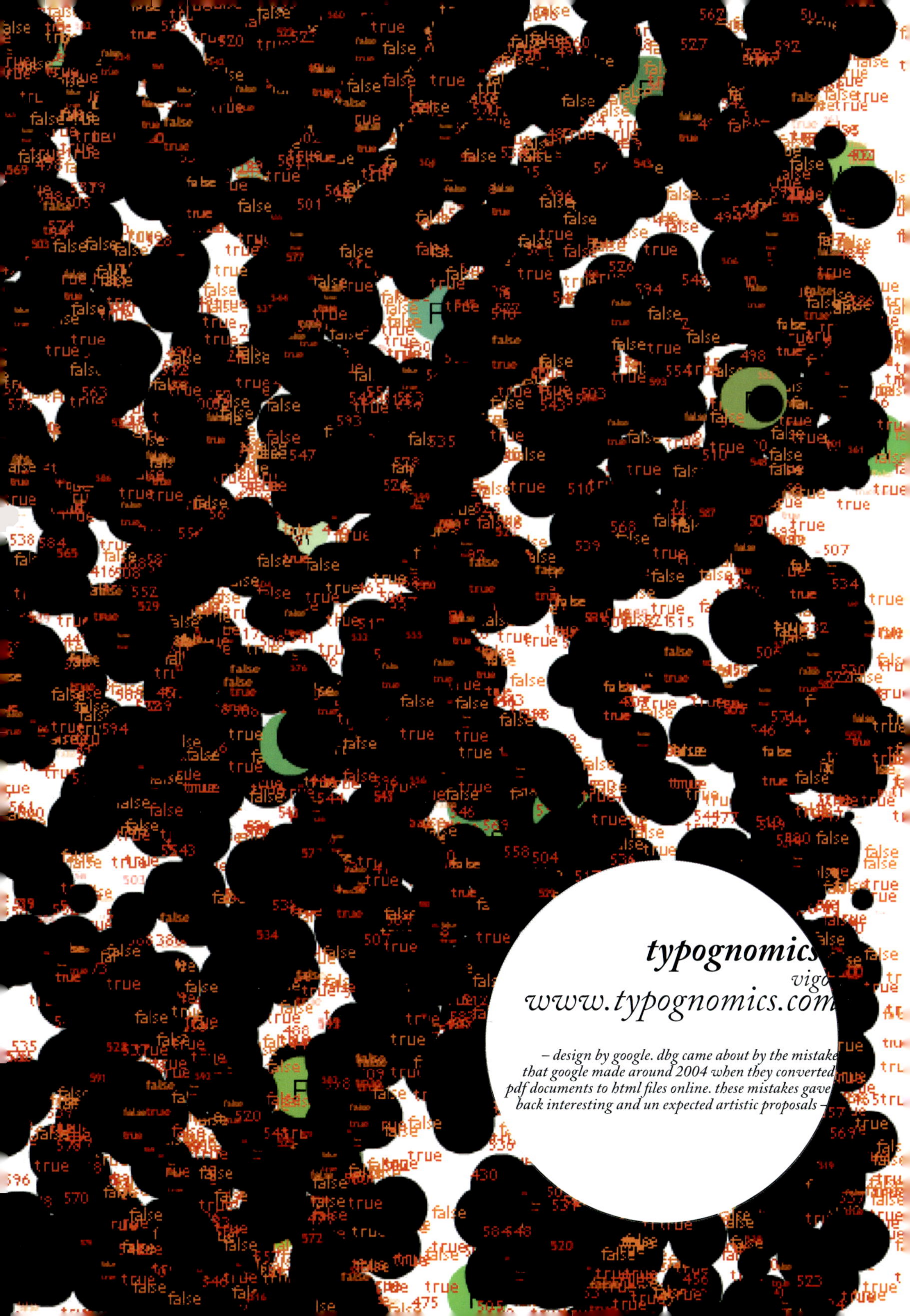
typognomics
vigo
www.typognomics.com
– design by google. dbg came about by the mistake that google made around 2004 when they converted pdf documents to html files online. these mistakes gave back interesting and un expected artistic proposals –

u u
u u
u u
u u
u u u u u u u u u u u u u u u u u u u u u u u u u u u u u u u u u u u u u u u u u u u u u u u u u u u u u u u u u u u u u u u u u u u u u u u u u u u u u u u u u u u u u u u u u u u u u u u u u u u u
u u u u u u u u u u u u u u u u u u u u u u u u u u u u u u u u u u u u u u u u u u u u u u u u u u u u u u u u u u u u u u u u u u u u u u u u u u u u u u u u u u u u u u u u u u u u u u u u u u u u
u u u u u u u u u u u u u u u u u u u u u u u u u u u u u u u u u u u u u u u u u u u u u u u u u u u u u u u u u u u u u u u u u u u u u u u u u u u u u u u u u u u u u u u u u u u u u u u u u u u u
u u u u u u u u u u u u u u u u u u u u u u u u u u u u u u u u u u u u u u u u u u u u u u u u u u u u u u u u u u u u u u u u u u u u u u u u u u u u u u u u u u u u u u u u u u u u u u u u u u u u
u u u u u u u u u u u u u u u u u u u u u u u u u u u u u u u u u u u u u u u u u u u u u u u u u u u u u u u u u u u u u u u u u u u u u u u u u u u u u u u u u u u u u u u u u u u u u u u u u u u u
u u u u u u u u u u u u u u u u u u u u u u u u u u u u u u u u u u u u u u u u u u u u u u u u u u u u u u u u u u u u u u u u u u u u u u u u u u u u u u u u u u u u u u u u u u u u u u u u u u u u
u u u u u u u u u u u u u u u u u u u u u u u u u u u u u u u u u u u u u u u u u u u u u u u u u u u u u u u u u u u u u u u u u u u u u u u u u u u u u u u u u u u u u u u u u u u u u u u u u u u u
u u u u u u u u u u u u u u u u u u u u u u u u u u u u u u u u u u u u u u u u u u u u u u u u u u u u u u u u u u u u u u u u u u u u u u u u u u u u u u u u u u u u u u u u u u u u u u u u u u u u
u u u u u u u u u u u u u u u u u u u u u u u u u u u u u u u u u u u u u u u u u u u u u u u u u u u u u u u u u u u u u u u u u u u u u u u u u u u u u u u u u u u u u u u u u u u u u u u u u u u u
u u u u u u u u u u u u u u u u u u u u u u u u u u u u u u u u u u u u u u u u u u u u u u u u u u u u u u u u u u u u u u u u u u u u u u u u u u u u u u u u u u u u u u u u u u u u u u u u u u u u
u u u u u u u u u u u u u u u u u u u u u u u u u u u u u u u u u u u u u u u u u u u u u u u u u u u u u u u u u u u u u u u u u u u u u u u u u u u u u u u u u u u u u u u u u u u u u u u u u u u u
u u u u u u u u u u u u u u u u u u u u u u u u u u u u u u u u u u u u u u u u u u u u u u u u u u u u u u u u u u u u u u u u u u u u u u u u u u u u u u u u u u u u u u u u u u u u u u u u u u u u
u u u u u u u u u u u u u u u u u u u u u u u u u u u u u u u u u u u u u u u u u u u u u u u u u u u u u u u u u u u u u u u u u u u u u u u u u u u u u u u u u u u u u u u u u u u u u u u u u u u u
u u u u u u u u u u u u u u u u u u u u u u u u u u u u u u u u u u u u u u u u u u u u u u u u u u u u u u u u u u u u u u u u u u u u u u u u u u u u u u u u u u u u u u u u u u u u u u u u u u u u
u u u u u u u u u u u u u u u u u u u u u u u u u u u u u u u u u u u u u u u u u u u u u u u u u u u u u u u u u u u u u u u u u u u u u u u u u u u u u u u u u u u u u u u u u u u u u u u u u u u u
u u u u u u u u u u u u u u u u u u u u u u u u u u u u u u u u u u u u u u u u u u u u u u u u u u u u u u u u u u u u u u u u u u u u u u u u u u u u u u u u u u u u u u u u u u u u u u u u u u u u
u u u u u u u u u u u u u u u u u u u u u u u u u u u u u u u u u u u u u u u u u u u u u u u u u u u u u u u u u u u u u u u u u u u u u u u u u u u u u u u u u u u u u u u u u u u u u u u u u u u u
u u u u u u u u u u u u u u u u u u u u u u u u u u u u u u u u u u u u u u u u u u u u u u u u u u u u u u u u u u u u u u u u u u u u u u u u u u u u u u u u u u u u u u u u u u u u u u u u u u u u
u u u u u u u u u u u u u u u u u u u u u u u u u u u u u u u u u u u u u u u u u u u u u u u u u u u u u u u u u u u u u u u u u u u u u u u u u u u u u u u u u u u u u u u u u u u u u u u u u u u u
u u u u u u u u u u u u u u u u u u u u u u u u u u u u u u u u u u u u u u u u u u u u u u u u u u u u u u u u u u u u u u u u u u u u u u u u u u u u u u u u u u u u u u u u u u u u u u u u u u u u
u u u u u u u u u u u u u u u u u u u u u u u u u u u u u u u u u u u u u u u u u u u u u u u u u u u u u u u u u u u u u u u u u u u u u u u u u u u u u u u u u u u u u u u u u u u u u u u u u u u u
u u u u u u u u u u u u u u u u u u u u u u u u u u u u u u u u u u u u u u u u u u u u u u u u u u u u u u u u u u u u u u u u u u u u u u u u u u u u u u u u u u u u u u u u u u u u u u u u u u u u
u u u u u u u u u u u u u u u u u u u u u u u u u u u u u u u u u u u u u u u u u u u u u u u u u u u u u u u u u u u u u u u u u u u u u u u u u u u u u u u u u u u u u u u u u u u u u u u u u u u u
u u u u u u u u u u u u u u u u u u u u u u u u u u u u u u u u u u u u u u u u u u u u u u u u u u u u u u u u u u u u u u u u u u u u u u u u u u u u u u u u u u u u u u u u u u u u u u u u u u u u
u u u u u u u u u u u u u u u u u u u u u u u u u u u u u u u u u u u u u u u u u u u u u u u u u u u u u u u u u u u u u u u u u u u u u u u u u u u u u u u u u u u u u u u u u u u u u u u u u u u u
u u u u u u u u u u u u u u u u u u u u u u u u u u u u u u u u u u u u u u u u u u u u u u u u u u u u u u u u u u u u u u u u u u u u u u u u u u u u u u u u u u u u u u u u u u u u u u u u u u u u
u u u u u u u u u u u u u u u u u u u u u u u u u u u u u u u u u u u u u u u u u u u u u u u u u u u u u u u u u u u u u u u u u u u u u u u u u u u u u u u u u u u u u u u u u u u u u u u u u u u u
u u u u u u u u u u u u u u u u u u u u u u u u u u u u u u u u u u u u u u u u u u u u u u u u u u u u u u u u u u u u u u u u u u u u u u u u u u u u u u u u u u u u u u u u u u u u u u u u u u u u
u u u u u u u u u u u u u u u u u u u u u u u u u u u u u u u u u u u u u u u u u u u u u u u u u u u u u u u u u u u u u u u u u u u u u u u u u u u u u u u u u u u u u u u u u u u u u u u u u u u u
u u u u u u u u u u u u u u u u u u u u u u u u u u u u u u u u u u u u u u u u u u u u u u u u u u u u u u u u u u u u u u u u u u u u u u u u u u u u u u u u u u u u u u u u u u u u u u u u u u u u
u u u u u u u u u u u u u u u u u u u u u u u u u u u u u u u u u u u u u u u u u u u u u u u u u u u u u u u u u u u u u u u u u u u u u u u u u u u u u u u u u u u u u u u u u u u u u u u u u u u u
u u u u u u u u u u u u u u u u u u u u u u u u u u u u u u u u u u u u u u u u u u u u u u u u u u u u u u u u u u u u u u u u u u u u u u u u u u u u u u u u u u u u u u u u u u u u u u u u u u u u
u u
u u
u u
u u
u u
u u
u u
u u
u u
u u
u u
u u
u u
u u
u u
u u
u u
u u
u u
u u
u u
u u
u u
u u
u u
u u
u u
u u
u u
u u
u u
u u
u u
u u
u u
u u
u u
u u
u u
u u
u u
u u
u u
u u
u u
u u
u u
u u
u u

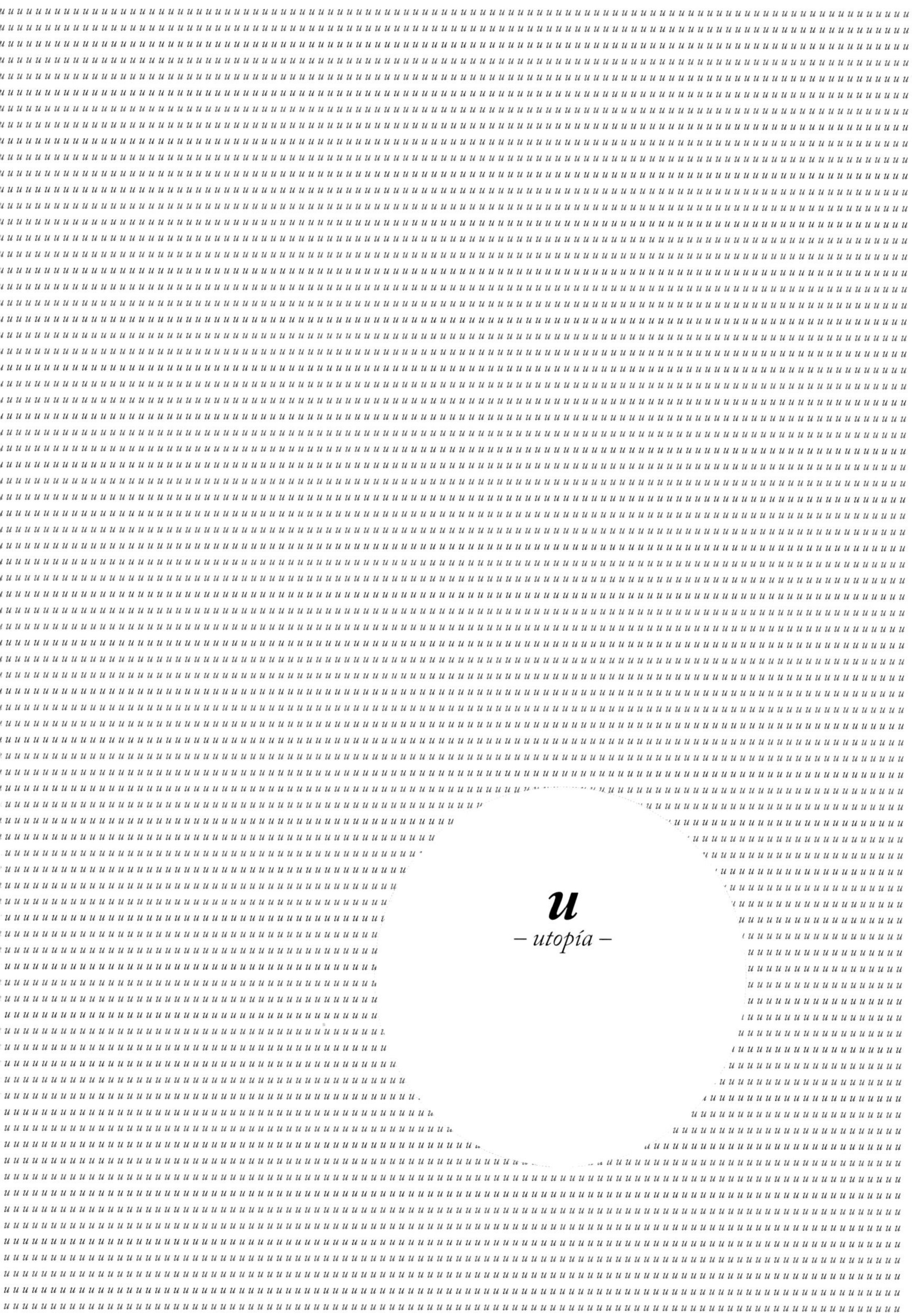
u
– utopía –

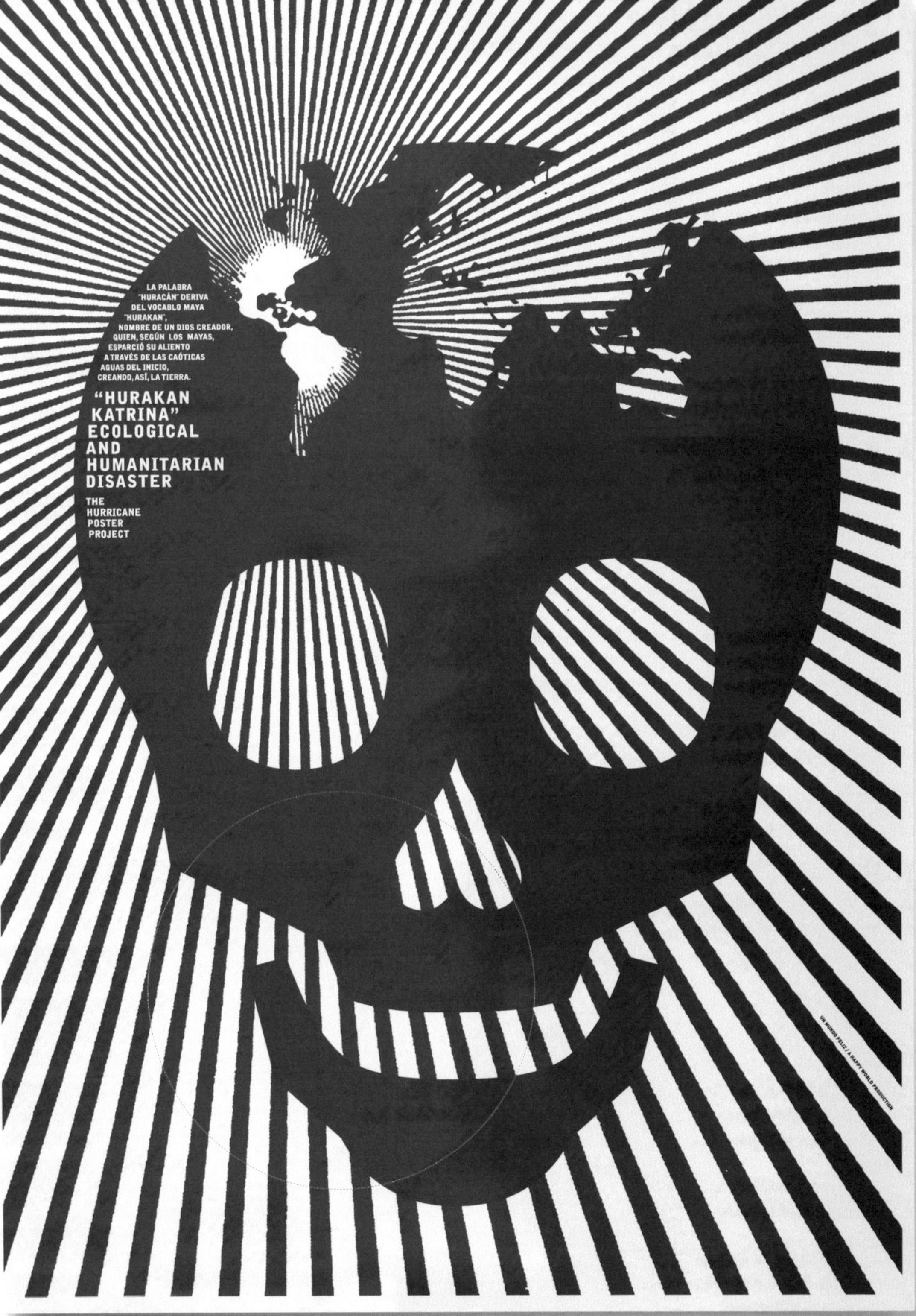
LA PALABRA "HURACÁN" DERIVA DEL VOCABLO MAYA "HURAKAN", NOMBRE DE UN DIOS CREADOR, QUIEN, SEGÚN LOS MAYAS, ESPARCIÓ SU ALIENTO A TRAVÉS DE LAS CAÓTICAS AGUAS DEL INICIO, CREANDO, ASÍ, LA TIERRA.
"HURAKAN KATRINA" ECOLOGICAL AND HUMANITARIAN DISASTER
THE HURRICANE POSTER PROJECT
UN MUNDO FELIZ / A HAPPY WORLD PRODUCTION

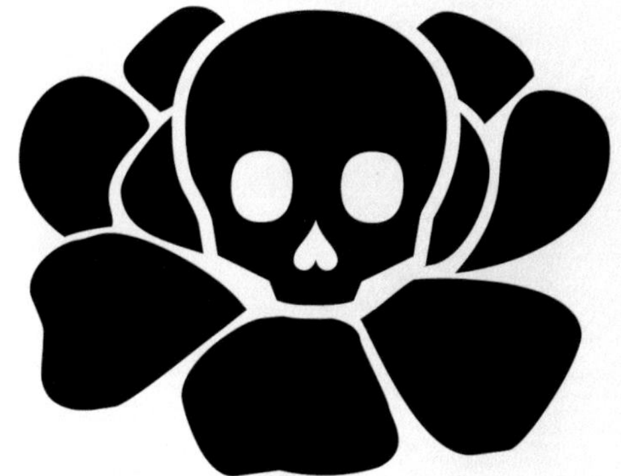

La pena de muerte
es la forma de castigo
más extrema,
cruel, inhumana
o degradante.

Constituye una
violación del
derecho a la vida.

Es irreversible y
entraña el riesgo
de que se ejecute
a inocentes.
No se ha podido
demostrar que la pena
de muerte tenga
mayor efecto
disuasorio frente
a la delincuencia
que otros castigos.

CONTRA
LA PENA
DE
MUERTE

The death penalty
is the ultimate cruel,
inhuman
and degrading
punishment.

It violates the
right to life.

It is irrevocable and
can be inflicted on
the innocent. It has
never been shown to
deter crime more
effectively than other
punishments.

AGAINST
THE
DEATH
PENALTY

www.amnesty.org

un mundo feliz
madrid
www.unmundofeliz.org

*– a poster – **no. 1:** to raise money for hurricane katrina victims – **no. 2:** flor. against the death penalty – **no. 3:** icon. speaking out against prison abuse in guantanamo – **no. 4:** stop. against terrorism –*

UN MUNDO FELIZ / A HAPPY WORLD PRODUCTION

GUANTÁNAMO

AN ICON OF LAWLESSNESS / UN SÍMBOLO DE INJUSTICIA

UN MUNDO FELIZ / A HAPPY WORLD PRODUCTION

NO MÁS MIERDA / STOP TERRORISMO

UN MUNDO FELIZ / A HAPPY WORLD PRODUCTION

v v v v v v v v v v v v v v v v v v v v v v v v v v v v v v v v v v v v v v v v v v v v v v v v v v v v v v v v v v v v v v v v v v v v v v v v v v v v v v v v v v v v v v v v v v v v v v v v v
v v v v v v v v v v v v v v v v v v v v v v v v v v v v v v v v v v v v v v v v v v v v v v v v v v v v v v v v v v v v v v v v v v v v v v v v v v v v v v v v v v v v v v v v v v v v v v v v v
v v v v v v v v v v v v v v v v v v v v v v v v v v v v v v v v v v v v v v v v v v v v v v v v v v v v v v v v v v v v v v v v v v v v v v v v v v v v v v v v v v v v v v v v v v v v v v v v v
v v v v v v v v v v v v v v v v v v v v v v v v v v v v v v v v v v v v v v v v v v v v v v v v v v v v v v v v v v v v v v v v v v v v v v v v v v v v v v v v v v v v v v v v v v v v v v v v v
v v v v v v v v v v v v v v v v v v v v v v v v v v v v v v v v v v v v v v v v v v v v v v v v v v v v v v v v v v v v v v v v v v v v v v v v v v v v v v v v v v v v v v v v v v v v v v v v v
v v v v v v v v v v v v v v v v v v v v v v v v v v v v v v v v v v v v v v v v v v v v v v v v v v v v v v v v v v v v v v v v v v v v v v v v v v v v v v v v v v v v v v v v v v v v v v v v v
v v v v v v v v v v v v v v v v v v v v v v v v v v v v v v v v v v v v v v v v v v v v v v v v v v v v v v v v v v v v v v v v v v v v v v v v v v v v v v v v v v v v v v v v v v v v v v v v v
v v v v v v v v v v v v v v v v v v v v v v v v v v v v v v v v v v v v v v v v v v v v v v v v v v v v v v v v v v v v v v v v v v v v v v v v v v v v v v v v v v v v v v v v v v v v v v v v v
v v v v v v v v v v v v v v v v v v v v v v v v v v v v v v v v v v v v v v v v v v v v v v v v v v v v v v v v v v v v v v v v v v v v v v v v v v v v v v v v v v v v v v v v v v v v v v v v v
v v v v v v v v v v v v v v v v v v v v v v v v v v v v v v v v v v v v v v v v v v v v v v v v v v v v v v v v v v v v v v v v v v v v v v v v v v v v v v v v v v v v v v v v v v v v v v v v v
v v v v v v v v v v v v v v v v v v v v v v v v v v v v v v v v v v v v v v v v v v v v v v v v v v v v v v v v v v v v v v v v v v v v v v v v v v v v v v v v v v v v v v v v v v v v v v v v v
v v v v v v v v v v v v v v v v v v v v v v v v v v v v v v v v v v v v v v v v v v v v v v v v v v v v v v v v v v v v v v v v v v v v v v v v v v v v v v v v v v v v v v v v v v v v v v v v v
v v v v v v v v v v v v v v v v v v v v v v v v v v v v v v v v v v v v v v v v v v v v v v v v v v v v v v v v v v v v v v v v v v v v v v v v v v v v v v v v v v v v v v v v v v v v v v v v v
v v v v v v v v v v v v v v v v v v v v v v v v v v v v v v v v v v v v v v v v v v v v v v v v v v v v v v v v v v v v v v v v v v v v v v v v v v v v v v v v v v v v v v v v v v v v v v v v v
v v v v v v v v v v v v v v v v v v v v v v v v v v v v v v v v v v v v v v v v v v v v v v v v v v v v v v v v v v v v v v v v v v v v v v v v v v v v v v v v v v v v v v v v v v v v v v v v v
v v v v v v v v v v v v v v v v v v v v v v v v v v v v v v v v v v v v v v v v v v v v v v v v v v v v v v v v v v v v v v v v v v v v v v v v v v v v v v v v v v v v v v v v v v v v v v v v v
v v v v v v v v v v v v v v v v v v v v v v v v v v v v v v v v v v v v v v v v v v v v v v v v v v v v v v v v v v v v v v v v v v v v v v v v v v v v v v v v v v v v v v v v v v v v v v v v v
v v v v v v v v v v v v v v v v v v v v v v v v v v v v v v v v v v v v v v v v v v v v v v v v v v v v v v v v v v v v v v v v v v v v v v v v v v v v v v v v v v v v v v v v v v v v v v v v v
v v v v v v v v v v v v v v v v v v v v v v v v v v v v v v v v v v v v v v v v v v v v v v v v v v v v v v v v v v v v v v v v v v v v v v v v v v v v v v v v v v v v v v v v v v v v v v v v v
v v v v v v v v v v v v v v v v v v v v v v v v v v v v v v v v v v v v v v v v v v v v v v v v v v v v v v v v v v v v v v v v v v v v v v v v v v v v v v v v v v v v v v v v v v v v v v v v v
v v v v v v v v v v v v v v v v v v v v v v v v v v v v v v v v v v v v v v v v v v v v v v v v v v v v v v v v v v v v v v v v v v v v v v v v v v v v v v v v v v v v v v v v v v v v v v v v v
v v v v v v v v v v v v v v v v v v v v v v v v v v v v v v v v v v v v v v v v v v v v v v v v v v v v v v v v v v v v v v v v v v v v v v v v v v v v v v v v v v v v v v v v v v v v v v v v v
v v v v v v v v v v v v v v v v v v v v v v v v v v v v v v v v v v v v v v v v v v v v v v v v v v v v v v v v v v v v v v v v v v v v v v v v v v v v v v v v v v v v v v v v v v v v v v v v v
v v v v v v v v v v v v v v v v v v v v v v v v v v v v v v v v v v v v v v v v v v v v v v v v v v v v v v v v v v v v v v v v v v v v v v v v v v v v v v v v v v v v v v v v v v v v v v v v v
v v v v v v v v v v v v v v v v v v v v v v v v v v v v v v v v v v v v v v v v v v v v v v v v v v v v v v v v v v v v v v v v v v v v v v v v v v v v v v v v v v v v v v v v v v v v v v v v v
v v v v v v v v v v v v v v v v v v v v v v v v v v v v v v v v v v v v v v v v v v v v v v v v v v v v v v v v v v v v v v v v v v v v v v v v v v v v v v v v v v v v v v v v v v v v v v v v v
v v v v v v v v v v v v v v v v v v v v v v v v v v v v v v v v v v v v v v v v v v v v v v v v v v v v v v v v v v v v v v v v v v v v v v v v v v v v v v v v v v v v v v v v v v v v v v v v v
v v v v v v v v v v v v v v v v v v v v v v v v v v v v v v v v v v v v v v v v v v v v v v v v v v v v v v v v v v v v v v v v v v v v v v v v v v v v v v v v v v v v v v v v v v v v v v v v v
v v v v v v v v v v v v v v v v v v v v v v v v v v v v v v v v v v v v v v v v v v v v v v v v v v v v v v v v v v v v v v v v v v v v v v v v v v v v v v v v v v v v v v v v v v v v v v v v v
v v v v v v v v v v v v v v v v v v v v v v v v v v v v v v v v v v v v v v v v v v v v v v v v v v v v v v v v v v v v v v v v v v v v v v v v v v v v v v v v v v v v v v v v v v v v v v v v v
v v v v v v v v v v v v v v v v v v v v v v v v v v v v v v v v v v v v v v v v v v v v v v v v v v v v v v v v v v v v v v v v v v v v v v v v v v v v v v v v v v v v v v v v v v v v v v v v v
v v v v v v v v v v v v v v v v v v v v v v v v v v v v v v v v v v v v v v v v v v v v v v v v v v v v v v v v v v v v v v v v v v v v v v v v v v v v v v v v v v v v v v v v v v v v v v v v v
v v v v v v v v v v v v v v v v v v v v v v v v v v v v v v v v v v v v v v v v v v v v v v v v v v v v v v v v v v v v v v v v v v v v v v v v v v v v v v v v v v v v v v v v v v v v v v v v v
v v v v v v v v v v v v v v v v v v v v v v v v v v v v v v v v v v v v v v v v v v v v v v v v v v v v v v v v v v v v v v v v v v v v v v v v v v v v v v v v v v v v v v v v v v v v v v v v v
v v v v v v v v v v v v v v v v v v v v v v v v v v v v v v v v v v v v v v v v v v v v v v v v v v v v v v v v v v v v v v v v v v v v v v v v v v v v v v v v v v v v v v v v v v v v v v v v v
v v v v v v v v v v v v v v v v v v v v v v v v v v v v v v v v v v v v v v v v v v v v v v v v v v v v v v v v v v v v v v v v v v v v v v v v v v v v v v v v v v v v v v v v v v v v v v v v v
v v v v v v v v v v v v v v v v v v v v v v v v v v v v v v v v v v v v v v v v v v v v v v v v v v v v v v v v v v v v v v v v v v v v v v v v v v v v v v v v v v v v v v v v v v v v v v v v v
v v v v v v v v v v v v v v v v v v v v v v v v v v v v v v v v v v v v v v v v v v v v v v v v v v v v v v v v v v v v v v v v v v v v v v v v v v v v v v v v v v v v v v v v v v v v v v v v v
v v v v v v v v v v v v v v v v v v v v v v v v v v v v v v v v v v v v v v v v v v v v v v v v v v v v v v v v v v v v v v v v v v v v v v v v v v v v v v v v v v v v v v v v v v v v v v v v v
v v v v v v v v v v v v v v v v v v v v v v v v v v v v v v v v v v v v v v v v v v v v v v v v v v v v v v v v v v v v v v v v v v v v v v v v v v v v v v v v v v v v v v v v v v v v v v v v v
v v v v v v v v v v v v v v v v v v v v v v v v v v v v v v v v v v v v v v v v v v v v v v v v v v v v v v v v v v v v v v v v v v v v v v v v v v v v v v v v v v v v v v v v v v v v v v v v v
v v v v v v v v v v v v v v v v v v v v v v v v v v v v v v v v v v v v v v v v v v v v v v v v v v v v v v v v v v v v v v v v v v v v v v v v v v v v v v v v v v v v v v v v v v v v v v v v v
v v v v v v v v v v v v v v v v v v v v v v v v v v v v v v v v v v v v v v v v v v v v v v v v v v v v v v v v v v v v v v v v v v v v v v v v v v v v v v v v v v v v v v v v v v v v v v v v v
v v v v v v v v v v v v v v v v v v v v v v v v v v v v v v v v v v v v v v v v v v v v v v v v v v v v v v v v v v v v v v v v v v v v v v v v v v v v v v v v v v v v v v v v v v v v v v v v v
v v v v v v v v v v v v v v v v v v v v v v v v v v v v v v v v v v v v v v v v v v v v v v v v v v v v v v v v v v v v v v v v v v v v v v v v v v v v v v v v v v v v v v v v v v v v v v v v v
v v v v v v v v v v v v v v v v v v v v v v v v v v v v v v v v v v v v v v v v v v v v v v v v v v v v v v v v v v v v v v v v v v v v v v v v v v v v v v v v v v v v v v v v v v v v v v v v v
v v v v v v v v v v v v v v v v v v v v v v v v v v v v v v v v v v v v v v v v v v v v v v v v v v v v v v v v v v v v v v v v v v v v v v v v v v v v v v v v v v v v v v v v v v v v v v v v v
v v v v v v v v v v v v v v v v v v v v v v v v v v v v v v v v v v v v v v v v v v v v v v v v v v v v v v v v v v v v v v v v v v v v v v v v v v v v v v v v v v v v v v v v v v v v v v v v v
v v v v v v v v v v v v v v v v v v v v v v v v v v v v v v v v v v v v v v v v v v v v v v v v v v v v v v v v v v v v v v v v v v v v v v v v v v v v v v v v v v v v v v v v v v v v v v v v v
v v v v v v v v v v v v v v v v v v v v v v v v v v v v v v v v v v v v v v v v v v v v v v v v v v v v v v v v v v v v v v v v v v v v v v v v v v v v v v v v v v v v v v v v v v v v v v v v v
v v v v v v v v v v v v v v v v v v v v v v v v v v v v v v v v v v v v v v v v v v v v v v v v v v v v v v v v v v v v v v v v v v v v v v v v v v v v v v v v v v v v v v v v v v v v v v v v v
v v v v v v v v v v v v v v v v v v v v v v v v v v v v v v v v v v v v v v v v v v v v v v v v v v v v v v v v v v v v v v v v v v v v v v v v v v v v v v v v v v v v v v v v v v v v v v v v v
v v v v v v v v v v v v v v v v v v v v v v v v v v v v v v v v v v v v v v v v v v v v v v v v v v v v v v v v v v v v v v v v v v v v v v v v v v v v v v v v v v v v v v v v v v v v v v v v v
v v v v v v v v v v v v v v v v v v v v v v v v v v v v v v v v v v v v v v v v v v v v v v v v v v v v v v v v v v v v v v v v v v v v v v v v v v v v v v v v v v v v v v v v v v v v v v v v v
v v v v v v v v v v v v v v v v v v v v v v v v v v v v v v v v v v v v v v v v v v v v v v v v v v v v v v v v v v v v v v v v v v v v v v v v v v v v v v v v v v v v v v v v v v v v v v v v v
v v v v v v v v v v v v v v v v v v v v v v v v v v v v v v v v v v v v v v v v v v v v v v v v v v v v v v v v v v v v v v v v v v v v v v v v v v v v v v v v v v v v v v v v v v v v v v v v v
v v v v v v v v v v v v v v v v v v v v v v v v v v v v v v v v v v v v v v v v v v v v v v v v v v v v v v v v v v v v v v v v v v v v v v v v v v v v v v v v v v v v v v v v v v v v v v v v v
v v v v v v v v v v v v v v v v v v v v v v v v v v v v v v v v v v v v v v v v v v v v v v v v v v v v v v v v v v v v v v v v v v v v v v v v v v v v v v v v v v v v v v v v v v v v v v v v v
v v v v v v v v v v v v v v v v v v v v v v v v v v v v v v v v v v v v v v v v v v v v v v v v v v v v v v v v v v v v v v v v v v v v v v v v v v v v v v v v v v v v v v v v v v v v v v v v v
v v v v v v v v v v v v v v v v v v v v v v v v v v v v v v v v v v v v v v v v v v v v v v v v v v v v v v v v v v v v v v v v v v v v v v v v v v v v v v v v v v v v v v v v v v v v v v v v v
v v v v v v v v v v v v v v v v v v v v v v v v v v v v v v v v v v v v v v v v v v v v v v v v v v v v v v v v v v v v v v v v v v v v v v v v v v v v v v v v v v v v v v v v v v v v v v v v v
v v v v v v v v v v v v v v v v v v v v v v v v v v v v v v v v v v v v v v v v v v v v v v v v v v v v v v v v v v v v v v v v v v v v v v v v v v v v v v v v v v v v v v v v v v v v v v v v v
v v v v v v v v v v v v v v v v v v v v v v v v v v v v v v v v v v v v v v v v v v v v v v v v v v v v v v v v v v v v v v v v v v v v v v v v v v v v v v v v v v v v v v v v v v v v v v v v v
v v v v v v v v v v v v v v v v v v v v v v v v v v v v v v v v v v v v v v v v v v v v v v v v v v v v v v v v v v v v v v v v v v v v v v v v v v v v v v v v v v v v v v v v v v v v v v v v v
v v v v v v v v v v v v v v v v v v v v v v v v v v v v v v v v v v v v v v v v v v v v v v v v v v v v v v v v v v v v v v v v v v v v v v v v v v v v v v v v v v v v v v v v v v v v v v v v v
v v v v v v v v v v v v v v v v v v v v v v v v v v v v v v v v v v v v v v v v v v v v v v v v v v v v v v v v v v v v v v v v v v v v v v v v v v v v v v v v v v v v v v v v v v v v v v v v v
v v v v v v v v v v v v v v v v v v v v v v v v v v v v v v v v v v v v v v v v v v v v v v v v v v v v v v v v v v v v v v v v v v v v v v v v v v v v v v v v v v v v v v v v v v v v v v v v v
v v v v v v v v v v v v v v v v v v v v v v v v v v v v v v v v v v v v v v v v v v v v v v v v v v v v v v v v v v v v v v v v v v v v v v v v v v v v v v v v v v v v v v v v v v v v v v v v v
v v v v v v v v v v v v v v v v v v v v v v v v v v v v v v v v v v v v v v v v v v v v v v v v v v v v v v v v v v v v v v v v v v v v v v v v v v v v v v v v v v v v v v v v v v v v v v v v v
v v v v v v v v v v v v v v v v v v v v v v v v v v v v v v v v v v v v v v v v v v v v v v v v v v v v v v v v v v v v v v v v v v v v v v v v v v v v v v v v v v v v v v v v v v v v v v v v v
v v v v v v v v v v v v v v v v v v v v v v v v v v v v v v v v v v v v v v v v v v v v v v v v v v v v v v v v v v v v v v v v v v v v v v v v v v v v v v v v v v v v v v v v v v v v v v v v v
v v v v v v v v v v v v v v v v v v v v v v v v v v v v v v v v v v v v v v v v v v v v v v v v v v v v v v v v v v v v v v v v v v v v v v v v v v v v v v v v v v v v v v v v v v v v v v v v v
v v v v v v v v v v v v v v v v v v v v v v v v v v v v v v v v v v v v v v v v v v v v v v v v v v v v v v v v v v v v v v v v v v v v v v v v v v v v v v v v v v v v v v v v v v v v v v v v v
v v v v v v v v v v v v v v v v v v v v v v v v v v v v v v v v v v v v v v v v v v v v v v v v v v v v v v v v v v v v v v v v v v v v v v v v v v v v v v v v v v v v v v v v v v v v v v v v v
v v v v v v v v v v v v v v v v v v v v v v v v v v v v v v v v v v v v v v v v v v v v v v v v v v v v v v v v v v v v v v v v v v v v v v v v v v v v v v v v v v v v v v v v v v v v v v v v v
v v v v v v v v v v v v v v v v v v v v v v v v v v v v v v v v v v v v v v v v v v v v v v v v v v v v v v v v v v v v v v v v v v v v v v v v v v v v v v v v v v v v v v v v v v v v v v v v v
v v v v v v v v v v v v v v v v v v v v v v v v v v v v v v v v v v v v v v v v v v v v v v v v v v v v v v v v v v v v v v v v v v v v v v v v v v v v v v v v v v v v v v v v v v v v v v v v v
v v v v v v v v v v v v v v v v v v v v v v v v v v v v v v v v v v v v v v v v v v v v v v v v v v v v v v v v v v v v v v v v v v v v v v v v v v v v v v v v v v v v v v v v v v v v v v v v v
v v v v v v v v v v v v v v v v v v v v v v v v v v v v v v v v v v v v v v v v v v v v v v v v v v v v v v v v v v v v v v v v v v v v v v v v v v v v v v v v v v v v v v v v v v v v v v v v v

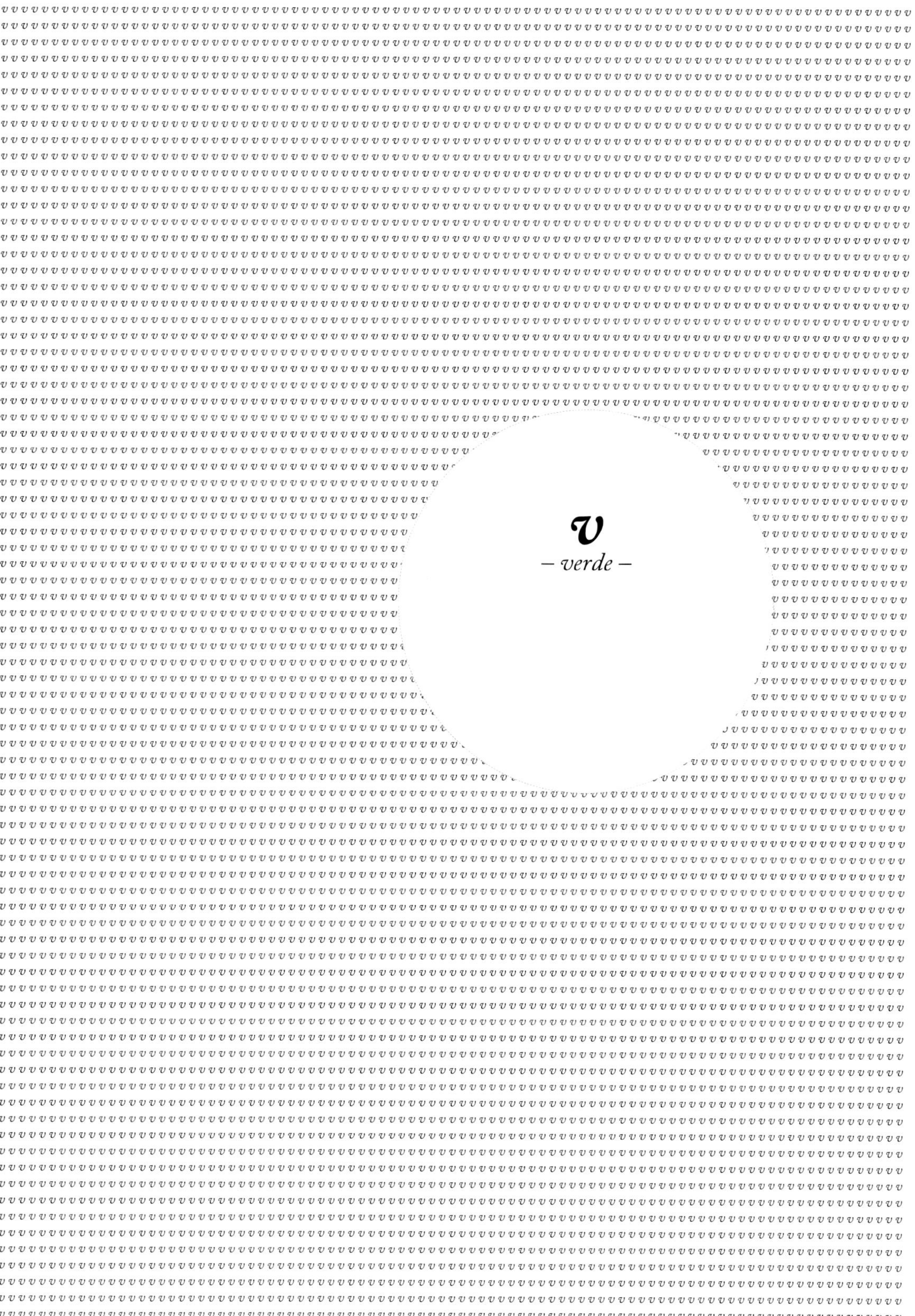

v

– verde –

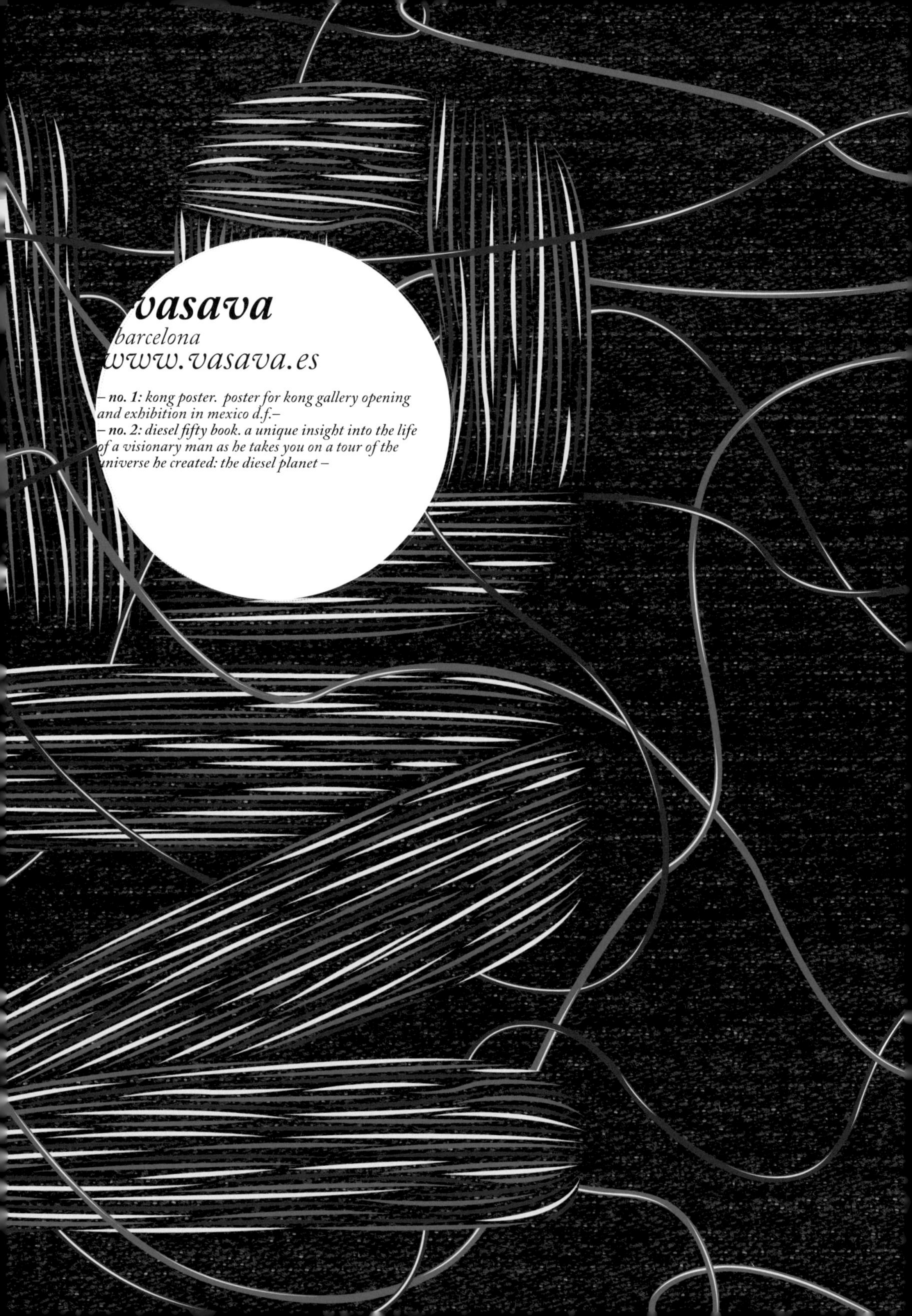
vasava
barcelona
www.vasava.es
– no. 1: kong poster. poster for kong gallery opening and exhibition in mexico d.f.–
– no. 2: diesel fifty book. a unique insight into the life of a visionary man as he takes you on a tour of the universe he created: the diesel planet –

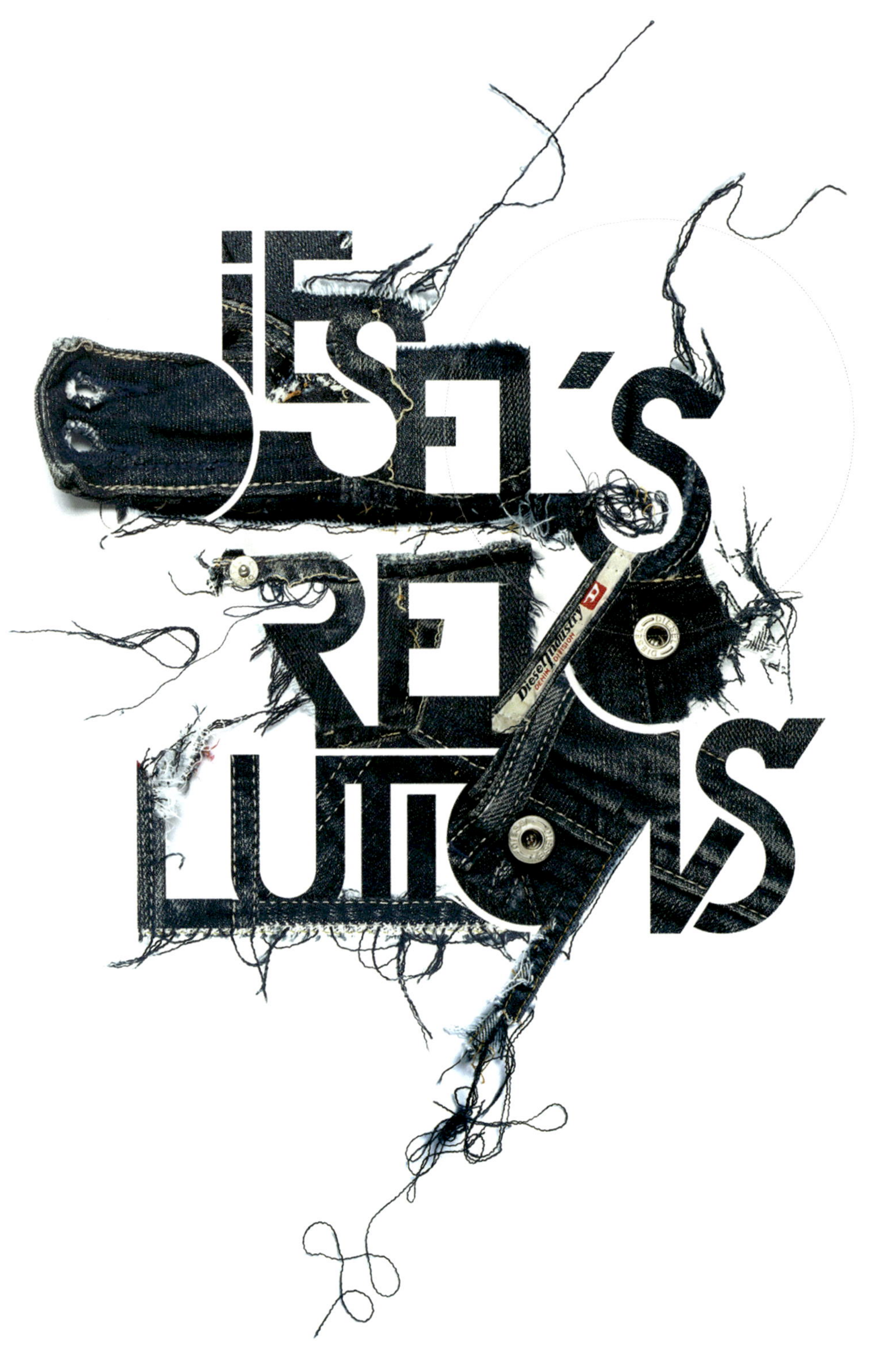
Diesel Industry
DENIM DIVISION

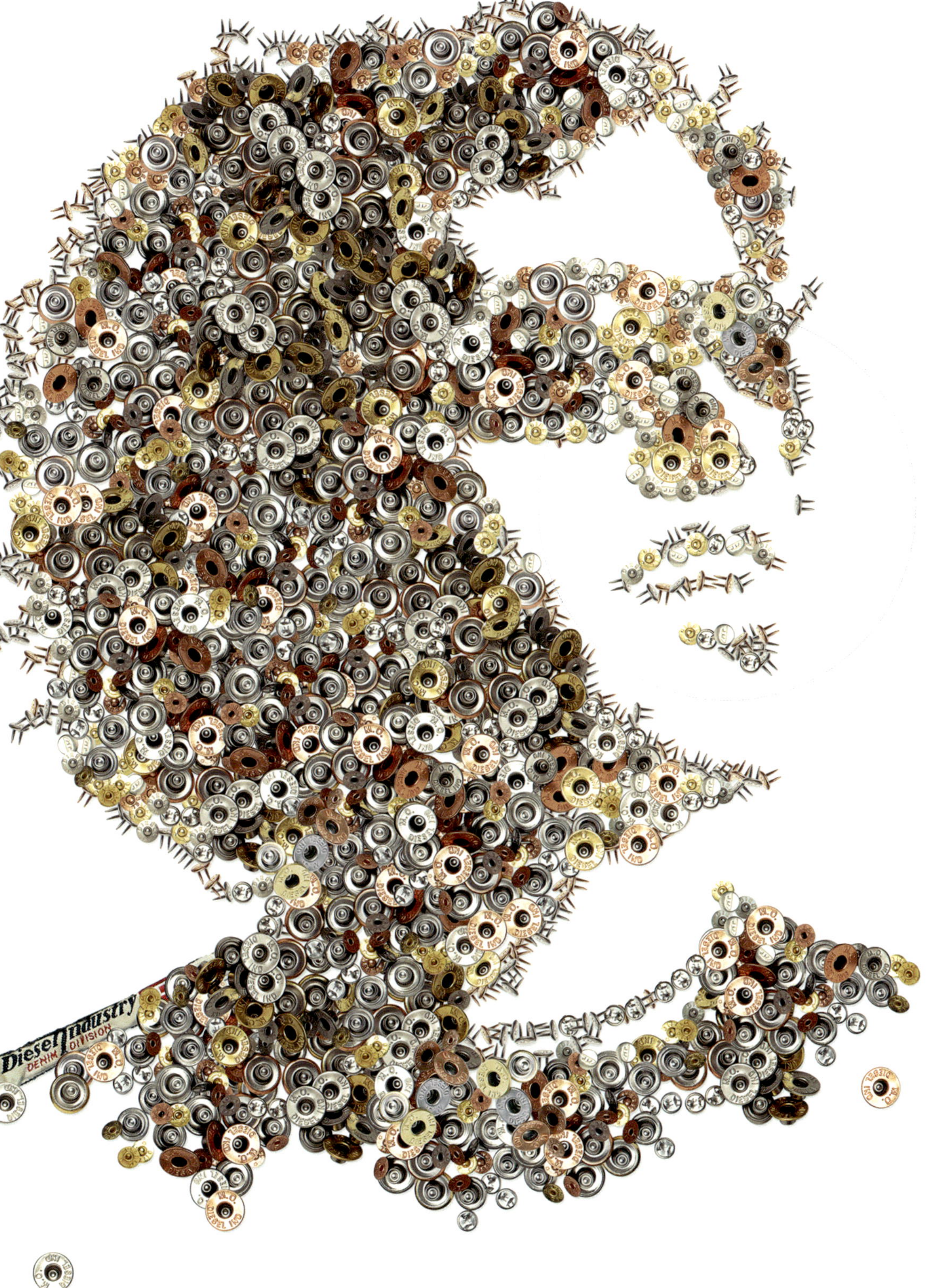
DieselIndustry
DENIM DIVISION

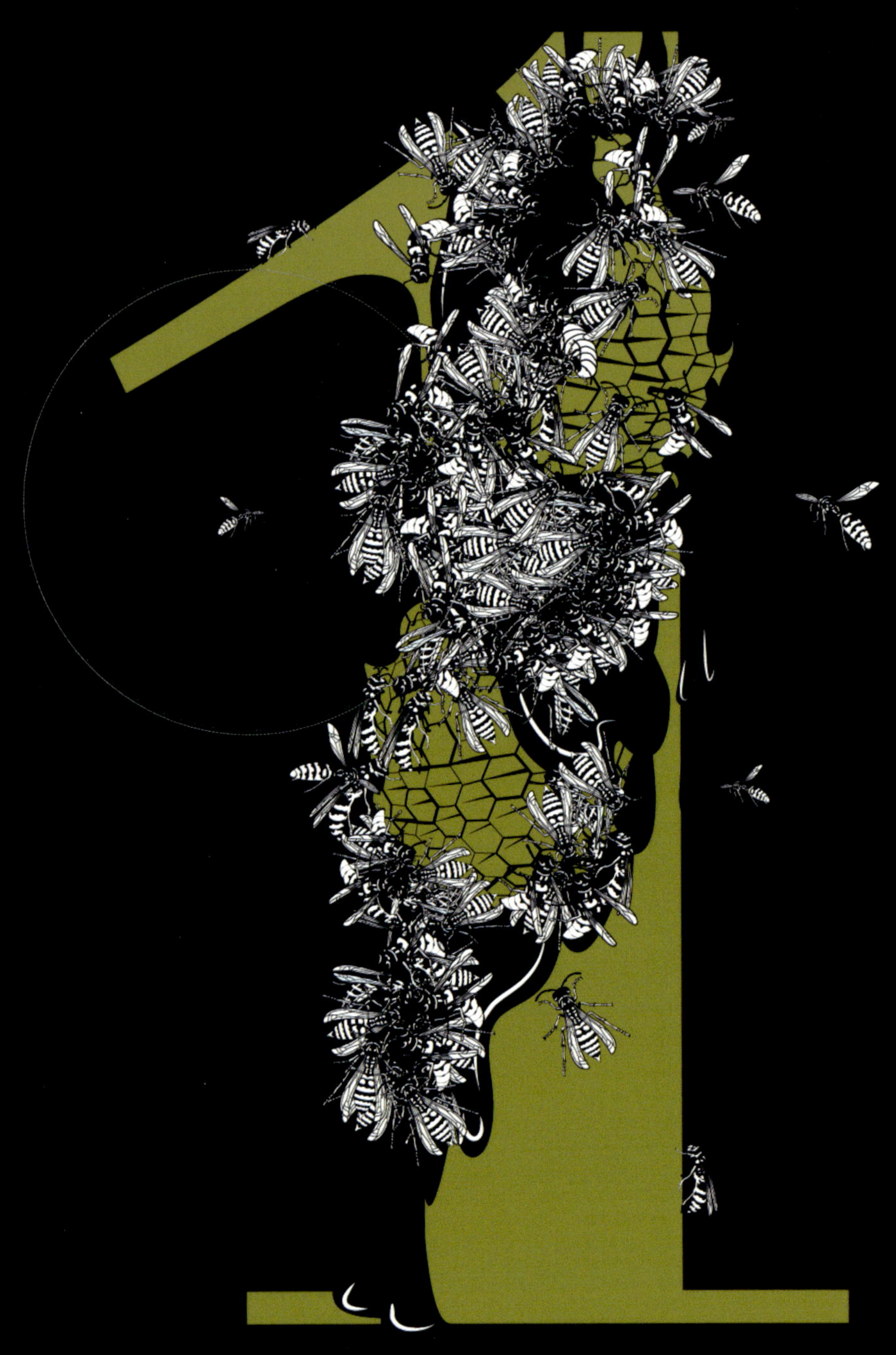

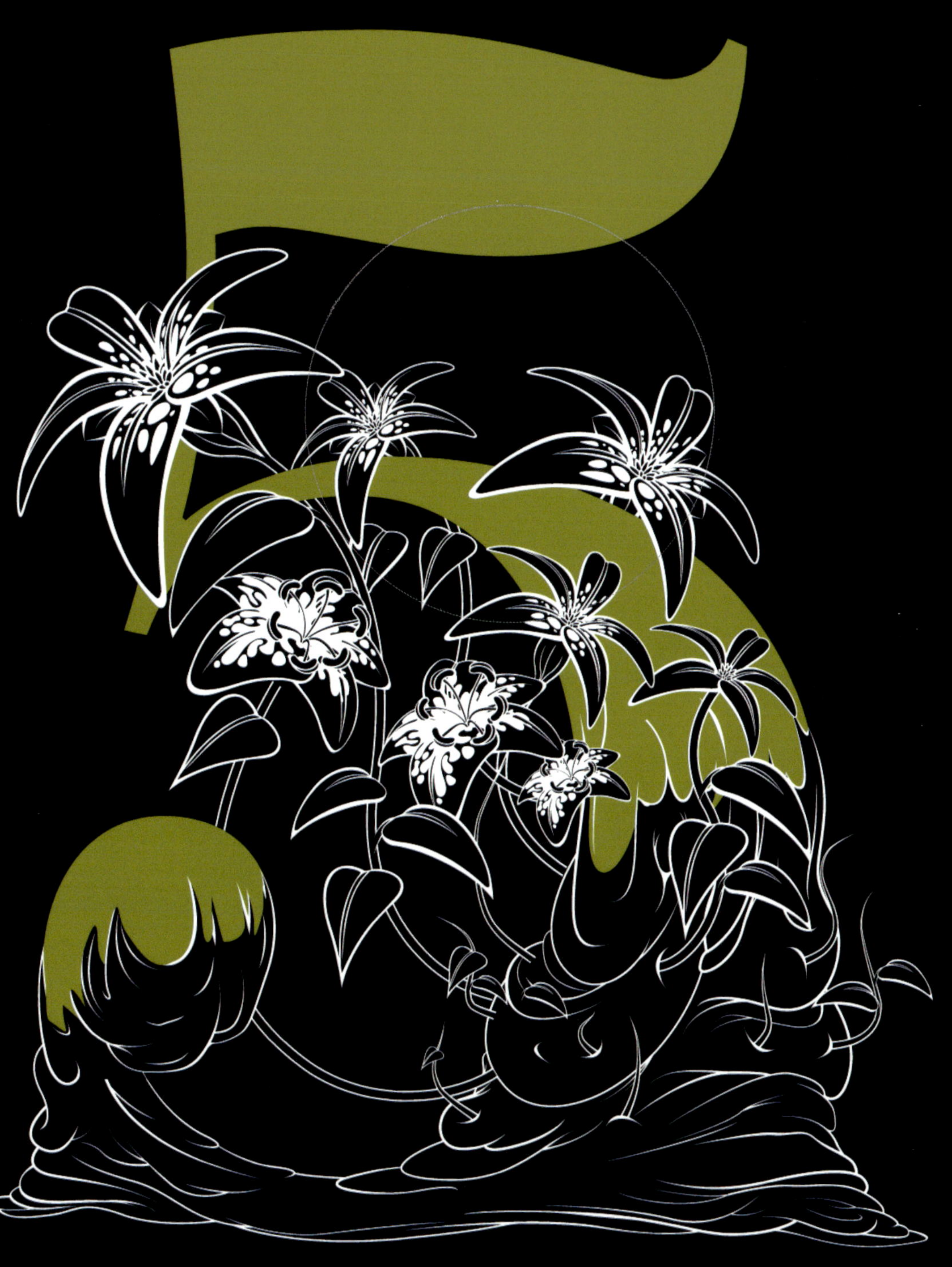

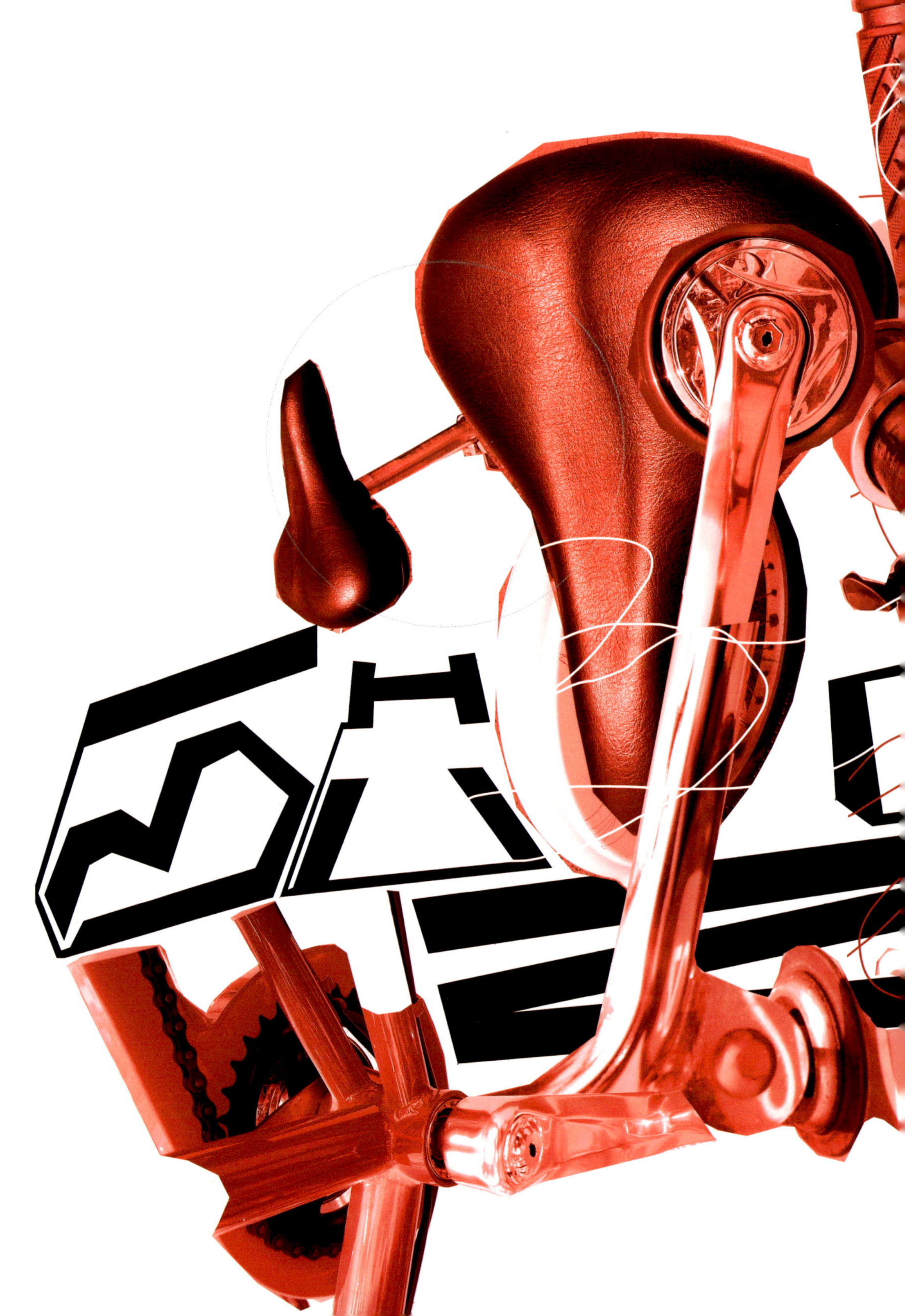

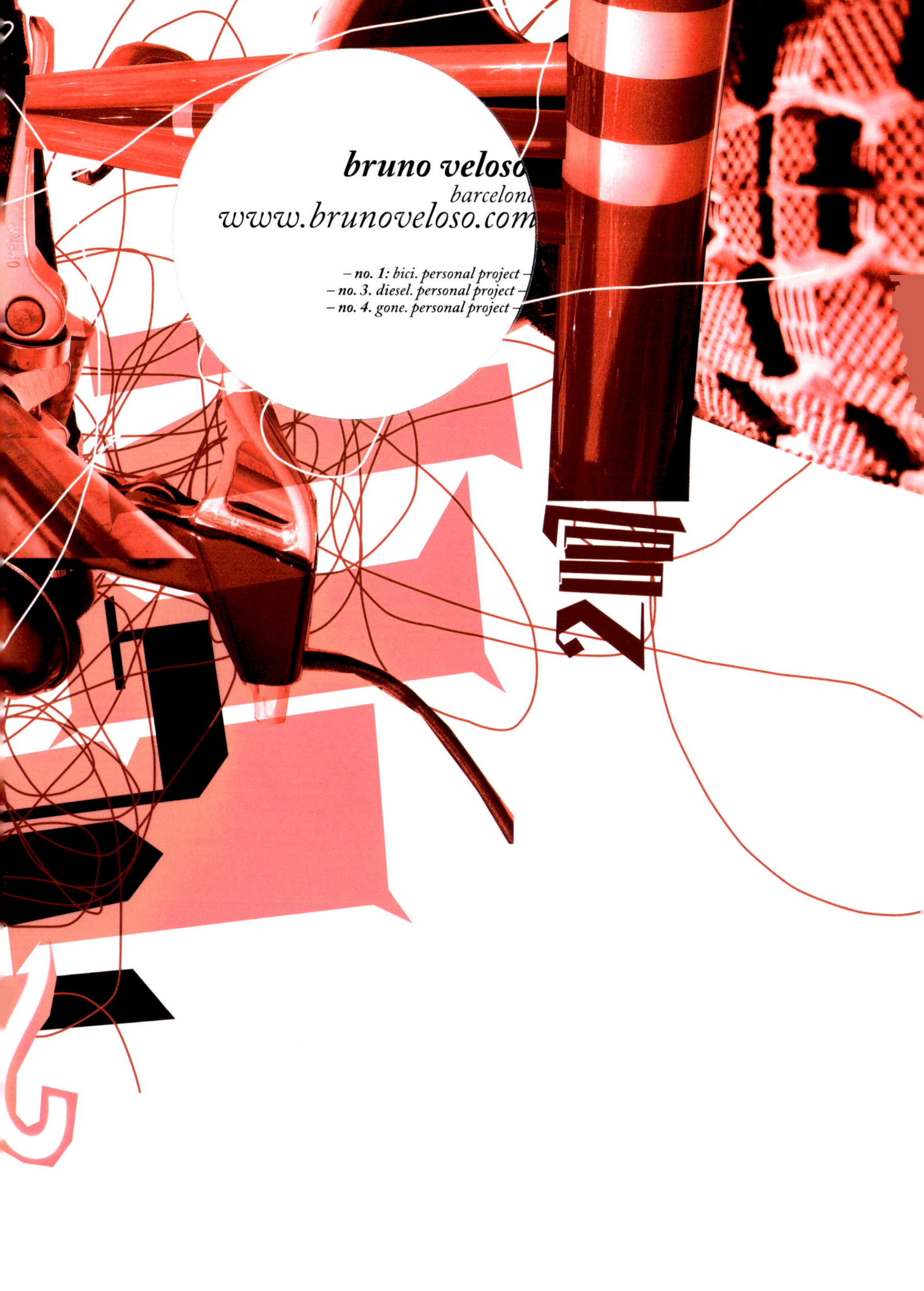
bruno veloso
barcelona
www.brunoveloso.com
– no. 1: bici. personal project –
– no. 3. diesel. personal project –
– no. 4. gone. personal project –

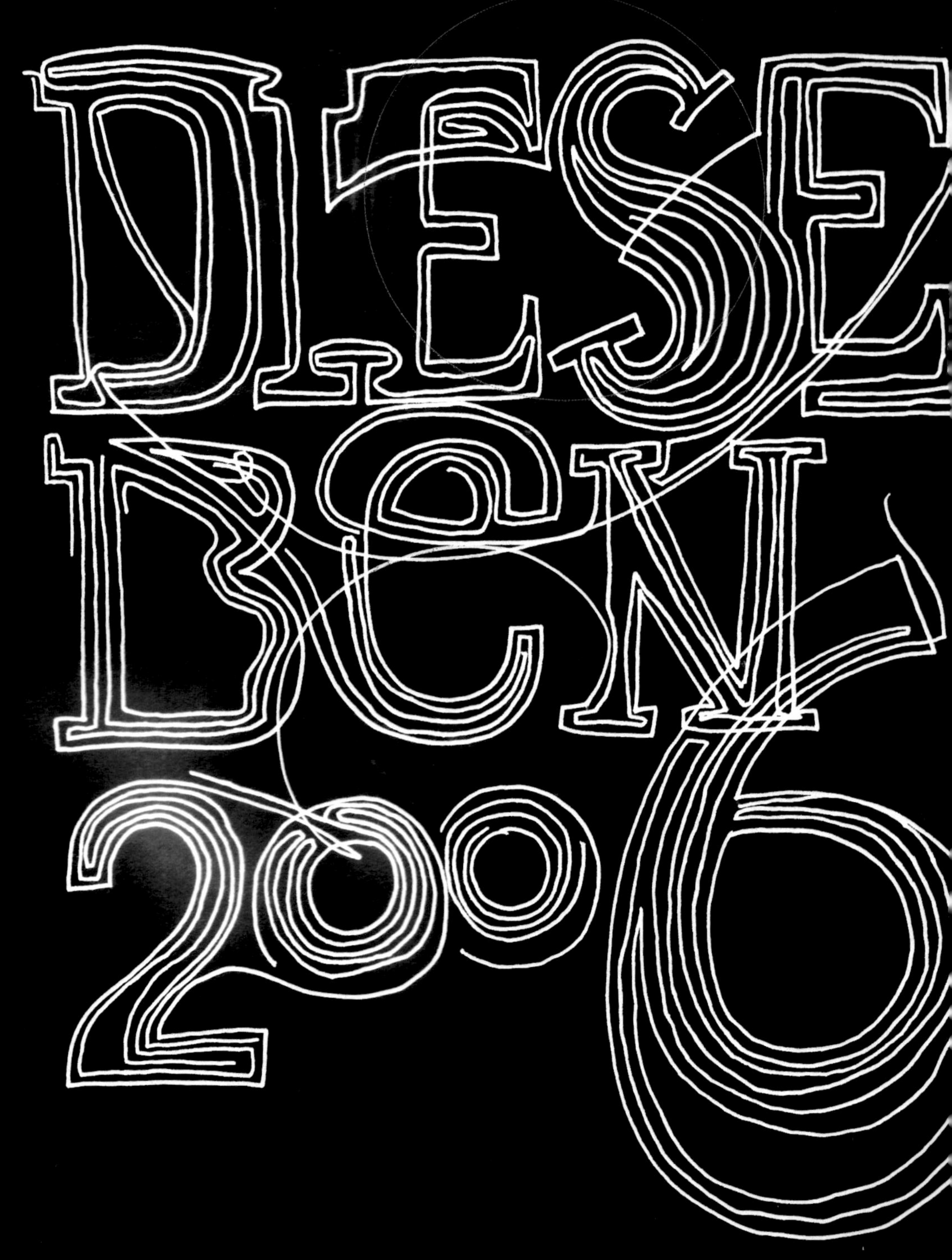
BCN
2006

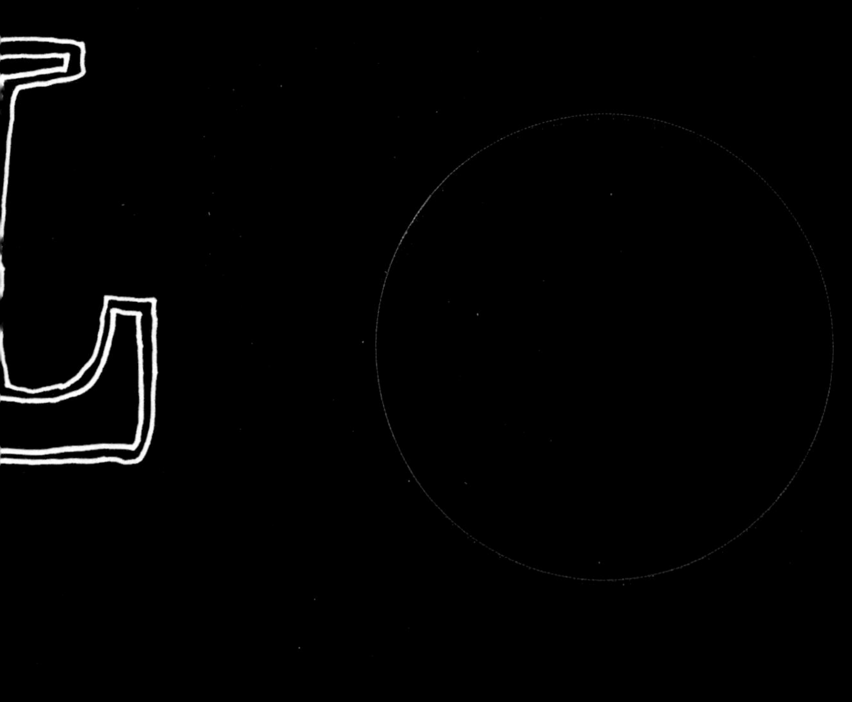

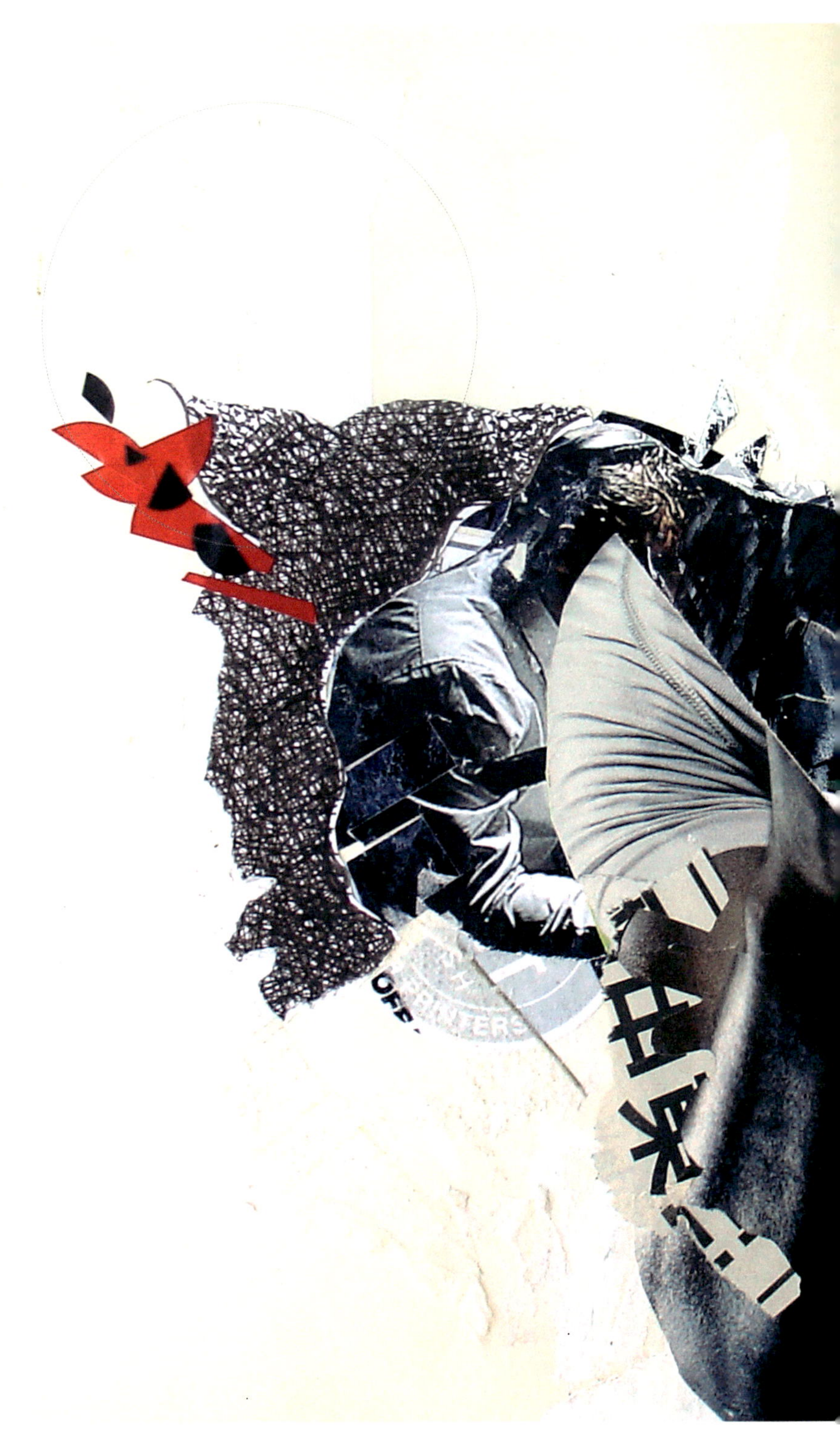

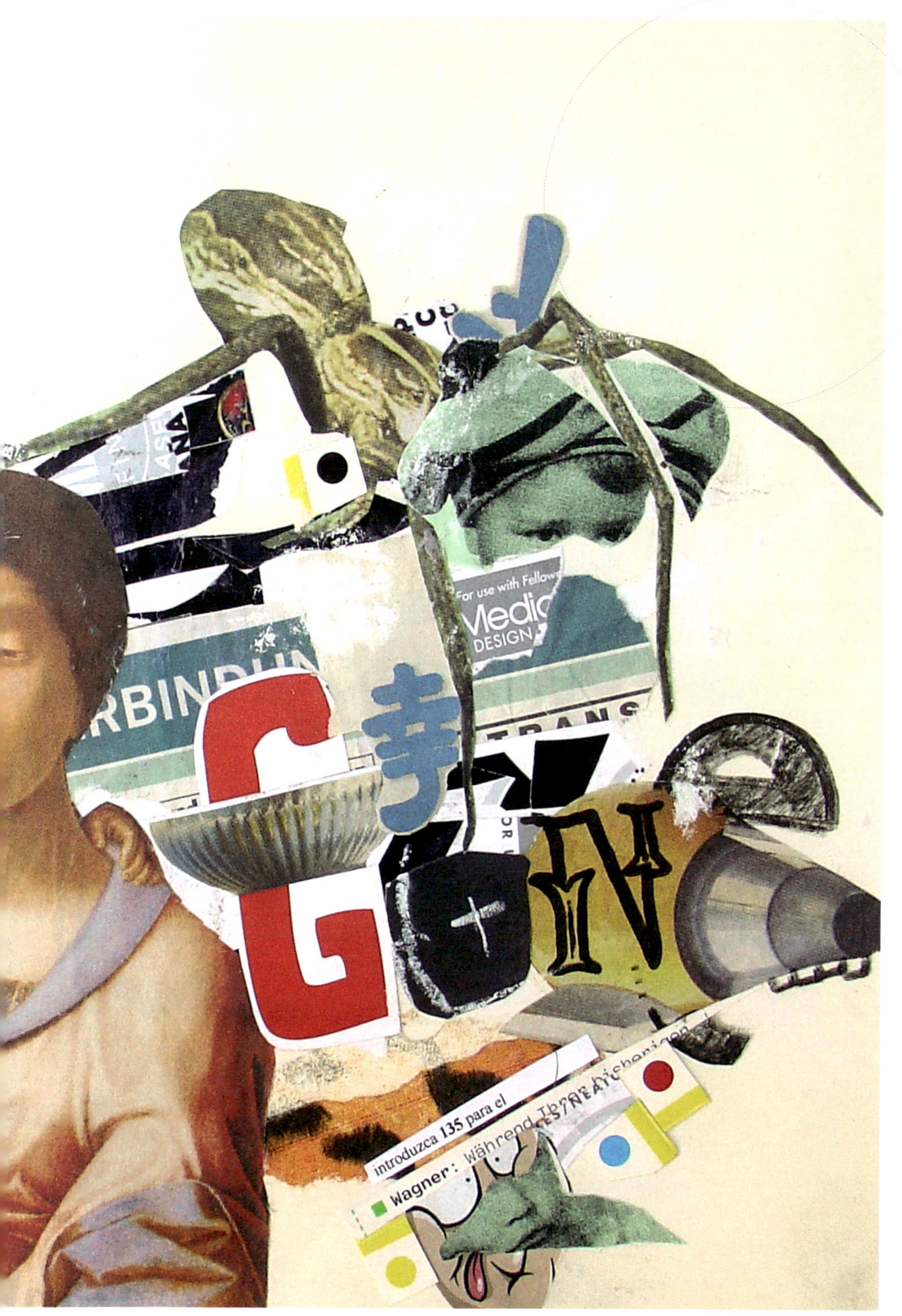
For use with Fellow
DESIGN
RBINDUN
TRANS
introduzca 135 para el
Wagner: Während

k

— *kilómetro* —

h

— *huerto* —

n

— *nube* —

ñ

— *sueño* —

q

— *¿qué?* —

w

– walkie-talkie –

x

– xxx –

y

– yo –

z

– zig zag –

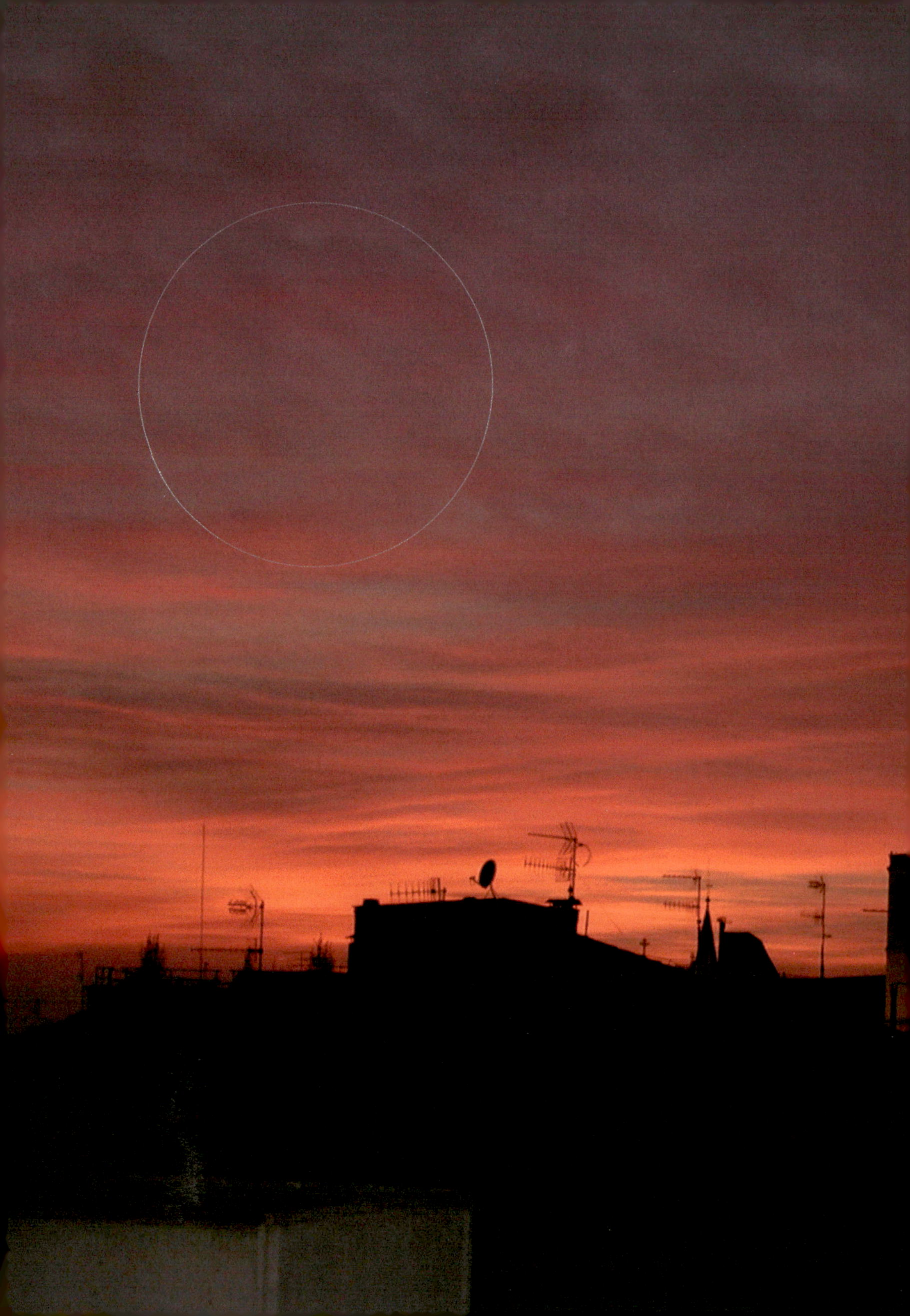

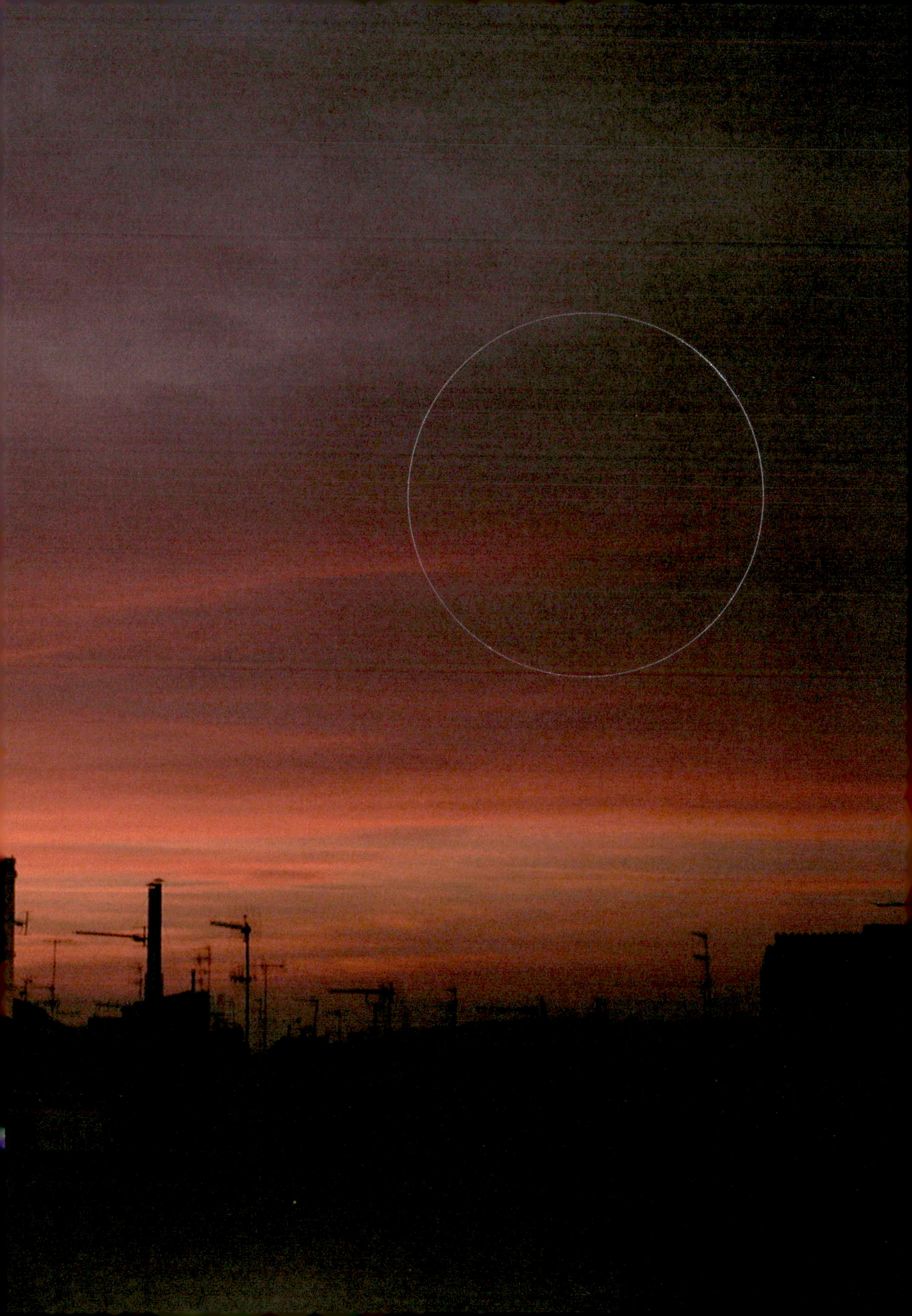

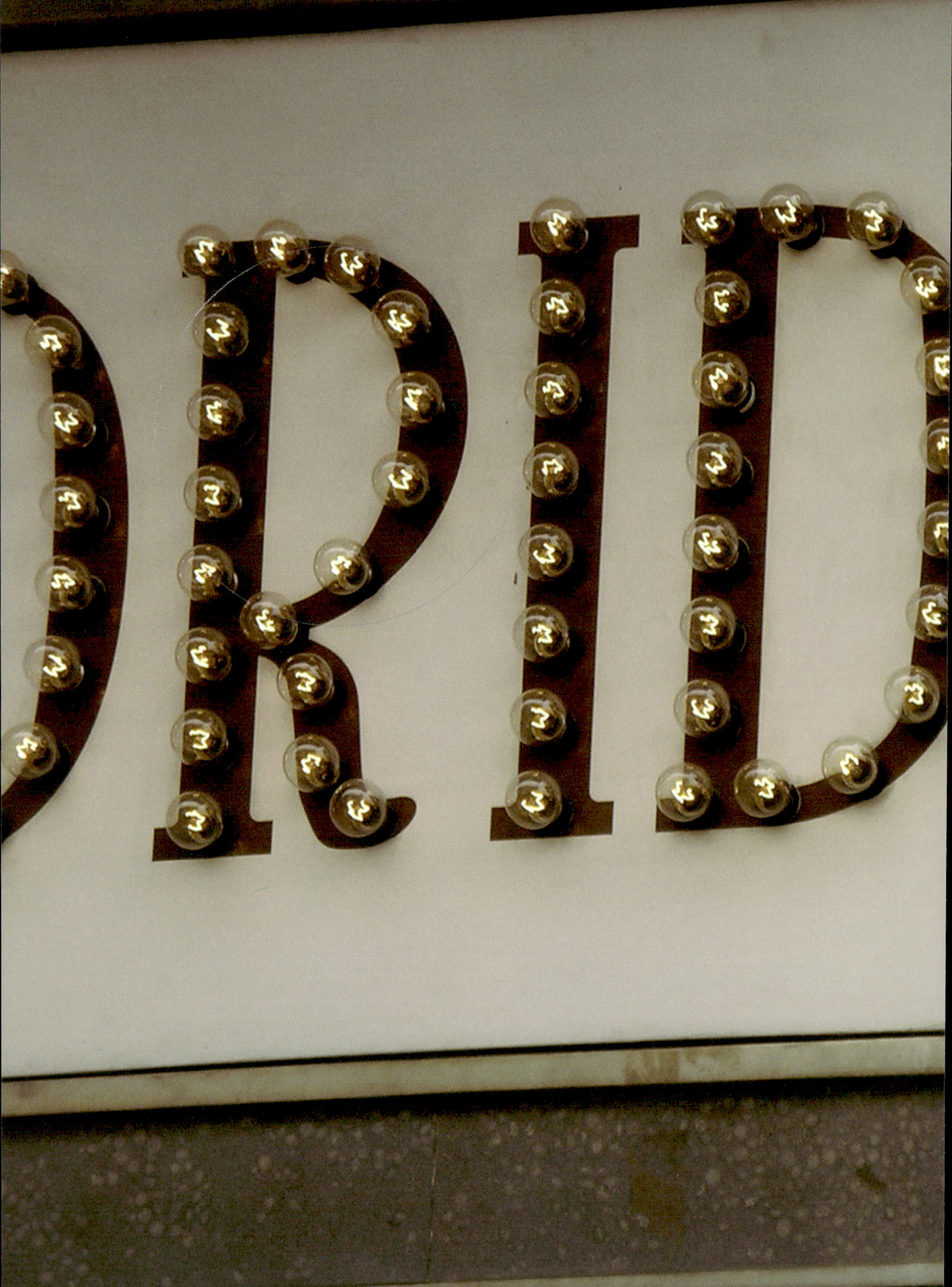
DRID

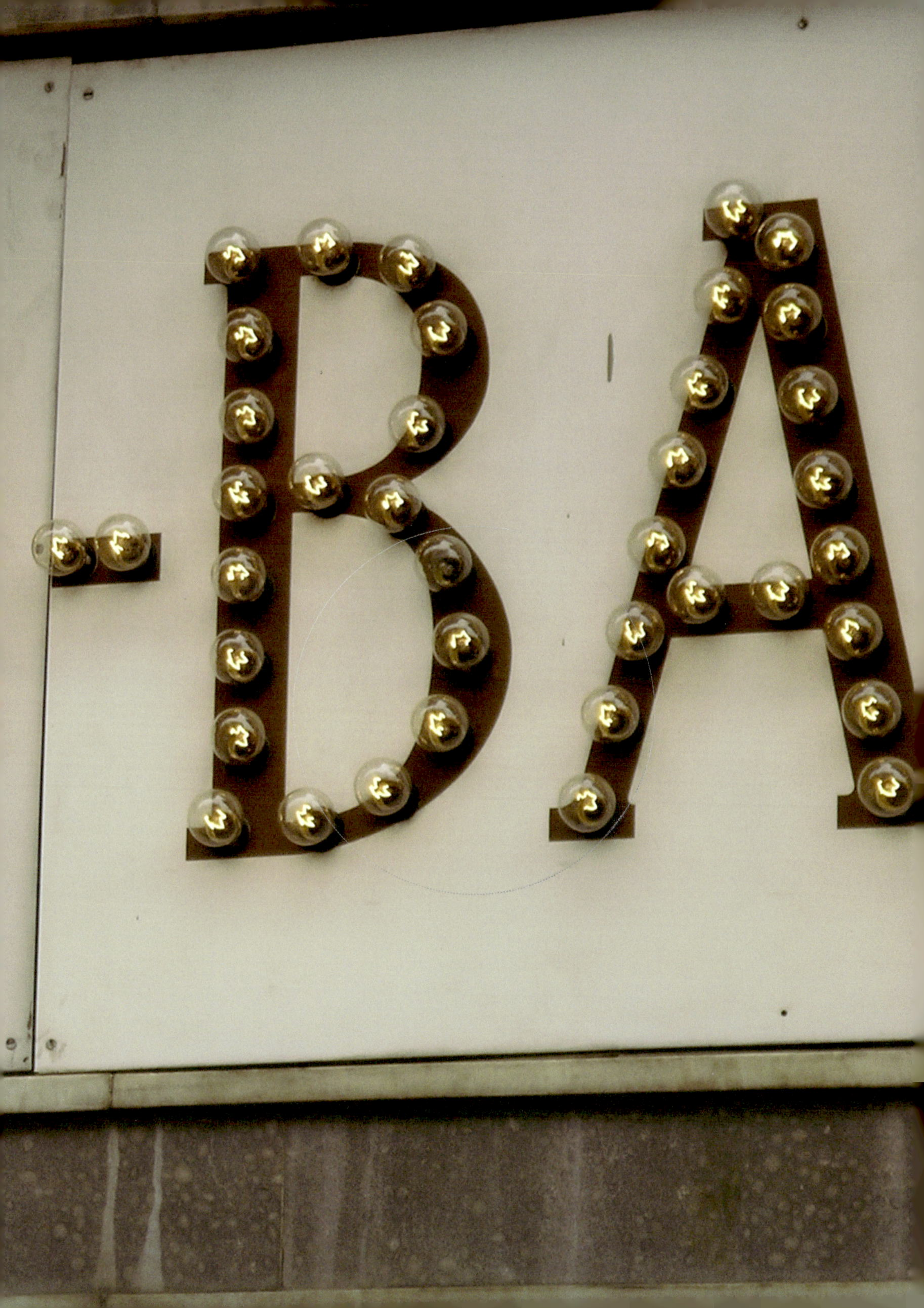
-BA

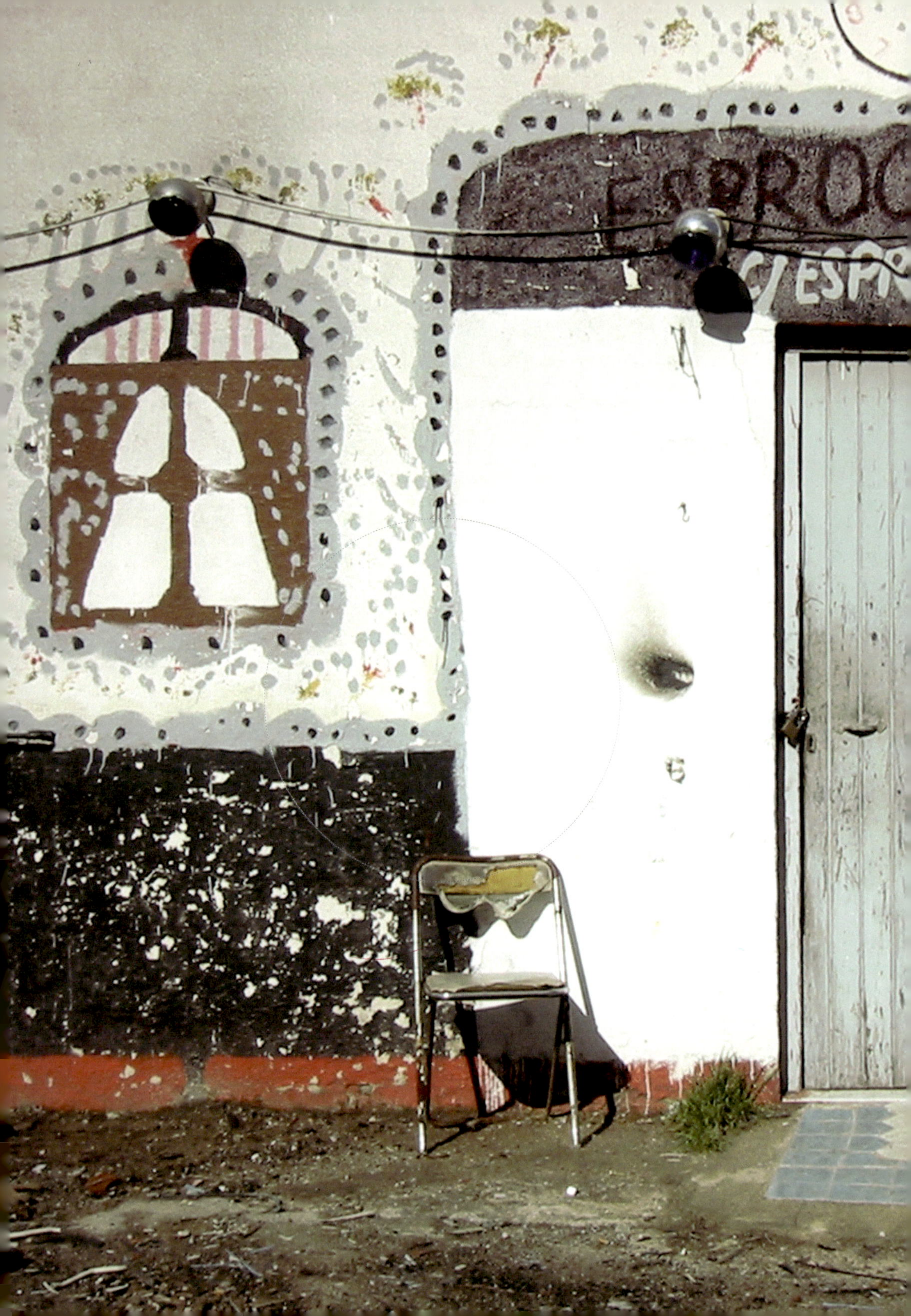

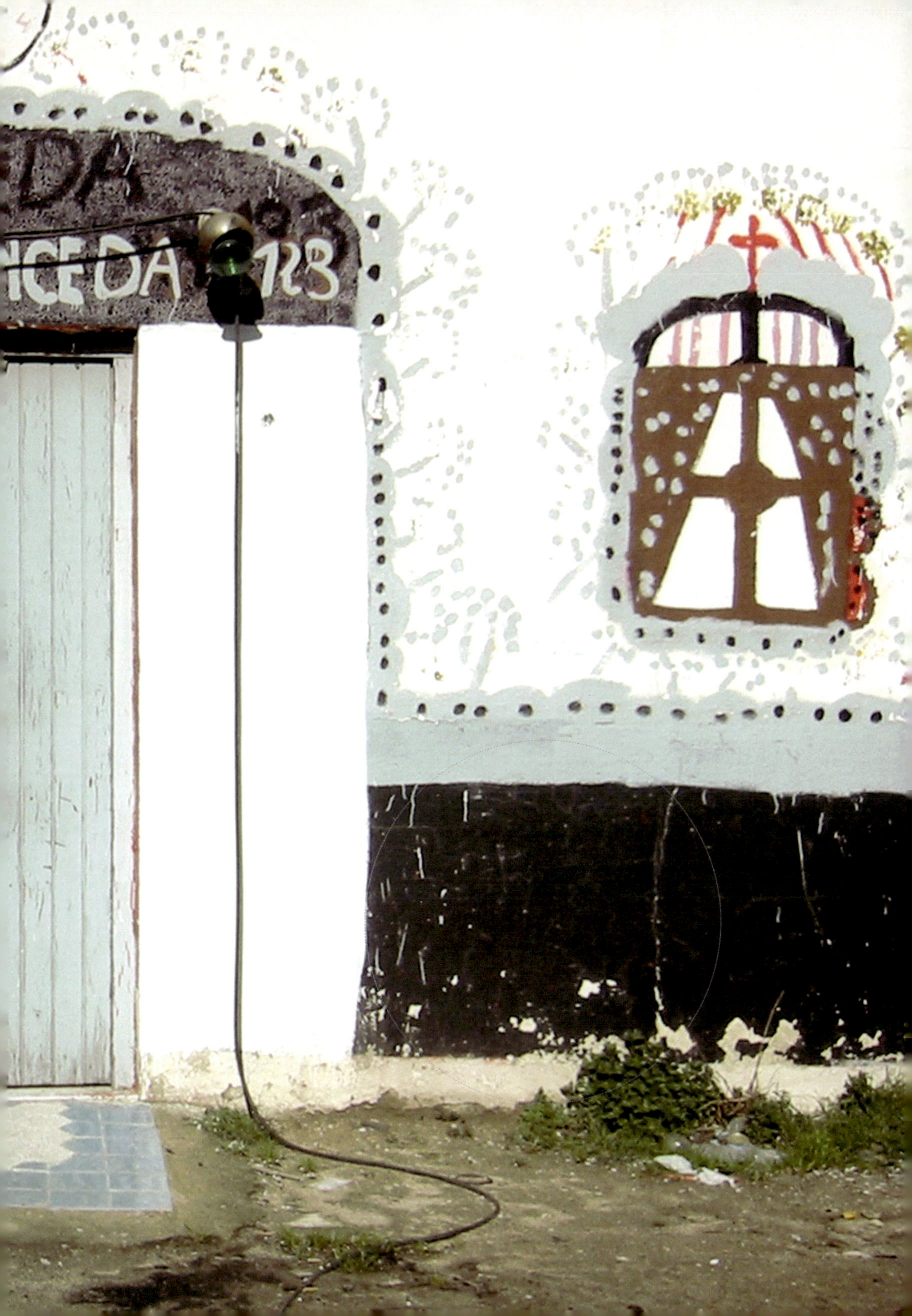
DA
ICEDA 123

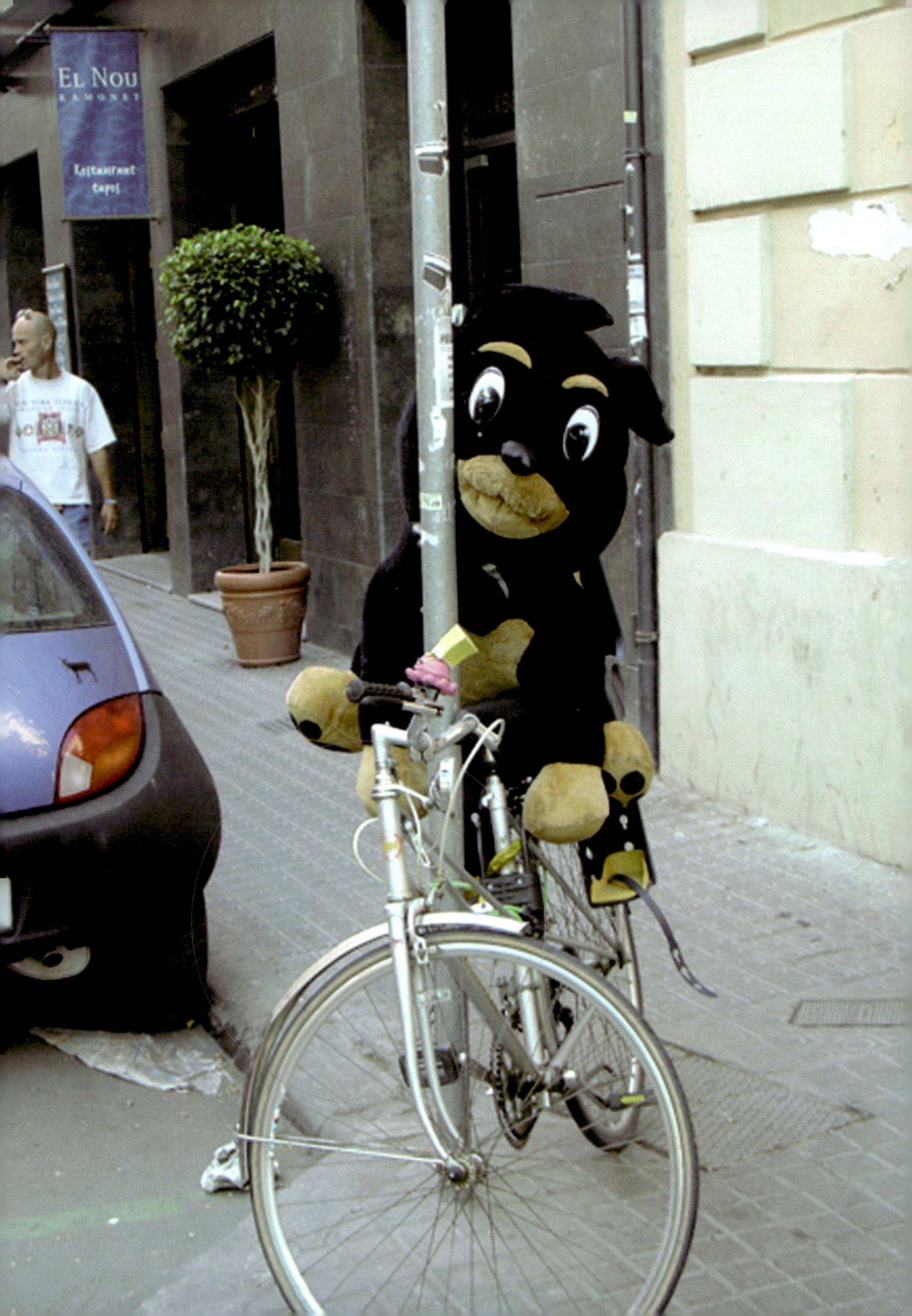
El Nou
Ramonet
Restaurant
tapes

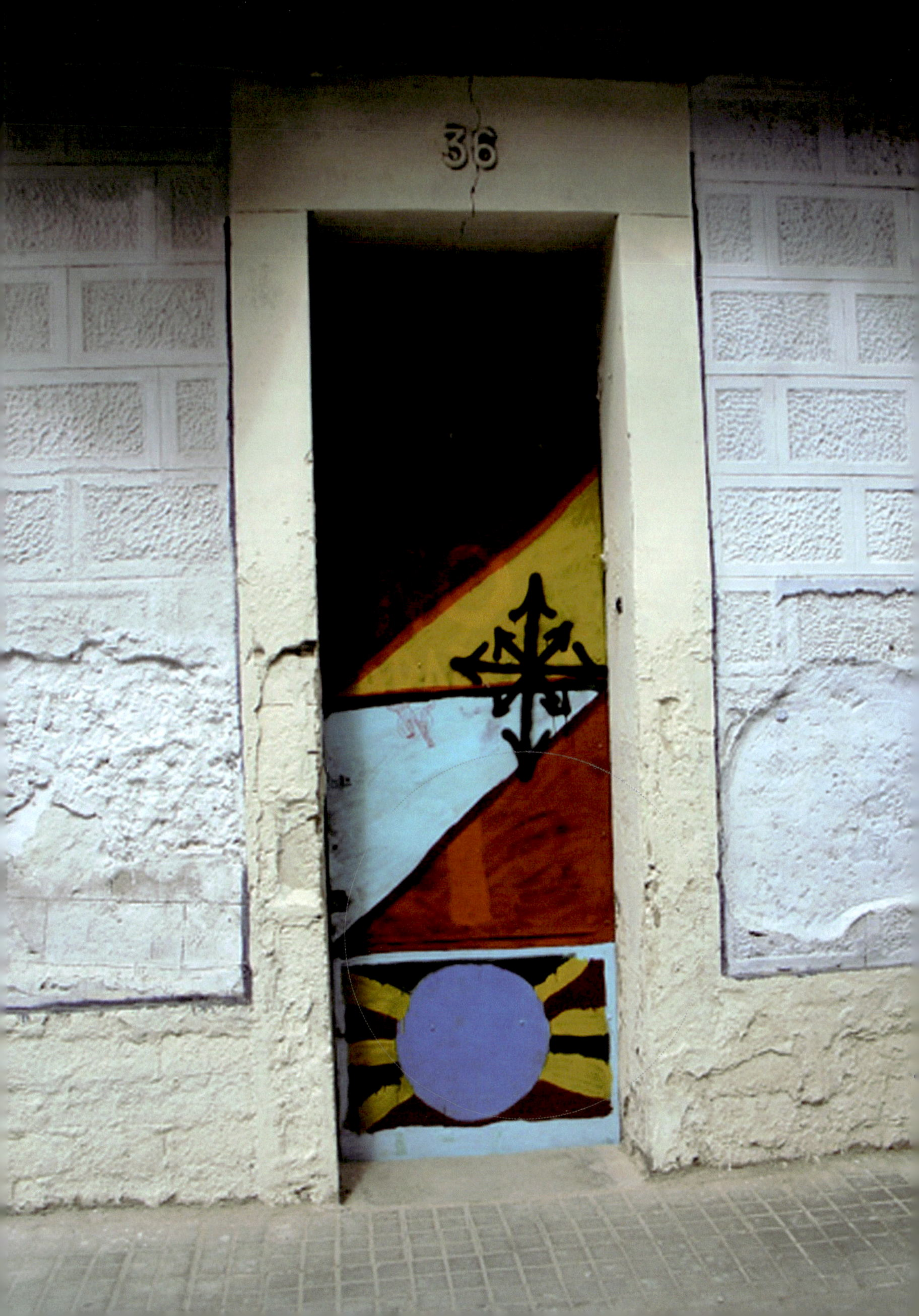
36

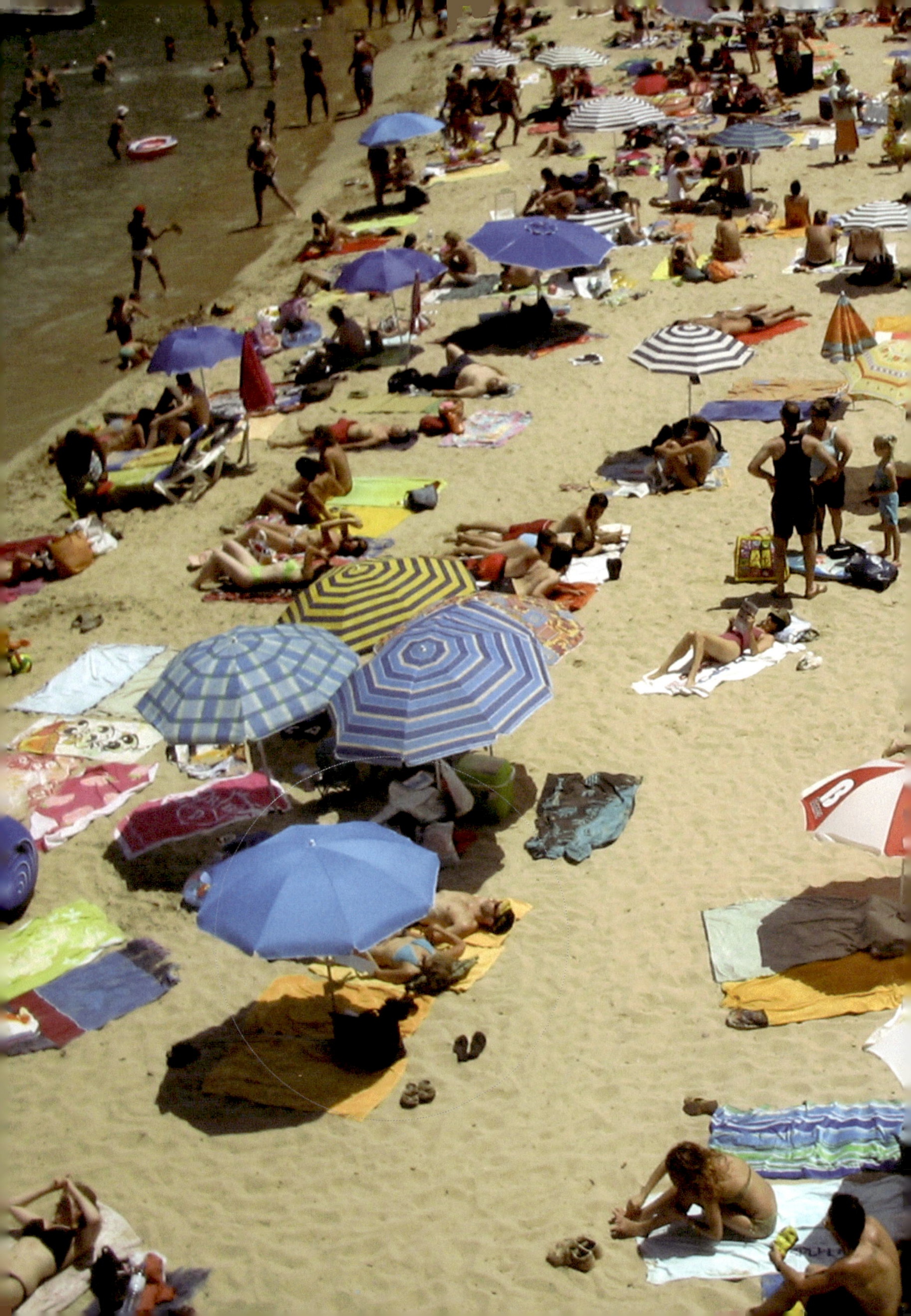

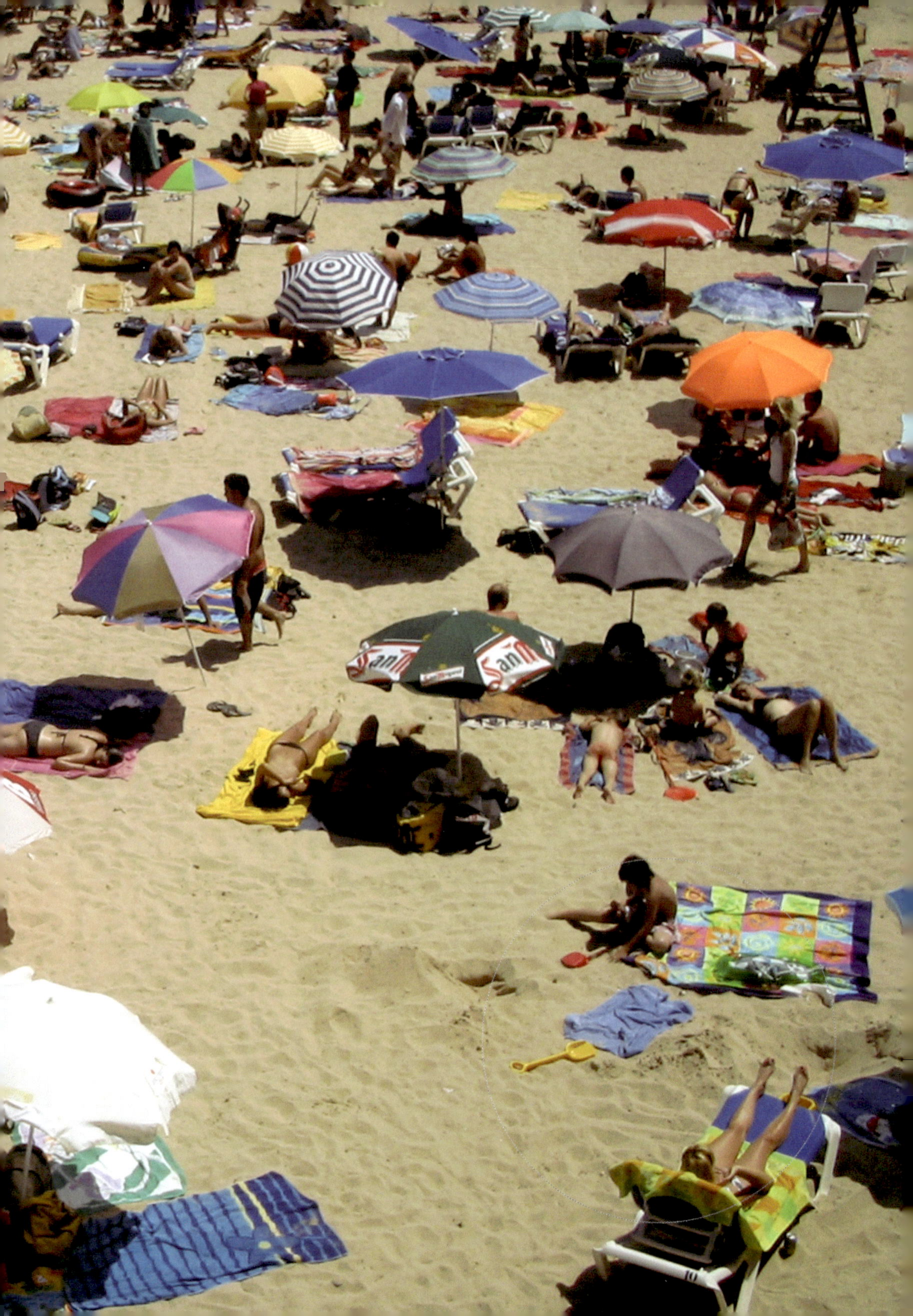

enter spanish creativity enter spanish creativity enter spanish creativity enter spanish creativity enter spanish creativity enter spanish creativity enter spanish creativity enter spanish crea
enter spanish creativity enter spanish creativity enter spanish creativity enter spanish creativity enter spanish creativity enter spanish creativity enter spanish creativity enter spanish crea
enter spanish creativity enter spanish creativity enter spanish creativity enter spanish creativity enter spanish creativity enter spanish creativity enter spanish creativity enter spanish crea
enter spanish creativity enter spanish creativity enter spanish creativity enter spanish creativity enter spanish creativity enter spanish creativity enter spanish creativity enter spanish crea
enter spanish creativity enter spanish creativity enter spanish creativity enter spanish creativity enter spanish creativity enter spanish creativity enter spanish creativity enter spanish crea
enter spanish creativity enter spanish creativity enter spanish creativity enter spanish creativity enter spanish creativity enter spanish creativity enter spanish creativity enter spanish crea
enter spanish creativity enter spanish creativity enter spanish creativity enter spanish creativity enter spanish creativity enter spanish creativity enter spanish creativity enter spanish crea
enter spanish creativity enter spanish creativity enter spanish creativity enter spanish creativity enter spanish creativity enter spanish creativity enter spanish creativity enter spanish crea
enter spanish creativity enter spanish creativity enter spanish creativity enter spanish creativity enter spanish creativity enter spanish creativity enter spanish creativity enter spanish crea
enter spanish creativity enter spanish creativity enter spanish creativity enter spanish creativity enter spanish creativity enter spanish creativity enter spanish creativity enter spanish crea
enter spanish creativity enter spanish creativity enter spanish creativity enter spanish creativity enter spanish creativity enter spanish creativity enter spanish creativity enter spanish crea
enter spanish creativity enter spanish creativity enter spanish creativity enter spanish creativity enter spanish creativity enter spanish creativity enter spanish creativity enter spanish crea
enter spanish creativity enter spanish creativity enter spanish creativity enter spanish creativity enter spanish creativity enter spanish creativity enter spanish creativity enter spanish crea
enter spanish creativity enter spanish creativity enter spanish creativity enter spanish creativity enter spanish creativity enter spanish creativity enter spanish creativity enter spanish crea
enter spanish creativity enter spanish creativity enter spanish creativity enter spanish creativity enter spanish creativity enter spanish creativity enter spanish creativity enter spanish crea
enter spanish creativity enter spanish creativity enter spanish creativity enter spanish creativity enter spanish creativity enter spanish creativity enter spanish creativity enter spanish crea
enter spanish creativity enter spanish creativity enter spanish creativity enter spanish creativity enter spanish creativity enter spanish creativity enter spanish creativity enter spanish crea
enter spanish creativity enter spanish creativity enter spanish creativity enter spanish creativity enter spanish creativity enter spanish creativity enter spanish creativity enter spanish crea
enter spanish creativity enter spanish creativity enter spanish creativity enter spanish creativity enter spanish creativity enter spanish creativity enter spanish creativity enter spanish crea
enter spanish creativity enter spanish creativity enter spanish creativity enter spanish creativity enter spanish creativity enter spanish creativity enter spanish creativity enter spanish crea
enter spanish creativity enter spanish creativity enter spanish creativity enter spanish creativity enter spanish creativity enter spanish creativity enter spanish creativity enter spanish crea
enter spanish creativity enter spanish creativity enter spanish creativity enter spanish creativity enter spanish creativity enter spanish creativity enter spanish creativity enter spanish crea
enter spanish creativity enter spanish creativity enter spanish creativity enter spanish creativity enter spanish creativity enter spanish creativity enter spanish creativity enter spanish crea
enter spanish creativity enter spanish creativity enter spanish creativity enter spanish creativity enter spanish creativity enter spanish creativity enter spanish creativity enter spanish crea
enter spanish creativity enter spanish creativity enter spanish creativity enter spanish creativity enter spanish creativity enter spanish creativity enter spanish creativity enter spanish crea
enter spanish creativity enter spanish creativity enter spanish creativity enter spanish creativity enter spanish creativity enter spanish creativity enter spanish creativity enter spanish crea
enter spanish creativity enter spanish creativity enter spanish creativity enter spanish creativity enter spanish creativity enter spanish creativity enter spanish creativity enter spanish crea
enter spanish creativity enter spanish creativity enter spanish creativity enter spanish creativity enter spanish creativity enter spanish creativity enter spanish creativity enter spanish crea
enter spanish creativity enter spanish creativity enter spanish creativity enter spanish creativity enter spanish creativity enter spanish creativity enter spanish creativity enter spanish crea
enter spanish creativity enter spanish creativity enter spanish creativity enter spanish creativity enter spanish creativity enter spanish creativity enter spanish creativity enter spanish crea
enter spanish creativity enter spanish creativity enter spanish creativity enter spanish creativity enter spanish creativity enter spanish creativity enter spanish creativity enter spanish crea
enter spanish creativity enter spanish creativity enter spanish creativity enter spanish creativity enter spanish creativity enter spanish creativity enter spanish creativity enter spanish crea
enter spanish creativity enter spanish creativity enter spanish creativity enter spanish creativity enter spanish creativity enter spanish creativity enter spanish creativity enter spanish crea
enter spanish creativity enter spanish creativity enter spanish creativity enter spanish creativity enter spanish creativity enter spanish creativity enter spanish creativity enter spanish crea
enter spanish creativity enter spanish creativity enter spanish creativity enter spanish creativity enter spanish creativity enter spanish creativity enter spanish creativity enter spanish crea
enter spanish creativity enter spanish creativity enter spanish creativity enter spanish creativity enter spanish creativity enter spanish creativity enter spanish creativity enter spanish crea
enter spanish creativity enter spanish creativity enter spanish creativity enter spanish creativity enter spanish creativity enter spanish creativity enter spanish creativity enter spanish crea
enter spanish creativity enter spanish creativity enter spanish creativity enter spanish creativity enter spanish creativity enter spanish creativity enter spanish creativity enter spanish crea
enter spanish creativity enter spanish creativity enter spanish creativity enter spanish creativity enter spanish creativity enter spanish creativity enter spanish creativity enter spanish crea
enter spanish creativity enter spanish creativity enter spanish creativity enter spanish creativity enter spanish creativity enter spanish creativity enter spanish creativity enter spanish crea
enter spanish creativity enter spanish creativity enter spanish creativity enter spanish creativity enter spanish creativity enter spanish creativity enter spanish creativity enter spanish crea
enter spanish creativity enter spanish creativity enter spanish creativity enter spanish creativity enter spanish creativity enter spanish creativity enter spanish creativity enter spanish crea
enter spanish creativity enter spanish creativity enter spanish creativity enter spanish creativity enter spanish creativity enter spanish creativity enter spanish creativity enter spanish crea
enter spanish creativity enter spanish creativity enter spanish creativity enter spanish creativity enter spanish creativity enter spanish creativity enter spanish creativity enter spanish crea
enter spanish creativity enter spanish creativity enter spanish creativity enter spanish creativity enter spanish creativity enter spanish creativity enter spanish creativity enter spanish crea
enter spanish creativity enter spanish creativity enter spanish creativity enter spanish creativity enter spanish creativity enter spanish creativity enter spanish creativity enter spanish crea
enter spanish creativity enter spanish creativity enter spanish creativity enter spanish creativity enter spanish creativity enter spanish creativity enter spanish creativity enter spanish crea
enter spanish creativity enter spanish creativity enter spanish creativity enter spanish creativity enter spanish creativity enter spanish creativity enter spanish creativity enter spanish crea
enter spanish creativity enter spanish creativity enter spanish creativity enter spanish creativity enter spanish creativity enter spanish creativity enter spanish creativity enter spanish crea
enter spanish creativity enter spanish creativity enter spanish creativity enter spanish creativity enter spanish creativity enter spanish creativity enter spanish creativity enter spanish crea
enter spanish creativity enter spanish creativity enter spanish creativity enter spanish creativity enter spanish creativity enter spanish creativity enter spanish creativity enter spanish crea
enter spanish creativity enter spanish creativity enter spanish creativity enter spanish creativity enter spanish creativity enter spanish creativity enter spanish creativity enter spanish crea
enter spanish creativity enter spanish creativity enter spanish creativity enter spanish creativity enter spanish creativity enter spanish creativity enter spanish creativity enter spanish crea
enter spanish creativity enter spanish creativity enter spanish creativity enter spanish creativity enter spanish creativity enter spanish creativity enter spanish creativity enter spanish crea
enter spanish creativity enter spanish creativity enter spanish creativity enter spanish creativity enter spanish creativity enter spanish creativity enter spanish creativity enter spanish crea
enter spanish creativity enter spanish creativity enter spanish creativity enter spanish creativity enter spanish creativity enter spanish creativity enter spanish creativity enter spanish crea
enter spanish creativity enter spanish creativity enter spanish creativity enter spanish creativity enter spanish creativity enter spanish creativity enter spanish creativity enter spanish crea
enter spanish creativity enter spanish creativity enter spanish creativity enter spanish creativity enter spanish creativity enter spanish creativity enter spanish creativity enter spanish crea
enter spanish creativity enter spanish creativity enter spanish creativity enter spanish creativity enter spanish creativity enter spanish creativity enter spanish creativity enter spanish crea
enter spanish creativity enter spanish creativity enter spanish creativity enter spanish creativity enter spanish creativity enter spanish creativity enter spanish creativity enter spanish crea
enter spanish creativity enter spanish creativity enter spanish creativity enter spanish creativity enter spanish creativity enter spanish creativity enter spanish creativity enter spanish crea
enter spanish creativity enter spanish creativity enter spanish creativity enter spanish creativity enter spanish creativity enter spanish creativity enter spanish creativity enter spanish crea
enter spanish creativity enter spanish creativity enter spanish creativity enter spanish creativity enter spanish creativity enter spanish creativity enter spanish creativity enter spanish crea
enter spanish creativity enter spanish creativity enter spanish creativity enter spanish creativity enter spanish creativity enter spanish creativity enter spanish creativity enter spanish crea
enter spanish creativity enter spanish creativity enter spanish creativity enter spanish creativity enter spanish creativity enter spanish creativity enter spanish creativity enter spanish crea
enter spanish creativity enter spanish creativity enter spanish creativity enter spanish creativity enter spanish creativity enter spanish creativity enter spanish creativity enter spanish crea
enter spanish creativity enter spanish creativity enter spanish creativity enter spanish creativity enter spanish creativity enter spanish creativity enter spanish creativity enter spanish crea
enter spanish creativity enter spanish creativity enter spanish creativity enter spanish creativity enter spanish creativity enter spanish creativity enter spanish creativity enter spanish crea
enter spanish creativity enter spanish creativity enter spanish creativity enter spanish creativity enter spanish creativity enter spanish creativity enter spanish creativity enter spanish crea
enter spanish creativity enter spanish creativity enter spanish creativity enter spanish creativity enter spanish creativity enter spanish creativity enter spanish creativity enter spanish crea
enter spanish creativity enter spanish creativity enter spanish creativity enter spanish creativity enter spanish creativity enter spanish creativity enter spanish creativity enter spanish crea
enter spanish creativity enter spanish creativity enter spanish creativity enter spanish creativity enter spanish creativity enter spanish creativity enter spanish creativity enter spanish crea
enter spanish creativity enter spanish creativity enter spanish creativity enter spanish creativity enter spanish creativity enter spanish creativity enter spanish creativity enter spanish crea
enter spanish creativity enter spanish creativity enter spanish creativity enter spanish creativity enter spanish creativity enter spanish creativity enter spanish creativity enter spanish crea
enter spanish creativity enter spanish creativity enter spanish creativity enter spanish creativity enter spanish creativity enter spanish creativity enter spanish creativity enter spanish crea
enter spanish creativity enter spanish creativity enter spanish creativity enter spanish creativity enter spanish creativity enter spanish creativity enter spanish creativity enter spanish crea
enter spanish creativity enter spanish creativity enter spanish creativity enter spanish creativity enter spanish creativity enter spanish creativity enter spanish creativity enter spanish crea
enter spanish creativity enter spanish creativity enter spanish creativity enter spanish creativity enter spanish creativity enter spanish creativity enter spanish creativity enter spanish crea
enter spanish creativity enter spanish creativity enter spanish creativity enter spanish creativity enter spanish creativity enter spanish creativity enter spanish creativity enter spanish crea
enter spanish creativity enter spanish creativity enter spanish creativity enter spanish creativity enter spanish creativity enter spanish creativity enter spanish creativity enter spanish crea
enter spanish creativity enter spanish creativity enter spanish creativity enter spanish creativity enter spanish creativity enter spanish creativity enter spanish creativity enter spanish crea
enter spanish creativity enter spanish creativity enter spanish creativity enter spanish creativity enter spanish creativity enter spanish creativity enter spanish creativity enter spanish crea

publisher: ***actar****, barcelona/new york*
www.actar.com
design and concept: ***cla-se***
www.cla-se.com

coordination and curator:
enrique hernandez
printer: *ingoprint s.a.*
text: *oscar guayabero*
translation: *wesley trobaugh*
typography: *caslon pro italics*
paper: *vol.*
distribution: *actar d*
roca i batlle 2, 08023 barcelona, spain, office@actar-d.com
phone: *+34. 93 418 77 59,* ***fax:*** *+34. 934 18 67 07*
office in new york: *158 lafayette st. 5th floor*
phone: *+1 212 966 2207,* ***fax:*** *+1 212 966 2214*
officeusa@actar-d.com

photographs of opening pages and end pages:
gregori saavedra, máximo tuja, astrid stavro,
paco bascuñan, borja martinez, bildi grafiks,
bruno veloso and pano betancourt

isbn: 978-84-96954-00-7
dl: B-39552/07

– printed and bound in the eu –

ACTAR clase

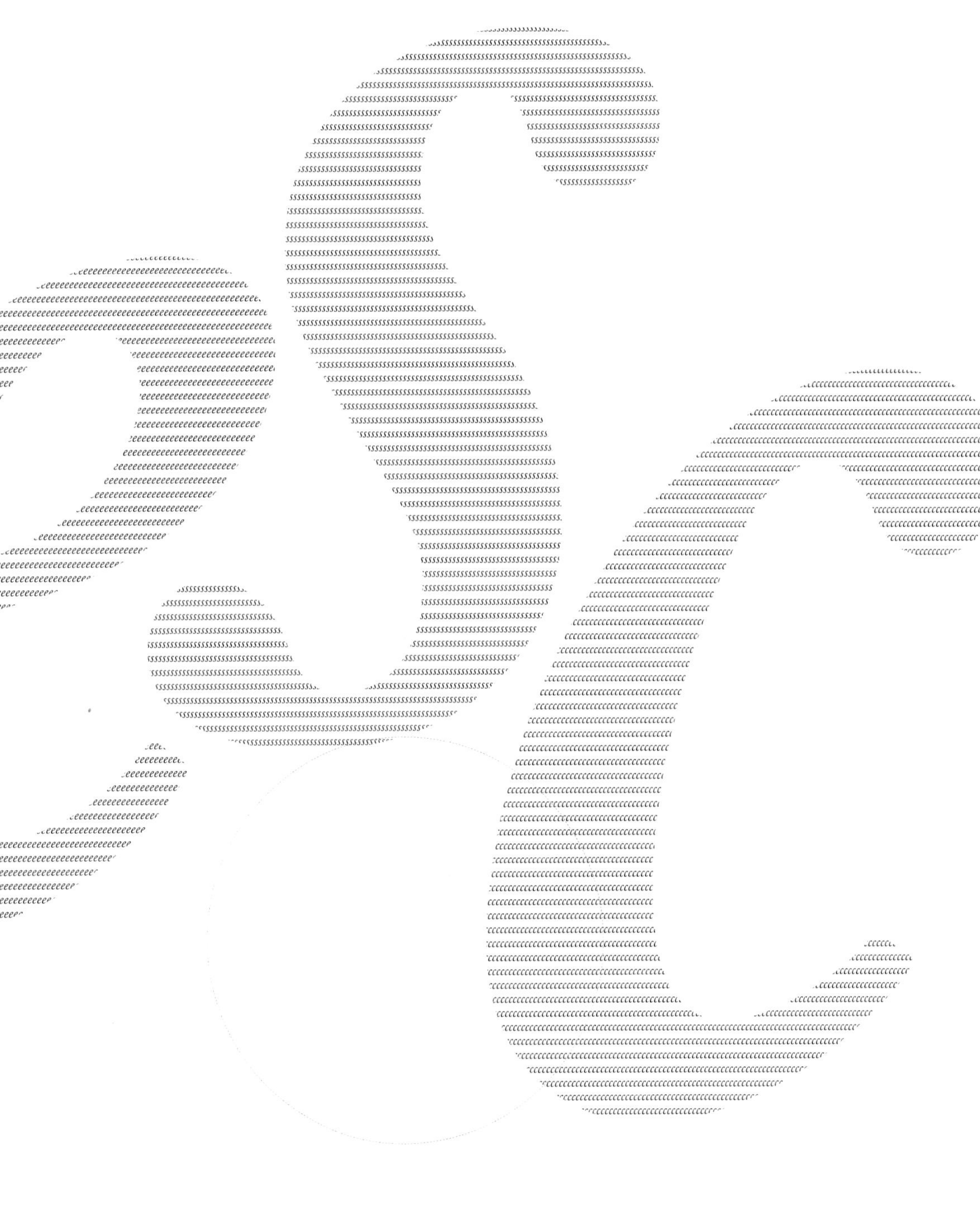